普通高等教育“十一五”国家级规划教材
高等学校教材

体育新闻学

Tiyu Xinwenxue

第二版

郝 勤 编著

高等教育出版社·北京

内容提要

本书是2004版《体育新闻学》的修订版，也是普通高等教育“十一五”国家级规划教材。为了适应当前体育新闻人才培养的要求，本次修订主要有以下几方面的变化：其一，为了适应教学的需要，将原第一章中“体育新闻史”和“体育新闻报道”两部分内容单列作为专章论述，并在内容上作了较大的充实和完善。其二，对“体育新闻采访”、“体育新闻写作”、“体育新闻评论”等章节进行了补充和修订，对原有的范文和案例进行了较大幅度的增补和置换，力图反映和吸纳近几年国内外体育新闻报道和研究的重要成果。其三，力图更多地吸取国外体育新闻报道的经验和学术成果，让读者了解国外体育新闻报道的情况，并为教学提供参考。其四，对全书的文字进行了梳理，使其更加准确、精练、全面，以利于教学所需。

本书既可作为体育新闻专业教材，也可作为体育新闻界的学习与参考读物。

图书在版编目(CIP)数据

体育新闻学/郝勤编著. —2版. —北京：高等教育出版社，2011.4(2024.5重印)
ISBN 978-7-04-029814-7

Ⅰ. ①体…　Ⅱ. ①郝…　Ⅲ. ①体育-新闻学-高等学校-教材　Ⅳ. ①G210

中国版本图书馆CIP数据核字(2011)第030728号

策划编辑　范　峰　　责任编辑　范　峰　　封面设计　顾　斌
版式设计　范晓红　　责任校对　王　雨　　责任印制　存　怡

出版发行　高等教育出版社
社　　址　北京市西城区德外大街4号
邮政编码　100120
印　　刷　肥城新华印刷有限公司
开　　本　787×960　1/16
印　　张　32.75
字　　数　610 000
购书热线　010-58581118
咨询电话　400-810-0598
网　　址　http://www.hep.edu.cn
　　　　　http://www.hep.com.cn
网上订购　http://www.landraco.com
　　　　　http://www.landraco.com.cn
版　　次　2004年7月第1版
　　　　　2011年4月第2版
印　　次　2024年5月第6次印刷
定　　价　54.50元

物 料 号　29814-00

第二版前言

《体育新闻学》第一版出版于2004年。虽然距离第二版的修订仅仅六七年，但无论是中国的体育新闻报道还是体育新闻学术研究以及人才培养，都发生了重要而显著的变化。

回想2004年笔者撰写出版《体育新闻学》第一版时，国内有关体育新闻研究的文章和著述凤毛麟角，几近空白。但从那时起，国内体育新闻学研究如雨后春笋，成就斐然。据不完全统计，从2005年至2010年底，国内出版的体育新闻传播类教材和专著已达四十余种，而发表的有关论文更达八百余篇，其内容涉及体育新闻史、体育新闻理论和各种体育新闻报道业务。同时，国内的体育新闻传播学者还建立了自己的学术组织，不仅每年聚在一起进行有关学术和理论研究，而且还和国外的同行建立了学术联系，一些国外体育新闻传播学的著述也陆续被翻译出版。而这一切，都为《体育新闻学》第二版的修订提供了坚实的基础和必要的条件。

更重要的是，在此期间，中国成功举办了2008年北京奥运会，受到了全世界一致的赞誉。在北京奥运会上，国内媒体与体育记者同体育健儿及奥运会组织者一样，以其整体的实力、杰出的表现和高质量的报道获得了全世界同行的称道，“奥运第二赛场”取得了巨大成功。北京奥运会国内体育记者的报道经验和他们发出的大量一线报道，为体育新闻学研究和体育新闻教育提供了丰富的矿藏，也为本书的修订提供了极为珍贵的范文和案例。

《体育新闻学》第一版出版后，在体育新闻业界和新闻教育界引起了一定的反响，笔者先后收到不少高校新闻学专业教师、学生、媒体记者和其他读者的来信，其中有很多热情的肯定与鼓励，也有不少善意的批评和建议。由于这些批评和建议都来自体育新闻界和教学一线，可谓金玉良言，雪中送炭，弥足珍贵。笔者在第二版修订过程中尽可能采纳了这些意见和建议。

相对于第一版，本书在原有基础上作了较大幅度的修订。主要体现在以下方面：其一，为了适应教学的需要，将原第一章中“体育新闻史”和“体育新闻报道”两部分内容分别专章论述，并在内容上作了较大的充实和完善。其二，对“体育新闻采访”、“体育新闻写作”、“体育新闻评论”等章节进行了补充和修订，对原有的范文和案例进行了较大幅度的增补和置换，力图反映和吸纳近几年国内外体育新闻报道和研究的重要成果。其三，力图更多地吸取

国外体育新闻报道的经验和学术成果，让读者了解国外体育新闻报道的情况，并为教学提供参考。其四，对全书的文字进行了梳理，使其更加准确、精练、全面而流畅。

北京奥运会后，中国体育在实现由体育大国向体育强国迈进过程中，媒体必将扮演更加重要的角色。一方面没有媒体的参与，当代体育的实践与发展几乎是不可想象的。媒体不仅是体育主要的宣传者和传播者，是当代体育发展最重要的产业形式和资金来源之一，同时还代表公众舆论对体育实施监督，使体育得以健康、可持续发展。所有这些都必然赋予当代体育记者以更为重大的责任与使命。另一方面，由于当代体育是一种十分复杂而影响广泛的社会活动，涉及政治、经济、文化、教育、外交、司法等各个领域，因而媒体与体育记者不仅要能够及时准确地报道各类比赛和体育活动，还要满足公众对体育的多方面信息需求。这些都对当代体育记者的素质和业务提出了新的要求，也对体育新闻教育与人才培养提出了更高的目标。

本次修订的目的，正是为了适应体育新闻人才培养的要求，在为体育新闻教育提供必要的教材的同时，也为新闻业界提供专业学习与参考读物。应该指出的是，尽管第二版的修订工作历时一年多，但由于体育新闻在激烈的媒体市场竞争中不断发展和创新，同时更囿于笔者本人的经验与水平局限，因而本书各种不足和缺陷在所难免，敬请读者不吝赐教，予以批评指正，笔者在此表示衷心感谢。

在本书的修订过程中，得到了高等教育出版社体育分社编辑和很多朋友的大力支持，在此一并致谢。

郝　勤

2011年春节于成都武侯祠畔

第一版前言

从1883年美国报业先驱约瑟夫·普利策在《世界报》(The World) 首次设置体育新闻部和专职的体育编辑起，体育新闻作为一个正式的新闻分支学科，已有百余年的历史。然而在中国，直到20世纪80年代，体育新闻才得以正式登上“大雅之堂”。90年代，随着一批市场型报纸的崛起和国内职业足球联赛的开展，体育新闻已成为各类媒体吸引受众、扩大售报量、提高视听率或点击率的重要传播内容，并在推动体育运动的发展、促进体育产业和市场形成方面显示出不可替代的功能与价值。进入21世纪后，体育新闻在中国的新闻事业中已占有举足轻重的地位，成为中国新闻报道的主角之一。

中国体育事业和新闻事业的高速发展，无论是对体育新闻报道的品质还是对体育新闻从业人员的专业素质都提出了全新的要求与挑战。诚如美国体育新闻学者布鲁斯·加里森和马克·塞伯加克在《体育新闻报道》一书中所指出的，当代体育新闻报道与传统的体育新闻报道相比，已发生了革命性的变化。当代体育新闻报道的概念，已由传统的体育赛事与活动报道，演变扩展为“体育运动及其相关的一切人或事的报道”。这种“后现代的体育新闻”的特征是，以传统的体育赛事报道为中心，体育新闻报道的对象、内容和范围日趋边缘化，除了体育赛事与活动外，凡是与体育有关的政治、经济、商务、司法、娱乐以及社会事件等，也都成为现代体育新闻的报道内容。体育新闻实际上已成为一个内涵丰富、外延模糊、影响广泛的复杂报道体系。

在这样的背景下，体育新闻学应运而生。一方面，当代国内外体育新闻实践都迫切需求理论上的建设与指导；另一方面，大众传媒体育新闻报道的急剧扩张，导致专业人才需求量呈爆炸性增长。现代体育新闻报道实践表明，体育记者、体育编辑等从业人员不仅要具备一般新闻理论与报道技能，还必须拥有体育方面的专业知识。除此之外，还要了解和掌握体育新闻报道的特殊规律和专门技能。20世纪90年代以来，为了适应我国体育新闻报道的发展需要和人才培养要求，国内一些院校相继开办了体育新闻本科专业，有的还招收和培养了研究生。不少大学新闻院系和体育院系也开设了体育新闻学的课程。与此同时，一支体育新闻教学科研队伍也开始初步形成。随着中国体育事业和新闻事业的高速发展，体育新闻学正由一门新兴学科发展为一个热门专业，成为新闻学和体育学的一个重要分支与边缘学科。

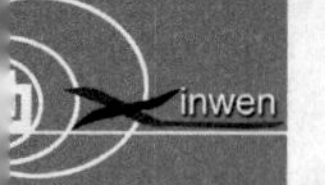

本书的写作实际始于20世纪90年代。笔者在授课之余，先后在媒体兼任体育记者、体育编辑、体育新闻部主任和体育专业报的编委等工作，时间长达10年之久，从而积累了一定的体育新闻实践经验，并产生研究体育新闻传播学的想法。在逐渐积累了一批体育新闻传播理论和体育新闻采访、写作、评论、编辑等业务方面的资料后，笔者不揣冒昧，将此书献给中国体育新闻事业。

本教材以国内体育新闻报道实践为基础，立足于当代大众传媒体育记者、体育编辑的业务特点，同时针对国内大学新闻学和体育学专业本专科教学的需要，力求较全面地就体育新闻的基本理论、国内外体育新闻发展史以及采访、写作、评论、编辑等业务知识和特点进行介绍与阐述。本书可作为大学新闻学专业和体育专业的本、专科教材以及研究生辅助教材，也可作为体育新闻从业人员的自学教材和读物。

嘤其鸣矣，求其友声。由于体育新闻学目前在国内外尚属一门新兴学科，更由于笔者本人无论是新闻从业经历还是新闻理论素养都颇嫌不足，因而本书的各种不足和缺点在所难免，敬请读者和同仁予以批评指正。

谨在此向为本教材给予我鼓励与支持的专家学者们深表谢意。

郝　勤

2004年春节

目录

绪论 1

第一章 体育新闻简史 14

第一节 古代的体育新闻传播 …… 15
第二节 近代体育新闻的兴起与演变 …… 17
第三节 现代体育新闻的发展与演变 …… 24
第四节 中国近现代体育新闻的形成与演变 …… 36

第二章 体育新闻报道 68

第一节 体育新闻报道的基本原则 …… 69
第二节 体育新闻报道的特点与任务 …… 77
第三节 体育新闻报道的类型 …… 88
第四节 各类媒体的体育报道 …… 96
第五节 体育新闻从业者及其职业操守 …… 110

第三章 体育新闻采访 120

第一节 体育新闻采访概述 …… 121
第二节 体育新闻采访的基本方法 …… 139
第三节 体育新闻采访技巧 …… 158
第四节 体育新闻采访的准备 …… 182
第五节 体育新闻采访的实施 …… 192
第六节 体育新闻采访的完成 …… 207

第四章　体育新闻写作 213

第一节　体育新闻写作概述…… 214
第二节　赛事报道写作…… 240
第三节　非赛事体育报道的写作…… 253
第四节　体育消息…… 269
第五节　体育通讯…… 309
第六节　体育述评与人物专访…… 348
第七节　体育新闻的深度报道写作…… 355

第五章　体育新闻评论 366

第一节　体育新闻评论概述…… 367
第二节　体育新闻评论的常用文体…… 388
第三节　体育新闻评论的常用类型…… 400
第四节　体育新闻评论的写作方法与要求 424

第六章　体育新闻编辑 440

第一节　体育新闻编辑概述…… 441
第二节　体育报道策划…… 449
第三节　体育报道编辑业务…… 457
第四节　体育新闻标题…… 492

绪　论

本章提要

体育新闻是大众传媒对体育运动这一独特的社会文化活动进行及时的报道、传播、宣传的信息传递过程和操作系统。体育新闻具有大众性、娱乐性、情感性、全球性等特点。

体育新闻学是研究体育新闻传播现象和规律的专门学科。

要学好体育新闻学，就要培养对体育与新闻的兴趣爱好，努力扩大知识面，提高自身的文化修养，重视自身能力的培养，在实践中学习和掌握体育新闻报道的各种知识与技能。

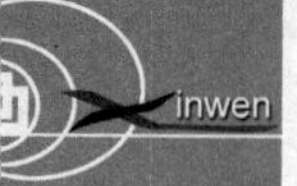

一、新闻与体育新闻

新闻是通过新闻传播媒介传播的具有新闻价值的最新事实或情况的信息。在现代社会中，新闻已经成为一种对人类生活与发展具有重要影响的社会文化事业与产业行为。在我国，新闻事业既是党、国家和人民的喉舌，又是一种信息传播产业，对于推动我国的现代化事业、满足大众对新闻信息的需求、传播文明和文化、对社会进行舆论引导与监督等方面具有重要意义。

体育新闻是大众传媒对体育运动这一独特的社会文化活动进行及时的报道、传播、宣传的信息传递过程和操作系统。它是现代新闻事业的有机组成部分和相对独立的报道品种。体育新闻的任务是向受众报道有关体育运动的具有新闻价值的最新信息，其宗旨是通过对体育运动及其相关事实的及时准确的报道来满足大众精神文化需要，传播体育文化，提供娱乐享受，并通过大众传媒特有的舆论监督功能来对体育运动的健康发展产生影响。

体育新闻是现代体育的重要特征和发展动力之一。现代体育的基本特征，如社会化、产业化、全球化、信息化、科技化和终身化等，都与大众传媒的发展，特别是体育新闻事业的发展密不可分。人类进入信息时代后，大众传媒的高度介入成为推动现代体育发展的引擎，使体育从“为了个人的体质健康而锻炼身体”这一传统理念与功能的基础上向规模巨大的体育娱乐产业演变。通过体育新闻与各种形式的体育报道，现代体育运动与大众传媒之间已形成了高度的互相依赖、互相支撑、互相渗透的紧密关系。体育新闻不仅是现代大众传播业不可缺少的支柱性新闻报道类别，而且也是现代体育运动最强有力的发展动力之一。

体育是社会发展和人类文明进步的重要标志，是一个国家综合国力和社会文明程度的重要体现，也是现代社会一种蓬勃发展的社会、经济和文化现象。体育蕴含着拼搏精神、公平竞争精神、团队精神、荣誉感、遵守纪律与尊重对手等现代文明的普适价值，具有社会、教育、文化、经济等多方面功能。体育在促进人的全面发展、提高人的综合素质与身心健康水平、增进人类社会的和平相处与相互理解、推动经济社会发展等方面发挥着不可替代的重要作用。现代体育的发展与大众传媒有着密切的关系。

大众传播是专业化的媒介组织运用特定的传播技术和产业化手段，以社会上一般大众为对象而进行的大规模信息生产和传播活动。大众媒介是专门从事大众传播活动的专业组织机构与高新技术平台，如报纸、杂志、书籍、广播、电影、电视、广告、互联网和手机等。在大众传媒中，报纸、广播、电视、新闻杂志和网络中的新闻门户网站等是专门从事新闻报道的新闻媒介。在人类社会进入信息时代后，大众传媒借助高度发展的高新技术平台、职业化的组织系统以及高度专业化的市场手段，深刻地渗入和影响了当代人类社会生活的各个层面。包括体育报道、体育转播、体育评论等在内的体育新闻活动，都是现代大众传媒所从事的体育媒介传播行为。

现代体育与大众传媒之间具有高度的互动关系。一方面，满足现代社会和大众对体育多方面、多层次和多种形式的需要，传播和扩大体育的影响，向更多的公众提供高品质的体育赛事表演，并通过向大众传媒出售体育赛事转播权等形式来获得体育发展必要的经费来源，是现代体育运动向大众传媒积极延展的内在动因。与之相应，向广大公众及时提供他们所关注的有关体育的最新信息，以各种报道手段和形式来满足大众观赏体育比赛和了解体育信息的需求，则不仅是现代大众传媒的职责和义务，而且是各类媒体扩大自身影响、争取受众的必要新闻品种和报道内容。

与其他新闻品种相比，体育新闻具有以下主要特点：

1. 大众性

体育新闻的大众性指的是，体育新闻是一种跨年龄、跨性别、跨文化、跨国界的拥有全球最大受众的大众传播文化。

当代大众传播发展的一个重要特征，就是随着传媒技术的发展与传媒内容的丰富，人们对传播内容的需求越来越呈现出多元化与分众化趋势。但有关调查表明，在传媒分众化时代，体育新闻却拥有最大的受众覆盖面。据美国有关权威咨询机构的调查显示，在地方综合性日报的读者中，体育新闻版受读者关注的程度仅次于要闻版与本地新闻版。美国的《体育画报》杂志在历年全球杂志销售量上都名列前茅，达到上千万份。世界6大通讯社中，体育消息的发稿量约占总发稿量的1/4。美国每年出版一部的《世界年鉴》中有1/10是体育的信息。2001年美国NBA篮球全明星赛电视直播吸引的全球观众达25亿人。2002年在韩国和日本举行的第17届世界杯足球赛期间，通过电视观看比赛的观众超过了400亿人次，即全球每4人就有1人观看世界杯足球赛。在巴西对德国的决赛中，全球就有15亿人通过电视直播观看比赛。这些数据说明，体育已经是现代大众媒体传播内容中影响最大、覆盖面最广、最为世界大众所喜闻乐见的报道种类之一。

2. 娱乐性

体育新闻的娱乐性是指，就新闻的性质而言，与时政新闻、经济新闻等相比，体育新闻属于软新闻一类，其功能主要是满足大众休闲娱乐的需要。

体育新闻的娱乐性，是由其报道对象——体育运动——的娱乐性质决定的。体育运动，尤其是构成体育新闻报道内容主体的竞技运动，其本质就是娱乐性的。从古希腊竞技到起源于英国的近代户外竞技运动，再到19世纪末20

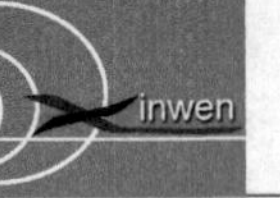

世纪初以来的奥林匹克运动与各种职业运动，竞技运动的特点之一就是人们通过参与竞赛（包括自娱或观赏他人的竞赛）而获得快乐与愉悦。19 世纪中后叶，当英国的足球、板球等户外竞技运动传播至欧洲大陆与北美大陆之后，这些运动项目很快就因其巨大娱乐价值而受到大众的喜爱，迅速流行开来。而这一时期出现的市场型廉价报纸——“便士报”——为了提高其销售量，开始对体育比赛进行报道。但直至 19 世纪末，美国传媒鼻祖普利策才真正发现了体育运动所蕴藏的巨大新闻价值，遂将其发展为正式的新闻品种。在这一过程中，正是体育比赛所蕴含和表现出来的巨大娱乐价值，使其成了大众与体育、体育与新闻之间的纽带与桥梁。体育比赛因其娱乐性而为大众所喜爱；而媒体通过对体育运动进行报道，又从另一个层面和角度实现了体育运动的娱乐价值，从而能够吸引受众，通过增加报纸销售量而获得利润。这也反过来说明了，为何体育新闻的报道对象和内容总是集中在竞技运动，尤其是奥运会和职业竞技一类高水平竞技运动上。其原因就是，只有高水平竞技才蕴含有最大的观赏性与娱乐价值，从而也就具有了最大的新闻价值和传播特征。

3. 情感性

体育新闻的情感性是指人们在阅读或观赏体育新闻时，常带着一定的感情色彩。而体育新闻的基本功能之一，就是要满足现代人的这种高情感需要。

体育新闻的情感性特征，也同样是由体育运动，尤其是竞技运动的情感性决定的。在古希腊奥运会期间，希腊人会为自己所属城邦选手获得冠军而奔走狂欢，为其比赛失利而痛苦悲伤。在现代奥运会举行期间，全世界都会为这一人类最大的体育赛事而倾注感情，希望本国或本地区的运动员获得胜利。现代职业竞技更是造就了上亿球迷。他们与自己的主场球队和著名球星休戚与共，有着深厚的情感联系。球迷们有自己的组织，每周会去球场为自己球队助威，佩戴本俱乐部的标志，准时在电视机前观看比赛实况直播，关心球队所发生的所有事情，将体育明星作为自己的偶像。20 世纪后半叶，电视媒体用赛事转播技术将精彩的体育比赛即时传播至地球每一角落，从而引发了体育内涵与概念的革命性变革，使原本以身体运动为基本特征的现代体育转变成为以球迷群体为特征的高情感运动。正是现代体育的这种高情感特征，决定了现代体育新闻的高情感性质。体育爱好者和球迷们阅读或收视体育新闻的目的，不仅仅是为了获得有关资讯与信息，而更在于通过阅读报纸上所登载的比赛消息、球队发挥情况、比赛花絮、体育明星的表现以及专业人士的评论来满足自我情感的需要。因此，体育记者的报道能否满足受众的这种情感需要，也就成为评价媒体体育报道品质和水平的重要指标。

4. 全球性

体育新闻的全球性是指与其他新闻品种相比，体育新闻是一种跨国家、跨

地域的，全世界可以共享的媒介文化。

体育新闻的全球性特征同样是由体育运动的全球性特征决定的。1896年首届现代奥运会的召开，标志着体育全球化的开端。到了20世纪末，在大众传媒的参与下，体育运动已经演变成为一种全球性文化。以2008年北京奥运会为例，据国际奥委会新闻发言人吉赛尔·戴维斯在北京奥运会开幕后第三天（2008年8月10日）公布的数据，全世界大约有10亿人，即世界15%的人口通过电视收看了北京奥运会的开幕式。其中，约8.4亿中国电视观众收看了北京奥运会开幕式。在美国，根据全国广播公司（NBC）的数据，北京奥运会开幕式节目在美国电视观众中收视率达到21.5%，仅次于亚特兰大奥运会开幕式的27%。在日本，北京奥运会开幕式的平均收视率为37.7%，瞬间最高收视率约为48%。德国收看北京奥运会开幕式的观众达772万人，瞬间最高值达910万人。法国有近500万人观看了北京奥运会开幕式，收视率达20%以上。不仅是奥运会、世界杯足球赛等成为当今全世界参与共享的体育盛会，而且像美国的NBA职业篮球赛、意大利甲级足球联赛、英国超级足球联赛、西班牙甲级足球联赛等国家级赛事，在媒体的介入和传播下，都变成了跨国界的、全世界共享的体育赛事。而像贝利、马拉多纳、乔丹、贝克汉姆和泰格·伍兹等运动员也成了世界体育明星，在世界各国都有大批崇拜者。体育运动的全球化特征决定了现代体育新闻的全球共享性。这表现在，一方面，体育新闻的受众具有跨国性和全球性，即一条同样的体育报道与一场精彩的足球比赛一样，能够为全世界亿万球迷与体育爱好者所共享；另一方面，媒体的体育新闻报道内容呈现出全球性。即媒体不仅要报道本地的体育消息，也要报道世界其他著名赛事的情况。媒体不仅要服务于本地球迷的资讯需要，也要满足全世界球迷观赏精彩比赛的需求。

正因为体育新闻具有以上特点，因而在现当代新闻报道中占有十分重要的地位。体育新闻不仅是最受公众欢迎和喜爱的新闻品种，而且为当代体育界所高度重视，视其为推动体育发展、扩大自身影响、争取资金来源及监督控制的必要机制手段与合作伙伴；同时，体育新闻在世界各国媒体中也被认为是最重要的新闻门类之一。例如，在新闻类别的划分上，目前世界各国基本趋于一致，大多将体育新闻与重要新闻、外交新闻、社会新闻及地方新闻并列为当今传媒的五大新闻类别。又如，体育新闻通常与社会新闻、文化新闻并称为当代新闻报道的三大支柱。

二、体育新闻学的产生、任务与特点

体育新闻学是研究体育新闻传播现象和规律的专门学科。其任务是发现和

阐释体育新闻报道的演进发展及其规律，探究现代新闻事业与体育运动之间的特殊关系，研究和总结体育新闻报道业务的特点与规律，从而为体育新闻报道提供理论指导和实践依据。体育新闻学来源于大众传媒长期的体育新闻报道与传播实践，它既是体育新闻实践的理论抽象与升华，也是体育新闻与传播本质规律的高度概括和反映，同时它还是指导体育新闻实践的专业性基本理论，因而是一门具有很强实践性和应用性的学科体系。

由于现代体育新闻报道日益表现出专业化和独立性特征，当代大众传媒迫切需要体育新闻理论的指导，需要经过体育新闻专业培训的人才。而这既不是新闻学也不是体育学所能单独承担的。相对一般新闻学而言，体育新闻学具有自身的规律和特点，而这种规律与特点是由其报道的对象与内容——体育运动——的特殊性决定的。从新闻学角度来看，在传媒高度市场化的今天，体育新闻要报道什么，不报道什么，本质上并非取决于某位记者、编辑，甚至是总编辑个人的爱好和意志，而是取决于新闻学的规律，取决于其传播的内容是否具有足够的新闻价值，从根本上来说，是取决于社会与受众的需要。正因为如此，建筑于新闻学与体育学之上的体育新闻学应运而生。

早在20世纪初，随着体育新闻在一些欧美国家和地区成为深受广大读者欢迎喜爱的新闻品种之一，一些新闻学者和体育新闻工作者开始关注体育新闻报道并对其进行研究。1924年，国际体育记者协会在法国巴黎成立，正式提出将体育新闻作为一类独立的新闻学科和现象进行专门的研究，其目的是探讨和交流有关体育新闻的特殊规律及其他相关问题。从那以后，世界各国的体育新闻工作者及学者陆续发表了不少的论文和专著，对体育新闻的特点、规律及采编业务等进行了十分有益的探讨。如美国的学者L. M·谬菲于1925年出版了《现代体育写作与优秀文选》（《Sports Writing of Today and Selections from the Best Stories》），B. J·埃文斯于1946年出版了《如何成为一名体育记者》（《How to Become a Sporting Journalist》），泰勒于1951年出版了《体育写作与编辑》（《Sports Writing and Editing》），伍德沃德于1967年出版了《体育作家》（《Sports Writer》），等等。

从20世纪60—70年代电视媒体大规模介入体育赛事报道以来，激烈的媒体市场的竞争与体育比赛市场的发展促使新闻业更加重视体育新闻的地位和影响，对其报道的规模、技巧与水平等方面提出越来越高的要求。围绕高水平赛事的报道，体育新闻的专业性越来越明显，对体育新闻工作者的素质要求和专业化程度要求也越来越高，体育记者与编辑本身所需要具备的知识结构与技能技巧、专业素质、业务能力越来越表现出相对的专业性和特殊性。记者在体育新闻报道实践中遇到的很多特殊的问题越来越难以用普通新闻学理论来解释和解决。因此，针对体育新闻的特质及有关问题进行专门的研究以及对体育新闻

从业人员进行专业性训练变得越来越迫切。在这样的背景下，欧美不少大学开始在大学新闻学院或体育学院中开设体育新闻学专业与课程，专门培养从事体育新闻报道的新闻人才。

1986年，美国依阿华州州立大学出版了布鲁斯·加里森和马克·塞伯加克合著的《体育新闻报道》（《Sports Reporting》）一书。该书对美国体育新闻的发展史、传统的报道技巧、体育新闻的基本报道形式、高级体育报道技巧、当代体育报道的特点与问题等进行了系统的研究与阐述。该书的出版受到国际新闻学界的高度重视，被认为是当代体育新闻学的权威性著作，也是体育新闻学作为一门独立的新闻学分支学科出现的标志之一。

现代竞技运动，尤其是那些深受公众喜爱的高水平赛事含有极为丰富的新闻资源，具有极高的新闻价值。体育新闻记者和编辑的任务，就是要通过准确而精彩的报道，将体育运动所蕴含的新闻价值和新闻资源最大限度地开发出来，以满足大众的需要。而体育新闻工作者如何才能使自己的报道最大限度地实现体育运动的新闻价值，如何才能适应和满足公众对体育新闻报道的各种需要，如何才能提高报道水平和新闻品质等，这些都是体育新闻学要研究和探讨的问题。

以高水平赛事报道为中心，当代体育新闻在报道和传播过程中逐渐表现出自身独特的规律和特点。如围绕一场高水平赛事，像奥运会、世界杯足球赛、F1方程车赛和NBA职业篮球赛等，其报道方式就有赛前报道、赛间报道、赛后报道等区别。赛前报道包括赛前动态消息报道、赛前形势分析、比赛结果预测、著名球星或体育明星介绍等。在比赛过程中，电视、广播、网络等媒体运用赛事直播、现场解说、背景穿插等形式和技术手段来进行赛间同步报道。比赛结束后，媒体会通过不同形式报道比赛消息，或进行赛后追踪报道、人物或事件的专题报道、赛事评论及公布各队积分及排行情况等。这些报道形式和操作方式独具特色，一般记者很难胜任，用一般新闻学理论、知识和技能也难以解决。而这也正是体育新闻学产生和存在的根据与理由。

体育新闻学的研究对象，主要以包括纸业媒体（报纸、杂志等）与电子媒体（电视、广播、网络等）在内的现代大众传媒的体育新闻活动与现象。其主要研究方向可分为纵向与横向两个部分。从纵向来看，是通过对体育新闻发生、发展、演变过程与现象的研究，来揭示和阐述体育新闻作为一种新闻现象以及体育文化衍生品的本质与规律。从横向而言，则以现代体育新闻报道实践为基础，探讨与研究其在理论和业务方面的规律与特点，为体育新闻实践提供依据与指导。因此，体育新闻学的研究内容，主要包括以下三大部分：

1. 体育新闻史

体育新闻史主要研究与阐述体育新闻的产生、发展、演变过程。

2. 体育新闻理论

体育新闻理论主要研究与阐述体育新闻报道有关的基本理论问题。

3. 体育新闻业务

体育新闻业务主要研究与阐述有关体育新闻策划、采访、写作、编辑、摄影、摄像和后期制作等业务问题。

作为一门相对独立的新闻学研究方向，体育新闻学的专业特征是由体育新闻相对于其他新闻品种的专业性决定的。从学科本身来看，体育新闻学具有以下主要特点：

1. 体育新闻学是一门专业性很强的学科

体育新闻学是在普通新闻学研究基础上，对体育新闻及其报道过程的特殊规律进行探讨与阐述。随着现代体育事业的高速发展，尤其是围绕奥运会等大型体育赛事及各类职业体育赛事为核心的体育娱乐表演市场的发展，体育新闻报道越来越向着专业化方向发展。首先，现代体育项目繁多，专业性很强，非专业的体育新闻记者和编辑无法应付；其次，现代体育新闻不仅要报道比赛场内所发生的事情，而且还将新闻视角延伸到比赛场外，既要报道比赛的过程与结果，又要报道那些为大众所关注的与体育运动有关的人和事，如体育明星的个人生活、著名俱乐部的财政状况、俱乐部或球队的人员变化、与体育有关的司法诉讼，以及其他公众关注的体育问题等；再次，现代体育新闻报道具有专业性强、休闲性突出、受众面广泛等特点，表现出十分鲜明的报道特点与语言风格。这些都使以体育新闻及其报道特点为研究对象的体育新闻学具有很强的专业性特征。

2. 体育新闻学是一门交叉性很强的学科

体育新闻学与其他新闻种类相比，既表现出一般新闻所具有的共性，又表现出专业新闻的鲜明个性，因而不懂体育的人和不懂新闻的人都很难做好体育记者。因此，体育新闻学的学科理论体系，必然表现出这一共性与个性的高度统一。具体而言，体育新闻学既是新闻学在体育报道这一特殊领域中的渗透与拓展，又是体育这一人类社会文化活动在新闻传播业中的体现与延伸。因此，体育新闻学可以说是新闻学与体育学相互渗透与参与的学科，是这两种不同领域和特质的学科一般原理的具体化、边缘化和交叉化。它既概括了新闻学与体育学的基本理论与原则，又具有自身完整的学科特色与体系。

3. 体育新闻学是一门应用性很强的学科

体育新闻学的应用性表现在它不是一门“形而上”的学科，而是一门面对受众需求、直接为新闻报道实践服务、具有很强操作性的学科。在体育新闻成为最受公众欢迎和喜爱的报道品种的今天，如何做好体育报道，使之既能满

足广大受众的需要，又能促进体育运动的健康发展，同时还能给媒体自身带来良好的社会效益及经济效益，已成为当今大众传媒所必须面对的重要课题。因此，体育新闻学的主要任务之一，就是要研究和探讨在体育新闻实践中迫切需要理论性指导和亟须解决的应用性问题。而这正是体育新闻学作为一个相对独立的新闻学科方向的价值所在。例如，在体育报道中如何处理记者和媒体与体育组织、俱乐部、运动员、体育明星、球迷的关系？体育新闻如何发挥媒体舆论的监督作用？体育新闻如何才能满足公众对于体育报道、体育咨讯、体育评论等方面的需求？体育报道如何才能做到真实、客观、公正，既符合新闻职业道德规范，又达到最佳新闻传播效果？媒体如何面对当代体育实践中出现的诸如歧视、假球、黑哨、赌球、贿赂和球场暴力等丑恶现象？可以说，体育新闻学的鲜明应用性特征，既是该学科的基本性质与功能所决定的，更是体育新闻实践和现代体育发展的需要所决定的。

4. 体育新闻学又是一门实践性很强的学科

体育新闻学的实践性是指，与其他纯理论性的学科相较，体育新闻学不是一门纯理论性、纯学术性的学科，而是一门具有很强实战性和操作性的学科。这是因为，其一，体育新闻学的全部理论来源于体育新闻实践，并服从于这一实践的需要；其二，体育新闻学的目的和宗旨只有一个，即应用与服务于体育新闻实践活动，为体育新闻实践提供本学科的基本知识和理论指导；其三，正因为以上两个特点，体育新闻学的研究和学习过程本身无法脱离新闻实践活动。报纸、杂志、广播、电视和网络等各类媒体的体育报道活动和环节，包括体育报道策划、采访、写作、编辑、体育专题制作和体育评论等业务活动，甚至体育新闻栏目、节目的设置、专业性体育媒体的管理与营销、市场及受众调查等，都是体育新闻学的研究对象。可以说，体育报道的实践性与操作性决定了体育新闻学的实践性特征，贯穿于体育新闻学的整个研究与学习过程之中。

除了上述特点以外，中国的体育新闻学还有一个重要特点，就是要在马克思主义指导下，根据我国的社会主义性质与国情来探讨和阐述中国体育新闻报道的性质、原则、规律及特色，研究和阐明体育新闻报道如何为我国的社会主义文化和体育事业服务。中国的体育新闻学研究应当具有时代的责任感和探索精神，就体育新闻报道实践中所面临的重大理论问题和业务问题进行研究和探讨，特别是就体育新闻报道如何有利于推动我国的现代化建设和精神文明建设，如何有利于促进我国新闻事业与体育事业的健康发展，如何通过体育新闻报道增进中国与世界文化的相互交流与沟通，体育新闻报道如何坚持正确的舆论导向和行使媒体对体育运动的舆论监督功能等一系列重大实践问题作出理论层次的应答与阐释。

三、学习和研究体育新闻学的意义

在现代新闻事业中，体育新闻已经成为最为大众所喜闻乐见的新闻品种之一。同时，在长期的报道实践中，体育新闻逐渐形成了有别于其他新闻种类的独具个性的报道特点与风格。学习与研究体育新闻报道的特殊规律，对于当代体育新闻工作者具有十分重要的意义。

（1）学习和研究体育新闻学能帮助我们认识和把握体育新闻报道的特殊规律和基本知识，从而对体育新闻实践具有重要的理论指导意义。随着现代体育与大众传媒的关系越来越紧密，体育新闻作为现代大众传媒和新闻事业不可缺少的报道品种，其影响越来越大，专业性越来越强，个性也越来越突出，业界与受众的要求也越来越高。在这种背景下，普通新闻学已不能完全解释和解决当代体育新闻报道实践中所遇到的大量专业性问题。体育运动的特殊性决定了体育新闻实践除了要遵循新闻学的一般规律外，还必须探讨体育新闻报道的特殊规律。这就需要我们对体育新闻进行专门的研究和认识，认识和把握体育新闻报道的特殊性与规律性，从而为体育新闻实践提供指导与依据。

（2）学习和研究体育新闻学能帮助我们认识与把握从事体育新闻报道的特殊知识和技能，从而对体育新闻人才的培养和提高具有重要的意义。长期的体育新闻报道实践表明，相对于其他新闻门类和品种来说，体育新闻在业务上有其自身的特殊规律和操作技能。例如，现代体育运动项目繁多，仅 2008 年北京奥运会就设有 28 个大项，302 小项；2010 年温哥华冬季奥运会设有 15 个大项，28 个小项，且报道场合、地点、环境、要求等相差很大，没有专业的体育报道知识和技能是无法完成这样专业的报道任务的。又如，围绕一场高水平赛事或大型运动会，从赛前报道、分析和预测，到比赛过程中的电视或网络直播，直到赛后各类媒体的报道和评论；甚至所用的文章体裁、语言风格、数据统计、画面制作穿插、标题制作等，体育新闻报道都形成了与其他新闻相对十分特殊的报道形式、语言风格和操作方法。因此，研究、总结和传授体育新闻的采编业务经验和有关知识技能，是体育新闻学的重要任务和功能之一。

（3）学习与研究体育新闻学对于培养体育新闻工作者具有重要意义。在当今的新闻实践中，体育新闻的特殊性和专业性已越来越为新闻业所认识。随着现代体育的发展，体育运动的项目越来越多、内涵越来越丰富、社会化程度越来越高、影响也越来越广泛，没有受过专业训练的新闻从业人员是很难胜任体育新闻报道工作的。同时，由于媒体之间的竞争激烈，体育新闻已成为各类媒体竞争的主要战线之一，其报道形式的多样化、丰富化和深层次化，也促使新闻工作者必须研究体育新闻报道的特殊规律和技能技巧。体育新闻学正是担负着研究、培养和造就合格的体育新闻工作者的任务。

四、如何学好体育新闻学

（一）培养对体育与新闻的兴趣爱好

体育新闻是一类特色鲜明，专业性很强的新闻品种。当代体育新闻报道实践表明，了解与熟悉体育运动，是从事体育新闻报道工作的必要前提和业务基础。而要做到这一点，除了热爱新闻事业以外，个人对体育运动的兴趣与爱好是做一名好的体育新闻工作者的重要前提。因为只有爱好体育，才能使体育记者和体育编辑在其报道工作中投入更大的热情，将工作与兴趣相结合，把工作化为乐趣，由此而主动去学习和积累更多的专业知识。20 世纪 90 年代以来中国发行量最大的体育周报《体坛周报》就曾针对体育新闻的特点提出了“兴趣即工作”的理念，认为只有把工作与个人的爱好融为一体，才能做好体育报道工作。《体坛周报》要求体育记者和编辑首先必须是一个“真正的体育迷”，认为唯有体育迷才能最贴近体育，唯有体育迷才能把体育新闻当做事业而不仅仅是谋生的手段，才会发自内心地充满工作激情。《体坛周报》在引进人才时，也把是否爱好与熟悉体育作为首要指标之一。① 在采编人才的招聘引进上注重其对体育运动的兴趣爱好及熟悉程度，被认为是《体坛周报》成功的重要因素之一。

同样的道理，作为一名新闻专业的学生，要学好体育新闻的理论、知识和报道技能，首先就要培养自己对体育运动和新闻事业的兴趣与爱好。应多参加体育活动，在增强体质的同时增加对体育运动的感性认识；第二，首先，要想做一名体育记者，就要多看报纸上有关体育比赛的报道和电视体育节目，尤其是那些重要的赛事转播与报道，培养自己对各种体育比赛的兴趣，熟悉新闻报道中最常见的体育项目、赛事、俱乐部和体育明星，从而为将来自己从事体育报道打下基础；第三，还应多读好的体育新闻作品，包括阅读优秀的体育报道作品和评论，多看优秀的体育专题节目，并勤于动笔写作。只有将学习与爱好相结合，才能更好地激发自我的能动性和积极性，掌握体育新闻报道的有关理论、知识与技能，为将来成为一名合格的体育新闻工作者做好准备。

（二）努力扩大知识面，提高自身的文化修养

现代体育新闻报道不仅仅是要报道比赛过程与结果，而且要通过记者的报道，表现体育运动中的人格魅力和人性力量，宣扬体育精神和道德风尚，反映

① 蒋祖烜主编. 直击体坛周报现象［M］. 长沙：湖南大学出版社，2004：17.

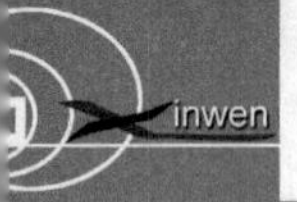

体育之美与运动之乐，寓文化教育的价值于体育报道之中。同时，体育新闻还要报道那些为公众所关注的各类与体育有关的事情，如发生在体育比赛幕后的各种事件、体育明星的生活情况、与体育有关的商业活动等。体育媒体还要对当代体育运动中出现的各种违背体育精神的现象予以批评，对违法乱纪的行为予以监督和揭露。因此，当代体育记者不仅要精通体育知识和新闻业务，还应有深厚的哲学、文学、历史及其他社会科学功底。另外，为了适应当代体育报道广度和深度的变化，体育记者还应懂得一些经济、金融、商务、司法等方面的知识。总之，一位体育记者应该是位全才，他的知识面越广、越全面，就越有利于他写出好的体育报道和作品。那种以为只要能看懂比赛，再会点写作就能当一名体育记者的看法是不正确的。

对于体育记者要拥有宽广的知识面这一点，不少老体育记者都深有体会。他们指出："体育记者与一般体育爱好者或球迷的最大不同，在于更有'文化'。体育报道不能老是就比赛谈比赛，不能老是几比几，而要有文化的底蕴和味道。一个有阅历、有知识、有思想、有能力的体育记者总是能够左右逢源，并且独具慧眼、法眼，见人所未见，发人所未发。"① 因此，要学好体育新闻学，就不能只局限于体育新闻本身，而应养成主动学习和阅读的习惯，努力扩大自己的知识面，提高文化修养，不断进行自我的知识更新和积累，并在此基础上提高自身体育新闻报道的专业素质与能力。

（三）重视自身能力的培养

在体育新闻学的学习过程中，应该建立这样的观念：学习体育新闻学从本质上来说是能力的培养，而不是死板的知识灌输。体育新闻学是为体育新闻报道实践服务的，而从事体育新闻报道不仅需要理论和知识，更需要有把体育新闻报道的理论与知识灵活运用于报道实践的能力。这既包括记者采访、写作、编辑等业务能力，更包括学习能力、公关能力、灵活处理各种情况的能力、克服困难与适应各种压力的能力等。由于体育新闻报道的特殊性，体育记者在报道过程中会遇到各种各样的困难与问题。在这种情况下，体育新闻工作者必须凭借自己杰出的能力来完成报道任务。因此，学习体育新闻学的一个重要方面，就是要在新闻实践中努力培养自身的综合素质与工作能力。

曾在 1984 年洛杉矶奥运会上抢先报道中国运动员许海峰夺取中国首枚奥运金牌的新华社记者高殿民在总结其长期从事体育报道的经验时指出："做一名合格的记者，必须练就过硬的快速反应能力。战役性报道往往是对一名记者综合能力的检验，因为要在短时间内圆满完成高质量的报道任务，没有平时的

① 何慧娴主编. 百名中国体育记者自述［M］. 北京：人民体育出版社，2000：117.

积累和深厚的功底是不行的。”① 正因为体育新闻报道是一个富有挑战性的事业，因而学习体育新闻学一定要注重对自身综合素质与业务能力的培养。例如，体育记者必须具有与体育界各类采访对象打交道的能力、发现与获得独家新闻的能力、新闻报道策划与采写的能力、发掘与积累新闻资源的能力、与媒体内部采编部门进行良好合作的能力、适应艰苦报道环境和工作条件的能力等。只有既重视体育新闻学有关理论、知识与技能的学习，又注意自身综合素质与各种能力的培养，才能真正学好体育新闻学，掌握体育新闻报道所需要的各种理论、知识与技能，从而为将来从事体育新闻工作打好基础。

（四）在实践中学习和掌握体育新闻报道的各种知识与技能

体育新闻报道既是一种新闻实践活动，也是一种社会实践活动。体育记者在工作中不仅仅是看看比赛而已，而是要从事各种差别很大的体育项目和赛事的报道、与各种各样的人打交道，在各种各样的复杂情况和困难条件下完成报道任务。这些都不是在课堂里或书本上能够学到的。因此，要学好体育新闻学，既要重视有关理论和知识的学习与探讨，更要注重到新闻一线去实践和学习。只有到媒体工作岗位上去，将理论与实践相结合，才能真正掌握体育新闻报道的技能方法，积累必要的从业经验，培养提高自己的新闻业务能力。

在新闻实践中学习与提高，既是学习体育新闻学的特殊要求，也是学习体育报道过程中不可缺少的重要环节。一方面，新闻专业的学生与初进媒体的新手应很好地利用在新闻一线实习的机会，通过新闻活动实践来获得必要的报道经验和感性知识；另一方面，在学习体育新闻学时，应重视实践性的训练，培养自己的动手能力，尽可能将理论学习与新闻实践结合起来，将实践贯穿于整个学习的过程中。

思考题

1. 什么是体育新闻？其任务、宗旨是什么，有何特点？

2. 什么是体育新闻学，其任务是什么？主要包括哪些研究内容，其主要特点有哪些？

3. 学习体育新闻学的意义是什么？为什么体育记者要学习体育新闻学理论与知识？

4. 学习体育新闻学应注意哪些方面？

---

① 何慧娴主编. 百名中国体育记者自述［M］. 北京：人民体育出版社，2000：619.

第一章 体育新闻简史

本章提要

古希腊人是体育新闻的创始者和早期实践者。

近代体育新闻产生于19世纪上半叶。它是近代体育与近代新闻业互动的产物。

1883年，美国新闻业的先驱普利策在《世界报》社首次设立了独立的体育新闻部，并配备了专职的体育记者来从事体育采访和报道。从此，体育新闻作为一个正式的新闻品种登上了大众传媒的舞台。普利策也因此成为近现代体育新闻的开创者与奠基者。

20世纪下半叶发生的体育革命促进了体育新闻的兴盛与发展。体育新闻成为最受大众欢迎的新闻品种。

1849年鸦片战争后，中国近代大众传媒在宣传与传播近代体育，尤其是推动中国近代竞技体育的发展上起到了无可替代的重要作用。中国近代体育新闻也应运而生。

1949年中华人民共和国成立以来，我国体育新闻事业获得了前所未有的发展，成为新闻事业的一个重要组成部分，有力地推动了我国体育事业的发展。

改革开放以来，伴随着中国体育事业的腾飞，中国的体育新闻获得了巨大发展。

2008年北京奥运会也是媒体的盛会，推动中国体育新闻报道迈上新台阶。

第一节　古代的体育新闻传播

一、体育新闻的起源

以竞技和健身活动为核心的体育运动是人类最古老最基本的社会文化行为和生存样式之一。与人类历史发展进程相对应，体育运动也经历了原始、古代、近代和现代四个阶段。作为体育运动的衍生文化样式，体育信息的传播活动从内容到手段都经历了一个逐渐演进和发展的过程。

作为一种人类特有的文化行为，体育从其脱离自然形态伊始，便具有了人类信息传递的特征和属性。在早期人类文明中，有关体育运动的所有信息，包括知识传授和讯息传递，都必须依赖语言的交流。语言交流，是最早的体育新闻传播方式和最古老、最基本的传播手段。

人类有关体育最早的记载，见之于原始人类留下的有关当时狩猎游戏的岩画遗址。这类岩画遗址，在非洲、欧洲和亚洲等地都有所发现。原始人类将他们的狩猎过程和歌舞游戏活动刻画在陡峭的山岩上，既是通过巫术行为传达某种神秘的信息，又具有传授和表达内心感受的功用。

文字的发明，使人类体育知识和信息的传播行为方式发生了深刻的革命，开始出现了文化学意义上的体育新闻传播。人类开始使用文字来记载和传播有关体育活动的消息与信息。文字使人类拥有了积累、研究、教授和传播有关体育与竞技知识的有效工具和手段，从而有力地推动了人类体育事业和竞技运动的发展和进步。

在古埃及与古巴比伦地区，人们不仅将体育和游戏的内容记载在纸上，而且刻画在各种精美的陶制器皿和金字塔石壁上。通过这些图画，后人得以知晓这些地区古代体育的发展情况。

二、古代奥运会与体育新闻

古希腊人创造了丰富的古代竞技运动和灿烂的奥林匹克文化。古奥运会从公元前 776 年至公元 393 年历时 1169 年，共举办了 293 届。在奥运会上，在最短时间内用最快的速度准确地向全希腊各城邦报道和传递比赛的过程及结果，成为古希腊人在奥运会期间最重要的工作之一。为此，希腊人在每届奥运会上都专门设立了新闻发布官，并由专人向各城邦及时传递最新的比赛消息。从这个意义上说，古希腊人是体育新闻的创始者和早期实践者。

古希腊人传播体育消息的方式主要是语言和文字。当一场比赛刚一结束，新闻发布官便从裁判长处获得比赛的最终成绩和结果，然后在随即举行的发奖仪式上大声宣告。这时，专门选出的善于长跑的信使便立即上路，用最快速度将比赛的消息和结果用口信和书信的形式传递到各希腊城邦。古希腊奥林匹克运动会的专职新闻发布官和信使，是世界上最早的体育新闻工作者。因此，体育新闻的出现最早可以追溯到公元前776年首届古希腊奥林匹克运动会上由新闻官及信使以口头形式发布和传播比赛消息。

古希腊体育新闻的内容主要是奥运会以及其他大型泛希腊运动会的比赛消息。希腊人还以诗歌、散文、戏剧等体裁吟诵比赛的胜利者与冠军获得者，并古希腊人还将每届奥运会冠军的名字镌刻在金杯上和石柱上。如一位选手连夺三届奥运冠军，则将他的运动塑像置于奥林匹亚山下。这既是一种无比显赫的荣誉，又是传播奥林匹克文化的一种方式。

古罗马时期，出现了以罗马大竞技场为代表的观赏型体育娱乐模式。与希腊人不同，罗马人将竞技运动与军事技能训练区分开来，使竞技运动变成一种纯粹的观赏娱乐活动，而不是公民亲自参加的健身活动。罗马人热衷于到竞技场观赏具有高度危险性和刺激性的马车比赛和由奴隶、战虏进行的格斗，并对比赛的优胜者投注赌博。罗马人的这种休闲娱乐方式使得各种竞技与比赛消息的发布和传递变得十分重要，由此形成了围绕大竞技场而形成的信息传递系统。一方面，罗马人依靠专门的信使发布传递竞技消息；另一方面，政府也利用公告栏的方式向公民公布竞赛信息。如公元前59年罗马执政官恺撒创办的官方消息公告《每日大事》中就不时刊登各类竞技消息。罗马人将体育赛事和各种竞技作为休闲性观赏活动的习俗，推动古代的体育新闻报道进入了一个新的繁荣时期。但是，随着古希腊奥运会的衰落和罗马帝国的衰亡，以奥运会等大型竞技运动的信息传递为中心的古代体育新闻报道形式亦随之消失。

三、古代体育新闻的特点

古代的体育新闻既是古奥运会的有机组成部分，又对传播和推动以奥运会为代表的古代竞技运动发展起到了重要作用。它是特定时代和特定文化背景的产物。总体来说，古代的体育新闻具有以下特点：

（1）由于受传播手段的局限，其传播方式以语言传播为主，辅之以文字和图画雕塑等形式。

（2）传播范围狭窄。如古奥运会消息仅在希腊地区传播，而古罗马的体育消息受众则仅局限于统治者阶层。

（3）传播内容简单，仅以一些比赛成绩和消息的发布为主。

（4）无固定的大众传播媒介，也没有形成专业的体育新闻组织和职业。如古奥运会的新闻发布官和传令使者均由临时选定的贵族担任。

其五，由于古代体育在世界各地区发展的文化形态不一，因而体育新闻传播主要发生在古希腊、古罗马这样产生了大型综合性运动会的国家与地区。而就是在欧洲，伴随着罗马帝国的灭亡和奥运会被信奉基督教的统治者所取缔，古代体育新闻报道也随之而消失。

第二节　近代体育新闻的兴起与演变

一、近代体育新闻的产生

近代体育新闻产生于19世纪上半叶。它是近代体育与近代新闻业互动的产物。近代体育新闻的产生有赖于三大因素：第一，竞技运动的成熟与社会普及化程度；第二，市场化廉价大众传媒的出现；第三，受众的文化水平与对体育的兴趣。从19世纪30年代廉价报纸的出现到第二次世界大战前，是体育新闻的形成与发展时期。在这一时期，近代体育的发展与大众化廉价报纸的出现，成为近代体育新闻的催生剂。

英国是近代最早实现工业化的国家，也是近现代竞技体育的发源地。19世纪上半叶，随着工业革命带来的城市化和市民阶层的形成，竞技运动开始由英国上流社会和贵族学校传播至全社会，成为深受大众尤其是青少年喜爱的集健身、娱乐、休闲为一体的社会活动。由于竞技运动具有鲜明的大众性、娱乐性、竞争性和观赏性等特点，既可以作为个人健身和娱乐的方式，又是一种参与性和观赏性很强的社会活动，因而19世纪30至40年代，英国出现了很多学校与学校、城市与城市、社区与社区之间的棒球、板球、划船等比赛，并引起了大众的浓厚兴趣。

足球是英国开展最早也是社会影响最大的比赛项目之一。1848年，英国制定首部足球规则《剑桥规则》后，足球运动很快在英国开展起来。1857年，世界上首个足球俱乐部谢菲尔德足球俱乐部成立。1863年成立了世界上第一个足球协会——英格兰足球协会。1871年，世界上首个足球正式比赛英格兰足协杯赛开打。1872年，英格兰与苏格兰之间举行了世界上首次国际比赛（会际比赛）。1888年，英格兰举办了世界上首个足球联赛。由于以踢球为谋生手段的职业球员越来越多并成为俱乐部的财产，1885年6月20日，英格兰足球协会决定正式承认职业足球的合法地位。此后，足球运动开始在法国、德国、意大利、西班牙等国开展起来，在这些欧洲国家的城市中先后诞生了世界

上最早的一批足球俱乐部。

1923 年 12 月，英格兰足协在伦敦全会上将职业足球队员定义为：所有在足协登记为一种职业的，或接受报酬，或在其住宿、交通所必需的费用以外，再接受任何形式的报酬的，都是职业运动员。从此，职业运动开始在欧美各国发展起来。到 19 世纪末，欧洲与美国已拥有数以百计的职业运动俱乐部。这些专门以运动表演为职业的俱乐部之间定期举行比赛，拥有大量的球迷和观众。到 20 世纪初，职业体育已成为欧美大众文化的一个重要组成部分，与奥运会为代表的业余体育共同构成近现代竞技体育的双轮。

早在 19 世纪初，竞技运动便经英国移民传播到了北美大陆。至 19 世纪上半叶，拳击、赛马、棒球等运动在美国各地广泛开展起来，并逐渐养成了美国人酷爱运动的天性。1845 年，美国出现了第一个棒球俱乐部。到了 19 世纪 60 年代，北美已出现了数以百计的运动俱乐部。在此基础上，一些运动项目开始向专门从事表演观赏的职业方向发展。1869 年，美国出现了第一支职业棒球队——辛辛那提红袜队。1871 年，美国成立了全美职业棒球运动员联合会。1876 年，全美职业棒球联盟成立。近代职业体育开始在美国发端并开展起来。

竞技运动在欧美的蓬勃开展越来越受到公众的关注和喜爱，为这一时期刚出现不久的欧美市场报纸提供了不可多得的报道内容。

近代报纸的雏形最早出现于 17 世纪初的德国，随之在英国、法国、瑞典等国逐渐流传开来。早期报纸的主要内容是反映政治动态和宗教宣传，而社会新闻、文化娱乐及体育新闻等几乎没有或极少涉猎。从 19 世纪 30 年代起，由于近代印刷技术的发展，一场以近代报纸、杂志、书籍为中心的大众传播浪潮席卷了欧洲与北美大陆。以 1833 年 9 月 3 日创刊的美国《纽约太阳报》为标志，被称为“便士报”的廉价报纸的出现推动了报业的革命。报纸开始由上流社会的奢侈品和政党的宣传工具变为市民化的大众传媒，并成为市场化的特殊商品。正是在这样的背景下，体育运动因其深受大众关注和喜爱，成了报纸报道的对象。体育新闻也因此应运而生。

“便士报”出现以后，一些报纸注意到了体育运动在大众中的影响力，开始在报纸上不时刊登一些体育比赛的消息。特别是作为近代户外竞技运动发祥地的英国及其殖民地，像赛马、板球、划船等比赛消息经常成为报纸的报道内容。但是，这还只是一些零星的报道，既没有固定的体育版，也没有专门的体育新闻部和体育记者，其内容也是一些极简单的消息报道而已。

作为一个相对稳定的新闻品种，近代体育新闻主要形成于 19 世纪下半叶的美国。

竞技运动在美国有着悠久的传统和深厚的土壤。19 世纪上半叶，英国的户外运动和竞技运动随着欧洲移民传入美国后，很快在全美各地流行开来，人

们参加体育活动和观赏竞技比赛的兴趣日益浓厚。在这样的背景下，以英国的体育书籍和体育杂志为蓝本的体育新闻开始在美国的报纸上出现。早在1773年，《波士顿政府公报》就对英国的拳击比赛作了报道。1819年出版的《美国农场主》（The American Farmer）是美国专门报道体育的第一个出版物，主要报道钓鱼、打猎、射击、自行车等运动。①

19世纪30年代出现的"便士报"即廉价市场报是体育新闻产生的摇篮。美国学者将1830年到1865年称为体育新闻"被大众所认可的时期"。② 这一时期出现的《纽约太阳报》（New York Sun）、《纽约先驱报》（New York Herald）、《纽约文摘报》（New York Transcript）等报纸都将拳击、赛马、摔跤等运动作为经常性的报道内容。其中，由苏格兰人詹姆斯·戈登·贝内特于1835年创办的《纽约先驱报》堪称体育新闻报道的先驱。与同时期的报人相比，《纽约先驱报》总编辑贝内特是最早认识到体育新闻在吸引读者方面具有重要意义的人。在他的亲自指示下，该报经常刊登各种体育消息。但总体来说，除了赛马报道以外，这一时期的体育报道还很原始，报道的内容只是属于花边性质的零星比赛消息，报道十分简短而随意。由于没有专职的体育记者，这些体育消息都是由报纸其他部门的记者临时客串采写的。

除了报纸以外，体育杂志于19世纪中后叶开始出现。世界上第一份体育杂志是创办于1829年的《美国赛马与运动杂志》。这份杂志专门以报道赛马消息和登载有关赛马知识为主。由于当时美国经济与文化的特点，不少体育杂志都将赛马作为其主要的报道内容。同时期出现的《时代精神》一类杂志也大量报道各种体育比赛并传播体育知识，在大众中产生了较大影响。

19世纪中叶以后，随着体育运动深入社会和报纸体育新闻的兴起，出现了越来越多的专业性体育杂志。其中影响较大的有以钓鱼与户外运动为主要内容的《森林与溪流》杂志、综合性体育杂志如《运动生活》、《体育新闻》等。由于自行车运动的兴起，法国也出现了《自行车杂志》（Journal des Velocipedes）、《自行车时代》（Chronique Velocipedique）等刊物。

二、近代体育新闻的开创者——约瑟夫·普利策

体育新闻正式登上新闻报道的舞台是在19世纪80年代所谓的"黄色新闻时代"。由于激烈的市场竞争，这一时期以约瑟夫·普利策的《世界报》（The World）和威廉姆·拉道夫·赫斯特的《纽约新闻报》（New York Journal）为

① （美）威廉·尼克斯等. 体育媒体关系营销［M］. 沈阳：辽宁科学技术出版社，2005：24.

② （美）布鲁斯·加里森等. 体育新闻报道［M］. 北京：华夏出版社，2002：17.

代表，大量报道各种刺激性新闻以争夺读者。而这种“黄色新闻”的主要特点之一，就是以各类灾难事件报道和体育新闻为主。由于这一时期各报都对体育新闻尤为重视，从而成为体育新闻发展的一个重要时期。

1883年，美国著名的报业改革先驱普利策买下《世界报》后，以敏锐的眼光注意到了体育新闻及比赛深受大众的喜爱和关注，决定将体育新闻作为《世界报》的重点报道内容之一。为了适应体育新闻报道专业化的要求，提高报道品质，他在《世界报》中首次设立了独立的体育新闻部，并配备了专职的体育记者来进行体育采访和报道。普利策的这一做法成为体育新闻发展的里程碑和划时代事件。从此，体育新闻作为一个正式的新闻品种登上了大众传媒的舞台。普利策也因此成为近现代体育新闻的开创者与奠基者。

普利策在其《世界报》上大量登载体育新闻的做法深受读者欢迎，这使报纸的销量扶摇上升，因而很快为其他报纸所仿效。此后，美国各大报纸纷纷效仿《世界报》开设专门的体育栏目，建立专门的体育记者队伍，成立体育编辑部门。1895年，普利策的竞争对手赫斯特为了在体育报道上与《世界报》竞争，在其《纽约日报》上开辟了第一个体育版。此举立即为美国各报所仿效。

普利策的体育新闻改革对欧洲各国报业也产生了重大影响。当时在欧洲具有“报业拿破仑”之称的英国人诺恩克利夫勋爵于1896年模仿美国报业的做法创办了《每日邮报》，并将体育新闻作为其重头戏推出。他不仅请名人主持体育专栏，而且还别出心裁地在报纸上设立体育比赛的猜奖活动，一时获得巨大成功，报纸的发行量高达一百万份。

法国除了在日报上模仿美国报纸的体育版外，还于1891年创刊了专业体育报纸《自行车》（Cycle），1900年又创办了《汽车》报。这些专业体育报的出现，使法国的体育新闻报道独具特色。

以普利策的《世界报》为开端，到19世纪末，体育新闻和体育专栏已经与时政、财经、社会、文化等新闻并列，成为近代报纸不可缺少的一个重要组成部分，并形成了自己独特的新闻品质与报道风格。

三、新技术推动体育新闻的发展

从19世纪末到20世纪初，电话、电报和无线电技术等一系列通讯技术的发明，推动世界新闻业进入了新的发展阶段。这些新技术发明，尤其是马可尼发明的无线电报被立即运用于体育新闻报道，极大地提高了体育新闻报道的时效性，拓展了体育新闻采访报道的空间范畴，由此导致了体育新闻采访与传稿方式的革命。

1894 年，马可尼发明了电报。1897 年 5 月 18 日，马可尼进行的横跨布里斯托尔海峡的无线电通信取得了成功。1898 年，在英国举行的“美洲杯”快艇比赛中，英国的《都柏林快报》聘用了马可尼，要他用无线电报传递赛艇到达距岸 30 公里的信息。这是马可尼的发明首次被运用于体育赛事，同时也是无线电报系统首次服务于民用。1899 年秋，美联社雇用了马可尼，请他帮助报道在美国纽约海岸边举行的国际快艇锦标赛。马可尼用自己发明的无线电台装备了两艘船，在 5 小时内连续向距离 106 公里外的美联社总部拍发了 3 400多字的现场消息稿件。马可尼的发明革命性地改变了新闻媒体前方记者与后方编辑的传稿交流方式，从而引发了体育新闻传播的革命性变化。1916 年，美联社第一次通过电报从世界职业棒球联赛的赛场向本系统内部各个报社发送了详细的赛事报道，这成为世界新闻传播史上一个划时代的事件。新技术的出现，大大提高了体育新闻报道的效率。尤其是不同的国家、城市、地区之间传送比赛比分和比赛统计数据时，无线电报带来了体育新闻报道前所未有的变化与进步。电报发明后，欧洲大陆的一场比赛刚结束，前方记者采写的稿件能在当天就迅速用电报传给设在英国或美国的后方编辑部供其处理发表。由于时效性的增强与报道范围的扩大，体育新闻由此真正成了一个拥有稳定报道资源的新闻品种。

广播与收音机的出现也对体育新闻报道产生了深远的影响。1920 年 11 月，美国匹兹堡的 KDKA 电台首次通过广播向公众公布了总统选举结果。距此不到一年，即 1921 年夏天，这家电台就为听众提供了棒球比赛的消息。

1921 年 4 月 11 日，匹兹堡 KDKA 电台现场播报了两位轻量级拳击选手约翰尼·莱尔与和约翰·邓迪之间的比赛，由《匹兹堡邮报》记者弗罗伦特·吉布森担任解说。但由于这场比赛知名度不高，在当时鲜为人知。1921 年 7 月 21 日，在新泽西赫伯坎举行的重量级拳王争霸赛中，由美国当时最著名的拳王杰克·丹普西迎战法国拳王卡彭特，这场比赛轰动了全美国，也成为体育广播的里程碑。这场“世纪大战”由当地电台 WJY 转播，由 RCA 杂志《无线电时代》的发行人 M. A. J·怀特向 9 万观众现场解说。怀特也由此被认为是历史上第一位正式的体育解说员。怀特的现场解说是通过电话线传到离赛场两公里外的火车站，再由他的助手 J. O·史密斯通过电台设备向收音机前的听众转述。当时全美各地大批不能到现场观看比赛的拳击爱好者都通过收音机来了解比赛进展。广播电台的体育赛事转播从此显示了其强大的传播影响力。

此后，体育比赛成为最受美国公众欢迎的广播电台节目。在 1912 年举行的世界职业棒球联赛中，出现了电台记者在比赛现场通过电话与电台通话，直接向公众即时直播比赛的报道形式。至 20 世纪 30 年代，美国已有将近 5 000 万广播听众，收音机成为广大体育爱好者必备的装备。每当有精彩的比赛时，

在全美各地的家庭和大街小巷中都挤满了围着收音机听现场转播的人。广播的出现不仅打破了以往印刷媒体一统天下的格局，而且开创了比赛现场即时直播这一最新、最快的体育报道方式，成为体育新闻报道的又一里程碑。

四、现代奥林匹克运动的兴起与体育新闻

现代奥林匹克运动的复兴是世界近现代体育史上的重大事件，对整个 20 世纪的体育发展产生了极为深远的影响。无论是在现代奥林匹克运动的兴起还是发展的过程中，新闻媒体都起到了极为重要的作用。同时，奥林匹克运动也推动了体育新闻的发展。

1892 年 11 月 25 日，伟大的“奥林匹克之父”皮埃尔·德·顾拜旦在庆祝法国体育运动协会联合会成立 5 周年大会上发表著名演说，首次公开提出了复兴奥林匹克运动会的主张。这一主张立即得到了欧洲各国新闻媒体的支持并给予了报道。为了实现复兴奥林匹克的目标，顾拜旦奔走于欧洲各国，积极宣传奥林匹克理想。顾拜旦本人就是一名体育新闻的好手。早在 1889 年底，他就创办了专业性的体育学术刊物——《体育运动评论》（Revue Athletique）。1894 年 7 月，在他的积极努力下，国际奥委会（当时名为奥运会国际委员会）的季刊《通讯》（Bulletin）面世。这是当时报道现代奥林匹克运动最新进程、宣传与研究奥林匹克理想的专门刊物，在推动现代奥林匹克运动兴起方面起到了重要作用。

顾拜旦的事业和理想得到了欧洲各国及美国新闻界和媒体的热烈反响和大力支持，各国报刊相继发表了大量有关奥林匹克的文章和新闻。在新闻媒体的有力宣传与支持下，第一届现代奥林匹克运动会于 1896 年在希腊雅典开幕。在首届奥运会期间，希腊雅典的《信使报》（Messager）是刊登首届奥运会信息的主要报纸。该报副刊不仅报道了奥运会的消息，还登载并解释了比赛项目的规则。欧洲与美国的各大报纸也以极大的热忱报道了首届奥运会。这些都为宣传近代体育及奥林匹克思想、推动全社会关注和投身体育健身活动、促进体育的科学化、社会化和国际化起到了不可取代的作用。可以说，近现代奥林匹克运动是体育界和新闻界共同奋斗的结果，新闻界和大众传媒为首届现代奥林匹克运动会的成功召开作出了不可磨灭的贡献。

五、近代体育新闻的特点

近代体育新闻形成与发展的主要特点是：

其一，近代体育新闻是近代体育与近代报业互动的产物。近代竞技运动的

兴盛与普及，为新兴的大众传媒提供了取之不尽、用之不竭的新闻资源；而以"便士报"为代表的廉价报纸的出现，又以体育新闻报道的形式向大众宣传体育，扩大了体育的影响，从而有力地推动了近代体育的发展。体育运动与大众传媒相互依赖、相互促进、共荣双赢，成为体育新闻产生与发展的根本规律。因此，近代体育新闻的产生与发展从根本上来说，是近代体育运动与新兴大众传媒共同发展的产物。

其二，体育新闻是近代工业文明和新技术发明的产物。与近代新闻事业发展过程一致，体育新闻从产生到发展，都与新技术发明密切相关。1910年发明的滚筒式印刷机，促进了大众化廉价报纸的出现，直接推动了以报纸等印刷性媒体为主要载体的近代体育新闻的产生。19世纪末20世纪初电话、电报和无线电的发明，尤其是广播的出现，又推动了体育新闻报道方式的革命。每一项信息传播的新技术的发明，都立即被运用于体育新闻报道。新技术的发明，成为体育新闻发展最有力的引擎与动力。另一方面，工业革命带来了城市的急剧扩大与发展，也带来了大众文化水平的普及与提高。大批涌入都市的蓝领工人将观赏本地球队的比赛视为生活中的大事和主要的娱乐方式，也使得报纸上的体育新闻日益成为最受读者欢迎与喜爱的新闻品种与报道内容。

其三，近代体育新闻的主要载体是以报纸、杂志等纸质印刷性大众传媒。从19世纪30年代起，由于激烈的市场竞争，促使以欧美各国以报纸为主体的体育新闻报道迅速发展。虽然广播的出现对报纸体育新闻的一统天下提出了挑战，但并未能动摇印刷性大众传媒体育新闻报道的地位。根据有关统计，1890年体育新闻在一份美国中西部的报纸中只占4%的版面，而到了20世纪20年代初，已占到了16%的版面。一项对美国十个大城市的日报所做的研究结果表明，1910年每份报纸每周平均有7个体育栏目，1920年为10个体育栏目，1930年则上升到18个体育栏目。体育新闻在这一时期已成为仅次于综合新闻、最受读者欢迎的新闻品种之一。①

其四，近代体育新闻为20世纪体育新闻的发展奠定了基础。从19世纪80年代起，在普利策等近现代新闻业先驱的领导下，体育新闻的报道方式与组织方式基本定型。欧美各国的大型综合性日纸均以普利策、赫斯特等人创建的模式来进行体育新闻报道，其中最重要的措施就是设立独立的体育新闻部，招聘并培养专职的体育记者与体育编辑，设置定期定版的体育版与体育专栏，并逐渐形成了大众化与俚语化的体育报道风格。这些措施与做法都为20世纪各类体育新闻媒体所继承和沿用。

其五，近代体育新闻在报道范围、报道方式及报道技巧等方面有较为明显

① （美）布鲁斯·加里森等. 体育新闻报道［M］. 北京：华夏出版社，2002：24.

的局限性。由于以图文印刷品为主要载体的近代体育新闻在传播手段上比较单一，在传播范围上有较大局限，难以满足广大受众，尤其是广大劳动阶层的普遍需要。同时，由于这一时期的体育运动，尤其是作为体育新闻报道主要对象的职业联赛和国际性赛事尚处于初期发展阶段，因而体育新闻的内容也比较散漫零乱，报道体裁单一、方式简单、随意性较强。另外，在报道过程中，媒体与记者常受本地球队和受众的情绪影响，常常忽视新闻的客观性与公正性，变成了一味迎合本地球队和球迷的“拉拉队”。这种将体育新闻报道简单化、程式化、情绪化甚至庸俗化的倾向与做法，严重影响了体育新闻的发展，使体育记者与编辑在业内的形象与地位以及传播效果都受到较大影响。

第三节 现代体育新闻的发展与演变

一、现代体育的变革与体育新闻

从第二次世界大战后到20世纪末的半个多世纪里，在政治、经济、科技等多种因素作用下，世界体育发生了巨大的变化，主要表现为体育社会化、产业化和全球化。这些变化深刻地改变了世界体育的面貌，使世界体育进入了一个前所未有的发展时期。而在现代体育这一剧烈变革过程中，媒体扮演了极为重要的角色，起到了独特的不可取代的作用。

1. 经济发展促进了体育的社会化

第二次世界大战结束以后，全球虽然时有局部战争，但没有发生新的世界大战，世界发展的主流是和平与发展。在长期的和平稳定局面下，世界经济很快得到复苏和迅速发展。随着欧美和亚洲部分国家国民生活水平和生活质量的普遍提高，加上战后各国工业化、城市化带来的种种问题以及激烈的社会竞争导致生活节奏加快和社会心理压力增加，欧洲各国公众和媒体对健康和娱乐的呼声日益高涨，对体育提出了越来越高的要求。在此背景下，1967年4月，挪威体育联盟率先发表了《体育振兴15年计划》，首次明确提出了大众体育理念：“使每一位国民都能够在日常生活中利用身边的体育设施参加有规律的体育活动，使整个社会健康而充满活力。”这一理念的提出，立即引起了欧洲各国的极大反响与积极响应。1969年12月，在挪威首都奥斯陆召开了第一次大众体育国际会议。1975年3月20日，在比利时首都布鲁塞尔召开的欧盟内阁会议上，审议通过了《欧洲大众体育宪章》，提出了“人人都有参加体育活动的权利”这一著名口号与理念。1978年11月，在第20届联合国教科文组织总会上讨论通过了《体育国际宪章》。其第一条就是“所有人都有发展全面

人格所不可缺少的参加体育活动的基本权利”。在上述国际性文件的制定与大众体育观念的提出过程中，欧洲各国主流媒体都始终给予了广泛的关注和热情的支持，促使欧洲各国政府开始高度重视大众体育问题，有力地推动了世界各国大众体育的蓬勃开展与广泛普及，有力地推动了世界体育的社会化进程。

第二次世界大战后，世界体育的社会化浪潮的另一标志，就是随着职业体育的开展，球迷群体迅速扩大，演变成为一种新的广泛的社会现象。第二次世界大战后，全球经济、科技的高速发展，有力地推动了体育的社会化和大众化。这不仅表现在越来越多的人参加到体育运动中来从事健身活动，同时还表现在以经常性观赏体育为特点的体育迷数量呈爆炸性增长上。20世纪后半叶，电视、报刊、网络等大众传媒与体育运动的结盟，在全世界造就了数以亿计的体育迷群体，这导致了传统体育概念的革命。现代体育不再仅仅是传统意义上的身体运动，同时又是一种以体育迷群体为特征的高度社会化和大众化的高情感运动。现代“体育爱好者”也不再仅仅局限于传统意义上的爱好体育锻炼者，而且包括经常观赏体育赛事的体育迷群体。这意味着体育运动在现代大众传媒的推动下成为真正的全球性的大众休闲娱乐文化。

2. 冷战推动了体育的全球化

第二次世界大战后，世界经历了将近半个世纪的冷战时期。在意识形态与政治意志的支配下，东西方两大阵营将奥运会等重大国际体育赛事变成了冷战的重要战场，在竞技体育领域进行了长期的较量与竞争。其结果之一就是促使了体育的全球化。在冷战时期，只有奥运会和世界杯足球赛等重要单项国际赛事，才能把全世界来自不同国家、不同民族、不同人种、不同意识形态和社会制度的人聚集在一起，举行盛大的和平庆典。例如，在1896年雅典举行的首届奥运会上，仅有13个国家的运动员参赛。而在1952年冷战初期在芬兰赫尔辛基举行的第15届夏季奥运会上，也只有69个国家和地区的运动员参加比赛。但是到冷战结束前的最后一届奥运会（1988年第24届汉城奥运会）上，多达160个国家与地区的运动员参加了比赛。这表明，在冷战时期，以奥运会与其他国际重大单项比赛为杠杆，体育运动实现了全球化。

3. 电视促进了体育产业化

体育电视节目所拥有的数量惊人的观众，形成了一个规模巨大的广告市场，现代传媒以购买电视转播权和广告的形式，为体育的发展提供了大量资金，并促进了职业体育的全面兴盛。在美国，从20世纪60—70年代起，商业电视和体育开始形成结盟关系。电视台向橄榄球、棒球、篮球、冰球、拳击等职业运动联盟、职业俱乐部或职业运动协会购买独家转播权，然后利用体育表演独特的魅力来提高收视率，并以插播广告的形式获取利润回报，从而有力地推动了体育运动的发展。在1984年洛杉矶奥运会上，首次采用了类似的商业化的做法，一举实现盈利 2.5 亿美元。其中美国广播公司以 2.25 亿美元取得了独家转播权，占了本届奥运会总收入的 60% 以上。2000 年悉尼奥运会收入达 26 亿美元，其中一半以上收入来自电视转播权的出售。

以 1984 年洛杉矶奥运会为标志和里程碑，现代体育改变了传统的纯消费形象和非营利运作模式，形成一个包括体育表演业、彩票业、制造业、销售业等为一体的全球化产业。例如，美国 NBA 职业篮球赛在 1996—1997 赛季总决赛的插播广告费用为每分钟 80 万美元。美式橄榄球 1997—1998 赛季总决赛的插播广告费为每秒 4 万美元。为了获得转播权，电视台要向职业俱乐部付出高额的费用，由此构成了当代体育产业的主要收益来源与核心产业。至 20 世纪 90 年代，体育产业的兴起已成为全球经济新的增长点。例如，1998 年，英国体育产业年产值近 70 亿英镑，超过了汽车业和烟草业产值。1999 年，全球体育年产值为 4 000 多亿美元，占世界贸易总额的份额 2.5% 左右。其中仅美国的体育年产值就近 2 000 亿美元。1990 年，日本体育产值仅为 4.2 亿日元，至 2000 年，就达 1 万亿日元。而这一切，在电视媒体出现以前是不可想象的。正是电视，尤其是 20 世纪 60 年代出现的卫星电视和稍后普及的有线电视，将体育比赛信号发送到全世界，客观上使得体育场的看台无限扩大，造就了全世界数以亿万计的球迷和电视体育观众，并带来了一个规模巨大的电视广告市场和体育赞助市场。

二、报刊体育新闻的迅速发展

20 世纪下半叶发生的体育革命促进了体育新闻的兴盛与发展。随着世界体育社会化、产业化进程，人们观看和阅读高水平体育比赛的兴趣日益增加，公众希望通过媒体了解更多有关体育赛事、体育明星、体育事件等方面的信息，体育新闻成为最受大众欢迎的新闻品种。体育运动的变革与发展，尤其是职业体育的发展，为大众传媒提供了极为丰富的报道题材和市场资源，而大众传媒又为体育运动的变革与发展提供了最重要的传播平台与资金来源。体育与传媒的联结点，就是体育新闻。

第二次世界大战以后，随着全球经济的繁荣与体育运动的发展，体育新闻在大众传媒中的地位和重要性显著提高，由一个相对不重要的新闻品种跃升为仅次于要闻版的主要新闻品种之一。为了争取受众，在竞争激烈的传媒市场中占得先机，从 20 世纪 60 年代起，欧美各大通讯社都加强了体育报道的力度。为了使赛事报道更为快速高效，从 1956 年第 16 届（墨尔本）夏季奥运会开始，世界七大主要通讯社联合成立了专门的奥林匹克新闻协会。而欧美各国的报纸则纷纷采取改革措施，扩增体育版面，加强体育新闻部的力量，将体育新

闻作为主要新闻来对待。

以一向以保守著称的美国《纽约时报》为例。该报以时政新闻与政论时评闻名全球，是欧美影响最大的报纸之一。但在激烈的媒体竞争与受众口味变化面前，该报不得不调整办报方针与报道风格，将体育新闻作为主要的报道内容之一。1962 年秋的一天，该报在头版破天荒地刊登了三条体育报道，在媒体中引起了不小震动。1969 年 7 月，著名报人艾布·罗索森任执行总编辑，对该报进行了大胆改革，其重要措施之一就是将报纸原有的两个单元改为四个单元，其中第二个单元就是以体育新闻与本地新闻组成的"纽约大都会新闻"（第一单元为国际及国内新闻，第三单元为特刊，第四单元为财经商业新闻）。在第三单元特刊中有"星期一体育版"，专门报道周日的各项赛事新闻。

1992 年，小阿瑟·索尔兹伯里接任《纽约时报》发行人后，在深入市场调查的基础上，他发现年轻读者都喜欢看《纽约新闻日报》、《每日新闻》或是《纽约邮报》的体育新闻。他深感时报老一代精英办报已不能适应时代潮流，决心改变时报的新闻和特写，特别是要提供读者喜欢看的体育新闻。为此，他大幅度扩增了体育新闻版的篇幅，增加生动活泼而又翔实有趣的体育报道与特写，由此取得了显著的市场效果。1997 年 9 月 15 日，时报再次加大了体育新闻的报道力度，将体育版从"纽约大都会"单元中独立出来，上升为每天必有的独立单元，成为与要闻版、财经版、特刊版等平行的主要单元之一。在体育单元下面根据赛季变化分别设置相对稳定的橄榄球版、棒球版、篮球版、冰球版、网球版、汽车运动版等，实际上是一个小型的专业体育日报。为了尽可能地将最新体育赛事结果及比分收入早报，该报还特地将早报的截稿时间由晚上 9 点 45 分推延至午夜零点。而这一切，在以前是根本无法想象的。①

再以诞生于 1785 年的英国第一大报《泰晤士报》为例。该报以时政、科学、艺术、文学类报道闻名于世。但到了 20 世纪 60—70 年代，因经营不善，该报负债累累，难以为继。1981 年，著名传媒大亨罗伯特·默多克以 1 200 万英镑收购了《泰晤士报》。为了迎合读者市场尤其是年轻读者的需求，这家长期以保守著称的报纸在 20 世纪 80 年代后多次改版，其主要版面变革之一就是加强了体育新闻报道。进入 21 世纪后的《泰晤士报》每天 40 版左右，版面主要可以分为两部分，一是国内外新闻、评论、文化艺术、书评，二是商业、金融、体育、广播电视和娱乐。其中，体育版与财经版为第二叠，共 18 个版。体育版为 7 个版，主要刊载英国人喜爱的足球、网球、板球、高尔夫球、曲棍球、橄榄球等项目的比赛。周一发行以英格兰超级足球联赛为主要内容的

① 李子坚．纽约时报的风格［M］．长春：长春出版社，1999：16~73．

《运动周刊》。①

《纽约时报》、《泰晤士报》体育新闻报道的发展历程，大致反映了欧美各国报纸，特别是像美国的《华盛顿邮报》、《洛杉矶时报》、《芝加哥太阳报》，英国的《每日镜报》、《卫报》，法国《世界报》、《费加罗报》、《法兰西晚报》等老牌名报的体育新闻变化历程。

体育新闻对于20世纪80年代创刊的新生代报纸来说，更是开辟市场、后来居上的重要武器。以美国唯一的全国性报纸《今日美国》为例。该报创刊于1982年9月，在美国这样一个报业帝国，它是典型的报业“新生代”。但该报仅用了两年时间，发行量即跃至第三位，5年内更是攀升至全美第一。该报之所以能够创造如此奇迹，与其高度重视体育报道有密切的关系。该报每天4个单元，A组新闻，B组财经，C组体育，D组生活。体育成为每天最重要的报道版块之一。该报每天体育单元多达十余页，40~50个版面，分别刊登全美各地的橄榄球、棒球、篮球、冰球等比赛情况以及国际上的各类赛事。由于该报抓住了美国公众酷爱体育的特点，在体育版上下了大功夫，聘用了不少美国一流的体育记者，使其体育报道做得十分及时而出色，加之多用精美的大幅比赛图片，因而受到读者的欢迎和喜爱。

又如默多克旗下的英国《太阳报》创办于1969年，至20世纪90年代已成为英语世界发行量第一的报纸。该报的成功归功于针对英国读者市场进行的广泛调查分析，形成了以足球报道、尖锐言论以及所谓“三版女郎”等为标牌的鲜明办报特色。《太阳报》针对英国男性酷爱足球的传统，刻意加强体育版的足球报道，并取得了良好的市场效果。该报体育板块从非常重要的背版开始，平日一般有10个左右体育版，其中6~8个版面专门报道足球。足球联赛的赛季间，该报每逢周六还出版一期单独成叠的足球专刊——《超级射门》。为了办好体育版，在本部300多采编人员中，从事体育采编的专业人员竟达60人。另外该报苏格兰版体育部还有19人，由此可见该报对体育报道的重视程度。②

由于体育新闻深受读者喜爱，20世纪80年代以来，美国各地还出现了很多专门在联赛期间发行的地方性体育小报。这些报纸专为本地体育爱好者而办，一般是在周末赛前与周一赛后出报，主要内容为本地球队的比赛信息与评论，其内容丰富，针对性很强，既有最新的消息，也有精彩的特写、专业的评论和精美的图片，因而深受读者与广告商的青睐。加之这些小报一般只有三四个记者编辑，成本低、发行方式灵活，因而生存力也很强，成为美国体育传媒

① 唐亚明. 走进英国大报［M］. 广州：南方日报出版社，2004：30.

② 唐亚明. 走进英国大报［M］. 广州：南方日报出版社，2004：215.

的一大景观。

除了综合性日报外，体育专业报的发展也引人瞩目。以目前世界最大的体育专业报法国《队报》为例。该报前身为创刊于1900年的《汽车报》，在第二次世界大战后复刊改为《队报》，以报道国内外体育运动为主，但最后一版固定报道汽车工业与赛车运动。该报有各种文字版，在全世界发行量最高时达5百万份以上。为了全面报道世界各国的体育赛事情况，该报在全世界派有上百名体育记者，还有上千名国外特约通讯员。从20世纪70年代起，该报改变了媒体只报道新闻、不参与新闻的传统，主办和组织了许多著名体育赛事，其中最负盛名的有欧洲田径锦标赛（后为欧洲田联接管）、环法汽车拉力赛、环法自行车拉力赛、环法摩托车赛、世界滑雪杯赛、世界柔道锦标赛等。该报的报道与评论不仅具有权威性，由其举办的每年度各类评选评奖活动也具有很大影响。

20世纪下半叶体育运动的发展，也推动体育杂志发展成为一个规模巨大的产业。仅以美国为例，20世纪末发行量位列全美杂志300强的体育类杂志就有数十家，其中著名的有：《体育画报》(Sports Illustrated)、《高尔夫文摘》(Golf Digest)、《高尔夫杂志》(Golf Magazine)、《健康》(Health)、《肌肉和健身》(Muscle & Fitness)、《健身》(fitness)、《体育新闻》(Sporting News)、《户外》(Outside)、《男性健身》(Men's Fitness)、《儿童体育画报》(Sports Illustrated For Kids)、《划船》(Boating)、《网球杂志》(Tennis Magazine)、《滑雪》(Ski)、《T & L 高尔夫》(T & L Golf)、《跑步者世界》(Runner's World)、《滑雪运动》(Skiing)、《橄榄球联盟内行》(NFL Insider)、《女性高尔夫》(Golf for Women)、《游艇》(Yachting)、《环球滑雪板》(Transworld Snowboarding)、《滑水》(Skin Diver)、《田野与小河》(Field & Stream)等。这些专业性体育杂志在全美乃至全世界拥有大量读者，很多杂志本身就是拥有上亿甚至几十亿美元的大产业。如《体育画报》(Sports Illustrated)一直在总发行量与总收入方面稳居美国历年十大杂志之列，其资产甚至高达上百亿美元。

为了与电视镜头与电子媒体竞争，报刊等印刷性媒体都十分注重引进高新技术。1970年，美国的《今日》(Today)成为世界上首家使用电子编辑系统的报社。至20世纪90年代，全美国的报纸都采用了电子编辑排版印刷系统。这些高新技术为体育新闻报道提供了全新的报道手段与理念。例如，为了及时报道体育新闻，20世纪90年代的体育记者普遍装备和使用了无线电话、传真机、笔记本电脑、网络等高技术通讯设备，而摄影记者则普遍使用了数码照相机与网络传播设备。

三、电视媒体的迅速发展与体育新闻

20世纪传媒技术的发展与新兴媒体的出现，使体育新闻的传播手段与方式发生了革命性的变化。其中影响最为深远的是20世纪60年代电视的普及与90年代互联网的出现。

电视原理与技术出现于19世纪末20世纪初。1925年，英国科学家约翰·贝尔德研制成功电视机。1928年，美国纽约31家广播电台进行了世界上第一次电视广播试验，虽然这只是实验性质，时间仅半小时，但这一事件宣告了电视的问世。在1936年柏林奥运会上，刚进入市场不久的电视便作为新的大众传播平台进行了开幕式和一些赛事转播。在本届奥运会首次进行电视转播时，是用三部电影摄影机摄制成电影胶卷后，再在电视上播出，其收视半径仅15公里，观众也只有16.2万人。在美国，第一场转播的体育赛事是1939年5月17日普林斯顿大学与哥伦比亚大学之间的一场棒球比赛。当时著名的体育播音员比尔·斯特恩作了电视现场报道。当时，参与这项赛事转播的有近500家广播电台。[①] 但是，由于第二次世界大战的爆发，刚刚起步的体育电视因战争而受到极大影响。

第二次世界大战后，随着技术的不断进步，电视在美国和欧洲得到迅速普及。1945年，美国国内只有6家商业电视台，民间使用的电视机的总数仅一万余台。第二次世界大战后，美国新设的电视台如雨后春笋般发展起来。至1948年底，领取了办台执照的电视台达到了108家，电视机的产量也达到100万台。当时，美国人购买电视机的主要动力之一即来自收视体育比赛和体育消息。

20世纪60年代以后，电视技术发生了一系列里程碑式的创新与开发。彩色电视、卫星电视、有线电视、数字电视等相继问世，每一次技术上的创新都带来了体育传播的革命。

20世纪60年代普及的彩色电视机将人类带入了视频画面享受的时代。电视由此发展成为集新闻和娱乐为一体的大众传播平台。彩色电视的出现，在美国和欧洲掀起了电视购买高潮。仅1964年，在美国就销售了124万台彩色电视机，这个数字几乎是过去10年电视销售的总和，这也使得美国普通家庭拥有的彩色电视机总数达到了286万台。1966年，全美彩色电视机拥有量超过了1 000万台。电视不仅成为最为普及的大众传媒之一，而且在美国和欧洲发达国家的政治、社会、经济、文化等领域扮演着越来越重要的角色。

1964年在东京举行的第18届夏季奥运会上，美国发射的“辛巴姆”卫星

① （美）威廉·尼克斯等. 体育媒体关系营销［M］. 沈阳：辽宁科学技术出版社，2005：47.

首次向全世界直播了奥运会的比赛情况，这成为现代体育发展的一个分水岭和里程碑。卫星电视转播使体育看台无限扩大，让全世界体育爱好者得以同时观看比赛实况。东京奥运会首次实现卫星赛事直播后，全球约有5亿电视观众观看了现场比赛直播。

在电视传媒的迅猛发展推动下，1984年美国洛杉矶奥运会期间观看电视的人数每天平均达20亿。而2000年第27届悉尼奥运会期间，共有220个国家与地区转播了赛事，电视观众平均每天达37亿人次，由悉尼奥运广播机构提供服务的全球广播机构达180家，奥运会电视转播小时数超过3 200小时，奥运会电视转播用摄像机数超过700台，报道悉尼奥运会的记者人数多达15 000人，比参赛的运动员人数还多。2002年日韩世界杯足球赛期间，电视观众更是达到了创纪录的400亿人次。电视对体育赛事的转播，深刻地改变了体育的面貌，也使体育新闻的传播手段与方法发生了巨大变化。

在举世瞩目的2008年北京奥运会上，共有200多个国家和地区的观众，通过累计5 000小时的报道和转播目睹了北京奥运会的盛况。据国际奥委会公布的数据，全世界收看北京奥运会开幕式的电视观众超过了12亿，仅在中国就有8亿人通过电视观看了开幕式，是奥运会历史上转播规模最大的一次。在赛事转播方面，仅在8月16日这一天，美国NBC的电视转播收视率达到了美国近18年来的最高值，超过4 000万观众观看了菲尔普斯获得第八块金牌的比赛直播。而在中国，超过10亿人观看了比赛直播。另外，在全球范围内有45亿人可以看到北京奥运会相关的比赛和接收到奥运会的信息。

为了满足举办奥运会、世界杯足球赛等大型赛事大量信息传递的需要，这些赛事的组办国家和城市的中心任务之一就是要为新闻媒体建立专门的通讯与信息传递系统。以奥运会为例，在1972年慕尼黑举行的第20届夏季奥运会上，主办者首次提供了专用的新闻中心、电视大楼和广播大楼。1984年洛杉矶奥运会的新闻中心进一步扩大，占地达2万平方米。1992年巴塞罗那奥运会的新闻中心占地达6万平方米。1996年亚特兰大奥运会的新闻中心设在有30万平方米的世界会议中心。奥运会新闻中心一般都分为主新闻中心（MPC）和国际广播中心（IBC）两大部分，奥运会的所有报道都是通过这两个中心汇总、处理和发送的。

除了为奥运会专门准备的新闻设施外，奥运会组织者还采取措施改善主办城市的一般通讯条件。例如，为了举行第24届夏季奥运会，韩国汉城准备了光缆、微波、卫星等各种通讯线路共24 492条，设置了78个电信中心。巴塞罗那奥运会则专门建立了'92奥运电视台（RTO-'92）。南方贝尔公司和IBM公司为1996年亚特兰大奥运会修建了可通世界上50 000个地面卫星通讯站的奥林匹克通讯网络。

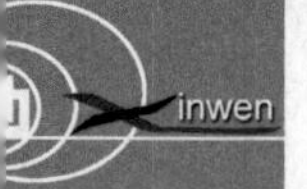

20世纪70年代有线电视技术的发展带来了电视体育的革命。有线电视技术首先出现在第二次世界大战后的美国。开始主要是要通过这项技术解决因地形、气候等原因难以接收无线电视信号的问题。1975年12月，美国无线电公司发射的“通讯卫星一号”开创了有线电视时代。这项高科技成就通过卫星与有线电视的结合，不仅一举解决了长期困扰无线电视的频道资源稀缺问题，还弥补了无线电视信号不稳定、不清晰的缺陷，并带来了付费电视的概念。有线电视丰富的频道资源为体育赛事转播提供了充足的节目时段，由此直接导致了大量体育专业频道的出现。1980年，美国传媒大亨特德·特纳在美国亚特兰大创办了有线新闻电视网（CNN），开始通过国际通信卫星向全世界播出节目，宣告了全球有线电视时代的来临。随着20世纪80年代后期和90年代诸如罗伯特·默多克的天空电视网、福克斯广播公司、时代—华纳传播公司等世界传媒巨头的出现，加快了传播全球化的进程，也为有线体育电视的全球化提供了前所未有的平台。

有线体育电视发展的代表是1979年诞生的ESPN（美国娱乐与体育电视台），其前身是美国康涅狄克大学篮球队的一个报道组。至20世纪末，它已成为全球影响最大的体育有线电视网。2002年，ESPN的资产总额超过200亿美元。仅1999年，它的总收入就达到了13亿美元。ESPN台及ESPN2台每年向近两亿以上的家庭发送4 900小时直播或原创的体育节目。另外，ESPN旗下还拥有一个向180个国家与地区用21种语言播出的国际台与多个专题频道、80多个电台、全球最大的体育网站——ESPN.COM、全球发行量最大的体育杂志之一——《ESPN杂志》等。ESPN革命性地改变了体育传媒的概念，同时深刻地影响了现代体育运动的发展历程。作为一个空前的跨国性体育多媒体帝国，ESPN实现了体育媒体的全球化。同时，ESPN打破了“媒体只是报道新闻而不是参与或创造新闻”的传统，它不仅介入体育比赛的过程，导致体育比赛规则和运动员行为方式的改变，而且创造了极限运动（X-Game）这一全新的运动项目与赛事。凭借其强大的实力和无与伦比的全球收视率，ESPN已成为世界上当之无愧的体育传媒之王。

四、网络体育新闻的兴起

20世纪90年代互联网的普及是另一项对体育新闻报道产生重大影响的高科技成果。

1996年亚特兰大奥运会期间，新兴的网络媒体首次介入奥运会的报道。尽管国际奥委会出于商业的考虑，禁止各国网站对赛事进行网上视频直播，同时也不允许网络记者采访，但网络体育报道还是迅猛地发展起来。2000年悉

尼奥运会是体育报道进入网络媒体时代的里程碑。在本届奥运会前后，世界各国各地区的奥运网站遍地开花，著名网站纷纷创出访问量新高。1996年亚特兰大奥运会的奥运网站点击数仅为1.87亿次，1998年长野冬奥会期间奥运网站的点击数也仅6.34亿次，而2000年悉尼奥运官方网站的点击数则达到创纪录的90亿次，其单日流量高峰时超过8.745亿次，每分钟点击数最高达到76.8万次。悉尼奥运官方网站即时计分牌是奥运官方网站最受欢迎的内容之一，全球体育迷下载超过160万次计分内容，并查询了5 830万次比赛结果。体育迷们将计分牌画面“定”在电脑屏幕前的平均时间约为30分钟，最受欢迎的为比赛总表、篮球、排球及网球等成绩。

在中国，互联网的起步虽然较晚，但发展十分迅速。进入21世纪后，中国已经拥有世界最大的互联网网民群体。根据2009年7月16日中国互联网络信息中心（CNNIC）在北京发布的《第24次中国互联网络发展状况统计报告》显示，截至2009年6月30日，我国网民规模达3.38亿，宽带网民达3.2亿，占总网民数的94.3%。该报告显示，截至2009年6月30日，我国的网民规模、宽带网民数、国家顶级域名注册量（1 296万）三项指标均稳居世界第一，互联网普及率稳步提升。受3G业务开展的影响，使用手机上网的网民也已达到1.55亿，占网民的46%，半年内增长了32.1%，增速十分迅猛。互联网在中国的迅猛发展，为体育新闻提供了一个异常强大的新型传播平台。

2008年北京奥运会成为互联网体育报道新的里程碑。据2008年9月亦即北京奥运会结束后中国互联网信息中心与万瑞数据联合公布的调查数据表明，北京奥运会期间，有79.8%的网民选择互联网为其获得奥运信息的第一渠道，其次才是电视和报纸。在奥运会期间，网民的上网时长增长25%，平均每天花在互联网上的时间为3.39小时，而其中一半的时间花在了与奥运相关内容上。该项调查还表明，在网民对各项奥运资讯内容获取上，互联网与其他媒介比都体现出了压倒性的优势。从调查结果来看，网络视频已跻身主流媒体。在参与调查的人中，有超过五成的人最关注视频直播。中国互联网信息中心表示，北京奥运会的举办大大增强了网民的资讯消费能力，网络媒体竞争卓有成效，推动了网络视频等应用的快速发展，成为中国互联网发展的一个重要里程碑事件。

互联网的出现，为体育记者与体育编辑提供了前所未有的信息资源的获得手段和传送手段，极大地提高了记者与编辑的工作效率。更重要的是，网络媒体以其即时性、互动性与海量性导致了传统新闻理念的革命，产生了网络体育新闻这一新的报道手段与方式，也产生了网络体育记者这一新的职业。如2000年悉尼奥运网站仅采编运营人员就有350人。通过网站，人们不仅能及时了解最新的体育信息，还能够随时在网上发表自己的观点与看法。网络体育

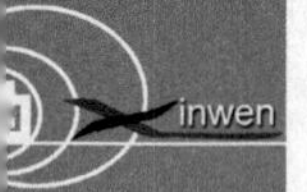

报道还出现了网络现场直播和视频直播等新的体育报道形式。网络体育报道的出现，对传统媒体的体育新闻报道模式提出了全新的挑战。

五、现代体育新闻发展和演变特点

20世纪下半叶，体育运动与大众传媒的发展，尤其是电视的普及与互联网的出现，推动体育新闻报道发生了革命性的变化。其具体表现为：

1. 体育新闻报道向深度和广度发展

由于电子媒体在新闻时效性和动画性等方面具有不可超越的优势，迫使报纸、杂志等传统印刷媒体的体育新闻报道必须在深度上和广度上下工夫。为了与电子媒体竞争，报纸的体育记者不得不将更多的注意力放在挖掘新闻的背景与内幕上面，在报道策划、报道角度和新闻评论等方面下工夫。从电视上看比赛，从报纸、杂志上看比赛或事件的背景、内幕和观点，这已成为现代体育新闻受众对不同体育传媒的观赏习惯与选择依据，而这对体育记者与体育编辑的业务水平也提出了更高的要求。从受众的角度看，现代的体育爱好者不仅需要通过媒体报道来了解比赛的输赢与比分，更希望了解自己喜爱和拥护的球队为什么会赢或为什么会输。此外，由于体育博彩业的兴盛，很多博彩爱好者希望从媒体的赛前预测性报道中来获得有关信息，推测比赛的胜负。这就要求体育记者不仅要关注赛场内发生的事情，也要关注赛场外所发生的事情；不仅要报道比赛后的情况，也要报道比赛前的情况；不仅要报道比赛的结果，更要报道复杂的比赛过程和体育明星的表现。

2. 体育新闻报道的特点与独立性越来越明显

为了适应重大赛事与职业赛事报道的特点，满足受众的需要，体育新闻报道逐渐形成了自己独立的报道方式与风格。如大多数媒体的体育部实行采编合一制，有的还实行记者与编辑互兼制。一些媒体还设有专门的体育摄影记者和体育美术编辑。为了适应体育比赛的时间，很多报纸在重大赛事期间采取了延长体育版的截稿时间、增加体育版版面、出版号外、增刊、专刊等方式，其目的都是为了在第一时间将足够的信息及时送到读者手中。围绕体育比赛的特点，形成了体育报道独特的赛前报道、赛间报道和赛后报道方式。体育新闻的写作除了体育消息之外，还大量使用比赛特写、人物特写、比赛侧记、体育述评、新闻分析、赛前预测、赛前分析、比赛花絮、赛事评论等体裁。为了适应报道的需要，体育记者也更加专业化和分工细化，出现了专业性的足球记者、篮球记者等。另外，体育报道与写作的风格越来越趋于个性化，体育评论和体育专栏成为报纸体育版的重要内容，甚至像调查性报道、精确性报道等以往很少运用的深度报道形式，现在也常被运用于体育报道之中。与此同时，出现了

一大批著名的体育记者与专栏作者，他们都有很好的职业精神，其报道更加专业化与个性化，深受大众欢迎，在读者中拥有很大的知名度，甚至成为报纸的品牌之一。

3. 体育新闻在内容与范围上出现了边缘化和娱乐化倾向

传统体育新闻报道一般是围绕比赛场展开，以报道比赛过程与结果为主。随着体育运动向职业化和明星制发展，为了满足受众多方面的需要，20 世纪 70 年代以来，体育新闻报道的范围迅速扩大。现代媒体的体育版或体育节目不仅要报道体育比赛中所发生的事情与比赛的结果，而且要报道体育明星们的爱好与个人生活情况，俱乐部或重要体育赛事的管理与资金运作情况，球员转会情况，运动员违法或与著名体育界人士有关的司法诉讼情况，体育界的腐败、行贿、假球、黑哨、兴奋剂、球场暴力等情况。这些原本属于社会新闻版、财金新闻版、司法新闻版的报道内容，只因为是发生在体育界或体育明星身上，就都成为体育版或体育节目的报道内容，换言之，也就成了体育记者与体育编辑们的报道范围。另外，电视的动画特征，尤其是网络媒体的海量特征对体育报道的重要影响是情色化现象和趋势。其表现是大量与体育有关的性感女性形象出现在电视和网络上，如那些身材性感、容貌美丽的女运动员、“足球宝贝”、篮球拉拉操队员、甚至体育明星的妻子、情人、绯闻女友等，都成为体育记者追逐报道的对象。而这在以往的纸媒时代甚至是电视时代都是不曾有过的。体育新闻与社会新闻、财经新闻、司法新闻、娱乐新闻等在报道内容与范围上的交叉，导致了体育新闻的边缘化和娱乐化，这既在一定程度上丰富了体育报道的内容，也在一定程度上容易导致体育新闻的情色化、低俗化和边缘化，同时也对体育记者与体育编辑的职业道德、业务素质、知识结构、报道能力等方面提出了全新的要求与挑战。

4. 体育新闻的社会责任越来越重大

20 世纪 80 年代以来，以 1984 年洛杉矶奥运会为标志，原来以业余体育为主体的世界体育结构被打破了。当市场化、商业化、职业化和产业化帮助世界体育走出财政困境并带来前所未有的繁荣与兴盛的同时，也使其面临一系列新的问题和挑战。体育的商业化使顾拜旦在其《体育颂》和《奥林匹克宪章》中确定和表达的高尚理想和纯洁精神受到挑战。很多运动员不再是为了荣誉而是为了金钱名利参加竞技。更为严重的是，在商业利益和金钱名利驱动下，兴奋剂、歧视、贿赂、假球、黑哨、赌球、丑闻、幕后交易、操控比赛、球场暴力等丑恶行为严重威胁着世界体育的健康发展，同时也严重危害了公众的权益。因此，在体育的商业化、市场化、职业化及产业化时代，体育新闻肩负的社会责任越来越大。体育新闻不仅要为公众提供咨询和娱乐，还必须承担起反映民意和舆论监督的职责，对体育界和赛场上发生的种种丑恶现象与严重危害

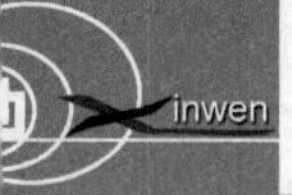

公众利益的行为予以揭露和批评，扬善避恶，扶正祛邪，由此促进体育的健康发展。另一方面，新闻媒体本身也必须意识到自己身上的社会责任，以高度的社会责任感和职业精神来从事体育新闻报道，坚持真实、客观、公正的新闻原则，坚持新闻业职业操守和职业自律，杜绝假新闻、恶意炒作和低俗化报道，为体育的发展提供良好的舆论环境和媒介生态环境。

第四节　中国近现代体育新闻的形成与演变

1849年鸦片战争后，西方近代体育思想、手段与方法技术通过各种途径传入中国，开始了中国体育的近代化历程。在这一过程中，中国近代的报纸、书籍、期刊、电影等大众传媒，在宣传与传播近代体育，尤其是推动中国近代竞技体育的发展上起到了不可替代的重要作用。中国近现代体育新闻由此应运而生。

一、中国近代体育新闻的产生与早期发展

（一）20世纪上半叶的中国体育与大众传媒

1840年鸦片战争以后，近代体育和近代报纸都逐渐传播到了中国。但由于中国近代体育发展的早期主要引进的是非竞技的德国体操和深受德国兵操影响的日本军国民主义体育，缺乏媒体感兴趣的竞技比赛，因此早期的报纸很少有与体育相关的报道。这种状况直到近代竞技体育随着教会学校开展竞技活动以及基督教青年会在中国大力推广竞技体育才得以改变。

近代竞技体育传入中国的时间可以追溯到1890年前后北京、上海、天津等城市的教会学校开展的田径运动。20世纪初，田径、游泳、足球、篮球、排球、乒乓球、网球、棒垒球等运动项目在中国很多大城市中逐渐开展起来。在此基础上，全国各地出现各类校际、城市、省级、地区以至全国性的运动会，如从1913年到1934年共举行了18届的华北运动会和1923年至1936年共举行了6届的华中运动会，都是当时影响较大的地区性运动会。从1910年第一届全国运动会（当时称为“全国学校区分队第一次体育同盟会”，辛亥革命后正式命名）起，20世纪上半叶中国共举行了7次全国运动会。在国际赛事方面，远东运动会是中国最早参加的国际赛事。从1913年到1934年间共举行了10届远东运动会，中国都派代表团参加了比赛。另外，在上海等城市还举行了一些国际性的单项比赛，如1908年至1937年每年举行的“上海万国足

球赛”，1925年至1937年每年举行的“天津万国篮球锦标赛”等。20世纪上半叶，中国体育最重要的事件是参加了三届奥运会，它们分别是：1932年的第10届（洛杉矶）奥运会、1936年的第11届（柏林）奥运会、1948年的第14届（伦敦）奥运会。这些大型的体育赛事，尤其是远东运动会、奥运会等重大国际赛事往往引起大众的高度关注，由此而成为媒体报道的重要内容。

中国近代报业产生于19世纪初，但最初主要是在华外国人办的英文报刊。中国国内出版的第一份中文近代报刊是1833年创刊的月刊——《东西洋考每月统计传》，出版地是广州，由德国传教士郭士立所办。中国近代最早的中文新闻杂志是英国传教士麦都思于1853年8月1日在香港创办的《遐迩贯珍》。该刊每月1号出刊，至1856年终刊，共出33号，内容主要为时事新闻和文化知识介绍。中国首份中文报纸是1858年初创刊于香港的商业性报纸—《香港船头货价纸》。该报为周三刊，主要刊登商情、船期与广告，也有少量新闻。1873年8月，由艾小梅创办于汉口的《昭文新报》被视为国人自办的首份报刊。其后，在上海、广州等地先后出现了一批中国人自办的报刊。王韬在香港出版的《循环日报》是其中影响最大者。另外，像1882年创刊于上海的《字林沪报》、1893年创刊的《新闻报》、1895年创刊的《沪报》、1911年创刊的《中外晚报》等都是颇有影响、时间较长的报纸。1897年11月，《字林沪报》还创办了我国报纸的第一个副刊——《消闲报》。

（二）中国近代报纸的体育新闻

由于近代体育传入中国时间较晚，因此，除了一些零星的赛马等活动的报道外，早期的中国近代报纸基本上看不到体育新闻。1862年11月11日的《上海新报》第三版刊登了一条关于赛马的广告，这是首次出现在中国媒体上的体育信息。1864年4月24日的《上海新报》刊登了有关赛马名单与成绩。同年6月4日的该报刊登了《印度绿衣兵赌赛戏耍作乐》的报道，这是中国首次通过新闻媒体报道的竞技比赛活动。①

随着20世纪上半叶近代体育，尤其是竞技运动在中国的逐渐开展，上海、香港、广州、天津等城市出版的报纸开始登载一些体育新闻。其中《时事新报》、《新闻报》、《时报》、北京的《晨报》、南京的《中国日报》、天津的《大公报》等报纸从20世纪20年代就开辟有体育专栏，经常登载体育消息和评论。

中国近代报纸对体育比赛的报道始于20世纪初。1905年，《大公报》对在京师大学堂举办的第一次运动会进行了系列报道，包括《运动会缘起、规

① 薛文婷. 中国近代体育新闻史论［M］. 北京：北京体育大学出版社，2010.

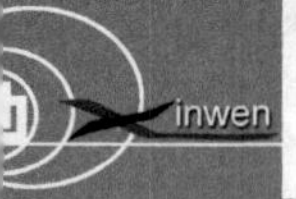

则》、《大学堂执事会工作人员》、《运动大会纪闻》、《运动员禁例》、《大学堂运动会规条》、《京师大学堂运动会详志》、《说运动大会》、《运动大会续闻》、《运动大会略志》等。这些可以说是中国近代最早的体育新闻报道。

在20世纪上叶的商业性大报中，上海《申报》的体育新闻独树一帜。《申报》是我国近代历史悠久、影响最大的商业性报纸。该报从1872年4月30日由英国商人美查创刊，到1949年5月停刊，历时77年。从1913年始，该报由著名报人史量才接办，历行改革，走商业化和市场化道路，采取轻言论、重新闻的方针，创办增刊，日发行量很快从原来的7 000份增长到日均销量5万份以上。《申报》注重读者的需要和口味，经常刊登体育与竞赛消息，在奥运会等重大国际赛事期间，更是不吝版面，详细刊登有关比赛的消息。

1872年4月30日，《申报》第一号刊载的第一条新闻是关于赛马的消息，标题为《驰马角胜》，报道了当时“西人”春季赛马的盛况。报道称：“当其驰马之际，西人则异样结束，务求精彩。石走沙飞，各向前驱，不为后殿。倘行次齐整，无有参差，则胜负均焉。若一骑稍有前后，则高下立判。胜者扬扬自得，负者退然气沮，而旁观者则私相赌赛，以马之优绌判我之输赢。”从这条报道中不仅可以看到当时在华欧美人赛马的情况，也可以看到当时体育新闻报道的文字风格与特色。

中国近代报纸媒体对体育比赛的正式报道始于1913年开始举行的远东运动会。远东运动会从1913年开始，到1934年因“九·一八”事变终止，其间共举行了10届。远东运动会是中国最早正式参加的国际赛事。由于当时中国足球等项目实力雄厚、优势明显，激发了国内民众的高度热情与关注，促进了竞技体育在中国民众中的传播和影响。从第一届远东运动会开始，中国媒体开始派出记者对比赛进行采访报道，这也成为中国国内媒体最早的国际比赛报道。

第一届远东运动会于1913年2月2—7日在菲律宾马尼拉举行。中国、日本、菲律宾三国的运动员参加了比赛。由于当时竞技运动在国内尚未普及，国内民众和媒体对体育比赛十分陌生，加之比赛地点设在国外，因而除了上海《真相画报》以《东亚运动会第一次大会记》为题对运动会进行了极其有限的文字和摄影报道外，几乎没有国内媒体进行报道，因而国内公众很少有人知道这次比赛。

第二届远东运动会于1915年5月15—22日在上海举行。中国不仅派出了多达350名运动员组成的代表团参赛，而且一举打破了所有全国纪录，打破5项远东纪录，荣获了三个单项锦标与总锦标，总成绩超过了菲律宾与日本。由于这是中国首次在国内承办国际体育比赛，而且中国运动员成绩优异，因而受到上海及国内各地民众的高度热情关注。当时国内媒体如《申报》、《新闻报》、《大公报》等均对本次赛事作了充分报道。

20 世纪上半叶，中国报纸体育新闻报道受到多种因素的影响与制约。其主要表现为一是受政治时局变化影响大，二是受报业本身发展水平与规模的制约，三是各地体育运动发展的不平衡性对各地报纸媒体的体育新闻报道产生了直接影响。这一点从 20 世纪上半叶有中国运动员参加的三届奥运会的报道中就可以看出来。

1932 年第 10 届奥运会、1936 年第 11 届奥运会和 1948 年第 14 届奥运会是 20 世纪上叶有中国运动员参加的三届奥运会，不仅是中国近代体育头等重要的大事，也是当时报纸体育新闻报道的重头戏。当时，国内各报都不同程度地作了报道。

在 1932 第 10 届奥运会期间，上海《申报》以每天半个版的版面做了连续性的报道。以当时有限的版面来说，这是很不容易的。事实上，与同时期其他报纸相比，《申报》对奥运会的报道量也是最大的。而在这届奥运会期间，同为大报的天津《大公报》每天仅有一条小消息报道赛事情况。以 1932 年 8 月 4 日有关第 10 届奥运会第四天赛况的报道为例，《申报》第三版用了半个多版面来报道赛况，其主标题为：《第十届世界运动会第四日：刘长春二百米差一吋》，下面消息依次为：《八百米女百米女铁饼均世界纪录，三日间田径赛总分美国远胜他国》（综述）、《两日来各国总分数》、《二百米预赛刘长春第四》、《英选手创八百米新纪录》、《美国女子创铁饼新纪录》、《跳远之成绩》、《百十米高栏复赛美选手优胜》、《其他之竞技》、《竞技之预评》、《洛杉矶奇热》等。另有《全国体育会议》、《网球员王正文请恢复业余资格》等消息两则。该版还配有刘长春等运动员照片三张。而《大公报》同日仅有一条不到 500 字的消息夹在国际消息栏中，其标题是《世界运动会进行中——女子百米决赛波兰代表居先，二百米预赛刘长春再度落选》。两报报道的差距十分明显。

1936 年第 11 届奥运会前后，是中国 20 世纪上半叶少有的政治相对稳定、经济也有一定发展的时期。这一时代背景导致中国的近代体育和报业都获得了迅速发展。这届奥运会中国派出了一个空前庞大的代表团参赛，国内媒体也对赛事做了较充分的报道。从 8 月 1 日运动会开幕始，上海《申报》每天都用一个整版对每日赛事进行全面报道。天津《大公报》每天出“第十一届世界运动会特刊”，用一个半版来报道赛事。与 1932 年第 10 届奥运会的报道相比，各报不仅对赛事的报道量增加一倍以上，而且报道内容也大为丰富，同时，版式设计水平也有明显提高。如 8 月 3 日《申报》重点报道了《欧文斯创百米世界纪录》、《奥林匹克大会开幕盛况》，并报道了大会第二天的比赛情况。同日，《大公报》的“世界运动会特刊”头条则以中国运动员的表现为主，标题

是:《田径赛第一日:程金冠百米预赛得第四名,跳高铁球预赛我代表落选》,第二条才是《美选手欧文斯创百米新纪录》,第三条是《开幕之日盛况详纪》,另有大会第二天的其他比赛详情。同日还有半版比赛图片。考虑到当时通讯技术的落后与交通的局限,报纸能克服距离和时差的困难,及时刊登出如此大量的赛事报道和比赛图片诚属不易。

1948 年第 14 届奥运会是第二次世界大战后的首届奥运会。在中国恰逢解放战争的关键时刻,国民党政权节节败退,风雨飘摇;国内经济衰退,民不聊生。中国虽然也派出了代表团,但已不像参加第 11 届奥运会时的景象。这在媒体的报道中也表现出来。对于最隆重的开幕式,《申报》7 月 30 日第二版用了不到 1/4 版面进行报道,总共只有三条消息,分别是:《万众欢呼号角声中,英王宣布世运开幕》、《世运田径今日开始,楼文敖万米战群雄》、《郑大使举行酒会招待我世运代表》,另有一则百字不到的《我选手动态》。《大公报》在第三版也只用了不到 1/4 版面作报道,不过区区 6 条短讯,另加一条《世界运动会大会成绩录》。以上报道的版面、字数、报道量、标题字号、版式的气势等均无法与战前的第 11 届奥运会相比。开幕式尚且如此,比赛期间的报道就更显得可怜。如《大公报》对此届奥运会闭幕式的报道仅一条 400 余字的消息——《世运会昨行闭幕礼》。还有一条是百字不到的《篮球赛最后结果:美巴法名列前茅,足球赛瑞典膺冠军》,另配几条数十字的成绩短讯。而《申报》更只有一条 800 字左右的消息:《奥林匹克圣火熄灭,十四届世运会闭幕》。这些都显示了体育新闻深受国运与政治的影响。

20 世纪上半叶也出现了一些体育专业报,其中较著名的有湖南长沙的《体育周报》。该报由湖南体育界人士黄醒等 30 余人于 1918 年 12 月 9 日创刊。至 1920 年 10 月 25 日停刊,共出刊 60 期。该报以普及国民体育知识、研究体育学术、促进体育事业为宗旨。该报栏目有言论、学说、研究、材料、调查、记事、讲演、音乐、小说、通信、杂俎等。每周一期,每期 6~12 页,约 1 万字。该刊内容丰富、文章犀利、思想活跃,颇受读者与体育界人士好评,陈独秀、蔡元培、徐一冰等名人都在该报上发表过文章,恽代英、毛泽东等人曾担任该报发行员。

(三)中国早期的体育期刊与体育新闻

中国近代最早的体育专业媒体是体育期刊。根据现有史料,中国最早的体育期刊是由徐一冰于 1909 年 3 月 1 日创刊的《体育界》。该刊由中国图书发行公司发行,24 开本,开始为不定期,出版 10 期后停刊。1918 年复刊后改为月刊。其内容包括体育思想与理论方面的研究、体育教学与教材教法方面的讨论、体育活动的介绍、健康与卫生方面的知识,也有一些最新的体育动态

讯息。

继《体育界》之后，当时影响较大的体育期刊还有上海的《体育杂志》与东南大学体育系主办的《体育季刊》。

《体育杂志》由徐一冰等人于1914年创办，为上海中国体操学校的校刊，铅印24开本。该刊以“忧国之羸弱，造学子于健全”为宗旨。栏目有论文专著、体育史、体育教授法、体育资料、科技资料、生理卫生知识、译文、小说、文苑、杂谈等。

《体育季刊》创刊于1922年5月，由南京东南大学体育系主编。从1923年二卷一期起，改为中华全国体育研究会会刊。从第三卷一期起，改名《体育与卫生》。1925年并入《新体育》杂志。该刊以介绍体育科学知识和体育学术研究成果为特色，内容有研究论文、体育教材、运动生理、体育建筑、工作通讯等。该刊在体育界有较大影响。

除了综合性体育期刊外，专项性的体育期刊也开始出现。如成都围棋俱乐部于1922年出版了中国近代最早的围棋刊物——《奕学杂志》。另外，一些早期的政论性杂志也登载有关体育文章。如著名的《体育之研究》一文就是毛泽东以“二十八画生”的笔名于1917年4月发表在《新青年》杂志上的。

20世纪30年代，全国各地体育期刊进入了一个兴盛期，仅公开出版的体育刊物就达百余种，其中影响较大且发行时间较长的有十余种。其中著名的有《勤奋体育月报》（1933—1937）、《体育季刊》（1935—1937）、《健力美》（1941—1949）、《体育研究与通讯》（1932—1937）等。另外，一些学术性期刊与校园杂志也不时登载一些体育方面的消息与文章。如周恩来年轻时在天津编辑南开校刊时，就发表过79篇体育消息和报道。

《勤奋体育月报》于1933年10月创刊，每12期一卷，共出4卷10期，至1937年7月停刊。该刊的宗旨是“提倡体育以复兴民族”，其内容有学术论文、学术讲座、学校体育教材、重要体育消息、社会体育活动调查等。由于该刊撰稿人大多为体育界名人，内容广泛生动，因而影响较大，甚至远及欧美、日本。

《体育季刊》由中华全国体育协进会出版发行，1935年创刊，每年一卷，1937年6月停刊。抗战期间迁至重庆，从1944年9月至1946年3月，另出《体育通讯》半月刊。该刊取名意在继承20年代的《体育季刊》，其宗旨是研究体育学术，倡导体育思想，沟通体育消息，公布运动规则。该刊是当时全国最权威的体育杂志，其撰稿人均为当时的体育界权威人士。

《体育周报》于1932年创刊于天津，每周末出版，至1937年停刊。其内容包括体育理论、运动技术研究、体育史、体育纪事、教材、国内外体育调查、竞赛规则、运动纪录、体育名人录等。该刊内容全面，发行面广，在全国很有影响。

《健力美》创刊于1941年7月，主编为赵光竹，初为季刊，后为双月刊，主办地在上海，1949年2月停刊。该刊的宗旨是介绍欧美健身知识，促进合理化生活，主要内容为健美知识、营养与卫生知识、性教育与优生、遗传知识等。

当时影响较大的体育杂志还有：《体育研究与通讯》（江苏省镇江公共体育场编辑出版，1932—1937）、《体育》月刊（北平国术馆主办，1932—1939）、《乒乓世界》月刊（上海乒乓球研究会主办，1934.6—1937.2）、《国术声》（上海国术馆主办，1933—1936）、《健与力》（上海《健与力》杂志社主编，1938.12—1946.9），等。

随着体育事业的发展，20世纪上半叶，一些专门从事体育书刊出版的出版社及出版公司经常在奥运会等大型运动会期间以出版特刊的形式报道有关比赛的新闻。如上海体育出版社于1931年10月出版了《体育周刊》，虽然只出了6期便停刊，但却是一份以新闻报道为主的新闻杂志。著名的上海良友图书印刷公司继出版《新银星与体育》杂志后曾先后出版或承印了多种装潢精美的体育特刊，如从1930年第二届全国运动会起，在历届全国运动会期间出版大型特刊；1936年柏林奥运会期间出版奥运会特刊等。上海时代图书公司、上海勤奋书局及《申报》馆等也出版了多种类似的体育新闻刊物。与此同时，还出版了一些专项性体育杂志，如1932年由上海健美社主办的《健美画刊》、1934年出版的我国首份专项性体育杂志《乒乓世界》、1935年1月1日由上海大方书局出版的我国首份足球杂志《足球世界》等。这些杂志每期都刊登大量有关项目的最新消息与评论。①

（四）中国早期的广播体育新闻

广播诞生于20世纪20年代初。1920年11月2日，美国KDKA广播电台开始世界首次播音。1922年12月，美国人奥斯邦（E. G. Osborn）在上海组建了中国无线电公司，出售收音器具并筹办广播电台。1923年1月23日，中国第一家广播电台即中国无线电公司广播电台在上海正式播音。此后，中国的广播事业得到迅速发展。至1937年抗日战争前，国内已有官办和民办广播电台78个，总发射功率近123千瓦。

1927年8月27日至9月3日，第八届远东运动会在上海举行。大会先后租赁了亚美公司（后发展为上海电台）的5台专业扬声器，并启用多名播音员对比赛成绩予以广播，对比赛进程展开评述。在8月27日下午中国队与日

① 薛文婷. 中国近代体育新闻史论［M］. 北京：北京体育大学出版社，2010.

本队的棒球比赛中，时任上海青年会干事的黄仁霖亲自担任了比赛解说员，他也因此成为当时中国最有名的体育解说员。

1930 年在杭州举行的第四届全国运动会上，成立于 1929 年 12 月的上海亚美广播电台与浙江广播电台进行了广播报道。这是中国第一次通过广播进行体育赛事报道。当时的《大公报》记载这次运动会广播报道情况说："各项比赛成绩，为全国人民所最注意者，大会有鉴于此斯，特利用广播无线台播送各处。现又从事改进，一俟比赛终了，除由播音机随时播送外，并由电台职员随时至竞赛股宣传组，搜罗材料，不时播出。"①

继第四届全运会后，广播全面介入了体育赛事的报道。在 1930 年第九届远东运动会期间，亚美广播电台成功地对赛事进行了跨国转播和报道。1934 年，亚美电台对第十届远东运动会进行了一日 4 次的充分报道。在 1936 年 8 月 1 日柏林奥运会开幕式上，中央广播电台与交通部上海广播电台等进行了实况转播。在比赛期间，每晚定时播送来自前方记者的现场报道。

在这一时期，国内一些重要赛事也开始通过广播电台予以报道。如在 1934 年 10 月举行的第十八届华北运动会上，大会主办方专门为这次比赛开设了广播电台来转播比赛情况。

民国时期在国内影响最大的是中央广播电台。这是南京国民党政府的官方广播电台，开播于 1928 年 8 月 1 日。由于政府对国民体育的提倡，体育节目是该台的经常性内容。尤其是在举行国内外重大赛事时，该台成为传播和报道体育比赛的重要媒介。在 1936 年柏林奥运会期间，中央广播电台开设了《转播世界运动会消息》专题节目，并派出特派记者冯有真前往柏林一线采访报道。在开幕式和比赛期间，冯有真向国内传回了大量赛事消息，尤其是有关中国代表团的比赛报道与评论，如指出中国运动员在比赛中表现不佳的原因主要是"选手体力问题"，"操之过急心理反常，局势紊乱益见不支，我国队员痛哭失声"② 等。他的报道经中央广播电台每日定时播出后，在国内产生了广泛影响。

总的说来，中国近代广播事业起步时间基本与世界同步。由于广播具有报纸所不具备的时效性，且对听众的文化水平要求不高，因此民国时期的中央广播电台及各地的广播电台的体育报道对这一时期中国的体育传播起到了重要作用。但由于中国国内赛事较少，水平很低，中国运动员参加国际赛事成绩也乏善可陈，公众关注度不高；加之中国国内的广播普及率不高，听众主要集中在一些大城市的中产阶层和上流社会，广大农村与城市下层民众与广播基本无

① 开幕后至全国运动会．大公报，1930-4-10（5）．
② 中央社特派员播送世运消息．中央日报，1936-8-3（2）．

缘，因而体育广播在民国时期总的来说发展缓慢，影响有限。

（五）中国近代体育新闻发展的特点

1. 近代体育新闻发展坎坷曲折

中国近代体育新闻受时代背景、体育发展水平和近代媒体发展程度等多种因素影响与制约，其发展大致可分为几个阶段：第一阶段是1840年至1917年。由于竞技运动在国内尚未普及，这一时期以体育期刊为主，传播内容主要是宣传与介绍近现代体育思想与学校体育的有关理论方法，有关体育比赛的新闻报道很少。第二阶段是1918年至1927年。这一时期随着竞技运动在中国的开展，上海、天津等大城市的一些报纸上有关体育赛事的报道开始见诸报端。第三阶段是1928年至1937年。由于中国在这一时期政局相对稳定，经济有所发展，又参加了两届奥运会与多届远东运动会，国内也举行了多次全国运动会与省级运动会，因而这一时期报纸上的体育新闻报道量迅速增加。第四阶段是1937年至1949年。这一时期国家长期处于战争状态，大规模的运动会基本停办，因而报刊上体育新闻报道大幅减少。

2. 体育新闻报道不稳定

中国近代报纸基本上没有固定的体育版，只是在有重要赛事的时候才有较集中的体育报道。例如1928年在北京举行的第十三届华北田径运动会期间，北京《晨报》5月17日第7版的体育消息是：《华北田径赛运动会明早开幕》、《体联会十六年冬季球类比赛一览》。5月18日该报第7版的消息是《今日华北第十三次田径赛大会开幕》。5月19日该报第7版的消息是《前半部华北田径赛——本日决赛定大局》，这条消息用了大半个版面，但其中很大一部分是运动会预赛的成绩表，另配有运动会游行场面、会长张伯苓、打破全国纪录的运动员等5幅照片。这些体育新闻一般只是在较重要的运动会举行期间才见报，且往往夹在凶杀、拐卖之类社会新闻与广告之间。在抗日战争时期，中国共产党领导下的解放区报纸杂志中也经常有体育消息的报道。1942年9月延安召开“九一扩大运动会”期间，《解放日报》就出版了两期“体育特刊”，对延安的体育活动与比赛作了集中的报道。

3. 体育新闻报道专业化程度较低

近代国内媒体一般没有设置专门的体育新闻部，也没有专职的体育记者，有重要比赛时一般由其他部门记者临时客串，因而报道水平很低。国内媒体也很少派出记者赴国外采访体育新闻，国际赛事报道多用国外通讯社的电讯稿。如中国首次参加在美国洛杉矶举行的第10届奥运会，上海《大公报》除了8月8日的《刘长春昨赴美》是上海专电外，其他均用合众社、路透社的电讯稿。如7月30日转载合众社电《世界运动大会开幕典礼盛况》、8月5日转载

路透社电《国际运动进步奇速——阿林比克赛场日有新纪录》、8月14日转载合众社电《世界运动大会昨日举行闭幕礼，优胜健儿齐集受奖，再观盛会须待遇四年》等。在1936年柏林奥运会期间，虽然有少数国内媒体派记者前往报道，但大量比赛消息还是采用外国通讯社电讯。

4. 体育新闻报道形式单一

近代报纸的体育新闻报道基本上以消息为主，很少有通讯、特写、预测等报道体裁，也没有成熟的赛前报道与赛后报道，基本上没有体育评论。其文字大多平铺直叙，毫无文采可言。即使像《申报》这样较为重视体育新闻的报纸，其报道也只是追求消息量而已，尚处于一种较低的报道水平。

5. 各地报纸体育新闻报道呈现不平衡性

像上海、天津、香港等大城市的报纸对体育新闻报道较多，而其他很多地方的报纸体育新闻报道量很少，这反映出各地报业的发达程度和体育运动发展水平的差异对各地体育新闻报道的影响与制约。

二、中国现代体育新闻的形成与发展

1949年中华人民共和国成立以来，在党和政府的指导和支持下，我国体育新闻事业获得了前所未有的发展，成为新闻事业的一个重要组成部分，有力地推动了我国体育事业的发展。

（一）中国现代体育新闻事业的形成

中国现代体育新闻报道始于1949年中华人民共和国成立之初到20世纪70年代末，尽管经历了一个曲折的发展过程，但总体来说，中国的体育新闻事业开始形成，并为20世纪80年代的大发展奠定了基础。

中华人民共和国成立后，党和政府高度重视体育的宣传与普及工作。为了贯彻落实党的体育方针与政策，宣传与普及体育运动，增强人民体质，《人民日报》、《光明日报》等大型综合性报纸都在新中国成立之初就开辟了体育专栏，对体育运动发展的最新消息进行及时报道。当时，从中央到地方的新闻媒体都把宣传与普及体育运动作为一项重要的任务。

1949年10月16日，《人民日报》、《光明日报》对北京市人民体育大会的召开作了报道。1950年7月，《新体育》杂志创刊，毛泽东主席亲自为《新体育》题写刊号，朱德同志为该刊题词，从而揭开了新中国体育新闻事业的新纪元。1957年，我国创办了外文体育杂志《中国体育》。1958年9月1日，我国历史上第一份全国性体育专业报纸《体育报》（1988年7月1日改名为《中国体育报》）正式创刊。《体育报》和《新体育》一报一刊的创刊，标志着中

国体育媒体进入了专业化阶段。

《体育报》是国家体育运动委员会直属的机关报，每周两刊，是一份面向社会、面向群众、适应各行各业体育爱好者需要的专业性报纸。主要内容是及时报道国内外重大体育比赛和各种群众体育活动，报道中国运动员创造优异成绩、为国争光的事迹，介绍国内外体坛明星、优秀教练员和体育界知名人物，刊登各项体育比赛的好成绩和新纪录等资料，开辟有关学校体育、群众体育的一些问题研究专栏等。从创刊始，《体育报》为宣传与普及体育运动，推动中国体育事业的发展作出了卓越的贡献。

伴随着体育事业的发展，新中国的体育广播事业开始起步，并诞生了以张之为代表的我国第一代体育节目解说员。1951 年 1 月 8 日下午，应邀来访的苏联男子篮球队与上海沪联队在上海卢湾体育馆进行了一场友谊比赛。苏联篮球队也是新中国成立后来华访问的第一支外国球队。上海人民广播电台的播音员张之与电影演员陈述搭档解说了这场比赛。这场比赛被认为是我国体育解说的开端。1953 年，张之被调入中央人民广播电台，专门从事体育新闻报道和体育比赛实况转播解说达数十年之久，成为当时国内家喻户晓的著名体育解说员。

1955 年 4 月，中央人民广播电台开设了体育专题节目——“体育谈话”，每周两次（1956 年改为每周三次）。1958 年，“体育谈话”节目改名为“体育运动”节目，每天都有固定的播出时间，其主要内容是及时报道中国体育的情况和成就。中央人民广播电台对一些重大的国内外比赛还进行了实况转播。1956 年，中国国际广播电台开辟了“体育爱好者”专题节目，主要报道外国体育团、队的来访活动，并通过专线向来访国作专题节目广播。

1961 年，第 26 届世界乒乓球锦标赛在北京举行，这是在我国举行的第一个世界性体育比赛，不仅在国内成为万众瞩目的赛事，在国际上也引起了广泛关注。比赛期间中央人民广播电台除了对整个赛事作了及时成功的报道以外，还对 9 场重要比赛作了实况转播。在转播男子团体决赛时，解说员对中国选手徐寅生著名的“十二大板扣杀”的生动描述，给全国听众留下了极为深刻的印象，也使这场转播成为体育实况转播的代表作。1978 年，第八届亚洲运动会在泰国曼谷举行，中央广播事业局派出了由中央人民广播电台和中央电视台组成的联合报道组，向国内作了排球等几个项目的实况转播，这是中央人民广播电台第一次在境外所作的实况广播。

在电视普及以前，电影纪录片是宣传和报道体育运动方面的重要媒体之一。如有关第一届、第二届全军运动会的电影纪录片是新中国较早的体育纪录片；在 1959 年中华人民共和国第一届全国运动会上拍摄的大型体育纪录片《青春万岁》，以其宏大的场面和较高的艺术水平受到观众的好评。

1958 年 5 月 1 日，中国中央电视台（原名北京电视台）在北京成立，标志着中国新闻事业进入了一个新时期。在早期的电视节目中，只有电视新闻这一种报道形式，而体育新闻是其中一个主要的常设内容。同时，这也成为中国电视体育的萌芽。由于当时物质条件和技术水平的限制，电视播出的节目和时数并不固定，直到 1958 年底，中央电视台才有了不定期的电视体育专栏节目“体育爱好者”。1960 年 1 月起，中央电视台试行固定的电视节目表，在隔周的周二、周五播出“体育爱好者”节目。同时，上海等地方电视台也定期或不定期地播出一些电视体育节目。

体育赛事转播在中国电视体育初创时就受到重视。1958 年 6 月 19 日，北京电视台（中央电视台前身）利用日本电视同行在北京举办展览时留下的一辆两讯道转播车，实况直播了“八一”男女篮球队与北京男女篮球队的表演赛。著名解说员张之担任了两场比赛的电视解说。这是我国的第一次电视体育实况转播。1959 年 9 月，在中华人民共和国第一届全国运动会期间，中央电视台对开幕式和足球、篮球、排球等重要比赛作了实况转播。1964 年 4 月，第 26 届世界乒乓球锦标赛在北京隆重举行，中央电视台史无前例地进行了 14 场比赛的实况转播，历时约 35 个小时，这无论是在转播场次还是在转播时数上都创下了纪录。

由于新中国成立后很长时期中国电视尚未普及，电视技术也受到很大局限，因而中央电视台往往和中央人民广播电台联合进行赛事转播，合用一个呼号，使用同一个解说员，这种情况一直持续到 20 世纪 70 年代。1973 年 10 月，中央电视台和湖北电视台合作，第一次利用微波干线把全国乒乓球锦标赛的电视信号从武汉传回北京，并通过中央电视台向全国播出。此后，中央电视台才真正独立开始体育赛事实况转播。

“文化大革命”时期，中国的体育新闻事业与其他各项事业一样，遭受了严重的破坏。在当时的报纸上，体育消息报道很少。国内的报纸既没有固定的体育版，也没有独立的体育新闻部，偶尔只有一些群众体育的消息登载在副刊上。当时唯一的体育专业报《体育报》于 1966 年 11 月被迫停刊，直到 1974 年 1 月才得以复刊。《新体育》杂志也于 1966 年停刊，直到 1972 年才复刊。同样，中国新生的电视体育事业也遭受到了严重的挫折。中央电视台的“体育爱好者”和“体育运动”节目以及全国各地方台的体育节目基本上停播，直到 1972 年以后，一些体育节目才逐渐恢复。

值得一提的是，在“文化大革命”后期，由于“乒乓外交”的成功，体育运动成为当时中国外交事业的重要手段之一。这一时期，国内各大媒体对我国与东欧一些社会主义国家及非洲国家的比赛交流作了很多报道。但是，这一时期的体育新闻带有浓厚的时代特征和政治色彩。体育新闻报道的基调并非是

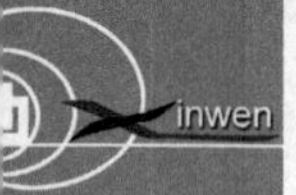

对体育赛事本身的报道，而是服从于当时的政治需要。例如，我国各大体育新闻媒体曾经对有中国运动员参加的亚非乒乓球友好邀请赛和第七届亚洲运动会进行了大规模的报道，但这些报道对于比赛成绩与过程大多一笔带过，有的甚至根本没有报道，更多的却是在“友谊第一，比赛第二”口号下，对体育比赛中的“友谊”进行渲染和描写。

总的来说，从20世纪50年代初到1966年“文化大革命”前，由于党和政府的重视，中国的体育新闻随着体育事业与新闻事业的发展而获得了快速发展。以新华社、《人民日报》、《体育报》、《新体育》杂志等通讯社和新闻报刊为中心，一代体育新闻工作者成长起来，发表了不少优秀作品和报道，为推动中国现代体育事业的发展作出了重要贡献。与此同时，也积累了不少体育报道专业方面的经验。但是，这一时期的体育报道也存在着政治色彩较浓、报道水平不高、专业性不够等缺陷。至20世纪70年代末，绝大多数报纸没有专门的体育版，各类媒体也都没有设置专门的体育新闻部，也基本没有专职的体育记者。体育新闻报道多由其他新闻记者兼任，零星的体育消息夹杂于副刊版或其他不重要的版面上。同时，由于受特定历史环境和当时中国体育状况的影响，除了一些有中国运动员参加的国际性赛事以外，体育报道的内容主要是一些国内的群众体育活动情况，而对当时世界上举行的各种体育比赛基本上不予报道。

（二）中国现代体育新闻的勃兴

自1978年党的十一届三中全会确定改革开放的路线后，20世纪80年代，中国体育得到了迅速发展。

1. 中国体育的腾飞与体育报道

20世纪80年代，是中国体育新闻高速发展的时期。在这一时期，随着中国的改革开放事业和经济发展取得巨大成功，中国的体育事业与新闻事业都进入了一个空前的繁荣发展时期，从而为体育新闻的发展提供了广阔的空间。

20世纪80年代，中国运动员在一系列国际赛事中取得了优异成绩，尤其是在1984年洛杉矶奥运会上实现了金牌“零”的突破，极大地振奋了刚从“十年浩劫”中走出来的广大人民群众，从而在全国范围内掀起了空前的“体育热”。改革开放之初，全国专职从事体育报道的记者不足百人，且主要集中在中央媒体。但这一时期的体育新闻报道与中国体育紧密配合，在“鼓舞士气、凝聚人心”上发挥了巨大的作用。中国新闻界在宣传和报道中国运动员在国际赛场上的优异表现与模范事迹、振奋和鼓舞全国人民的士气、弘扬爱国主义精神方面作出了重大贡献，同时也开创了中国体育新闻报道的新时代。

1981年3月20日，在世界杯排球赛亚洲区预选赛中，中国男排先输后

赢，顽强拼搏，力克世界劲旅南朝鲜队，与中国女排双双获得冠军。由于这是“文化大革命”结束后刚进入新时期少有的一场胜利，因而当晚通过广播，尤其是刚刚开始普及的电视直播后，立即激发起全国人民强烈的民族热情。北京高校大学生当晚上街游行，喊出了“团结起来，振兴中华”的口号。《人民日报》在第二天以头版头条通栏标题发表了这条新华社通稿，在全国引起了巨大的震动与热烈响应，使其成为这一时代最响亮、最激励人心的口号。

通过媒体的倾情报道和大力宣传，体育成为这一时期激励全国人民奋进的号角与旗帜。1981 年 4 月，在第 36 届世界乒乓球锦标赛上，中国运动员摘取了全部的 7 块金牌。经国内媒体的大力报道，乒乓球队成为了中国体育的象征和榜样。同年 10 月，中国足球队在世界杯足球赛亚太区决赛中，一举战胜强大对手科威特队。全国各大城市大批球迷通过黑白电视观看了这场比赛的直播后引起了强烈的反响。苏永舜教练与“志行风格”也从此成为中国足球经久不衰的话题。这一时期，中国女排赢得“五连冠”，在全国掀起了“排球热”。由《新体育》杂志社记者鲁光写的报告文学《中国姑娘》在全国人民中间引起了巨大反响，“女排精神”成为中华体育精神的宝贵财富与象征。1985 年 11 月 20 日，聂卫平在首届 NEC 中日围棋擂台赛中作为中方擂主孤军奋战，接连战胜日本超一流棋手小林光一和加藤正夫，最后决战又战胜了日本终身名誉“棋圣”藤泽秀行。这次擂台赛经国内媒体报道和电视直播后轰动了全国，并掀起了全国性的“围棋热”，使围棋在国内得到空前普及。

在 1984 年洛杉矶奥运会上，我国体育健儿顽强拼搏，实现了奥运金牌“零”的突破，大长了中国人民的士气。本届奥运会中国派出了新华社、《人民日报》、《光明日报》、《中国体育报》、中央电视台、中央人民广播电台等多家媒体共 67 名记者随团报道。当中国射击运动员许海峰夺得中国第一块金牌，同时也是本届奥运会第一块金牌时，新华社记者高殿民赶在所有在场中外记者前面第一个将这一消息发向全世界，夺得了本届奥运会上媒体报道的“金牌”。通过媒体及时而全面的报道，中国运动员在奥运赛场上所取得的优异成绩极大地振奋了全民族的士气，唤起了全国人民及海内外华人的爱国主义热情，极大地提高了民族凝聚力。

体育界在 20 世纪 80 年代国际赛场上所取得的一系列辉煌成就，成为这一时期最激动人心的篇章。国内媒体在这些重大事件的报道中充分发挥了大众传媒无可替代的作用，《人民日报》、《光明日报》、《中国青年报》、《中国体育报》、中央人民广播电台、中央电视台等媒体都对这一时期体育健儿所取得的成就进行了及时而充分的报道。体育新闻开始成为深受人民群众喜爱和欢迎的重要新闻品种。

新华社作为我国唯一的国家通讯社，拥有全国媒体中最大的体育新闻部与

人数最多的体育记者。1978 年，新华社全年仅有零星的体育通稿 17 条。而仅仅在 1990 年 6 月，在无重大赛事的情况下，新华社却先后发出体育新闻达 485 条，日均 16 条多，这反映了我国体育新闻事业的飞速发展。

1990 年北京亚运会的报道是我国体育新闻走向成熟的标志。在这届亚运会上，我国新闻界投入力量之多、声势之大、水平之高、影响之广，均创我国历次体育报道之最。在前来采访的 5 000 余名中外记者中，中国记者就达3 000 余人。这还不包括大量的后方保障、编辑和后勤人员。从 9 月中旬到 10 月初，新华社发中文稿 8 287 条，158 万多字，英文稿 2 258 条，53 869 行。中央人民广播电台播出亚运新闻 12 万字，亚运专题 27. 5 万字；对少数民族广播用 5 种语言播出亚运消息 4. 5 万字，专稿 7. 7 万字；对台湾广播播出亚运专题节目 58 个，各类稿件 25 万字，《亚运快讯》7 万字，录音报道 150 个；现场实况转播约百场，总计 138 小时。中国国际电台用 30 多种语言播出了 480 小时的亚运特别节目；首次进行 4 种语言的体育比赛现场直播共 19 场，总计 58 小时。中央电视台播出亚运电视节目 335 小时，比上届多 170 多小时；为外来转播者提供 14 路卫星通道，对外卫星传送的时间高达 2 045 小时，发送 10 个亚运节目，录像带 2 200 盘，计 2 600 小时。《人民日报》国内版在二、三版共出亚运专版 9 块，39 万字，图片 160 余幅；另编辑出版《亚运新闻报》共 17 期，51 万字，图片 200 余幅。《中国体育报》出了晚报增刊，日报、晚报共刊登亚运稿件 120 万字，图片 400 多张。《北京日报》也增出《亚运专刊》，与日报共刊登亚运稿件 810 篇，30.4 万字。而《北京晚报》则每天用三个半版登载亚运报道，共 50 万字。就连一些行业报也用了大量版面报道亚运会，如《工人日报》每天一个半版，共 20 万字；《解放军报》亚运期间出了 39. 5 个专版，稿件 301 篇，图片 107 幅。中国媒体对亚运会的如此报道声势和规模，标志着中国的体育报道登上了一个新的台阶。

2. 报纸体育报道与专职体育记者的出现

20 世纪 80 年代是我国报纸体育新闻报道的黄金时期。以《人民日报》、《光明日报》、《中国体育报》等中央级大报为代表，国内媒体在这一时期开始认识到了体育新闻在受众中的巨大影响和政治感召力。体育新闻在这一时期成为鼓舞人民士气、振奋民族精神、弘扬爱国主义的号角。新华社作为中国最大的通讯社，将加强体育报道当做建设世界级通讯社的一项重要内容。许多综合性的地方报纸开始将体育新闻作为重要的报道内容之一。

1981 年，新华社成立了体育部。紧接着，不少大城市的晚报，如上海的《新民晚报》、广州的《羊城晚报》、北京的《北京晚报》、成都的《成都晚报》等都在 80 年代前期先后成立了独立的体育新闻部，有了较为固定的体育版。独立的体育部与固定的体育版的出现，标志着体育新闻在中国开始成为一

种独立的新闻品种，体育报道日趋专业化。

20 世纪 80 年代，国内体育专业报的代表是《中国体育报》。该报是由中华人民共和国体育运动委员会（现国家体育总局）主办的全国性体育日报，始创于 1958 年 9 月 1 日，原名为《体育报》。1988 年 7 月 1 日，《体育报》改名为《中国体育报》，并由周二、周三、周四刊发展为日报。作为国内唯一的体育日报，该报的权威性、专业性和影响力是无可比拟的，在 1990 年北京亚运会期间，该报曾创下日发行量 86 万份的纪录。同时，该报在 80 年代还派生出《中国足球报》、《棋牌周报》、《世界体育周报》、《健与美》、《五环》和《体育画报》等多个子报和子刊。这一时期，各地还出现了一批专门从事专项运动报道的体育报刊，如广州的《足球》报、天津的《球迷》报、江西的《足球俱乐部》等。

至 20 世纪 90 年代初，国内大多数中央级报纸都设有体育专栏。许多省市如天津、上海、广东、辽宁、深圳、成都等省市级党报，每天有体育专版。全国近 50 家晚报都把体育当做报纸的主要内容之一，差不多都有体育专版。另外，全国还有体育专业报刊近百种，其中报纸 30 多种，期刊 60 多种。这些体育专业报刊大多数是由各地体委所办，主要内容是报道本地的体育消息，也有全国以至世界的重要体育信息。

有关调查结果显示，到了 20 世纪 80 年代末，国内媒体的体育报道量月达 1 300 万字，比改革开放前有了十几倍的增长。如新华社 1990 年的英文发稿量就比 1985 年增加 4.5 倍，中文发稿量增加 1 倍。①

随着 20 世纪 70 年代末到 80 年代初体育新闻报道量的增加，专职体育记者开始出现。而在此之前，大多数媒体的体育新闻是由副刊或其他部门的记者兼职报道的。1984 年洛杉矶奥运会期间，有近 80 名中国记者参加了报道工作。在他们中间产生了第一批中国现代专业体育记者。1988 年汉城奥运会期间，我国有 100 多名记者前往采访。这是中国新闻史上首次派出上百人的记者队伍出国采访。中国体育记者们的敬业精神和报道水平给世界各国的同行们留下了深刻印象。如许海峰夺取我国体育史上第一枚奥运金牌的消息，就是由新华社记者抢先第一个发出了稿件。但在当时的赛事报道过程中，也暴露出一些中国记者外语水平较差、采访能力较弱的缺陷，对大型运动会报道的总体把握、全面反映也显得不够。

从统计数据中看，至 20 世纪 80 年代末，全国专职、兼职的体育记者已有 2 000 余人，比 1979 年的 500 余人增加了 3 倍。体育记者的业务素质和学历水平也有大幅度提高。国家体委宣传司曾在 1991 年底对全国新闻单位搞过一次

① 《体育导报》编辑部. 体育导报，1990-3-9（5）.

调查，在收到的350家新闻单位答卷中（其中省市新闻单位297家，中央新闻单位28家，国家体委系统新闻单位25家），共有体育记者1 282人，其中具有大专以上文化程度的747人，中专程度70人；高级记者41人，主任记者167人，记者473人，助理记者380人；有443人不同程度懂得外语；286人受过体育专业培训；425人受过新闻专业教育。这表明，体育记者在媒体中已不再是“小儿科”，而已经成为一支具有较高专业素质的采访报道力量。体育记者的地位已得到提高。①

3. 国内体育电视的兴起

自1978年中央电视台开始大规模转播赛事实况以来，体育电视的影响逐渐超过了报纸。1978年6月25日、26日和7月2日，在阿根廷首都布宜诺斯艾利斯举行的第11届世界杯足球赛半决赛和决赛期间，中国中央电视台第一次通过国际通讯卫星从国外传回电视图像和伴音信号。这是中国电视首次通过卫星实施比赛实况转播。1978年12月，第8届亚洲运动会在泰国曼谷举行，中央电视台体育记者首次亲临比赛现场，通过通信卫星对国内进行体育赛事实况转播。

1984年在洛杉矶举行的第23届奥运会是中国体育电视发展的里程碑。在本届奥运会上，中央电视台第一次派出5人电视报道组前赴洛杉矶，与在香港工作的报道组密切合作，成功地转播了开幕式、闭幕式、体操、游泳、跳水、举重、篮球、足球等精彩比赛。这是中国电视观众第一次通过国际通讯卫星看到奥运实况。中央电视台除了直播10场比赛实况外，还播出奥运专题30集、新闻53条、短评3条，共计播出70小时。当广大电视观众通过电视画面看到中国运动员夺取第一块奥运金牌和中国体育健儿在奥运赛场上的风采时，无不群情振奋，扬眉吐气。体育电视在中国首次产生了巨大的影响，并从此奠定了其体育传媒第一的地位。

为了适应体育新闻报道的需要，中央电视台于1980年在全国媒体中率先成立了体育部。1982年，中央人民广播电台也成立了体育部。从1984年起，中央电视台将体育新闻从新闻节目中分割出来，增办了独立的“体育新闻”节目。体育节目在各电视台的播出时间也逐年增加。以我国三家主要的地方电视台即北京电视台、上海电视台、广东电视台为例，从1982年到1988年，三家电视台的年体育信息总播出时间由21 900分钟增加到了386 797分钟。② 而中央电视台1990年播出的体育节目比1985年增加了两倍。③ 有关调查显示，

① 体育导报社. 体育导报，1990-3-9.

② 曹湘君. 体育概论［M］. 北京：北京体育学院出版社，1995：135.

③ 体育导报社. 体育导报. 1990-3-9.

至20世纪90年代初，全国共有16家省级电台、22家省级电视台设有体育专题节目，月播出时间达667小时30分。

1993年上半年，国家体委宣传司曾委托中国人民大学舆论研究所对全国百家大中型企业职工进行体育新闻报道的意见问卷调查，结果表明，受调查者为80年代以来中国体育报道总体状况打了“及格”。有87.2%的人认为“我国体育新闻报道迅速及时”；80.6%的人认为“广播电视体育节目主持人很有生气和亲切感”；78.1%的人认为“我国体育新闻报道客观公正”；67.9%的人认为“我国体育新闻报道可读性强”；55.2%的人认为“多数体育比赛评述分析透彻、令人信服”。从该项调查可以看出，受众对我国媒体的体育报道的总体评价是好的。同时，该项调查反映出群众对媒体体育报道的意见主要是“群体报道缺乏深度”、“体育电视画面不够优美”、“体育报道缺少背景知识介绍”、“体育比赛现场解说平淡，缺乏分析和幽默感”等。这项调查基本反映出20世纪80年代国内体育新闻报道的情况。

（三）中国体育新闻的发展与变革

1. 体育新闻登上新台阶

1992年，在邓小平南巡讲话精神的指引下，中国体育开始探索市场化和职业化改革的路子，推动中国体育发生了深刻变化。足球、篮球、排球、乒乓球、围棋等项目先后尝试职业化和市场化改革，中国体育由此进入了一个新的历史发展阶段。在这一时期，中国参加了1992年巴塞罗那奥运会、1996年亚特兰大奥运会、2000年悉尼奥运会三届奥运会，均取得了举世瞩目的骄人成绩。另外，北京于1992年首次申办奥运会，虽然曾为两票之差而抱憾，但申办过程中却激发了全国人民巨大的爱国主义热情，也为2001年北京申奥成功打下了基础。中国体育的改革与发展，成为推动中国体育新闻发展的动力与引擎。

与体育改革同步，随着社会主义市场经济体制的建立，中国的新闻业改革也加大了力度。在坚持媒体的社会主义性质的前提下，市场成为新闻业发展的一个重要导向。一个竞争激烈的媒体市场迅速形成。截至1999年春，我国已有报纸2 160种，广播电台1 200座，无线电视台980座，有线电视台1 200座，杂志7 900多种。在激烈的市场竞争中，各类媒体均将体育新闻作为增加报刊销量和电视收视率、争取广告市场的重要手段。尤其是在90年代前期，以《成都商报》、《华西都市报》、《南方都市报》等为代表的一批新型市场型报纸的崛起，标志着一个空前激烈的传媒竞争时代的到来。这些新兴报纸为了吸引读者、争取广告，均高度重视体育新闻报道，将体育版作为打开市场、争取受众和广告的主要手段之一。

20 世纪 90 年代国内媒体市场的激烈竞争，带来了体育新闻报道的空前繁荣。在这一时期，体育新闻与时政新闻、经济新闻、国际新闻以及文化新闻等已成分庭抗争之势，拥有最为广泛的受众群体。体育新闻报道成为众多综合日报、晚报和专业报纸不可缺少的内容之一。体育新闻与社会新闻和文化新闻一起被称为媒体的三大支柱新闻。

1992 年巴塞罗那奥运会是我国体育新闻报道的又一次新的突破。在本届奥运会上，我国有 112 名记者分别代表国内 29 家新闻单位赴西班牙采访报道。同 1984 年洛杉矶奥运会相比，中国记者采访境外大型国际赛事显得更加成熟。各媒体注意发挥各自的特点和优势，避免在报道中“撞车”。新华社人多势大，力求在报道面和时效上下工夫，在各参赛项目上做到不漏一条重要消息；中央电视台大量运用穿插字幕的方式，把奥运信息及时传递给国内观众，同时抓现场直播质量水平，把观众吸引到“第一时间”上来；《中国体育报》发挥专业报权威的特点，力求报道专而深；一些“单兵作战”的地方性报刊则力求扬长避短，将重点放在花絮、特写和采访重要人物及重要事件上；还有些报刊采取“联合作战”的方式，分兵把口，然后定时交换信息，各取所需，体现了既竞争又合作的精神。巴塞罗那奥运会中国媒体的宣传报道在规模、数量、质量、时效以及多样性方面均超过了洛杉矶奥运会和汉城奥运会的报道，取得了极大成功。为此，国家体委表彰了对奥运会报道作出突出贡献的新闻单位，授予新华社等 5 家中央级新闻单位“体育事业贡献奖”，授予《光明日报》、《文汇报》等 23 家中央和省市新闻单位“第 25 届奥运会新闻报道纪念奖”。全国记协也作出了表彰和奖励参加第 25 届奥运会报道的新闻工作者的决定。①

2. 职业联赛的火爆导致足球报道热

1994 年开始的中国足球职业联赛激发了全国媒体市场的新一轮竞争。主客场制的联赛使各大城市球市火爆，联赛第一年到现场观看甲 A 足球联赛的观众就达 217.6 万人次，平均每场接近 2 万人，上座率达 60%。而在此之前，国内足球上座率不超过三成。城市市民对本地球队成绩的关注，引发了媒体的体育新闻大战。为了争夺受众、占领发行与广告市场，从中央到地方的媒体都纷纷扩充体育版，对联赛进行报道。国内中央级的大报如《人民日报》、《光明日报》、《中国日报》、《解放军报》、《工人日报》、《中国青年报》等都加强了体育报道的力度，努力增强体育报道的可读性与趣味性，使之更贴近读者。

与中央级大报相比，地方性综合日报的体育报道显得更活跃，更能适应媒

① 国家体委文史工作委员会，全国体总文史资料编审委员会编. 中国体育改革十五年［M］. 北京：人民体育出版社，1998：188~195.

体市场的变化，也更注重本地球迷与受众的需要与特点。这些报纸的体育版从本地读者的兴趣爱好出发，大多将报道重点集中在有本地球队参加的足球、篮球、排球、乒乓球、围棋等职业联赛上，同时对欧洲各主要职业足球联赛、美国NBA篮球联赛以及奥运会、世界杯足球赛、欧洲足球锦标赛、欧洲足球冠军杯赛等赛事予以大量报道。在激烈的市场竞争推动下，地方报纸媒体力图通过扩大体育版、增加体育报道量、提高体育报道品质来提高自身的市场竞争力。如《羊城晚报》从1998年开始将体育版由每天一个版面增加到两个版面，在有大型比赛或国内各种联赛时版面还有所扩大；《成都晚报》从1996年开始每周一的体育版专为足球联赛增加两个版面；而各地的都市报和市场报更是在比赛日推出3~4个体育版来报道足球。而在奥运会、世界杯足球赛、欧洲足球锦标赛等重大赛事期间，这些报纸一般都会推出4版甚至至8个以上版面予以报道。

在20世纪90年代的足球新闻大战中，甚至一些原来没有体育报道的媒体以及与体育无关的专业、行业报刊，也纷纷加入了足球报道的行列。有关调查显示，20世纪90年代后期，国内有将近72%的媒体将足球作为相对固定的报道内容。在足球新闻大战最火爆的1996—1999年，甚至像《中国作家》这样的大型文学刊物也一度开辟了固定的足球专栏。① 在报业竞争激烈的成都市，曾一度出现8份内容雷同的综合性日报比拼体育版的现象。各报不仅拼消息、拼评论、拼标题、拼版面，而且报纸体育版之间互相攻击的现象时有发生。这种体育新闻的恶性竞争，也导致假新闻、恶性炒作和低俗化报道现象屡见不鲜，以至于国家体委于1997年指出要防止足球报道“三过”（过量、过热、过度）现象。

3. 体育新闻发展受国内足球盛衰影响

20世纪90年代，在足球联赛的驱动下，各地办报热情高涨，地区性体育报纸大量涌现。仅1994年当年就新成立或复刊9家体育专业报纸，它们是：《中国足球报》、《世界体育周报》、《体育文摘周报》、《中国体育报·篮球周刊》、《中国体育报·足球周刊》、《新民体育》、《羊城体育》、《体育生活报》、《四川体育报》。此后，几乎每年都有新的体育专业报纸出现。体育报纸的数量从1985年的2种猛增到1995年的42种。截至1999年，仅在邮局邮发的体育报纸就有44家。

20世纪90年代，最成功的体育专业报是《足球》报与《体坛周报》。但在80年代，这两份地方性体育报都处于发行量少、影响不大、穷于生计的状态。90年代中期国内职业足球联赛带来了球市火爆，这两份报纸抓住机遇，

① 足球报社. 足球，1998-10-26（1）.

才迎来了属于自己的春天。两报的共同特点是立足于时代和受众的需要，率先突破计划经济体制的局限，在报纸经营和管理上引入市场机制和竞争机制，从而使自身从地方性的小报发展成为实力雄厚、影响很大的报业先锋。90年代中期以来，这两家报纸都网络了一批中国最杰出的体育记者与体育编辑，在国内有上几十万甚至一度上百万份的发行量，深受广大读者和体育爱好者的喜爱与好评。

国内报纸媒体的足球新闻竞争在2002年韩日世界杯足球赛期间达到顶峰。由于中国足球队首次参加决赛，极大地刺激了国内球迷的关注和各类媒体的投入。这届世界杯正式申请采访世界杯的中国报社有73家，仅次于主办国韩国（100家报社）和日本（78家报社）。比赛期间，国内各地的综合性报纸体育版均以大量版面、长时间、重点版位充分报道比赛情况，创造了国内报业史上的纪录。如北京的《京华时报》投资近2 000万元打造了每天24版的“世界杯特刊”；《北京青年报》与韩国《东亚日报》合作在韩国汉城、光州、济州印刷发行《北京青年报》，为前去观看世界杯赛的中国球迷提供即时的报道。

21世纪最初几年里，尽管以足球报道为中心的国内媒体体育新闻竞争达到了顶峰，但实际上自从20世纪末中国足球职业联赛“黑哨”、“假球”现象日益严重开始，公众已逐渐对足球失去热情，球迷大量流失，足球市场日渐萎缩，这终于导致2002年韩日世界杯赛后，国内以足球报道为主的体育新闻开始总体滑坡。公众对足球报道不再感兴趣，各地报纸体育新闻版盛世不再，很多地方的体育频道关闭。2005年，已有17年历史的《球报》停刊。紧接着曾一度拥有较大影响的《南方体育》报也宣布停刊。足球报道带来的体育新闻短暂繁荣时代宣告结束，各类媒体的体育新闻报道都进入了一个调整期。

进入21世纪后，虽然报纸媒体受到网络媒体的强大冲击和挑战，但仍能凭借其强大的采编力量、精致的版面编辑、阅读的便利性以及传统的广告市场拥有自己的读者阵地。至2010年，我国日报出版规模已连续9年位居世界首位，成为世界发行总量最大的报业市场。图书出版品种27.57万种，销售额1 456亿元，仅次于美国；印刷复制业总产值达到5 746亿元，位居世界第三位；数字出版总产值达到750亿元，年增长50%以上。① 这说明，报纸媒体仍然是中国公众获得信息的主要媒介。尽管进入21世纪后，报纸媒体的体育新闻报道受到国内足球低迷与网络媒体的双重压力和影响，但报纸媒体的传统地位和影响力决定了体育新闻报道仍然将是当代最重要的新闻报道品种之一。

① 柳斌杰. 我国拥有世界发行总量最大报业市场. 新浪网，2010-1-13，http://news.sina.com.cn/o/2010-01-13/202319462035.shtml.

4. 体育期刊的快速发展

1999年，我国共有体育期刊136种，其中大众体育期刊71种。在发行量超过25万的杂志中，《新体育》和《足球俱乐部》分别在1994年、1996年和1996年、1997年榜上有名。在90年代初，《新体育》的发行量曾达到39.2万册。1994—1999年的6年间，尽管面临电视、互联网以及同为纸媒的报纸挑战，我国大众体育期刊种类数量仍呈上涨的趋势。从1994年到1999年，大众类体育期刊从60种上升到71种，增长18.3%。其增长率高于其他种类期刊。

进入21世纪后，国内大众体育类期刊生存状态虽然较为艰辛，但其发展基本呈现平稳状态。这是因为体育类期刊在男性读者，尤其是青少年中拥有较为稳定的读者与消费群体。在国内影响较大的体育期刊主要有《体育画报》(中文版)、《体育世界—扣篮》、《尚篮》、《扣篮 SLAM》、《NBA时空》、《足球周刊》、《篮球》、《足球世界》、《当代体育》、《环球体育》、《体育世界(灌篮)》、《足球之夜》、《运动休闲》、《篮球俱乐部》、《健与美》、《全体育》、《尺码》、《搏》、《少林与太极》等。体育类期刊呈现出分类化和分众化的发展趋势。某种运动项目的火爆会直接带动这类项目的期刊市场。如姚明于2002年进入美国NBA打球后，直接带动和培育了一大批篮球爱好者，也使篮球类期刊如雨后春笋般产生。有关调查统计数据表明，进入21世纪后，主流体育类期刊已形成篮球和足球两大专项细分类别，形成以《NBA时空》、《灌篮》为代表的多达10余种的篮球专项类期刊和《足球周刊》为代表的足球专项类期刊，而综合类体育期刊的影响力则相对较弱。另外像高尔夫、汽车、钓鱼、乒乓球等分类体育期刊则各拥有自己较为稳定的读者群。

尽管如此，我国大众类体育期刊数量品种远远低于欧美各国。相对于美国每67万人都拥有一种大众体育期刊，英国每530万人都拥有一种足球杂志，如将上述体育期刊数分配到我国13亿人口上，则我国每1 800万人才拥有一种大众体育期刊，远远低于欧美各国。另外，在大众体育期刊的容量方面，虽然从1994年的33.5页上升到1999年的51.7页，但和西方发达国家相比，我国大众体育期刊的月容量仅为西方发达国家的1/5。

5. 体育电视的发展与专业体育频道的崛起

20世纪90年代以来，中国家庭电视的迅速普及，尤其是有线电视、卫星电视、数字电视等高新技术带动中国电视进入了一个空前的发展阶段。调查显示，至2008年北京奥运会开幕前，我国拥有电视的家庭已有3.35亿户。我国居民主要通过有线电视公共网接收各卫视频道。在全国3.35亿户电视家庭中，有2.01亿户接入了有线电视公共网，普及率达到60%。截至2008年8月，我国有线数字电视用户已达3 658.3万户。2008年我国卫星电视频道累计覆盖人

口达到 330 亿人次。1999—2008 年十年间持续高速增长，年均增长率为 12.3%。其中，15 家中央电视台频道、2 家中国教育电视台频道及山东教育电视台的全国累计覆盖人口达 147.2 亿人次，10 年年均增长率为 11.3%；省(市) 级卫视全国累计覆盖人口达 182.8 亿人次，10 年年均增长率为 13.2%。在 15 个中央电视台频道中，有 13 个频道的全国覆盖人口超过 8 亿。①

国内电视的迅速发展和普及，为中国体育电视的发展奠定了硬件基础，推动了国内体育电视迅速成为体育新闻传播的第一平台。

20 世纪 90 年代以来，中央电视台体育类节目的播出时间可谓突飞猛进，不仅新增了《体育新闻》、《世界体育报道》、《五环夜话》、《天下足球》等栏目，而且原有的《体育大世界》节目的播出时间延长至近一个小时，并安排在晚上的黄金时间播出。与此同时，为了满足体育迷观看本地球队的比赛和国际赛事的需要，各地电视台都高度重视体育比赛的直播和录播，体育节目的播出时间也都有了大幅度的增加。

在各种体育节目中，体育赛事的现场直播以其突出的现场感、即时性和悬念感赢得了广大观众，在现代电视节目中占据着越来越重要的地位。例如，上海有线体育频道自 1994 年 5 月 8 日首次卫星直播德国网球公开赛，到 1997 年 10 月底，累计通过卫星直播各类项目的体育赛事 1 000 余场，2 200 余小时，这些数据还不包括其他非卫星直播的数字。②

20 世纪 90 年代，中央电视台为实况转播投入了大量人力财力，以满足国内观众的需求。在 1994 年 10 月广岛亚运会上，中央电视台派出近 60 人的前方摄制转播组，这是中央电视台第一次在国外设置转播间，而且每天 4 套节目轮番播出，播出量又一次开创了新纪录。对一些单项体育比赛，如世界杯足球赛、欧洲足球锦标赛、意大利足球甲级联赛、美国 NBA 职业篮球联赛等，中央电视台都及时予以转播，受到了广大体育爱好者的好评。

专业电视体育频道的出现是这一时期的重要成就。随着光纤通讯与有线电视技术的发展，1993 年 12 月 12 日，全国最早的专业电视体育频道——上海电视台有线体育频道开播，以每天 17 个小时的播出容量向上海 220 万用户、近 800 万城镇观众提供丰富多彩的国内外电视体育节目。③ 1994 年 8 月 28 日，广东有线台体育频道开播，其播出段为每周一、二、四、五的 12：00 至次日凌晨 00：30，每周三、六、日 9：00 至次日凌晨 0：30，平均每天播出 14 个小时。

---

① 北京美兰德媒体传播策略咨询有限公司. 2008 年全国电视频道覆盖及收视状况调查结果. 20081119，http://data.mtklw.com.cn/article/2008-12-22/706-1.htm.

② 袁伟民. 坚持体育工作正确方向［J］. 体育工作情况，2002（12）.

③ 张大钟. 有限体育无限活力. 上海有线电视台编.

1995 年，中央电视台体育频道开播。这一事件成为我国体育电视发展的重要里程碑。央视体育频道是我国首家覆盖全国的专业体育频道，为体育新闻和体育报道提供了全天候的电视播送平台。至 20 世纪 90 年代末，央视体育频道覆盖的观众量已超过了两千万用户。随着职业足球的影响扩大，各地陆续建立了专业体育频道。有关统计显示，到 21 世纪初，全国各省及各大城市已有专业体育频道 39 个，平均每天播出体育节目近 20 小时。1999 年北京的一个受众调查表明，在电视观众中有 1/3 的观众把观看体育节目作为首选。体育电视已成为中国社会生活中的一个重要组成部分。

进入 21 世纪，中国体育电视通过一系列大型体育赛事的转播和报道获得了丰富的经验，尤其是通过悉尼奥运会和雅典奥运会的报道和转播，为圆满完成 2008 年北京奥运会电视转播和报道任务奠定了基础。

在 2000 年悉尼奥运会上，为了深入报道中国运动员奋勇拼搏、为国争光的情景，将精彩的奥运赛事展现给国内观众，中央电视台派出了由 110 人组成的前方报道组，通过一、二、五套节目进行了 550 小时（大部分为首播）以上的播出量。为了全面报道奥运比赛，央视首次推出了奥运频道（CCTV-5），其节目类型包括了新闻、专题、比赛实况、节目预告、精彩回放、评论等，受到国内广大观众的一致好评。

2004 年雅典奥运会对于中国的媒体来说具有特殊意义。因为这是北京申奥成功后的一届奥运会，也是北京奥运会前的一届奥运会。这一特殊背景，使这届奥运会成为中央电视台转播报道北京奥运会的一次战前大演习。在这届奥运会上，中央电视台除了为奥运会制作乒乓球、羽毛球、现代五项公共信号的人员之外，在前方从事报道的工作人员就达 160 人，在后方从事奥运转播报道工作的人员近 400 人。央视除了充分利用奥运会广播电视中心提供的公共信号做好各项精彩赛事的直播、录播之外，还有十几个采访组将摄像机镜头深入各个赛场，向观众提供独家奥运新闻。据统计，雅典奥运期间仅奥运频道播出的新闻就达 810 分钟。另外，在前后方演播室每天都制作播出 8~10 档各类专题节目，仅第一套节目播出的专题《奥林匹克回到故乡》就累计达 1 780 分钟，创历届奥运报道之最。

央视对雅典奥运会的全力报道取得了巨大成功。据有关统计，从 8 月 14 日开幕式到 8 月 28 日，全国收看雅典奥运会和奥运会相关专题节目的电视观众达 9 亿人次。在这 9 亿人次的观众中，通过中央电视台收看奥运节目的观众有 8.6 亿人次以上。8 月 24 日直播的中国女排对日本队的比赛收视率达到 8.61%，观众人数超过了 1 亿。8 月 28 日凌晨播出的有中国选手刘翔参加的田径男子 110 米栏的决赛收视率为 1%，收视份额为 90%，和平时相比，仅此

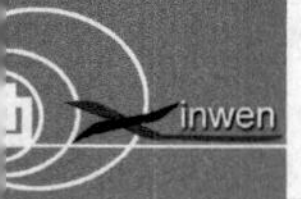

一项赛事带动起来的收视率就提高了 20 倍，收视份额提高了 89 个百分点。①

通过对一系列重大国际赛事的转播和报道，以央视为龙头的中国体育电视获得了前所未有的迅速发展，为北京奥运会的电视传播打下了坚实的基础。

6. 网络体育报道的兴起与迅猛发展

20 世纪 90 年代末，随着家庭电脑与互联网在中国的普及，为体育新闻报道与传播提供了全新的媒介与报道方式。网络不仅为中国的体育新闻报道提供了更加迅速、快捷、方便的信息传递手段，而且还出现了新的网络新闻媒体和网络体育新闻报道方式。

1994 年 4 月 20 日，中国正式接入互联网。开始时主要是在一些高校和科研机构使用。有关数据表明，中国互联网用户从 1998 年起，每半年用户量就会翻一番。如 1998 年 7 月为 117 万人，1999 年 1 月为 210 万人，当年 6 月达到 400 万，2000 年 1 月达到 890 万。进入 21 世纪后，网络发展更为迅猛。根据中国互联网络信息中心（CNNIC）2010 年 1 月发布的《第 25 次中国互联网络发展状况统计报告》显示，截至 2009 年 12 月，我国网民规模已达 3.84 亿，较 2008 年年底增长 8 600 万人，年增长率为 28.9%，互联网普及率达到 28.9%。该《报告》还显示，截至 2009 年 6 月 30 日，中国网民规模、宽带网民数、国家顶级域名注册量三项指标稳居世界第一。数据显示，我国宽带普及率继续提高，宽带网民规模达到 3.46 亿人，较 2008 年增长了 7 600 万。此外，农村网民的规模也持续增长，达到 10 681 万，占整体网民的 27.8%，同比增长 26.3%。该报告还指出，由于 3G 牌照的颁发，手机上网用户在 2009 年取得了飞速的发展。数据显示，截至 2009 年底，我国手机网民规模一年内增加了 1.2 亿，达到 2.33 亿人，占整体网民的 60.8%。其中只使用手机上网的网民有 3 070 万，占整体网民数量的 8%。② 互联网在中国的高速发展，推动网络体育新闻媒体迅速发展为体育新闻传播的主流媒体。

实际上，网络体育新闻在中国互联网的发展中充当了极为重要的角色。可以说，中国互联网网民群体的产生与体育关系极为密切。

中国的网络体育新闻起源于新浪网的前身——“利方在线”对 1997 年足球世界杯预选赛中国队参加的亚洲区预选赛（十强赛）的报道。在此之前，“利方在线”是四通利方公司建立的一个网站，影响并不大。当时全国网站屈指可数，网民也只有 5 万左右。“利方在线”在经营过程中，发现以往考虑的

① 张兴. 央视 2004 年雅典奥运会前方报道. 中华传媒网，http://academic.mediachina.net/article.php? id=1871.

② 中国互联网络信息中心（CNNIC）. 第 25 次中国互联网络发展状况统计报告，20100115，htm-http://www.cnnic.net.cn/html/Dir/2010/01/15/5767.htm.

技术支持在网站初期的发展中作用并不大，反而是体育聊天室和体育论坛等栏目比较红火，于是便决定将这一网站经营成为一个面向普通网友的门户网站。于是，在1997年世界杯亚洲区预选赛期间，“利方在线”一夜成名。当时“利方在线”的SRSNet体育沙龙首次采用网上视频、音频技术直播了’98世界杯足球赛亚洲区预赛，这也是中国互联网历史上首次运用视频、音频技术在网络上直播重大新闻事件。当中国队在大连金州输给对手失去进军决赛资格后，网友老榕发表在网上的一篇文章《大连金州不相信眼泪》在网上迅速传播，并于次日为国内多家报纸转载，引起了极大反响，也使网络的经营者们第一次意识到了自己的力量。在这一事件影响下，同年SRSNet体育沙龙主办的以足球为主的网上多媒体杂志——《竞技网刊》推出，到年底，“利方在线”推出了自己的体育栏目“竞技风暴”，直接成为新浪网“竞技风暴”的前身。

在1998年法国世界杯赛期间，新浪网站全程报道了赛事，并被法国官方站点指定为唯一中文站点。新浪网在中国首次向国外派出了网络体育记者，每天从法国发回了大量报道，平均每天有200多篇原创文章。其报道速度之快、信息量之大、内容之丰富，都是传统媒体所难以望其项背的。新浪网在法国世界杯期间创下了当时中文站点访问量的最高纪录，由此而成为法国世界杯最成功的中文网站，同时也奠定了网络媒体和网络体育新闻报道的地位。

在网络媒体的冲击下，国内传统媒体开始探索多媒体合作联动的发展模式。1999年12月28日，由国家体育总局所属的《中国体育报》社、《新体育》杂志社、人民体育出版社和《中国体育》杂志社4个单位重组成立的中国体育报业总社正式挂牌。2003年，专业官网华奥星空成立。该网站由中国奥委会、中华全国体育总会完全控股，负责中国奥委会官方网站、中华全国体育总会官方网站、中国体育代表团官方网站、中国体育彩票官方网站、全部运动协会官方网站以及刘翔等众多体育明星个人网站的建设和运营。该网站的业务包括视频、在线游戏、电子商务、无线增值业务、体育经纪等多个方面。

国内各地的报纸、电视等媒体为了增强自身的竞争力和扩大影响也纷纷上网，开始形成报纸、杂志、广播、电视与网络互动模式。至21世纪初，全国建立独立域名的新闻宣传单位已达700多家，其中除了各通讯社外主要是报纸、杂志和电视台。以《中国体育报》、《体坛周报》、《足球报》、《羊城体育报》、《新民体育报》等有影响力的报纸为代表，国内40余家体育报纸已有半数建立网站，报纸上网比率远远高于其他媒体。一些规模较大的体育专业报纸，如《中国体育报》、《体坛周报》、《足球》等除了已经在网上建立了自己的网站之外，还相继办有各种体育期刊，甚至已经建成或在建媒体集团。体育类媒体的集团化、多媒体化和网络化，表明我国体育新闻事业的发展又迈上了一个新的台阶。

国内网络媒体体育报道正式登堂入室、进入主流媒体行列的标志是2000年悉尼奥运会。在本届奥运会上，主流新闻媒体纷纷推出自己的奥运专题网站。其中最具规模和影响力的当属新华网和人民网（即人民日报网络版）。前者于2000年8月23日开通，后者于同年9月3日开通。前者开通之际，有萨马拉奇发来的签名贺信，后者开通之际有国际奥委会执委何振梁在飞赴悉尼前到报社网站按鼠标启动。前者设有9个频道，46个栏目，后者设有5大版块，31个栏目。新华网依靠前方人数众多的采访兵团，在文字和图片新闻发布方面屡夺第一，如本届奥运会第一枚金牌（美国射击女选手南希·约翰逊）诞生的新闻，就是比赛刚一结束就由新华网于9月16日北京时间早晨8点21分发出的。

悉尼奥运会也成为国内专业门户网站横空出世的标志。其中最典型的当属2000年7月12日开通的新浪网奥运专题网站（http://aoyun.sina.com.cn）。由于中国奥委会授权新浪网作为中国体育代表团、中国体育代表团官方网站唯一互联网合作伙伴，再加上与中新社、中国体育报业总社的结盟，更是获得了多种优势。新浪网当时就描述了奥运开赛后新闻刷新的速度与数量：一项比赛结束后5秒钟出结果、30秒出图片、1分钟出报道、5分钟出详细报道、新闻刷新高峰期每分钟在10条以上。为承受中国一半网民同时访问而带来的巨大压力，新浪网连续两次扩容，为奥运专题网站所配备的总带宽超过300兆。

2002年韩日世界杯足球赛期间，以新浪、搜狐、网易等三大门户网站为代表的网络媒体再创奇迹，实现飞跃。以新浪为例，该网站成为中国队唯一的互联网合作伙伴，并投资2 000万元赞助中国足球队。在比赛期间，新浪对赛事作了及时的全方位报道，平均每场比赛的新闻条数比其他网站多出两到三倍。网站不仅图文直播所有比赛，24小时滚动播出新闻和图片报道和现场报道突发新闻，而且设置了中国队、世界杯诸强、进球快讯、赛况详述、技术统计、球星访谈、名家名嘴、赛场介绍、赛程、积分榜、射手榜等栏目。另外，网站还通过嘉宾聊天、多媒体报道、特约名人评球等形式，为球迷和网迷提供全面的资讯。

在2002年韩日世界杯期间，新浪的世界杯报道取得了巨大成功。在中国对哥斯达黎加的比赛前一天和当天，新浪世界杯网站连续两天的页面浏览量过亿。中国对土耳其队比赛结束后，24小时网民评论就达4万余条。据《通讯信息报》与第三方调查公司在世界杯结束后所做的网民调查显示，有73.79%的网民在世界杯期间会上网看世界杯，而其中有50.96%的网民主要登录新浪网。排在其后的是人民网（11.54%）和雅虎网（10.58%）。网络媒体以其独特的报道方式与优势在体育新闻报道中显示了强大的生命力与发展前景。

2004年雅典奥运会是中国网络体育传播的又一里程碑。雅典奥运开幕第

一天，新浪、搜狐等奥运频道的日点击率纷纷过亿，相当于平日体育频道点击率的6倍。新浪网奥运频道当天的访问量蹿升至前所未有的1.3亿页读数(Pageview)，8月23日更是达到了创中文互联网纪录的1.5亿页读数。8月28日凌晨，中国选手刘翔在男子110米栏决赛中以平世界纪录的12秒91获得金牌后，从28日凌晨2点至中午12点，新浪奥运频道的网友留言数量达到32 000多条，几乎平均一秒钟就有一条网友评论，而网友留言总量从8月13日至28日达到49万多条，创下全球互联网网民留言的最高纪录。① 这表明，网络已经成为中国受众的首选媒介，网络体育报道已经成为中国体育新闻的主流媒体。

(四) 北京奥运会推动体育新闻大发展

进入21世纪后，北京奥运会成为推动中国体育新闻发展的最大动力与引擎。2008年北京奥运会是世界现代体育史上的大事，也是中华民族的百年期盼和盛典。自从2001年7月申奥成功以来，中国的新闻界和媒体全力以赴，乘势而上，以一流的报道和服务，不仅为北京奥运会、残奥会的成功举办营造了良好的国际和国内舆论氛围，获得了国际媒体和国际奥委会的高度评价，也推动国内体育新闻发展达到了前所未有的高度与水平。

在北京奥运会举办期间，体育报道量创下了历史之最。北京奥运会记者人数超过历届奥运会，共有来自世界各国的32 278名记者参加了报道，其中注册记者26 298人，非注册记者5 980人，225家持权转播商参加电视转播工作。北京残奥会期间共有注册记者6 626人，27家持权转播商参加转播报道。这也是我国历史上接待记者人数最多、中外交流最深入、对外传播最广泛、最集中的一次盛会。

北京奥运会第一次全部采用高清信号进行电视转播，200多个国家和地区的媒体共进行了5 000多小时的报道和转播，转播规模是雅典奥运会的3倍，全球共有47亿人收看和收听了北京奥运会的转播，创造了奥运会新闻转播历史的新纪录。北京奥运会开幕式后第四天，也就是8月11日，国际奥委会新闻宣传部部长、新闻发言人吉赛尔·戴维斯宣布，在8月8日晚上，中国共有8.4亿人观看了开幕式电视转播。据CSM媒介研究9日发布的收视数据显示，北京奥运会开幕式收视观众规模占到全国电视总人口的68.8%，收看时间超过两小时的观众比例高达43.6%。

新华社是国内奥运报道的主力。在以往几届奥运会上，新华社报道团不足

① 数据引自《北京娱乐信报》8月19日报道《奥运新闻网战 门户抢食6亿奥运大餐》、新浪体育8月28日报道《刘翔夺金掀网民狂潮 新浪创互联网留言世界纪录》。

百人。在北京奥运会期间，新华社在国际奥委会正式注册的新闻采编和技术人员达 284 人，非注册记者 62 人，这是新华社奥运会报道史上派出人员最多的一次。从 2008 年 7 月 25 日新华社奥运报道团进驻奥运会主新闻中心到 8 月 24 日奥运会闭幕，新华社共播发奥运中文稿件 7 600 多条、英文稿件 6 900 多条，法、西、俄、阿、葡 5 条语文专线日均播发奥运文字稿超过 11 000 条，是平时发稿量的 4 倍多；播发中文图片 42 000 张、英文图片 26 972 张，法、西、俄、阿图片稿日均超过 2 000 条，是平时发稿量的 8 倍；制作音视频新闻节目 1 446 条，超过 4 700 分钟。北京奥运会期间，新华社对奥运会产生首枚金牌和中国代表团夺得第一块金银铜牌、所有 28 个大项和 302 个小项奖牌产生过程、刘翔退出比赛、新的世界纪录诞生、各场次新闻发布会等重要节点的报道，在规模、时效、方式、手段和效果上与西方三大通讯社和国内外网络、手机等新兴媒体相比毫不逊色。①

国内报纸媒体在北京奥运会上创新发展。为了更好地进行奥运报道，国内报纸媒体各显神通，力求创新，打造特色，发挥优势。各报不仅在报道上下足功夫，还采用增刊、扩版、专刊、号外、媒体结盟等方式来加强报道，有的地方报纸甚至由总编辑带队，将整个编辑部移至北京进行一线报道。为了在电视和网络媒体的夹击下争夺新闻制高点，各报纷纷组建报业之间的奥运报道合作联盟。早在 2004 年雅典奥运会上，《北京青年报》、《成都商报》等 13 家报纸媒体就组成了报道联盟，以全面共享相互的新闻资源，力争达到对所有奥运赛场新闻及场外新闻的全方位覆盖，为 82 个城市的 911 余万读者提供最新、最快、最全面、最权威的报道。② 在北京奥运会上，报纸媒体更是把这种媒介联盟方式发挥到极致。如 2008 年北京奥运会期间，由国内 30 多家主流晚报组成的“晚报联盟”携手奥运报道，有 140 余名记者加入，其中持证记者 40 多名，实现了全国晚报采访大型综合体育赛事历史上人数和规模空前的合作。

国内体育电视在北京奥运会上攀登新高峰。中央电视台是北京奥运会电视转播主力。为了转播北京奥运会，央视开辟了专用 7 个频道，其中包括一个高清频道和两个付费频道。央视还取得了国内唯一的奥运会新媒体版权，建立了“央视国际”，开辟了网络和手机电视两种传播渠道。为了报道北京奥运会，中央电视台获得了 550 个采访证，投入了 2 000 多人的采编播专业人员，覆盖了 35 个比赛场馆。在所有比赛场馆的混合区都安排了摄像机，将转播车开进乒、羽、排、篮球、跳水、体操，田径、游泳等比赛现场，还在赛场里设立演

① 新华社总编室．新华社勇夺北京奥运会新闻报道的胜利．人民网，2008-9-12，http://media.people.com.cn/GB/40628/7973728.html.

② 十三家媒体联手报道雅典奥运会［J］．新闻界，2004（2）．

播室，实现了传播技术的飞跃。奥运期间，央视举全台之力，除了奥运频道，还在央视二套进行不间断的24小时奥运报道。中央一套除了保留现在的“朝闻天下”、“新闻30分”和“新闻联播”三档节目外，其余全部时间将用于转播赛事，该频道“囊括了国内外顶级的夺金项目，而在晚间10：30—12：00则推出新闻综述类的“全景奥运”；中央二套为“国际频道”，报道中国观众关注的国际赛事项目。奥运频道又称“中国频道”，除了直播中国队参加的赛事，还在早间推出了2小时的新闻栏目——“早安奥林匹克”，并在晚间10：30—12：00邀请体育明星和观众，设置故事性、互动性栏目“荣誉殿堂”；央视七套主要负责重播。另外，高清频道是一个综合的频道，两个付费频道分别以足球和网球为主。中国体育电视的迅速发展，有力地促进了中国体育事业的发展。北京奥运会有力地推动了我国电视体育节目的制作水平向世界领先高度飞跃，成为中国电视体育发展的里程碑。

网络媒体在北京奥运会上独领风骚，确立了自己主流媒体的地位。根据中国互联网络信息中心公布的数据，截至2007年12月，我国网民数已达到2.1亿人，网站数量已达到150万。① 伴随着网络视频、博客、播客等传播手段和传播方式的普及，网络在体育新闻传播中独领风骚。至2008年6月底，我国网民数量已经达到了2.53亿。用互联网视频转播奥运会，这在中国新闻史上尚属首次。据万瑞数据对搜狐、新浪、网易等大型网站的监测，奥运会开幕后的两天里，这些网站的奥运频道流量较奥运会开幕前的双休日均值暴增7倍之多。其监测的独立用户数在北京奥运开幕第二天即8月9日达到近8 500万，8月13日更是猛增到19 000多万，4天时间暴增了2.23倍。在北京奥运第一周里，独立用户在几大主流奥运相关网站的停留时长达到平均每天近670秒。而根据万瑞数据的监测，在7月份，网民在体育频道平均每天停留只有274秒。另据DCCI互联网数据中心发布的统计数据显示，在奥运开幕当日，获得直接或间接授权的CCTV.com、搜狐、新浪、网易、腾讯等9家奥运门户网站/服务商的用户量和浏览数均出现了“井喷”现象，奥运频道的用户数达到了7 932万人。② 在北京奥运会上，国内网媒首次采用高清视频技术直播奥运会比赛。在北京奥运会期间，央视网、搜狐、新浪、悠视网等9家拥有奥运视频直播和点播权的互联网站都采取了“视频+图文”的方式进行报道。根据DCCI的统计，奥运期间这9家互联网站屡创视频收视率新高，多家设立奥运视频、图文直播的网站日总页面浏览数5次高于19亿，这几乎意味着一家仅

① 中国互联网统计中心. 第21次互联网发展统计报告. 2008，http://tech.sina.com.cn/focus/cnnic21.

② 奥运背景下的2008年报业综述. 人民网，2010-3-10，http://news.163.com/10/0310/14/61E0L28E000146BC_3.html.

次于央视的“电视台”诞生。2008年第29届北京奥运会开幕式当日，国内网站就创下1.61亿网络收视纪录。据有关调查显示，北京奥运会首枚金牌决出时，有近46.7%的公众通过电视获知了这一消息，而有43.8%的公众则是通过互联网渠道了解的。① 另外，在北京奥运会期间，网络媒体也出现了媒介联盟，如由新浪、腾讯、网易、TOM在线、博客网、天极网、猫扑网、和讯网、奇虎网、金融界、凤凰网、MSN中文网、中国雅虎、空中网、中华网、21CN、赛迪网和通信产业网等40多家新媒体组建了“奥运报道联盟”，充分利用了新闻、博客、播客、社区、IM、邮箱等信息平台，展开立体式、全方位的综合报道。

（五）中国现代体育新闻发展的基本特点

新中国成立以来，伴随着体育事业和新闻事业的大发展，中国的体育新闻逐渐发展起来并不断走向成熟。总的来说，中国的现代体育新闻发展呈现出以下特点：

（1）中国现代体育新闻事业是在中国共产党和人民政府的领导下发展起来的，是党的新闻事业的组成部分，服从我国体育事业和新闻事业发展的需要。它担负着宣传党的体育方针和政策、宣传奥林匹克精神和中华传统体育精神、传播体育信息、促进精神文明建设、推动我国体育运动健康发展的重要任务。作为我国新闻事业的一部分，体育新闻对于推动中国体育事业发展、满足大众对体育新闻信息的需求、传播体育文明和文化、对体育运动进行舆论引导与舆论监督、促进体育对外交流、为中国体育事业发展营造良好的舆论环境和氛围等方面具有重要意义。

（2）我国现代体育新闻事业的发展经历了曲折的发展历程。总的来说，在国家处于政治清明、社会稳定、经济发展、体育运动和新闻事业都蒸蒸日上的时候，体育新闻事业也就获得迅猛的发展。20世纪80年代以来，以体育新闻为纽带，国内大众传媒与体育运动逐渐形成了互相依赖、互相促进、互利共赢、荣辱与共的关系。尽管在实践中出现了不少有待解决与探索的新问题，但总的来说，在北京奥运会后，国内媒体与体育的关系日渐成熟，两者之间正朝着良性互动的方向发展。

（3）我国的现代体育新闻事业尚处于发展的初期阶段。无论是报纸杂志，还是广播、电视、网络以及新兴媒体的体育新闻报道，无论是从业人员的素质，还是体育报道的品质，无论是体育报道的深度广度，还是对社会责任的担

① 奥运大练兵网络视频花开何处．中国高新技术产业导报，2008-9-9，http://www.enet.com.cn/article/2008/0909/A20080909356380.shtml.

当，我国的体育新闻报道尚有大量的理论问题和实践问题需要探索。如何才能满足广大人民群众对体育新闻的需要，通过体育报道既推动我国体育运动健康发展，同时又提高媒体自身的市场竞争能力和社会责任感，是我国的体育新闻界需要在长期的实践中加以探讨和解决的问题。

本章思考题

1. 古代的体育新闻有哪些特点？
2. 普利策对近代体育新闻发展作出了什么样的贡献？
3. 近代体育新闻形成与发展的主要表现和特点是什么？
4. 现代世界体育新闻发展和演变的主要表现和特点是什么？
5. 中国近代体育新闻发展有哪些表现和特点？
6. 中国现代体育新闻发展的表现和特点有哪些？
7. 北京奥运会的体育新闻报道有何特点？
8. 中国现代体育新闻发展有何特点？

本章参考文献

1. 黄瑚. 中国新闻事业发展史［M］. 上海：复旦大学出版社，2001.
2. 任海等. 奥林匹克运动［M］. 北京：人民体育出版社，1993.
3. 伍绍祖主编. 中华人民共和国体育史［M］. 北京：中国书籍出版社，1999.
4. 国家体委文史委员会. 中国近代体育史［M］. 北京：北京体育学院出版社，1989.
5. 郝勤主编. 体育史［M］. 北京：人民体育出版社，2004.
6. （美）布鲁斯·加里森等. 体育新闻报道［M］. 北京：华夏出版社，2002.
7. 刘鹏主编. 改革开放三十年的中国体育［M］. 北京：人民体育出版社，2008.
8. 武汉大学媒体发展研究中心. 中国媒体发展研究报告（2009 年，媒体卷）［M］. 武汉：武汉大学出版社，2010.
9. 薛文婷. 中国近代体育新闻史论［M］. 北京：北京体育大学出版社，2010.

第二章　体育新闻报道

体育新闻报道，主要指体育记者与编辑将与体育运动有关的最新和最有价值的信息传递给受众这一新闻实践活动过程。

体育新闻报道必须坚持政治原则，遵循新闻原则。

体育新闻的主要特点是以体育运动为报道对象，运动竞赛是其主要报道内容，体育新闻记者必须具备特定的专业素质和能力，追求娱乐性和休闲性等。

体育新闻报道的任务是宣传体育精神与弘扬奥林匹克文化；提供体育资讯，满足大众对体育信息的需求；把握舆论导向，为体育运动的健康发展提供良好的舆论环境；提供精神产品，满足大众对体育文化的需求；实施舆论监督，为体育运动的健康发展保驾护航。

体育新闻报道分为赛事报道和非赛事报道两大类型。从报道内容来看，可分为大众体育报道、体育比赛报道、学校体育报道、体育事务新闻报道、体育商务新闻报道、体育财经新闻报道、体育司法新闻报道、体育社会新闻报道、体育娱乐新闻报道等。

各类媒体的体育报道都有其特点与规律。

体育新闻从业者包括体育记者、体育编辑等。

体育记者的职业道德操守与行为准则。

新闻报道，从广义来说，是指新闻媒体通过采访、编辑、印刷、发行（制作、播出）等工作流程来实现其价值的过程。从狭义来说，则主要指新闻记者和编辑通过新闻采、写、编等实践活动，向受众传播新闻的过程。体育新闻报道，主要指体育记者与编辑将与体育运动有关的最新和最有价值的信息传递给受众这一新闻实践活动过程。体育新闻报道的主要任务，是将最新、最有价值的体育信息及时地传递给受众。体育新闻报道与体育新闻评论是体育新闻的两大基本形态。

第一节　体育新闻报道的基本原则

中国体育新闻报道的基本原则，即在中国从事体育新闻业必须遵从的法规与准则。这些法规与准则既是由中国的国家制度、法律和有关新闻纪律所决定的，又是由包括体育新闻在内的中国新闻业的社会责任和职业道德所规定的，是在中国从事体育新闻报道的所有媒体和记者所必须遵守的法纪与职业准则。

一、体育新闻报道必须坚持政治原则

体育新闻报道的政治原则，是指体育新闻报道所表现出来的思想观点、政治倾向及社会效果等。在社会主义中国，体育新闻报道首先必须坚持正确的政治方向，坚持正确的舆论导向，始终将新闻的社会效益放在第一位，这是体育新闻报道不能动摇的基本原则。尽管体育新闻与时政新闻、国际新闻等不同，在很多情况下不直接反映和表现与政治有关的题材，但体育运动本身发生在特定的社会环境和国际背景下，体育新闻报道也经常表现为政治的一种延续，因而体育记者的采访与报道也必须讲政治，讲究思想性。例如，1981 年 3 月 20 日，中国男子排球队在争夺世界杯排球赛亚洲区预赛的关键一战中，顽强拼搏，先输后赢，以 3 比 2 战胜强敌韩国队，极大地振奋了当时刚走出十年“文革”浩劫阴影的中国人民的爱国热情，北京的大学生当晚自发庆祝，喊出“团结起来，振兴中华”的口号。第二天《人民日报》以这条口号为标题，在头版头条刊发了新华社记者的通讯，在全国引起了巨大反响。又如在 20 世纪 80 年代中国女排的“五连冠”、在洛杉矶奥运会上许海峰夺得中国第一块奥运金牌以及在北京奥运会上中国运动员顽强拼搏，获得奥运会金牌总数第一等，这些体育场上的胜利，都在特定时代中产生了极大的政治影响。

现代体育与政治的关系决定了体育新闻报道必须讲政治。例如，2008 年北京奥运会火炬境外传递在欧洲一些国家受到一小撮“藏独”分子的严重干扰。在法国巴黎的火炬传递中，中国残疾姑娘金晶在“藏独”分子突然扑上

来企图抢夺火炬时英勇抗争，保护火炬，使暴徒的阴谋未能得逞。新华社等国内媒体及时对这一事件进行了一系列报道，有力地揭露了一小撮“藏独”分子的凶残面目，也使残疾人姑娘金晶英勇保护火炬的故事在中国家喻户晓，被人们称为“2008 最美丽的中国姑娘”、“感动全世界的中国女孩”。

再如，在北京奥运会上，上届奥运冠军、中国田径跨栏运动员刘翔是最受中国公众喜爱和看重的体育明星，他在“鸟巢”的比赛不仅早就一票难求，也吸引了全国亿万电视观众。但令所有观众震惊的是，刘翔出场后刚起跑就因伤退场。由于事先没有任何心理准备，“刘翔退赛”成为北京奥运会最为震撼的意外事件之一。国内公众惊愕痛惜之余也传言四起，责难纷纷，甚至有传言说刘翔是“诈伤”。面对这一重大突发性新闻事件，处理不好就会误导舆论，影响社会稳定，甚至会影响北京奥运会和中国的对外形象。对此，国内主流媒体坚持正确的舆论导向，对刘翔退赛的真相予以及时报道，并通过评论等形式疏导公众情绪，从而很快平息了各种谣传与猜测，稳定了公众情绪，没有使北京奥运会和中国体育代表团的比赛受到这一事件的影响。

实践证明，由于现代体育与政治有着密切的关联，如果体育记者没有良好的政治素质，就难以处理体育实践中发生的各种复杂情况，做好体育新闻报道。

另外，由于现代体育与公众利益密切相关，因此，体育新闻报道肩负着巨大的社会责任。例如，在重大国际赛事或国内职业联赛的一些关键性比赛中，球迷的情绪容易冲动，易发生主客场球迷之间的冲突事件，或者对客队有不友好行为。新闻媒体在进行报道时，必须坚守职业准则，注意从维护稳定的大局出发，坚持正确的舆论导向，坚持客观公正的报道原则，疏导球迷的情绪，化解双方的对立，而不能一意迎合本地球迷，去推波助澜，激化矛盾。

应该特别指出的是，体育新闻报道如果涉及宗教、民族、外交以及事关国家的核心利益等重大问题时，也必须坚持政治原则，否则就会造成严重后果。

事实上，不仅在中国体育新闻报道要讲政治，在国外也是如此。

如 1949 年 8 月，日本在全美游泳锦标赛上获得了 1 500 米自由泳的前三名。日本传媒陷入一片狂热，大做文章，《每日新闻》不仅在头版发表消息，而且还大张旗鼓地发表社论。这是为什么？因为 1949 年是日本战败后的第四年，还处于美军的占领之下，社会混乱，百废待兴，严重的民族失败情绪笼罩全国。在这样的历史背景下，初登国际体育舞台的战败国选手，竟以世界惊异的成绩击败战胜国美国选手，这对激发日本国民的民族自尊心无疑是一副兴奋剂。日本报纸正是从这样的角度和着眼点来处理这则体育新闻的。这表明，体育新闻本身具有强大的政治功能。这样的事例不胜枚举，像 1964 年的东京奥

运会、1972年的慕尼黑奥运会、1980年的莫斯科奥运会、1984年的洛杉矶奥运会、1988年的汉城奥运会等，主办国无不表现出强烈的政治动机和目的，体育报道也必然反映出这种政治背景与色彩。

又如2002年2月，在美国盐湖城冬奥会上，赛前最为舆论看好的著名美籍华裔运动员关颖珊在比赛中出现失误，出乎意料地只得了铜牌，而金牌则落入赛前不被看好的美国运动员休斯手中。赛后，美国《西雅图时报》以《休斯如黄金一样美好——美国人使关颖珊及斯卢茨卡娅相形见绌》为题进行报道。由于这一标题暗示华裔的美国选手关颖珊不是美国选手，这种具有强烈种族歧视的做法立即引起各界，尤其是亚裔族群的强烈反弹和愤怒，该报社不得不两度公开道歉。

这些例子表明，即使是在美国等一些西方国家，体育新闻报道也要讲政治性和思想性，否则就会带来麻烦。体育新闻采访与报道实践证明，体育新闻与其他新闻一样，坚持政治性与思想性原则是第一位的。如果忽视这一点，就会犯方向性错误。

二、体育报道必须遵循新闻原则

作为新闻的一个组成部分，体育新闻不仅要坚持政治原则，还要恪守新闻业的基本准则，这就是真实性、客观性与公正性三大原则。在现代新闻实践中，由于体育新闻具有鲜明的情感性、地域性、娱乐性等特点，因此，如何在体育新闻实践中正确地认识、评价和贯彻新闻原则，是现代体育新闻报道必然面临的重要问题。

1. 真实性原则

真实性是指新闻报道的事实与客观事实之间的准确度。体育新闻报道的真实性原则是指，媒体的体育报道必须符合体育运动的客观事实。如果媒体的报道不能准确地表现客观事实，甚至与客观事实相违背，就会造成新闻失实，甚至出现虚假新闻，从而导致新闻价值的颠覆与功能的崩溃。因此，真实性是体育新闻报道的基本原则。新闻报道的真实性原则，是每一位体育新闻工作者必须坚守的职业底线。

坚持真实性原则，意味着记者所报道的内容必须是完全真实的而不是失实的，更不是虚构的。在体育新闻报道中，记者首先要坚持的就是新闻要素真实无误。所谓新闻要素，就是通常所说的5个W（when何时，where何地，who何人，what何事，why为何）。其中最重要的是前面4个W，即何时、何地、何人、何事。记者在从事体育报道时，对上述新闻要素不能有任何一点误差，否则就要造成新闻失真。如对于一场比赛的报道，首先要说清楚是什么比赛，

何时比赛，在哪里比赛，谁跟谁比赛，比赛的结果如何。另外，对于体育报道来说，说清楚“为何”（why）和“如何”（how）也很重要。因为球迷不仅想知道比赛的结果，还希望了解比赛的过程，知道为什么会是这种结果。比如在关于一场足球比赛的报道中，球迷不仅想知道谁赢谁输，还想了解如何赢的或如何输的，怎么赢的或因为什么原因输的，比赛的过程是怎样的，球星在比赛中的水平发挥如何等。对于体育新闻报道来说，真实性原则不仅反映在基本新闻要素的真实上，还要表现在事实过程的真实上。

在体育新闻报道中坚持真实性原则，就要力求避免新闻失实，坚决反对虚假新闻和恶意炒作新闻的现象。体育报道失真甚至出现虚假新闻的原因很多，如记者因工作失误、业务水平或采访条件限制等因素造成报道失真等。此外，往往还和体育新闻报道的特点有关。

由于体育比赛的特点和媒体间激烈的市场竞争，体育新闻报道的真实性原则在实践中往往易受一些特殊因素的挑战。例如，一个地区的球迷会对本地媒体对本地球队的报道所表现出来的立场、观点、倾向等十分敏感。由于这些球迷同时也是本地媒体的主要消费群体，因此媒体在报道中不得不考虑这些受众和球迷的情感因素，以至于对体育报道的真实性产生潜在的影响。又如在一些特定情况下，职业俱乐部会要求本地媒体对一些不利于自己的事实不予报道，或只选有利于本地球队的事实予以报道，而媒体也可能出于各种原因迎合这些要求，对新闻事实予以选择性报道，从而违背新闻的真实性原则。更为严重的是，一些体育记者在报道中会因个人原因违背新闻原则，在报道中歪曲事实、哗众取宠、恶意炒作、甚至无中生有地杜撰假新闻；而一些媒体也监管不力，认为体育新闻无关政治民生，默许纵容体育记者的造假行为，从而导致严重的后果。

不可否认，在国内新闻业中，体育新闻的虚假新闻现象是比较严重的。以上海出版的《新闻记者》杂志每年评选的“年度十大假新闻”为例，这一评选活动每年都有若干体育新闻入选。如 2004 年该刊评出的年度十大假新闻中，与体育新闻有关的竟占了 4 条。以至于该刊的评委无奈地说：“如今中国的体育新闻已成为假新闻的重灾区。在每年的假新闻评选中，总有为数众多的假新闻进入候选名单。”①

又如，2005 年 2 月 5 日北京某报刊登了该报记者以“越洋电话采访郎平”的对话形式，报道了郎平应邀执教美国女子排球队之事。但事后郎平发表声明，称她根本没有接到过这位记者的“越洋电话”。事后查明，写这篇报道的

① 体育假新闻成重灾区提倡足球新闻作者实名制. 北京青年报，2005-1-10，http://sports.qq.com/a/20050110/000092.htm.

记者并未与郎平直接取得电话联系，只是通过中国驻意大利使馆人员获得郎平当时在意大利的一些新闻素材，报道中多数内容是从其他媒体上搜集来的。该报社查明真相后，对当事人员作了严厉处分。

体育新闻的虚假新闻现象并非中国所独有，在国外也时有发生。下面是一则发生在2004年意大利甲级足球联赛中的媒体假新闻案例。由于媒体的不实报道，引起了球员的极大愤慨，并影响了媒体的声誉与双方的关系，这是应该引以为戒的。

假新闻惹恼蓝衣军团　维埃里一怒封口与媒体断交①

（北京时间6月20日消息） 在今天意大利队例行的新闻发布会上，前锋维埃里拂袖而去，发誓再不愿意和意大利记者对话。这让意大利队和媒体之间的关系紧张到了极点。

原来今天至少有两家意大利报纸报道称，维埃里在意大利1比1战平瑞典后，与守门员布冯发生了冲突。

在新闻发布会上，意大利足协发言人首先对媒体的捏造给予抨击，之后维埃里说："这是你们最新捏造的假新闻。今天也是我和你们最后一次打交道，足球场上的事你们随便议论，我根本不在乎你们写什么。"

布冯同时也对该消息予以否认。

不过维埃里的气还没消，他说："你们可以说，之所以报道我不过因为我是个球员，但是你们冒犯了我的人格，你们这些家伙的人格加在一块都比不上我一个。"

最后维埃里恶狠狠地说："你们整天整天地伤害我们！"

在意大利战平瑞典后，下一场他们即使战胜保加利亚，也不能确保肯定出线，失望的意大利媒体这两天对于球队从上到下予以口诛笔伐，老帅特拉帕托尼昨天就曾请求记者手下留情。而维埃里和记者交恶已经不是一天两天的事了，早在第一场意大利0比0被丹麦队逼平后，维埃里就曾对媒体的批评予以反驳。

上面的案例表明，体育新闻报道违背真实性原则，尤其是虚假新闻的泛滥会对体育运动的发展产生十分恶劣的影响，也会对媒体自身和记者本人的信誉造成严重损害，同时也会产生不良的社会后果。因此，坚持新闻的真实性原则，是体育记者和体育媒体不可动摇的生命线，也是每一位体育记者必须捍卫

① 假新闻惹恼蓝衣军团维埃里一怒封口和媒体断交. 新浪网，2004-6-20，http://sports.sina.com.cn/g/p/2004-06-20/2128947268.shtml.

和恪守的基本职业操守准则。

2. 客观性原则

客观性原则是指，记者在新闻报道过程中，应客观地报道事实，避免主观因素的干扰与影响。国外新闻界目前普遍认可的客观报道6大要素为：平衡与公正地呈现在一个议题中各方面的看法；正确与真实地报道；呈现所有主要的相关要点；将事实与意见分开，但是将意见视为相关；将记者本身的态度、意见减至最低；避免偏见、怨恨以及迂回的言论。①

客观性原则在体育新闻报道中具体体现为，体育记者在进行体育比赛报道中，应尽量避免受外在因素的影响，避免将个人情感与看法带入报道中，避免因各类主观因素而损害报道效果。

坚持客观性原则对于体育新闻报道具有重要而特殊的意义。因为体育比赛的最大特点之一，就是无论是参与者还是观众都会表现出强烈的情感性与倾向性。如在国际比赛中，观众会表现出强烈的爱国主义热情，关注本国运动员的表现，为本国的球队欢呼加油。在职业比赛中，球迷的情感会倾向主场球队。另外，很多体育明星会成为公众心目中的偶像。体育这种鲜明的情感性特点经常会影响体育报道的客观性。有时甚至记者本人都难免带有个人的情感因素。不能否认，作为具体的个人，体育记者不可避免地会对有本国或本地区球队或运动员参与的比赛带有感情因素，并容易将这种主观的感情因素带入新闻报道中，从而影响报道的客观性。

作为职业人士，体育记者在从事新闻报道时不能将自己等同于普通的球迷或体育迷，将过于强烈的个人因素与主观色彩带入工作和报道中。体育记者必须以职业的态度来对待自己的报道工作，在进行新闻报道时，哪怕是面对本地的球队或自己喜欢的体育明星，也要保持中立超然的职业态度与平衡公正的职业立场。《美联社体育新闻报道手册》指出："当你成为一名体育记者的那一天，你就不再是一个球迷了，尽管你还保留着一个球迷的热情。你不能在记者席上欢呼雀跃，不能索要运动员的签名。你还不能穿印有你喜爱的球队的名字和你喜爱的球员号码的衬衫。你不能对某个棒球手顶礼膜拜，奉若神明。你有着球迷们梦寐以求的看球机会，但你的工作是让球迷们安安静静地待在那儿，既能看到又能听到，就像在你身边一样。"②

具体而言，体育记者在体育报道中，应尽量做到中立性和客观性，把赛场上发生的真相与事实告诉给受众。体育记者应该将报道与评论分开，在报道中坚持用事实而不是用议论来说话。体育记者只有将自己摆在中立和职业的立场

① 蔡铭泽．新闻学概论新编［M］．广州：暨南大学出版社，1998：229.

② （美）史蒂夫·威尔斯坦．美联社体育新闻报道手册［M］．北京：中央编译出版社，2004：4.

上而不是摆在球迷的位置上，才能准确、全面、公正地把赛场内外发生的事实告诉给受众。

例如，在赛事报道中，体育记者应当全面而准确地报道比赛中发生的事实，而不能有意贬低对手，刻意拔高己队；或者只报道对本方有利的事实，不报道对本方不利的事实；更不能在报道中对对方球队或运动员使用带侮辱性的言词。而这些，都是体育新闻报道中多见的现象。另外，在体育赛事的消息报道中，应尽可能避免直接发表过多的议论，而应准确地报道已发生或正在发生的事实。正确的做法是，在消息报道中客观准确地报道事实，而将自己的看法和议论放在通讯、述评与评论一类体裁中去。但应注意的是，即使是通讯、述评与评论中，体育记者作为职业人士，也有一个坚持客观立场，避免主观色彩过浓的问题。

下面这则报道来自2010年3月1日的《环球时报》。这篇报道指出了2010年温哥华冬奥会上一些体育记者出现的问题，其中包括了个别中国的体育记者。这类问题对于体育记者尤其是年轻记者而言并不少见，是应当引以为戒的。

加方要求采访冬奥会记者自律

——主办方点名批评中国记者①

据加拿大《都市网》2月28日报道，日前，有关部门向电视记者及有权采访温哥华冬奥会的人员发出电子邮件，要求其维护新闻独立性，不要做出与运动员拥抱等有损新闻专业形象的行为，其中，中国记者被点名批评，要求自律。

报道称，过去两周，记者们表现出了过度的爱国热情，令许多坚信新闻独立和客观的业界人士大跌眼镜。这种失当行为包括为运动员加油喝彩，有人看到一些中国记者公开为他们的运动员加油，这样的行为有时不免过头。

但考虑到上下鼎沸的爱国热情，记者们的行为又不是完全出人意料。加拿大俯式雪橇运动员霍林斯沃思只获得令人失望的第五名，他在新闻发布会上热泪盈眶时，记者席上爆发出阵阵掌声。霍林斯沃思吃惊地表示："我知道新闻记者应该保持独立，这意义非凡。"

加拿大本地电视网也遭到了批评，《多伦多星报》专栏作家泽科维奇批评了CTV播音员在报道中的明显偏颇现象。在霍林斯沃思无缘奖牌的

① 环球时报，2010-2-19，http://world.huanqiu.com/roll/2010-03/729816.html.

颁奖仪式时，他们对夺得奖牌的英国和德国选手几乎只字不提。但当加拿大夺金运动员蒙哥马利走下领奖台时，体育主持人兰斯伯格居然上前请他唱几句国歌。还好，蒙哥马利大方识体，才不至于造成尴尬。记者曾经就此向CTV的有关部门查询，但没有得到回复。

美国威斯康星大学新闻及大众传播系的沃德（Stephen Ward）教授表示，虽然记者也是人，也难免受到感动，但他们不应忘记自己中立、全面报道的职业操守。

3. 公正性原则

公正性原则，是指新闻媒介为争议的双方提供平等利用媒介的机会，因此也称为“公平原则”或“平等原则”。在体育新闻报道中，公正性原则还包括对所发生的新闻事实持不偏不倚的中立立场，平等对待比赛的双方，让有关对手或客队的报道、意见和看法出现在本地的媒体上。

体育新闻报道必须坚持公正性原则。这一方面固然是因为没有公正性，新闻媒介与传播者就难以向大众提供真实客观的事实；另一方面，是在体育报道中，经常会遇到公正对待主队与客队、本地球队与外地球队、本国运动员与外国运动员、深受大众喜爱的体育明星与普通运动员等问题。在国外很多国家中，体育报道甚至会面对给予不同种族、民族、宗教信仰的运动员以公平对待等问题。这些都关系到新闻报道的公正性原则。

例如，在现代职业体育比赛中，普遍实行主客场制。在这种情况下，主队所在地区或城市媒体的报道多集中于主队一方是可以理解的。但是在报道的立场上，就应公平对待客队。体育比赛是一种激烈竞争的文化，经常会发生参赛双方的争议与冲突现象，如裁判的某次关键性判罚是否合理，比赛中双方球员发生冲突，历史上双方有过恩怨情仇等，都可能导致记者受个人或本地群体情绪的影响，在报道中不能公正地对待客队。在这种情况下，常出现的情况是，或者媒体只报道本地球队的说法和态度，而有意不报道另一方的意见和看法；或在报道中实行双重标准，对本方球队宽而对对方球队严；甚至在报道中不公正地指责对方，误导受众。

因此，在体育新闻实践中，坚持公正性原则，就意味着媒体与体育记者应以一种更为职业的态度和精神来从事体育报道，以对社会与公众负责任的态度来对待体育报道工作。媒体应该通过公正的报道，引导公众发扬体育精神，理智地对待输赢，尊重客队，尊重对手，以保证体育运动有一个健康的发展环境。

第二节 体育新闻报道的特点与任务

一、体育新闻报道的特点

在国内外媒体长期的报道实践中，体育新闻逐渐形成了自己的报道特点与规律。了解这些特点与规律，对于指导体育新闻报道实践具有重要意义。那么，与其他新闻品种相比，体育新闻报道有哪些特点呢？

（一）体育新闻以体育运动为主要报道对象

体育新闻是以体育运动为报道对象与内容的新闻品种。与时政新闻、民生新闻、财经新闻等相比，体育新闻最显著的特点，就是新闻报道与新闻活动围绕体育运动展开，其新闻报道内容以体育运动为对象。

体育一词，在英文中有两层意思。一是“physical education”，是指以有组织有目的的身体活动作为教育的手段，直译为身体教育，也简称体育。二是“sport”，指以比赛为特征的竞技运动，直译为竞技或运动。从源流上看，前者来源于18世纪以来起源于德国学校、继而流行于欧洲大陆的体操体系，包括德国体操、瑞典体操、丹麦体操和法国体操等，其特点是非竞技的、以室内徒手或器械练习为手段的锻炼身体方式。而后者则来源于英国的户外竞技活动，其特点是通过比赛取得胜利。20世纪以来，随着竞技运动（sport）取代欧洲体操在学校教育体系中的地位，并在全世界广泛传播，最终发展成为一种全球化的主流文化活动，在英语中逐渐以“sport”来泛指“体育”，成为包括大众体育、学校体育和竞技运动在内的身体文化活动的统称。如1975年欧洲体育部长会议发表的《欧洲大众体育宪章》、1978年联合国教科文组织制定的《体育运动国际宪章》、2000年国际奥委会制定发表的《奥林匹克宪章》、2007年7月欧盟委员会颁布的《体育白皮书》等文件，均以“sport”来泛指体育，其定义为：自发或是有组织地参与，旨在改善体能或是促进心智健康、融洽社会关系或者在各级竞赛中夺标的一切形式的身体活动。

体育是人类社会的重要生活方式和文化现象，是人类文明进步的重要标志。在现代社会中，体育对于每一个人都是不可剥夺的权利，也是一个国家综合国力和社会文明程度的重要体现。体育在促进人的全面发展、促进经济社会发展中具有重要作用，是现代国家之间外交与文化交流的重要手段。体育在增加人类彼此了解与沟通，增进团结和友谊，进而推动世界和平与进步方面发挥着巨大的作用。

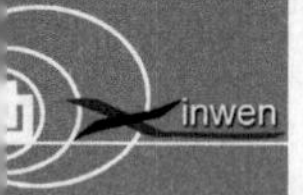

现代体育是一个在全球广泛开展的社会文化活动。全人类不分国家、种族、信仰、性别、语言等，都在开展和参与体育活动。四年一度的奥运会是现代体育的最高代表和全世界都参加的盛会，其宗旨是使体育运动为人的和谐发展服务，以促进建立一个维护人的尊严的和平社会。① 全世界共有 206 个国家和地区成为国际奥林匹克运动大家庭的成员。以奥运会为代表的现代体育将来自全世界的运动员聚集在一起，通过开展没有任何歧视并按照奥林匹克精神——以互相理解、友谊、团结和公平比赛精神的体育活动来教育青年，从而为建立一个和平美好的世界作出贡献。②

正因为体育在现代人类社会生活中具有如此重要的意义，因而成为大众传媒和新闻业的一个重要报道内容和对象，由此产生了体育新闻这一重要新闻品种。大众传媒通过体育新闻报道为公众提供有关体育运动的信息与资讯，满足公众阅读、观赏和享受体育运动的需求，宣传和普及体育精神与道德，并通过新闻批评和舆论监督来促进体育运动的健康发展。与此同时，大众传媒也利用体育新闻报道来吸引受众，扩大影响，获得市场份额与商业利润。

由于体育在现代人类生活中的巨大影响，从而为大众传媒提供了取之不尽、用之不竭的高品质报道资源。现代体育的娱乐性、普世性和全球性成为大众传媒与体育连接的纽带与桥梁。体育所拥有的广泛影响力和全球亿万爱好者为大众传媒带来了难以想象的受众资源和市场资源。例如，在奥运会举办期间，全世界数十亿人会在同一时间观看开幕式和比赛，这是其他任何电视节目所不可能办到的。同样，像世界杯足球赛、欧洲冠军杯足球赛，甚至一些国家的比赛（如英国、意大利、西班牙、德国等国的职业足球联赛），都成为全世界很多国家和地区的球迷们喜爱的赛事。人们通过电视、报纸、网络等媒体来欣赏和关注这些赛事，追捧自己喜爱的体育明星。

正因为如此，今天体育新闻已经是大众传媒不可缺少和替代的重要新闻品种。体育新闻与民生新闻、财经新闻并称为现代新闻的三大支柱。全世界所有的综合性日报都开设有体育版，建立独立的体育新闻编辑部，并通过职业的体育记者来报道体育新闻。全世界几乎所有国家和地区的电视台都开设有体育节目，开办专门的体育频道，播出各类体育赛事与体育活动。以体育比赛转播为主体的体育节目与新闻节目、娱乐节目及电视剧一道，被视为当代电视的四大节目内容。同样，今天几乎所有综合新闻性质的商业门户网站都开设有自己的体育栏目和体育频道，并无不把体育新闻置于网站主页的显著位置。以体育运动为报道对象的体育新闻已经成为当代新闻的主力，是现代传媒和新闻业最重

① 国际奥委会. 奥林匹克宪章 [M]. 北京：奥林匹克出版社，2001：8.

② 国际奥委会. 奥林匹克宪章 [M]. 北京：奥林匹克出版社，2001：9.

要的报道品种和传播内容之一。

（二）运动竞赛是体育新闻的主要报道内容

现代体育主要包括三大部分内容：一是以发展个人身心健康和提高生活质量为宗旨的大众体育；二是以青少年健康成长为中心的学校体育；三是以观看比赛为特征的观赏性竞技运动。虽然大众体育、学校体育以及其他体育事务的报道也是体育新闻报道的重要内容，但是以职业竞技、各类重要赛事、大型世界性运动会为主的观赏性竞技，则是体育新闻报道的主要内容。

从竞技运动参与者的身份特征与价值取向来看，现代竞技运动分为自娱性竞技与他娱性竞技两大类。前者是以个人健康娱乐为价值导向的业余竞技；而后者则是以竞技表演来满足他人的娱乐需求的观赏性竞技，其中包括以获取报酬为目的的职业竞技。现代体育新闻报道的主要对象是观赏性竞技。无论是中国新闻媒体还是外国新闻媒体的体育新闻报道，有关观赏性竞技内容均占了报道总量的90%以上。

以比赛为特征的竞技运动之所以成为现代体育新闻报道的主要内容与对象，不是由哪位总编辑或哪位记者个人意志和兴趣所左右的，而是由现代竞技运动的特点和新闻报道的规律决定的。其根本原因，就是现代竞技运动蕴含着巨大的新闻价值与新闻资源。

现代竞技运动的新闻价值主要表现在，以高水平运动员为核心，观赏性竞技具有表演性、娱乐性、对抗性、情感性、悬念性、公众性、全球性等鲜明特征，为大众传媒提供了取之不尽、用之不竭的新闻资源，并因此拥有一个规模巨大的受众市场和广告市场。正因为如此，新闻规律加上现代传媒的商业化特征与市场性质，决定了体育新闻报道的价值取向与重心所在。从这个角度来看，体育新闻以各类高水平赛事和体育明星为主要报道内容就不足为怪了。在中国，像奥运会、世界杯足球赛等世界大型运动会，足球、篮球、排球、网球、乒乓球、围棋等流行项目，中国国内的职业足球联赛、CBA篮球赛、围棋甲级联赛等，美国的NBA篮球赛、英国、意大利、西班牙、德国等国的职业足球联赛及其著名俱乐部、著名球星等都拥有无数的球迷和观众。他们的爱好和兴趣决定了体育新闻报道的主要价值取向和内容结构。

（三）体育新闻记者必须具备特定的专业素质和能力

体育报道是一项专业化要求程度很高的新闻活动。这是由现代体育的特点决定的。现代体育是一个十分复杂的集运动、文化、经济等为一体的庞大体系。以运动项目为例，仅2008年北京奥运会就设有28个大项，302个小项。温哥华冬季奥运会设有15个大项，86个小项。而像橄榄球、高尔夫球、板

球、各类汽车赛、武术一类影响很大但没有进入奥运会的运动项目还很多。要报道如此多的体育项目，必须了解和熟悉这些项目的规则、特点、赛事等知识，如果不是专业记者是难以完成报道任务的。另外，诸如奥运会这样的大型赛事和NBA、英超、意甲等职业联赛的报道，记者不仅要涉及相应运动项目的专业知识，还必须熟悉所有的俱乐部和球员以及教练员、官员、裁判等，尤其是那些为球迷追捧的球星。这些都决定了体育记者在新闻记者群体中的专业性和独特性。

另一方面，由于体育新闻报道的受众大多是体育迷和球迷，他们可能非常熟悉自己所喜欢的运动项目、熟悉其所拥戴的球队与体育明星，甚至对诸如足球比赛中首发阵容上谁、打什么阵型和战术等非常专业化的问题也有自己的见解。这些球迷对媒体的体育新闻报道有较高的口味和需求。他们不仅想从记者的报道中知道比赛的结果，还想了解比赛的细节；不仅想了解比赛的情况，还想了解更多关于比赛的背景。因此，体育记者要做好报道，吸引读者，就必须在报道中表现出自己的专业知识与报道能力。任何有关专业问题的低级错误，如写错比赛的结果或进程、混淆双方球员的名字等，都会对记者本人的专业声誉造成影响，甚至损害媒体在体育迷和球迷心目中的形象。从这点上来说，体育记者必须首先是一名体育专家，然后才是一名记者。《体坛周报》的总编辑就曾指出："什么是专业的体育报道？体育迷想了解的体育新闻就是专业的体育报道。"他还举例说，AC米兰与尤文图斯的比赛结果是1比1，如果不是体育迷，他只需要了解这个比分就行了。而对于体育迷来说，他们更需要了解的是经过的精彩，谁进的球，多少分钟进的球，如何进的球，等等。①

由于现代体育新闻报道的特点，体育记者不仅要有体育方面的专业知识，他还必须具备体育报道中常常涉及的多方面的知识。《美联社体育新闻报道手册》指出："一个出色的专项报道记者通晓各个行业。他们了解各种伤病。他们知道跖骨骨折是脚部的伤，并可能导致四到六个月不能上场。而胫骨突出肿大即使不会影响运动生涯，也要影响整个赛季。如果一个棒球手被捕，记者马上就会知道他面临的诉讼、他被传讯的日期、他的律师的电话号码。而就连队员所在的球队和当地报纸还没来得及弄清楚这些。"② 因此，体育记者必须是精通体育知识的多面手。

专业素质和能力是一位职业体育记者的基本要求。体育记者除了能够承担所有临时分配给自己的报道任务以外，还必须对分配给自己的主要报道项目有深入的了解与研究。这也是为什么一位刚从普通新闻院系毕业的学生很难在短

① 蒋祖烜主编. 直击体坛周报现象［M］. 长沙：湖南大学出版社，2000：225.

② （美）史蒂夫·威尔斯坦. 美联社体育新闻报道手册［M］. 北京：中央编译出版社，2004：12.

时间胜任体育报道任务的主要原因。可以想象，一位对体育运动全然不感兴趣和完全不了解的记者，哪怕他就是有丰富的采访经验和一流的写作水平，也难以在短时期内胜任体育报道工作。因为体育报道工作需要体育记者对体育运动有深入而全面的了解，与俱乐部、球队、运动员、教练员等报道对象建立密切的关系，同时还要熟悉体育新闻特殊的报道规律与技巧。这些，都需要专业的理论知识与长期的积累经验才能做到。

（四）体育新闻报道具有娱乐性与休闲性

虽然体育新闻报道也有严肃的一面（如批评性报道和调查性报道），但总的来说，体育新闻的本质是娱乐和休闲的。这是由体育新闻的报道对象——体育的娱乐性质和休闲性质决定的。大众阅读体育报道或观赏体育节目的主要目的是为了休闲娱乐的需要，为自己的生活增加情趣与快乐。因此，同时政、财经、社会等新闻品种相比，体育新闻本质上是娱乐的，其基调应该是激情、快乐和有趣的，其风格应该是时尚、前卫、流行和幽默的。

体育新闻的这种娱乐性和休闲性特点对体育记者的工作提出了很高的要求。体育报道的目的是和体育比赛一致的，是要使受众从享受体育资讯的同时得到快感的体验。正如《美联社体育新闻报道手册》所指出的："报道要写得像唱歌……对于体育记者来说，最大的挑战在于以一种优雅的方式，充满激情和智慧地描述一个事件，让读者与自己一起分享愤怒与欢笑，让他们在娱乐的同时得到资讯；破解一个无人知道的新闻或者生动地描述一个有目共睹的事件；向读者传递一种亲临现场的感受，不管是在看台、赛场还是在运动员休息室；赋予新闻事件以意义并使之栩栩如生。噢，所有的这一切还必须在15分钟之内完成。"①

早在19世纪70—80年代体育新闻刚作为一个正式的新闻品种出现的时候，美国报纸的体育记者与体育编辑就已经注意到了体育新闻报道的娱乐性质与特点。美国新闻史专家莫特在研究这一时期的体育报道风格后指出："当年风行一时的黄色报刊②对体育消息尤为重视，而这些报刊的俚语化和幽默风格也渐渐成为体育报道的风格。大众对棒球联赛和职业拳击的兴趣因这些报道而更为浓厚。"③ 这里所谓的体育报道的"俚语化和幽默风格"，就是指体育新闻报道的娱乐化风格。20世纪90年代以来，现代媒体的体育报道更是在娱乐化上大做文章，不仅在报刊的标题、内容、文字、图片、版式等方面走娱乐化

---

①（美）史蒂夫·威尔斯坦．美联社体育新闻报道手册［M］．北京：中央编译出版社，2004：1.

② 黄色报刊：指美国19世纪80年代到20世纪初的市场报刊，以大量登载刺激性新闻、体育消息以及耸人听闻的奇闻轶事来吸引读者。

③（美）布鲁斯·加里森等著．体育新闻报道［M］．郝勤等译．北京：华夏出版社，2002：19.

路线，还出现了体育报道的社会新闻化现象与情色化现象。前者将报道视角从赛场转向球员尤其是体育明星的私生活，后者则突出体育新闻的性感元素，以“性感体育明星”、“足球宝贝”等为号召。无论人们如何看待与评价这类报道题材与形式，现代体育新闻报道的娱乐化趋势已是不争之事实。

体育新闻的娱乐性质和休闲性质，意味着体育新闻在报道特色和风格上与时政新闻、财经新闻、社会新闻等相比具有自己的鲜明特点，在报道题材的选择、体裁的运用、写作的风格、语言文字的技巧、版面编辑的特色等方面对体育记者与体育编辑提出了更高的专业要求。体育新闻工作者不仅应向受众提供最新、最有价值的体育资讯，还要将体育新闻做得好看，从而实现体育新闻的娱乐价值，满足大众的需要。

二、体育新闻报道的任务

体育新闻报道的任务既包括向公众提供体育运动方面的资讯，更包括通过体育新闻报道来传播体育精神、奥林匹克精神和优秀的体育文化。具体而言，体育新闻报道的任务主要包括以下几个方面：

（一）宣传体育精神，弘扬奥林匹克文化

体育是社会发展与人类文明进步的重要标志。体育精神是全人类共同的文明财富和精神价值。奥林匹克文化是人类文明发展的重要的成就和果实之一。体育新闻报道的主要任务之一，就是要宣传体育精神，传播奥林匹克文化。

什么是体育精神？对此人们众说不一，但总的来说，体育精神包含拼搏精神、公平竞争精神、团队精神、遵守规则、尊重对手、尊重裁判等多种普世价值与文明要素。《奥林匹克宪章》中明确提出了“奥林匹克主义”的概念，提出要创造一种“以奋斗为乐趣、优秀榜样的教育价值并尊重基本公德原则为基础的生活方式”，提出了“更快、更高、更强”的奥林匹克格言，同时还将“奥林匹克精神”解释为“互相理解、友谊、团结和公平竞争精神”。这些都可以视为对体育精神的高度概括。

宣传与弘扬体育精神和奥林匹克文化，既是体育新闻报道有别于其他新闻品种的重要特点，又是体育新闻工作者的责任与任务。尽管体育新闻是一种软性新闻，具有很强的娱乐性质，但是作为大众传播的常态内容，体育新闻报道也必须注重社会效果，担负传播人类共同文明价值和道德价值的责任。特别是在体育新闻受众群体中，青少年占了很大比重，体育比赛和体育明星对他们有很大影响。因此，体育报道中弘扬什么、宣传什么、批评什么，都会有一个对青少年的引导和影响问题。那么，体育新闻报道要坚守的精神价值与道德价值

的标准是什么？主要就是体育精神。体育记者应该通过体育报道中所反映和表现出来的体育精神来教育和熏陶青少年，寓教育于新闻之中，激励他们在体育运动和人生道路上积极进取、团结奋斗、永争第一、顽强拼搏，培养他们的爱国主义、拼搏精神、公平竞争意识、团队精神、遵守规则、服从裁判、尊重对手等优良品质。从这个意义上来说，凡是符合体育精神的，尤其是那些发扬体育精神的典型人物与事例，就是体育新闻报道应该大力宣扬和提倡的，反之，就是应当予以否定与批评的。

几十年来，中国几代体育记者坚持正确的体育新闻理念，在体育新闻报道中坚持弘扬和宣传体育精神，树立了大量体育精神的典范。如 20 世纪 50 年代和 60 年代国内媒体对陈镜开、郑凤荣、荣国团以及中国乒乓球队的报道，改革开放以来媒体对中国历届奥运健儿以及中国女排、中国登山队、中国乒乓球队和无数优秀运动员的报道，都成为每个历史时期激励中国人民团结奋斗的优秀榜样和巨大动力，成为培养和教育青少年的强大的精神力量。

值得注意的是，随着现代体育的产业化进程，体育运动中也产生了一些消极甚至是腐败现象，如假球、黑哨、行贿、赌球、拜金主义、消极比赛、球场暴力、服用违禁药品、运动员犯罪等。体育新闻报道在这方面更肩负着净化体育赛场、实施舆论监督、揭露批评各种违背体育精神甚至是违法现象的责任。不能因为这些现象是发生在本地球队或球员身上，媒体为了维护与采访对象的关系，就有意视而不见，保持沉默，甚至还有意无意为之掩饰辩护。这种做法，既不利于体育事业的发展，也会对受众，尤其是青少年产生误导作用，产生消极影响。

（二）提供体育资讯，满足大众对体育信息的需求

体育新闻报道的基本功能与主要任务，就是及时向受众提供高品质的体育资讯，以满足公众获得体育信息、了解比赛、享受体育文化等方面的需求。及时提供丰富的体育资讯，是体育新闻的第一要务，也是体育媒体的立足之本。媒体体育新闻的竞争，主要表现在拼资讯上面。资讯大战的结果，直接决定了不同媒体间体育报道的品质高低。世界上著名的通讯社、报纸或电视台，都是以资讯为本。如意大利《米兰体育报》、法国《队报》、西班牙《马卡报》等著名体育报纸，为了第一时间获得资讯，都会在重大赛事期间或发生重要事件时派出大量优秀记者到第一线采访，以获得第一手的信息。

对于媒体而言，什么是高品质的体育资讯？除了满足一般的新闻价值要求外，主要表现在以下方面：

1. 第一时间抢先报道

在评价一家媒体的资讯如何时，最重要的一条标准就是时效性。由于体育

新闻是一种“快餐文化”，具有极强的时效性，因而时效性对于体育资讯而言极为重要。如一场重要比赛结束后，媒体如果不抢在第一时间予以报道，其新闻价值就会迅速流失甚至完全消失。因为一旦受众已经知道了比赛结果和赛场上发生了什么事，就不会再关注内容相同的讯息。因此，媒体提供的体育资讯品质如何，首先要看其能否在第一时间做出报道。这也对体育记者的报道能力和业务能力提出了极高的要求。

2. 真实客观的报道立场和态度

高品质的体育资讯不仅应是及时的，而且还必须是真实、客观、公正的。媒体的体育报道只有坚持真实、客观、公正的报道原则和立场，向公众提供正确无误的资讯和信息，才能获得良好的市场信誉与口碑。如果一家媒体的体育报道经常出现新闻失实，甚至是虚假的资讯，就会严重影响媒体的形象与声誉，造成不良后果。这意味着体育记者的报道必须建立在严谨、深入、细致的采访和严肃认真的写作基础之上。

3. 广泛的信息来源

信息来源是记者从事报道的本钱。记者所拥有的报道资源品质及数量决定了他能向公众提供什么样的体育资讯。一位有经验的体育记者知道从哪里能够获得他所需要的信息。因为他不仅与运动员、教练员、新闻发布人、体育官员建立有工作性关系，可以从他们那里了解有关信息，还可以从其他很多渠道获得有用的信息，如球场的看门人、清洁工、警卫、司机、医生、护士、球迷等。另外，体育记者还应当学会广泛收集保存资料，学会从图书馆、档案室、网络上查询资料和信息。体育记者只有拥有广泛的信息来源，才能够做到在报道题材和内容方面人无我有，人有我优，向公众提供丰富的体育资讯，满足受众的需要。

4. 贴近受众并最大限度地满足公众不同的兴趣与口味

对于一家媒体的体育报道来说，最大的困难之一，就是一方面要提供多数受众所需要的资讯，另一方面还要面对公众不同的体育兴趣和爱好。现代体育运动项目繁多，赛事频繁，公众喜爱的体育明星不尽相同，媒体要满足公众对体育资讯的不同需求是很困难的事情。以中国的体育迷为例，足球、篮球、网球等项目在中国拥有大批爱好者，美国职业篮球赛、欧洲冠军杯足球赛、英国、西班牙、意大利等国的职业足球赛等更是在青少年中影响广泛，这些项目和赛事也就成为媒体体育报道的主要内容。但另一方面，也有很多人喜欢乒乓球、羽毛球、体操、登山、跑步等运动，希望在媒体上看到有关这方面的资讯与信息。这就要求媒体的体育记者与体育编辑利用有限的版面或时段，在向公众提供热门体育项目和赛事资讯的同时，也要针对不同爱好、年龄、性别的受众提供丰富多样的体育资讯，而不能仅凭部分人的爱好甚至是自己的主观判

断，将体育报道总是集中在少数几个热门项目或赛事上。

5. 经常有独家报道

独家报道是新闻的最高境界，也是媒体和记者孜孜追求的目标。在资讯发达、信息公开的时代，体育记者要获得独家报道的资源，做出有价值的独家报道是非常困难的。对于体育记者而言，体育比赛是完全公开的，有关信息往往高度透明，要做出独家报道更为困难。这意味着体育记者必须要拥有别人没有的信息源，获得别人没有发现的信息，在发现和寻找新闻线索及采访过程中做出更大的努力，才能经常做出其他媒体没有的独家报道。

（三）把握舆论导向，为体育运动的健康发展提供良好的舆论环境

新闻媒体作为社会公器，在揭示真相、引导舆论、疏导情绪、安定社会方面具有重要的意义与作用。体育比赛是一种公众性的高情感活动，良好的舆论氛围对于体育运动的健康发展来说十分重要。尤其是在实行主客场制的职业联赛等大型体育赛事中，观众和球迷对本地区主场球队有着强烈的感情，会表现出鲜明的倾向性，情绪容易激动和亢奋，有时一些球迷与观众在激动之余会情绪失控，做出不理智的事情。这就需要予以正确的引导，疏导情绪，引导观众文明看球，理智对待输赢，避免危及公共秩序和安全的事件发生。在这方面，媒体具有重大的社会责任，必须把握正确的舆论导向，而不能视而不见，更不能为了商业利益去推波助澜。例如，在 1985 年 5 月 29 日发生的举世震惊的海瑟尔惨案中，面对英国足球流氓造成 38 人死亡、数百人受伤的惨案，欧洲一些媒体在次日的报纸版面醒目的位置上印制大幅血腥照片，对惨案情况加以渲染；有的电视台反复播放惨案的血腥现场画面以吸引公众眼球。媒体这种发“灾难财”的做法引起了公众的强烈愤慨，以至于引起了一场欧洲新闻界关于媒体社会责任的讨论与反思。众多学者指出，新闻媒体对于大惨案的发生负有不可推卸的责任。因为在比赛之前，众多英国媒体就对这场由英国利物浦队与意大利尤文图斯队之间举行的欧洲冠军杯决赛进行大肆炒作和鼓噪，使公众情绪达到沸点。尽管有大量英国媒体记者与球迷同行，但既没有媒体在赛前予以理性的舆论引导，也没有随行记者对英国足球流氓的动向引起警惕。自海瑟尔惨案后，体育新闻报道的社会责任与舆论导向成为新闻界高度重视的问题。

进入 21 世纪以来，随着网络的普及与新兴媒体的发展，网络公共传播日益成为一个重要的社会现象和问题。由于现代体育，尤其是一些流行项目和赛事常被社会高度关注，公众对一些体育运动中发生的事件，尤其是突发性事件和反常性事件十分敏感，对体育运动中发生的一些不良行为和消极现象会通过网络等平台发表意见，由此形成强大的社会舆论。这是公众参与监督体育运动的积极手段，对于现代体育的健康发展具有重要意义。但同时也应看到，一些

公众意见可能对事件真相并不了解，也有一些意见带有情绪化和极端化倾向，这就需要新闻媒体对事实予以澄清，揭示真相，发表权威意见，以此来引导舆论向理性和正确方面发展。

体育新闻报道如何把握正确的舆论导向？第一，媒体与体育记者要有高度的社会责任感和政治原则性，坚持原则，明确是非，顾全大局，自觉提高舆论引导的意识与能力。第二，体育新闻报道必须坚持以国家有关法律和规定为准绳，积极引导舆论，坚决反对体育运动中的各种违法行为和丑恶现象，如假球、黑哨、赌球、贿赂、球场暴力、服食兴奋剂等，绝不能因这些现象发生在本地区或主场球队就姑息宽容视而不见。第三，体育报道必须坚持以体育精神和奥林匹克精神为标准，反对赛场上任何违背公平竞争原则和体育道德的行为。第四，体育报道应该以维护国家形象、维护社会稳定和公众利益为己任，在发生突发事件和意外事件时，应以大局为重，积极维护赛场秩序与社会安定，通过及时揭示真相，讲清道理，化解矛盾，疏解情绪，引导球迷文明观看比赛，理智对待输赢，礼貌对待客队球迷。

（四）提供精神产品，满足大众对体育文化的需求

体育新闻报道的任务不仅是向大众提供体育资讯与评论，而且要让受众体验和感受体育报道特有的娱乐与快感。因为体育报道与体育运动一样，主要是一种供大众娱乐、休闲的精神文化产品。人们阅读报纸上的体育报道、观赏电视的体育节目和赛事转播、聆听收音机的体育消息广播，主要是为了休闲娱乐、放松心情、满足个人的兴趣和爱好。因此，体育新闻的任务和体育运动一样，是要让公众通过媒体的报道轻松愉悦，在分享体育运动带来的乐趣的同时，也享受报纸、电视等媒体所创造的视听美感和快乐。

体育新闻报道的娱乐休闲本质，决定了体育新闻不仅在报道对象与内容与时政新闻、民生新闻、财经新闻等新闻门类不同，而且在报道的风格要求上也有所不同。例如，报纸的体育报道除了资讯与评论外，还应通过个性化的语言风格、精美的图片、醒目的标题和专业的版面设计来体现体育特有的美感和动感。同样，体育电视也在赛事转播和专题节目中运用一切技术手段，包括个性化的主持风格、穿插各种花絮以及各种特写镜头、多机位摄像、回放、慢放等，使观众不仅欣赏到体育比赛，而且享受到电视对体育的再创造。

体育新闻报道的娱乐性、休闲性要求，使体育记者应该把自己与时政新闻记者或财经新闻记者区别开来。体育新闻的报道风格不应像时政新闻那样一丝不苟、严肃沉稳，把体育比赛报道成与灾难新闻或会议新闻一样。体育新闻报道应该追求轻松、幽默、动感、刺激的个性化风格，让读者或者观众通过报道感受到体育运动特有的刺激、紧张、快乐、轻松、幽默、悲喜。只

有当体育报道不仅向公众提供及时准确的资讯，而且还让受众在获得资讯的同时享受和体验到体育新闻特有的快感和美感，体育记者才算很好地完成了报道任务。

（五）实施舆论监督，为体育运动的健康发展保驾护航

对体育运动实践中出现的各种违法乱纪和不良现象实施舆论监督和新闻批评，是当代体育新闻报道的重要职责与功能，也是现代体育运动健康可持续发展的重要保障之一。

自20世纪80年代以来，体育的商业化进程改变了体育的性质，也改变了体育与媒体的关系。在此之前，由于业余体育占主流地位，体育新闻的主要功能就是宣传和报道体育。但自从20世纪80年代以来，体育借助商业化手段走向空前繁荣的同时，金钱和利益也开始腐蚀体育。在商业化的魔咒下，体育不再是一片纯净的乐土。一场比赛的胜负可以为俱乐部带来巨大的商业利润或经济损失；运动员一旦在大赛中获得金牌就能由穷人摇身一变成为富豪。在巨大的物质利益与个人名利的诱惑下，体育赛场开始与各种丑闻甚至是犯罪行为发生关系。服用兴奋剂、假球、黑哨、贿赂、赌球、球场暴力以及球员明星的各种丑闻绯闻层出不穷，严重败坏了体育的形象，毒化了赛场的环境，伤害了球迷的感情并危害了球迷作为消费者的合法权益，从而造成了严重的社会影响。如在1988年汉城奥运会上，加拿大运动员本·约翰逊因服用兴奋剂而被取消百米金牌的事件、2002年国际奥委会发生的盐湖城申奥丑闻、2006年发生的意甲“电话门”事件、2007年爆出的“世界第一女飞人”美国短跑选手琼斯服用兴奋剂事件等，都成为震惊世界体坛的丑闻。在中国，服用兴奋剂、假球、黑哨、赌球、假报年龄等各类违背体育道德甚至违法乱纪的现象也屡见不鲜。尤其中国足球2001年发生的黑哨风波和2010年警方查出的赌球案以及中国足协高层被控受贿操纵比赛案等，都在公众中造成了极为恶劣的影响，严重损害了中国足球以至于中国体育的形象。

事实证明，当代体育要健康发展，媒体和公众的舆论监督是必不可少的。新闻媒体必须承担起自己的社会职责，对体育运动中发生的各种违反体育道德和违法行为予以公开揭露和批评，形成舆论压力，促使体育运动健康发展。例如，2002年国际奥委会的盐湖城丑闻、2006年的意甲“电话门”事件等都是首先由媒体揭露的。2001年新华社记者对国内足球联赛“黑哨”的调查，也在一定程度上揭露和打击了足坛腐败之风。这些媒体行使舆论监督权的经典案例都不同程度地促使体育界加强管理与自律，从而在推动体育运动健康发展方面起到了不可替代的重要作用。

第三节 体育新闻报道的类型

根据报道内容和对象来分类，体育新闻报道主要可分为赛事报道与非赛事体育报道两大类型。前者主要指体育比赛的报道，而后者则主要指除体育比赛之外的各种体育报道，也包括与体育比赛相关的一些报道。

（一）赛事报道

主要指围绕体育比赛展开的新闻报道。赛事报道以奥运会、各单项世界运动会、各类职业联赛等高水平体育比赛为中心。主要包括：

1. 赛前报道

赛前报道是体育新闻报道的重要组成部分和常用形式。它是在重要的体育赛事举行之前，媒体围绕比赛有关情况所进行的报道，如介绍参赛各方的情况、运动员特别是体育明星的状况、教练员的部署、场地、气候等可能对比赛产生影响等动态信息，预测比赛的结果，介绍参赛球队或队员的历史、双方以往交手的成绩等。赛前报道的目的在于向受众提供赛前信息服务，以满足受众获得赛前资讯的需要。

由于电视、网络等媒体在赛后报道时效上的优势，同时也因体育博彩等因素，20世纪90年代后期以来，报纸媒体的体育新闻报道有重心前移的趋势，对赛前报道越来越重视。在重要比赛举行之前，媒体一般会提前介入，通过记者的采访报道和有关背景资料介绍，对赛前的各种情况予以全面报道。赛前报道采用的形式主要有赛前预报、赛前动态、赛前预测等。

2. 赛间报道

赛间报道主要指在比赛过程中，媒体通过特殊的技术手段在现场对赛事进行同步直播和报道。目前能够进行赛间报道的媒体主要是广播、电视、网络等电子媒体。由于媒体技术和通讯技术的高速发展，赛间报道已经成为体育报道的主要形式之一，并在现代新闻报道中独具特色。广播是最早进入比赛场内进行现场赛间直接报道的媒体。早在20世纪上叶，专业的体育播音员就进入了赛场，通过广播同步直播比赛过程。电视的比赛现场直播影响更为广泛，到20世纪末，电视转播已经发展到一场足球比赛安放30个以上的摄像机位，从各个角度立体地转播比赛实况。同时电视还采用镜头回放、慢放、特写、专业主持人与特约嘉宾现场解说等手法，为观众提供高质量的比赛画面和场景报道。20世纪90年代出现的网络新闻媒体利用其视频和音频技术，创造了网络赛事直播这一全新的赛间报道形式。赛间报道，尤其是赛事直播，已经成为现代传媒体育报道的主要手段和形式。

3. 赛后报道

赛后报道主要指比赛结束后，媒体对其结果、过程、比赛中发生的各种情况以及赛后的反应等予以及时报道。

赛后报道是体育新闻报道的重点，其要求是及时、准确、完整地对比赛情况进行报道。对于体育记者和体育编辑的报道工作而言，由于重要的体育比赛往往安排在晚上举行，还有国际赛事的地区时差等因素，赛后报道的最大特点之一就是要受截稿时间限制。为了不耽误第二天报纸的上市时间，体育记者必须在规定的截稿时间内完成采访、写稿与发稿工作，而体育编辑则必须在规定的签版发排（传版）时间内完成文字和版式的编辑工作。如果是早报或者日报的体育报道，由于其出报时间较早，留给体育新闻部做赛后报道的时间就更为紧张。因此，要在极为有限的时间内做出高品质的赛后报道，无论是对前方的体育记者还是后方的体育编辑来说，都提出了很高的要求。

在电子媒体兴起之前，报纸媒体对体育赛事的报道基本上是集中在赛后，主要是用消息等形式及时报道比赛结果与过程。电子媒体介入体育报道之后，由于电视、广播、网络等媒体在报道时效性方面具有天然优势，迫使报纸媒体以消息为主的赛后报道模式发生改变，不得不在赛后报道的深度、广度、角度和精度上面狠下工夫，在体裁上则更多地采用通讯、特写、访谈等深度报道形式。同时，体育评论也成为赛后报道的重要组成部分。另外，报纸、杂志等媒体还在版式策划与设计上下工夫，以醒目的标题、精美的图片与富有视觉冲击力的版面设计来吸引读者。除此之外，进入21世纪以后，报网结合成为赛后报道的普遍做法，报纸媒体一方面利用自身采编队伍的优势来进军网络，另一方面又利用网络来弥补报纸媒体在时效上、版面容量上和视频动画等方面的劣势与不足。

（二）非赛事体育报道

现代体育运动是一个庞大而复杂的体系。它不仅包括了奥运会、世界杯足球赛这一类观赏性的高水平竞技运动，而且还包括个人参与的各种体育健身活动与休闲活动，还包括以青少年健康为核心的学校体育活动。另外，即使是观赏性的竞技运动，也并非只有比赛本身才有新闻价值。如运动员转会、围绕比赛的商务活动和法律纠纷、体育明星的个人生活、发生在体育界的各种违规违法事件、与体育有关的突发性新闻等，都可能是大众感兴趣的事情，因而也就具有了新闻价值，成为现代体育新闻报道的题材。

同传统的体育新闻报道相比，现代体育报道具有边缘化和娱乐化特征。很多在报道性质上原本属于社会新闻、财经新闻、司法新闻、娱乐新闻报道的内容题材，只要是与体育运动有关的，都成为体育版和体育记者报道的对象。如

职业运动员与俱乐部之间的劳资纠纷、与比赛有关的贿赂、假球、黑哨、兴奋剂案件、球场暴力案件、球星性骚扰案件，甚至体育明星的离婚官司等，这类在新闻性质上本属于司法新闻的题材，现在却频繁出现在体育版上，由体育记者予以报道。而这意味着体育记者不仅要在比赛场上报道体育赛事，而且还可能在运动员宿舍里、俱乐部的财务室中采访，甚至在法庭上聆听司法审判。因此，现代体育新闻的报道类型不再仅局限于赛事报道，而出现了体育社会新闻、体育财经新闻、体育司法新闻、体育娱乐新闻等边缘性的报道形式。对于现代传媒而言，凡是大众感兴趣的，只要与体育有关，都是体育新闻的报道范围。体育报道范围的边缘化使得非赛事类体育新闻报道的内容大大丰富，成为体育新闻报道的重要类型之一。

从报道内容来看，非赛事体育报道主要有以下类型：

1. 大众体育报道

在我国，“发展体育运动，增强人民体质”是开展体育运动的根本方针。1995年6月20日，国务院发布了《全民健身计划纲要》。1995年8月29日，第八届全国人民代表大会常务委员会第十五次会议通过了《中华人民共和国体育法》，其中规定：“国家发展体育事业，开展群众性的体育活动，提高全民族身体素质。”进入21世纪后，尤其是成功举办北京奥运会后，随着中国综合国力的提高和人民群众生活水平的提高，党和国家领导人对中国体育事业的发展提出了新的更高要求：“体育是社会发展和人类文明进步的重要标志，是综合国力和社会文明程度的重要体现。成功举办北京奥运会、残奥会，极大激发了亿万人民的体育热情，极大地推动了我国体育事业发展。我们要坚持以增强人民体质、提高全民族身体素质和生活质量为目标，高度重视并充分发挥体育在促进人的全面发展、促进经济社会发展中的重要作用，实现竞技体育和群众体育协调发展，进一步推动我国由体育大国向体育强国迈进。”①

在大力开展群众体育与推广全民健身活动中，新闻媒体担负着宣传体育活动、普及体育知识、推动全社会参与体育，促进《全民健身计划纲要》实施的重要任务。体育记者要全力报道全民健身活动开展的情况，传播体育知识和健身方法，宣传典型事例，引导广大人民群众积极参加体育活动、进行科学的锻炼。

群众体育活动报道内容十分广泛。从群体上分，有社区体育、职工体育、妇女体育、老年体育、伤残人体育、少数民族体育等。从项目上看，既有各类集体性的业余竞赛活动，也有个人的各种健身休闲活动。对于体育新闻而言，

① 胡锦涛. 在北京奥运会残奥会总结表彰大会上的讲话. 中新网，2008-9-29，http://www.chinanews.com.cn/gn/news/2008/09-29/1399098.shtml.

群众体育和全民健身报道的主要任务是：宣传党和国家的体育方针和政策，宣传全民健身计划，对全民健身活动进行及时全面的报道，宣传群众体育和全民健身活动中涌现出来的典型人物和典型事例；宣传健康科学的体育健身方法，揭露和批判那些打着“健身”幌子实则是违背科学的行为，通过媒体的报道来推动和促进群众体育的开展。

2. 学校体育报道

学校体育是体育事业的重要组成部分，青少年是体育运动的主体，也是体育新闻报道的主要受众。尤其是各类体育赛事的报道，是青少年学生最喜爱的新闻品种之一。而很多体育明星则是青少年心目中的偶像，他们的言行对于正在成长中的青少年具有巨大的影响。学校体育报道的主要任务是报道学校体育活动的开展情况，为青少年学生提供符合他们兴趣爱好的体育报道作品，培养和引导青少年学生对于体育运动的兴趣和热情，增强青少年学生的身体健康意识，培养其自觉锻炼身体的习惯，向他们宣传顽强拼搏、公平竞争和服从团体的体育精神，传播奥林匹克精神与理念，宣传符合不同年龄、不同性别青少年的科学体育锻炼方法等。对于新闻媒体而言，大、中、小学的学校体育活动有很多值得报道的题材，如校际的比赛、学生的体育活动、青少年的健身方法和健康状况等。

学校体育拥有极为丰富而集中的体育新闻报道资源。在美国，学校与学校之间组成各种校际体育联盟，从中学到大学每年都举行各种校际比赛。每到赛季，从学校到社区，从学生到家长，从校友到居民，从运动员到拉拉队，人人无不参与其间，气氛热烈非凡。美国的这种校际体育比赛影响之大，有的甚至超过了职业比赛。如著名的“玫瑰碗”（Rose Bowl，美国大学生橄榄球总决赛）和 NCAA（美国大学生篮球联赛四强赛）都拥有极高的人气和商业品牌价值。据 2007 年福布斯发布的世界十大体育赛事品牌排行榜，“玫瑰碗”名列第五，仅次于著名的“超级碗”（Super Bowl，美国职业橄榄球联盟总决赛）、夏季奥运会、世界杯足球赛和戴托纳 500 汽车赛之后。NCAA 紧随其后位列第六。令人惊异的是，其商业品牌价值居然远高于被公认代表世界篮球顶级水平的美国职业篮球联盟（NBA），后者仅在榜上位列第十。①

美国高中和大学各类体育比赛的繁荣，吸引了各地媒体，尤其是电视媒体的参与和报道。早在 1950 年，当时几个著名的大学橄榄球队就开始和电视台签订转播合同，如圣母大学、宾夕法尼亚大学都与电视台签订了在一定区域内直播其比赛的合同。1952 年，NBC 电视台首次向全国转播了“玫瑰碗”（美

① 世界十大体育财富榜. 世界杯奥运不敌超级碗. 成都商报，2007-2-2，http://sports.163.com/07/0202/20/36BQGATU00051CAQ.html.

国大学生橄榄球总决赛）的比赛。1984 年，美国联邦最高法院裁决 NCAA（美国大学生体育联盟）对电视转播权的控制违反谢尔曼反托拉斯法，直接推动了美国大学体育电视转播的兴盛。美国各个大学及其体育联盟通过与电视台签订转播合同而获得发展的资金，直接导致美国大学体育的繁荣。[①] 美国大学还纷纷成立自己的体育电视台或广播电台，对校园的体育比赛进行报道，如著名的 ESPN（美国有线体育电视网）就是从康涅狄格州大学一个篮球报道组起步的。

在中国，随着校园体育文化建设的发展，各类高水平校际比赛也逐渐开展起来。一些比赛如 CUBA（中国大学生篮球赛）也开始在电视上播出，获得青少年学生的喜爱与欢迎。

3. 体育人物报道

人是体育运动的主体。体育人物报道，即新闻媒体对体育运动中的典型人物及其典型事情进行专门报道。体育人物报道是体育新闻报道的重要内容之一。其形式主要是通过消息、通讯、特写、人物专访等形式，对体育运动具有新闻价值与典型意义的人物进行报道。

体育人物报道的范围最常见的有两类，一类是体育运动中涌现出来的具有典型意义和新闻价值的人物，如比赛中体现体育精神的典型人物、取得优异成绩的选手等；另一类则是体育明星。体育人物的报道通常具有鲜明的思想性和导向性。媒体通过对运动员在赛场上的良好作风或体育人物的高尚品格的报道，为青少年建立优秀的榜样，也为世人树立良好的人生典范。如 1978 年 6 月在西班牙马德里举行的世界青年击剑锦标赛上，中国花剑选手栾菊杰在比赛中被对手的断剑刺穿了持剑臂，但她却以惊人的毅力坚持比赛，并最终夺得亚军。记者理由为此写下了著名的报告文学《扬眉剑出鞘》。这篇报道围绕马德里赛场的比赛情景，插叙栾菊杰成长的故事，赞扬了栾菊杰为国拼搏的精神。这篇报道在当年《新体育》杂志第六期发表后，随即被《人民日报》转载，新华社全文转发，国内各省市的大小报纸都转载了此文，使栾菊杰的名字及其为国争光、顽强拼搏的精神一夜传遍全国，产生了巨大影响，成为一个时代的响亮符号。

4. 体育事务报道

现代体育运动是一个复杂的管理系统。体育新闻报道不仅要关注运动场上发生的事，而且要关注各类体育事务，及时报道受众所关注的这方面的信息。这类报道包括：国家体育法律和体育政策的制定，重要的国际或国内的体育会议，重要国际体育组织机构领导人的更替和选举、章程制定、重要的决定和人

① 陈蔚云等. 美国大学体育赛事赏析［M］. 北京：人民体育出版社，2009：229.

事变动，重要体育赛事的规则制定与更改，国际体育交流，包括国家与地区之间的友谊比赛、国际体育领导人的访问，重要体育人物的谈话、活动等。

体育事务的报道有时会成为报纸要闻版或广播电视新闻节目的重要新闻，如国家领导人出席重要体育典礼或活动、会见重要国际体育组织的领导人、接见重要体育人物、申办奥运会等重大国际体育赛事等。这些都是体育事务报道的重要题材。媒体往往会由体育新闻部与其他部门合作，或是体育记者、体育编辑与要闻版的记者编辑合作来完成这类重大题材的报道工作。

在职业体育发达的今天，很多球迷也非常关注媒体上有关职业联赛和本地俱乐部事务的报道。如联赛新的规定或决定出台、俱乐部的重大变动、球队老板的变更或领导层的变化、俱乐部有关聘用教练员或球员转会的重要决定等。因为这些都可能关系到球迷们的切身利益。例如，1998 年 9 月美国传媒大亨默多克同英超著名球队曼彻斯特联队俱乐部达成协议，以6.23 亿英镑（约合 10 亿美元）的价格将其收归旗下。消息传出后，立即引起了曼联球迷的大规模抗议。因为曼联球迷对俱乐部有着极深的感情，他们担心自己的球队会被并不关心足球而只顾赚钱的商人毁掉。直到俱乐部老板出面再三作出保证后，球迷的情绪才趋于稳定。正因为如此，现在的体育记者都与本地的俱乐部保持着密切的联系，随时将俱乐部的重要事务信息报道给本地球迷。

5. 体育商务与财经报道

随着现代体育的商业化、产业化、市场化发展，体育运动、尤其是职业运动和大型运动会的商业运作问题和财务管理问题越来越为公众所关注。例如，一家著名的足球俱乐部往往拥有成千上万的球迷，他们都会关注俱乐部为何要卖掉一位主力球员，为何不通过转会市场引进更多优秀的球员之类的问题。在体育彩票、足球彩票、赛马彩票的发行以及欧洲一些俱乐部成为股票上市公司的背景下，与体育有关的财经报道也越来越普遍。同时，作为舆论工具，新闻媒体对体育运动中的商务方面的报道和舆论监督也越来越重要和突出。在这种背景下，现代体育记者不再只是对比赛进行报道，也要对体育有关的商务和财务问题予以关注。

体育商务财经新闻有别于传统体育报道，其主要特点是对与体育运动有关的商务和财务问题进行报道。所以严格地说，它应属于财经报道的内容。但是，由于体育商务新闻与其他财经新闻相比有自己的特点，如职业俱乐部的财务运作、球员转会市场、电视转播权的谈判、体育赞助、足球彩票等，都与一般的财经报道内容不同，人们习惯于在体育版上看到这些报道，另外这类报道的采访对象多为体育界人士，读者也都是关注这类报道的体育迷，因此这类报道工作自然被归入体育新闻部的报道业务，由体育记者来负责采写。

一般而言，现代体育商务与财经报道的主要范围包括：重要的体育商务谈

判和协议，如奥运会、世界杯足球赛等重要赛事的组织机构与企业的赞助合同、职业俱乐部之间对球员的转会谈判与合同、重要体育赛事的电视转播谈判与合同，政府的体育经费拨款情况和使用情况，重要赛事、职业运动俱乐部的财务运转和经营情况，体育彩票的发行与公布，对体育机构、体育组织、职业俱乐部等带企业法人性质的经济实体的内部财务管理给予舆论监督；对职业运动员、教练员、体育管理者的收入和纳税问题实施舆论监督等。

体育商务与财经新闻的报道形式主要有两类，一类是有关的消息报道，这类报道形式的采写通常要容易一些，因为有关的机构、组织、企业等在需要时，一般会通过新闻发布会等形式向新闻界发布公开的商务信息。另一类则是调查性报道，即媒体对有关体育运动的商务和财务问题进行独立的调查和深度报道，让受众了解有关情况的内幕和真相。这类报道难度相对比较大，也超出了传统的体育新闻报道范围，是当代体育报道的新范畴。

6. 体育司法新闻报道

与体育商务与财经报道一样，体育司法新闻报道也是随着现代体育商业化、市场化和产业化出现的，也属于新的体育新闻报道领域。

由于现代体育运动，尤其是大型赛事和职业运动是一种商业行为，因此出现各类司法诉讼在所难免。如中国职业足球联赛于1994年正式开赛以来，已经发生了多起诉诸司法的诉讼案件，包括多例球员、裁判、教练、俱乐部与新闻媒体的司法诉讼，球员与俱乐部之间的司法诉讼。2002年，更出现了有关足球裁判“黑哨”的商业行贿案件被诉诸法庭。由于这类司法诉讼所涉及的是体育界人士，带有行业特征，因此，这类报道通常是由体育新闻部负责，并由体育记者来承担采写工作。

体育司法报道的另一常见类型则是由体育明星的官司引起的。由于体育明星在公众中拥有很高知名度，因而他们一旦涉及官司就会产生巨大的媒体效应。如在2003年7月发生的著名NBA球星科比·布莱恩特的性侵犯案的审理过程中，美国的媒体予以高度关注，开庭之日大批记者到场。有报道称，执行此案的不少法院雇员都成了建筑工人，法院正门口的大街上出现了一溜十来个临时转播台，美国各大电视新闻网的摄影师们在此爬上爬下地工作，几乎全天候地发送现场报道。体育记者们仿佛一夜之间都摇身一变成为了司法记者，他们整日守候在法院门口，在图书馆钻研有关司法文件和司法程序，与法律界人士和律师讨论案情进展，猜测案情的最终结果，其目的是写出有关这一案件的报道、分析和评论。

体育司法新闻的出现，使体育记者的工作要与法官、律师、警察等打交道，要去法庭听审判，并要求体育记者懂得司法程序，甚至要懂得相关的法律和法律术语，这就对体育记者提出了新的要求。

7. 体育社会新闻报道

体育社会新闻，是指那些发生在运动场之外，但又与体育运动及运动员、教练员等有关的社会新闻。如发生一场车祸或婚外恋这类事情本不足为奇，最多也只算个人事件。但这类事情只要发生在职业球员、教练员，尤其是体育明星身上，就会引起公众广泛关注，迅速演变成为公众事件，成为体育版的报道内容。例如，2007 年 NBA 巨星迈克尔·乔丹与妻子宣布离婚，这本来只是一起普通的家庭离婚案，但因为乔丹在公众中的巨大知名度，尽管此时他早已退役，也立即成为美国媒体热炒的新闻题材。围绕乔丹离婚一事，美国的报纸、电视、杂志、网络等媒体无不津津乐道于乔丹以往的绯闻、婚姻的经历、离婚的过程等，世界最权威的财富杂志《福布斯》甚至还估计，乔丹最终为 17 年的婚姻要支付超过 1.5 亿美元的赔偿，并将其列入“十大最贵离婚”排行榜。

又如 2009 年 11 月，著名高尔夫球星泰格·伍兹因一起车祸而爆出与多名女性的绯闻。事件发生后，经媒体穷追猛打，伍兹的“地下女友”不断被曝光，最终演变成为社会广泛关注的“偷情门”事件。在这一事件中，伍兹一向保持的“家庭好男”正面形象与多名女性的地下恋情形成了强烈反差，加上他拥有的世界高尔夫运动第一人和全球体育明星富豪榜榜首位置，都使他的绯闻事件成为全球媒体疯狂炒作的对象。

在中国，体育明星的个人生活也越来越多地进入公众视野。一些体育明星的个人行为也会放大成为公众关注的事件。如 2006 年 7 月发生的乒乓球名将孔令辉酒醉后驾驶无牌照车发生车祸的事件，就因其名人身份引发媒体和舆论广泛关注和批评。

体育社会新闻也是一种新的体育新闻报道种类。虽然人们对体育明星这类公众人物的崇拜来源已久，但体育社会新闻的出现却是现代体育与现代传媒结合的产物。它一方面扩大了体育新闻的视角，另一方面，也有利于运动员们建立公众人物意识和生活自律。

体育社会新闻并非都是负面新闻。像运动员热心于慈善事业和公益事业、捐资办学、帮助残疾人等，都会在社会上产生很好的反响，起到社会表率与榜样的作用。这些对新闻媒体而言，都是很好的报道题材。

当然，作为公众人物，运动员、教练员、尤其是体育明星和著名人士身上所发生的丑闻、如斗殴、吸毒、赌博、绯闻等也是体育社会新闻经常予以报道的内容。这类报道常会引起受众的关注和兴趣。尽管这类报道容易引起关于运动员隐私问题的争论，俱乐部与运动员也可能对这类报道产生抵触，但作为公众人物，体育明星们受到公众和新闻媒体的关注是很正常的，何况这还可以对运动员和体育明星的行为起到舆论监督的作用。

8. 体育娱乐新闻报道

体育娱乐新闻也是一类随着现代大众传媒的发展而出现的新型体育报道类型。这类报道的主要内容是那些与体育有关的文化娱乐新闻。例如，对体育明星的“性感”和相貌体态的宣扬、对有体育明星参加的文娱表演、体育明星串演影视片角色、大型运动会开、闭幕式的文娱表演报道以及对像美国 NBA 职业篮球赛的女子拉拉队、中国足球联赛的“足球宝贝”的报道等，都属于这类报道类型。

体育娱乐新闻报道是体育新闻娱乐化的体现。它是现代大众传媒充分利用体育明星在公众中的影响力，为了吸引公众注意力而刻意用各种娱乐元素“包装”体育的结果。在网络时代，由于网络媒体对于文字、视频、照片等有巨大容量和足够的展示空间，从而加速了体育新闻的娱乐化进程。今天，只要我们打开任何一个商业门户网站的页面，都可以看到很多娱乐化的体育新闻，如美女明星、美女拉拉队员、各类“宝贝”、球员情人、明星绯闻女友等。为了吸引观众眼球，媒体还刻意将一些形象英俊的男明星和身材相貌娇美的女明星打造成“性感明星”。其中最典型的莫过于英国足球运动员贝克汉姆和俄罗斯网球运动员库尔尼科娃、莎拉波娃等。媒体运用报纸、杂志、电视、网络等所有传播手段突出这些运动员的“性感元素”，使这些体育明星除了球技以外，还罩上了“性感”的商标。这种对运动员体貌外表的关注和宣扬甚于其运动水平和比赛成绩的做法，在以往传统的体育新闻报道中是很难见到的，它是现代体育新的报道类型。

体育娱乐报道丰富了体育新闻的内容与版面，使体育新闻更加生动活泼，也使报纸杂志的体育版或电视的体育节目更加好看，增加了报纸、杂志的销售量、电视的收视率和网络的点击率，但也使媒体和体育记者面临一些新的问题。媒体对体育新闻的“性感”和娱乐一类过度炒作，不仅会使体育报道偏离主题，而且会导致体育报道的庸俗化和色情化，造成负面社会效果，影响媒体的形象。因此，如何做好体育娱乐报道，是现代体育报道需要在新闻实践中不断探索和总结的课题。

第四节　各类媒体的体育报道

现代新闻媒体主要包括两大类：一类是印刷媒体，包括报纸与杂志；另一类是电子媒体，包括广播、电视和网络。虽然电影过去也曾是体育新闻传播媒介之一，但由于电视的发展，现在“新闻电影”已基本上退出了历史舞台。那么，比较而言，这些不同的新闻媒体的体育新闻报道有哪些特点呢？

一、通讯社的体育报道

通讯社（news agency，news service）是专门给各类报纸媒体供稿的新闻服务机构，是以“以采集和发布新闻为主要职能，以报刊、广播电台、电视台为主要对象的新闻机构”。① 通讯社一般在国内外都派有记者或驻地记者站，大的通讯社的采访网络遍及全球，能够24小时不间断地及时采集和发布来自全球各地的新闻。目前世界上大多数国家和地区都拥有自己的通讯社。它们大多设有专门的体育部，在举行重要赛事或发生与体育有关的重大事件时派出自己的体育记者，并从全世界各个地方发布有关体育的重要报道信息。就体育报道的深度和广度而言，排列在前的著名通讯社有美联社（美国）、路透社（英国）、法新社（法国）、新华社（中国）、俄通社—塔斯社（俄罗斯）、埃菲社（西班牙）、德新社（德国）、共同社（日本）、合众国际社（美国）等。

新华社，全称新华通讯社，是中华人民共和国国家通讯社。1931年11月7日在江西瑞金创建，为中华苏维埃共和国临时中央政府的新闻发布机关。其前身是“红色中华通讯社”，1937年1月25日改用今名，社址迁延安。新中国成立后改建成为国家通讯社，总社设在北京。全社的新闻采集和处理系统由总社、国内分社、国外分社三部分组成。总社除总编辑室外，还设有国内新闻编辑部、国际新闻编辑部、对外新闻编辑部、体育新闻编辑部、新闻摄影编辑部、参考新闻编辑部、新闻信息中心和网络中心。在国内各省、自治区、直辖市和香港特别行政区、澳门特别行政区设有33个分社，在台湾设有驻点记者，在50多个大中城市设有支社或记者站，在海外的100多个国家和地区设有分社。同时，分别在香港、墨西哥城、内罗毕、开罗、巴黎设有亚太、拉美、非洲、中东及法语地区等5个可以直接向国外发稿的总分社。新华社拥有多渠道、多功能、多层次、多手段的新闻报道和发布体系。在国内每天通过专线分别向中央、省市、地县、晚报、专业报和电台、电视台播发各类新闻信息稿件，用中、英、法、西、俄、阿、葡7种文字24小时不间断地向世界各地提供各类新闻信息，总字数为400多万字。新华社体育部成立于1984年，北京总部有体育编辑和记者40余人，每天发布中文体育消息约70余条，英文50余条。新华社在美国纽约和华盛顿、伦敦、希腊和香港等地派有体育记者，每天24小时不间断地向世界发布体育消息。

在国外通讯社中，体育报道最有影响的是美联社、路透社和法新社。因为只有这三大通讯社在采访世界最高级别赛事，如奥运会、世界杯足球赛和田径

① 中国大百科全书（新闻出版卷）［M］. 北京：中国大百科全书出版社，1992.

世锦赛等三大国际性体育赛事中享有特权，如单独提供采访名单和享受特殊新闻待遇等。①

（一） 美联社

1892年成立于芝加哥，1900年总社迁至纽约。美联社是由美国报业（1 300家报纸）和广播成员（3 890家电台、电视台）组成的新闻联合组织。全社工作人员约3 000名，其中编辑、记者1 600多人。国内分社134个（包括6个总分社，100多个分社和记者站）。国外分社83个（包括3个总分社），驻外记者500人。每天用6种文字播发新闻和经济信息约300万字。每年发图片15万张。不仅为美国1 500多家报纸、6 000家电台、电视台服务，还为世界115个国家和地区的1万多家新闻媒介供稿。美联社设有专门的体育新闻部，总部人员有30余人。平均每天向全世界发布140多条体育消息。如遇奥运会一类重大赛事，体育新闻的条数会成倍增长。为了适合美国读者的口味，美联社的体育消息侧重于橄榄球、棒球、篮球、冰球、拳击、赛车、赛马、田径、游泳、赛艇等运动项目。美国影响最大的四大职业联盟NFL（美国橄榄球大联盟）、MLB（美国职业棒球大联盟）、NBA（美国职业篮球赛）、NHL（北美职业冰球联赛）等是美联社体育报道的重头戏。但为了适应国际化要求，进入21世纪以来，美联社的体育报道也更多关注欧洲和亚洲等国家的体育赛事。遇到奥运会等重大国际赛事，美联社往往会派出强大的记者团队到一线采访。

（二） 路透社

英国创办最早的通讯社，也是当今世界上用户数量最多的通讯社。1850年由保罗·朱利叶斯·路透（paul julius reuter）在德国亚琛创办，1851年迁址到伦敦。路透社在国外共有122个分社，分布在75个国家和地区，派出的常驻记者约400名。它同约1 500家外国报纸有供稿联系。路透社每天发稿约70万字。除一般新闻外，经济新闻和体育消息占很大比重。路透社设有专门的体育新闻部，总部有体育编辑30余人，并向世界各大国派出体育记者，每天发出体育稿件140余条，在奥运会、世界杯足球赛期间发出的稿件会成倍增长。路透社的体育报道侧重于足球和F1赛车，这是由英国和欧洲公众的体育爱好所决定的。另外，路透社也较关注英联邦国家的传统体育比赛项目，如板球、曲棍球、英式橄榄球等。

① 中国体育新闻工作者协会编. 体育记者谈体育新闻［M］. 北京：人民体育出版社，2006：75.

（三）法新社

法国最大的通讯社，总部设在巴黎。成立于1944年，前身是由夏尔·哈瓦斯于1835年创建的哈瓦斯通讯社，是世界上资格最老的通讯社之一。法新社每天通过各种文字编发新闻稿，在全世界160多个国家和地区有新闻稿订户约3 500家。1957年1月10日，法国政府发布一项法令，规定法新社一年356天、每天24小时应准确、迅速、清晰并完全独立地向全世界各地发消息，报道世界政治、金融、体育新闻和传送各种图片。报道分别用法、英、西、德、阿、葡文供稿。法新社拥有来自81个国家和地区的2 000多名雇员，其中900余名记者在全球165个国家和地区的110个办事处从事报道工作。法新社也设有体育新闻部，总部有体育编辑40余人，每天向全世界提供体育稿件140余条。法新社的体育报道侧重于足球、自行车、田径、击剑、滑雪等项目。

二、报纸的体育报道

报纸是历史最悠久的传统体育媒介。报纸一般按出报时间可分为两大类，一类是日报，另一类是周报。日报的体育新闻报道一般刊登在专门的体育版上。而周报除了某些综合性周报开辟有专门的体育版外，另外还有专业性的体育周报。由于日报与周报在出报周期和截稿时间要求上差异很大，因此决定了这两类报纸的体育新闻报道与写作方式上各具特点。

（一）日报的体育报道

日报即每天出版发行的报纸，是报业的主力军。按出报时间，一般分为早报（早晨出报）和晚报（下午出报）两类。由于人们生活方式的变化和电视等大众传媒的影响，现在晚报已呈现出减少萎缩的趋势，而早报成为日报的主力。但在中国，很多地方仍然出版晚报，如《北京晚报》、《新民晚报》等。

日报通常都是综合性的报纸。这类报纸采用的是所谓“捆绑式销售”的方式，即将各种不同的内容按新闻类别进行版面分类，如时政要闻版、民生版、财经版、体育版等，然后“捆绑”在一起销售，让读者各取所需。综合性日报通常设有专门的体育版，并由独立的体育部来进行有关采访和编辑业务。一般而言，多数体育专业报都是周报，其出版时间与比赛日（一般是周末周日）相呼应。除非在一些特别重大的比赛期间出增刊、特刊外，体育专业报极少采用每日出报的形式。

日报的体育报道主要有以下特点：

(1) 截稿时间限制。由于早报要赶在次日一早出报，因此，留给记者采

访与写作的时间极为有限。特别是一些重要比赛往往放在晚上举行，或者比赛地点与报社所在地有较大的地区时差。在这种情况下，体育报道的时间更为紧张。但如果是晚报，截稿时间会相对宽松一些。日报的截稿时间限制是对体育记者业务能力的最大考验。因为日报的体育记者必须是“快枪手”，他必须在比赛结束以后就投入紧张的工作，赶在报纸截稿时间以前将写好的稿件发回编辑部。同时，他还要考虑给后方编辑留出编辑、校对、审稿的时间。

（2）版面空间限制。同周报、杂志、网络新闻相比，日报的体育版的版面一般很有限。如果有广告的话，则版面还会减少。因此，日报的体育编辑通常都会对如何使用有限的版面精打细算，这对记者的体育新闻写作会产生很大影响。日报体育记者必须惜字如金，用最少的字数报道最大限量的信息。学会写作精练短小的报道，是日报体育记者的基本功和要求。

（3）新闻体裁搭配。在一个高质量的体育版上，通常会将消息、通讯、评论、特写、资讯等不同的新闻体裁以及图片、表格等搭配起来报道，以活跃版面，满足受众的不同需要。这就要求体育记者熟练地掌握不同报道的写作体裁和写作技巧，同时也要求体育编辑熟练地运用各种编辑手段，精心策划与设计版面。有时对一场比赛或一个与体育相关事件，也要求用不同的角度和新闻体裁，以组稿的形式予以报道。

（4）稿件质量要求。虽然日报有截稿时间限制和版面限制，但这并不意味着日报的体育报道的质量要求应该降低。与此相反，激烈的报业市场竞争要求体育记者在极为有限的截稿时间内，快速采写出精彩的、吸引人的高质量的新闻稿件。虽然这是一件不容易做到的事情，但日报的体育记者必须做到这一点。这对日报的体育记者提出了很高的采访写作业务要求。

（5）各种体育新闻“捆绑”报道。与一些诸如足球、篮球等专业体育报不同，日报的体育版一般是将各种运动项目、赛事、人物、事件等实行“捆绑”报道，让读者按需取用。虽然国外一些大报体育版的版面较多，版面分类比较细，如《今日美国》的“体育版”分为橄榄球版、棒球版、篮球版等，但一般国内报纸的体育版都是依据当时的体育比赛的赛季节奏来决定版面内容，将各类体育消息和评论组合在版面上。日报体育新闻版的这一特点决定了体育记者必须是多面手。除了一两个项目是其专长外，体育记者和体育编辑还要熟悉其他运动项目的报道特点，适应像奥运会这样的综合性大型赛事的报道要求。

（二）周报（体育专业报）的体育报道

周报是一周内出一刊或数刊的报纸。如周一刊（每周出一次报）、周二刊（每周出两次报）等。周报的体育报道分为两类：一类是综合性的周报所设的

体育版或体育栏，另一类是专业性的体育报。体育专业报一般按报道内容又分为综合性和专项性两类。前者的报道内容包括所有体育项目，如国内的《体育报》等；而后者则专门报道某一类体育项目，如国内的《足球报》等。

与日报相比，周报（专业体育报）的体育报道有以下特点：

(1) 新闻时效性相对较差。由于周报不是天天出报，因而除非是出报前一天举行的比赛或发生的事情，否则不能像日报那样对每天发生的体育新闻及时报道。因此，周报的体育报道往往以时效性相对要求不高的体育通讯、体育特写、体育述评、人物专访和各种深度报道形式为主。但对于很多专业体育报来说，因出报时间一般安排在比赛日或重大赛事的第二天，因此在采编操作上与日报并无两样，也要讲究时效性和截稿时间。

(2) 截稿时间相对较宽。由于不是天天出报，周报的截稿时间相对宽松。但如果是体育专业报，由于其出报日大多定在比赛日（如周六、周日）的次日，因此对记者而言，这些时候的截稿时间限制与日报并无两样。不过很多体育报是在次日下午出报，因而截稿时间比日报中的早报而言要相对宽松一点。

(3) 专业性较强。现代的周报大多是分众化和专业化的报纸。尤其是体育专业报，由于其读者对象主要是体育爱好者，因此与日报的体育报道相比，这类体育周报必须提供更多、更专业的报道，才能满足这类读者的需要。

(4) 版面相对较多。同日报的体育版相比，体育专业周报能为各类体育报道提供更多的版面，容纳更多的文字和图片。

体育专业报一般都是周报。在世界上有很多著名的体育专业报，其中影响最大的是欧洲三大体育报，即意大利的《米兰体育报》、法国的《队报》和西班牙的《马卡报》。这三大体育报都有悠久的历史，拥有为数众多的读者，并在世界体育媒体中享有盛誉。在中国国内，《中国体育报》、《体坛周报》、《足球报》并称为国内三大体育专业报，其办报方针与风格各不相同，但都在国内体育爱好者中间拥有较大影响。

下面是几家中外有影响的体育专业报简介：

•《米兰体育报》：该报诞生于1896年4月3日，与现代奥运会同岁。现隶属于RCS传媒集团。19世纪末，自行车运动在意大利非常流行，环意大利自行车赛吸引了众多国内观众，于是诞生了当时以报道自行车运动为主要内容的《米兰体育报》。经过一个多世纪的发展，如今《米兰体育报》已成为意大利发行量最大的体育专业报。该报以报道足球为主。因报纸坐落在米兰，所以该城的两支著名老牌俱乐部国际米兰队与AC米兰队是该报报道的重头戏。除了足球以外，该报其他版面还报道几乎所有在意大利流行的体育项目，如排球、自行车、赛马、网球、汽车赛、帆船等。据不完全统计，该报仅在意大利国内每期销量就超过50万份，读者超过300万，是意大利第三大报。该报还

在国外设有多个分印点。《米兰体育报》以严谨的办报风格著称，内容以体育资讯为主，注重人物报道及评论，并以经常大胆揭露体育比赛中的阴暗面著称。该报版面设计朴实无华，图片以黑白为主，在体育专业媒体中有很高威望，是意大利最有影响的报纸之一。

•《队报》：该报是法国最有影响的体育专业报。该报诞生于1900年，创始人为维克托·戈登。初创时名称为《汽车—自行车》报，主要是刊登有关自行车和汽车比赛的消息。维克托·戈登去世后，其子维克托·雅克继承了该报。因为雅克是个足球迷，因此他对报纸进行了大刀阔斧的改革，于1946年改名为《队报》，内容也转为以报道足球为主。1947年，雅克将法国足协的官方简报收编到旗下，改造为后被称为足球圣经的《法国足球》杂志。此后，《队报》作出了一系列对欧洲足球发展堪称里程碑式的贡献，如创办欧洲足球金球奖、1955年发起创办欧洲足球冠军杯、欧洲篮球锦标赛、世界滑雪锦标赛和欧洲田径锦标赛等一系列重大赛事。《队报》设有足球、赛车、网球、橄榄球、奥林匹克项目、篮球等6个编辑部。每期的版面根据体育比赛的“行情”来决定。一般每天平均为16版，最少为12版，最多时达到36版。每周出6期，其售价各不相同。星期一的报纸售价最高，每份6个法郎。星期六的报纸连同《队报》杂志《奥林匹克运动》一起发行，仅售11.5法郎。星期二到星期五的报纸每份5法郎。《队报》现已发展成为综合性体育媒体集团，旗下有《法国足球》、《足球周报》、《自行车报》、《网球》月刊、《巴黎人报》等。其收入85%来自报刊发行，只有15%来自广告，每年营业总额达9亿法郎。

•《马卡报》：西班牙影响最大的体育专业报。该报是西班牙以报道足球赛事为主、辅以其他体育新闻的专业性体育报纸。《马卡报》的创始人是马努埃尔·费尔南德斯·库埃斯塔。初期为周刊，1942年11月21日，该报由周刊改为8版7栏对开本日报。2007年被发行西班牙《世界报》的联合出版社收购。该报凭借经常刊登重大独家新闻、广泛的信息资源和突出视觉语言的设计成为欧洲体育专业报领军之一，为全球的体育迷所熟悉。

•《中国体育报》：是中国创刊最早、最具权威性的专业体育报。该报创建于1958年，其前身是《体育报》，1988年改为现名。该报为周六刊，在全国发行，其主管单位是国家体育总局，出版单位是中国体育报业总社。由于具有官方背景，该报拥有国内最丰富的体育采访资源，强大的体育新闻采编队伍，拥有众多知名记者、优秀编辑及著名专栏评论家。《中国体育报》全方位、立体化报道中国和世界体育的动态及各种信息，为读者提供及时、权威、准确的体育资讯与评论。该报除周六对开四版外，周一至周五均为对开8版，周一为彩色印刷。在北京、济南、上海、南京、武汉、广州、沈阳、成都、西安等9个城市设有分印点，以邮发为主。《中国体育报》的主要版面有4大

类，即要闻版、综合新闻版、国际新闻版和足球新闻版；它以重大新闻、国际热点、体育明星为报道的三大支柱。该报编辑部内共设有9个采编部门，并在全国12个重点城市设有记者站。

•《体坛周报》：是我国最有影响的体育专业报之一。1988年创办于湖南长沙。最初是隶属于湖南省体委的一份报纸，现隶属于体坛传媒集团。1994年后借助中国甲A联赛和欧洲足球联赛的大量报道，逐渐开始占据中国体育传媒市场。该报曾于2001年中国世界杯出线时创下期发量262万份的纪录。目前一周三期，每周一、三、五发行。《体坛周报》以向读者提供一流的体育资讯而著称。该报不仅在国内体育报道方面位居前列，还先后与法国《队报》、西班牙《马卡报》等签订了独家中文版权协议。这些协议保证《体坛周报》在《队报》、《马卡报》出版前就拿到两报主要选题与图文。这使得《体育周报》占据了国内体育报纸所没有的资讯资源。另外，《体坛周报》旗下的《足球周刊》、《全体育》杂志还与《队报》集团的《法国足球》、《队报杂志》达成版权合作。该报还先后与意大利《米兰体育报》、阿根廷《奥莱》报、英国FMMI（国际足球市场与管理公司）结成战略合作伙伴关系。通过与世界著名体育报纸联姻，《体坛周报》不仅拥有全世界最优等的体育报道资源，而且还从中获得了世界一流的采编模式与经验。

•《足球》报：该报隶属于广州日报报业集团，创办于1979年，1980年正式创刊出版，是国内最有影响的足球专业报纸。该报以专业性的资讯和大胆尖锐的言论著称，在国内球迷中拥有大量的读者群体。2004年7月，为了参与雅典奥运会的报道，《足球》报推出"劲体育"板块，向足球以外的体育领域扩展，报道对象包括篮球、排球、高尔夫、网球、赛车、田径、棋类等运动项目，重点关注奥运会、NBA、F1等重大体育赛事。该报也由此而改变成为以足球报道为主，兼及其他运动项目报道的综合性体育报纸。《足球》记者网络遍及国内重点城市和欧美大陆，与各大国际体育组织密切联系，并与国内外强势媒体组成联盟共享资源，保证了报道的新闻质量。《足球》报每周二期，逢周一、周四出版，每期4开32版。在重大赛事期间，《足球》报一般会推出日报和特刊等，全面报道有关足球的新闻。在《足球》报旗下的媒体有《篮球先锋报》、彩票类专业报《足球大赢家》、时尚体育用品类月刊《型格》，另外还办有劲球网（www.goalchina.net）和《足球手机报》等媒体。

三、体育期刊的报道

期刊在我国又称为杂志。以体育运动为传播内容，读者对象主要是体育爱好者和专业人士的期刊称为体育期刊或体育杂志。

根据我国期刊的有关规定和分类习惯，期刊一般具有以下特点：有固定的刊名；每期有年、卷、期号或年、月顺序编号，开本和版式基本相同；一般在7日以上1年以下，开本在32开以上8开以下，由封面、目录、正文、索引及图片构成，装订成册；每期由若干不同作者撰稿；目前国内外大众期刊一般多采用周刊、半月刊、月刊等出版周期；根据主办单位的办刊宗旨，由专人编辑出刊；在较长时间内，每期有固定的销售价格。

体育期刊是指以体育运动为主要传播内容的期刊，又称体育杂志。根据内容和性质分类，体育期刊主要分为两类：一是大众性体育期刊，二是学术性体育期刊。前者是指以大众为读者对象，内容通俗、读者面广、销量较大、公开发行的体育期刊；后者是指以专业人士为主要读者对象，以体育科技与学术交流为办刊宗旨的体育期刊。具有新闻传播功能和报道特点的主要是大众性体育期刊。

根据登载的体育项目来分，体育期刊可分为综合性体育期刊和专项性体育期刊。前者以所有体育项目为其刊登内容，如美国的《体育画报》、中国的《新体育》、《五环》、《博》等杂志。后者则以某一体育运动项目为其报道内容，如《足球世界》、《乒乓世界》、《高尔夫》等。

体育期刊的特点是容量大、周期长、专业性强。相对报纸而言，体育期刊可以容纳较大型的稿件，适合做费时较长的较大型的体育通讯、人物采访、深度报道及评论等。同时，体育期刊以其精美的图片、高质的纸张和印刷来吸引读者。体育期刊的劣势主要是无法与日报在新闻的时效性上竞争。期刊的出版周期越长，则新闻的时效性越差。这迫使体育期刊要在内容的策划、报道的深度和版面的制作上下工夫，追求报道的专业性、可读性、内幕性和娱乐性。另外，杂志的售价也较贵。这些特点决定了体育期刊的读者对象多为资深的球迷和体育迷。

美国是世界期刊王国。在前300强杂志排行榜中，有数十家体育和健身类杂志上榜。其中除了《体育画报》以外，位居前50强的还有《高尔夫文摘》（Golf Digest）、《ESPN杂志》（ESPN The Magazine）、《高尔夫杂志》（Golf Magazine）等。

《体育画报》（Sports Illustrated）是美国体育杂志的代表。该杂志创刊于1954年，与著名的《时代》、《财富》等杂志同属于美国时代公司旗下。《体育画报》为美国第一本综合性体育新闻周刊，也是当今全球发行量最大的体育杂志，长期占据全美周刊类发行量前三名，2009年平均期发行量为323万份。《体育画报》所倡导的“体育即生活”这一理念深刻地影响和改变了美国大众的生活，引领了美国社会体育观念的更新与价值判断的变化，是美国中产阶级生活方式和态度的一部分。《体育画报》以长篇深入的体育报道和极具视

觉冲击力的图片为特色，它以深入、准确、动感的报道改写了世界体育传媒的历史，使体育报道跻身于主流媒体行列。《体育画报》的著名品牌“年度体育人物”评选，是美国及国际体坛最权威的评选活动。《泳装特刊》是该刊1964年创办的另一著名品牌，以引领泳装风尚而闻名全球。2006年，由中国体育报业总社、财讯传媒与时代公司联合推出了《体育画报》中文版（SI体育画报），凭借《体育画报》自身世界一流的体育资讯力量和实力，现已成为中国发行量最大的画报之一，在国内拥有近40万读者。

中国体育杂志的代表是《新体育》杂志。该刊创建于1950年7月，由中华全国体育总会主办创刊，毛泽东亲自题写刊名，现隶属于中国体育报业总社。该刊除1955—1959年曾为半月刊，1966—1972年停刊外，其他时期都是出版月刊。《新体育》的办刊口号是“独家、权威、内幕、实用”，其宗旨是宣传党和政府的体育方针与政策，报道体育运动的典型事迹与人物，刊登体育理论和健身经验，介绍各种体育锻炼的科学方法和卫生保健知识。《新体育》杂志经常评述国内外重大体育比赛，报道中国运动员的典型事迹，报道国际体育的动向、赛事和体育明星等。《新体育》现发行40多个国家和地区。1995年12月荣获全国首届社科期刊评选最高奖；国家新闻出版总署评其为1998—1999年度“全国百种重点社科期刊”，2000年1月蝉联“全国百种重点社科期刊”奖，并获得首届“国家期刊奖提名奖”。

中国体育报业总社是国内体育期刊的龙头，旗下拥有多家大众性体育杂志，包括《五环》、《足球世界》、《中国排球》、《乒乓世界》、《田径》、《网球天地》、《围棋天地》、《羽毛球》、《跆拳道》、《中华武术》、《健与美》、《健康之友》、《中国钓鱼》、《车王》、《运动休闲》、《健康顾问》、《中国体育》英文版等。湖南的体坛传媒集团旗下也拥有众多体育杂志，包括《足球周刊》、《扣篮》、《全体育》、《健康女性》、《高尔夫大师》、《户外》、《MIL新潮流》等。

四、广播体育报道

广播是以人类听觉为传播方式、以现代电子技术为传播手段的大众传播媒介。在现代体育传播媒体中，广播是一种时间悠久、影响广泛的传播方式。尽管现代电视技术的发展在很大程度上取代了20世纪上半叶广播的地位，但是广播仍以其独特的传播特点与优势在当今体育传媒中占有一席之地。

作为体育媒体，广播与电视、报纸、网络等相比有如下特点：

（1）广播是仅仅诉诸人类听觉器官的传播工具。

（2）广播是现代大众传媒中传播最快的传播工具之一。广播依靠电波传

送，没有印刷过程或复杂的后期编辑制作过程，能够以第一时间传播各类体育消息，也可以进行比赛现场直播。在一些重要的比赛中，常可以看到电台的播音员在现场利用播音设备甚至是手提式电话进行现场报道。

(3) 广播是现代大众传媒中最廉价的传播工具。同其他大众传播工具比较，收音机的效费比是最低的，且收听广播是免费的。正因为如此，广播也是最大众化的传播工具，是大众及时获取最新体育消息的最佳途径之一。

(4) 收音机具有便携性。现代半导体技术使收音机具有体积小、重量轻的特点，便于携带，随处可听。另外，收音机可以使人的听觉享受与其他活动分离，人们可以一边听体育赛事直播和体育新闻报道，一边做其他事情，如吃饭、开车、锻炼等。这一点是报纸、期刊、电视、网络等其他大众传媒难以做到的。

(5) 广播具有表达的传真性。通过现代技术手段，广播可以将各种声音完整地表达出来。如在比赛现场的直播中，可以通过各种音响设备，完整地再现体育比赛的音响场面，使听众身临其境。

(6) 广播可以用多种手段进行体育报道。现代广播电台一般都设有专门的体育节目，用以及时报道各类体育消息。大的广播电台通常设有专门的体育部（组）和专职的体育记者，专门从事体育新闻的采访、写作和编辑工作，而一些小的广播电台则由编辑兼任记者工作。除了播音员在新闻和体育节目中做体育报道外，电台还常邀请运动员、体育专家到播音室做谈话节目，通过电话采播、听众热线等形式与听众互动，就体育比赛及其他观众感兴趣的话题与听众交流。另外，现代广播电台的体育记者还利用手提电话等设备进行现场直播。

五、电视体育报道

电视是现代社会中影响最大、受众面最广的体育媒介之一。由电视台播发的、综合运用画面、字幕、音响和语言来表现的体育新闻报道、体育专题节目和体育比赛的现场直播或录播，统称为电视体育报道。

当今从事电视体育新闻传播的主体，一是综合性电视台（频道）所设的体育新闻节目和体育专题栏目，二是专业的电视体育频道。

现代电视体育报道具有以下主要特点：

(1) 大量运用高新技术手段，使电视体育报道日益丰富和精彩。日新月异的现代电子技术，为电视体育报道提供了强大的技术支持。如通讯卫星使电视传媒能够在全球任何地方、任何时间对体育赛事进行现场直播，实现体育信息的全球共享；以电子计算机技术为基础的非线性编辑系统的问世，使电视体

育编辑在进行体育报道时可以加入种种特技效果，如叠化、划像、飞滚、淡入淡出等；有线电视、光纤技术、数字电视等新技术的出现，为大众提供了图像更清晰、画面更丰富、传播品质更高的体育赛事报道。由高新技术支撑的现代电视体育报道，已经成为现代电视传媒全球化的主要手段与标志。

（2）大量运用现场直播手段，同步再现比赛现场实况。比赛现场实况直播与录播，已经成为现代电视体育报道最主要的报道手段与方式，也是电视与其他传媒相比最大的优势。现代电视媒体通过比赛现场实况直播的方式，将体育新闻报道的即时性发挥到极致，使全世界球迷与体育爱好者得以与现场看球的观众一同观看比赛现场实况。而这是其他任何媒体难以做到的。比赛现场实况转播使电视拥有了数量惊人的受众，尤其是在奥运会、世界杯足球赛等重大赛事期间，电视现场实况直播的优势是其他任何媒体所难以比肩的。

（3）大量运用比赛现场同期声手段，营造现场气氛。电视具有从声画两方面“还原”体育新闻现场的能力。现代体育电视通过同期声手段，使受众通过电视与广播了解比赛现场的真实情景，如比赛现场球迷的呐喊声、踢球或球撞击地板时发出的“嘭、嘭”声等。这些都能有效地起到营造现场气氛，使观众有如身临其境的效果，从而充分调动感染电视机前观众的情绪，使他们融入赛场上热烈的气氛中去。

（4）常运用慢放、回放、定格、特写等技术手段，再现比赛中的精彩画面。体育比赛具有竞争激烈、节奏很快的特点，很多精彩场面或引起争议的情况都是在一瞬间完成的，现场的观众由于距离、角度及发生时间太快等原因很难看清楚。电视却能运用画面慢放、回放、定格、特写等特殊技术手段，让电视观众清楚地看到比赛场上瞬间发生的事情和动作细节，享受赛场精彩场面所带来的乐趣，解开争议场面带来的困惑。

（5）运用多种技术与报道手段，来进行体育新闻报道与专题报道。在体育新闻报道与体育专题栏目中，体育电视常运用口播、录播、现场报道、穿插字幕、多画面等多种声像技术手段，生动、形象、快速、全面地进行体育报道。另外，体育电视还通过谈话节目、嘉宾主持、观众电话或手机短信互动等专题形式，对体育运动进行多角度、全方位的报道。

（6）虽然电视媒体在进行体育报道时具有别的媒体所没有的优势，但也存在着自身的缺陷。如必要的接收播放设备限制了受众的收视空间，使电视观众只能在有接收条件与电视机的情况下才能观看比赛；同广播相比，观看电视对人的活动限制较大，如不能边看电视边做其他事情；同报刊相比，受众难以自由选择观看体育节目的时间和内容，只能被动接受电视台的节目安排；另外，由于受到转播条件的局限，电视并不能对所有的体育比赛都作现场直播，电视镜头也不可能扫描到比赛现场的每个地方，只能是有选择性地对一些重要

赛事和主要场面予以转播。电视自身的这些天然缺陷，使电视媒体的体育报道无法取代其他媒体的体育报道，而只能是各类不同媒体之间的互补。

当代在全世界影响最大的体育电视台是ESPN电视台。在中国，影响最大的体育电视台是中央电视台体育频道（CCTV5）。

• ESPN（Entertainment and Sports Programming Network，美国娱乐体育电视网）：美国全天24小时向全世界播出体育节目的有线电视网，也是世界影响最大的全球性体育电视网，隶属于美国著名传媒集团迪斯尼旗下。ESPN的前身是美国康涅狄格大学篮球队的一个报道组。其创始人是斯科拉·拉斯米森和他的父亲比尔·拉斯米森。最初他们只是用摄像机将美国大学篮球赛录下来在校园电视中播放，由于反响很好，1979年9月7日，他们在美国康涅狄格州的布里斯托尔小城创建了ESPN。短短20年间，ESPN已经成为美国最大的有线电视网，家庭用户达到8 000万户，亦即80%美国家庭付费收看ESPN的节目。ESPN卫星网络覆盖160个国家，用20多种语言通过20个频道24小时向全球播送体育节目。ESPN电视有一台、二台、体育新闻台等，还拥有ESPN广播、杂志、网站、餐厅及ESPN牌的服装等。

ESPN旗下的ESPN STAR Sports（ESPN星空体育）是亚洲规模最大的体育电视网，由ESPN与星空传媒集团（STAR）合资经营。其总部设于新加坡，在亚洲拥有超过两亿的观众。ESPN STAR Sports旗下在亚洲有13个频道，包括ESPN亚洲台、ESPN中国香港台、ESPN印度台、ESPN中国台湾台、ESPN菲律宾台、ESPN新加坡台、韩国MBC-ESPN台、卫视体育台亚洲台、卫视体育台香港台、卫视体育台印度台、卫视体育台台湾台、卫视体育台新加坡台及卫视体育台东南亚台等。这些频道均全天候24小时为亚洲地区的观众播出世界各地高水平的体育赛事及重要的地区性体育活动。

• 中国中央电视台体育频道（CCTV5）：是国内创办最早、规模最大、拥有世界众多顶级赛事中国大陆境内独家报道权的专业体育频道。该频道于1995年1月1日正式开播，通过亚太1A卫星覆盖全国，24小时向全国播出各类体育节目与赛事。体育频道开设的主要栏目有《体育新闻》、《体育世界》、《足球之夜》、《天下足球》、《顶级赛事》、《精彩F1》、《NBA赛场》、《巅峰时刻》、《全明星猜想》、《早安中国》、《棋牌乐》等，内容包括国内外重大赛事的现场直播、体育热点问题追踪报道、全民健身及娱乐、体育知识普及教育等。

六、网络体育报道

与其他大众传媒相比，网络体育新闻报道的特点主要是由互联网本身所具有的一些特点决定的。其主要表现为：

（1）多媒体体育传播平台。网络作为传播工具，使大众传播发生了革命性的变化。目前网络体育报道已经突破了以往仅仅以文字和图片报道为主的模式，发展为集文字、图片、视频、音频等为一体的多媒体传播平台。作为一种大众传播平台，从严格意义上讲，目前各类商业门户网站的体育新闻报道制作程序与传统媒体并无多大差别，它也必须经过采访、写作、编辑、发布等严格程序，并要对传播内容的社会效果承担责任。

（2）体育报道即时性。网络媒体通过互联网传播体育新闻，具有传统印刷媒体不可比拟的即时性和快捷性。它既可以通过图文报道的形式在第一时间将比赛现场的情况发布给公众，也可以通过与电视媒体的合作运用视频技术进行现场赛事直播，从而创造了“网上赛事直播”这一新的体育传播概念。由于网络体育报道比任何媒体都强调即时性，因此对网络体育记者的写作能力及使用电脑打字和传送的技能提出了很高的要求，同时还要求网络记者使用摄像机进行现场采访和视频报道。

（3）海量的体育报道。与传统媒体相比，网络媒体的最大特点之一是其巨大的信息容纳空间。对体育新闻而言，这不仅能在信息量上突破传统媒体印刷版面和节目时段的限制，更全面更细致地对体育运动进行报道，更有助于记者写作一些大型的报道，如网上赛事直播、背景报道、调查性报道、解释性报道等。

（4）个人化的体育信息发布。网络媒体打破了传统新闻传播的传者与受众的界限，使每个人都可以充当记者和编辑的角色，在网上发布新闻。尤其是随着网络新技术的不断推出，出现了体育博客、推特、微博等新的个人化传播形式，很多有关体育的信息不是通过大众传媒最早进行报道，而是来自网民的发布。网络体育传播的这种新形式不仅引发了诸如信息的真实度和品质等很多新的问题，而且导致专业的体育记者必须重新审视自己的工作，如记者的采访和写作如何才能具有权威性和职业性？如何才能使更多的读者上网点击阅读自己的报道，以实现其新闻价值？如何才能使自己的体育报道具有个性和特点？这势必使体育记者们必须努力地提高自己的报道能力与水平，通过建立在报道中的个人权威性来吸引读者。

（5）体育传播的互动性。相对于传统媒体，网络的最大特点和挑战性来自互动性。随着BBS、QQ、MSN、博客、微博等新技术平台的开发，网络日益成为公众发表意见和看法的重要平台。网络不仅打破了传者与受众的界限，更使传统大众传媒的权威性和话语权受到致命挑战。在网络上，公众和球迷能够通过互联网发表自己对体育事务和比赛中发生的事情的看法和观点，这促使体育记者们必须表现出更为专业的业务水平，以更为职业的工作态度来从事报道工作。

（6）多媒体合作体育报道。网络作为新兴媒体虽然具有巨大的传播优势，但网络自身也有缺陷，如网络发布信息的真实度、品质及发布者身份难以确定，网站记者的职业身份有待确定、网络需要依赖一定技术设备支持等。进入21世纪以后，网络媒体与报纸、电视等传统媒体合作，形成报网联合体或网络电视联合体已成大势所趋。这固然一方面是由于传统媒体面临网络巨大挑战和威胁下的应变举措，但另一方面，也是很多网络媒体为了弥补自身采编力量的不足而采取的应对措施。现在，世界上几乎所有的市场报都有自己的网络版，一些大报还要求自己的文字记者或摄影记者都必须会使用小型摄像机，在网络版上为自己的图文报道配上事件现场的视频报道；而另一方面，以新闻报道业务为主的大型商业门户网站也必须与报纸、电视等传统媒体合作，借用其强大的采编摄制力量和新闻资质与资源来获得高品质的网络报道资源。

第五节　体育新闻从业者及其职业操守

一、体育新闻从业者的分类

体育新闻工作者，主要指与体育新闻报道直接有关的新闻从业人员。在现代体育新闻实践中，体育新闻工作者通常主要指以下几种职业和岗位：

（一）体育新闻负责人

体育新闻负责人是体育新闻报道的领导者。它主要包括以下两大类：一是体育专业媒体的负责人与管理者，如体育报纸和杂志的社长、副社长、总编辑、副总编辑等，体育电视频道的主任、副主任等。二是综合性媒体的体育新闻部门的负责人与管理者等，如报社、电台、电视台、网站的体育部主任、副主任等。

由于体育新闻是一类专业性很强的新闻品种，因此，无论何种媒体，其体育新闻负责人的首要条件，就是必须是体育新闻报道的内行。体育新闻负责人必须就有关体育报道的重大问题做出决策，领导和参与重大的报道策划，对体育新闻采编辑部门的日常工作实施领导与管理，并且还要为报道的内容负责。如果是独立的专业体育报刊，其负责人还要领导有关印刷、营销、广告、财务等各方面的工作。因此，体育新闻负责人在体育新闻报道中占有核心的位置，其做出的决定、决策和发表的意见、看法往往直接对体育新闻的报道工作产生影响。某个媒体的体育新闻报道的水平，往往与其体育新闻负责人的新闻理论水平、判断能力、策划能力、决策能力和行政管理水平以及对体育新闻报道的一

些特殊规律与特点的把握等有直接关系。正因为如此，体育新闻负责人一般只能由有管理能力的资深体育记者或体育编辑担任。

（二）体育记者

就习惯而言，体育新闻从业者都可称为体育记者。具体而言，体育记者是指在新闻媒体中专门从事体育新闻采访，并将其采访结果以文字、图片、音像等形式提供给编辑部门以供报道使用的新闻工作者。从媒体与工作性质来分，体育记者主要包括以下几种：

1. 体育文字记者

体育文字记者是指在报纸、杂志、网络等媒体中以文字为主要手段进行体育报道的记者。体育文字记者是体育记者中数量最多，也是历史最悠久的一类。在现代所有重要的体育赛事、体育活动以及与体育有关的事情中，都能看到文字记者的身影。相对于电视、广播等媒体而言，除了采访能力以外，对体育文字记者最突出的要求就是能够以简洁、流畅、优美、生动的文笔来报道体育运动，向读者提供最新鲜、最有新闻价值的体育新闻和体育评论。

2. 体育摄影记者

体育摄影记者是专门从事体育摄影以供报纸、杂志、网络等媒体发表的新闻从业人员。一般大的通讯社、报纸和杂志都有专职的体育摄影记者，他们有的隶属于报社或杂志社的摄影部，有的隶属于体育新闻部。体育摄影是一项特点鲜明、专业性较强的工作。由于体育运动一般是在高速运动和激烈对抗状态下进行的，且摄影记者一般只能在赛场外远距离拍照，因此，体育摄影与一般摄影相比，在摄影理论和技巧上有其鲜明的特点。另外，各个体育项目之间的差异性也很大，如陆上运动项目与水上运动项目、夏季运动与冬季运动、竞技比赛与群众体育、室内的体操、乒乓球等运动与野外的汽车拉力赛、登山等运动项目，会对体育摄影记者的报道工作提出完全不同的专业要求。体育摄影记者的专业能力，往往取决于本人对所要报道的体育项目的熟悉程度。以报道足球比赛为例，如果体育摄影记者不了解这项运动的特点以及双方的情况，他就不可能拍出精彩的射门、拼抢和大众喜爱的明星比赛照片。

3. 电视体育记者

电视体育记者是从事电视体育报道的专业记者，包括电视新闻节目的摄制编辑记者、电视专题节目的摄制编导记者以及比赛现场直播节目的摄制编导记者等。与报刊的体育记者相比，电视体育记者主要用电视摄像机来报道。电视体育记者必须高度依赖专用设备，这在很大程度上规定了电视记者的体育报道特点。但除此之外，电视体育记者在体育报道过程中的工作方式与文字记者并无两样。他们同样必须拥有精深的体育专业知识，以对体育比赛现场进行报

道，或在平时与教练员、运动员打交道，或与采访对象进行面对面的采访等。电视记者还必须撰写电视脚本和画面解说词，因此也需要有较深的写作功底。另外，体育记者还经常担当出场出镜记者角色和客串体育节目主持人在现场采访报道，因此还要求具备一定的口播能力。

4. 广播体育记者

广播体育记者是在广播电台专门从事体育新闻报道的专业记者。他们的主要工作是撰写新闻广播稿，以供电台播音员及时播出体育消息。与电视体育记者相比，电台体育记者通常并不依赖于昂贵的专门设备，通常也只是一些特定的采访节目才使用采访录音机。从这个意义上来说，广播体育记者较之电视体育记者更要求新闻稿件的写作能力，其工作性质更接近报刊的体育文字记者。但由于广播的时效性强，要求在比赛一结束就写出新闻稿件，迅速播出比赛消息，因而要求广播体育记者较之报社体育记者具备更快速的写稿能力。在一些重要比赛中，广播体育记者经常在赛场上通过手提电话直接报道比赛进程，甚至是直播比赛的详情和现场情况，这不仅需要记者对体育项目及球队非常熟悉，还要求记者掌握熟练的普通话和一定的播音技巧，更应注意语言规范化。

5. 网络体育记者

网络体育记者是供职于专业新闻网站的体育记者。也有部分网络体育记者是由报社体育记者兼职的。一般而言，网络体育记者也属于文字记者一类。因为他们主要是用文字进行报道工作。但是与一般报纸文字记者不同，由于网络具有视频功能，因此很多大型商业门户网站要求自己的记者还要具备摄像和视频编辑技能。另外，由于网络体育报道具有即时性与海量性等特点，对重要赛事常采用网络直播和网络同步报道形式，因而网络记者不仅要求具备很强的体育报道能力与熟练的电脑打字能力，还需要掌握网络体育报道的一些独特的写作技能与视频摄像以及图文视频编辑上传技巧。

（三）体育编辑

体育编辑是广义的体育记者中的一类。狭义的体育编辑主要指在新闻报道流程中对体育记者采写的稿件、图片或录像素材进行后期编审工作的新闻从业人员。因为体育编辑与体育记者是两种工作性质不同而又专业化程度较高的工作，所以报纸、电视台、网络等新闻媒体一般设置有专职的体育编辑，专门从事体育报、体育期刊、综合性日报的体育版、广播的体育节目、电视的体育节目或体育栏目的编审工作。在现代媒体中，体育编辑与体育记者分工合作，共同完成体育新闻报道工作。体育记者通常负责新闻报道的采访、写作、摄影、录像等前期工作，而体育编辑则负责后期的编辑和校审等工作。也有一些媒体如体育杂志等由于出版周期较长，多采用体育编辑与体育记者合一的做法，即

体育编辑兼做新闻采访工作。

一般而言，现代新闻媒体的体育编辑主要有以下几种：

1. 报纸体育编辑

主要是指在报纸媒体中专门从事体育编辑工作的专业人员。从报纸出版时间来分，有日报体育编辑与周报体育编辑之分；从报纸的性质来分，有综合性日报体育编辑与专业体育报纸体育编辑之分；从编辑工作的分工来分，则有体育版的责任编辑、文字编辑、美术编辑、版式编辑、校对编辑等。上述不同编辑之间的工作性质与要求差别是很大的。

2. 期刊体育编辑

这里主要指在大众性体育期刊中从事编辑工作的从业人员。按期刊的内容来分，有综合性体育期刊编辑和专项性体育期刊编辑之分；按出刊时间来分，有周刊、半月刊、月刊、季刊等体育编辑之分；按工作性质来分，则有文字编辑、图片编辑、版式编辑、校对编辑之分。国外有的大型体育期刊还有专门的策划编辑。上述差别对各类体育编辑的要求也有很大不同。与报纸相比，由于期刊出版周期较长、版面较多、专业程度要求较高，故多数体育期刊不设专职的体育记者，而由编辑来完成从采访、写作到编辑的完整报道程序。因此，在体育期刊中，编辑是报道的主力。体育编辑的能力如何，直接关系到期刊的质量与水平。

3. 广播和电视体育编辑

指在广播电台和电视台从事体育编审工作的从业人员。一般而言，我国专业的体育电台还比较少见。较大的广播电台一般设有体育新闻节目和体育栏目，由专职的体育编辑来从事采编业务。而电视台的体育报道有两类情况：一类是综合性电视台或频道的体育新闻节目与体育专题栏目，另一类是专业性电视频道。无论哪种情况，一般大型的电视台或频道均设有专职的体育编辑，专门从事体育新闻与体育专题的编辑与制作工作。

4. 网络体育编辑

指在网站上专门从事体育新闻编审工作的从业人员。与报纸、电视等媒体的体育编辑不同，网络体育编辑不仅要担任图文编审，还要对视频报道进行编审。另外，由于网络新闻的特点，网络体育编辑的工作方式还表现出很多特点。如由于网络的即时性，网络体育编辑的工作经常与体育赛事同步，而不是像报纸编辑一样要等比赛结束，记者发来稿件后才开始工作。又如网络空间的海量性，使网络体育编辑可以大量下载粘贴和编辑世界各地的体育报道，而这在报纸体育版上是难以想象的。再如网络新闻的互动性，使网络体育编辑可以获得和处理受众发来的有用信息。而这也是传统媒体的体育编辑难以做到的。另外，

网络体育报道还要求体育编辑能够按照电脑的屏显特点来制作标题，如必须使用单题和限制字数等。由于网络新闻的特点，现代网络体育编辑是一种工作量很大、要求很高的职业，其工作的强度一点不比传统媒体的体育编辑低。

（四）体育节目主持人

体育节目主持人主要指广播和电视的播音员、节目主持人、体育解说员等。他们是广播与电视一类电子媒体特有的体育新闻专业人员。体育节目主持人是电子媒体体育报道的完成者，他们的工作是建立在体育记者与体育编辑的采编工作基础上的。尽管体育节目主持人一般不参与体育采访和编辑，只负责播音或按编辑的策划意图主持节目，但实际上，体育节目主持人也是一种创造性的工作。体育节目主持人，尤其是体育解说员不仅能以感人的声音和丰富的表情来吸引受众，而且能以其丰富的背景知识和专业的现场评论来帮助受众了解比赛，增强体育现场直播的效果。

二、体育记者的职业操守与要求

（一）体育记者的职业操守问题

体育记者的职业操守，又称为体育记者的职业道德，是体育记者在从事新闻报道过程中处理与报道对象及社会关系的行为规范与准则。一般而言，职业道德是一种自律原则，用来判断对与错、责任与义务等方面的自我约束。①

体育记者的职业操守不仅关系到其报道工作，而且关系其所供职的媒体的社会公众形象。尤其是在体育比赛与商业的关系日益紧密的背景下，体育记者的职业操守问题变得十分敏感和重要。《美联社体育新闻报道手册》曾指出了美国媒体的一些不正常的现象："在20世纪70年代，体育记者的薪水并不高。球队、联盟和广告商知道，只要准备一桌子饭菜和饮料就能引来一大群记者。而有的做法更露骨，包括提供免费住宿、飞机票和比赛门票。拳击比赛主办方为记者雇佣妓女，赛马比赛则举办'体育记者之夜'，暗中向记者透露哪匹马会获胜。这样主办方得到了报道，而记者可以得到一些钱。这种情况很普遍，而且存在几十年了。这就是为什么记者与教练和运动员显得比较亲密，而写出的报道又比较友好的原因。"② 正因为如此，美联社早在20世纪70年代就开

① （美）布鲁斯·加里森等. 体育新闻报道［M］. 北京：华夏出版社，2002：337.

② （美）史蒂夫·威尔斯坦. 美联社体育新闻报道手册［M］. 北京：中央编译出版社，2004：155.

始重视这一问题，于1973年的记者代表大会上重点讨论了体育新闻的职业道德规范问题。1975年，美联社制定颁发了《美联社体育记者职业道德规范》，并于1990年和1991年在其全国代表大会上两度讨论并修改这一规范。

在中国，随着20世纪90年代体育职业化、产业化进程，体育记者的职业道德问题也越来越引起社会关注。在体育报道中，一些体育记者的职业道德意识薄弱，新闻自律性不强，违背新闻职业操守的情况时有发生，导致体育新闻报道一度成为虚假新闻、恶性炒作、低俗化报道的重灾区，严重误导了公众，毒化了体育运动健康发展的舆论环境，恶化了体育与媒体的关系，引起了公众的不满，也损害了媒体自身的公共形象，造成了很大负面影响。因此，建立中国体育记者的职业规范，培养体育记者的职业道德，提高体育记者的职业素质，是中国体育新闻发展的重要工作和迫切任务。

由于体育记者职业的特点，体育记者的职业操守问题相对于其他部门的记者有其特殊性。这主要表现在以下方面：

（1）体育比赛的特点使体育记者与本国运动员或主场球队有情感性联系，而有些记者可能将这种情感带入报道工作中，从而影响体育报道的公正性与客观性。

（2）体育记者的工作性质与特点决定了他（她）可能长期与本地球队或本地球员打交道，从而与有关体育组织的官员、教练员、运动员建立过于亲密的私人关系，进而可能影响体育记者报道的客观性。

（3）体育组织或本地球队可能因种种原因为体育记者提供好处或施加压力，以使记者的报道有利于自己。

（4）一些体育记者可能会私下给予运动员一定好处，使这些运动员成为自己的“眼线”，偷偷提供报道所需要的信息；甚至一些媒体可能会在重大比赛前与运动员私下签订协议，以付费的形式换取报道所需要的信息。

（5）个别记者利用他们的职业便利参与赌球，谋取不正当利益。

（6）一些体育记者使用不恰当手段获取信息和采访报道。如在未告知采访对象的情况下，悄悄使用录音设备或摄像设备；在未获得对方同意的情况下，将其个人隐私公之于众；在未经证实的情况下发布不实消息，甚至捏造虚假消息。

（7）一些体育记者不到比赛或训练现场采访报道，而是待在新闻中心甚至宾馆里凭借电视转播或同行转达的信息予以报道。

（8）一些媒体和体育记者过多关注运动员尤其是体育明星的私人生活，热衷于炒作明星的绯闻和丑闻；或者将报道视角过多集中在美女拉拉队、球员家属或女友等与比赛无关的事情上。

凡此种种，都不仅对记者的体育新闻报道造成了严重影响，同时也对体育

运动和社会造成了不良影响。因此，体育记者的职业操守是关系到体育新闻报道效果和媒体及形象的大事，必须予以高度重视。

（二）体育记者的职业准则

体育记者的职业道德问题导致了职业行为准则的提出。职业准则是体育记者在新闻采访和报道过程中应当遵守的基本职业道德规范和行为准则。针对体育记者的职业操守问题，美联社于1991年制定了《体育记者职业道德规范》（附本章后），成为全美国体育记者的职业守则，同时也成为欧洲各国和世界各国体育记者的职业道德要求。结合中国体育新闻报道的实际情况，中国体育记者职业操守和职业准则主要应包括以下内容：

（1）体育报道必须坚持新闻的政治原则与真实、客观、公正的新闻报道准则。

（2）体育记者应当承担起社会责任，用自己的报道正确引导舆论，为体育比赛和体育的发展提供良好的舆论环境和氛围。

（3）体育记者必须建立对公众和社会负责而不仅仅是对本地球队负责的职业意识，不能将个人情感或地域因素带入体育报道之中。

（4）体育记者应通过自己的报道和评论引导球迷文明看比赛，理智对输赢，及时疏导球迷的情绪，在报道中不能使用极端的语言攻击对手和激化球迷的情绪。

（5）体育报道应该发挥舆论监督的职责和新闻批评的功能，对体育运动中和比赛场上出现的违背体育精神的行为提出批评，对涉及体育组织和运动员的违法行为予以揭露，而不能因是本地球队或因个人原因对这些行为视而不见。

（6）体育记者应当与球队和运动员保持正常的工作关系，避免过于亲密的私人关系，更不能与俱乐部和球队形成不正当的利益关系。

（7）体育记者不能接受球队的馈赠与礼物。因为，这样可能会影响报道的客观性与公正性。

（8）体育记者不能与明星合影，或索取球员的签名。

（9）体育记者不应在记者席上起立为本队欢呼，也应避免有拥抱球员一类过度亲密的举动。

（10）体育记者不能参与赌球，不管是亲自参与赌球还是为他人提供咨询。

（11）体育记者应当遵纪守法，尊重运动员、教练员的个人权利，尊重其个人隐私，尊重其拒绝采访的权利等。

（12）体育记者应当忠实于自己所供职的媒体，不将自己所采访的信息和新闻稿件提供给其他媒体，除非这是媒体间正式签订的合作协议所允许的。体

育记者也不得在其他媒体兼职，或公开发表对自己所供职媒体的不利的言行。

（三）体育记者职业操守的培养

体育记者的职业操守是影响个人职业形象和报道工作的重要因素之一，也是每一位体育记者必须坚持的个人行为准则。如何培养和提高体育记者的职业操守与职业道德，是新闻媒体必须高度重视的问题，也是体育记者加强自身修养和新闻自律的重要内容。

体育记者职业操守的培养应从以下几个方面着手：

(1) 新闻媒体和体育新闻部应该经常举行培训或讨论，教育和提醒体育记者遵守记者的职业操守和行为准则。

(2) 新闻媒体与体育新闻部应经常检查和督促体育记者执行职业操守与准则。

(3) 新闻媒体和体育新闻部一旦发现自己的体育记者做出有违新闻职业道德规范和记者行为准则的言行，应予以批评教育，对造成严重后果的应根据有关条例给予惩处，而不能视而不见，甚至包庇纵容。

(4) 体育记者应加强自我修养和新闻自律，遵守坚持新闻记者的职业操守与准则。

(5) 大学的新闻教育必须注重新闻职业道德和行为准则的教育。对于专门培养体育记者或开设体育新闻课程的院校来说，应让学生获得体育新闻职业道德规范的知识与训练。

附：

美联社体育记者职业道德守则①

1. 媒体要负担记者的旅行、住宿和餐饮费用。

(1) 如果记者搭载球队包机出行，媒体应当照价支付机票费用。当球队不能提供具体账单时，其机票费用按相应的商业航班估算。

(2) 当职业球队或大学球队向报社提供电话、打字机、传真等服务时，报社应当做出相应的经济补偿。

2. 体育记者和体育编辑为了避免引发利益冲突，应避免从事工作之外的下列活动：

(1) 体育记者不得在比赛中充当官方记分员。

① （美）史蒂夫·威尔斯坦. 美联社体育新闻报道手册［M］. 北京：中央编译出版社，2004：156.

(2) 体育记者不得为球队或联盟写稿，因为这可能会危及记者的公正立场。

(3) 体育记者必须忠诚于其所效力的媒体，不得在报纸或电视等媒体上发表不利于其所效力的媒体的言行。

3. 体育记者和体育报道组必须坚守美联社的行为准则，不搞有偿新闻，不利用职务之便谋取私利，不索要和接受礼品，除非是没有什么价值或也向公众分发的礼品。

(1) 对不能退回或无法退回的礼品，应捐赠给慈善机构。

(2) 不接受免费或打折的会员卡。除非为了报道的需要，不得无偿使用对方提供的高尔夫球场或网球场等运动设施。

(3) 体育记者必须牢记新闻从业者的行为准则和道德规范，不得接受报道对象所提供的好处，包括团体赞助。

4. 媒体和体育记者不得接受体育组织提供的免费门票，除非这是为了采访报道和协调工作，由新闻机构提供的采访证件。

5. 媒体和新闻记者须谨慎对待各类评奖活动和全明星评选活动所带来的影响，并判断这类评选活动是否会引起利益冲突。

6. 体育记者要遵守媒体对匿名信息和非正式渠道获得的消息的有关原则与规定。

(1) 不提倡与其他媒体共享信息。

(2) 如果在报道中引用了其他记者或媒体的引文或评论，须向读者作出说明。

7. 业务分配应讲求记者的绩效与能力，而不能涉及记者的种族与性别差异。

上述各条不能涵盖所有情况。在实际工作中，体育记者应根据自己的常识、判断力并结合当时的具体情况灵活处理。

本章思考题

1. 什么是体育新闻报道？它有哪些基本原则？

2. 体育新闻报道的特点和任务是什么？

3. 体育新闻报道有哪些类型？赛事报道主要包括哪些内容？非赛事报道主要包括哪些内容？

4. 通讯社、日报、周报、杂志、广播、电视、网络等不同媒体的体育报道各有哪些特点？

5. 体育新闻工作者包括哪些职业？

6. 体育记者的职业准则有哪些？

本章参考文献

1. （美）布鲁斯·加里森，马克·塞伯加克. 体育新闻报道［M］. 郝勤译. 北京：华夏出版社，2002.

2. 何慧娴. 百名中国体育记者自述［M］. 北京：人民体育出版社，2000.

3. 蒋祖烜主编. 在另一个赛场——直击体坛周报现象［M］. 长沙：湖南大学出版社，2002.

4. 李子坚. 纽约时报的风格［M］. 长春：长春出版社，1999.

5. 蔡琪等. 美国传媒与大众文化［M］. 北京：新华出版社，1998.

6. 蔡铭泽. 新闻学概论新编［M］. 广州：暨南大学出版社，1999.

7. 李良荣. 西方新闻事业概论［M］. 上海：复旦大学出版社，1997.

8. 孙燕君. 报业中国［M］. 上海：上海三联书店，2002.

9. 刘勇. 媒体中国［M］. 成都：四川人民出版社，2000.

10. 马信德. 体育新闻 ABC［M］. 北京：人民体育出版社，1986.

11. 冯健. 中国新闻实用大词典［M］. 北京：新华出版社，1996.

12. 李良荣. 新闻学导论［M］. 北京：高等教育出版社，1999.

13. 马先义. 新闻报道通论［M］. 济南：山东大学出版社，2000.

14. （美）史蒂夫·威尔斯坦. 美联社体育新闻报道手册［M］. 郑颖译. 北京：中央编译出版社，2004.

15. （美）菲尔·安德鲁斯. 体育新闻——从入门到精通［M］. 周黎明译. 北京：中国人民大学出版社，2010.

16. （美）梅尔文·门彻. 新闻报道与写作［M］. 展红主译. 北京：华夏出版社，2003.

第三章　体育新闻采访

体育新闻采访又称体育采访，它是体育记者对体育运动实践中具有新闻价值的材料进行采集、记录、整理的活动过程。

体育新闻采访的主体是体育记者，客体主要是与体育运动相关的人与事，其采访环境主要是在赛场内外。现代体育采访的范围与领域已大大拓宽，出现了体育报道边缘化的现象和趋势。

作为一名职业的体育记者，需要具备政治素质、人格素质、业务素质、文化素质和身体素质。

当代体育新闻实践对体育记者提出了以下要求：忠诚敬业，积极进取；爱好即工作，兴趣即能力；热情开朗，诚信待人；吃苦耐劳，锲而不舍；机动灵活，反应敏捷。

体育采访有以下要求：高度的新闻敏感，一快二抢出新闻，重视体育采访的现场效应，熟悉采访背景与对象。

体育记者必须学会和掌握观察法、问话法、聆听法等基本的采访方法，并将其运用于体育新闻采访实践中。

体育记者必须学会观看比赛。一名经验丰富的体育记者必定是观察能力很强的记者。

体育记者的业务水平和工作成果如何，在很大程度上有赖于其获得有用信息的能力。而这又主要表现在记者与采访对象打交道的能力上。

好的体育新闻报道依赖于体育记者成功的采访。而成功的体育采访，则有赖于在采访前精心地做好采访准备。几乎所有资深的体育记者都认为，做好采访准备，是采访成功的重要保障。

体育新闻采访的实施，是指体育记者按照采访前的准备工作，将各种采访方法和技巧创造性地运用于采访实践，从而获得有价值的信息和第一手材料的过程。体育赛事采访主要包括赛前采访、赛间采访和赛后采访等三大环节。

记者在观看了比赛、参加了赛后新闻发布会或在赛前赛后对有关人士进行采访后，其采访工作是否就算完成了呢？回答是否定的。因为他还需要做一些后续性的工作，以保证其采访的成功。

第一节 体育新闻采访概述

一、体育新闻采访的定义与特点

体育新闻采访又称体育采访，是体育记者对体育运动实践中具有新闻价值的材料进行采集、记录、整理的活动过程。体育采访是新闻传媒进行体育新闻报道的基础性工作。体育新闻采访的任务是：通过体育记者的采访活动，及时获取真实而具有新闻价值的体育信息，并将其加工为特定媒体报道方式所要求的报道素材以供发表。

在当代新闻传媒中，报纸、期刊等印刷媒体的体育新闻报道过程，主要包括体育新闻采访写作与体育新闻编辑两大环节。而电视、广播、网络等电子媒体的体育新闻报道，则需要经过采访（摄像、录音、写作）与编辑制作两个环节。无论是印刷媒体还是电子媒体的体育采访活动，都是体育新闻报道的基础与初始环节。没有采访这一环节，体育新闻报道就成了无源之水、无本之木。因此，体育新闻采访是体育新闻报道的前提与基础。

与其他的新闻采访相比，体育新闻采访有哪些特点呢？《美联社体育新闻报道手册》是这样描述体育采访与其他采访的不同之处的："外出采访当然是必不可少的——采访比赛和训练场馆，与运动员、教练员及他们周围的人交谈，在本子上记下无数个也许以后根本用不上的细节。好的体育报道是真实的报道，它不是赛后分发给记者的关于比赛细节的描述，也不是对关于所谓焦点问题和比赛结果的乏味的评论。它是一种亲临赛场的体验——倾听观众的声音，感觉赛场的气氛和热度，而不是仅仅坐在办公室或发稿室的电视机前懒懒地看比赛。好的报道应该寻求独特的和出人意料的新闻。它应该是原创性的、智慧的、充满激情的和真实的，而不是为了填版面才对过程加以描述。"①

对于一篇完整意义上的体育报道而言，没有记者的现场采访是不可思议的。有记者采访和没有记者采访的报道区别是明显的。下面是法新社 2010 年 9 月 13 日发自纽约的一篇通稿，内容是世界著名网球运动员纳达尔在美国网球公开赛中夺冠并实现大满贯。报道中穿插了记者对纳达尔的现场采访和背景资料，使其具有很强的现场感和可读性。这是一篇典型的有记者采访活动的体育新闻报道。如果没有记者的现场采访和丰富的专业知识，就不能写出这样专业的报道。

① （美）史蒂夫·威尔斯坦. 美联社体育新闻报道手册［M］. 北京：中央编译出版社，2004：4.

首次美网登顶 连夺三大满贯 纳达尔实现“全满贯”伟业

（法新社纽约9月13日电） 世界头号种子纳达尔今天以6:4、5:7、6:4和6:2击败3号种子塞尔维亚人德约科维奇，首次获得美国网球公开赛冠军，从而实现了其职业生涯的“全满贯”伟业。

这位24岁的西班牙左撇子选手以非同寻常的击球准确率打败德约科维奇，夺得职业生涯中的第9个大满贯头衔，赢得了170万美元的奖金。同时，他在一年内连续夺得了3个大满贯赛冠军。在赢得温网、美网、法网和澳网之后，纳达尔加入费德勒、阿加西、拉威尔等人的行列，成为第7个完成职业“全满贯”的人。

纳达尔说：“获得‘全满贯’是一个梦想。但赢得美网公开赛更是一个梦想。”

他说：“我作出了很多努力，度过了所有的艰难时刻，但我从来没有想象过问鼎四大满贯。”

他说：“美网冠军对我来说尤为特别，因为这原本是我唯一没有赢得的赛事。”

下雨使决赛推迟到今天举行，并让比赛暂停了1小时48分钟。然而下雨只是略微推迟了纳达尔的夺冠而已。

纳达尔说：“我在本次锦标赛中打了一场非常出色的比赛。我在最重要的时刻打了一场最好的比赛。我为此非常高兴。”

纳达尔还加入费德勒、拉威尔和桑普拉斯的行列，成为自1986年开始的“公开赛年代”中唯一几个连续赢得三大满贯的球员。

德约科维奇说：“他有能力成为历史上最伟大的网球运动员。这次是我所见到的他在硬地球场上发挥最出色的一次，他赢得了每场重要比赛，他已经向世界证明他是最棒的。”

自曼努埃尔·桑塔纳在1965年和曼努埃尔·奥兰特在1975年赢得美网桂冠以来，还没有其他西班牙人赢得这个头衔。自约翰·麦肯罗在1984年赢得美网公开赛以来，也还没有其他左撇子选手赢得该头衔。

在这次锦标赛上，纳达尔仅有5个发球局被破发。这个纪录堪与安迪·罗迪克于2003年在美网公开赛上创下的最少被破发纪录相媲美。

德约科维奇曾在硬地球场上3次击败纳达尔。但他从来没有在决赛中或大满贯赛事中赢过这名西班牙人。

在网前得到德约科维奇的祝贺之后，纳达尔跪在球场上，并高举双手表示获胜。他说：“这是一种奇妙的感觉。”

相对而言，体育采访有哪些特点呢？归纳起来，大致有如下几点：

（一）体育新闻采访的主体是体育记者

在当代新闻媒体中，无论是印刷性媒体还是电子媒体，体育新闻采访一般是由专业的体育记者来实施的。这是因为，现代体育运动是一个内涵丰富、项目众多、专业性很强的报道领域，只有既具备新闻采访经验又拥有丰富体育知识的专业记者才能胜任其报道工作。因此，任何媒体只要做体育新闻报道，就离不开体育记者的采访活动。同样，作为体育记者来说，采访是其最基本、最主要的工作。一个好的体育记者，哪怕是在一场平常的赛事报道中，也能够通过其采访活动，获得角度新颖、题材新鲜的报道素材，甚至发掘出有价值的独家报道材料，达到吸引受众、提高报刊发行量或广播电视收视（听）率的效果。因此，体育记者的采访能力如何，不仅是评价其个人工作能力与业务水平的基本指标，更直接关系到媒体的体育报道水平与质量，甚至可能对媒体间的市场竞争产生直接影响。

（二）体育采访的客体主要是与体育运动相关的人与事

体育采访的对象和范围一般比较确定，这就是与体育有关的人和事。体育记者采访的“事”主要包括各类体育比赛、体育活动以及与体育有关的各种事件与事务。体育记者采访的“人”则主要包括运动员、教练员、体育官员以及与体育发生关系的其他人士。记者采访与报道对象的这种相对确定性与稳定性是体育采访的一大特征。例如，作为一位体育记者，他长年的采访报道工作都是围绕周期性很强的体育赛事进行的，如 4 年一度的奥运会、世界杯足球赛、亚洲运动会以及每年按时举行的各类职业联赛等。一位地方媒体的体育记者可能要长期采访报道本地的球队，并在若干年内与一群运动员或某位新闻发布官打交道。还有一些体育记者报道的运动项目比较确定，如专门报道足球比赛或专门报道篮球比赛。如英国曼彻斯特市一家报纸的体育记者可能多年都在采访报道英超球队曼彻斯特联队的比赛与情况；而美国洛杉矶市一家体育频道的体育记者则有可能数年内一直将湖人队明星科比·布莱恩特作为主要的采访对象。因此，体育采访的一大特点就是体育记者往往是在与“熟人熟事”打交道。但是，体育采访对象的这种确定性与稳定性并不意味着体育记者的采访工作变得容易。恰恰相反，它可能给体育采访带来其他不确定的因素和困难。

（三）体育采访的环境主要是在赛场内外

现代体育运动是一个包括体育教育（physical education）、身体锻炼（body training）、竞技比赛（sports）在内的大系统。尽管大众的体育健身活动、学

校青少年的体育活动也是体育新闻报道的范围，但是，竞技比赛，尤其是高水平竞技比赛具有很强的观赏性，含有极为丰富的新闻价值与新闻资源，因而成为体育新闻报道的主要对象。体育新闻的这一特点不仅决定了体育记者的采访对象主要是高水平的体育赛事、运动队、运动员、教练员等，而且决定了其采访环境主要是赛场内外。像奥运会、各单项国际高水平赛事、一些国家的著名职业联赛的开闭幕式、比赛以及赛前训练、赛后新闻发布会等，都是体育记者采访的主要场所。特定的采访环境和采访场所使体育采访具有与其他新闻采访不同的规律与特点。《美联社体育新闻报道手册》是这样描述体育记者的采访工作的："体育记者通常是在混乱中工作的。他们在球场边上写稿，而在几英尺外有两万个球迷在呐喊，记者席吵吵嚷嚷，乐队的演奏声震耳欲聋。他们挤在狭小潮湿的休息室采访球员。他们从一个赛场奔向另一个赛场，与无时不在的截稿时间抗争。他们必须排除噪音、时间的压力和闪光灯的干扰，或者更准确地说，全盘接受这一切，再把他们不需要的东西过滤掉。"① 的确，体育记者必须在数万观众山呼海啸般的呐喊声中冷静观看比赛，在遥远的看台和记者席上观察到比赛的细节，使用特殊的超长镜头拍下运动员在高速运动中最精彩的一瞬，比赛刚结束时在赛场采访区用一两分钟对满头大汗、情绪激动的运动员进行采访……这些，都是其他部门的记者在采访中所不曾遇到过的。另外，对于地方性媒体来说，本地区的各类体育比赛，即使是水平并不高的业余比赛和群众性体育活动，也会成为体育记者的采访报道对象。对一名体育记者来说，不掌握采访体育赛事以及相关活动的技巧与方法，不能适应在赛场内外复杂的采访环境，就难以胜任体育报道工作。

（四）当代体育记者的采访范围与领域大大拓宽

尽管当代体育采访的主要场所还是在比赛现场、训练场、新闻发布会等地方，但与传统的体育采访相比较，当代体育记者的采访活动范围已开始拓展到体育比赛以外更为广泛的领域，出现了体育报道的边缘化现象与趋势。当代体育的商业化和职业化导致体育记者必须面对较之以往更复杂多样的采访任务。体育记者不仅要报道体育赛事，还要通过自己的采访活动，让大众了解大型赛事或俱乐部的财务收支情况、企业赞助情况以及球员转会、电视转播权及相关产品的销售情况，俱乐部或球员涉及的诉讼和官司进展情况，体育明星个人生活情况，涉及体育人士的突发社会新闻情况等。另外，体育新闻还要行使媒体对体育的舆论监督之责。这些都意味着，当代体育记者很大一部分采访活动是在赛场外实施并完成的。作为一名现代体育记者，他不仅要在赛场采访，而且

① （美）史蒂夫·威尔斯坦. 美联社体育新闻报道手册［M］. 北京：中央编译出版社，2004：30.

要到运动员宿舍、俱乐部办公室、球员经常出没的休闲娱乐场所，甚至是与运动员或体育赛事有关的突发事件现场、政府办公室、法庭去采访。这些使得体育记者的采访工作变得复杂起来，因为记者除了要完成传统体育采访工作外，还要能胜任原本属于社会新闻记者、经济新闻记者甚至司法新闻记者的采访工作。可以说，只要是与体育运动有关的，没有什么不能成为体育新闻采访报道的对象。

二、体育记者的素质与要求

（一）体育记者的基本素质

体育记者是体育采访的主体。作为一名专业的体育记者，需要具备哪些基本素质呢？前中国体育记者协会副主席、《文汇报》资深体育记者和体育部主任马申曾指出："一名称职的体育记者，必须具备相对其他记者同行更高的素质。他们不但要有体育及体育新闻方面的专业知识，更要年轻，有经得起大赛折腾的强健体格，有敏锐的思考，有倚马可待之才。同时，体育涉外采访较多的特点决定了体育记者必须具备清醒的政治头脑、政策水平和较强的外语能力。一名称职的体育记者，应该具有丰富的知识结构，历史、美学、音乐、建筑等无不同体育息息相关，几比几的体育报道毕竟是苍白的。一名称职的体育记者，他的视野必定是广阔的，他对体育和体育新闻报道会有深层次的理解。"①《中国体育报》记者张晓岚认为，体育记者是记者中的一个门类，因此，凡是一名记者所应具备的素质都应具备。他还认为，体育记者应具备的素质除了遵纪守法、为人正派、诚实、善良、机敏、勤快、良好的人际沟通能力等以外，还应热爱体育事业，熟悉体育项目，具有敏锐的目光，公正、公平、客观的立场，健康的体魄，充沛的体力，能正确对待比赛的输赢等。② 这些可谓老记者的经验之谈。归纳起来，体育记者需要具备以下基本素质：

1. 政治素质

体育记者的政治素质是指体育记者必须讲政治，在从事体育报道工作中必须要有政治敏感性，坚持政治原则。在社会主义中国，体育新闻作为党和人民的新闻事业的组成部分，必须坚持新闻的党性原则，遵守有关宣传纪律。这就要求体育记者具有合格的政治素质、坚定的政治信仰与政治敏感性。由于现代

① 何慧娴. 百名中国体育记者自述［M］. 北京：人民体育出版社，2000：11.

② 中国体育新闻工作者协会编. 体育记者谈体育新闻［M］. 北京：人民体育出版社，2006：255.

体育与政治的关系十分紧密，体育新闻报道的范围越来越广泛，涉及的政治、社会、法律、民族、宗教、道德、文化、教育、国际事务等方面的问题越来越多，因此在体育报道上也有新闻的舆论导向和社会效果问题。体育记者如果在政治上不合格，忽略自身的政治修养，就难以胜任体育新闻报道工作。

对体育记者的政治素质要求，意味着体育记者必须加强有关政治、法律、法规以及时事的学习，自觉提高自己的政治判别能力和政治敏感性，对于在采访和报道中涉及政治、外交、宗教、民族以及国家利益、社会稳定等方面的敏感性问题保持清醒的头脑。尤其是在涉外采访和在境外从事报道工作时，体育记者更是要坚持原则，遵守纪律，保持国格，自觉维护国家利益。

2. 人格素质

体育记者所从事的体育采访与报道工作是一项充满挑战性的职业。他必须承受繁重的工作压力与高标准的报道要求，要面对苛刻的截稿时间和挑剔的编辑，要适应没有休息日和没有正常上下班时间的不规律的个人生活，可能会遇到一些傲慢无礼的体育明星或打官腔的体育官员，也可能会遇到赌球和俱乐部派发“红包”一类的诱惑。因此，由于体育采访的特点，要成为一名合格的体育记者，必须拥有完整的人格素质与优良的道德品质。体育记者的人格素质表现在哪些方面呢？

第一，体育记者必须遵循新闻从业者的职业道德规范，遵守体育记者应有的职业道德守则，加强新闻自律，以一名职业记者的身份严格要求自己，自觉抵制任何有损于记者职业形象和职业道德规范的行为。第二，体育记者应该保持人格的完善与良好的心理素质，具有坚强的意志、达观的性格、开阔的心胸和人文关怀精神，具有人格的力量与魅力。第三，体育记者应该具有高度的敬业精神和职业精神，勇于挑战，不怕吃苦，锲而不舍，同时应头脑灵活，反应机敏，能够克服一切困难完成采访报道任务。第四，体育记者既要有丰富的感情，又要有严格的自律，能够将工作与个人感情分开，平衡作为球迷与作为记者之间的情感关系，在报道中做到真实、公正、客观。第五，体育记者应该具有学习的能力，保持旺盛的进取精神与创新能力，刻苦钻研业务，善于接受新的事物，不断更新知识。第六，体育记者应当是一个性情稳定、举止礼貌、温尔和雅、性情开朗、诚信待人、善与人相处的人，只有这样，才能在记者的生活圈子中和工作范围内与各种人建立和保持友谊，为记者的新闻报道工作创建良好的人际关系和社会条件。

3. 业务素质

除了掌握一般新闻记者的新闻业务知识与技能外，体育记者最重要的职业素质之一，就是要具备各类体育运动知识和其他相关知识。现代体育是一个十分复杂的社会文化现象，不仅包括大众体育、学校体育和竞技运动等不同的体

育领域，又广泛涉及政治、教育、文化、宣传、外交、经济、法律、管理等各个领域。仅就竞技运动而言，各个运动项目之间的差别就很大，不了解这些运动项目的特点与相关知识，就难以胜任报道工作。如对登山运动、滑雪运动、汽车拉力赛、F1 赛车等运动项目的报道与对一场足球或篮球比赛的报道相比，所需要的知识、技能、技巧，甚至报道方式都会有很大差别。奥运会、世界杯足球赛、美国职业篮球赛等与大众体育健身活动的报道相比，其报道的方式也有很大不同。体育记者只有全面熟悉和掌握当代体育运动，并对其报道特点和方式有所了解，才能胜任工作。

体育记者的业务素质还体现在业务能力上，这包括了记者的采访能力、写作能力、公关能力、协调能力等。一方面，体育记者的职业性质决定了他（她）必须具有很强的公关能力，拥有丰富的报道资源和社会关系。有句行话说，体育记者的水平是由其手里的电话本或手机里的通讯录来决定的。一位优秀的体育记者会在体育圈和记者圈内有很多朋友与熟人，他（她）认识自己报道范围中的所有教练员、裁判员和运动员，包括刚进入俱乐部的新人，熟悉他们的经历、位置、特点、风格、性格、个人爱好及家庭情况。体育记者的电话本里不仅有运动员、体育明星、著名教练、体育官员的电话号码，而且有医生、学者、律师、经济师、作家、警察、体育场馆领导、球迷领袖、体校教练等人的号码，甚至还有体育明星家人及其中学、小学老师的电话号码。因为这都是采访和报道中可能涉及的。另一方面，体育记者还要掌握和熟悉体育报道的规律及其特有的话语方式，能够写出具有体育特有的动感与魅力的报道。体育记者必须善于使用动感、轻松、娱情、幽默、激情、潇洒的文字来描述比赛中的精彩情节，绘声绘色地讲述赛场内外发生的事情，解释比赛为什么会是这种结果而不是另一种结果。优秀的体育记者决不会将一场比赛报道写成一篇会议报道或娱乐报道。他写出的或拍出的体育报道能让读者和观众体验到体育特有的刺激与快乐，或赏心悦目，或拍案叫好，或伤感叹息，或回味无穷，尽管他们已经在现场或通过电视观看了比赛，知道了结果。

体育记者的业务素质还包括很好的语言表达能力，其中尤其重要的是普通话和外语能力。同其他新闻业同行相比，体育记者经常与外地的球员、教练员打交道，如果普通话说得不好，地方口音很重，就会妨碍采访交流的顺利进行。同样，体育记者经常出国采访，具有外语采访能力是非常必要的。另外，现在国内足球、篮球等职业联赛有很多外籍球员、教练员加盟，体育记者拥有良好外语采访能力会在新闻竞争中拥有明显的优势。因此，掌握普通话和外语，是体育记者业务素质的重要组成部分。

4. 文化素质

体育记者的文化素质表现为良好的文化修养和文学功底、宽广的知识面以

及写作能力。体育新闻的职业性质决定了体育记者应该具有人文社会学科的基础知识。体育记者不仅要具有新闻理论和体育知识，还必须有深厚的文、史、哲等人文学科知识基础。只有这样，才能写出具有很强思想性和可读性的报道。另一方面，现代体育新闻报道涉及政治、教育、经济、文化、司法、娱乐等各个方面，这要求体育记者不仅要掌握一般的新闻报道技能与体育知识，还要拥有全面而宽广的知识基础。例如，在涉及体育与司法案件的报道时，要求体育记者具备相应的法律知识。在报道大型赛事或职业运动俱乐部的商业运作或职业运动员转会事务时，要求体育记者具备有关经济与商业知识等。另外，体育新闻报道的主要特点之一是其娱乐性与休闲性，因此要求记者的稿件写得生动、有趣、可读性强，这都要求体育记者必须具备足够的知识积累与文学修养。

很多长期从事体育报道的资深体育记者都对体育报道与记者文化素质之间的关系深有感受。他们根据自己长期的报道实践经验认为："新闻事业的发展和读者需求的变化，对每一位体育新闻工作者提出了更高的要求。其中涉及体育记者的素质问题。体育记者不但应当是体育的行家，而且还必须是体育之外的杂家，如此才能驾驭各种体裁的写作，也才能写出有权威性的体育报道。不如此，中国的体育报道就永远无法达到世界水平。"① 老体育记者们还指出："体育记者与一般体育爱好者或球迷的最大不同，在于更有'文化'。体育报道不能老是就比赛谈比赛，不能老是几比几，而要有文化的底蕴和味道。一个有阅历、有知识、有思想、有能力的体育记者总是能够左右逢源，并且独具慧眼、法眼，见人所未见，发人所未发。"② 可见，一名现代体育记者不仅要具备专业的知识与技能，还要拥有宽广的文化知识，并在此基础上形成自己的报道特长。

5. 身体素质

同其他许多新闻部门的记者相比，体育记者的一个特点是必须拥有强健的身体素质。由于体育报道具有报道量密集（如大型运动会的报道量十分密集和日常的体育赛事报道十分频繁等）、截稿时间限制（如晚上比赛或有时差地区比赛时截稿时间要求记者在很短时间内完成采、写、发的工作）、空间跨度大（如职业比赛的主客场制的报道和其他国外赛事的报道等）等特点，有些项目还必须在条件艰苦的野外环境中采访报道（如登山、滑雪、汽车拉力赛等项目），这些都使体育记者的采访报道工作量很大，工作节奏十分紧张，经常到外地甚至到国外采访报道，有时报道条件还十分艰苦。再加上现代新闻媒

① 何慧娴. 百名中国体育记者自述［M］. 北京：人民体育出版社，2000：22.

② 何慧娴. 百名中国体育记者自述［M］. 北京：人民体育出版社，2000：116.

体之间的竞争十分激烈，媒体对体育记者采写的质量与数量都有很高的要求，这进一步加大了体育记者的工作压力，对其身体素质提出了较之其他部门的记者更高的要求。因此，作为一名当代的体育记者，没有健康的身体与强壮的体魄是很难胜任工作的。

综上所言，一个现代体育记者必须具备良好的综合素质和专业素质。只有不断对自己提出更高的要求，才能胜任现代体育新闻报道的要求。

（二）对体育记者的基本要求

当代体育记者是一项职业性要求很高的工作。要做好一名职业体育记者并不容易，需要具有职业精神和很高的业务能力。当代体育新闻实践对体育记者提出了以下要求：

1. 忠诚敬业，积极进取

体育记者的工作是一种艰辛而富有挑战性的职业。要做好体育报道，要求体育记者必须具有一流的敬业精神和职业精神，使自己始终保持积极的心态与良好的工作状态。体育记者的工作既不能赚大钱，也不能当大官。它只是一个非常具有挑战性的工作和职业而已。体育记者选择这一职业的理由，只能是出于热爱体育运动与新闻事业，热爱自己的本职工作。更何况，与很多人想象的相反，体育记者的工作并非总是有趣的。他必须面对来自诸如采访对象、外部受众、所在媒体或其他媒体同行们的压力；面对日复一日、年复一年的紧张报道工作，而且通常没有休息日或假日，因为休息日和假日正好是体育赛事最密集的时候，也就是他工作最紧张的时候。体育记者一年到头跟随本地球队四处奔波，有时还会遭到采访对象的拒绝和不友好的对待。另外，体育记者还必须主动学习，经常给自己"充电"，否则他就难以写出精彩的报道与评论。如此种种，都要求体育记者具有高度的敬业精神，用职业的态度来克服困难，完成报道任务。"态度决定一切"这句话，用在体育记者身上是很合适的。

2. 爱好即工作，兴趣即能力

要当好一名体育记者，除了基本的新闻素质外，最重要的是什么？体育新闻的实践和许多资深体育记者告诉我们：做一名职业体育记者的首要前提，就是要热爱体育，对体育新闻报道具有浓厚的个人兴趣与爱好。体育记者应该是体育迷与专业新闻人士的完美结合。只有既热爱新闻事业，又热爱体育运动的人，才是从事体育新闻的上佳人选。也只有这样的体育记者，才能在自己所从事的体育新闻报道中发现无穷乐趣，对工作和业务做到全身心投入。《体坛周报》针对体育记者的这种特点提出了"爱好即工作"的观点。该报对于体育记者的要求是，体育记者首先应该是一个真正的体育迷。乐业是敬业的基础，敬业是成功的动力。唯有体育迷才能最贴近体育，唯有体育迷才能了解体育迷

的喜好和所求，也唯有体育迷才能把体育新闻当做事业而不仅仅是谋生的手段。基于这样的理念，《体坛周报》曾经制定了这样的择人标准：第一，必须要有10年以上的球迷史；第二，在招聘人才时只有一道考试题：20分钟内写出一个体育项目的40位国内外名人，其中名字在5个字以上的要求有4个。①《体坛周报》之所以能够在20世纪90年代短短的时间内崛起成为国内发行量最大的体育专业报，与该报的这一理念有直接而密切的关系。

3. 热情开朗，诚信待人

体育记者是一种与人打交道的职业。体育采访的前提是要学会与采访对象打交道。因此，体育记者是有一定性格要求的。相对而言，那种性格内向、不善与人相处的人是做不好体育记者工作的。一个好的体育记者应是性格外向、热情开朗、助人为乐、善于与各种人打交道的人。他不仅要善于与运动员、教练员、体育官员等采访对象打交道，而且还要能与本单位的记者、编辑和其他同事友好相处，与新闻界的同行建立良好的关系。而要做到这一点，最重要的是诚信待人，尊重他人。体育记者与采访对象的关系应该是建立在互相尊重之上的。而只有讲信用的人，才能指望别人的信任。同样，只有尊重别人的人，才能期望别人也尊重自己。体育记者要想获得采访对象的信任，最重要的不是吃吃喝喝，做酒肉朋友，而是要在诚信的基础上相处，在报道中坚持真实、公正、客观的报道原则，同时注意尊重与保护采访对象的个人隐私。

4. 吃苦耐劳，锲而不舍

在记者的行业中，体育记者是一个比较辛苦的职业。体育采访具有时间紧、工作量大、异地采访多等特点，有时还会遇上采访条件艰苦、被采访对象拒绝等情况。这就要求体育记者要有坚强的意志，能够吃苦，不怕困难，能打能拼。另外，很多媒体可能还要求体育记者兼做一些编辑的工作。这就意味着体育记者不仅要在白天采访，而且还要在晚上做部分编辑工作，要能熬夜。总之，体育记者是一份辛苦的职业，只有意志坚强、不怕吃苦的人才能胜任。

现代体育的发展使体育记者的采访难度越来越大。一是因为现在各类运动会，尤其是大型运动会的安全措施越来越严厉，限制了记者的采访；二是因为很多体育管理部门、俱乐部和运动员因为种种原因对记者越来越防范；三是因为很多体育明星与媒体的关系紧张，不愿意接受记者的采访。这些都对体育记者的采访工作提出了挑战，需要记者具有锲而不舍的精神，不怕被拒绝，不怕碰钉子，主动出击，想尽一切办法克服困难，完成采访任务。

5. 机动灵活，反应敏捷

随着现代体育采访难度增加以及媒体间激烈的竞争，体育记者光有敬业精

① 蒋祖烜. 在另一个赛场——直击体坛周报现象［M］. 长沙：湖南大学出版社，2002：225.

神是不够的，还要求具有灵活反应、敏捷机智的应变能力，才能在复杂的环境下完成采访任务。老记者们指出："一名好的体育记者在采访过程中光有'老实'是不够的，还必须具备机动灵活、反应敏捷的素质。"①《羊城晚报》的老体育记者苏少泉曾讲过他的一段采访经历：在1984年洛杉矶奥运会上，中国女篮以14分之差输给南朝鲜女篮，而仅三个月前，中国女篮曾以35分大胜对手。对于这一前后巨大反差，使苏少泉很想采访中国队的教练。但赛后中国队教练并没有参加记者招待会。于是，记者便跑到运动员停车场去"堵"中国女篮，结果得以如愿。然而，当记者好不容易冲破保安拦阻冲到主教练杨伯镛面前时，却遭到对方冷冷拒绝，并眼看中国队登车而去。但苏少泉并没有就此放弃，而是改变战术，当晚打电话采访副教练王利发。结果，记者终于得到了需要的新闻素材，写成了比赛次日全世界唯一的一篇有关中国队教练的报道与评论。② 体育新闻采访实践证明，体育比赛的采访现场往往嘈杂混乱，时间紧迫，机会转瞬即逝；加之一些球员和教练因种种原因可能拒绝采访，因此记者必须具有随机应变、反应敏捷、灵活机动、见缝插针的本事，才能很好地完成采访任务。

6. 自觉充电，不断学习

对于体育记者来说，学习的能力是非常重要的。一方面，当代体育是一个内涵丰富、涉及广泛、不断发展的社会文化现象；另一方面，当代的体育报道对体育记者的理论知识体系与新闻报道技能方面提出了很高要求。可以说，世界上没有任何大学的新闻专业能让学生在学校里完全掌握体育报道所需要的理论、知识和技能。因此，体育记者必须具有很强的学习能力，他应该做一个学习型的记者，养成学习和读书的习惯。同时，体育记者应该善于在实践中不断总结经验，充实自己，努力提高自己的理论水平，不断更新自己的知识结构，扩大知识面，提高自己的报道技能。

当代体育新闻报道要求体育记者不仅仅是报道比赛消息，而要求体育记者除了体育知识以外，还要随时通过学习获得报道所需要的各种知识。例如，记者在报道奥运会时，就必须了解古希腊的历史以及希腊人在哲学、法律、艺术、文学、雕塑、戏剧等领域对人类社会的巨大贡献和深远影响；了解现代奥运会的历史、哲学、思想、文化、经济等方面的知识。另外，记者还要运用随笔等体裁向读者介绍奥运会举办地的历史、地理、人文、风俗等。中央电视台体育频道的知名制片人师旭平曾回忆说，他为了拍摄2004年雅典奥运会专题片《奥林匹克回到故乡》，在首都图书馆查阅了半年的资料，几乎读完了那里

① 黄振中，刘小明. 亚运会采访札记［J］. 新闻战线，1987（1）23.

② 何慧娴. 百名中国体育记者自述［M］. 北京：人民体育出版社，2000：386.

所有关于古希腊的藏书与著作。又如，在报道西班牙足球甲级联赛双雄皇家马德里队与巴塞罗那队的比赛时，如果记者不了解这两支球队的背景，不了解这两支球队实际上反映着西班牙民族与加泰罗尼亚民族的历史恩怨，就不能全面理解所谓“西班牙国家德比”的意义与影响。正如《美联社体育新闻报道手册》所说：“一个好的记者必须知识渊博，富有创造性，准确并具备职业精神。”① 体育记者应当通过各种途径和方式不断更新和完善自己的知识结构，才能适应当代体育新闻报道对体育记者的要求。

三、体育采访的类型与要求

（一）体育采访的类型

体育记者的采访活动，往往受采访对象和采访环境的影响与制约，由此而形成了各种不同的采访工作类型。了解这些不同的采访类型，有利于认识在各种情况下体育采访的规律与特点。从不同的角度来看，体育采访大致可分为以下几种类型：

1. 赛事采访与非赛事采访

从体育记者的采访业务来说，可分为赛事采访与非赛事采访两大类。赛事采访主要指围绕体育比赛而进行的采访活动，其任务主要是为赛事报道收集与提供新闻素材。从其过程来说，赛事采访可分为赛前采访、赛间采访、赛后采访等三大类。它们是现代体育新闻采访最常见的主要类型。非赛事采访种类较多。除了对大众体育、学校体育的采访活动外，大量与体育比赛相关的采访活动也属于这一类。如针对大型赛事、职业俱乐部或职业球员经济状况的采访、针对申办奥运会一类重要体育事务与活动的采访、针对体育明星日常生活情况以及与职业运动员有关的绯闻、吸毒、赌球、犯罪等行为的采访等。非赛事采访虽然不是体育采访的主要部分，但却是十分重要的工作内容。

2. 现场采访与非现场采访

从采访方式来看，体育采访可分为现场采访与非现场采访两大部分。现场采访又称直接采访，主要指记者本人亲临比赛现场采访，或者对采访对象进行面对面的采访及在现场对与体育有关的事件进行采访等。现场采访是体育采访最主要也是最重要的方式。只要有可能，记者就要想尽一切办法进行现场采访和报道。体育记者的现场采访主要包括到赛场观看比赛、直接对运动员、教练员进行面对面的采访，或在其他与体育有关的新闻现场进行直接采访等。

① （美）史蒂夫·威尔斯坦. 美联社体育新闻报道手册［M］. 北京：中央编译出版社，2004：13.

非现场采访又称间接采访。指记者本人不在比赛现场或与体育有关的新闻现场，而是通过电话、网络等技术手段或第三人进行采访。在体育采访中，记者可能因出国经费、人手不够等各种原因不能亲自到比赛现场或新闻现场，而只能通过电话、网络等技术手段进行异地采访，或者委托第三者如在新闻现场的记者同行进行采访。因此，间接采访的效果虽然不如直接采访，但却具有节省经费、方便快速的优点，因而被大量运用于体育采访之中。

3. 主场采访与客场采访

从采访的地点看，体育采访有主场采访与客场采访之分。前者指记者采访在本国或本地举行的比赛；后者则指体育记者随本地或本国的运动队到客场或国外进行采访。一般而言，体育记者在主场或本国采访要容易得多。但到客场或国外就会受到许多限制与制约。例如，出于经费等方面的原因，媒体通常只会派一两名记者到客场采访。又如，记者在客场采访时，赛场的看台上绝大多数都是为对方欢呼加油的球迷，这种与主场完全不同的客场氛围会对记者的采访活动增加压力和干扰。另外，记者参加在客场举行的新闻发布会也和主场举行的新闻发布会有微妙的差别。因此，在客场采访的记者通常会面临更多的困难与问题。还有，在重要国际性赛事举行期间，即使是地方性的媒体，也常派出体育记者到赛事举办国进行现场采访。因此，担任出国采访任务的体育记者，要面临语言交流、发稿的时差、生活习惯等在国内采访所没有的困难。

客场采访和在国外进行赛事采访，是体育采访的特有形式，也是体育记者们的“特权”。对于很多地方媒体而言更是如此。因为地方媒体其他部门的记者一般得不到出国采访的机会。因此，作为体育记者，不仅要善于主场采访与报道，也要胜任异地的客场采访；不仅要能够在国内采访，也要能够在国外复杂的环境下采访。

（二）体育采访的要求

除了新闻业对记者采访的一般要求，如遵守新闻纪律、恪守职业准则、尊重采访对象、注意记者仪表、提问准确简练等以外，体育新闻报道的特点和规律还要求体育记者在采访中尤其应注意以下几个方面：

1. 高度的新闻敏感

新闻敏感，又称为新闻鼻或新闻眼，是指记者迅速发现和判断事实中所含新闻价值的能力。它包括了记者对即将发生的事实的预感能力，对已发生事实的判断能力以及面对新闻事实的反应能力等。对于体育采访而言，具有高度的新闻敏感是对体育记者的基本要求。没有高度的新闻嗅觉能力，体育记者就无法胜任体育采访工作。

在体育采访中，新闻敏感性表现在记者能够及时准确地发现和抓住体育比

赛或其他体育活动中出现的“焦点”、“亮点”、“卖点”、“热点”和“看点”，并用生动而精练的方式加以及时报道。现代体育新闻要求体育记者不仅要准确及时地报道比赛的过程与结果，而且还要做得好看而有趣，能吸引受众的关注。例如，在一场精彩的比赛中，某位著名球星的精彩表现或受伤下场，可能比赛事本身还受公众的注意，这就成了本场比赛的看点和焦点。在这种情况下，如果仍按老一套比赛结果加简单过程的做法来报道，就会使其报道变得呆板而无趣。而优秀的体育记者总是能以其高度的新闻敏感来抓住比赛前后或比赛间发生的新闻热点、看点和焦点，将体育报道做得绘声绘色、精彩纷呈、生动有趣、可读性强。

在体育新闻采访实践中，体育记者的新闻敏感性还具体表现在对比赛重要性的敏感、对比赛过程中出现的新闻“卖点”的敏感、对体育明星或重要人物在赛场内外的表现或言行的敏感、对受众和体育迷感兴趣与关注问题的敏感、对比赛背后所反映的问题的敏感等。举例来说，1990年12月1日，在南京五台山体育场举行的全国足球联赛中，天津队与北京队进行消极比赛，使比赛如同做游戏，导致比赛没完观众就喊着要他们下场的难堪局面。在场的《扬子晚报》体育记者意识到这不是一般的赛场新闻，而是一则极具内涵的重要新闻。于是他从比赛的现场报道入手，从中国足球的体制、赛制等深层次着眼，分析了产生这种足球场上“君子协定的根因”及给中国足球造成的极大危害，于次日发表了《“游戏”足球，何日腾飞》的报道。这是在国内较早抨击足球“假球”现象的批评性报道，文中提出的“足球体制、赛制没有突破，中国足球腾飞不易”的观点，在体育界引起了较大反响。这篇报道表现了记者的高度新闻敏感和思考能力，故而能从一场普通比赛中发现重要的问题。该报道获得当年全国晚报体育好新闻评选的一等奖。①

在当今日趋白热化的媒体市场竞争中，围绕体育报道的新闻竞争十分激烈。这种新闻竞争环境和体育新闻受众的增加对体育记者的新闻敏感提出了很高的要求。体育记者在体育比赛前后及其过程中能否抓住具有新闻价值的题材，是衡量其新闻素质与能力的重要指标。

2. 现场采访

体育记者现场采访报道，是指当体育比赛或体育活动以及与体育有关的事件发生时，记者必须尽一切可能到现场观察、提问、搜集报道所需要的素材。这一方面固然是因为记者只有在新闻现场才能获得第一手的信息和素材，而另一方面，与突发性的社会事件不同，体育比赛和体育活动通常是事先安排好的，这就为体育记者在比赛现场采访报道提供了便利和条件。

① 何慧娴. 百名中国体育记者自述［M］. 北京：人民体育出版社，2000：253.

到体育比赛或有关体育活动、事件的现场采访，是一个体育记者的天职，也是最基本的职业要求。只要有可能，体育记者就必须想尽一切办法到新闻现场采访和报道，而不能只坐在电视机前或凭借二手信息进行报道。

为什么体育记者必须亲临现场采访？这是因为：第一，体育比赛是由运动员、教练员、裁判员、观众等组成的一个复杂环境系统，比赛过程千变万化，悬念迭起，精彩纷纭，波澜起伏，场上场下会发生很多故事。体育记者并不只是要报道比赛的结果，而是要报道比赛的过程以及赛场内外所发生的一切。因此，记者只有亲临比赛现场，才能全面而细致地观察比赛，了解比赛中发生的事情，从而掌握第一手的新闻素材。而通过电视画面或他人转述等都无法使记者写出既精彩而又有个性的稿件。其二，体育记者不仅必须去比赛现场采访，还必须去训练场、新闻发布会、球员更衣室、运动员宿舍等场所进行现场采访。因为记者只有经常去这些地方，才能全面了解运动员们的训练情况、生活情况以及他们的个性爱好等，了解教练员的习性和脾气，了解俱乐部的管理和运作情况等，这些都是报道中可能要涉及的，也是球迷们希望通过媒体来了解的。其三，体育记者只有经常到比赛训练现场去，才能与运动员、教练员、体育官员们彼此熟悉起来，建立良好的合作关系。也只有在现场采访中，记者之间才能通过经常接触建立工作关系和私人友谊。而这种关系对体育记者来说，是不可或缺的新闻源之一。

3.“快、抢、泡”三字诀

由于体育新闻采访的条件限制或可能遇到诸多人为的障碍和困难，因此，老记者们在新闻活动实践中总结出的“一快二抢三泡”可以作为刚入道的年轻记者们的座右铭。

“快”就是追求时效性。时效性是体育新闻的生命。即便是最吸引人的消息，一旦不“新”，其新闻价值就会大打折扣，甚至等于零。一场再精彩的比赛，媒体如果不在第一时间予以报道，读者和观众就会失去兴趣。因为人们不会重复去看已经知道的“旧闻”。正因为如此，体育新闻是最强调时效性的新闻种类。体育新闻的“快”不仅表现在第一时间报道，还表现在体育采访中因截稿时间紧、地区时差、比赛结束后只有很短的采访时间等因素，迫使体育记者必须成为“快枪手”，必须在高速度、高节奏状态下进行采访工作，完成报道任务。

“抢”就是要有主动性和赶超性。因为要“快”，就必须要“抢”。因为你“快”别人也“快”，机会稍纵即逝。例如，在奥运会等重要赛事结束之后，很多记者都涌向运动员采访通道，围着运动员尤其是体育明星进行采访。记者一旦没有抢到最佳采访位置，抢在别人前面提问，甚至抢在别人前面写稿和发稿，就意味着失去了一次精彩报道的机会。因此，优秀的体育记者都善于

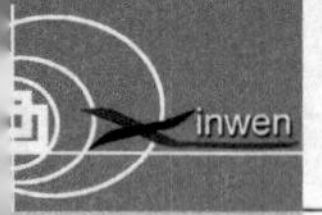

抢机会、抢位置、抢提问、抢写稿、抢发稿，他们知道在体育采访中，好的新闻都是“抢”出来的，只有会“抢”的记者，才是一流的记者。在赛场上或其他地方。我们经常看到体育记者们拿着录音笔或摄像机一路小跑，不顾一切地往前挤，或争先恐后地举手要求提问，抓紧一切时机采访，原因就在于他们知道，时间和时机就是体育报道的生命。

“泡”就是不轻言放弃，想尽一切办法创造机会、争取机会完成采访。在体育采访中，机会不仅是“抢”出来的，还经常是“泡”出来的。例如，体育记者在采访中，经常会遭到采访对象尤其是体育明星的拒绝或怠慢。如果记者选择放弃，就意味着一切皆空。而优秀的体育记者则具有非凡的韧劲和软磨硬泡的功夫，一次又一次顽强地去接近采访对象，通过各种方式或渠道礼貌地提出采访要求，想尽一切办法来完成采访。比如优秀的记者有时会坚守在球员更衣室外、训练场边、宾馆大厅或其他什么地方，不离不弃，不达目的绝不罢休。实践证明，机遇总是给那些能够坚持下去的记者。那些看上去“脸皮厚”的记者最终不仅能完成采访任务，而且往往能够写出精彩的独家新闻。

“快”、“抢”、“泡”是老体育记者们在长期采访报道实践中得出的经验。以新华社体育记者高殿民在第 23 届奥运会上的报道为例，他当时对许海峰为我国实现金牌“零的突破”发出的组稿在全国引起了巨大的反响，在当年全国好新闻评选中被评为特等奖。这组中英文稿件还获得了 1984 年新华社社级好稿奖。从他的报道经过自述中可以看出，快速反应能力和抢发新闻的能力对于体育记者和体育报道来说多么重要：

“1984 年 7 月 29 日是第 23 届奥运会开幕的第一天，我国射击选手许海峰力克世界著名老将，夺得了奥运会第一块金牌。比赛期间我一直站在他的靶位后面，枪声一停，现场记分牌上显示出许海峰获胜了！那是多么激动人心的时刻！在场的美国观众见到中国人就握手、拥抱。奥运会 88 年，发出的金牌超过 2 500 多枚，起码有 40 多个国家获得过这项殊荣，就是无我炎黄子孙。外国人嘲笑中国人在奥运会上是“鸭蛋冠军”的耻辱终于被许海峰的手枪子弹一下子打碎了！我的眼睛模糊了，眼泪止不住流了下来，但是记者的责任感提醒我，必须马上将这一喜讯以最快的速度告诉全国人民，告诉海外侨胞，告诉全世界。

当初还没有移动电话，我很快跑到百米外射击场内的新闻中心，抓起电话机拨通了通往市内新闻中心新华社租用的办公室电话，首先向编辑部报告，从而使新华社率先向全世界发布了这一新闻，其速度快于东道主美联社和其他西方通讯社，为新华社和我国新闻界赢得了荣誉。日本共同社记者当天来到新华社在新闻中心的办公室，向我们说，他们总社认为

‘新华社在新闻报道上夺得了第一块金牌’，并要求他们的记者向新华社同行学习。

许海峰获得中国首枚金牌的消息发出后，在现场忙碌了大半天的我竟然一点都没有饥饿感，与奥运会的比赛进程紧密地同步进行，我又连续发出了一组中、英文稿件，从比赛结束一直工作到深夜。这些稿件中，快讯新闻很短，但此后的消息一条比一条详细、具体，而且还配发了特写、述评等。这组稿件体现了通讯社报道的特点与优势，合乎通讯社发稿规律和报道要求。报道不仅在文字上既快又准确，而且突出了中国在奥运会上实现‘零’的突破的政治意义，被国内外报纸广泛采用。”

高殿民事后总结道：“通过这件事我认识到，做一名合格的记者，必须练就过硬的快速反应能力，战役性报道往往是对于一名记者综合能力的检验，因为要在短时间内圆满完成高质量的报道任务，没有平时的积累和深厚的功底是不行的。”①

再以《人民日报》体育记者黄振中、刘小明采访第10届汉城亚运会的经验为例。他们在《亚运采访札记》中谈到了两条“泡”新闻的经历：“其一，广交朋友，安插内线。有的人刚到汉城几天，就通过相互交谈，赠送小纪念品，与新闻中心的官员、大会服务员和保安人员关系搞得很熟，甚至熟到警察门卫敢于放心地把手枪交给他玩的地步。还有的人利用代表团运动员、教练员和官员中的熟人，每天通过电话‘遥测’亚运村内情况。当读者在报上见到那些生动有趣的运动会新闻时，谁曾想记者们为了搞到这些材料真是费尽脑汁，踏破‘铁蹄’。其二，发扬千磨万击和韧性战斗精神。亚运会开幕式前安排了一次彩排，可是给记者发的票很少。然而为了满足读者先知为快的心理，为了写出满意的开幕报道，记者们总想提前知道开幕式的情况。于是，有的人靠三寸不烂之舌，同新闻中心的有关人员磨了五个钟头之久，终于拿到了一张入场券。”② 实践表明，那些善用“泡”字诀的记者都是最出色的。因为他们深知人性的“弱点”，知道采访对象都是人，是人就会有感情。俗话说，人心都是肉长的。只要坚持下去，人总有心软的时候。只要记者坚持“泡”下去，一回生二回熟，最后总是会有结果的。这样的案例是很多的。

4. 事先熟悉采访对象与采访环境

体育记者在进行赛事报道时，其采访对象一般分为三类：一是赛事、活动或事件，如奥运会、世界杯、全国运动会以及各类单项职业联赛、锦标赛等赛

① 何慧娴. 百名中国体育记者自述［M］. 北京：人民体育出版社，2000：618.

② 黄振中，刘小明. 亚运会采访札记［J］. 新闻战线，1987（1）23.

事以及各类大型体育活动、与体育有关的突发性事件等；二是体育组织，包括体育官方部门或机构、俱乐部或赛事组委会等；三是个人，包括体育明星、运动员、教练员、体育官员、新闻发言人以及其他相关人士。这些不同类型和层面的采访对象决定了体育记者必须在采访前做大量的准备工作和前期工作，其目的是了解和熟悉要采访的对象，从而在采访时做到胸有成竹，有备而来。如果体育记者在采访时对比赛的项目、赛事、俱乐部、运动员、明星、教练员等一无所知，他就无法完成采访和报道任务。

除此之外，体育记者还要围绕比赛本身了解更多的背景材料。例如，要对一场重要的足球比赛进行采访，记者必须先了解这场比赛有关背景，如两队之间有何历史恩怨？这场比赛的意义如何？胜负对两队影响有多大？双方首发阵容有无变化？双方的明星球员是谁？双方的传统战术打法风格有何不同？等等。显然，一个对比赛背景全然不知的记者，甚至连该采访谁、提什么问题都不知道，是难以有针对性地进行采访并写出好的报道的。

作为一个职业人士，体育记者在采访前必须做到两点：一是平时注意收集和积累有关资料；二是在采访前做好相关资料准备工作。一位 ESPN 电视台的著名华语体育解说员曾说过，为了解说一场球赛，他起码必须准备这两支球队过去 5 年以上的资料。他还说，为了做好报道，他必须牺牲掉其他爱好，利用平时的休息时间观看大量比赛录像和各种资料，而这已经成为他的生活方式。体育记者只有以这样的职业精神对待自己的工作，才能够有针对性地进行采访，写出一流的报道。

另外，由于体育比赛项目繁多、各有特点，记者在采访时会面对各种完全不同的采访环境。例如，夏季奥运会与冬季奥运会的采访环境就有很大区别。登山运动、汽车越野赛与篮球比赛的采访环境也有很大不同。一场中国国内的足球联赛采访环境也很难与世界杯足球赛的采访环境相提并论。因此，体育记者在从事采访活动前，必须首先了解和熟悉采访环境，为采访做好充分准备。

记者对采访环境的了解大致需要考虑以下要素：比赛项目特点、赛场位置、新闻中心位置、球员采访通道、组委会地点、记者席位置、新闻发布会会场、记者村或酒店离赛场的距离、记者上车的时间或打出租车的地点等。体育记者只有对采访环境事先了如指掌，才能在采访活动中做到有条不紊，心中有数。

本节思考题

1. 体育新闻采访有哪些特点？
2. 体育记者需要具备哪些基本素质？

3. 当代体育新闻实践对体育记者提出了哪些要求？
4. 体育采访有哪些基本类型？
5. 体育采访有哪些要求？

第二节　体育新闻采访的基本方法

体育运动自身的规律以及体育新闻报道的要求，决定了体育记者的采访活动具有一定的独特性。例如，一位体育记者到比赛现场采访，就与社会记者在突发事件的现场采访方法大不一样。前者通常只能坐在指定的记者席上从远处观看比赛，而后者则能够在新闻现场自由走动并运用观察和口头采访的方法收集信息。一般而言，体育新闻采访可分为比赛现场采访和非赛场采访两大类。在不同的情况下，体育记者所采用的采访方法也就有所不同。体育记者必须学会和掌握这些基本的采访方法，并将其运用于体育新闻采访实践中。

一、观察法

（一）观察法在体育采访中的重要意义

到体育比赛或训练的现场采访，是体育记者获取新闻素材的最主要方式，也是体育记者的工作特点之一。一般而言，体育记者到比赛或训练现场采访应以观察法为主。这是体育采访不同于其他采访的一大特点。

体育记者在比赛或训练现场运用观察法采访的目的，是要通过在现场观看比赛或训练，发现并获取有价值的新闻线索与报道题材，为新闻报道打下基础。由于体育比赛或训练现场对记者口头采访的限制，掌握观察技巧对于体育记者而言是非常重要的，是体育记者进行体育报道的基本功。美国体育新闻学者布鲁斯·加里森等指出："体育记者的工作在很大程度上依赖于他们的观察能力。即使是最基本的赛事报道，也需要记者观察和记录发生在赛场上的各种情况。观察力很强的记者不仅能注意到赛场上的重要情况，也能注意到一些可能影响比赛结果的细节问题。"①

观察法之所以成为体育记者的主要采访方法，是因为在比赛或训练过程中，一般不允许记者与运动员、教练员及其他相关人员接触，不能够进行口头采访。因此，观看比赛或训练便成为体育记者的基本采访方式。

体育记者必须学会观看比赛。一名经验丰富的体育记者必定是观察能力很

① （美）布鲁斯·加里森等. 体育新闻报道［M］. 郝勤等译. 北京：华夏出版社，2000：82.

强的记者。因为他能够运用他的观察能力，发现那些为在场的球迷所忽略的东西。他能注意到影响赛事进程的各种因素与变化，观察到比赛或训练中具有新闻价值的种种细节，从而写出具有独特视角和富有个性的报道。正如美国著名体育记者丹尼尔·威廉姆森指出的：记者在接近和了解某个事物时，应该想着自己是读者的眼睛、耳朵和鼻子。而另一些有经验的老记者则指出：把观察所获得的信息在报道中加以描述的话，会让报道更生动。他们说："生动的目的是让读者能有身临其境之感，让他们能感觉到记者听到的、看到的、闻到的、触摸到的、品尝到的，甚至呼吸到的东西"。[①] 而体育记者要做到这一点，就必须有赖于记者本人在体育采访现场进行深入细致的观察。

对于体育记者来说，观察法的运用并不只限于比赛现场报道过程中。比如在面对面的采访中，有经验的记者能通过对对方表情、动作、姿态、眼神等方面的观察，判断出被访者的真实意思，甚至是否在说实话。又如记者在对某位体育明星做专访时，通过对这位明星的一些细节如表情、眼神、习惯性动作、情绪、衣着、发式等方面的细致观察，会使文章生动、真实而富有感染力。

（二）体育记者在采访中如何运用观察法

体育记者学会在采访中"职业地"观察非常重要。同样坐在记者席上甚至电视机前，体育记者与球迷的最大区别就是记者是在工作，而球迷是在娱乐。因此，同样的场面和事情，记者所看到的应该与球迷所看到的是不一样的。球迷是看热闹，而记者看的是具有新闻价值的事实。有时候，记者的工作甚至就是专门寻找和观察球迷们在比赛现场所看不到或忽略的东西。有的年轻记者坐在比赛记者席上和球迷一样兴奋，一样呐喊助威或欢呼庆祝，而唯独忘了自己的工作，这样的记者还算不上合格的记者。也有的记者在比赛现场看了比赛，但他所看到的并不比在场的球迷看得多。凡是球迷看到的，他都看到了。而球迷没有看到的，他也没有看到。可以想象，这样的记者写出的报道一定枯燥无味，毫无新意，难以引起读者的兴趣。

体育记者在采访中如何运用观察法？大致来说，主要有以下几点：

1. 以职业的态度观察比赛

什么叫做职业的态度？就是体育记者坐在比赛场上，必须要具有职业意识，知道自己现在是在工作而不是在娱乐。这也是体育记者与在场的球迷最大的区别。职业意识对于体育记者观看比赛是非常重要的。由于职业的特点，体育记者最喜爱和最熟悉的莫过于体育比赛。从这一角度来讲，体育记者往往同时也是球迷，其个人对某个体育项目、某支球队（尤其是本国或本地的球队）

① （美）布鲁斯·加里森等. 体育新闻报道［M］. 郝勤等译. 北京：华夏出版社，2000：82.

或某位体育明星难免也有个人的爱好和倾向性。但是，这些并不应影响记者的报道工作。体育记者只要是坐在记者席上，就应当表现出职业态度与职业精神。记者的职业要求他排除个人的情感因素，冷静而理智地观看比赛，即使在球场最沸腾的时候，也能不动声色地观察球场上或看台上发生的事情，并将其记录下来。职业的态度能够帮助体育记者观察和发现很多人们所忽略的细节。而这些细节恰恰能为其报道增加精彩的看点，令即使曾去现场看过比赛的读者读来也津津有味，因为这都是他所不知道的事情。

2. 以专业的眼光观察比赛

什么叫做专业的眼光？就是体育记者坐在赛场记者席上，是从新闻报道的专业角度来观看比赛的。这不仅是体育记者与其他部门记者看球的最大区别，也是他与在场的球迷，甚至是在场的教练员们的最大区别。体育记者坐在球场边不是要观赏比赛，而是要报道比赛。因此，他（她）所要观察的东西与在场其他人是不一样的。例如，在一场足球比赛中，球迷的眼睛总是跟着球移动的。而记者不能这样。因为他（她）不仅要观察球在某位球员脚下发生了什么事情，也要观察后场甚至教练席上发生了什么事情。他（她）不仅要注意场上发生的事情，还要注意看台上所发生的事情。形象地说或开玩笑地说，体育记者与球迷的最大不同，是他（她）必须将一双眼睛分开来看，一只眼睛跟着球走，而另一只眼睛则要注意场上其他地方和观众席上发生的事情。另外，以专业的眼光观察比赛，意味着体育记者必须具备比球迷更多的体育知识与比赛背景知识。例如，在一场篮球赛中，体育记者必须比在场的观众懂得更多有关篮球比赛的知识与本场比赛相关的情况，如篮球的技战术知识、双方球队的情况、主力队员尤其是明星队员的情况、教练员的情况、赛事发展的态势、比赛结果对两队的影响等。如果一位记者看不懂球，甚至对比赛的情况了解得比球迷还少，他就不可能观察到有价值的新闻素材，也不可能写出为读者所欢迎的报道。

3. 有目的有重点地观察比赛

体育记者在观看比赛时，应当是有目的有重点地观察，而不能是盲目地和漫无目标地观察。能否做到有目的有重点地看球，是区别记者是优秀还是平庸、是老手还是新手的重要标准。当一位有经验的体育记者走进体育场时，他对本场比赛要重点看什么、主要观察目标是谁等问题是大致有数的。因此，他在观察比赛时会有意识地重点盯住既定的目标，不放过任何对报道有用的细节。有时他宁可不去看球，也要死死盯住他所要观察的目标，如某位受到舆论关注的教练员、明星球员或裁判员等。这样的记者往往能写出精彩的好报道。要做到有目的有重点地观察比赛，要求体育记者做到以下几点：其一，记者在赛前就应对比赛的背景、双方的情况、体育明星或焦点人物等做到心中有数；

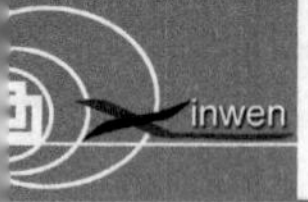

其二，按赛前报道策划的安排确定自己的观察重点，如某队主力阵容的变化、战术打法的变化等；其三，根据赛场上发生的事情临时确定本场比赛的报道重点和观察目标，如本场比赛裁判的判罚出现了重大争议，场边的教练员表现出出人意料的冲动情绪与动作等，这些都应成为记者观察的重点目标。

4. 排除干扰，专心致志地观察比赛

比赛现场是体育记者采访的主要场所。这是一个其他部门的记者很难想象的喧嚣嘈杂的采访环境。一场重要的比赛会使记者置身于山呼海啸、震耳欲聋的氛围中。体育记者必须适应这样的采访环境，在复杂和喧闹中保持清醒和专注，排除各种干扰，专心致志地观看比赛，不放过任何新闻细节和线索。这一点对于体育记者来说是非常重要的。在体育采访中，不仅在赛场上需要专心致志，在非赛事采访中，也需要细致的观察，才能发现和注意到采访对象的各种细节和变化。例如，在赛后对运动员或教练员的采访中，由于采访现场较为混乱，很多记者都争先恐后地采访，运动员也常处于赛后的亢奋和激动中，这也需要记者在采访时注意力高度集中，才能捕捉到有价值的细节。新华社著名体育摄影记者官天一曾谈到过一个案例：1997 年 8 月，他在雅典采访世界田径锦标赛时，发现在女子 10 000 米决赛中，中国运动员杨思菊在比赛中被同伴踩掉了一只鞋子，但她丝毫没有分散自己的注意力，硬是光着一只脚跑完了比赛。记者观察到了这一细节，马上意识到这是一个突发性新闻，急忙跟上去用照相机突出地拍下了运动员光着的那只脚。虽然该运动员仅得了第 7 名，并没有打破纪录或获得奖牌，但却表现了中国运动员高尚的体育精神。这则新闻后被多家媒体采用，并受到一致好评。记者能在很多运动员挤在一起且没有什么比赛高潮的万米赛中发现这一细节，与他能专注的观察发现细节的能力是分不开的。①

（三）直接观察法与间接观察法

观察法可分为直接观察法与间接观察法。这两类观察方法都是体育记者在采访报道中经常要运用的。

1. 直接观察法

体育采访的直接观察法，即记者本人到比赛或训练场的现场观看比赛或其他体育活动，以此来发现有价值的新闻线索和题材。直接观察法是体育记者的主要采访方式之一。直接观察法又分为静态直接观察法和动态直接观察法两种。

（1）静态直接观察法。又称为非参与性观察法，是指体育记者到赛场或

① 中国体育新闻工作者协会. 体育记者谈体育新闻［M］. 北京：人民体育出版社，2006：482.

训练场边静态地观看比赛。所谓“静态的”，是指体育记者不能参与到球队的比赛或训练过程中去，也不能与任何教练员、运动员发生实质性的接触，而只能待在赛场外指定的地方观看训练或比赛。

在任何情况下，到现场观看训练或比赛都是体育记者采访报道不可或缺的环节与基础。尽管现代电视实况转播能够同步再现比赛场面，甚至能运用近镜头、慢镜头等电视特技将一些比赛细节更清晰地展示出来，而网络媒体也可以直播比赛过程，但这些都不能取代体育记者到现场观看比赛的作用。因为只有到比赛现场经过本人直接的观察，记者才能发现有价值的报道素材和细节，特别是电视或网络所没有播出的赛场内外发生的事情和细节。诚如美国体育新闻学者布鲁斯·加里森等所指出的：“毫无疑问，记者第一手的观察能够使报道更加真实可信。比如，如果记者电话采访一个现场目击者，那么这个人也许会因为记不清楚、个人偏见、误解或其他一些原因提供不确切的信息。记者的亲身观察就能够避免这类问题出现。”①

体育记者采用静态直接观察法要注意选择观察的视角。观察角度的不同会导致记者所观察到的比赛细节情况大不相同。因此，我们常常看到一个记者观察一场比赛的角度也许和另外一个记者截然相反的情况出现。比如，有经验的体育记者总是尽可能地靠近其所要重点观察的地点或角度，如教练员席、足球球门区、篮球栏板架、跑道的冲刺线等。在拥挤的新闻发布会上，离发言人近的记者能够从采访对象的面部表情了解到更多有用的信息，而位置靠后的记者则可能没有这样的机会。体育记者在观察过程中与报道对方尽可能保持近距离应该是一种基本的工作方式，因为这样可以观察和听得更清楚。

静态直接观察法的运用并不仅限于赛间采访。在可以面对面问话采访的很多场合，这类观察法也十分有用。例如，在一场重要的比赛结束后，失利的一方常会拒绝记者的问话采访。在这种情况下，记者就要多看多观察，注意球员与教练的情绪、表情、动作、姿态等细节，如果记者能观察到运动员失落的眼神、眼中的泪光、麻木的表情或面部肌肉的抽搐等细节，就能为自己的报道提供精彩的素材。

当然，静态直接观察法也有其局限性。一方面，由于时间与经费等各方面的原因，体育记者并非能够做到所有体育赛事、训练与活动都能在现场直接观察。其次，由于记者只是从自身的角度在观察，再有经验的记者，也难免在观察时有局限性。记者在比赛现场直接观察时，有可能出现挂一漏万的情况，也有可能其所获得的信息是片面的和不确切的，甚至有可能是错误的。例如，在一场激烈的足球赛中，足球在双方球员的混战中滚进了球门，是谁踢进去的？

① （美）布鲁斯·加里森等. 体育新闻报道［M］. 郝勤等译. 北京：华夏出版社，2000：85.

是否是一个“乌龙球”？这对于在比赛现场直接观察的记者来说，是很难判断的。为了避免这些问题，除了记者在观察中做到全面和细致外，还需要与同行核实所观察的内容是否属实，或者与后方编辑部联系，询问电视转播中回放和慢镜头中显示的细节情况。

体育记者在赛场运用静态直接观察法时还要注意避免以下一些问题：

① 观察方法不当。如观察对象、观察点的选择有问题，或在观察时干扰了球队的训练或比赛等，这都会影响记者的观察结果。

② 感情因素的影响。体育运动的特点决定了体育记者本人往往对报道对象或赛事有倾向性，因而在观看训练或比赛过程中的个人情绪很容易影响其观察结果。

③ 忽略重要细节。新入道的体育记者在观看比赛时，常常会因试图面面俱到而忽略有新闻报道价值的重要细节。这会使他的观察结果受到影响。

④ 观察角度不当。体育记者在观看比赛时，不能单纯从一个角度去观察，而应该做到全面地观察。比如，不能只观察主队的表现而忽略客队的表现，不能只看到场内运动员的情况而忽略看台上球迷与观众的情况，不能只看到比赛中某一两位明星的作用，而忽略观察队中其他队员的作用，等等。如果观察角度有片面性，就会影响记者的观察结果。

为了提高记者的观察能力，美国的体育新闻学者提出了以下建议：

① 通过记住一些细节信息，如房间或办公室的陈设、朋友的外貌等，来训练自己的记忆力。

② 要记住，有利的位置也有可能不利于记者的观察。记者应确定自己想要观察的内容和观察的角度。

③ 记者应与其他的观察者核实细节问题。

④ 要注意非语言的交流方式，如面部表情、身体语言等。

⑤ 留意一些暗示性的信号，如情绪紧张等。

⑥ 及时记录自己的观察所得。①

（2）动态性直接观察法。又称为参与性观察法或参与性采访，有时也被称为“参与性新闻”。这种方法原本是社会学和人类学所采用的搜集信息资料的研究方法。在体育新闻报道中，特指记者为了获得第一手的报道素材，直接参与到球队日常生活训练甚至比赛过程中去近距离观察。

在体育采访中，参与性观察法是一种距离采访对象最近的采访方式，因而也是最有效的获取信息方式。但同时，这也是最困难的一种采访方式。运用这种方式采访或观察采访对象时，记者必须参与到采访对象的比赛、训练甚至生

① （美）布鲁斯·加里森等. 体育新闻报道［M］. 郝勤等译. 北京：华夏出版社，2000：85.

活中去。他们或是去训练场做帮手，或是在一些项目的比赛中做赛场工作人员，或是在运动员训练营地中长期住下来，充任某种助手的角色。如果他们成功了，无疑便获得了一个最佳的观察角度与机会。但运用这一采访方法的最大难度在于，记者要这样做，必须征得被采访者的同意。而这一般是难乎其难的。假如记者未得到采访对象的同意而刻意隐瞒身份与动机，就可能导致采访对象一旦知道真相后感觉受到愚弄和欺骗，从而引起有关道德甚至法律的问题。

在美国，体育记者们很早就开始采用参与性的观察法来获得第一手的报道资料。早在20世纪60年代，美国著名的体育记者乔治·普林斯顿就因采用这种方法进行采访而闻名一时。为了写作一本关于职业橄榄球四分卫球员的书，乔治·普林斯顿本人亲自参加了一支棒球队的春季训练。在与底特律雄狮队合作过程中，他不仅仔细观察了夏季训练和赛季前的一些比赛，而且还亲自上场打过比赛。他这种参与性的近距离观察技巧，使其报道能够真实地反映一般人所不了解的那些发生在赛场、休息室内和训练场上的各种事情。乔治·普林斯顿因其对体育人物和比赛现场报道的细节性描述在美国体育报道中独树一帜，并奠定了他在媒体同行中的地位。①

美国《华盛顿邮报》的体育记者克里斯汀·布瑞尼也是运用这一采访方法的高手。这位女记者在采访女子职业高尔夫球运动员翠西·克尔迪克时，充当了这位运动员一个星期的球童。布瑞尼以第一人的手法报道了翠西在比赛中的表现和感受以及自己与翠西之间共同的经历。请看下面这段报道的节选：

> 走上球道，我转过身去看翠西，右肩那只35磅重的球棒袋也晃了过来。我微笑着。翠西在这三天中和我讨论了很多事情，比如草地上那些英俊的小伙子、打赌击球的好坏，或是打完网球我们会去哪儿吃晚餐等。而现在，她终于站在了第18道果岭，她忽然变得有一些伤感。那些打得好的或不好的球，都变得无所谓，不那么重要了。
>
> “事实上，”她说，“我的眼里真是噙满了泪水。我心里真是感慨万千啊。”②

很显然，只有采用动态直接观察法，才能做出类似的报道。因为这些细节与亲身感受是采用静态性直接观察法所无法获得的。

在一些采访难度很大的敏感题材时，如报道非法赌球、俱乐部的营销计划和收入情况时，参与性观察法经常成为体育记者手中的利器。对于记者而言，

① （美）布鲁斯·加里森等. 体育新闻报道［M］. 郝勤等译. 北京：华夏出版社，2000：82.

② （美）布鲁斯·加里森等. 体育新闻报道［M］. 郝勤等译. 北京：华夏出版社，2000：88.

依靠自己亲身体验观察所获得的信息来做报道，较之靠第二手资料来做报道效果好得多。对于体育新闻的解释性报道、调查性报道等深度报道形式来说，动态性直接观察法能够为记者提供靠静态性直接观察法所难以提供的观察视角和效果。

实际上，我国很多体育记者在采访中国登山队及其他一些体育项目的过程中，也曾使用这样的方法。另外像《马家军调查》一书的作者赵瑜也采用了这种方法来搜集写作资料。但总的来说，运用这类方式来采访，难度是比较大的。因为记者如果事先向采访对象说明其目的，就很可能遭遇拒绝。但如果记者隐瞒身份或采访意图，则一旦记者的真实身份和动机被觉察，那么这个报道也就没办法继续下去了。如果报道刊登出来，便可能使记者与报道对象的关系从此终结，甚至与记者打官司。写出了《马家军调查》的赵瑜与中国田径名教练马俊仁之间就发生了类似的事情。因此，记者在采用这类采访与观察方法时应慎重。

体育记者采用参与性采访时应注意以下几点：

（1）由于这种方式较为敏感，因此应事先告诉采访对象记者的身份与意图，以争取得到采访对象的同意。

（2）如果在参与性采访中记者不得不隐瞒其真实身份或意图，则应事先向上级主管报告，争取报社的支持。

（3）在运用参与性采访方法时，应尽量接近采访对象。其最好的方式，是在其训练和生活中充任某种工作或角色。

（4）在运用这类采访方法时，最佳的效果是让采访对象忘记其身边有一位记者。这意味着记者必须巧妙地进入采访对象的生活中，以不被对方注意的方式观察采访。如果老是让采访对象感觉到其面对的是一位记者，那么这位记者运用参与性观察法就是失败的。

（5）在运用参与性观察法时，体育记者要尽可能避免其负面效果，如引起法律纠纷等。而要做到这一点，一个很重要的经验就是记者事先正确判断在什么时候和在哪些场合下才适合运用这种方法，在什么时候和在哪些场合则不适合采用这类方法。

2. 间接观察法

在做体育采访时运用的间接观察法，主要指体育记者不去比赛现场直接观察，而是利用电视赛事转播或其他手段间接观察。

现代电视媒体对大多数重要赛事都予以转播。这就为报纸等媒体的体育记者提供了利用电视对赛事进行间接观察的可能。正因为如此，电视机是报纸的体育新闻部的必备设备。对赛事进行间接观察也成为特定情况下记者常用的方法。

体育记者通常在以下情况下利用电视的赛事转播进行间接观察：

（1）作为前方记者现场直接观察的补充。由于记者在比赛现场受到观察条件、距离、角度、周围干扰因素等限制，因而对比赛的观察会有较大局限。尤其是在一些比赛突发事件的关键细节方面，前方的记者往往无法看清楚，从而影响报道的效果。而电视转播画面清楚，对一些重要细节往往会通过特写镜头、多角度播放、慢镜头回放等技术手段来详细展示，因而观察效果在某种程度上超过在现场采访的前方记者。

（2）在没有记者在比赛现场的情况下，电视的赛事转播可直接作为赛事报道的信息源。如现在即使是一家地方性的日报，其体育版也要大量报道国际赛事和在其他城市举行的各类赛事。由于种种原因，这些媒体不可能对所有赛事都派出记者到现场采访。尤其是跨国或洲际比赛，更涉及经费、人员、签证、采访资格等一系列问题。在这种情况下，体育记者只能同观众一样守在电视机旁观看比赛转播，然后再据此来做报道。

（3）因时差的原因，很多欧美重要体育赛事是在中国的半夜或凌晨时分举行的。对于大部分球迷和体育爱好者来说，即使有电视实况直播，也会因为早晨要上班或生活习惯等原因难以看到。在这种情况下，报纸的体育记者根据电视实况转播写出的赛事报道一样能够吸引买早报的读者，其报道的效果并不比派记者到异国采访差，而且还节省了经费开支。

利用电视来进行间接观察和赛事报道应注意以下几点：

（1）将看电视作为工作。同样是看电视，但记者与球迷有本质的区别。记者看电视是在工作，是为了写出报道而不是娱乐。因此，记者应比球迷观察更仔细，更注意场上发生的可能写入报道中的细节。对一些精彩的场面，电视编辑常常会采用回放、慢放、多角度播放、特写等方式来展现。这是报纸体育记者观察细节的好时机。另外，为了避免遗漏一些关键性场面，记者必须从比赛开始到结束都守候在电视机旁，而不允许比赛开始了才打开电视机，或在比赛中间或比赛尚未结束就离开。

（2）重要赛事直播必须录像，这一点非常重要。对于一些重要赛事，常常需要反复观察比赛的细节，统计有关的数据。这需要记者在赛事现场直播时用录像机及时录下来作为报道的资料。如果没有录像，记者就失去了一个很好的资料收集手段。另外，在一些比赛中发生争议的场合，记者手里如果有比赛录像，将对其报道工作有很大的帮助。

（3）一边观看电视一边记笔记。这也是记者与球迷观看电视的显著区别之一。体育记者应该一边看电视，一边将有用的东西记下来，以备报道使用。即使有录像机，也不能代替记录本的作用。

间接观察法的另一种形式是记者在不在现场的情况下，借助在现场的其他

媒体同行或其他人的观察来做报道。但这类方法在体育采访中不宜经常使用。因为其他媒体的同行虽然是内行，但只能提供一些最简单基本的事实，如比分、结果、谁人上场等。何况不同媒体的报道立场与角度有异，因而所提供的信息很难满足报道的需要。至于借助在场球迷、工作人员等的观察更应慎重。这些信息提供者不是专业人士，所提供的信息往往是不可靠的，而一旦出现问题，也不会承担责任。除非是一些突发性的事件，否则体育采访报道一般不采用这种信息获得方式。

对于体育报道来说，间接观察法有明显的缺陷。其一，电视转播画面本身的局限性，使其无法展示比赛的完整场面，而只能在某一时间展现比赛的某一局部画面。这使得体育记者无法凭此了解比赛的全面情况。例如，我们经常在足球比赛的赛事直播中看到比赛突然中断却茫然不知为何，直到镜头转过去，才发现不知什么时候也不知什么原因电视镜头外的两名球员发生了冲突。而在现场观看比赛的记者就不会发生这样的情况。其二，通过电视的间接观察无法采访转播画面背后发生的新闻，无法对读者提供具有深度的、现场感的和细节化的报道。其三，记者在电视上所观察到的比赛情况与电视观众所看到的完全一样，因此无法向读者提供更深、更具有新意的报道。

3. 直接观察法与间接观察法结合使用

在体育采访中，直接观察法与间接观察法各有长短，因而在重大赛事的报道中，很多报纸的体育新闻部会采用直接观察法与间接观察法结合的方式来进行赛事报道，以弥补前方现场记者人数的不足和某些细节观察的局限。

为了将直接观察法与间接观察法很好地结合运用，很多媒体会在重大赛事期间，既安排现场采访的记者，同时也安排另一名记者负责在编辑部观看电视直播。同时，编辑常要求前方记者一旦完成采访便立即与编辑部联系，以便协调前后方运用不同观察手段和方法所了解的信息。如在一场足球比赛中，前方记者会因视角和距离等原因看不清楚某一次射门或进球过程的细节，而后方编辑或记者却能通过电视画面的回放或慢镜头很清楚地了解其过程；又如电视转播往往会漏掉比赛场上另一边所发生的事情，而这时现场的记者通过直接观察就能弥补电视转播的不足。后方的编辑或责任编辑会在全面把握比赛情况的基础上，指挥前后方运用不同方法观察赛事的记者共同完成报道。

直接观察法与间接观察法一般按照以下原则来结合运用：

（1）一般而言，在有可能的情况下，记者不应将观看电视赛事转播作为其收集信息的主要手段和方法，也尽可能不单独使用这一方法来进行报道。而直接观察法则可以单独使用。换言之，记者在比赛现场的报道是不可缺少的，间接观察法在体育报道中通常只是直接观察法的补充。

（2）前方记者采用直接观察法，后方记者或编辑采用间接观察法。前方

记者主要把握现场和赛场外所发生的重要新闻，而后方编辑部则利用电视转播来了解比赛的基本信息和一些电视特技所展示的重要细节。

(3) 为了赶上截稿时间，后方记者常运用间接观察法得到的信息来写较为简单的比赛消息和一些数据性的报道，如各类统计数据、积分表、排行表等，也可能根据电视特技写一些重要的细节性的特写报道；而前方记者则重点写各类现场报道、比赛侧记、人物采访、赛后新闻发布会、特写和花絮等。

二、问话法

问话法即采用问话的方式，通过与采访对象的语言交流来获得记者所需要的新闻素材和信息。在体育新闻采访中，除了观察法外，问话法是最常用的方法。体育记者应熟练地掌握这类采访方法，才能写出好的报道。

(一) 问话法在比赛训练现场采访中的运用

对于绝大多数运动项目来说，在比赛或训练时不允许记者与在场的运动员、教练员、裁判员甚至工作人员接触。因而，在比赛或训练现场的采访过程中，记者的语言采访方式受到很大限制，一般只能在极为有限的条件下采用问话法去采访。一般而言，在比赛现场采访时通常只有在以下情况下方可运用问话法：

(1) 赛前由球队驻地到赛场的路途上或球员休息室的通道上，记者可能寻找到很短暂的时间与球员接触。但一般而言，由于赛前的气氛，即使是很短暂的采访，也很可能受到官员或教练的干涉。而且越是重要的比赛，禁令也越严格。

(2) 比赛结束后球员或教练员从赛场进入球员休息室之前，记者可能寻找到短暂的时间与球员接触，但这种时间通常很短暂。而且，获胜的一方可能乐于接受采访，而失利的一方通常会拒绝记者的采访。另外，文字记者通常被禁止走进场内采访。

(3) 赛后新闻发布会。这是体育记者在比赛现场最“合法”的语言采访时间。但在重要的比赛中，由于各种媒体的记者云集，要得到提问机会可能并不容易。况且，这种场合记者所能得到的，也只能是所谓的“大路货”，不可能成为独家报道的材料。

如果记者在训练和比赛现场决定采用问话法采访，就必须注意以下几点：

(1) 寻找机会，把握时机。除了新闻发布会以外，记者在比赛或训练现场采用问话法采访时，必须要有意识地寻找机会，把握时机。在资讯高度公开透明的今天，体育记者想在比赛现场获得独家采访与报道资源已经很难了。这

就更需要体育记者具有高度的新闻敏感和采访技巧，运用一切智慧与经验主动寻找战机，把握机遇，捕捉采访的机会。应该注意的是，体育记者的“比赛现场”或“训练现场”并不是指“比赛时间”或“训练时间”。实际上，赛前与赛后更应该是体育记者活跃的时候。在这些时候，他们总是利用一切机会去发现新闻线索，寻找由头，通过问话和观察捕捉难得的新闻题材。例如，很多有经验的记者会提前到达比赛现场，他们不会直接到记者席坐下，而是守候在运动员进入赛场球员休息室的通道上，抓住机会与自己熟悉的球员、教练或管理人员问一两个简单的问题。在比赛结束以后，老记者会及时赶到运动员采访通道，占据有利位置，尽可能抓住机会提出自己的问题。《美联社体育新闻报道手册》为我们描述了体育记者是如何在赛前和赛后进行现场采访的：

在报道棒球比赛时，专项报道的记者在第一次投掷前三个半小时就出现了。他们穿梭于运动员更衣室、场边的休息区和训练馆之间，采访运动员、教练员和管理人员。当然，他们还会花很多时间与同行交流。他们先粗略地做个纪录，再深入采访某些运动员。他们为了一些导语跑到运动员更衣室里，然后再把故事重新整理一遍。接下来的工作就是在寂静的棒球场边整理更多的记录，做补充报道。这时候，就连电梯司机都早已下班了。

有时候，他们会在空闲的篮球场上搜寻教练或经理以获取更多内幕消息；他们在更衣室里采访直到这里关门；他们一大早到跑道上观看体能测试；他们会在雨中的下午采访训练者；他们会随时与经纪人或训练者闲谈；他们不停地把看到的和听到的胡乱涂抹到笔记本上。除了个别的亮点，大部分内容不可能发表。偶尔，他们也会从中找到一个让人拍案叫绝的标题。①

（2）直接简捷，把握要点。这是因为在比赛现场记者能进行语言采访的时间实在太少，机会太难得，如果设问不当，或问题不清楚，就会浪费极为宝贵的采访机会与时间。例如，我们经常在电视上看到这样的镜头：中国运动员刚在奥运会等重大赛事上夺得了冠军走下领奖台，现场采访的记者便抢上去提问：“夺得了冠军，你高兴吗？”这个问题实际毫无意义，谁获得了冠军会不高兴呢？而另一种常见的提问是：“夺得了冠军，你有什么感想？”相对于极有限的采访时间，这个问题太开放，运动员除了说些“感谢”之类套话外，记者通常得不到什么有价值的回答。因此，记者在比赛现场进行语言采访最好

① （美）史蒂夫·威尔斯坦. 美联社体育新闻报道手册［M］. 北京：中央编译出版社，2004：12.

先做好准备，对所要问的问题先打腹稿或写在纸条上，以保证所提的问题是最重要、最恰当、最有针对性的。

下面是一个因记者提问不当而导致丧失宝贵采访机会的例子：1990 年北京亚运会期间，中国女子举重运动员邢芬夺得了第一枚金牌。当她气喘吁吁地走下举坛时，国内一位记者第一个勇敢地冲上去，伸过话筒向邢芬提问：“我是××台的记者，请你向听众说几句话好吗？”这位记者不是抓住极为宝贵的机遇提出问题，而是漫无目的地让刚比赛完的运动员“说几句话”，说什么呢？邢芬一下愣住了，没等她想出答案，已被教练拉走了。

(3) 人性关怀，问题适当。体育比赛是一种非输即赢的高情感活动，胜者高兴，负者沮丧是人之常情。体育记者在从事赛事采访时要有人性关怀，应该给予失利的运动员更多的理解和鼓励，而不是在他们失利时提出不当的问题伤害和刺激运动员。例如，某电视台记者曾经在采访著名田径运动员刘翔的队友时提出过以下问题：“你觉得和刘翔在同一个时代是不是很悲哀？”在比赛之前问：“你有没有信心得亚军？因为冠军已经是刘翔了。”比赛之后又问该运动员：“刚才的比赛你尽力了吗？”这些问题都很不恰当。因为尽管刘翔实力很强，但体育比赛就是公平竞争，每个运动员都希望夺取胜利，记者不能赛前就想当然地把刘翔定为冠军，其他运动员铁定就只能是第二、第三。这些问题不仅伤害运动员的自尊心，对其他运动员也是不公平的。

另外，体育记者在采访提问时还应察言观色，把握分寸。如比赛即将开始时，运动员、教练员神经一般处于较为紧张敏感的状态。而在比赛刚结束时，运动员、教练员尚处于情绪高度兴奋或激动的状态。在不同的场合是否提问题，提什么问题，如何提问题都是一门艺术。记者必须学会察言观色，判断此时是否是提问的时机。否则不但所提问题会遭到对方拒绝，甚至会引起反感。例如，一次重要足球比赛刚结束，一位记者便拦住了正为丢失数球而沮丧的输球方守门员，问对方：“输球后有何感想？”结果可想而知，这位记者不但没有采访到所期望的东西，反而引起了该球员的极大不满，自讨个没趣。

（二）非赛训现场采访问话法的运用

与比赛或训练现场采访不同，在非比赛训练现场的采访中，体育记者一般拥有较多的时间来对运动员、教练员问话采访。因此，在这类采访中，可以问话法为主，观察法为辅。除了面对面的问话采访外，还可以采用电话采访的方式。

1. 非赛训现场的面对面问话采访

这是一种最有效的采访方式。通常表现为体育记者在运动员宿舍、会客室、茶楼或其他正式或非正式场合对运动员、教练员、体育官员或其他有关人

士进行采访。这类采访一般分为单独采访与集体采访两类。单独采访对于记者来说是最理想的模式。因为这种方式往往能够提供记者最想得到的独家消息。集体采访则主要表现为新闻发布会的采访。

在体育采访中，面对面问话采访的优点在于，记者不仅能从采访对象的回答中得到有用的信息，而且还可以通过运用直接观察法，从对方的相貌、体态、情绪、表情、神态、脸色、动作、语气、身体语言以及采访现场其他细节中全面地获得和了解有关信息。例如，从某位被采访的运动员宿舍床头上放的书籍、歌碟、墙上挂的相片、室内是否整洁等细节上，就可以看出或推测出这位运动员的爱好、性格、习惯、学识、修养等。另外，在采访中，记者与被采访者面对面交谈，还有助于采访的气氛和双方的交流，也有利于记者与被采访的运动员、教练员及其他重要人士建立友谊和长期合作关系。因此，对于体育记者而言，应尽可能在非比赛时间里对运动员、教练员进行面对面的问话采访和交流。

体育记者在与被采访者进行面对面的采访时，应注意做到以下几点：

（1）认真准备采访提纲和采访方案。能约到一位重要的体育人士、体育明星或著名教练员进行面对面采访是很难得的。这样的机会不多而且通常采访时间有限。因此，对于体育记者来说，最重要的事情是把握珍贵的采访机会，提出有分量且针对性强的问题，以获得报道所需要的有价值的新闻素材。而要做到这一点，最关键的环节就是认真做好采访准备，包括精心准备采访提纲，事先了解有关新闻背景，熟悉采访对象的背景资料，在此基础上有针对性地设计好问题并将其写在采访本上。另外，还要对采访中可能遇到的各种问题与困难做好心理预期和准备。

（2）精心准备采访地点和方式。对不同的采访对象来说，不同的采访地点、方式和内容可能会产生完全不同的效果。例如，年轻运动员喜欢在业余时间去酒吧，约他们到酒吧里见面，会使采访气氛融洽。但同时应注意酒吧并不是采访的合适场合，那里嘈杂喧闹，不利于口头采访，而且酒后采访也很难有好的效果。比较而言，安静的茶楼则是面对面采访的理想场所。又如，很多国外的运动员和教练员喜欢喝咖啡，如果约他们去其所喜爱的咖啡店，则对方相对容易接受邀请。又如在采访方式上，年轻运动员喜欢直截了当；而如果记者面对的是一位老辣圆熟的教练员，则采取迂回侧面的采访方式效果可能会好些。

（3）提前预约。在非赛训现场的体育采访中，面对面口头采访一般较为正式，记者应事先与采访对象电话预约。有时候，对一些体育明星的采访相对预约困难，记者可通过第三者的关系如采访对象的朋友等进行预约。

（4）注意穿着打扮。在面对面的采访中，记者应该意识到自己是一位正

在从事本职工作的职业人士。自己的外表、穿着、打扮、发式等会在很大程度上影响被采访者对记者的认可程度，尤其是在初次与被采访者接触的情况下。一位职业人士要留给初识者好印象，首先就要从外表做起。记者的衣着打扮越正式，越能使对方感觉到是在与一位值得尊重的职业人士进行工作接触。有些体育记者不注意自己的形象和外表，老是头发凌乱、穿着邋遢，衣冠不整；还有的年轻女记者穿着休闲暴露的衣服进行采访，这些都会给采访对象造成不良影响。对方可能因此觉得记者不像位职业人士而产生轻蔑感觉，从而影响采访的效果。

（5）注意提问的语言表达方式，包括语种、口音、语气、表情、姿势、动作等。记者在进行面对面的采访时，要注意自己的言谈举止，不要给人以轻浮浅薄、傲慢无礼或战战兢兢、语无伦次的印象。尤其是与教练员、体育官员、老运动员打交道时，记者应通过自己的采访，使对方感觉到是在与一位有知识、有教养、有文化的人打交道，这会大大有助于采访对象的合作。有的记者可能认为运动员都是老粗，态度随便才能打成一片。其实随和与随便不同，幽默与粗俗也不是一回事。更不能说运动员都是老粗，如果记者在运动员、教练员眼中失去了对其职业身份的尊重，不把记者当记者，那这位记者也就很难进行正常采访了。另外，如果不是本地的教练员和运动员，记者在采访时一定要使用普通话。

（6）认真做笔记。在面对面采访时，记者应准备好笔和笔记本，记录下双方的谈话。这不仅是记者收集报道素材的需要，而且会使得被采访者觉得这是正式的采访，而不是一次随随便便的聊天。这能够使采访对象尽快进入角色。

（7）使用采访机或录音机。这类技术手段不仅能帮助记者完整记录采访的经过，而且能够为报道留下第一手证据，以免以后因采访对象否认所说的话而引起麻烦。尤其是一些事关重大而敏感的采访更是如此。但应注意的是，在西方很多国家，法律规定如果要对私人谈话录音，须征得对方同意。这意味着记者在使用录音机时要谨慎。尤其是在采访外籍运动员、教练员及相关人士的时候，如需要录音，应事先取得对方的同意。

2. 电话采访

电话采访一般只能运用于非赛训现场的采访。在当今通讯发达的条件下，体育记者越来越多地运用这种方便而快捷的采访方式和手段。电话采访的最大好处是不受采访条件的限制。只要记者有采访对象的电话号码，尤其是手机号码，就随时随地都能直接地单独采访，且采访费用仅仅是一点电话费用。

记者在通过电话采访时应注意以下几点：

（1）收集和保存电话号码。体育记者应在平常注意寻找收集和保留有可能成为采访对象的运动员、教练员或其他相关人士的电话号码。一般而言，只

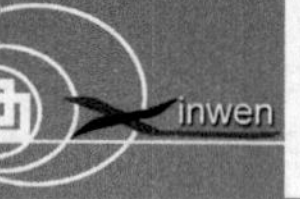

要你有电话号码，就可以电话采访。在很多情况下，只要自报自己是哪家媒体的记者，很多运动员或教练员将乐于在电话中回答问题。因此，电话号码是记者的一笔最宝贵的资源和财富，决不能轻易丢失。

(2) 善于利用中间人。对于一些热门项目的运动员，尤其是体育明星或著名教练员以及涉及敏感问题的体育人士来说，即使记者得到了电话号码，也并不意味着对方会接受采访。除非你是采访对象认识和熟悉的记者。在这种情况下，最有效的方式是先找一位记者与该采访对象共同的熟人朋友作引见，或者让其先打电话告之谁要做采访；或者直接打电话给采访对象告之是某某人给的电话号码，某某人让我打来的电话。这些都会让采访对象感到难以拒绝，从而有可能接受记者的电话采访。

(3) 电话采访应有礼貌，注意方式。记者在运用电话采访时，其礼貌、语言、语气、态度、问话的方式等对于采访是否能成功是十分重要的。在电话采访时双方不见面，如果让采访对象产生不适感觉，对方就可能会很快挂上电话。采访方式也是记者应注意的。例如，记者应了解运动员、教练员等采访对象的作息时间与生活习惯，避免在其睡觉等不便的时间打电话去采访。另外，如果记者打的是采访对象的手机，则要考虑对方有可能因要多花费用而不想接受长时间采访。

电话采访也有较明显的局限。例如，被采访的运动员或教练员在电话中可能会感到比面对面时更容易找借口拒绝记者的采访要求。又如，电话采访会使记者无法观察到采访对象的情况，因而无法在报道中提供具有现场感的、可能会使报道变得十分生动的细节描写。再如，除非记者录音，否则采访对象有可能在事后否认接受过采访。但是要注意，在一些国家的法律中，要对私人电话进行录音，必须先通知被采访者，否则将构成违法。

三、聆听法

聆听法是指在某些不便提问或不允许记者口头采访的场合，采访现场的记者主要通过听觉器官来获取对报道有价值的信息。这种方法较多运用于对会议的报道等。

在体育采访中，聆听法主要运用于一些较为特殊的采访环境与场合。例如，采访报道有关体育事务或体育赛事的会议；在某些运动项目的比赛中，记者被允许较近距离地靠近球员和教练；记者有可能在某些时候被允许参加球队的准备会或总结会等。在这些采访场合中，记者不能发言和提问，只被允许旁听。这时体育记者就只能运用聆听法来获得他所需要的信息。

体育记者运用聆听法来获取信息时，应注意以下原则：

（一）听看结合

在体育采访中，聆听法一般要结合观察法使用。如在关于体育事务的会议报道中，记者不仅要认真聆听有关会议发言，而且要注意观察会议的气氛、发言者的表情与动作、听众的反应等。只有听与看相结合，记者才能获得较为全面的信息。

（二）排除干扰

由于比赛现场一般都很嘈杂，记者聆听时必须做到注意力集中，专心致志。如在篮球比赛中，有时记者席离运动员席较近，当比赛暂停时记者能够听到教练员的布置。这时记者就要排除周围环境的嘈杂干扰，努力捕捉可能对报道有用的信息。

（三）只听不问

在不便提问的场合，记者要注意只听不问，否则会产生负面作用。例如，在比赛过程中运用聆听法搜集信息时，记者要注意与球队教练与运动员保持适当的距离，更不能提问。否则会因干扰球队工作而被制止，产生不良影响。

（四）做好笔记

做好笔记，是对记者的基本要求。这不仅能及时记下有用的东西，也能使别人认可记者的身份。例如，体育记者被允许参加球队的会议时认真做笔记，会使球员和教练们感觉到这是一位职业人士，并因记者的工作态度而产生好感。

（五）注意核对有关信息

由于有些采访场合环境喧闹嘈杂，或采访对象语焉不详，记者往往捕捉到的仅是只言片语或零碎信息。在这种情况下，记者必须对获得的信息反复核查，搞清楚情况，万不可道听途说，轻信传言，以致造成报道失实甚至是搞出假消息。这种情况，在体育报道中并不少见。有的属于故意炒作，但大多数是由于记者道听途说，对有关信息不加核实造成的。

四、书面采访法与网上采访

（一）书面采访法

书面采访法是指记者向被采访者寄出书面信件提出问题，而被采访者则通

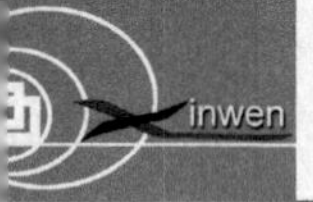

过书面回信的方式对记者所提问题作出回答。在通讯设施发达的现代，体育记者如今已很少用书信采访法。但在某些特殊的采访活动中，体育记者也不排除使用这类采访方法。

书面采访法的优点是被采访者回答记者提问的时间宽裕，可以字斟句酌地就记者所提的问题作出回答，因而是一种较为可靠的获得信息的方式。而且这种以书面回答的方式，也是最不可能就其内容产生争议的采访方式。

书面采访通常有两种形式：一种是向被采访者直接提出问题，请对方回信回答问题；另一种是问卷调查法。后一种是现在书面采访的主要形式。这种方法通过对特定对象发出反馈式的问卷，来了解被采访者对某些问题的态度与看法。问卷调查法又被称为精确性报道，是现代新闻报道的深度报道方式之一。这种方法在一定情况下可以用于对某一位运动员或教练员的采访，但更多的时候是用于集体性的大型调查性报道，如运动员群体对兴奋剂的看法、某一项目运动员对转会制度的看法、公众对某种体育现象的看法等，都可以通过问卷式的书面采访来获得统计学意义的第一手信息。

书面采访的缺陷一是设计制作问卷和处理反馈信息所费时间较长；二是回信或填表要花工夫，容易被对方拒绝；三是需要采访对象具有一定文化水平。一般而言，在体育采访中，除了大型公众调查外，以下对象较适合采用书面采访方式：

（1）老一代体育工作者。相对而言，老教练、退役运动员、退休的体育官员或体育组织负责人等老一代体育工作者有丰富的经历，对过去的事情比较了解，而且相对空闲时间多，写作能力较强，因而较适合采用书面采访法。尤其是记者在报道中需要了解和收集过去的史料，如过去发生的某个重大事件、某年的一次重要比赛情况、某个已去世的重要体育人士的事迹等。一般而言，老一代体育工作者对过去经历过的很多事情有深切的记忆和感情，在接到记者的采访要求后，很多人会乐于以书面形式回答记者所提的问题。

（2）专家学者。体育记者在报道中，常会遇到一些诸如司法诉讼、违禁药物等专业性很强的问题，需要采访有关专家学者。在不赶时间的情况下，记者可以采用书面采访的形式，向有关专家学者请教。

（3）某些敏感问题的前当事人。对于一些敏感性的问题，记者可以选择那些业已离任的知情者进行书面采访。如某些曾引起社会广泛关注和轰动的比赛或事件，有些当事人现已退役或没有从事体育方面的工作，对他们来说，事情已经过去，不会再对本人产生多大影响，在这种情况下，只要采访对象有一定文化水平，他就有可能会接受记者的书面采访，将所知的有关情况告诉记者。

体育记者采用书面采访法应注意以下几点：

（1）考虑时间因素。书面采访的最大缺陷是从问卷的设计制作、反馈信息到最后处理信息都需要相当长的时间。对于体育报道来说，这种采访方法受到较大限制，不适合用于新闻性和时效性很强的报道。一般只有一些时效性不强的体育通讯、大型调查性报道、策划性报道才使用这种方法。

（2）提问清楚明白。无论是直接提问还是问卷调查，书面采访成功的前提之一是所提问题必须针对性强，表达清楚，让对方一看就明白记者要想了解什么。如果是问卷调查，则问卷设计要合理，能够进行统计。

（3）最好预付邮资。让采访对象自付邮资回信，虽然钱可能不多，但对方在心理上可能会不接受。因此，记者进行书面采访最好预付邮资。

（4）具有专业知识。问卷调查法的问卷设计和处理过程的技术要求较高，如果记者不具备相应的知识和经验，可能会影响到其调查结果的可信度。因此，最好请有关方面的专家参与问卷的设计、制作和处理工作。

（二）网上采访

网上采访是 20 世纪 90 年代末随着互联网的普及才出现的新型采访方式。其主要形式有两类，一类是通过受众点击来进行公众调查，另一类是通过电子邮件进行采访。

在现代网络技术高速发展的条件下，网络联系和交流的方式日益增多，包括书面、图像、视频、音频等，能够满足体育记者的采访要求。目前，网民最常用的网络交流平台有网络邮箱、博客留言、QQ、MSN 等。记者如果能够很好地运用这些技术，通过网络与重要采访对象建立联系，就获得了一个非常理想的采访平台。

网上采访的最大好处在于：第一，采用电子手段能有效地克服普通邮件费时较长的缺陷，而对于讲究时效性的体育报道而言，这是非常重要的。第二，能从采访对象那里获得第一手的、可信度极高的文字资料，并迅速将其加工传送到报社编辑部，这对于体育记者专访体育名人来说十分方便。第三，网上采访条件和时间宽松，只要采访对象同意，就可以进行视频或文字的采访；第四，通过点击在互联网上预设的调查问题，或者通过 BBS 留言板的公众反应，就能迅速知道公众对某一重要问题或事件的态度。

体育记者在运用网络进行采访时应注意以下几点：第一，注意收集和保留重要采访对象的电子邮箱地址、博客地址、QQ 或 MSN 号码等。第二，一般而言，采访对象只有与记者较为熟悉的情况下，才会接受其网络采访要求。这意味着体育记者平时必须积累采访资源，与运动员、教练员或其他重要采访对象保持较为密切的关系。第三，由于网络采访有较高的设备要求（电脑、上网、视频等），一般需要与采访对象提前预约。第四，网络采访有一定技术要求，需要采访对象掌握一定的电脑技术、上网技术、打字技术、使用音频、视频的技术等，记者在使用这类采访方式时应考虑到这些因素。

网上采访有以下几点局限性：第一，网上采访对被采访者的文字水平、电脑技术等有一定要求，相对于语言采访而言，这大大局限了被采访者的范围；第二，网上采访与电话采访一样，不能向记者提供现场采访的细节性描写；第三，有些被采访者会认为这种方法比较麻烦，因而如不是特别的关系，不会同意采用这种方法；第四，由于被采访者不是时刻都在网上，因而网上采访也有可能成为一种时效性很差的采访方式。由于以上缺陷，至少是在目前，互联网对于体育记者来说，主要还是作为一种巨大的信息源，但很难成为体育采访的一种常用方法。

本节思考题

1. 观察法在体育采访中有何重要意义？体育记者如何在采访中运用观察法？
2. 体育记者在比赛训练现场应如何运用静态直接观察法？
3. 体育记者在哪些情况下采用动态直接观察法？
4. 体育记者在采访中如何运用间接观察法？
5. 在体育采访中，记者如何结合使用直接观察法和间接观察法？
6. 体育记者如何在比赛训练现场运用问话法进行采访？
7. 体育记者运用电话进行采访应注意什么？
8. 体育记者在采访中如何运用聆听法？

第三节　体育新闻采访技巧

体育记者要做好体育采访，不仅需要了解各类专门的采访方法，还需要掌握一定的采访技巧。体育采访技巧是体育采访的经验总结和实战技能，它来自实践，运用于实践，是体育记者们长期体育采访实践的结晶。因此，年轻记者一方面固然应该从老一代体育记者身上学习采访的技巧，但更重要的是在新闻采访实践中不断总结与提高，使自己能够灵活地运用这些采访技巧。

一、如何与采访对象打交道

一名体育记者的业务水平和工作成果如何，在很大程度上有赖于本人拥有

的信息资源和获得有用信息的能力。而这又主要表现在记者与采访对象打交道的能力上。

如何与采访对象打交道？几乎所有新手在进入体育新闻记者这一行时，都会有这样的困惑。相对而言，体育采访的对象是比较确定的。体育记者打交道的对象，主要是运动员、教练员、体育官员以及其他与体育报道有关的人。但是，刚进入这一行的新手会发现，记者要与其中一些采访对象打交道并不容易。特别是一些重要的采访对象，如体育明星、著名教练、高级官员以及其他公众人物，记者跟他们打交道常常碰钉子。那么，体育记者如何与采访对象打交道呢？

（一）与采访对象打交道的技巧

在长期的体育采访实践中，体育记者们总结出了很多与采访对象打交道的技巧与经验。以下是一些可资借鉴的技巧：

1. 建立“媒体代表”的意识

记者要时刻记住，自己是代表媒体采访和与采访对象打交道，而不是代表个人。因此，记者应让采访对象认识到自己是在与媒体打交道，而不仅仅是在与记者个人打交道。因此，一方面，采访对象对记者采访工作的尊重来自对媒体的尊重；而另一方面，记者也应意识到，采访对象对媒体的尊重也来自记者自身如何与之打交道。只有让采访对象建立起对媒体和记者本人的信任与信心，才会与记者合作，提供记者所需要的信息。据此，体育记者在采访时应做到以下几点：其一，主动亮出自己的记者身份；其二，采访时注意自己的穿着和言谈举止；其三，必要时可以告诉采访对象，自己的媒体拥有多少读者或观众，他们都期待通过记者了解有关信息；其四，采访时注意尊重采访对象，尤其是尊重对方的隐私与人格。

2. 经常去训练场

作为一名体育记者，很多时间都必须花在寻找和发掘信息源上。为此，体育记者不应该只是在比赛时才出现在记者席上，而应将大量的工夫和时间花在训练场上。比赛场是属于球队和球迷的。而训练场才是属于球队与记者的。在训练场上，记者与运动员、教练员一样，都处于工作状态，这使得记者与采访对象保持着一种单独而特殊的近距离关系。在训练场上，记者能够较之比赛时更近距离地接近采访对象，加深对他们的了解。而教练员、运动员也会感到记者是在与他们一起工作，大大增加他们对记者的好感和亲近感，从而为今后的采访打下基础。另外，训练与比赛毕竟不同，在休息的间隙，记者常有机会与教练员、运动员打打招呼，聊上一两句，甚至给运动员递上一瓶水或毛巾，这会有效地增加双方的亲近感。尽管在训练场上通常并没有新闻发生，记者也没

有什么可写的，但体育记者花在训练场上的时间绝不是没有报酬的。

3. 经常与采访对象保持联系

体育采访的最大特点之一是采访对象，尤其是重要的采访对象相对固定。例如，一个城市媒体的体育记者在数年内甚至更长的时间里的主要报道对象可能就是这个城市或地区的球队，在采访中主要打交道的也就是那么几个运动员、教练员或体育官员。这就使体育记者有必要与这些采访对象保持良好的关系。因此，从工作的角度出发，体育记者与重要采访对象保持一种持久的私下关系和友谊是应予以鼓励的。对于一位需要经常与同一个采访对象打交道的体育记者而言，最好的办法就是在平时多跟对方保持联系。体育记者千万不要忽略平时的一次电话、一声问候或一张生日卡的作用。这些“小事”能够使记者获得一个宝贵的信息源。另外，即使是在不需要特别了解什么信息的时候，体育记者也最好常与运动员、教练员们保持接触，增加感情。相对于有事时才找上门的记者而言，经常与重要采访对象保持联系的体育记者获得信息的机遇无疑要大得多。

4. 善于调整和保持良好的心态，使自己成为一个开朗幽默的人

体育记者是一种与人打交道的职业。良好的心态与开朗的性格对于采访工作来说是很重要的。记者在与采访对象打交道时，会感觉与一个性格外向、性情开朗的人打交道比跟一个沉默寡言的人打交道更容易些。那种性格内向、不善言谈、不善与人相处的人是很难从事体育采访工作的。由于运动员、教练员的职业群体性格特征，性格随和开朗的记者较之性格内向孤僻的记者更容易与之打交道。另外，体育记者在采访中难免会遇到挫折，如遭受采访对象的冷遇和拒绝、采访不到有价值的信息等。这时候，保持良好的心态，善于理解别人，会对采访对象产生好的印象，有利于与对方逐渐建立良好关系。

5. 从人性的角度对采访对象给予更多的理解和宽容

善于理解和宽容别人的人才能更好地与人相交。体育记者采访的对象如运动员、教练员、体育明星等，平常都生活在高压力之下，对很多问题较为敏感是可以理解的。体育记者要适应这一群体的心理特征，以理解和宽容的心情来对待采访对象对自己的不友好态度。另外，体育记者在处理与采访对象的关系时，应以诚待人，襟怀坦荡，让对方觉得你是一个真诚的朋友。

6. 在比赛失利时，记者应给予教练员与运动员更多理解和关心

当一个人处于失败和挫折时，最需要别人的同情与理解。运动员和教练员也是一样。因此，在比赛失利时，记者应给予教练员和运动员更多的理解与关心，这有助于记者与采访对象建立长期的友谊与合作关系，也会在对方心目中留下良好的印象。这方面很好的例子是在 2001 年世界杯足球赛亚洲区预选赛

前，中国男子足球队在热身赛中成绩不佳，舆论压力很大。而当时《足球报》的女记者李响在球队处于最低潮时，对主教练米卢蒂诺维奇予以理解和关心，由此得到了对方的信任，从而为她以后的采访工作提供了良好的条件。那种胜利时一味吹捧、谀词如潮，失利时又一味指责、落井下石的做法，既违背新闻的原则，也不会得到采访对象的信任。

7. 在工作原则与私人友谊之间保持平衡

由于体育采访对象的相对固定性，记者很容易与特定的采访对象成为私人朋友，这对于记者的工作来说是很有必要的。但应当注意，这样的私人关系有时也会对记者的工作造成干扰和障碍，影响记者报道的客观性与公正性。一个好的体育记者总是能够在私人感情与工作原则中找到平衡的。记者既不是一个无情无义的人，也不是一个轻易放弃原则的人。

8. 在采访过程中多听多看而不是多讲

有的记者在采访中说话太多，以致影响采访任务的完成，有时还会引起采访对象或电视观众的反感（如果是在电视上直播采访的话）。记者应该养成这样的职业习惯：即使在闲聊的时候，也应当让采访对象多讲话而不是自己多讲话。要做好体育记者，先要学会做一名好的听众。

9. 不要忽视普通运动员和年轻运动员

体育记者不应只把眼睛盯住体育明星和公众人物。实际上，普通运动员也能提供很多重要信息，而且他们更容易打交道。另外，对年轻运动员应注意培养关系。因为也许两三年后，他们就可能成为球队的主力甚至是体育明星。而运动员出名后，记者要再与之建立关系将比出名前困难得多。

对于体育记者如何与信息提供者建立良好关系，美国《体育画报》的资深记者布鲁斯·谢尔瑞格提出了以下几点建议：

第一，要对信息提供者表达感激之情。“很多信息提供者并不乐意仅仅是被当做提供信息的工具。”

第二，要确认所获信息的可靠性。记者应经常留意信息提供者所说的话是否真实。对此，记者可以问一些已知答案的问题来确认这一点。

第三，关于录音设备的使用问题。信息提供者也有可能在采访过程中使用录音设备。所以，采访者与被采访者双方的谈话都必须谨慎。永远不要说出“我要从某人那里挖出什么内容”之类的话。需要注意的是，在美国的有些州，没有经过当事人允许而使用录音设备，属于违法的行为。

第四，出示你所做的报道。信息提供者只有在报纸上看到你的名字或你的文章时，他们才会相信你的身份并跟你联络。

第五，要核实你的信息提供者的背景。换句话说，信息提供者要具备提供信息的资格。你可以跟其他曾与该信息提供者有过交道的记者交流情况，了解

对方的可信度。

第六，把警察作为你的信息来源。不要让他们看出你了解多少情况。警察应当是“投手”而不是“捕球手”。他们常常会违背自己的承诺。当你手中有警察感兴趣的信息时，可以跟他们做一对一的交换。①

上述建议是记者在长期采访实践中总结出来的经验。虽然其中有些可能不适合我国的情况，但仍有可以借鉴的地方。体育记者只有不断地在实践中学习与总结，不断提高自己与采访对象打交道的技巧，才能有效地提高自己采访报道的能力。

（二）如何与各类采访对象打交道

1. 运动员

由于职业运动员与业余运动员有很大差异，因此不能一概而论。此处主要讨论记者如何与职业运动员打交道的问题。

运动员既是体育运动的主角，也是体育报道的主要对象。运动员对比赛以及发生在球场上、球队中以及队友和教练身上的事情最清楚，也最有发言权，因而是体育采访的主要信息提供者之一，是体育记者必须经常与之保持联系并经常采访的对象。运动员所提供的信息往往可能具有较高的新闻价值。所以，记者将公关功夫下在运动员身上不仅是必要的，也是值得的。

与教练员和体育官员相比，运动员是体育记者最容易打交道的群体。其原因在于运动员大多是年轻人，既不像很多教练那样城府很深，也不像体育官员那样谨慎世故。另外，运动员人数相对较多，记者采访的选择面也要大些。当然，对于一些已成为公众人物的职业体育明星而言，记者要与之打交道可能会格外困难一些。

一般而言，记者在与职业运动员打交道时，应注意采访对象身上可能表现出来的以下职业特征与其他特点，并有针对性地与之打交道。

（1）就运动员这一群体的整体性格来说，一般都比较直爽、开朗和单纯。他们对记者的职业都十分尊重，对记者的采访也较为配合，对记者也通常比较友好。只要记者有足够的机会接近他们，通常都能够与他们建立良好的工作关系。

（2）运动员群体主要是由年轻人构成的。因此，他们通常具有年轻人所特有的年龄特征和爱好。如果记者能够在其兴趣爱好方面与之交流，则容易与他们建立良好的关系。例如，大多数年轻运动员喜欢听流行音乐，看电影和电视，心目中有自己追捧的歌星和影星。如果记者能在这方面表现出与他们有共

① （美）布鲁斯·加里森等. 体育新闻报道［M］. 郝勤等译. 北京：华夏出版社，2000：36.

同兴趣，就很容易被他们所认同，成为好友，他们也乐于向记者提供所知道的有关信息。

(3) 运动员往往表现出其所从事的职业和项目的某些集体性格。由于长期从事某个运动项目的缘故，这些项目的某些特点也会对他们的群体性格产生明显影响。如射击运动员的性格要求与球类运动员就不同，前者要求安静沉稳，后者则要求勇猛泼辣。又如，从事单人项目如田径、游泳、羽毛球、乒乓球等项目的运动员与从事集体性项目如篮球、排球、足球等项目的运动员在性格上也有所差异，前者独立性更强，而后者集体感和团队意识更强。另外，同为球类运动的足球运动员与排球运动员，在群体性格上也有一定差异。前者由于是身体直接对抗项目，球员性格普遍勇猛剽悍；而后者在比赛时不发生身体直接冲撞对抗，因而性格相对温和，更富有合作精神。有时候，这种运动项目所影响的运动员群体性格上的差异可能会对记者的采访方式产生影响。如有些项目的运动员较为儒雅，而另一些项目的运动员则相对豪爽。对于体育记者来说，如何针对不同的采访对象采用不同的打交道方式，是需要认真总结的。

(4) 男子运动员与女子运动员在性格上有一定差异。相对而言，女子运动员较之男子运动员更易接近。她们通常不会拒绝记者的采访，对记者所提的问题一般会彬彬有礼地回答，但一般不会主动向记者提供信息。从采访的角度来说，记者从男子运动员那里更容易得到有价值的信息。而且记者一旦与男运动员成为朋友，就很容易保持经常的联系和长久的友谊。

(5) 老运动员与年轻运动员之间也有较大的差异。一般而言，老运动员见多识广，有与记者长期打交道的经验，该说什么不该说什么通常心中有数。但从另一角度来说，由于长期与记者打交道，老运动员又常与体育记者有着较深的关系与友谊，成为体育记者理想的信息提供者。年轻运动员则不同。他们一般没有什么资历，对记者也通常较为尊敬。只要记者肯接近他们，他们会很快成为记者的朋友。但因为年轻运动员了解情况有限，有时出于对教练员和老运动员的畏惧，他们可能难以向记者提供有用的信息。但考虑到未来将属于他们，记者花气力与他们打交道是值得的。

(6) 有些项目的职业运动员收入很高。记者在与这类运动员打交道时，较之其他运动员要困难一些。像现在各国的职业足球运动员、一些职业拳击运动员、美国NBA篮球运动员、网球运动员等，他们的收入不仅远远高于一般的工薪阶层，而且也高于其他很多项目的运动员。由于这类运动员及其所从事的运动和比赛常常又是体育新闻报道的重点，因此，体育记者应该研究这类运动员的心理特点，这样才能更好地与之打交道。

(7) 不少运动员文化水平偏低。由于职业的关系，不少运动员很小就从

事专业的体育训练，接受教育的程度和文化水平可能相对较低。尤其是在很多发展中国家，这种现象更为普遍。了解这一点，对于体育记者十分重要。在与运动员打交道或采访过程中，记者应将其学历特征和文化教育水平考虑进去。

基于运动员群体的以上特点，体育记者在与运动员打交道时应注意以下几点：

（1）对所要采访的运动员的项目应有足够的了解。记者对运动员所从事的项目越了解，就越容易与采访对象沟通，并得到运动员的尊重。这就要求体育记者必须熟悉体育，甚至具有一些非常专业的知识。这会使运动员认为记者是内行，并乐于向记者谈论自己的比赛与训练。一般而言，运动员内心很不愿与那些对自己所从事的运动知之不多甚至一无所知的记者交谈。

（2）体育记者必须尽可能多地参与球队的训练和其他活动。经常接近和接触运动员，有利于增进记者与运动员的关系。一般而言，如果球队的训练是对外公开的，那么记者每周至少应该去一次。如果球队每周安排一次机会跟媒体交流，则记者都应该到场。在很多时候，尽管记者在这类场合并没有采到什么新闻，但只要和自己的采访对象多见一次面，也会增加对方的信任感和认同感。毫无疑问，运动员对记者越熟悉，他们就会觉得越自在，也就更愿意提供有用的信息。

（3）与运动员交往和交谈时，记者应尽可能用较为直接的方式。由于职业特征与性格特征，运动员交朋友和处理人际关系时一般比较喜欢相对直接的方式，而不喜欢那种拐弯抹角的方式。例如，在向运动员提问时，用直插主题的直问式就比侧问和反问的效果好。

（4）与运动员交往时，要注意在私人友情与记者职业之间保持平衡。有时候，有意识地与采访对象保持一段距离反而有利于记者的工作。体育记者比较忌讳的是与一些运动员成为酒肉朋友。这不但会影响记者的工作，更重要的是，如果被采访者将记者视为酒肉之徒，他对记者的职业尊重也就荡然无存了，这样，记者也就很难采访到真正有价值的新闻了。《美联社体育新闻报道手册》就此提醒说："体育记者，特别是专项报道记者，在处理运动员、经纪人、企业家和其他相关人士的关系时，要掌握好态度友好和称兄道弟之间的界限。"美联社体育记者特里·泰勒指出："你没有把你知道的都写出来。因为你一个人都不想伤害。你想让他们都喜欢你。这种做法是危险的。"他还指出："应该建立一种职业化的关系。专项报道记者也许会写一些不愉快的，但却是真实和客观的事情。这是我们的工作准则。你写报道并不是为了交什么朋友。你被派到那里去是为了如实报道。有时候这个界限并不清晰。公众有权知道发生的一切，这种权利不容置疑。如果我们采访比赛之后写出的文章像情

书，我们自己会因此变得毫无价值。”①

（5）注意运动员的感受和情绪。由于职业特征，运动员一般心理压力比较大。尤其是在赛前、比赛失利、比赛中出现重大个人失误、打不上主力、与教练员关系紧张等情况下更是如此。此时，记者应特别注意。一般而言，比赛胜方与比赛负方更易接受采访，主力队员较之替补队员更易接受采访，主队较之客队更易采访，冷门项目的运动员较之热门项目的运动员更易采访，普通运动员较之体育明星更易采访。

（6）关注普通运动员。从信息源的角度来看，如果记者要了解一支球队的情况，一位普通球员与体育明星所能提供的信息是完全一样的。所不同的是，采访普通球员比采访体育明星容易得多。因此，对于体育记者来说，眼睛不应只盯在几个体育明星身上。那些普通运动员、年轻运动员和替补运动员也同样应予以关注。另外还应注意的是，今天的替补运动员或年轻运动员明天就可能成为球队的主力甚至是明星。记者与他们搞好关系，从某种意义上讲是一种对未来的投资行为。

（7）注意从运动员那里所获的信息的可信度。体育记者应记住，对于运动员提供的信息不能照单全收，未加核实地使用。记者应该考虑到，有时候出于各种原因，运动员提供给记者的消息可能是不真实的。例如，对于某场比赛的首发阵容安排，运动员可能并不了解教练的意图，只是凭借自己的猜想或上一场比赛的经验向记者提供有关信息。如果记者将其登出而实际情况有变，就会造成被动。因此，体育记者一定要对从运动员那里所获得的信息进行仔细的核实，谨慎对待。

（8）很多俱乐部和教练出于各种考虑，会在运动员和记者之间设置障碍，甚至完全阻止记者接近运动员。有时候，俱乐部或教练甚至会因为某位运动员涉嫌向记者透露情况而给予处分。在这种情况下，记者应注意理解和保护运动员。例如，为了保护一个信息源，记者对一些不重要的稿件可以不发，或至少要做较大的修改，使别人看不出信息提供者到底是谁。体育记者应当记住，要建立和维护一个有价值的信息源比放弃和失去一个信息源要困难得多。

下面是《华盛顿邮报》体育记者托马斯·博斯韦尔在其著作《为什么时间始于开幕之日》中提出来的观点。他提出体育记者看比赛的正确方法是多从运动员的角度看问题。博斯韦尔写的是棒球报道，但是他的建议适用于记者报道的大多数项目。

① （美）史蒂夫·威尔斯坦. 美联社体育新闻报道手册［M］. 北京：中央编译出版社，2004：22.

判断要慢。不要在少于一个月的时间内对一位运动员做出判断……在你将所有相关情况收集起来之前，你必须看到一位运动员有竞技状态极好、低落和平庸的时候。

假定人人都在合理地努力。付出110%的努力，将会对多数运动员产生反效果；付出80%的努力做事情通常是合适的。

即使最奇异的体能问题也要原谅。人们假设，每一位运动员在体能上能够完成赋予他们的任务。但如果他不能做到，那不是他的错。他的问题应当是处在一位职业运动员正常的差错范围之内。

严格判断主观错误。区别一个错误是有意造成的还是无意造成的。

更多地关注平凡之事，而不是非凡之举。连贯的必要性通常大于对灵感的需要。

更多地关注博弈理论，而不是比赛结果。不要让你的评价过多地集中在最后比分上。如果一支球队输掉了一场比赛，但是恰当地使用了资源，那么，该球队就会经常完全忽视失利。运动员们会说：我们什么都做对了，就是没有赢。

记住运动员总是最清楚他们如何比赛。在技术层面上，他们极少会糊弄自己——因为代价太高了。

等待高潮到来，而不要姗姗来迟或踩着点来。记住，刚刚过去的东西几乎总是序幕。①

2. 教练员

在体育新闻报道中，教练员是极为重要的新闻信息源。对于一支球队或像田径、体操、游泳这样的体育代表队而言，教练掌握着全面的情况，对运动员的情况也很熟悉。另外，教练员对于一场比赛的看法、打算和安排，对于对方实力的评估，对于发生在体育圈内某个事件的看法等，都可能具有较大的新闻价值。与运动员相比，体育记者与教练员打交道可能最为集中，打交道的方式也有较大的差异。掌握与教练员打交道的一些规律，对于体育记者来说是很有用处的。

记者在与教练员打交道时，应了解教练员的普遍特点：

(1) 教练员是成年人，具有一定的社会经验和经历，待人接物比较成熟。对于体育记者的采访工作而言，教练员的这一特点通常能使记者得到礼貌而善意的接待，但同时也使记者常常难以从教练员那里得到所想要的信息。

(2) 由于教练员的职业具有一定教师的性质，其中绝大多数人都具有强

① (美) 梅尔文·门彻. 新闻报道与写作［M］. 北京：华夏出版社，2003：557.

烈的事业心和责任感，并较为注意自我的社会形象。因此，他们对记者在媒体上如何报道自己十分在意。如果某教练认为记者对自己的报道是正面的，有利于他的形象，则记者以后与其打交道就会变得容易。反之，如果教练员感到记者的某次报道有失准确，损害了自身的形象，则将在以后很长时间内可能拒绝该记者的采访。

（3）绝大多数教练员以前是运动员，他们很多人身上会或多或少地表现出一些运动员的性格特征，如性情开朗、耿直、豪爽、比较感情化等。但要注意，一般而言，越年轻的教练员身上的这些运动员性格可能越明显一些；相反，年龄越老的教练员可能更理性、稳重和城府很深。

（4）教练员，尤其是职业运动的教练员是所从事的运动项目的权威，具有较深的专业知识、技能与经验，对该运动项目最为了解，对其所在的行业圈子也最为熟悉，消息也很灵通。因此，记者不仅要关注身处一线的教练员，那些已退役的教练员或暂时没有带队的教练员有时也能给记者很大帮助，成为记者的信息源。

（5）教练员所处的职位和承担的责任使他对运动队的全面情况最为了解。这一点是运动员所不及的。教练员的职责使他对运动队的训练与比赛拥有最高权力。记者能从教练员口中得到在运动员那里所得不到的重要信息。例如，对一场重要比赛的首发阵容安排，运动员可能会在比赛前才得到自己是否第一个上场的消息，而教练员在此之前就可能出于某种动机向媒体透露了他本人的安排。

（6）教练员所说的话通常具有权威性，能够直接被引用于报道中。一般而言，记者对运动员所提供的信息应当谨慎。但教练员的身份与职责使其所提供的信息往往有很高的可信度，记者在报道中引用顾虑要少些。

（7）教练员也有普通教练员与著名教练员之分。普通教练员一般较好采访，而著名教练员因其是舆论关注的对象，其所说的话影响较大，因而他们一般不轻易接受记者采访，或者即使是接受采访也出言谨慎。

根据以上特点，记者在与教练员建立和维护良好工作关系的过程中应注意以下几点：

（1）建立良好的第一印象。记者与教练员的第一次接触最好是直接和面对面的。如果只能采用打电话的方式，那么记者应该有礼貌地介绍自己的身份，并询问对方是否有时间可以谈谈，然后解释自己想了解什么情况。另外，记者在与教练员打交道时，要注意自己的穿着仪表和言谈举止。如果在一开始记者就给某位教练员心目中留下了不好的印象，那就很难在以后与之打交道，更难以获得单独采访的机会。

（2）了解对方的专业。记者在与教练接触之前，必须对其本人及其所带

领的运动队以及所从事的项目有所了解。如果事先对这些情况一无所知，老说些外行话，那就很难给对方留下什么好印象。有时甚至会让采访对象对记者的职业精神与业务能力产生怀疑，因而不愿与记者打交道。因此，记者在采访前收集和积累有关知识和信息是十分重要的。如果确实没办法做到这一点，记者对此应该表示歉意，坦陈自己是外行，并虚心向对方请教。

(3) 坦诚相待。由于双方的工作性质和所处的立场不同，记者与教练员要想永远一团和气是不太现实的，发生磕磕碰碰的事总是难免的。处理这类事情最好的办法就是坦诚以待，争取对方的理解。例如，记者要对某支球队或某个运动员做批评性的报道，那么，最好向教练员说明为什么要报道这些问题。当然，这么做的后果也有可能得不到教练员的正面回应，但起码做了沟通工作比不做沟通工作更容易得到对方的理解。更重要的是，记者如果通过某些不诚实的手段来获取信息，或者其报道的内容使教练员产生了受欺骗的感觉，就会对双方今后的合作造成毁灭性的损害。而坦诚才是避免这种后果的最佳选择。

(4) 经常保持联络。这种联络并不一定与比赛相关，也不一定只限于赛季期间。在报道某个会议的时候，记者应该与在场所有球队的教练保持联系。因为这个赛季名次不好的球队并不说明下个赛季成绩就一定不好。忽略与成绩不佳球队的教练保持关系，有可能对将来的报道造成很坏的影响。同样，在球队失利的时候，尤其应注意给教练以理解和公正报道，这样会增进教练对记者的信任。

(5) 注意核实信息。在与教练员打交道的时候，记者应注意教练也可能会利用记者。他们或是借用记者的报道来刺激队员，或是用其来迷惑对手。更多的情况是，教练对记者报喜不报忧，只选择对自己有利的信息提供给记者。事实上，不管记者多么努力地维护与教练的关系，他们两者之间的目标都很难保持一致。记者的目的是尽可能真实准确地展示事实真相，而教练的目的则是球队的利益与成绩。因此，记者在与教练打交道时，应注意判别对方所提供的信息是否真实和客观。

3. 体育明星与名人

作为一名体育记者，不可避免地要与一个特殊群体打交道，这就是体育明星、著名运动员、著名教练员或高级体育官员。记者会发现，与普通体育界人士相比，与这些体育明星或名人打交道要难得多。这些人不仅经常拒绝记者的采访，有的体育明星甚至还公开对记者表示敌意。但是，由于这些体育明星或名人本身拥有巨大的新闻价值，即使遭受冷遇甚至敌视，体育记者仍然必须与他们打交道。

在与体育明星或名人打交道时，要注意哪些问题呢？

（1）以平常心相待。记者应将体育明星和著名运动员看作是平常的人而不是神。从本质上来说，体育明星和常人没有什么本质区别，他们同样具有普通人的感情、需要、爱好和所有的喜怒哀乐。因此，记者与普通球迷和“追星族”的最重要区别在于，他们并不将体育明星看作是什么神秘人物或者是一群稀奇古怪的人，而只是将其视为自己的工作对象。因此，在一般情况下，记者应避免诸如索要球员签名这类行为。即使是再大牌的明星，记者在其面前也应保持职业的态度与尊严，让对方感觉到自己是在与一位职业人士打交道而不是与其“追星族”或崇拜者打交道。

（2）理解对方的压力。记者应理解体育明星和著名教练员是一群生活在巨大压力之下的特殊群体。由于体育比赛的残酷性和人们对体育明星的期待，更由于作为公众人物时刻面临着来自传媒和舆论的关注，体育明星和其他体育界著名人物常常生活在普通人所难以体会的巨大压力之下。因此，他们的行为有一些与众不同之处是完全可以理解的。记者在与之打交道时，应以宽容和理解的态度对待他们，而不应对一些小事过于计较。如果记者老是因为某位明星或某位教练曾对自己态度不好而耿耿于怀，就会影响自己的采访和报道工作。

（3）注意体育明星的年龄特征。无论从智力还是从身体成长的角度来看，一些年轻的体育明星实际上还是孩子。他们和一般的同龄人相比，仅仅是在某种专业上获得了巨大的成功和名气。虽然有些人会因此而对其个人性格和行为产生影响，但总的来说，其他同龄人身上具有的特点和需要，他们都会有。例如，某些项目如体操、跳水等运动员出名很早，可能才13~14岁就得了世界冠军。对待这类运动员，记者应注意青少年心理的某些特点，不要以对待成年人的方式来对待他们。

（4）和体育明星交朋友。只有当记者用越人性、越平常、越职业的心态与方式来接近体育名人时，才越容易获得他们的信任。如果是一位新参加工作的体育记者，最好的办法就是经常去训练场，找机会与运动员们寒暄一两句，或请老记者帮忙引见引见。体育记者只有常与自己的采访对象待在一块儿，与他们交朋友，才能使他们对记者熟悉起来，了解记者的工作，并愿意与记者合作。

（5）做好充分的准备。在初次与一位体育明星打交道时，记者最好先阅读一些关于这些采访对象的有关资料，或者向其他有经验的老记者打听一下对方的性格、爱好、习惯等有关情况，了解采访对象的背景。这样可以做到在采访中随机应变，见机行事，同时也可以让对方产生好的印象。

在长期的体育新闻报道实践中，老一代体育记者们积累了大量与体育界名人打交道的经验与技巧。他们总是能够在一些看似十分困难的情况下，圆满地

完成采访任务。

刘斌是《中国体育报》国际部的主任和资深记者。她曾谈到自己采访前苏联体育领导人、国际奥委会俄罗斯委员斯米尔诺夫和俄罗斯著名体操运动员霍尔金娜的经历。这些采访经历是极富启发性的。

一次，刘斌受命采访国际奥委会第一副主席、俄罗斯奥委会主席斯米尔诺夫。由于对方位高权重，是前苏联体育界与国际奥委会的重量级人物，其秘书一口便拒绝了采访。后经人介绍，刘斌好不容易才从《苏联体育报》总编处拿到了斯米尔诺夫的电话号码。没想到一打通电话，对方便粗暴地打断她的问话，严厉追问她从哪里得来的电话号码。这时刘斌没有退缩，而是迅速整理了一下思路，说明她是中国来的记者，《中国体育报》是中国唯一的体育专业报，数十万读者希望了解俄罗斯，想听听主席先生的观点。听记者这样一说，对方的语气就变了，显得十分和蔼。但他提议让他的第一副主席来接受采访。这时记者没有放弃，而是趁热打铁地向对方说他在中国很有知名度，所以她只想采访主席先生本人而不是别的什么人。听记者这样说后，斯米尔诺夫终于答应了记者的采访要求。

刘斌事后深有感触地说："采访名人是要讲究诀窍的，要做周密的安排，还要有锲而不舍的精神。如果缺乏毅力，往往会前功尽弃，这是我从多年的新闻工作中悟出的一个道理。"下面再看另一个例子：

在1998年日本世界杯体操赛的采访过程中，刘斌受命采访有"冰美人"之称的俄罗斯体操名将霍尔金娜。这位国际上名气极大的体操明星的脾气之大是出了名的，有时，她连对自己的教练说话也不客气。刘斌知道要直接采访这位刺头儿是不行的，便采取了迂回战术，先去采访其教练皮尔金，从他那里了解了霍尔金娜本人的详细情况，并由此想好了要问的问题。在采访霍尔金娜时，刘斌胸有成竹，有备而来，先从她家乡别洛戈尔斯克谈起，谈到她的父母亲，谈到她爱好写作以及她的穿戴，就是不谈比赛训练。霍尔金娜开始也很冷淡，但听到记者对她这么了解，便逐渐拉近了距离，态度也诚恳了，不仅接受了记者的采访，而且还难得地谈到了她的爱情，到最后，甚至诚恳地接受了记者关于她应当尊重其教练的批评建议。这样，记者圆满地完成了一次"不可能完成的任务"。①

4. 其他体育人士

除了教练员和运动员外，还有一些体育记者经常与之打交道的对象，主要包括以下一些人员：

（1）体育官员。体育官员是指各级体育部门的负责人和管理人员、各体

① 何慧娴. 百名中国体育记者自述［M］. 北京：人民体育出版社，2000：121.

育组织和俱乐部的负责人、新闻发布官及管理人员等。由于媒体意识不断加强，记者在同各级体育部门、各类体育组织和职业俱乐部打交道时，首先就要和这样一些官员和管理人员打交道。例如，现在职业俱乐部一般都设有专门的新闻发言人，其职责就是专门与记者和媒体打交道。从体育记者的角度来说，与体育官员或新闻发言人打交道的频率是很高的。因为他们的工作就是向记者发布有关信息，是体育记者一个重要的消息来源。由于职务所在，体育官员通常对记者感兴趣的问题比较了解，并知道哪些内容可以提供给记者，哪些应对记者保密。正因为如此，体育官员大多比较圆滑老练，一方面，他们提供给记者的信息一般可信度较高，可以直接用于报道，但另一方面，他们所能提供给记者的信息又大多是些“大路货”。记者一般不可能从体育官员那里得到独家采访材料，也很难得到有很高新闻价值的信息。另外，记者在与体育官员特别是体育界的公关人员打交道时，应该保持清醒的头脑。因为这些人毕竟是这些体育组织所雇用的职员，其立场和位置决定了他们绝不会主动把一些敏感的或负面的事实透露给记者。在这种情况下，记者就必须另想办法来了解事实的真相。

（2）体育经纪人。随着职业体育的发展，一种专门在俱乐部与运动员之间进行中介活动以收取报酬的职业应运而生。每年到了转会季节或有了运动员购入或转会事务时，这类中介人往往成为主角。为了及时报道运动员转会消息，记者免不了要与这些经纪人打交道。一般而言，体育经纪人是一种特殊的商人，他们通常有很高的商业运作能力和公关能力，也很善于利用新闻媒体来达到自己的目的。记者与这类人打交道时，应了解其工作性质，注意分析辨别其所说的究竟是实情还是一种商业推销。

（3）运动员家属。有时候，运动员的父母和亲属是很好的信息源。例如，某运动员夺取奥运会等重大比赛冠军后，媒体记者通常会采访其家属，向公众全面报道运动员的家庭、生活、成长等各方面情况。有时，运动员也可能将自己的一些想法和近况告诉父母和亲属，使记者能够间接知道一些有关运动员的近况和消息。记者在与运动员家属打交道时，应注意让他们了解自己的动机和工作，以取得家属的信任。如果能有平常积累的关系，就更有利于采访。一般而言，运动员的父母和亲属都以其为荣，只要获得信任，他们是不会吝于提供记者所想要了解的信息的。

（4）体育迷与球迷。对于记者而言，体育迷或球迷是最好打交道的。因为他们往往希望借记者和媒体的窗口来反映他们的看法与观点。不过记者要注意，在与体育迷或球迷打交道时，面对的是一个复杂的群体，他们中间可能有各种各样职业、年龄、性格、倾向、立场以及看法和观点。如球迷很可能会反感和拒绝一位他们不喜欢其报道内容和方式的记者。记者在与球迷群体打交道时，可以通过他们的球迷组织，也可以有意识地进行一些选择。

表 3-1　体育报道的主要新闻源①

低年级学校队	高中队	大学队	职业队	业余队
主教练	主教练	主教练	主教练	主教练
运动员父母	运动员	运动员	运动员	运动员父母
	运动项目管理者	运动项目管理者	运动项目管理者	运动员
运动队官员	竞技部主任	竞技部主任	竞技部主任	运动项目管理者
	新闻发布官	新闻发布官	新闻发布官	竞技部主任
	拉拉队俱乐部	拉拉队俱乐部	球队老板	新闻发布官
	已退役运动员	已退役运动员	球迷俱乐部	拉拉队俱乐部
	训练员	训练员	已退役运动员	已退役运动员
	队医	队医	训练员	训练员
			队医	队医

二、如何收集图文资料

收集和查阅图文资料对于体育记者来说是十分重要的。要做好体育报道，记者就不能只注意对人的采访。那些“非人的”或“物质性的”信息来源也是不容忽视的。搜集与查阅图文资料，也是体育记者做好报道的基本功之一。例如，在一场重要比赛的报道中，观众希望通过媒体来了解有关比赛的背景，如两队历史上相遇的情况、双方主要队员的情况、两队的战术打法和风格、本赛季甚至前几个赛季两队的战绩和人员变化等。如果是体育博彩的爱好者，就更希望从记者的报道中得到有关信息，以作为购买彩票和下注的根据。这些都要求记者经常收集与查阅有关图文资料，以应报道之用。另外，在面对面的采访中，体育记者事先收集和阅读采访对象的背景资料是非常必要的。如果一位记者在事先收集和阅读了有关采访对象的资料，就能对采访对象的性格、爱好、习惯等有较多的了解，从而在采访中做到有备而来，心中有数，并博得采访对象的好感，有利于采访报道。

① （美）布鲁斯·加里森等．体育新闻报道［M］．郝勤等译．北京：华夏出版社，2000：38．

对体育记者来说，收集查阅有关图文资料的主要方法有：

1. 收集剪报

养成收集剪报的习惯，对体育记者来说非常重要。剪报应该是体育记者收集资料最好的办法。作为记者，平时应有意识地将那些可能对报道工作有用的资料剪辑下来，收集整理并加以归类。例如，将报纸上有关某场重要比赛的报道或某位明星的表现情况剪辑保存下来，就有助于使记者在以后的采访中有针对性地提出问题。又如记者在采访中经常会提出类似问题："在上届世界杯半决赛中，你踢进了至关重要的一球，你认为本届世界杯上你还会有如此优异的表现吗？""去年你队在联赛的最后阶段遭受了三连败，以致与冠军无缘，你认为今年你们还会重蹈覆辙吗？""在某年某赛季你们两个队之间展开的保级大战中，你们曾输给了对方。这次你认为会重蹈覆辙吗？"如此等等。上述问题本身都体现了记者的职业性和水平。但是，这些都可能不是光靠记忆可以应付的，最好的办法就是记者平时收集剪报并加以归类，以供临时所需。

体育记者收集剪报的一个很好的方式是将自己报纸的有关体育报道收集起来，并加以剪辑整理，同时还应顺便将自己写的报道加以保存。但如果是地方综合性日报的体育记者，最好还是自己订一份专业体育报。因为那里面不仅有记者所在城市或地区球队的报道，而且有其他项目、赛事、赛场、球队、球员等方面的报道。保存并剪辑这些资料，会使你的资料收集更完整，使用起来也更方便。

收集剪报的一个重要方面是如何归类。一般而言，记者可以按项目、球队、人物、年代、赛季等加以归类，也可以按自己喜欢和方便的办法来归类。其原则是便于迅速查找。

2. 做好并保存采访笔记

采访笔记是记者本人的采访记录。这些笔记不仅可以作为当时报道的材料，同样也是极富价值的个人资料。比如，记者可能会在几年中对某位著名运动员参加的不同比赛进行多次采访，将这些不同时间和赛事的采访笔记综合起来，就成为了解这位运动员的珍贵资料。在采访中，记者可以据此提出很有价值的问题，并写出关于这位运动员的独家且富有深度的人物通讯和评论。正因为如此，很多老体育记者十分重视写好和保存采访笔记，并将其视为一笔极有价值的财富。

做采访笔记要注意以下几点：

(1) 内容尽可能详尽，不要怕麻烦。今天稍微麻烦一点，明天就会方便许多。在很多情况下，记者在报道中可能并不需要十分详尽的情况，但考虑到以后报道所需，记者应多花一点功夫将采访笔记写得详尽一些。例如，记者在对某体育明星做采访时，对方的神态、性格、习惯、表情、爱好等可能在当时看来并不重要，但考虑到这些内容对于以后写人物通讯和特写可能是很好的第一手资料，记者就应该不辞辛苦将这些细节记下来。如果采访的当天工作很忙，可以在晚上的空余时间凭印象补记下来。

（2）注意不要漏掉各种新闻要素。作为资料使用的采访笔记一定要将采访的时间、地点、人物、事情以及一些基本的相关信息详细记录下来，以避免因时间久远而无法保留完整的信息。

（3）对采访笔记要注意保管，不要遗失。

3. 查询网上资料

随着网络技术的发展，现在网上资料十分丰富，这给体育记者收集资料和查询工作提供了很大的便利。利用互联网来查找资料，尤其是利用 Google、百度、搜狗等搜索引擎来查询资料，已成为体育记者的基本工作方式。但是，体育记者在网上收集查询资料要注意以下几点：

（1）注意网站的权威性。现在很多重要的体育机构，如国际奥委会、国际各单项运动联合会都有自己的官方网站，上面所发布的消息都具有相当的权威性。另外，像新华社、法新社、美联社、路透社等国内外著名通讯社网站上也会发布重要的体育新闻消息。体育记者在收集有关报道资料时，应以这些具有权威性的网站信息为主。

（2）注意核实网络信息的真实性。在使用网络信息作为报道的信息源时，如果不是来自权威网站的消息，记者应注意通过各种方法核实其信息的真实性。

（3）网上资料取代不了剪报，更不能取代个人采访笔记。对于体育记者收集和保存资料而言，尽管网上信息有刷新快、更换快等特点，但还不能完全取代剪报的作用。另外，网上信息都是公众信息，虽然可以作为资料使用，却不能代替记者个人的采访笔记。

4. 图书馆、档案馆、资料室

对于一些大型报道、深度报道和人物报道的采访和写作而言，这些地方可以提供记者所需要的书籍、杂志、报纸、文档等资料。体育记者到这些地方查阅资料时，应注意以下几点：

（1）注意查找索引与目录。如果记者能了解一些书刊分类和索引查询方法，将对其资料查询工作很有帮助。

（2）注意资料的权威性和真实性。比如，作者将自己的回忆录作为第一手材料，也许比其他人的著作更可贵，同时可能也存在客观性和真实性问题。

（3）摘抄卡片。对于重要的资料要养成摘抄卡片的习惯，这虽然要花一定时间，但却很有用。如记者在采访和报道中常要用上某位著名运动员的年龄、身高、家庭、入队时间、转会情况、经典性比赛等基本的个人资料，如果

手里有卡片，就能很快查到。如果能将这些卡片信息存在自己的手提电脑中，则更为方便。

二、如何在体育采访中提问

通过语言交流的形式采访，是体育记者最主要的采访方式之一。由于体育记者采访对象和环境的特殊性，如何在采访中提问是一个值得研究的问题。

在前面“体育采访的方法”一节中已经涉及一些问话的方法，下面再对体育采访的一些提问技巧加以介绍。

（一）体育采访提问的一些基本技巧

在体育采访中，掌握提问的技巧是十分重要的。一位有经验的记者总是能够在最恰当的时候提出最恰当的问题，并总是能够得到他想知道的东西。而那些新参加工作的记者却难以做到这一点。下面是一些在体育采访中提问的技巧与经验：

(1) 记者不要向采访对象提出对答案有诱导性或预设性的问题。例如，当一场重要比赛结束后，我们常常听见记者问运动员：“比赛赢了很高兴吧？”“你为比赛的失利感到难受吗？”等等。对这样的问题，你所能听到的很可能只是“是的，我很高兴”、“是的，我感到难受”一类与问题完全相同的回答。而这样的回答实际上没有任何意义，也不能为记者的报道提供任何有价值的信息。

(2) 记者应注意在提问中避免使用含混不清的语言。记者的提问一定要把问题说清楚，以免对方难以理解或发生误会。例如，在某次足球比赛结束后的新闻发布会上，某记者所提的问题是：“请你评价一下4-4-2站位。”这个问题使被采访者完全糊涂了：你是要我评价4-4-2阵型呢，还是要我谈本队为何采用4-4-2阵型？如果是前者，应该在体育学院的课堂上讲；如果是后者，则是一个非常专业的问题，我没有必要，也没有时间在这里跟你讲。结果这位记者什么回答也没有得到。

(3) 不要提重复的问题。这是在新闻发布会上经常遇到的场景：一位记者刚提了一个问题，另一位记者又站起来问同样的问题。这不仅浪费了宝贵的提问机会，还会使被采访者觉得记者不专业。因此，除非对方第一次没有回答，否则不要再问同一个问题，或是以不同的方式重复同样的问题。

(4) 在私下或单独采访的场合可以向采访对象请教一些专业问题。在这种情况下，因为记者是将教练员和运动员当专家看待，因此对方一般会乐于解答。记者不应害怕向教练员或运动员请教有关比赛的基本知识问题，如“什么叫双后腰战术”“什么叫三角战术”之类的问题。一方面，对基本知识的不

了解会导致报道不准确，记者也可以从这些问题中学到很多体育知识；另一方面，教练员或运动员会在这时候感觉到记者是谦虚的和专业的，因而对其留下良好的印象。当然，这类问题最好在记者单独采访的场合下提出。

（5）要反复对新闻要素进行核对。在记者的采访中，一定要反复就报道中的“4W”进行认真核对。新闻报道的“4W”（即何时、何人、何地、何事）是绝不能出错的，否则会造成负面影响。因此，记者在提问过程中，要反复向被采访者核实被采访者所提供的人名、地名、队名、比赛名称、举行时间、举行地点等。另外，生僻的单字或不熟悉的单词以及数字也要再三核实。对这类问题不妨多问对方几次。

（6）注意提问的方式。在体育采访中要注意提问的态度和效果。由于体育采访的对象大多是记者要长期打交道的人，因此不要采取咄咄逼人或纠缠不休的方式，以免引起被采访者的反感。另外，提问应言简意赅，条理清楚，问到点子上。有些记者上来就呱呱地提一大堆问题，结果直到最后对方也不知道该回答些什么。由于体育采访的特点，记者提问时，说话节奏快一点并无妨，但所提问题一定要简明扼要，清楚适当，不要超过采访对象的承受能力。

（7）不要多说要多听。由于体育记者的职业特点，有的体育记者在采访时会不由自主地就某个感兴趣的问题发表自己的看法，说的甚至比被采访者所说的还多。对于记者的职业来说，喧宾夺主、喋喋不休、唠唠叨叨都是大忌。记者的工作是倾听而不是倾诉。毫无疑问，记者的重点应放在被采访的人身上，而不是记者自己。

（8）集中注意力听对方讲话。记者向被采访者提问时，要直视对方的眼睛，不要东张西望或做其他的事情。手机最好关掉或设置为震动。当对方感觉到记者是在全神贯注地倾听自己的说话时，他就会很好地配合记者的采访。反之，如果被采访者感觉到记者并不重视自己的话，他就会慢待记者的采访。

（二）开放式提问与封闭式提问在体育采访中的运用

体育记者在采访前，应根据具体情况来决定提问的方式。一般而言，记者提问的基本形式有两类：一是开放式提问，二是封闭式提问。实际上，“开放”或“封闭”指的是记者希望让采访对象回答问题的方式，而与问题本身并没有多大关系。

开放式提问，又称为“自由回答问题”或“无限制问题”，其特点是让被采访者用自己的话来回答问题。封闭式提问，也称为“限制性问题”，其特点是要求回答问题的人从一系列选项中选出自己的答案。这类问题就限制了答案的形式、长度和内容。最有代表性的封闭式问题就是法庭上律师要求证人所作的回答，只能是“是”或“不是”。

下面的例子能够更充分地显示这两种提问方式的不同之处：

A. 开放式

球队在本赛季比赛中保级失败后，作为教练，你认为主要原因是什么？

B. 封闭式

球队在本赛季比赛中保级失败后，作为教练，你认为你与队员以及俱乐部之间，谁应负主要责任？

A. 开放式

在球队赛前准备会上，球员们对这场比赛有什么看法？

B. 封闭式

在球队赛前准备会上，球员们是认为对手实力强大呢，还是觉得对手不堪一击？

在体育采访中，是运用开放式提问还是封闭式提问要根据具体情况而定。在确定采用开放式提问还是封闭式提问的时候，记者通常应考虑以下因素：

(1) 采访目的。

(2) 采访对象对信息的了解程度和回答问题的能力。

(3) 采访对象当时的情绪与态度。

(4) 采访的环境与时间限制。

一般而言，由于开放式提问具有回答较为自由宽广和轻松散漫的特征，较适用于赛前或赛后的新闻发布会、非赛事现场的采访等。而封闭式提问具有准确简练、问题集中、单刀直入的特点，较适合于赛间采访和一些特殊场合的采访。体育记者应掌握这两类提问的特点，在采访中灵活使用。

(三) 灵活使用正问、侧问、反问等方法

记者采访的提问方法和技巧很多，下面仅对几种主要的方法技巧在体育采访中的运用略作介绍。

1. 正问法在体育采访中的运用

正问法即从正面直接提问。这种方法的特点是开门见山、直截了当、明快利索。在体育采访中，这种方式通常较适用于以下情况：

(1) 体育官员、教练员、老运动员以及记者较为熟悉的采访对象。这些采访对象一般具有相当的社交经验和社会经历，顺应能力、理解能力和应对能力较强，对记者的提问往往能够直接回答。

(2) 赛间采访、有截稿时间限制的采访、新闻发布会及其他时间较紧迫的采访场合。由于时间的限制，不容许记者拐弯抹角地提问题。在这种情况下，采用正问法是最好的选择。

（3）电话采访。很多人不喜欢“煲电话粥”，长途电话更会产生费用问题。因此，记者在进行电话采访时，应直截了当、长话短说。

记者采用正问法提问时，应注意采访的时机与场合，并要注意不要问得太直白，以免引起采访对象的不快。如当球队比赛失利的时候，教练员和运动员可能心情不好。这时如记者提出的问题太直白，如问“请你谈谈你对输球负有什么责任”之类的问题，会令对方尴尬和不快，破坏采访气氛。

2. 侧问法在体育采访中的运用

侧问法又称迂问法，即从问题的侧面切入，运用启发、诱导等技巧，使采访对象回答记者所提出的问题。在体育采访中，侧问法通常用于以下情况：

（1）一些运动员，特别是年轻运动员在面对记者采访时，会感到紧张拘束，词不达意。这时记者可以先与对方拉拉家常，谈谈其他轻松一点的话题，使对方放松。

（2）记者首次采访某位教练员或运动员时，由于双方比较陌生，会感到拘束，这时采用侧问法进入采访，会起到较好作用。

（3）在某些场合下，教练员、运动员会因种种原因不愿回答记者正面提出的问题。这时采用侧问法，常可以起到诱导回答的作用。

（4）在采访中，对方因时间久远而对某事想不起时，可以采用侧问法，诱发对方的记忆。

（5）由于侧问法需要一些时间，因此在体育采访中一般多用于非比赛现场的采访中。

3. 反问法在体育采访中的运用

反问法，即记者通过一定强度的刺激设问，促使采访对象的感觉由“要我谈”转变为“我要谈”，从而主动回答记者的提问。其中又分为设问法、激问法和错问法等。

在体育采访中，反问法通常适用于以下情况：

（1）对体育明星、著名教练员或高级体育官员的采访。由于这些公众人物常常面对媒体和公众，或自恃身份和地位高贵，因此可能不愿接受采访，或即使在采访中也不愿多谈。这时采用反问法，常会有好的效果。如“有人说你现在老了，打球的状态大不如从前，你是如何看的?”虽然此时采访对象的竞技状态并没有说的那样糟糕，但由于运动员，特别是体育明星都有不服输和不服老的性格，这样的问话可能会激起他反驳的欲望。

（2）一些运动员或教练员的性格比较谦虚内向，不爱接受采访，或接受采访也不愿多谈，这时采用反问法有可能使采访顺利一些。如“这场比赛的对手实力并不强，但他们却声称一定能打败你，请问你对此有何看法?”出于职业特征，再含蓄的教练员内心都充满求胜的欲望和斗志，因此，尽管他可能知道对手在赛前发表鼓舞士气的话本是正常的，但此时经记者之口复述出来，仍能产生一定的刺激作用，使他有可能对即将到来的比赛发表自己的看法。

（3）反问法一般多用于开放式提问中，记者常希望借此来打破采访僵局或激发采访对象多谈一点。因此，在赛间采访和其他有时间限制的采访中，多用正问法，而反问法可用于新闻发布会和非比赛现场的采访中。

总的来说，体育记者在采访中如何提问是一个需要经验和技巧的问题，需要在实践中不断积累与提高。年轻的记者在这方面不妨多向老记者学习和请教。下面是两个体育记者采访提问的例子。在第一例中，记者在提问中综合运用了以上提问的方法与技巧，是一个成功的采访案例。第二例是一个失败的采访案例，记者提问中所犯的错误具有普遍性，可引以为戒。

第一个例子是原四川人民广播电台记者吕齐对我国女子国际象棋大师刘适兰的采访过程。当时刘适兰刚从国外参赛回来，她在比赛中战胜了保加利亚的国际象棋特级大师列马奇科，引起了国际象棋界的轰动。请注意记者在面对话语不多、不善言谈的采访对象时的提问方法与采访技巧。评语为本书作者所加。

问：你和列马奇科下棋，谁输了？

答：她输了。

（评：刘适兰的战绩，记者其实早已通过媒体的报道知道了。通过这样的“明知故问”作为进入采访的“引子”，是记者常用的办法。）

问：下到多少步棋，她就要输了？

答：50来步吧！

（评：记者没有像有些采访者一样，问“你当时的感受如何？战胜了对手，你高兴吗？”一类无意义的问题，而是问了一个多少有点专业的问题。这样会使采访对象留下“这位记者挺专业的”这一好印象。）

问：她快输的时候，脸色是苍白的？是绯红的？还是坐卧不安？

答：她脸红筋胀的。

（评：这是一个典型的封闭式提问。试想记者的提问是“她快输的时候是什么样子？”回答就可能是“没注意”或“不记得了”。而当记者直接给出了几种答案后，使对方能够根据这样的提示回忆起当时的情况。）

问：皱了眉头吗？

答：没见她皱眉头。

（评：提出这样的问题，虽然没有得到肯定的回答，但却可以看出记者对细节的关注。这表现出了记者的专业素质与经验。）

问：那么，快输了，她怎么办呢？

答：她撑着脑壳想棋。

（评：上一个问题是封闭式提问，没有得到具体的回答。记者再运用开放式提问，对同一问题进行追问。）

问：是想对策吗？

答：当然。

（评：这又是一个“明知故问”式的问题。记者前一个问题是一个开放式提问，目的是让采访对象多谈一点。在没有达到目的时，便用这样的方式来打开下一个话题。）

问：她想对策的时候，有谁来干扰她吗？

答：没有。啊，这时候服务员端来了两杯咖啡。

（评：记者在找新的话题。在采访因某种原因“卡壳”或进行不下去时，可以抓住对方的回答继续追问，以打破僵局。果然，采访对象自己谈出了新的情况。记者立即抓住这一话题，进入新一轮提问。）

问：服务员和你们说话了吗？

答：没有。她笑嘻嘻地把咖啡杯子从盘子里端出来，给列马奇科一杯，给我一杯。

（评：记者明知道服务员在这时是不允许说话的，因此在这里使用了错问法，以此来诱导对方回答。）

问：服务员送咖啡时，杯子发出响声了吗？

答：没有。她轻轻地放，还一人发了一块方糖。

（评：继续错问。服务员都是受过训练的，在这时不可能使杯子发出响声来干扰运动员。记者这样问的目的，还是要诱导采访对象谈出新情况。他的目的达到了。）

问：是谁把糖先放进杯子的？

答：我。

（评：看似没有意义的小问题，却引出了后面有价值的新闻素材。）

问：列马奇科后放，她也像你一样，这么一丢，放的糖吗？

答：不是的。

（评：刘适兰并没有说她本人是怎么放的糖。“这么一丢”的说法，不过是记者本人的想象。这样提问的目的是期待对方予以反驳或肯定，诱导对方说出新的情况。）

问：她是怎么放的，你能把看到的比划一下吗？

答：好。

这时，刘适兰比划当时的情景。她双眼盯着棋盘，右手拿起方糖，下意识地往杯子里放。她边比划边说：“她没有把糖丢到杯子里。”

问：丢到桌子上了？还是丢到棋盘上了？

答：不，她把糖丢进烟灰缸里了。

（评：记者的目的终于达到了。在他锲而不舍地追问下，刘适兰讲出了列马奇科因紧张而将方糖扔在烟灰缸里这一重要的细节。）

问：她很快把糖从烟灰缸里拿出来了吗？

答：没有。她还在看棋。不过，她很快发现自己丢错了，脸绯红绯红，很不好意思。

（评：面对这样具有新闻价值的细节，记者决不会轻易放过。他仍是先给出一个想象的结果，再让对方来反驳或肯定。这样的设问法使对方不能不回答。这对一些不愿回答问题或话语很少的采访对象很有效。）

问：你笑她了吗？

答：我没有笑。那样做不礼貌。

（评：这是一种反问法。记者当然也知道这时候笑是不礼貌的，而且也知道以刘适兰的修养她不会在这时笑。之所以这样提问，也是想使对方在否定中说出更多的细节。）

问：你心里一定笑了。

答：我肚子里阴着笑。我想，她心乱了，紧张了……列马奇科的水平还是很高的，那天，她发挥不正常。

（评：记者进一步用设问法来追问，得到了对方预期的回答。）①

第二例是一则不成功的采访例子。请注意记者提问的失误之处：

谢军在国际象棋比赛中获冠军后，多家新闻单位做了采访报道。中央人民广播电台在第二天早晨半小时的“新闻摘要”节目中报道了此消息并播发了记者的电话采访录音。本来，在消息传来的同时便能听到谢军的现场问答是令人兴奋的，但听后如同生吞饭食般难以下咽。下面是问答大意：

“喂，谢军，嗯，经过一段长时间的紧张比赛，我想你一定是累了吧？”（记者问了一个没有必要问的问题，结果是谢军用“对”一个字就结束了回答。）

记者还嫌不够，又继续啰唆：“但我想你一定是又累又兴奋吧，你现在的心情是不是这样？”谢军还能怎样回答呢？只能淡淡地应一句“是的”。（到此为止记者什么也没问出来，听众什么信息也没得到，而时间已过去了一分钟。考虑到采访是被安排在早晨半小时的黄金时段，而整个电话采访才不到两分钟，这种无谓的问题就更难原谅。）

① 吕奇. 关于采访的一些问题［J］. 北京广播学院学报，1985（2）：12.

紧接着便出现那个在中国新闻界采访中随处可闻的提问："……这次获胜你有什么感想？"珍贵的两分钟过去了，听众没有听到任何有价值的内容，留下的只是对这次采访的失望。①

本节思考题

1. 体育记者应如何与采访对象打交道？
2. 体育记者应如何与运动员、教练员、体育官员、体育名人等打交道？
3. 体育记者应如何收集图文资料？
4. 体育记者在采访中提问要注意些什么？应如何在采访中正确使用开放式提问法和封闭式提问法？

第四节　体育新闻采访的准备

在今天资讯高度公开和激烈的新闻竞争中，体育记者要做出新奇的、具有特色的报道，难度越来越大了。好的体育新闻报道依赖于体育记者成功的采访，而成功的体育采访，则有赖于在采访前精心地做好采访准备。几乎所有资深的体育记者都认为，做好采访准备，是采访成功的重要保障。

体育采访的准备工作包括采访策划、制订采访计划和准备采访资金、器材等三个环节。其中最主要的是采访策划和制订采访计划两大环节。

一、体育采访策划

体育采访策划，是指体育记者在体育新闻部负责人或体育编辑的领导和参与下，按照整体的新闻报道策划要求，共同策划确定本次采访的指导思想、采访的主要对象、采访方式、报道方式以及难度预期等，并在此基础上做出采访计划和有关资金与设备的安排。在当代体育新闻报道中，新闻策划的作用越来越重要，而采访策划则是新闻策划的主要组成部分。一般而言，体育记者的采访策划应包括以下主要内容：

（一）明确采访目的

在进行一次体育新闻采访前，体育记者首先应该明确自己要做什么，想达

① 丛亚平．采访中的提问艺术［J］．中国记者，1992（2）：22.

到什么目的，从而避免盲目而无目的地采访。这是采访策划首先应该明确的问题。体育记者确定采访目标的主要根据有：

（1）根据体育新闻部预定报道策划的方针与重点，做好采访策划。

（2）根据体育比赛的性质、特点、重要性以及公众关注的热点来进行采访策划。

（3）根据报道要求和采访对象，如体育明星或焦点人物的活动周期和安排进行采访策划。

（4）根据记者与采访对象的熟悉程度、采访对象的性格、年龄、采访环境、采访时间等因素来进行采访策划。

（5）根据报纸所能提供的版面大小或广播电视节目的时间长短来进行采访策划等。

有经验的体育记者在进行重要的赛事或人物采访前，会精心确定自己的采访目标。有必要时，还应当向体育部主任、责任编辑，甚至是总编辑请示，共同探讨报道的最佳形式、规模及有关费用等问题，在采访时对预期要达到的目标做到心中有数。

（二）确定采访重点

体育报道最忌讳全面开花，眉毛胡子一把抓。而确定采访重点是做好体育报道的基础。例如，在职业足球的比赛日，一天会同时进行多场比赛，记者采访哪一场比赛？采访谁？如何采访？这都是体育记者在采访前必须考虑的问题。体育记者应该在采访前就事先考虑报道的预期是什么，要采访的比赛、事件或人物的新闻价值在哪里，再根据自己的判断来确定采访的重点。以下是体育记者确定采访重点时应考虑的一些因素：

（1）体育比赛或新闻事件具有重要性、显著性、贴近性。如奥运会、世界杯足球赛等重要赛事，有本国运动员或本地运动员参加的重大比赛，国内公众喜欢和熟悉的赛事项目如足球、篮球、乒乓球等，本地球队的重要赛事，重要体育组织与人物的活动等。

（2）体育比赛或突发性事件具有刺激性、悬念性、娱乐性，即体育新闻的“卖点”和“看点”规律，如比赛中的精彩镜头、关键进球等。

（3）比赛本身的冲突性和关键性，如夺冠之战、保级大战、“德比”之战等。

（4）在公众中具有显著性、知名度与影响力的体育明星在比赛中的表现及日常生活情况。

（5）新闻的反常性，如球员在比赛中发生斗殴、服用兴奋剂、打假球等，这些都是负面新闻，但具有新闻的反常性，通常会引起公众极大关注。

（三）确定体育报道重点的一般原则

在体育采访策划中，确定采访重点一般应遵循以下原则：

（1）以重要赛事为报道重点。对于中国的体育迷而言，他们最喜爱和关注的体育赛事，如奥运会、世界杯足球赛、欧洲冠军杯赛、美国 NBA 职业篮球赛等都应是媒体报道的重点。又如在一个赛季的报道策划中，记者应与编辑一块，仔细研究本赛季的赛程表，以确定哪些场次的比赛应该予以重点报道。这对于一些因经费等原因不能每场比赛都派出记者到客场，或派记者出国采访的新闻媒体来说尤其重要。在这种情况下，记者可以根据本地主队的赛程，确定一些重要和关键性的比赛作为报道重点，要求上级部门拨给经费或版面、时段，如首场比赛、关键性比赛、联赛最后阶段的比赛等。

（2）以最受公众欢迎的比赛项目为报道重点。现代体育比赛的项目繁多。但对于特定国家和地区的公众而言，都有自己特有的传统流行项目。如美国公众最喜欢的是橄榄球、棒球、篮球、冰球、拳击等项目；欧洲各国最流行的是足球、赛车、网球等项目；在一些英联邦国家中流行的是板球、曲棍球等项目；而在中国，最流行的体育项目是足球、篮球、排球、乒乓球、羽毛球等。把握本国或本地公众最喜欢的体育项目对于体育记者来说是非常重要的。这不仅能帮助体育记者确定像奥运会这样的大型综合性赛事以哪些项目的比赛为报道重点，而且还有助于体育记者确定平时自己的采访和报道以哪些体育项目为重点。

（3）以最抢眼的球队和俱乐部的比赛为报道重点。如在奥运会的比赛中，中国公众最关注的是中国体育代表团和中国运动员的比赛。因此，中国国内媒体的奥运报道必然要以中国代表团和中国运动员的表现为重点。另外，像美国的 NBA 职业篮球赛因中国篮球明星姚明的加入而成为中国球迷最关注的赛事之一，而姚明加盟的休斯敦火箭队也理所当然成为中国媒体报道的重点。又如在世界杯足球赛的报道中，巴西、德国、阿根廷、英国、荷兰、意大利等国家都是最受观众喜爱的传统足球强国，有这些国家代表队参加的比赛一般是媒体报道的重点。再如现在一些国外著名俱乐部即使在中国国内也有很高知名度，如英国的曼彻斯特联队、西班牙的皇家马德里队和巴塞罗那队、德国的拜仁慕尼黑队等，这些球队之间的“强强对话”通常会成为媒体报道的重点。

（4）以体育明星为报道重点。体育明星在公众中有很高的声望和影响力，有的体育明星甚至在全世界都有极大的号召力。一般而言，凡是有体育明星参加的赛事和与他们有关的报道往往都对大众有吸引力，因而也就具有较大的新闻价值。记者和编辑在确定采访重点时，必须考虑这种“明星效应”。例如，我国田径运动员刘翔、篮球运动员姚明、跳水运动员郭晶晶等是最具有人气的体育明星，任何有这些明星参加的比赛都是媒体报道的重点。又如在 2010 年

南非世界杯足球赛中，阿根廷队的梅西、葡萄牙队的 C. 罗纳尔多、巴西队的卡卡都是入选过世界足球先生的著名球星，这些明星在赛场上，甚至在赛前赛后都受到公众极大的关注，因而体育记者必须将他们作为报道重点。同样的原因，在报道美国 NBA 职业篮球赛时，记者不可能将所有球队和所有球员的报道平均分配，而只能将报道重点放在像科比·布莱恩特、诺布朗·詹姆斯、德怀特·霍华德、德文·韦德这类大牌球星身上。而对于中国国内媒体而言，则会将在 NBA 打球的中国球星姚明、易建联作为自己的采访和报道重点，在新闻策划中将有关内容放在重要位置。

（5）以比赛过程中发生的重要事件与精彩场面为重点。记者在赛后采访的策划中，要有意识地发现和抓住比赛的重要事件和精彩场面，也就是我们通常所说的“看点”、“卖点”或“热点”来进行采访或提问。例如，在一场足球比赛中，一位很长时间因伤病等原因没有出场的著名球员进球了，尽管这可能不是一场重要的比赛，也可能这场比赛该球队并未取胜，但由于球迷们十分关心这位球员的状态，因此也就可能成为一件具有新闻价值的重要事情。记者在赛后确定采访重点时，就应该将对这位球员的采访列入自己的计划，并努力去实施。再如，在 2002 年韩日世界杯举世瞩目的巴西队与英格兰队的比赛中，赛前知名度并不高的巴西国脚罗纳尔蒂尼奥在比赛中光芒四射，一次狂奔 40 米的助攻和一次绝妙的任意球使巴西队 2 比 1 赢得了胜利。赛后所有媒体的报道都集中在这位年轻球员和他的精彩表演上，给予了集中的报道。相比之下，当时巴西队最著名的球星罗纳尔多和里瓦尔多倒成了配角。

（6）以比赛过程发生的异常事件为重点。“越反常的越具有新闻价值”，这句话在一定程度上也适合于体育报道。如在比赛中球员之间、球员与裁判、球员与教练或球迷与球迷之间发生了冲突，或者比赛因某种原因终止或延迟等，这些相对反常的事件，一般都很为受众所关注，因此应当列入记者的采访和报道重点。例如，在 2004 年 11 月 19 日 NBA 常规赛活塞队主场与步行者队的比赛中，在全场比赛只剩下 45.9 秒时，步行者队的球员与主场球迷发生冲突，该队球员罗恩·阿泰斯特跳上看台与现场球迷大打出手，双方其他多名球员随后也卷入了冲突。这一事件经过媒体的报道，尤其是现场录像的播出，引起了强烈的舆论反响。事后，联盟对这一严重斗殴事件的当事人给予了严厉处罚，而媒体也以这一突发事件为重点做了长期的跟踪报道。

（7）以比赛背后的重要事件或言论为重点。在重要赛事前后，尤其是比赛发生重要突出性事件后，教练员、运动员等当事人发表的关于比赛或事件的看法和言论一般具有较大的新闻价值。因此，在安排采访计划时，对这类事件和相关人士的采访应列入重点。例如，在 2010 年南非世界杯足球赛期间，上届亚军法国队成绩一塌糊涂，不仅小组赛未能出线，而且还发生了令人震惊的

罢训事件。事后，世界众多媒体都将这一事件的起因、主使者以及幕后发生的事件作为报道和关注的重点，做了长期的连续报道和追踪报道。

表 3-2 赛事报道要点一览表①

——结果：最后得分、球队名称、运动类型（如有必要，解释比赛是中学的、大学的还是职业的）、联盟（全国橄榄球联盟、美国橄榄球联盟、八强赛、常春藤联盟、西区联盟）。

——比赛在何时何地举行。

——比赛转折点：带来胜利的机会，关键策略。

——表现突出的运动员。

——对名次、排名、个人记录的影响。

——得分；重要投篮、射门和跑垒等的细节，对其他情况的概括。

——个人或球队的连胜和连败纪录。

——赛后评论。

——外部因素：天气、观众。

——上座情况。

——运动员伤病情况及后果。

——数据统计。

——比赛的持续时间。

二、制订采访计划

制订采访计划，是指记者根据编辑部的报道策划和采访策划，制订个人具体的采访方案。由于体育采访往往是一个比较复杂的过程，涉及许多不确定因素，因此，精心制订采访计划，是体育新闻采访成功的重要因素，也是新闻采访准备的最重要内容之一。有经验的老体育新闻记者总是在采访前精心制订采访计划，做到不打无把握之仗。

对于体育记者来说，制订采访计划一般包括以下内容：

（一）确定采访目标和内容

一般而言，在编辑部的报道策划与总体的采访策划中，已经确定了总的采访目标与原则。记者个人的采访计划应是在总的目标与原则下，确定个人的采访计划。如在一次大型的赛事报道中，编辑部的报道策划与采访策划决定几位记者分头到不同地方去采访不同的对象，这些记者就应该根据这一总体策划制

① （美）梅尔文·门彻. 新闻报道与写作［M］. 北京：华夏出版社，2003：558.

订出自己个人的采访计划，并首先明确自己的采访任务、目标、对象，在这样的前提下，再确定自己的采访方式与手段。

（二）确定采访方式

根据不同的情况，体育记者在采访计划中应尽可能选择和确定恰当的采访方式。在体育采访中，主要有以下几种方式：

(1) 观看比赛。这是体育记者最主要的采访方式。包括到现场观看比赛或通过电视转播观看比赛。

(2) 直接采访。这是体育新闻记者在赛前和赛后进行采访的主要方式。包括记者与采访对象面对面的采访、电话采访和网络采访等。记者对某位重要采访对象的个人专访是这类采访中最理想的方式，尤其是对诸如体育明星、著名教练员的个人专访，可以得到新闻价值很高的独家报道资料。

(3) 间接采访。这是一种通过中间人转达或传话方式的采访。虽然这种采访方式效果很差，是记者应当极力避免的，但在因某些特殊原因不能直接采访的情况下，记者只能被迫采用这种方式。

(4) 集体采访。最常见的是赛前或赛后的新闻发布会，这是记者不能缺席的可以获取有用信息的公开场所，但不会得到独家材料。另一种经常采用的集体采访的方式是若干家不同的媒体（通常不会是同一地区的）结成报道联盟，体育记者们相互分工协作，共享采访结果。这对于那些不能派出足够人手去比赛现场采访的报纸而言，是一种很有效的集体采访方法。

(5) 非正式采访（私下采访）。在体育记者的业务活动中，这类采访通常指在非正式场合，如餐馆、酒吧、娱乐场所与运动员、教练员的接触。因此，这类采访一般用于较熟悉的采访对象。由于体育记者的这类采访活动往往带有朋友私下聚会的性质，因此，获得重要消息的可能性小，发稿往往也得征求对方的同意。

（三）设计采访议题

在体育采访中，体育记者如果确定采取问话式采访方式，就应根据采访任务和环境条件来预设问题。

体育比赛的特点要求体育记者不仅要进行常规性的问话采访，而且还往往要在激烈的比赛场上，利用比赛前后仅有的一点时间和机会抓紧采访。在这种情况下，体育记者的提问必须精炼而准确，问到点子上。因此，事前对所要提出的问题做好精心的准备和提炼就显得特别重要。

在非比赛现场的采访中，准备充分的记者可以用事先拟好的问题来开始自己的采访。采访问题的设置可以分为两个步骤。首先，在查阅资料时要把自己

想到的问题记录下来。其次，按照记者对采访总体结构的设想来安排问题的顺序。问题的顺序安排非常重要。最重要和最敏感的问题不能放在开头。随意的交谈或聊天可以打破双方的沉默，使采访能进行下去，然后再逐渐进入比较重要的话题。当然，如果时间有限或记者跟采访对象很熟悉的话，第一个步骤就可以省略。

采访的结构和交流的内容也应当事先加以考虑。采访的气氛有可能会打乱记者原先所设想的问题数量和排列顺序。如果有时间，记者应该把自己整理的问题打印出来，这将是很有用的资料。而且，记者为准备采访所花费的时间和付出的努力会给绝大多数的被采访者留下深刻的印象，他们也会因此而更加积极地配合采访。

在体育采访的准备阶段中，精心安排采访议题也是十分重要的。体育记者应根据以下因素来设计采访议题：

(1) 针对读者与球迷最关心的问题设置采访议题。如球迷们喜爱的体育明星能否上场、球队有无伤情和停赛情况、教练员的技战术打法安排等，这些都是球迷和大家所关心的。

(2) 针对比赛中可能发生的事情和情况设置采访议题。如"先被对方进球怎么办?""这个裁判以前对本队比赛的执法中的判罚曾引起争议，这次再遇到不公正的判决怎么办?""这个队打法一贯粗鲁，如果你的球员受伤怎么办?"等等。

(3) 在设计采访议题时，如果没有确定的主题或有多个主题而自己又拿不准，可请其他编辑或记者一起来对采访主题作出判断。

(4) 对新闻事实的重要性、贴近性、显著性等各方面加以权衡，选出最重要的新闻内容进行重点采访。

(5) 针对重点人物，如明星、教练、"问题人物"设置采访议题。如果要采访体育明星、著名教练或其他重要人物，精心预设问题格外重要。因为这些采访对象所能提供的采访时间往往有限，十分难得，应十分珍惜。

(6) 根据既定的报道方针与要求来设置采访议题。一般而言，体育记者是按编辑部有关新闻策划或编辑的要求进行采访的，受到报纸或电视广播栏目、版面、时段、风格、定位等因素制约，因此，在做采访计划与预设时，应考虑上述要求。

(7) 根据与采访对象的关系及考虑采访的难度来设置议题。体育记者在制订采访计划时，必须考虑实施采访的难度。一般而言，体育新闻的价值与采访对象之间存在着以下关系：

① 对于运动员与教练员来说，其名气、地位与其新闻价值和采访难度成正比。也就是说，名气越大、地位越高的运动员或教练员，其新闻采访的价值越大，而采访难度也越高。

② 对于体育项目来说，普及化程度与其新闻价值和采访难度成正比。也就是说，越受大众喜爱、普及化程度越高的体育项目，其新闻价值越高，其采访难度越大。

③ 对于运动水平而言，职业化程度和比赛级别与其新闻价值与采访难度成正比。也就是说，职业化程度越高的体育项目，或比赛级别越高的比赛，其新闻价值越大，其采访的难度也越大。

体育记者应根据自己的采访能力、采访关系、采访要求等因素确定采访的难度系数，并在此基础上制订采访计划。

表 3-3 是在体育新闻采访中各类对象的采访难易指数，以供记者在采访时参考。

表 3-3 在体育新闻采访中各类对象采访难易指数表

采访对象	难度（星号越多难度越大）
一般运动员	★★
体育明星或著名教练	★★★★
政府体育部门、机构、体育组织、俱乐部领导或主管	★★★
体育新闻发言人，包括政府体育部门、体育组织与俱乐部、体育企业的指定发言人、运动员个人代表或指定代理人	★
体育专家、学者	★
与体育明星有关的人，如亲属、朋友、队友、原来的教练、老领导、老师等	★
体育迷、球迷	★

（四）预期各种可能出现的情况

一般而言，在对重要的体育人物进行采访的过程中，不确定的因素很多，同时也可能出现各种干扰因素，导致采访失败。因此，在采访前预期和估计可能出现的各种情况，并事先想好应对的办法，做到心理上有所准备，是十分必要的。

（1）难度预期。被拒绝采访、采访对象不合作、语言不通、时间不够等。

（2）心理预期。被拒绝、采访失败、对方有侮辱性语言或行为等。

（3）时机预期。分析寻求最佳采访时机。

（4）对象预期。对重要采访对象的预先锁定、对特定人物言论或行为的预期。

（5）事件预期。对比赛中可能发生的突发事件的预期，如两地球迷、两支球队或两位球员之间的恩怨可能导致的突发事件等。

（6）条件预期。时间、资金、交通、食宿、通讯、设备等。

表 3-4 是一份供参考的采访书面计划安排：

表 3-4　关于×××的采访计划

项　　目	具体内容	备　　注
采访目的		
采访对象		
采访时间		
采访方式		
报道方式		
采访议题		
采访设备		
采访经费		
预期问题		
其　　他		

体育部记者：　　　　　　　制订计划的时间：　　　　　　　主任（责编）意见：

（五）做好资料文案准备

当代体育运动不仅项目众多、赛事频繁、变化很快，而且常常涉及政治、外交、司法、财务、商业、彩票、行政、治安、医疗、环保等领域。体育记者在涉及这些相对陌生的领域时，必须事先做好有关资料查询准备。而且，记者的准备工作越充分，报道工作就越顺利，报道质量就越高。因此，体育记者在采访前必须养成查询有关资料的习惯。

在非比赛现场的采访中，由于多数采访都是预先安排好的，所以记者有机会做一些准备工作，查阅图书馆、报社资料室、网络或个人收集的有关资料。对于那些记者不熟悉的项目或人物，或需要准备大量背景资料的报道，这种资料查询工作尤其重要和不可缺少。如记者被派去采访和报道 F1 方程车赛事，记者可能对这种赛车比赛一无所知或知之甚少，那么就必须在采访前去图书馆、资料室或上网查阅关于这项赛车运动的资料，包括其历史、规则、著名赛车手、赛程等。很多资深记者都认为，采访的质量实际上取决于记者采访前研究准备工作的质量。

除了查找有关文字资料外，事先请教一下这个领域的专家、学者、已退休

的老教练和老运动员等也是有效的办法。这些人或者是这个领域的专家，或者对这一项目或球队、运动员等较为熟悉。请教这些人还有一个好处，就是他们一般很乐意为记者提供有关的信息。

以下是《文汇报》资深体育记者马申的一次采访体会，从中可以看到资料准备对于体育记者的重要性。

1983年9月，第五届全运会在上海举行。在有关方面的盛情邀请下，国际奥委会主席萨马兰奇应邀访问中国。这是国际奥委会主席首次访问中国，也是中国重返奥运会后萨马兰奇主席首次来访，各方面都给予高度重视，新闻界也全力追踪这一新闻热点。

由于当时改革开放还不久，国人对萨马兰奇还十分陌生，因此，如何做好对萨马兰奇的采访与报道，是摆在体育记者面前的难题。

《文汇报》体育记者马申接受采访任务后，首先详尽地制订了一份采访计划。他首先查阅了《体育大百科全书·体育卷》的“萨马兰奇”条目，再根据这一线索找到了条目的撰写者屠铭德先生，又由屠铭德介绍认识了负责接待萨马兰奇的何振梁，从而掌握了萨马兰奇主席抵达上海的准确时间。继而，他又从翻译那里问到了萨马兰奇下飞机后将被引进机场内的贵宾厅，他甚至连届时萨马兰奇将坐在哪把椅子上都打听得清清楚楚，从而掌握了有关采访所需要的所有重要因素和线索。在飞机场，他还向正在等飞机的何振梁提出准备采访的两个问题：一是中国重返奥运会大家庭的意义，二是首次来沪出席中国全运会的感受。他的工作得到了何振梁的支持。

由于《文汇报》体育记者马申在采访前做了周密的准备，因此尽管萨马兰奇的飞机晚点近4个小时，但在何振梁的帮助下，萨马兰奇接受了记者10分钟的采访，并圆满地回答了他提出的两个问题。第二天，《文汇报》以头版头条独家发表了马申关于采访萨马兰奇的500字的新闻报道，在各家新闻媒体的报道中独树一帜，取得了很好的反响。①

本节思考题

1. 什么是体育采访策划？它包括哪些主要内容？
2. 体育记者如何制订采访计划？
3. 体育记者如何设计采访议题？
4. 体育记者如何准备资料方案？

① 何慧娴. 百名中国体育记者自述［M］. 北京：人民体育出版社，2000：11.

第五节 体育新闻采访的实施

体育新闻采访的实施，是指体育记者按照采访前的准备工作，将各种采访方法和技巧创造性地运用于采访实践，从而获得有价值的信息和第一手材料的过程。在体育赛事采访实践中，主要包括赛前采访、赛间采访和赛后采访三大环节。

一、赛前采访

（一）赛前采访的基本任务和意义

赛前采访，即在重要比赛事前的一段时间内，记者通过对参赛队伍、运动员、教练员、有关官员、专家、权威、球迷及其他相关人员的接触，搜集获得赛前报道所需的新闻素材，以此作为媒体赛前报道的基础。

体育记者的赛前采访是媒体赛前报道的基础和前提。在当代体育新闻报道中，赛前报道包括赛前各种与比赛有关的消息、对赛事结果的预测和评论等。一般而言，赛前报道的基本任务包括以下几点：

（1）向受众提供有关比赛项目、时间、地点、参赛者、有无电视转播等受众希望了解的基本信息。

（2）满足受众了解有关比赛前的各种情况的需要和欲望。

（3）对体育比赛起到宣传的作用。

（4）反映舆论赛前对比赛及有关情况的看法和态度等。

体育记者的赛前采访，即是根据以上报道任务和要求，采用观察、提问、聆听等方法，搜集和了解有关比赛的各种信息，以此作为报道的基础。

在广播、尤其是电视普及之前，体育记者的主要报道重心是放在赛后报道上。而在电视、广播、网络等都可以对重要赛事进行即时性直播的情况下，对报纸媒体而言，赛后报道的新闻性、时效性相对减弱，有时甚至完全丧失。在这种背景下，报纸媒体的体育报道重心有逐渐前移的趋势，越来越重视赛前报道。另外，体育彩票的发行也促使读者（观众、听众）越来越对媒体的赛前消息报道、预测性报道、分析性报道等很感兴趣。因此，体育记者的赛前采访变得越来越重要。

（二）赛前采访的特点和要求

赛前采访具有以下特点：

（1）赛前采访的方法多样。记者既可以根据具体要求来选择采访方法，

如用观察法去训练场观看球队的赛前训练，也可以用提问法直接采访球员、教练以及其他相关人员。

（2）赛前采访的时间相对充裕。记者在赛前采访时，有较充分的准备和操作时间将报道做得更充分、更详细。

（3）赛前报道的形式多样。记者可以根据不同的报道形式、体裁和要求来确定自己的采访方案。如写一篇赛前消息与写一篇赛前结果预测所需要搜集的资料与信息是不完全相同的，采访的方法也可能不同。

（4）赛前报道在很大程度上具有悬念性与不确定性，因此也决定了记者采访必须更全面和更具有针对性。如记者为了写一篇对职业足球联赛结果预测的新闻分析，就应该对参赛双方都进行采访，而不能只搜集一方的信息。并且除了参赛者以外，还应针对可能影响比赛结果的其他各种因素来搜集和采获信息，如主客场、气象、场地、球迷、裁判等。

（5）赛前采访必须做到各种数据准确无误。尤其是比赛的各种基本数据，如参赛者、比赛时间、地点、电视转播时间等必须准确。因为读者很可能根据这些数据来安排自己的日程与活动，一旦出错，将引起较大的负面影响。在这方面，很多媒体都有教训。因此，记者在赛前采访中必须对比赛的各种基本数据反复核实，避免出错。

由于赛前采访具有以上特点，因而对体育记者提出了以下要求：

（1）采访能力。赛前采访的特点决定了记者的采访在时间上和空间上具有较大的自由度，因而也对记者的采访能力提出了更高的要求。如在一场职业球赛的赛前采访中，记者如何才能获得球队的赛前准备情况、伤病情况和主力首发阵容的情报？球员，尤其是明星和著名球员对比赛的看法和态度如何？教练员对比赛有什么打算和安排？等等。由于球队的教练和运动员一般在赛前都对很多情况保密，因此，记者能否获得这些赛前信息并加以报道，是衡量记者采访能力的重要标准。

（2）分析能力。赛前采访的特点还决定了体育记者在采访过程中必须具有分析能力。在赛前，球队出于各种考虑会封锁消息，甚至会采用各种方法来迷惑对手，因此，记者在采访过程中必须通过自己的分析和判断，从观看赛前的训练、赛前采访及各种消息源中分析判断出真实的信息，并避免为各种有意无意的假象所迷惑而做出误报。

（3）预报能力。体育比赛前的悬念性决定了赛前预测性报道的重要性。这要求体育记者在采访中必须具有较强的综合能力和预测能力。赛前预测不仅包括对比赛结果的预测，还包括对球队在比赛中状态和表现的预测、主力队员特别是著名球员在比赛中表现的预测、教练员战术安排和首发主力阵容的预测等。记者只有在赛前采访中有目的地观察和综合各种信息，才能避免盲目预

测，增强预测性报道的准确性与合理性。

（4）公关能力。要想成功地进行赛前采访，必须注重平时对采访对象的公关工作，积累采访资源，这要求体育记者应具备较高的公关能力。在一场重要比赛之前，要想采访教练员和运动员往往是十分困难的。但如果记者平常与教练员、运动员建立了很好的关系，也可以通过采访获得有关比赛的一些信息，而且这样获得的信息往往是新闻价值较高的独家消息。

（三）赛前采访的主要对象

赛前采访对象的确定对采访成功与否十分重要。一般而言，记者会根据自己与采访对象的关系来确定采访对象。但在很多情况下，运动员、教练员和官员会是赛前采访的主要人选。

1. 体育明星

由于体育明星具有巨大的公众知名度与号召力，他们在赛前对比赛的态度、看法及准备情况是记者采访和媒体报道的重点。但是赛前采访明星的难度也最大。一般而言，在赛前这一敏感时期，体育明星是不会接受记者采访的，除非是有关方面的刻意安排或专门举行的新闻发布会。

2. 一般运动员

由于运动员身处第一线，他们对本队的情况会有第一手的感觉和了解，如队伍的士气、状态、伤病等。由于运动员人数多，相对容易确定目标，所以只要有平时的公关功夫，采访起来相对容易。但对运动员赛前采访的局限性也很明显，如可能被俱乐部、教练“封口”，教练的战术安排、主力阵容等可能会在比赛前才向队员公布等。

3. 教练员

教练员是赛前采访的焦点，因此采访难度很大，容易遭到拒绝。但一旦采访成功，就会有第一手的权威消息。有时教练员也会利用记者来发布一些消息，这样做可能有多种目的。记者应注意不要被教练员有意散布的虚假消息所迷惑。

4. 官员

所谓官员，包括俱乐部的官员、政府负责体育事务的官员等。相对运动员、教练员来说，采访官员所能得到的有用信息一般是有限的。但在某些情况下，这类官员尤其是新闻发布官员对球队本场比赛的目标、打算会作出与其地位相适应的表示。特别是球队持续成绩下降，教练员位置不稳时，官员的表态往往具有特殊新闻价值。

5. 专家学者和老体育工作者

对于体育采访来说，哪怕是老的体育记者，也会遇到自己不熟悉的运动项

目和赛事等。在这种情况下，采访这方面的专家学者以及老教练、退役运动员等，往往能提供一些这方面的有用信息。

6. 球迷

在一些重要比赛前，球迷的态度有时会给球队造成压力与影响。通常，赛前采访球迷是最容易的。但是应注意，由于知名度、影响力等原因，球迷的话往往新闻价值不大，且主观性、倾向性较强。

（四）赛前采访的方式

体育记者的赛前采访主要有以下方式：

1. 去训练场观看训练

在很多情况下，球队不会拒绝记者，尤其是本地媒体或熟悉的记者到训练场边观看训练，但前提是不能影响训练，也不能在训练过程中提问。因此，在训练场边观看训练和在恰当的时机下向运动员、教练员提问以了解有关信息，成为体育记者赛前采访常用的方式。经验丰富的记者可以通过在场边观看训练情况，了解到比赛前球队状态、主力阵容、伤病情况、基本战术等有价值的信息，从而帮助记者写出赛前消息报道、预测性报道及分析性报道。例如，在一支职业足球队的赛前训练中，有经验的记者从该队分组对抗时的分组情况，就可以预测该队首发阵容的情况；而从赛前训练中教练员所安排的重点演练内容中，记者也可以推测出在即将到来的比赛中该队将重点使用什么战术。赛前到训练场采访是体育记者赛前采访最有效的途径。这样做不仅能得到第一手的信息，而且还可以增进记者与运动员、教练员的熟悉程度。因此，体育记者在赛前要做到不辞辛劳，经常去“泡”训练场。

2. 在公开场合的语言采访

有时候，在被允许的情况下，记者可以利用训练结束或中间休息时间，向运动员、教练员进行语言采访，通过提问得到自己想要了解的信息。另外，在一些重要比赛前，组织者可能专门安排记者见面会或新闻发布会，给记者以正式采访的机会。在这类场合，记者可以向有关方面提出自己感兴趣的问题。

3. 私下的独家采访

这是赛前采访最理想的一种方式。这类采访可以是面对面的专访，也可以是电话采访。独家采访往往能使记者获得第一手的独家报道材料。但这种采访方法难度也很大。特别在记者想要采访的对象是著名运动员或教练员时，或者被采访者处于某种敏感时期，如果不是与采访对象有特别的关系，一般较难做到独家采访。另外，由于是私下性质，很多内容被要求不见诸报端。独家采访的对象可以是运动员，也可以是教练员或者体育官员。但效果最好的应该是教

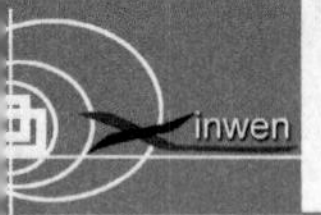

练员，因为只有教练员才对即将到来的比赛采用何种战术、首发阵容及其他基本情况最了解。当然，由于赛前保密的原因，上述内容很难直接获得。但有时，教练员也会利用记者，发布一些他想发布的信息。在2001年足球世界杯预选赛中国队参加“十强赛”期间，《体坛周报》记者李响就通过与中国队主教练米卢蒂诺维奇的私人关系，多次成功地就中国队赛前准备情况和上场首发阵容作了报道。

（五）赛前采访的时机

对于体育记者来说，赛前采访的一个重要问题是把握时机。采访过早，则采访对象还未进入赛前状态，记者也就采访不到什么有价值的东西；而采访过晚，球队已进入紧张的“封训”状态，教练员会禁止运动员与记者接触，甚至将他们的手机没收。另外，对于一些重要的赛事，记者什么时候进入赛前采访，由于涉及版面安排、采访经费等问题，还要与本部门的主任、责任编辑或者编辑共同协商，甚至还需要向更高级别的领导层请示，以便安排版面。如果是电视记者，则需要安排播出时间。

为了较好地把握赛前采访的时机，记者应该了解下列内容：

（1）赛事的重要性。一般而言，越重要的赛事，球队进入“封训”的时间越早。记者应抓住球队进入“封训”前的机会进行采访。

（2）球队的训练周期规律以及教练员的习惯。一支球队的赛前训练通常会有周期规律，而教练员本身也有一定的时间安排习惯。了解这些规律与习惯有助于记者把握采访时机。

（3）训练周期计划与安排。一支球队的赛前训练周期和安排往往很难得到。但如果能掌握这些安排与计划，对记者掌握采访时机很有帮助。

（4）报社、电视台或体育部对赛事报道的总体策划与版面、时间、资金等方面的安排。

二、赛间采访

赛间采访，指在比赛进行过程中的记者采访活动。体育报道是围绕赛事展开的，因此，比赛的过程与比赛中间发生的事件是体育记者采访的重点。

由于体育比赛的特点，赛间采访一般只有两种方式：一是观看比赛，二是利用赛间休息时间提问采访。前者主要是运用观察法，即在现场通过观看比赛，获得和发现所需要的新闻线索与题材；后者主要是运用聆听法结合观察法，即利用比赛的暂停时间或中间休息时间，近距离倾听教练员的布置或球员间的谈话来获得有关信息。

（一）观看比赛

现场观看比赛是体育记者在赛间采访获得第一手信息的基本方式。有经验的体育记者往往能通过观看比赛发现有价值的报道线索与素材。

体育记者通过观看比赛来获取新闻素材是一个专业化程度要求很高的工作。因为这时记者观看比赛是工作，与一般体育爱好者和球迷观看比赛有本质的区别。记者在观看比赛时，要有与其他人不同的专业角度和眼光，从比赛中发现有价值的报道线索与题材。体育记者在现场观看比赛有以下基本要求：

1. 职业意识

体育记者观看比赛最重要的一点是要有职业意识。对于体育记者来说，观看比赛是自己工作的一部分。这是体育记者与体育迷的本质区别。因此，体育记者在观看比赛时，既要全身心投入到比赛的过程中去，感受赛场的气氛，把握观众的情绪，又必须保持职业的态度，包括客观而中立的立场、冷静而理智的心态，避免受赛场内外因素的干扰。只有这样，才能够既写出充满情感、打动读者的报道，又做到冷静观察，发现报道所需要的新闻素材，写出客观的报道。

2. 专业知识

体育记者只有在具备专业知识的前提下，才看得懂比赛，并从比赛中看出门道来。这也是记者与一般体育迷的另一个重要区别所在。因此，体育记者要通过观看比赛获得有价值的信息，就必须学习和积累各种体育项目的专业知识，如该体育项目的规则、历史、著名球队、体育明星，甚至其基本技战术知识等。如果记者要采访的是一个他所陌生的体育项目，则他必须在赛前通过各种方式来查询和了解该项目的情况。毫无疑问，体育记者的专业知识越丰富，就越能从比赛中观察到自己所需要的信息。

3. 采访准备

体育记者在观看比赛前，必须做好有关采访的软硬件准备。这要求体育记者在观看比赛前，一要做好必要的资料准备，对比赛的各种因素和情况了然于胸，二是在出发之前，应逐一检查基本的采访工具和设备，如机票、采访证、采访本、笔、笔记本电脑、录音机等。如果是摄像记者或摄影记者，则要检查相关的设备。

4. 选择观察重点与观察角度

一篇精彩的体育报道不可能是面面俱到的比赛记录，而只能是将比赛中最精彩、最典型、最有新闻价值的元素和内容提炼出来加以报道。由于报道方针

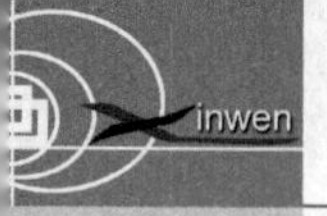

或报道任务的不同，一场比赛往往有多个观察角度，如体育明星、某个新秀或某一位置、主力队员或替补队员、进攻或防守、战术、赛事情况或细节、教练员、球迷、运动员休息室等。体育记者在进行赛事报道时，往往会选择报道重点。这就需要记者在观看比赛时，善于选择观察重点与观察角度。成功的赛事报道往往来自那些善于寻找观察重点与观察角度的体育记者。

5. 选择最佳观察地点

如果记者在一场赛事中能确定自己的观察重点和角度，就会有意识地寻找最佳观察点，如记者席、最接近替补席或教练席的位置、球迷区、运动员休息室等。有些比赛项目，如体操、田径、跳水、汽车大赛、水上项目等，其观察地点往往对报道有特殊的意义。在报道这类比赛的过程中，有经验的体育记者总是会努力去寻找最佳的观察地点。

6. 注意观察比赛细节

体育记者在观看比赛时，要特别注意观察那些对自己的报道可能有用的细节。如某位体育明星的表情、动作，比赛过程中的一些精彩镜头，运动员、教练员获胜或失败后的表情与肢体语言，教练员的换人，球队战术的变化，主力阵容与替补阵容的变化等。善于捕捉精彩细节的体育记者往往能写出非常优秀的体育报道。

7. 注意观察那些电视镜头到不了的地方

电视直播使得大众能在第一时间看到体育比赛的全过程，因此，如果是报纸或杂志的记者，应该时刻有与电视争夺“镜头”的意识。这意味着报纸体育记者应进行更有深度的观察和报道。如比赛场上的一些细节，电视镜头很可能捕捉不到。再如在奥运会那样的大赛中，电视不可能将所有的赛事都做全场或全程直播。又如一些幕后的、深度的报道，电视因其特点而受到局限。这些都是报纸媒体体育记者应特别加以注意的重点观察点。

8. 做好现场笔录

记者在观察比赛时，应及时将比赛中的精彩过程、各种数据及其他有用的资料记录下来，作为写作与报道的依据。在笔录中，要特别注意搜集各种数据，如某位篮球运动员的得分、助攻、篮板球的数据，比赛各阶段球队战术的变化、换人情况等。这些记录和数据将对报道有极大的帮助，对以后的工作也很有用。在观看比赛时，用手提电脑记录和收集整理数据是现在很多体育记者采用的手段。其特点是录入快，数据整理统计快，并能直接应用于写作和及时向编辑部传送稿件。但这种方法的局限性在于，如果没有外接交流电源，靠机内电池的电能很难支持长时间的写作。

附文：《如何做好详细的比赛记录》（摘自美国布鲁斯·加里森与马克·塞伯加克所著《体育新闻报道》）

对于一篇全面可信的赛事报道来说，记者做好认真细致的比赛记录是至关重要的。一般而言，体育版的读者对这些资料是相当了解的。他们会注意到报道中非常细小的不实之处，并且对报道中所犯错误作出反应。读者的批评会让记者知道，他们什么时候把球员的名字或是比赛总分给弄错了。

详细的比赛记录有助于我们减少报道中的错误。这些记录能使记者记下赛场上每一分钟或每个回合里发生的情况。这些年来出现过各种各样比赛记录本，有些记者甚至还创造了自己独特的记录方式。一些主要运动项目的赛事记录应该包括以下内容：

篮球：对高中和大学联赛而言，篮球记录必须包括以下内容：全场总分、三分球及命中率、罚球及罚球数、犯规、助攻、篮板和总分。对职业联赛来说，则需要更多的细节，记录本上必须有足够的地方来对比赛进程做一个“动态”的记录，如谁进球、谁投进制胜一球、投篮类型以及得分时间，等等。

橄榄球：和篮球一样，橄榄球的比赛记录也应该按节来进行，这样才有足够的地方来记录双方球员的表现。以高中联赛为例，包括罚球在内，每节大概进行 30～35 个回合。记录的内容必须包括进攻、防守、码线、每回合的描述、得失分情况及其他相关细节。

棒球：标准的棒球比赛记录本是最为常见的一种方式。它能够帮助记者准确地记录队员的名单、位置、进攻、投手记录以及每局的详细信息。和其他比赛记录本一样，记录本也因生产厂家不同而形式各异，在购买之前最好在同类记分册中先作一番比较。有些大的记分册一本就足够记录一支球队整个赛季的详细情况，这会有利于保存记录，也有利于记者在写稿时比较一个球员在不同场次比赛中的表现。

虽然不是不可能，但要在游泳、田径、足球以及曲棍球比赛中做详细记录是相当困难的。所以，对于这类项目，做赛场记录就显得尤其重要。

除了详细记录，一些记者还自己进行比赛的技术统计。统计数据对于篮球、橄榄球等主要项目中作出及时而准确的报道十分重要。如果用电脑来处理数据会更加快捷，这能使记者在很短的截稿时间内及时完成报道。

如在篮球比赛的报道中，读者不仅需要知道总分，还想了解各项技术统计，如失误、投篮、两分球、三分球、投篮命中率、篮板、盖帽以及助攻。如果没有可靠的消息来源（主队的统计员有时并不可靠，因为他们往往会抬高自己的球员），记者就必须自己记录这些数据，而记录表格也

可以根据这一目的来设计。

在报道橄榄球比赛时，记者往往需要赶在截稿时间之前对主力队员的冲抱次数和四分卫的传球次数进行统计。由于主教练频繁更换队员，球队总体的统计通常对记者来说是没什么帮助的。如果记者在比赛中做好记录，就能在比赛结束时同步完成球员的个人技术统计，这样就可以避免在赛后浪费时间。

掌握一些窍门可以提高记录的工作效率。为了避免比赛记录含混不清，记者的注意力必须高度集中，充分利用比赛的暂停间隙来做记录，如篮球比赛时的罚球、橄榄球比赛首次进攻成功、两局比赛之间的准备时间、网球比赛中交换场地的时间等。记者也可以使用一些特殊符号或速记方式。记者做记录时还可以使用一些技巧，如用球员的球衣号码而不是名字，用两支不同颜色的笔记录比赛双方的表现，用一些代码来表示某些动作等。这些技巧都能够有效地节约记录时间。

以下是一个记者在篮球比赛中的记录：

主队				客队			
12+2	10df-1	12：02	H20-10	10-2	10rb+2	11：55	H20-12

我们将这一记录翻译过来，左边表明主队12号球员投篮命中一次，对方10号犯规被罚球，但罚球未中。12：02表明的是上半场比赛所剩的时间，而最后的数字表明主队这时以20比10领先。右边表明双方交换球权后，客队10号先是投篮不中，然后抢得一个篮板球并投篮命中，比分变作20：12。在此，客队的记录也同样给出了时间和比分。新手应该在看电视直播时多多练习记录方法。

在大学联赛以上级别的比赛中，半场或者全场比赛结束后，记者通常可以拿到打印出来的比赛记录。这些记录是由运动信息部的工作人员通过电脑制作出来的。一些较好的大学球队与职业球队都有专业人员来为记者们提供这样的便利。但在报道高中联赛级别以下的赛事时，记者通常必须自己来完成这项工作。如果有人提供比赛的统计数据，记者就可以有更多时间观察赛场上的其他情况。但值得注意的是，在各球队提供给记者的文字资料中，信息的质量和数量各异，所以记者必须事先检查核对这些资料是否全面可靠、是否适合自己的需要。记者可以带上一个专门做统计的助手，以使自己能够专心记录比赛的详情。这种做法在记者刚开始使用或试用一种新的记录符号时会更有帮助。

（二）在赛间休息时采访

一般而言，很多竞技比赛项目都有赛间休息时间或赛间暂停时间。教练员

要利用这段时间来进行阶段总结或战术安排。很多体育记者会想方设法利用这段时间接近球员休息室或教练员席，收集有关信息与新闻素材，如教练员在休息时间或暂停时间的部署，运动员的情绪与状态等。在进行这类采访时必须注意以下几点：

（1）占据有利位置。要想利用赛间休息时间或暂停时间采访，必须使自己尽可能占据距离教练员席、球员休息室最近的地方。有时候，摄影或摄像记者在这方面会有特殊的优势，如果事先能与文字记者做好安排，通过手提电话等方式传递有关信息，往往能有特殊的收获。

（2）注意利用录音机等设备。在这类采访中，录音机往往能起到很好的帮助作用。

（3）注意不要使自己的采访对教练的工作或球员产生干扰。这一点非常重要。因为一旦发生这种事情，体育记者很可能成为不受欢迎的人，还会影响以后的工作。这里最重要的有两点，一是在赛间采访时最好只是聆听而不要提问；二是注意与教练员、运动员保持适当的距离，以免影响其工作。

三、赛后采访

赛后采访，即记者在比赛结束后及时采访，以获得报道所需要的新闻素材。赛后采访是体育赛事报道的基础性工作之一。赛后采访分为赛后现场即时采访和赛后追踪采访。前者是比赛结束后记者立即在现场采访，包括赛后球员退场通道采访（通常只有奥运会等大型赛事组织方才会有类似安排）与赛后新闻发布会采访；后者是指比赛结束后记者就比赛中发生的事件进行后续性报道而进行的采访，这类采访通常会是在球队离开比赛现场之后一段时间进行。

（一）赛后采访的特点与要求

记者进行赛后采访，通常是在比赛刚结束后的特殊环境和条件下进行报道素材的采集工作。其采访环境和条件对于记者的工作往往具有较大的限制，记者必须适应这种特殊的采访环境，有针对性地从事采访工作。

一般而言，赛后采访具有以下特点和要求：

（1）采访环境比较复杂。体育比赛是大型的公众性和社会性活动，在比赛结束后，由于赛场外观众退场和赛场内双方球员、教练及其他人员退场混在一起，场面比较混乱。这就要求记者在采访前就应大致“锁定”重点采访的目标。如果记者没有既定的采访目标，就很难在混乱的人群中找到最有价值的采访对象。

（2）采访对象情绪波动。比赛刚结束时，运动员、教练员通常会处于心

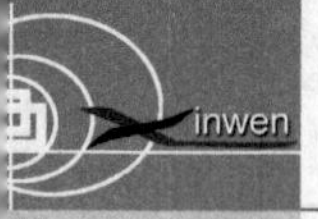

理疲惫和情绪波动的状态，易受比赛结果、比赛中发生的事件、裁判的判罚等因素影响。这类赛后特有的心理状态和情绪波动会对记者的采访工作产生很大影响。一般而言，胜方会兴高采烈，乐于回答记者提出的问题；而败方则会心情沮丧，常常拒绝接受记者的采访。这要求记者根据采访对象的具体情况，注意选择采访对象，并使自己所提的问题既能引起采访对象回答的兴趣，又不会因所提问题不合适、不恰当而刺激对方，引起不愉快的后果。

(3) 采访时间与空间有限。比赛结束后，运动员要洗澡、休息，因而留给记者的采访时间和空间极为有限。如果是在晚上比赛，对有截稿时间限制的日报来说，则留给记者采访的时间更为紧张。因此，要求记者在赛后采访时，既要对采访对象和问题先做好准备，甚至在比赛尚未结束时就胸有成竹，又要随机应变，灵活出击，抓紧时间和机会完成采访。

要做好赛后采访，除了以上要求外，很多体育记者在赛后采访实践中，还总结出了一个“抢”字。具体而言，要求记者在赛后采访中做到：

(1) 抢时间。比赛结束后，体育记者必须以最快的速度完成有关采访，以赶在报纸截稿时间以前写好并发出稿件。由于赛后能够获得采访的机会并不多，时间更是有限，因此，记者的赛后采访必须抢时间，提问简明扼要，一针见血，力求做到速战速决。

(2) 抢机会。比赛结束后，记者必须千方百计寻找采访机会。如运动员或教练员从赛场到休息室的距离虽然很短，但有经验的记者会利用这段短短的距离寻机采访。因为他们知道，这时候运动员或教练员哪怕是一句话，也可能是非常宝贵的报道题材。

(3) 抢位置。比赛结束后，场面可能很乱，记者必须抢占有利位置，才能争取到采访机会，听清被采访对象所说的话。很多有经验的老记者会在比赛接近尾声时，就开始瞄准采访对象，寻找和靠近最有利的采访位置。在一场重要赛事的赛后新闻发布会上，可能因记者众多而使采访环境十分嘈杂，如果记者能占据更靠近发言人的位置，就可能获得更准确的信息。

(4) 抢提问。在一场重要比赛结束后，可能有很多记者围住运动员或教练员，都想提出自己的问题。这时记者“抢提问”的意识就非常重要。这样的情景也常出现在赛后新闻发布会上。如果在这些场合记者没有主动争取提问的勇气和意识，就有可能让采访机会白白流失。

(二) 赛后采访的类型

由于报纸出版的时间非常严格，记者的赛后采访分为有截稿时间限制的报道与无截稿时间限制的报道两类。前者一般常见于第二天见报的日报、周报（早报）的消息与评论以及当天的电视新闻节目；后者则常用于日报的后续性

报道、第二天的晚报、非第二天见报的周报、杂志和电视专题节目等。应该说明的是，这里的“无截稿时间限制”是相对而言的，指的是截稿时间较为宽松而已，并不是真正的完全没有截稿时间限制。

有截稿时间限制的报道要求记者与编辑必须在很短的规定时间内完成全部的采写与编发工作。由于体育比赛常常在晚上举行，这使得体育记者的赛后新闻采写工作时间异常紧张。因为他必须在比赛结束到截稿很短的时间内完成所有工作，而且还包括要留给编辑以足够的后期工作时间。因此，与赛前采访相比，赛后采访的最大特点就是异常紧张的截稿时间要求。记者的赛后采访必须是争分夺秒和高效率的。截稿时间不允许记者像平时一样，可以十分从容地采访和写作。

举个例来说，一场职业足球比赛在当地时间晚上 7：30 开球，经过 90 分钟比赛，再加上中间休息与伤停补时，大致在 9：20 结束。赛后举行的新闻发布会前后大概需要 20~30 分钟。然后记者会匆忙赶回报社或酒店，假设在途中需要 20 分钟（实际上大多数会高于这个数字），当他们回到驻地开始写稿时，已大致是晚上 10：00 以后。一般而言，综合性日报的截稿时间大致都是在凌晨 1：30 左右，而编辑编稿、组版、校稿、审稿等程序一般需要 2 个小时左右。换言之，留给记者写稿的时间就只有 1~2 个小时。还要注意的是，体育记者这时可能不止写一则比赛消息，他还可能要写比赛侧记、人物特写、赛场花絮、新闻发布会消息等，时间之紧张可以想象。

另外，记者从前方发回的稿件必须是高质量的，使编辑能在很短的时间内加以处理上版。在这样短的时间内，一旦记者采写的稿件不符合质量要求或者出现大的问题，将对后面的编辑工作流程造成极大影响。

从以上例子可以看出，对于体育记者而言，很短的截稿时间、相对较大的工作量和很高的报道质量要求等因素，使赛后采访往往成为极为紧张和艰辛的工作。实际上，正是由于赛后采访十分重要且难度大、要求高，所以各类媒体的体育部都会将最优秀、最有经验的记者派到赛后采访第一线，对于重大比赛的采访尤其是如此。

（三）赛后采访的内容

由于各类体育项目特点不同，记者进行赛后采访的内容当然不尽相同。但一般而言，赛后采访通常会包括以下内容：

（1）比赛的基本新闻要素。如比赛时间、地点、参赛者、比赛结果等。这些可以通过观看比赛获得资料。而记者因各种原因不在比赛现场时，就需要在赛后通过电话采访等方式来获取信息。

（2）影响比赛结果的重要事情。如在足球比赛中，谁进了球、谁得了红

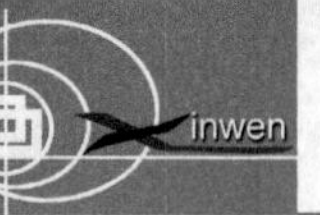

牌被罚下场、裁判的判决是否公平等；在篮球比赛中，谁在关键时刻投进或投失了关键球、谁在比赛中得分最高等。如果记者没有在比赛现场观看比赛，就必须在赛后通过口头采访的方式获得这些报道题材。

(3) 在比赛中发生的突发性事件。这类事件通常具有冲突性与反常性，因而具有较大新闻价值。如比赛中发生双方球员冲突、本方球员之间的冲突、球员与裁判的冲突、球员与教练的冲突、球员与球迷的冲突、球迷与球迷的冲突等。另外，还有运动员受伤和比赛现场出现的其他意外事件等。

(4) 在比赛过程中具有新闻价值的细节。如某位著名运动员在比赛中的表现，在足球比赛中某个进球的细节过程，在田径、体操、游泳等比赛过程中的比赛细节等。在记者不在现场的情况下，或是在现场却因观察位置、角度等因素未能加以了解的情况下，这些都需要记者通过赛后采访来增加报道的可读性。

(5) 比赛取胜或失利的原因。这可能是读者和观众十分关注的，一般需要通过记者赛后的口头采访获取有关信息并加以报道。对一场比赛输赢的原因，各人因立场、角度、水平等差异可能不尽相同。一般而言，赛后运动员本人、球队的教练、有关权威人士的解释最具有新闻价值。这需要记者通过赛后的采访予以报道。

(6) 运动员赛后的心情和状态。运动员在重大比赛中获胜或失利后的情况，常为受众所关注。这需要记者通过赛后的及时采访来获得报道素材。

(7) 赛后各方面的反应。一些重要比赛，如奥运会、世界杯足球赛、NBA 篮球联赛的结果会引起社会各方面的极大反响。这需要记者通过赛后采访来加以报道。

（四）赛后采访的方式

(1) 赛后现场即刻采访。即记者利用比赛刚结束，运动员、教练员到休息室之间的短暂时间进行采访。尤其是当球队或运动员获得了重大胜利时，会有热烈的庆祝场面，这时是记者赛后随机采访的最佳时机。此时不仅会有一定的采访时间，运动员、教练员有时也会较乐意接受采访。但是，假如比赛输了，或赛事不顺利，教练员与运动员往往会拒绝采访。

(2) 赛后新闻发布会。许多重要赛事的组办方会在比赛结束后专门为记者召开新闻发布会，让主教练或运动员接受记者的集体采访。这是一个采访的好时机。有经验的记者会利用这一机会，向采访对象提出自己想提的问题。这种采访方式的局限性在于有关资讯是公开的，一般拿不到独家消息。加上时间有限，采访得到的新闻材料也可能不能满足记者的要求。

(3) 赛后非正式场合的集体采访。在赛后的庆祝会或比赛现场，对运动

员或教练员进行赛后独家采访的难度一般较大。在这种情况下，更多的是众多记者进行集体采访，即众多记者围在一位重要采访对象身边提问。这种集体采访减低了采访的难度，即使无采访关系也可以提问，只要记者善于“扎堆”就行。由于赛后运动员、教练员的情绪处于较激动状态，环境也比较特别，因此，记者往往在这类非正式场合能得到一些有用的报道材料。当然，由于是集体采访，其新闻本身的价值也会打折扣。

(4) 赛后个别采访。即赛后教练员或运动员接受记者的独家采访。这是最有效、也是体育记者最希望采用的采访形式。其方式可能是面对面的采访，也可能是电话采访。这种采访往往会使记者获得新闻价值极高的独家报道素材。缺点是采访难度较大。

(5) 赛后连续性采访。即在比赛后对某一对象就一个话题进行多次采访。对于有截稿时间限制的媒体而言，这类采访往往用于比赛中发生的重大事件一类的报道。而对于晚报、周报、杂志等无截稿时间限制的媒体而言，常采用多次采访来完成一个大型的报道。这种连续性采访可以是针对一个对象的，也可以就一个题目连续采访多个对象。这种方式对于体育通讯、体育特写、体育述评等报道形式尤其有用。

(6) 后续性采访。这类报道常见于有截稿时间限制的媒体。由于截稿时间的限制，有些新闻内容可能无法在比赛的次日见报，如球队、球迷等各方面的反应，在本场比赛中受伤球员的情况等，这就需要记者进行后续性的采访。这类采访一般在比赛结束后的第二日进行。时间拖久了，将失去报道的价值。另外记者应注意，后续性报道的前提是必须具有足够的新闻价值。只有那些在比赛中所发生的特别重要的事件或重要人物对比赛的看法，而且又的确有新闻价值和报道必要的，记者才应做后续性报道。

(7) 电视直播比赛与赛后采访报道。随着电视对体育比赛的直播越来越普遍，有些时候因各种原因，体育记者只能通过看电视直播予以报道。在这种情况下，报纸媒体的体育记者往往只能在赛后采访并在报道的深度上下工夫。记者一般通过电话采访、当面采访等各种方式来对比赛进行深度报道。

赛后采访是一种需要经验和技巧的工作。如果记者善于捕捉机会，善于利用短暂的时间与有限的空间进行采访，就能为自己的报道提供第一手的极有价值的素材。在下面这篇关于美国 NBA 篮球赛芝加哥公牛队与西雅图超音速队比赛的报道中，记者利用赛后及时的采访获得了大量第一手的素材，并将采访中获得的球星、球员、教练员所说的话穿插运用于报道中，从而使这篇报道既有很强的新闻性，又有很高的可读性与解释性。这种采访手段与报道方法是值得中国的体育记者学习的。

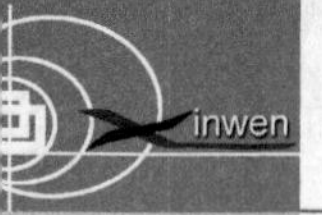

公牛使超音速减速

记者：山姆·史密斯

周六晚，公牛打开了他们1990年最后的礼物：116比91战胜西雅图。这样的礼物远远超过了圣诞老人的恩赐。

“他们有很多非技术性失误，”公牛主帅菲尔·杰克逊在评价西雅图22号时说：“但我们的压力也迫使他们犯错。”

迈克尔·乔丹独得31分，皮蓬有22分进账，格兰特16分，卡特莱特得了15分、13个篮板，给1990年画上了完美的句号。公牛已经五连胜，这也是他们最近9场比赛中的第八场胜利。

不一样的是，所有8场胜利都是在主场取得的。这个月应该是公牛最舒服的赛季，共有11场主场和3场客场，取得了11胜3负的最好成绩。

公牛在休斯敦以胜利进入1991年后，接下来的13场比赛将有8个客场，这将证明他们在去年12月的战果是否只是一时的奇迹。

“我们正在证明自己，不是吗？”乔丹说。他在本场比赛中抢得了10个篮板球。

公牛完全控制了超音速队。在此之前，后者虽然取得了六连胜，但在东部联盟中还只是完成了客场之旅而已。在卡特莱特拿下个人的13分以后，公牛在第一节就以11分优势领先。但在上半场结束时，西雅图将比分差距缩小到8分。但是在第三节结束时，比分差距又拉到了17分。

“我想我们感觉非常好。我们已经能很好地控制比赛的节奏，特别是在主场胜率高的情况下。”乔丹说，“但我们必须确保以后能打得更好。”

所以公牛在他们本赛季开始时输掉两场主场比赛后，现在他们发现他们可以轻而易举地赢得主场比赛。

但他们同时也发现以下问题：

首先，卡特莱特是他们唯一能加强中场实力的球员。在前5场比赛中，他平均得分13.8分，9.6个篮板球。“我一直感觉很好”，卡特莱特，这位在比赛第一节几乎包揽公牛队全部得分的球员说：“我只是想早一点发起进攻，我想让所有的球队知道，想得到东西就必须付出代价。”

其次，斯泰斯·金以前不是一个首发的强力中锋。霍内斯·格兰特在前两场第二节替补上场之后，重新成为主力，他得了16分，3个盖帽，还防得肖恩·坎普少得了13分。

“这太好了，重新回到球场防守我以前的队友。”很可能在周二首发上场的格兰特说：“坎普是个很强大而凶猛的队员。但我就喜欢这样的

挑战。”

公牛还见证了乔丹继续刷新自己的得分纪录。在前8场比赛中，他有7场比赛每场得分超过30分。他已经成为NBA得分最高的球员。

但公牛必须全力以赴参与后面的比赛。对他们而言，板凳队员尤其重要。因为他们的平庸表现与球队的成绩很不相称。在周六晚上的比赛中，列文斯顿未得一分，这种情况在过去8场比赛中已是第三次出现了。丹尼斯·霍普森在过去7场比赛中平均仅得到2.1分。而威尔·珀杜几乎消失在球队名单中。

由于阿姆斯特朗在12连胜的比赛中状态不佳，才给了金一个上场机会，他得了10分。但是这比起皮蓬的表现来说就很次要了。皮蓬现在正经历其职业生涯最辉煌的时刻。他在前11场比赛中平均拿下20.6分，外加8个篮板球。

但皮蓬的客场命中率仅为40%，平均得分12.9。而他在主场的命中率为58%。“我觉得现在的状态更好了。尽管我在第一节不能上场。”上半场仅得4分的皮蓬使西雅图产生了错觉。他们没想到他在第三节里一举拿下了11分。

“在第三节里，我们拧成一股绳，团结一致。”菲尔·杰克逊说。这也正是公牛队在新的一年需要做的。毕竟，好运气的日子迟早是要过去的。

（《芝加哥论坛报》1990年12月30日）

本节思考题

1. 赛前采访的基本任务和意义是什么？
2. 赛前采访有哪些特点与要求？有哪些主要方式？
3. 赛间采访有几种方式？有何要求？
4. 赛后采访有哪些特点和要求？有哪些主要类型？
5. 赛后采访的主要内容有哪些？主要采访方式是什么？

第六节　体育新闻采访的完成

记者在观看了比赛、参加了赛后新闻发布会，或在赛前赛后对有关人士作了采访后，其采访工作是否就算完成了呢？回答是否定的。因为他还需要做一些后续性的工作，以保证其采访的成功。这类工作通常包括采访结果的复查、

评估与核实等。

在体育新闻采访中，“采访结束”与“采访完成”是有差别的。前者指的是一个过程的结束，这一过程可能是观看一场比赛、参加一次新闻发布会，或者是与采访对象的一次交谈；而后者则指的是整个采访任务完成，可以进入新闻写作和报道阶段了。因此，记者在观看比赛或训练、参加赛前或赛后的新闻发布会，或者与采访对象结束谈话以后，并非就算完成了采访工作。那么，怎样才算完成了体育采访工作呢？具体而言，就是要在结束采访后，还要做好以下后期工作：

一、对采访的议题、过程及结果进行复查

体育记者在结束一次体育采访后，当他准备进入写作阶段前，应该对前面采访的议题、过程及内容进行复查。复查的主要目的是检查在采访中是否遗漏了什么重要内容。如有遗漏，必须立即采取措施来补上。要知道，即使是体育新闻，记者发生重要新闻漏报也是极不应该的严重失误。

体育记者在采访结束后如何对其采访结果进行复查？一般而言，如果是赛事采访，其复查的方式有三种：一是前方记者在比赛结束后立即与观看了电视直播的后方记者和编辑取得联系，交流有关比赛的信息；二是与同在比赛现场采访的兄弟媒体记者交换有关信息；三是给自己设问，以检验采访是否有遗漏。

以下是体育记者在采访结束后通常应予以复查的一些主要内容：

（1）在赛前是否发生了什么与比赛有关的重要事情？如换了教练或购入卖出了某位球员、球员的伤情变化、赛前球迷的情绪等。

（2）在比赛中，球队的战术打法是否发生了变化？一般而言，一支球队的战术通常都是较稳定的，有自己传统的打法和风格，但在特定情况下也会发生变化，而这种变化往往又可能是导致比赛胜利或失利的重要因素，因此应该为记者所关注。

（3）球队的主力阵容是否发生变化？主力队员中有谁没有上场？什么原因？

（4）体育明星的表现如何？

（5）在比赛中是否发生了什么异常的事件？如球员之间发生冲突、与裁判的判罚产生争议等。

（6）在比赛休息时间后，教练员做了什么样的新部署？

（7）运动员是否因犯规而受罚？

（8）比赛结束后在球场或球员休息室是否发生了什么事情？

（9）赛后新闻发布会现场双方主教练的表现如何？

（10）现场观众的上座率如何？对比赛有何反应？

二、对已获得的采访素材作出品质和数量上的自我评估

记者在采访结束后，应对采访的过程和结果等作出自我评定，以确认自己采访的过程是否完美，或者所获得的素材在新闻品质上和数量上是否合乎写作和报道的要求。这样做的必要性在于：其一，使记者在写作之前对已获得的新闻素材做到心里有数。如果自我评估的结论是采访过程中出现了失误，或已获得的素材不足以满足写作和报道的要求，记者就必须及时设法予以弥补，或者想法对资料予以补充，或者考虑另外的题材。其二，能够使记者不断对自己的采访经验进行总结，以获得提高。

曾在美国迈阿密一家大报做过体育记者，后来成为自由撰稿人兼律师的美国体育记者爱丽斯·克莱门特提出，记者在采访结束后应就以下几点作出自我评估，以求证采访是否成功，或者有何不足之处。

（1）是否清楚地表述了自己的采访意图？

（2）如何表明自己的采访意图？

（3）是否准备了适当的背景资料？

（4）有没有采用适当的方式来打破僵局？

（5）所设置和提出的问题是否有创意？

（6）有没有在恰当的时候提出更有针对性的问题？

（7）有没有留意如轶闻趣事之类的细节？

（8）有没有在适当的时候表示同情或理解？

（9）有没有仔细倾听对方的谈话并提出相应的问题？

（10）有没有妨碍对方的讲话或是在对方讲话时埋头做笔记？

（11）有没有提出一些有难度、具有“爆炸性”的问题？

（12）有没有在适当的时刻消除紧张或带有敌意的气氛？

（13）采访的结束是否合适得体？①

体育记者在采访结束后，更重要的是对其采访所获信息的新闻品质作出评估。以下几点可供记者评估时参考：

（1）采访所获得的信息是否真实、全面、准确？

（2）采访所获得的信息是否具有新闻价值？如果有，其新闻价值如何？

（3）采访所获得的信息是否能满足通讯、特写、侧记等体裁的写作要求？

① （美）布鲁斯·加里森等. 体育新闻报道［M］. 郝勤等译. 北京：华夏出版社，2000：138.

或者仅仅够写一篇消息的？

（4）采访所获得的信息数量是否能满足赛前的报道策划要求？如果不能，怎样设法弥补？

（5）在所获得的信息中，哪些是最重要的？能否作为明天体育版的头条新闻？

三、对采访所获得的信息予以核实

在体育新闻采访中，记者所获得的信息是否真实、全面、准确，往往关系到报道的成败。很多老体育记者或许都有这样的经历：一篇本来在题材、内容、写作等各方面都不错的报道，却因为其中有一处将比赛的时间或地点搞错了，或者是将运动员姓名或号码搞错了，从而搞得读者不断打电话来提意见，编辑同事们因记者的粗心而受牵连，记者本人也灰溜溜的。其实，如果记者在采访结束后对有关信息予以核实，就完全可能避免这类错误。因此，对于体育采访的后期工作而言，没有什么比核实所获信息更为重要的了。

在核实采访结果时，尤其应注意以下容易搞错的地方：

（1）比赛的项目、时间、地点、运动员或球队名称等。这些都是体育新闻报道的基本要素，是记者决不能搞错而又往往容易出错的，需要认真查对核实。

（2）参赛运动员、教练员的名字、号码、年龄、身高、国籍、项目等。尤其是要注意区别那些名字相同或相似的运动员。

（3）对比赛结果产生关键性影响的运动员的名字、号码及其在决定性时刻的表现。

（4）体育明星的名字、号码、国籍、身高、项目、在比赛中的角色和位置、什么时候上场下场、其场上的表现如何等。

（5）比赛的进程。如足球比赛中，是上半场还是下半场进球？谁在何时何种情况下得了黄牌或红牌？

（6）在采访涉及运动员赛场外的不良行为和一些敏感问题时，或涉及俱乐部、管理官员的违法行为时，记者决不能仅凭道听途说就写报道，而必须就手里的材料反复核对。必要时，还要通过多种渠道核对，否则的话，容易引起官司纠纷。

由于现在很多比赛都有电视转播，因此很可能有不少读者在读报道之前已经通过电视看到了比赛的情况。另外，球迷们对自己所拥戴的球队、球星的有关情况也可能非常熟悉，记者一旦出错，便会引起读者的反响。因此，记者应反复核实以上问题，以确保新闻报道的真实性和准确性。

四、对采访获得的信息进行报道策划

一位在比赛现场采访的体育记者在采访结束后，是否应立即进入报道写作阶段？答案是否定的。他还必须先与后方的编辑联系，根据记者的采访内容和今天版面的大小来共同探讨报道形式，就采访获得的信息进行报道策划。

不少刚出道的新手易犯这样的错误：在记者到外地或国外比赛现场采访后，不与后方编辑联系便直接进入写稿阶段，结果因广告等因素，当天可供报道的版面有限，导致传回编辑部的稿件或者篇幅太长，或者有些稿件根本无法采用。这样不仅使记者的部分工作劳而无功，还增加了后方编辑的工作量。更重要的是，因此还可能耽误极其宝贵的截稿时间。另外，记者在进入写作阶段前就报道内容与编辑沟通，有利于记者对报道写作做到心中有数。如记者所采访的信息哪些可以作为报道重点，哪些内容可能作为体育版的头条报道等。需要重点报道的内容较之非重点报道内容在写作要求、稿件字数、写作体裁等方面是不一样的，记者与编辑在赛后及时沟通是非常必要的。

正因为如此，体育记者在比赛现场的采访结束后，必须先做的一件事就是及时与后方编辑取得联系，以便了解和讨论以下问题：

（1）明天出版的报纸上体育版版面大小。如体育版有无广告？广告所占版面有多大？是否还有其他重要的体育新闻？编辑部是否有其他重要的新闻策划？这些都对记者报道的稿件数量、稿件字数、报道规模等产生影响。

（2）报社规定的截稿时间。一般而言，由于可能影响第二天报纸上市的时间，一家报社的截稿时间是相对制度化的，不会轻易发生变动。但有些时候，为了等待一些重要新闻，经总编辑同意和与出版印刷部门的协调，也可以将截稿时间适当延后。例如，像奥运会、世界杯足球赛等重要赛事，虽然因比赛地点的时差因素可能要推迟截稿时间，但由于关注的读者很多，不少报纸也会适当作出安排。因此，记者在前方了解截稿时间后，便能很好地安排自己的写作时间。

（3）与后方编辑、责任编辑，抑或体育部主任共同商量和探讨报道形式。对一场重要比赛的报道，前后方共同来提炼新闻主题、头条报道、重要稿件是必要的。因为相对前方的记者而言，编辑可能通过电视、网络、其他消息渠道而对比赛的全面情况更为了解，而且由于专业的原因，编辑的版面策划、新闻策划能力也更强。这时候，编辑往往能够给前方记者完成采访后期工作与写作提供建设性的意见。有时候，编辑的意见还能使记者及时发现其采访中的问题，使他有时间和机会对其进行必要的补救工作。

即使是在做人物专访一类没有截稿时间限制的报道时，记者结束采访后也最好与编辑沟通，共同研究今天可以用多大的版面、在什么位置、用什么形式来刊登这篇稿件，是否应当配发图片等问题。总之，记者应当将与编辑部的沟通列入其采访的后期工作，这样有助于更好地运用采访的材料写出好的新闻报道。

本节思考题

1. 体育采访的完成包括哪些后续性工作？
2. 体育记者在采访结束后还需要复查哪些内容？
3. 体育记者在采访结束后应在哪些方面作出自我评估？

本章参考文献

1. （美）布鲁斯·加里森，马克·塞伯加克. 体育新闻报道［M］. 北京：华夏出版社，2002.

2. 何慧娴. 百名中国体育记者自述［M］. 北京：人民体育出版社，2000.

3. （美）杰克·海敦. 怎样当好新闻记者［M］. 北京：新华出版社，1998.

4. 艾丰. 新闻采访方法论［M］. 北京：人民日报出版社，1996.

5. 刘海贵. 当代新闻采访［M］. 上海：复旦大学出版社，1997.

6. 梁一高. 现代新闻采访学教程［M］. 北京：中国广播电视出版社，2001.

7. 邱沛篁. 新闻采访艺术［M］. 成都：四川大学出版社，1989.

8. 熊高. 采访行为学［M］. 北京：人民出版社，2000.

9. 刘明华. 西方新闻采访与写作［M］. 北京：中国人民大学出版社，1993.

10. 刘海贵等. 新闻采访写作新编（第二版）［M］. 上海：复旦大学出版社，1997.

11. （美）史蒂夫·威尔斯坦. 美联社体育新闻报道手册［M］. 郑颖译. 北京：中央编译出版社，2004.

12. （美）菲尔·安德鲁斯. 体育新闻——从入门到精通［M］. 周黎明译. 北京：中国人民大学出版社，2010.

13. （美）梅尔文·门彻. 新闻报道与写作［M］. 展红主译. 北京：华夏出版社，2003.

第四章　体育新闻写作

本章提要

体育新闻写作是体育记者的基本功。一名合格的体育记者，除了需要掌握必要的新闻理论、体育知识以及采访技能以外，还要具备很好的写作技巧与能力。

赛事报道写作是指记者专门为体育比赛报道而从事的新闻写作，分为赛前报道写作和赛后报道写作。其特点是必须以比赛现场采访为基础，必须突出一个“快”字，必须有新闻策划的意识。

非赛事体育报道是指体育比赛以外的体育活动、体育事务以及一切与体育相关的事件的报道。主要包括大众体育、学校体育、体育事务、体育财经商务、体育司法诉讼、体育社会事件和体育娱乐等方面的报道题材和形式。

体育消息是体育报道最基本的新闻体裁，也是体育报道的基础。体育记者的基本工作就是以最快的速度和最简洁的语言来传播和报道有关体育运动的最新消息。因此，学习与掌握体育消息的写作方法，是体育记者的基本功。

体育通讯的特点是抓住体育运动中所发生的典型事情，以具体的叙述、形象的描写、强烈的抒情、深入的议论和生动的比拟等手法来进行报道。体育通讯包括比赛通讯、比赛侧记、比赛特写、比赛花絮、体育活动通讯、体育事件通讯和体育人物通讯等多种形式。

体育述评是体育记者在采访的基础上，以叙述体育运动中所发生的新闻事实为主，其间穿插记者本人议论的一种特殊的体育报道形式。

体育深度报道是一种系统而深入反映体育运动中的重大事件和问题的报道形式。从20世纪70年代起，随着体育新闻领域和范围的变化和扩大，促使其报道方式发生重大变化。以往很少采用深度报道形式的体育记者们，不得不学会运用调查性报道、解释性报道这类深度报道的方法。

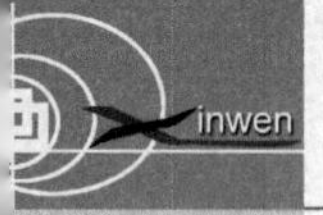

体育新闻写作是体育报道的基础。报纸、杂志、网络等媒体的文字报道都必须通过写作的过程，将记者采访得来的新闻素材加工成为报道所需要的新闻稿件。即使是电视、广播等媒体，也必须先写成文字稿件或脚本，用语言或文字来配合画面，这同样离不开新闻写作的过程。只有内容真实客观而又文字精练优美、富有感染力的体育新闻作品，才能吸引读者，给读者以美的享受，从而实现体育新闻的价值。本章针对体育记者如何写好体育新闻报道，介绍体育新闻写作的特点、要求、分类以及体育消息、体育通讯、体育述评等体裁的写作方法特点。

第一节　体育新闻写作概述

一、如何写好体育新闻

体育新闻写作，即体育记者将所获得的有关体育运动的新闻素材按一定要求写成新闻稿件，以供发表使用。

当代大众传媒的发展，对体育新闻写作提出了很高的要求。由于体育新闻的报道对象——现代体育已由追求个人身体健康为主的传统体育发展成为以集体高情感运动为特征的职业运动和大众体育。因此，现代体育报道必须反映现代体育的这种发展变化，从报道形式、报道体裁、报道内容以及语言文字等各个方面满足大众对体育报道的需要和相关信息要求。

写作是体育记者的基本功，也是文字记者从事体育报道的终端形态，是读者最终消费并享受的体育记者劳动的产品与果实。对于文字记者而言，无论采访到的信息有多么珍贵，也无论他在采访过程中有多么艰苦，但最终的产品只能是文字稿件。因此，一名合格的体育记者，除了需要掌握必要的新闻理论、体育知识以及采访技能以外，必须具备很好的写作技巧与能力。

在现代媒体和体育运动迅速发展的背景下，以往那种以体育活动与比赛过程结果为主的传统报道方式已不能满足和适应当代体育新闻读者的需求。现代体育新闻报道要求体育记者以丰富的感情和激情优美的语言文字向受众传递体育运动中的人性之美和精彩过程，同时还要反映大众对体育运动中发生的重要事情的态度和感受。体育新闻报道实践表明，对于体育记者来说，仅仅懂得体育和勤于采访是不够的。他还必须具有出色的写作才能，能够通过准确、精练和精彩的文字来传递信息并吸引读者，让读者和体育迷在获得资讯的同时分享体育报道文字的魅力与快感，才称得上是一名合格的体育记者。

作为一名体育记者，如何才能写好体育新闻呢？体育新闻报道实践表明，

需要在以下几个环节上下工夫：

（一）写作激情与创作欲望

写作是记者报道的主要手段。作为体育记者，必须具有和保持旺盛的写作激情与创作欲望。体育运动是一种高情感活动。人们或为胜利而欢喜若狂，或为失败而黯然神伤，或为自己所喜爱的球队和运动员倾注情感。体育新闻报道与其他新闻报道品种的不同之处之一，就是要在报道中反映体育运动的这种高情感特征，通过记者的报道，使读者能够感受到比赛过程的紧张激烈，体验到比赛结果的大喜大悲，这就是体育新闻报道的特点。而要做到这一点，除了需要体育记者本人对体育运动有深刻的体验与感情外，还必须内心充满写作的激情和创作的冲动。如果体育记者本人面对一场激烈紧张的精彩比赛都无动于衷，那就很难写出能打动读者的体育报道。这正如《美联社体育新闻报道手册》中所说："对于体育新闻记者来说，最大的挑战在于以一种优雅的方式，充满激情和智慧地描述一个事件。让读者与自己一起分享愤怒和欢笑，让他们在娱乐的同时得到资讯；破解一个无人知道的新闻，或者生动地描述一个有目共睹的事件；不管是在看台、在赛场，还是在运动员休息室，都要向读者传递一种亲临现场的感受，赋予新闻事件以意义并使之栩栩如生。噢，所有这一切还必须在 15 分钟之内完成。"①

（二）知识积累与文学素养

现代体育新闻报道不仅是要报道比赛过程与结果，还要通过记者的报道，表现体育运动中的人格力量和人性本质，宣扬体育精神和道德风尚，反映体育之美与运动之乐。同时，还要报道受众所关注的各类体育事务、体育商务等活动，对体育运动中出现的各种违背体育精神的现象提出批评，对违法乱纪的行为给予监督和揭露。因此，当代体育记者不仅要精通体育知识和新闻业务，还应有深厚的哲学、文学、历史等学科功底。另外，为了适应当代体育报道广度和深度的变化，还应懂得一些经济、金融、商务、司法等方面的知识。总之，一位体育记者应该是一位全才，其知识面越广、越全面，就越有利于写出好的体育报道和作品。另外，记者所写的体育报道不仅仅要真实准确地传递有关体育信息，而且还要通过激情而感人的文字来吸引和打动读者，以精彩优美的语言让读者享受到体育报道所带来的美感。从这个意义上说，文学素养是体育记者的基础。只有既具有体育运动知识又具有较高文学素养与写作水平的人，才能符合体育记者的职业要求。所以，体育记者要想写出好的体育报道，就必须

① （美）史蒂夫·威尔斯坦. 美联社体育新闻报道手册［M］. 北京：中央编译出版社，2004：1.

在文学素养和写作能力上狠下工夫。

（三）精心选择报道角度和重点

当我们在阅读体育新闻报道时，常常会发现这样一种情况，同样的新闻，但几家报纸报道的角度方式各异，效果也大不一样。有的记者写出的报道角度新颖，文笔生动，可读性很强，给读者留下很深的印象；但另一些体育记者写出的报道却相反，写法老套，文字平淡，言语无味，难以打动读者。造成这种现象的原因，除了记者本人的写作造诣和水平高低以外，一个重要原因是记者在新闻策划能力上的差异，在报道角度和报道重点的把握和选择方面有差距。

体育记者应该记住"一样的新闻，不一样的报道"这句话。因为在体育新闻报道中，像体育赛事报道这类题材通常是较难获得独家报道素材的。体育记者们常常的是大家一起在记者席上观看比赛，一起参加新闻发布会，又一起在比赛现场对教练或运动员进行采访。这就特别需要记者在写作时动脑子，在新闻策划、报道角度和写作上下工夫，这样才能写出独具风格、富有个性的报道。请看下面这篇美联社1988年6月28日关于拳王泰森一场比赛的报道。

泰森的拳头是印钞机

美联社大西洋城1988年6月28日电　史平克斯做了泰森的所有对手都不敢做的事——与这位世界重量级拳王对攻。可是史平克斯仅仅支持了91秒钟，两次被泰森击倒。当裁判员卡普西诺宣布，史平克斯被击败时，他还仰卧在拳击场的绳栏下。

泰森以右拳还击，打得对手后退，他追到绳栏边，先以左勾拳击中史平克斯头部，再以右拳击中他的肋部。史平克斯倒在地上，在11年职业拳击生涯中他第一次倒得这么快。当裁判员数到3时，史平克斯勉强爬起来，继续挥拳比赛，但泰森比他还快，一记左拳，继以右勾拳打中史平克斯前额，史平克斯应声倒地，再也爬不起来。

史平克斯对泰森共顽抗了91秒，若按一小时的报酬计算，他可获得高达5.34亿美元的报酬。因为他参加这场比赛保证可得1 350万美元。他在比赛中被泰森击中8拳，也就是每挨一拳他便能挣到1 687 500美元。按全部比赛时间计算，他平均每秒钟可获得138 351.64美元。

泰森将得到2 000万美元左右的报酬。确实数目根据拳击比赛门票的总收入而定，但相差不致超过一二百万美元。换句话说，泰森每秒钟可得219 780美元，或者可以说他每小时的薪酬是7.91亿美元。史平克斯共击中泰森两拳，亦即泰森每挨一拳可得1 000万美元。

用1 500美元购票入场的观众，等于每秒钟付出16.46美元。以35

美元观看闭路电视播映这次拳赛的观众，则每秒钟需支付 39 美分。

在这篇报道中，记者突破了传统体育报道注重赛事过程和结果的报道模式，将报道角度和重点放在这场比赛选手的收入上和观众的支出上，从而突出了这场比赛最大的特点：泰森仅用了 91 秒钟便击败了对手。这一报道角度新颖别致，富有个性，使读者对拳王泰森的实力以及当今职业拳击运动背后的商业行为留下了深刻的印象。

二、体育新闻写作的特点

（一）体育新闻写作的基本特点

从 1883 年普利策在《纽约世界报》首创体育部始，体育新闻在 100 多年的时间中，逐渐形成了适合自己报道性质的写作特点与风格。在中国，随着 20 世纪 80 年代改革开放以来体育事业和新闻事业的发展，在广大体育新闻工作者的努力之下，具有中国特色的体育新闻写作风格与特点也在逐渐形成。

与其他新闻写作相比，体育新闻在写作方面有哪些特点呢？

1. 反映和宣扬体育精神是体育新闻写作的思想特点

体育精神是全人类共同的文明财富和价值，是人类文明的重要的成就和果实之一。体育新闻写作与其他类型的新闻写作在思想性方面有什么特点？这就是要通过记者的报道来反映和宣传体育精神。

什么是体育精神？对此众说不一，但总的来说，它包含拼搏精神、公平竞争精神、团队精神、纪律精神、尊重对手、尊重裁判和爱国主义等多种文明要素。《奥林匹克宪章》中明确提出了“奥林匹克主义”的概念，提出要创造一种对“以奋斗为乐趣，以优秀榜样的教育价值并尊重基本公德原则为基础的生活方式”；同时还将“奥林匹克精神”解释为“互相理解、友谊、团结和公平竞争精神”。这些都可以视为对体育精神的高度概括。

好的体育新闻作品总是能通过对体育比赛和人物的描写来反映和宣传体育精神。如新华社记者采写的《栾菊杰：我豁出来了——第 13 届世界大学生运动会女子花剑决赛目击记》，报道了在 1985 年第 13 届世界大学生运动会上，我国女子花剑运动员栾菊杰战胜前苏联著名选手沃莎金娜的过程。这篇报道没有简单地停留在对栾菊杰在比赛中获胜这一结果的报道上，而是浓墨重彩地描述了栾菊杰如何在比赛还剩 7 分钟、比分以 3 比 5 落后的不利局面下，不畏强敌、顽强拼搏的体育精神。记者抓住栾菊杰在赛后的第一句话“我豁出来了”作为标题和结尾，画龙点睛般地表现出了中国运动员顽强拼搏的精神斗志，使

整篇报道铿锵有力、豪气干云，使人感受到一种体育精神所独具的催人奋进、拼搏进取的力量。

请看下面这篇新华社记者于2006年都灵冬奥会采写的新闻特写。记者以激情的文字描述了中国滑冰运动员张丹和张昊在意外受伤的情况下坚持比赛的令人感动场景。张丹和张昊虽然只夺得了银牌，但他们的体育精神却成为奥林匹克精神的最好诠释。

折翅再飞翔　《龙的传人》奏响最悲壮音符

新华社都灵2月13日体育专电（记者丁莹　刘卫宏　王镜宇） 起立，全场观众起立；掌声，经久不息的掌声；眼泪，抑制不住的眼泪；拥抱，坚实温暖的拥抱。

《龙的传人》奏响最后的音符，张丹和张昊完成了自由滑的结束动作。张丹哭了，她留下了伤心的泪水；张昊无语，他给了张丹深深的拥抱；全场起立，为这对顽强的“龙的传人”叫好鼓掌。

13日晚的都灵帕拉维拉体育馆，中国队最有希望冲击金牌的张丹/张昊最后亮相，他们向从来没有人在世界大赛中成功完成过的高难度动作“抛四周跳”发起了挑战。不幸的是，在张昊抛出张丹的时候，角度掌握得稍差火候，张丹在空中转到第四圈的时候有些犹豫，结果落冰的时候两腿劈开重重地摔倒在冰面上。“噢！”巨大的惊呼声后，是短暂的沉寂。

在张昊的帮助下爬起来之后，大屏幕上出现张丹痛苦的表情，两人的比赛也因此中断。大约过了两三分钟，张丹坚持和张昊重新回到了冰面上。

“摔倒后我的脑子一片空白。但奥运会四年一次，我不想错过这样的机会。”张丹这样解释。

“中国运动员张丹在尝试最高难度动作时受伤了，”现场解说员的话音刚落，全场观众纷纷起立，用最热烈的掌声表达他们对中国选手的敬意。

张丹/张昊随后高质量地滑完了剩下的节目。每当他们完成一个难度动作，现场观众都报以雷鸣般的掌声，似乎张丹/张昊才是当晚最耀眼的明星。

尽管出现失误，现场裁判仍然给张丹/张昊的自由滑打出了125.01的高分。他们以189.73的总分超过两对队友，奇迹般获得银牌。

现场观战的国际奥委会资深委员何振梁说：“他们两个都是英雄。”

2. 竞技运动及其相关报道是体育新闻写作的主体

现代体育一般分为以个人健康为宗旨的大众体育、以青少年健康成长为中

心的学校体育、以观看比赛为特征的观赏性竞技三大部分。虽然大众体育、学校体育以及其他体育方面活动的报道也是体育新闻写作的重要内容，但是以职业竞技、各类重要赛事、大型世界性运动会为主的观赏性竞技，则是现代媒体体育新闻报道的主要对象。体育新闻写作的特点和风格也主要反映在这类报道中。

目前，在各类媒体的体育新闻报道中，体育赛事及与其有关的报道约占总报道量的80%以上。体育记者的报道与写作题材主要集中于各类体育赛事的消息、通讯、评论上面。20世纪80年代以来，体育新闻报道的范围与题材逐渐扩大，出现了体育社会新闻、体育经济新闻、体育娱乐新闻、体育司法新闻等边缘化报道题材和形式，但这些报道题材基本上都与竞技体育有关，是围绕体育比赛而派生出来的新闻。美国的新闻学者指出："今天的体育记者远不止于叙述一番运动赛事。他们报道劳工协议、大学体育运动的商业化以及有时候它的腐败、运动员的场下活动与他们的私生活。体育新闻想得到充满进取心、经过调查的报道；体育迷的支持是强大还是缺乏？运动员代理人的角色是什么？谁出门去观看长曲棍球、摔跤与击剑？当一个中学男孩决定为女子曲棍球队打球时发生了什么事？具有体育意识的父母给他们的孩子施加的压力是不是过大？"① 正因为如此，作为一名体育记者，必须掌握竞技体育和体育赛事的报道技巧与方法，其中包括体育赛事报道的写作技巧与写作方法，了解体育赛事及相关报道的特殊写作规律。如果一名体育记者不了解竞技体育，看不懂体育比赛，也不具备体育赛事报道的写作能力，那么他就不适宜从事这一职业。

3. 体育人物报道是当代体育新闻写作的重点

体育运动的本质是人的文化。体育新闻报道与写作必须以人为本，反映和表现体育运动的人文本质和人文精神。读者和观众不仅仅只关心体育比赛的结果是几比几，更关注在体育场上拼搏的人，尤其是他们所喜爱和拥戴的运动员和体育明星。体育记者应该通过自己的写作来反映和表现运动员的意志、精神、品质、风尚、感情、爱好、情操以及他们在比赛和训练中的情况，从而为社会树立优秀人物的榜样，让读者和观众感受到运动员的人格力量。

由于体育新闻报道的规律，当今体育人物报道的对象固然多以公众熟悉的体育明星为主，但体育记者应该记住，那些普通的不出名的运动员身上所表现出的优秀体育精神、高尚的道德品质和爱国主义情怀往往更能打动人，更具有新闻价值和教育价值。

下面是新华社体育记者发自2006年多哈亚运会的一篇报道。这篇报道没有写人们熟知的那些体育明星，也没有以某场比赛为报道重点，但却达到了比

① （美）梅尔文·门彻. 新闻报道与写作［M］. 北京：华夏出版社，2003：559.

任何体育明星和比赛报道更震撼人心的效果。这篇报道以两个不知名甚至没有赢得一场比赛的伊拉克女运动员为主角，将体育、奥林匹克精神、战争、女性命运、伊拉克人民的善良和美好向往浓缩为一体。记者的观察角度独特，文笔充满情感，以平实的语言和深刻的视角描写了战争与体育这一催人泪下、感人至深的主题。这样的人物报道，就比仅仅报道比赛的过程和比分更具感染力。作为一名体育记者，如果没有深刻的思想和洞察力，没有超越体育比赛本身的新闻视角与敏感，忽略对人物的观察与描写，忽略对人性和人格的尊重，忽略人的感情、感受、性格和爱憎，就写不出一流的体育报道。

以生命出席

——伊拉克女子沙排队员莉达和莉莎的故事

新华社记者　史春东、易凌

新华社多哈12月2日电　昨天，多哈亚运会开幕式代表团出场时，除东道主以外，最热烈的掌声献给了战火中的伊拉克运动员。今天，当我们面对这对从巴格达来的姐妹时，顿悟那掌声中蕴藏的尊敬与感佩。

多哈体育城。黄昏落日沙排场上，掌声仍旧如潮。

20岁的莉达、19岁的莉莎（均为化名）手拉手走进了赛场。亚运会历史记住了这一刻：伊拉克仅有的一对女子沙滩排球队员首次走进亚洲的赛场。

她们没有小麦色肤，皮肤透白，一如常人。两位弱小的姑娘身高只有1米65和1米60。她们的打扮很“另类”：柠檬黄的紧身上衣，姐姐有短袖子，妹妹也没有全露着肩。梳着高髻的妹妹不时还要用手将平角紧身裤再往下拉，她们眼色中透出几分羞涩，几分坚毅。

面对日本选手进攻，她们在场上更多的是被迫招架和失误。

她们突破了亚运会资历纪录：上场前仅练球一个半小时。比赛前一天首次脚踩软软的黄沙。她们的领队坐在观众席上。这位伊拉克著名教练（因安全原因略去真名和职务）对姐妹俩一脸的敬重：“她们是两位学生，是一对姐妹，也是伊拉克人民的优秀代表。”

采访中记者问起她们的名字，这位教练一脸伤心，表情很难受：“你们千万不要写出她们的英文名字，否则她们会被杀害。”“我的名字请你们也别写，也别问，我为了躲避危险住在约旦。我仅能告诉你们，这对好姐妹生活在巴格达。亚运会对她们来说是一个避难所，远离了战火，我希望她们活着。”

这位留着山羊胡须的领队讲着她们的不幸：“伊拉克仍有强大的旧势

力。要知道她们是这样的打扮，（他们认为）那是要犯死罪的呀。”我们与他一起沉默。

4：21、11：21。她们输得很惨，她们却很轻松。姐妹听说我们是中国记者，会意地点着头。我们说英语，别人帮我们翻译成阿拉伯文。

“伊拉克青年很开朗、乐观，并不是别人想象的那样。我们俩非常喜欢音乐。”姐姐告诉我们。

讲起多哈之行，这对姐妹清澈的双眼里突然透出复杂的神色。莉达说：“我们悄悄地出来，家人担心但很支持，对周围的人，我们是保密的，不能让他们知道。他们会反对，有更多人知道，我们的生命就会更危险。”

“在多哈，我们代表伊拉克人民，会好好地打球，争取出线，取得好成绩。”

“2008年北京奥运会你们会来吗?”记者问。

“伊拉克处于战火之中，没有设施，没有经费，更没有人敢支持我们打球。”

“为什么要冒生命危险到多哈?”

莉莎很坚定：“我们要让全世界知道伊拉克人也在亚运会的队伍之中，我们与大家一起也在分享沙滩排球这个运动。”

太阳消失在地平线，多哈夜晚很凉，她们颤抖着。一对孤独的背影。

（二）不同媒体的体育新闻写作特点

现代新闻媒介主要包括两大类：一类是印刷媒体，包括报纸与杂志；另一类是电子媒体，包括广播、电视和网络新闻。这些不同的新闻媒体在体育新闻写作上有哪些特点呢?

1. 报纸的体育报道写作特点

现代报纸分为日报与周报两类。对于体育新闻而言，主要表现为综合性日报的体育版与专业性体育周报两大类。由于这两类报纸的不同特点，对体育记者的写作要求也有所不同。

相对而言，以下因素对日报体育记者的写作有显著影响：

（1）新闻的时效性。由于日报是每天出报，因此特别强调新闻的时效性，而周报的新闻时效性则相对较差。

（2）截稿时间限制。综合性日报通常要求严格的截稿时间，而大多数体育周报对截稿时间的限制相对宽松一点。

（3）版面限制。综合性日报的体育版一般版面较少，而专业性体育报的

版面通常较多。

（4）专业要求。综合性日报的体育报道相对大众化要求较高，而体育专业报在大众化基础上要求一定的专业性。

（5）媒体竞争压力。如今，为了适应新媒体，尤其是网络媒体的巨大竞争压力，报纸体育报道的写作体裁和手法发生了很大变化。由于时效性等原因，报纸的体育报道不再以消息为主，而更多地转向通讯、特写、深度报道、组合报道以及评论等。这意味着体育记者必须具备更高的新闻素质和采写水平。

因为受到以上因素的影响与制约，日报的体育新闻写作通常表现出以下特点：

（1）体育记者的新闻写作必须要抢时间，争分夺秒，一气呵成。构思快、写作快、发稿快，是日报体育记者必须练就的本事。在当今体育记者普遍使用电脑写作的情况下，还要求记者掌握必要的电脑操作技术，尤其是提高打字的速度。

（2）日报的体育稿件大多以短小精悍的消息、通讯和评论为主。由于截稿时间和版面空间限制，同时还要求照顾报道的覆盖面（如各类项目和各个级别的赛事等）和报道体裁及图文的搭配。一般日报的体育版难以容纳大块的文章，只能刊登相对短小精悍、文字精练的体育消息、体育通讯与体育评论。这就要求记者在进行体育新闻写作时文字精练、言简意赅、开门见山、一针见血。

（3）日报的体育记者必须掌握较全面的运动项目知识和报道技巧。由于日报体育版对大众喜欢的各种体育运动项目和比赛都要予以报道，而又不可能每个项目都设一个专职记者，因此，一般日报体育记者都要求能对多种运动项目和赛事进行报道。这就要求记者在精通一两个项目报道的同时，掌握各类不同体育运动项目和赛事的报道写作技巧，做到“一专多能”或“数专多能”。例如，一名日报的体育记者很可能今天被派去报道世界杯足球赛，明天就被派去报道某项登山运动或滑雪运动；或者他今天被派到某项比赛的现场，报社要求他写出现场的消息报道，明天却被派去进行人物专访，要求提供一篇体坛人物的通讯报道或体育界著名人士的专访报道。

（4）为了适应电视与网络媒体的竞争，日报体育记者必须更加重视提高自己的文学修养和新闻采写水平。现代媒体竞争要求日报体育记者必须精于通讯、特写、深度报道和评论这类报道体裁和形式。而这要求日报体育记者具有更高的文学修养和采访写作能力。另外，现代媒体的报网结合趋势还要求体育记者不仅具备文字报道能力，还要具备网络视频摄制和图像处理技能。这在一些赛场外的突发性新闻事件的报道中是非常需要的。

与日报相比，周报的体育新闻写作有以下特点：

(1) 由于不是天天出报，因而除非是出报前一天发生的事情，否则周报不能像日报那样对每天发生的体育新闻及时报道。因此，周报的体育写作体裁一般不以体育消息为主，而往往以体育通讯、体育特写、体育述评、人物专访和各种深度报道形式为主。

(2) 由于周报的截稿时间相对宽松，留给记者的写作时间也相对多一些。因此，周报的体育记者在写作上可以更加精雕细凿，也可以写较大型的深度报道。

(3) 专业性较强。现代的周报大多是分众化和专业化的报纸。尤其是体育专业报，其读者对象主要是体育爱好者，因此与日报的体育报道相比，周报必须提供更多更专业的报道，才能满足这类读者的需要。

(4) 版面相对较多。同日报的体育版相比，体育专业周报能为各类体育报道提供更多的版面，容纳更多的文字和图片。

鉴于以上特点，周报的体育新闻写作具有以下特点：

(1) 在写作体裁上，体育周报的记者一般不以消息为主，而是以体育通讯、体育特写、人物专访、新闻综述、体育评论、背景报道、解释性报道和调查性报道等形式为主。

(2) 要求更高的新闻策划能力。为了抵消时效性差的缺陷，周报的体育记者必须具有新闻策划能力，从报道的深度、角度、背景等方面下工夫。同样一场重要比赛，日报的记者可能只需要发一篇数百字的消息报道一下比赛结果与过程，而周报的体育记者则要通过一篇或数篇不同体裁的报道形式，全面而深入地报道比赛背景、比赛前后和比赛中间发生的各种典型事情，分析比赛结果对双方的影响，还要就比赛中的重要事情进行评论，等等。

(3) 专业性体育周报对体育记者的体育专业知识要求更高，对其新闻报道与写作水平要求也更高。日报体育版的读者对象是大众，而体育周报的读者则是一部分体育爱好者和球迷。后者对其所爱好的体育项目、球队、明星有一定的了解，因而对体育报道的专业程度、报道水平、报道深度和分量都有更高的要求。从这一点来说，体育周报或体育专业报的记者在一定程度上都必须是某个运动项目的专家。他的体育写作必须反映出其专业水平。

(4) 在写稿时间上，虽然相对日报而言较为宽松。但如果是比赛日次日出报，由于版面较多，反而会增大周报体育记者的单位时间工作量，使其写稿时间更为紧张有限。

2. 体育杂志的报道写作特点

杂志又称期刊。按其内容性质分类，体育杂志分为大众性体育杂志与学术性体育期刊两类。具有新闻传播功能和报道特点的体育期刊主要是大众性体育

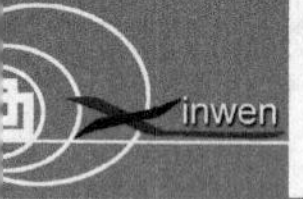

杂志。以所有体育项目为其报道内容的体育杂志是综合性体育杂志，而以某一类或某一项体育运动项目为主要报道内容的杂志为专项性体育杂志。世界著名的体育杂志有美国的《体育画报》(Sports Illustrated)、《ESPN》、法国的《法国足球》(France Football)、英国的《442》(Four Four Two)等；国内目前流行的大众性体育杂志有《体育画报》、《新体育》、《尺码》、《当代体育》、《博》、《NBA时空》、《篮球俱乐部》、《足球之夜》、《射门》、《足球周刊》、《环球体育》《健与美》、《少林与太极》等。大众性体育杂志的体育新闻写作有以下特点：

(1) 由于时效性不强，因此对于体育杂志的记者来说，其主要的任务不是提供新闻，而是组织和分析新闻，向受众提供独到的观点和更为深入全面的背景新闻。同时，现代体育杂志尤为强调文章的可读性、休闲性和娱乐性。这些，都对体育杂志的记者提出了与报纸体育记者不同的写作要求。总的来说，体育杂志更强调作者的新闻综合能力与分析能力，对记者的理论水平与写作水平要求更高。

(2) 当代体育杂志要求极高的专业性。尤其是像足球、篮球、田径、围棋、登山和钓鱼等专项性的体育期刊对记者和编辑的专业水平要求很高。杂志记者必须是某一专项的专家，对这些体育专项的规则、历史、掌故、人物等了如指掌，并要拥有这些专项报道的国内外采访和信息资源。由于读者都有是这些运动的爱好者，很多人具有一定专业知识和实践经历，因此要求这些体育杂志的记者、编辑和作者所写的文章具有专业水平和深度。

(3) 体育杂志通常很少采用消息体裁，而以体育通讯、体育特写、体育评论、解释性体育报道及调查性体育报道等为主。由于杂志的出版周期较之周报更长，因而对体育杂志记者来说，必须熟练地掌握通讯、特写、综述、评论和人物采访这类新闻体裁的写作方法。

(4) 体育杂志一般采用精美的图片与文字报道相结合。这要求杂志记者既有较强写作能力，又要有较强的读图、析图和撰文配图的本事。有的杂志甚至会要求记者既有很强的文字报道能力，又具备很好的体育摄影技能。

(5) 在印刷性新闻媒体中，杂志的容纳量是最大的。因而体育杂志一般都可以容纳较大型的稿件，适合做较大型的报道。这对记者的新闻策划能力与大型报道的写作能力提出了更高要求。

(6) 由于杂志的出版周期较长，因而记者可以有较充裕的时间进行采访、调查和写作。但必须注意的是，体育杂志虽然相对于网络、电视、日报等媒体时效性较弱，但仍然是一种新闻媒体，属于杂志中的新闻杂志的一类。这意味着体育杂志记者的报道与写作仍然必须紧扣最新发生的新闻事件和新闻人物，具有较强的时效性和时尚性。

3. 广播的体育报道写作特点

广播是以人类听觉为传播方式、以现代电子技术为传播手段的大众传播媒介。广播新闻稿或专题节目稿的文字写作是广播节目的基础环节。广播写作主要表现在广播稿的写作上。与其他媒体的写作比较，广播写作的最大特点就是记者必须按照人类的听觉特点和习惯来写作广播稿。对于在广播电台工作的体育记者来说，写好广播稿直接关系到广播的效果和质量，也是评价其能力与水平的重要指标。

英国体育新闻学者菲尔·安德鲁斯对体育广播的看法是富有启迪的："我们往往把电台看做是没有画面的电视，但是这种看法却是不正确的。电台广播其实有画面，但是这需要我们用想象力去创作，在我们脑海里的屏幕上，没有什么能比我们耳熟能详的声音能更有效地呈现一幅画面了。优秀的广播电台新闻将实况声音与新闻记者的话语混合在一起……采访是大多数体育报道必不可少的组成部分，而在报道中插入一个或多个人的采访片段，不仅为听众提供了熟悉他们声音并由此形成对他们的看法的机会，同时也增加了了解我们听到的声音的多样性。对体育爱好者的街头采访也可以使用类似的方法。"他还指出："体育广播可以使用的另一个方法是通过加入评论将生动性和戏剧性注入作品中。体育赛事的高潮时刻，优秀的体育评论员展示出的兴奋会立即改变新闻节目的语气和节奏，有助于听众在脑海里想象出更多的画面。"①

一般而言，体育广播稿的写作有以下特点：

（1）由于体育广播稿是用来聆听的，因此在写作上必须照顾到人们的听觉习惯，做到绘声绘色、明白易懂、通晓畅达、朗读上口，避免用生僻、拗口、晦涩的词句。菲尔·安德鲁斯指出："广播是一种表演。新闻记者在广播中播报的文稿影响着受众对报道的理解。稿子要以自信和权威的语气播出（有时要充满智慧，有时要有魅力，有时要一本正经）。如果你在播报自己写的稿件的话，这一点就比较容易做到。因为你在撰写时就可以用你认为易于播报的方式来写。我们大多数人有时会发现某些词语或词组很难发音。解决这个问题的一个好办法是每写完一句话都把它大声读出来，从而确保你能够毫不费力地通顺地把稿件播出来。当你完成整篇稿子时，在录制前大声把它整个朗读出来。如果有必要的话就对其进行修改。"②

（2）体育广播稿通常采用消息、通讯、评论等体裁。广播电台的体育记者必须熟练地掌握这些新闻体裁的写作方法。

（3）体育广播稿要求短小精练，突出主题。记者必须学会用最少的字来

① （美）菲尔·安德鲁斯. 体育新闻从入门到精通［M］. 北京：中国人民大学出版社，2010：122.

② （美）菲尔·安德鲁斯. 体育新闻从入门到精通［M］. 北京：中国人民大学出版社，2010：132.

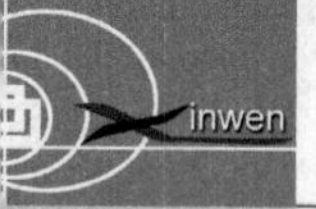

表达最多的意思。另外，无论是播送体育消息还是体育通讯，都要按照听众的听觉习惯和思维习惯来选择表现方式和方法，并尽可能采用线型结构来组织安排材料和写作新闻稿。

（4）与其他体育新闻写作一样，体育广播稿的写作也要突出一个“快”字。尤其是在重要的比赛结束后，听众急于知道比赛的结果、过程和相关评论，体育新闻节目一般也有严格的时间要求。因此，记者必须以最快的时间写出广播稿，将重要的体育消息传达给广大听众。

4. 电视体育新闻和体育专题节目写作特点

电视体育新闻的写作包括新闻稿写作和电视节目的脚本写作。

电视新闻稿通常是供主持人在新闻节目中口播的解说台词，一般配合电视新闻画面使用。电视新闻稿写作应当注意以下几点：

（1）电视新闻稿的写作必须以现场采访为基础。但电视新闻稿的特点是它通常要配合现场录像画面来创作，电视新闻节目一般是由电视画面和主持人的配音组成的。电视新闻稿将电视画面串联整合成为完整的新闻节目，是电视主持人口播的依据，其主要功能是对电视画面进行说明、解释、补充、展开和评论等。因此，记者在撰写电视新闻稿件时，必须与现场录像画面紧密结合，根据节目时段的长短和画面解说需要来创作。

（2）电视新闻稿要注意对电视画面没有表现的新闻背景的说明。因为电视体育新闻的播报时间有限，其录像素材往往是较为零碎而不完整的，因而必须依靠主持人或播音员向观众介绍基本的新闻要素和其他新闻背景。例如，当电视出现某位体育明星走出机场的画面时，主持人必须通过画外音说明该明星是谁、在哪里出现、为什么到这里来、现场发生了什么事情等。而这都需要记者提供可供口播的文字稿件。

电视体育专题节目是一种结合思想性、新闻性和电视艺术性为一体的节目形态。撰写电视脚本是创作电视体育专题节目的依据和基础。

所谓电视脚本，就是摄制电视节目所依据的文字稿。电视脚本一般分为拍摄提纲、文学剧本和分镜头脚本等。电视体育新闻的脚本一般常用的是拍摄提纲和分镜头脚本。前者主要是体育新闻报道前的策划和计划，后者则是在拍摄提纲基础上将拍摄内容镜头化。

分镜头脚本是电视新闻写作最常见的方式，也是电视台的体育记者和编辑写作的基本功。它具有以下特点：

（1）电视分镜头脚本有一定的格式，左面是画面内容，右面是解说词。要求画面与解说词要统一，不能脱节。

（2）正常播音速度是每秒钟 3 个字，每分钟 180 字。从事电视脚本写作时，必须考虑到整个节目的时间长短以及画面与文字的搭配。

（3）电视是一种视听结合的大众传媒。体育新闻电视脚本的写作必须遵循人类的视听规律和习惯。具体而言，就是解说词与画面的结合要紧密，解说词的语言要朴实直白、明白易懂、简短直接、朗诵上口。

（4）由于体育运动的特点，体育电视的解说词要求铿锵有力、亢奋激昂、抑扬顿挫、荡气回肠，体现出体育运动特有的紧张、激烈、对抗和激情。只有这样，才能唤起观众内心的共鸣，使其为体育运动的特有魅力所吸引和感动。

下面是一个电视体育节目脚本的例子。内容是对1990年北京亚运会乒乓球赛女子单打冠军邓亚平的新闻专题报道。该节目时间长达22分钟，在此，仅选择其片头及开始的几组镜头与解说词。

拼搏之歌

一组运动画面。

出字幕（跳出）："两军对垒，在危难时力挽狂澜，更能显出英雄本色。"

画面	解说词
亚运会主会场火炬 入场式红旗队 升国旗 拉拉队	在11届亚运会和41届世乒赛两次乒乓球大战中，河南小将邓亚萍，都是在我军连遭败绩的危难之时，过关斩将，夺取胜利。她那凌厉的扣杀，多变的发球和闪电般的抢攻，咄咄逼人的气势和临危不惧的大将风度，给人们留下了极为深刻的印象，她以精湛的球艺和闪光的智慧，谱写了一曲催人振奋的拼搏之歌。
出片名《拼搏之歌》	邓亚萍最喜欢唱的这首歌，是她内心的独白，也是她早年人生的真实写照。
邓亚萍听录音机	1973年，邓亚萍出生在郑州市一个乒乓之家。
大自然画面 全家	父亲邓大松，20世纪60年代是河南乒坛的一名虎将，曾夺得中南五省乒乓球冠军。母亲蔡荷珍是一位乒乓球爱好者，在群体活动中常常披挂上阵。哥哥是业余体校的学员，后来成为教练。家庭的熏陶使邓亚萍从小就迷上了乒乓球。
黄河游览区一组	四岁半的邓亚萍，很自然成了业余体校的业余学员。
邓大松讲话实况 邓亚萍儿时黑白照片	年龄的超前，使邓亚萍的乒乓生涯一开始就形成了"以小打大"的模式。邓亚萍人小个矮，刚学打球

训练时灵活的步法移动	时，比球台只高出半头。她对练的伙伴，最小的也比她大四五岁。对攻起来，她常常跳起击球。邓大松从这个习惯动作上发现，女儿有一股不服输的拼劲。因此，他在给女儿传授技术的同时，又传给她一条很重要的思想，就是“以小拼大，赢了光彩，输了不怕。”“以小打大”作为一种竞争意识，在邓亚萍幼小的心灵里扎下了根。
小学员跑步	由于遗传的原因，邓大松知道女儿的身材不会长得太高。为了弥补这个缺陷，他专为她设计了一套侧重练步法、改直拍为横拍、加强体力训练的方案。5岁多的邓亚萍就穿上一件重重的沙衣，练球、长跑、一切活动，除了晚上睡觉，一直穿在身上。有一次练长跑，邓亚萍跑在最后，跑跑停停，举步艰难，小脸憋得通红。张文波老师还以为她有病，等脱下衣服，张老师感动了，那付沉甸甸的沙衣，已被汗水浸湿大半。
张文波讲（字幕：郑州市业余体校教练张文波） 邓亚萍在业余体校时照片（黑白）	五年业余体校的刻苦，邓亚萍的球艺与体力有了显著提高。小伙伴们说她是体校的“第一把手”。1980年，她7岁，夺得了省业余体校女子乙组单打第一名。1982年，她9岁，在省运动会上，获儿童组女子单打第三名。

这一电视脚本充分运用了电视特有的手段，将运动画面、亚运会场面、入场式、升国旗、邓亚萍小时候的照片及其亲属、教练员的采访镜头等有机地结合起来，解说词生动简练。邓亚萍虽然没有直接在镜头中出现，但却先声夺人，给观众以深刻印象。

5. 网络体育新闻报道写作特点

网络媒体的兴起和普及是人类传播史上最重大的事件之一。网络带来的一个革命性变化就是打破了传统媒体的垄断地位，颠覆了传统新闻的概念。网络导致了“官网”的普及，使新闻报道不再是媒体组织的专利。“官网”的出

现，使所有体育部门、组织、机构、团体、俱乐部等拥有了自主发布新闻的平台和手段。从这一意义上讲，网络新闻写作已经不只是一些专业记者的业务，而成为一切体育官网的管理人员和使用人员必备的技能。

与其他大众传媒相比，网络是最年轻的。由于网络新闻的即时性、海量性、视频性和互动性等特点，因而其体育新闻报道有其鲜明的特点。

（1）网络体育报道以图文和视频为主，同样需要经过采访、写作、编辑、发布等程序。因此，对于网络体育记者而言，其工作方式与报纸、杂志等传统印刷性媒体的体育记者在本质上并无两样。这意味着网络体育记者必须具有与报纸等媒体的体育记者一样的高水平报道能力与写作能力。不断提高自己的写作水平是网络体育记者的基本功夫。

（2）由于网络具有即时性与快捷性的特点，网络体育报道较之报纸媒体更强调新闻的时效性和记者的快速报道与写作的能力。例如，很多门户网站要求体育记者在比赛结束后数秒钟就要将比赛结果等快讯上传网页。而网站用文字进行“赛事直播”时，要求网络体育记者一边在现场观看比赛，一边将比赛过程在网上予以发布。这不仅要求体育记者对比赛非常熟悉，而且对记者的快速写作能力及使用电脑打字和传送的技能提出了很高的要求。

（3）由于网络媒体打破了传统新闻传播的传者与受众的界限，使每个人都可以充当记者和编辑的角色，在网上发布新闻，这就要求记者必须在信息资源和写作能力上具有更高的权威性和个性特点。

（4）由于网络的海量性导致新闻的“潮水现象”，因而网络新闻要想引起受众关注，提高新闻的点击率，一个重要的事情是要起好新闻标题。同时，由于网页的特点，网络新闻一般只能采用单题，而不能像报纸那样使用复题，这就增加了标题制作的难度。因此，网络记者必须将标题制作作为自己的写作基本功，具备制作好标题的技能。

以下是搜狐网站对2003年1月18日美国NBA职业篮球赛休斯敦火箭队对洛杉矶湖人队比赛第一节的现场直播片断。由于这是中国运动员姚明来到美国参加NBA联赛首场与联盟第一中锋奥尼尔之间的首次碰撞，因而引起了全世界篮球爱好者和媒体的浓厚兴趣与高度关注。从这一例子中，可以看到网络现场直播的一些独特的报道方式。

姚明6次大帽送给奥尼尔和科比

——火箭胜湖人实录

2003年1月18日 13：47　搜狐体育

搜狐体育说：各位网友早上好，欢迎收看搜狐体育10：30直播的休

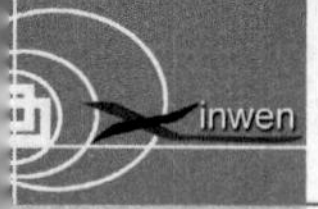

斯敦火箭队对洛杉矶湖人队的比赛。

搜狐体育说：毫无疑问，本场比赛最大的焦点就是“小巨人”姚明与“大鲨鱼”奥尼尔之间的较量。

搜狐体育说：目前两个队的排名情况是这样，火箭队排名西部联盟第7，而湖人队落后两位排在第9。

搜狐体育说：在去年的11月18日两个队的第一次交锋中，火箭队以93：89小胜湖人队。姚明得到20分，抢下6个篮板，当时奥尼尔由于正在养伤没有上场。今天将是两个人第一次正面交手。

搜狐体育说：湖人队的先发阵容：福克斯、沃克、奥尼尔、科比·布莱恩特、费舍尔。

搜狐体育说：火箭队的先发阵容：姚明、波西、格里芬、弗朗西斯、莫布里。

搜狐体育说：现在现场康柏中心正在进行火箭队的出场仪式。

搜狐体育说：第一节比赛开始了，格里芬和奥尼尔跳球。

搜狐体育说：球被奥尼尔打到后场，湖人队进攻。

搜狐体育说：奥尼尔强打篮下，姚明把位卡住，奥尼尔的投篮不进，姚明抢下篮板球。

搜狐体育说：火箭队进攻，姚明在篮下勾手将球投进。（湖人队0：2火箭队）

搜狐体育说：科比在左翼三分远投命中。（湖人队3：2火箭队）

搜狐体育说：湖队进攻，又是科比的三分。（湖人队6：2火箭队）

搜狐体育说：姚明背靠奥尼尔转身勾手，球没有进。（湖人队6：2火箭队）

搜狐体育说：火箭队快攻，又是姚明把球投进。（湖人队6：4火箭队）

搜狐体育说：福克斯接费舍尔传球把球投进。（湖人队8：4火箭队）

搜狐体育说：姚明背对奥尼尔转身跳投，球进。（湖人队8：6火箭队）

搜狐体育说：格里芬在篮下跳投得分。（湖人队8：8火箭队）

搜狐体育说：福克斯在右翼接球后跳投三分命中。（湖人队11：8火箭队）

搜狐体育说：莫布里接弗朗西斯传球左手单篮将球投进。（湖人队11：10火箭队）

搜狐体育说：姚明助攻弗朗西斯，后者上篮时福克斯防守犯规。（湖人队11：10火箭队）

搜狐体育说：弗朗西斯的罚球，两罚两中。（湖人队 11：12 火箭队）

搜狐体育说：在防守时姚明紧贴着奥尼尔，奥尼尔在篮下扣篮，球还是没进。（湖人队 11：12 火箭队）

搜狐体育说：弗朗西斯在左翼跳投得到两分。（湖人队 11：14 火箭队）

搜狐体育说：火箭队进攻，弗朗西斯在外围控球，急停跳投，这是一个三分球。（湖人队 11：17 火箭队）

搜狐体育说：奥尼尔切入篮下拿球后大力扣篮，终于表演了一下。（湖人队 13：17 火箭队）

搜狐体育说：火箭队叫了暂停。

（下略）

三、体育新闻写作的语言风格

从普利策于 1883 年在《纽约世界报》创建世界上第一个体育新闻部开始，一个多世纪以来，由于体育新闻报道对象与读者对象的特殊性，使得体育新闻逐渐形成了自己有别于其他新闻种类、具有自己独特特点的写作语言风格。研究和掌握这种新闻写作语言风格和特点，对于体育记者来说是十分必要的。

（一）报道要写得像唱歌

体育新闻报道的语言风格是什么？要回答这一问题是很难的。因为不同的情况、不同的记者、不同的媒体、不同的报道、不同的要求会使体育新闻的报道风格和语言风格千姿百态、各领风骚，它们或者严肃、或者轻松、或者幽默、或者激烈、或者从容、或者尖锐。要给体育新闻报道规定一个统一的语言风格无疑是愚蠢的，也是不可能的。

但是，体育新闻报道有没有自己的独特风格呢？当读者阅读体育版上一场激动人心的比赛报道时，会跟阅读时政要闻版上的一次重要国际会议或一架飞机失事的感受一样吗？体育报道会与时政新闻、国际新闻、财经新闻、社会新闻、灾难新闻和司法新闻等有一模一样的语言风格和表达方式吗？显然，任何人只要把当天报纸的体育版与其他各版相比较，都会感觉到体育新闻在报道风格和语言风格方面的独特性。

“报道要写得像唱歌。”《美联社体育新闻手册》指出：“举着笔记本电脑蜷缩在拥挤的记者席上的体育记者们这样互相告慰着。如果他们幸运地在酒吧里写报道，他们也会重复同样的话。不管在哪儿，这种观念是不会变的。不管

是报道一个场景，一场比赛，还是一个采访，他们都会把故事写得很生动，跃然纸上。”① 为什么体育新闻报道要写得像“唱歌”？试想一下，如果记者报道的是一次国家领导人的重大外事活动、一次重要会议、一次灾难性事件，或是一场公众关注的社会新闻，他能把报道写得像“唱歌”一样优雅而娱乐吗？

显然，《美联社体育新闻手册》在这里谈的就是体育新闻的写作语言风格问题。作者的观点是，体育新闻的写作风格应当像音乐与唱歌一样优雅而充满旋律，能够取悦于公众和体育迷的感觉器官，满足读者在阅读体育报道时的娱乐需求与快感体验。

为了达到体育新闻的娱乐化写作要求，体育记者必须高度重视观察体育比赛的故事性、戏剧性和细节性。“他们关注着那一刻。那一刻使这场比赛与众不同；他们用最新、最简洁和最机智的引言使人物的性格呼之欲出；他们对色彩的运用和对细节的描写使整个故事无比真实。”②

相对于报社其他部门记者的写作特点，体育新闻的写作特点是什么呢？“对于体育新闻记者来说，最大的挑战在于以一种优雅的方式，充满激情和智慧地描述一个事件。让读者与自己一起分享愤怒和欢笑，让他们在娱乐的同时得到资讯；破解一个无人知道的新闻或者生动地描述一个有目共睹的事件；向读者传递一种亲临现场的感受，不管是在看台，在赛场还是在运动员休息室；赋予新闻事件以意义并使之栩栩如生。噢，所有这一切还必须在15分钟之内完成。”③

下面以《时间凝固在麦圭尔打出第62次本垒打》这篇报道的节选为例。该报道是由美国《明星纪事报》体育记者迈克·瓦卡罗于1998年9月9日写的，获得了当年美国有截稿时间限制类新闻写作奖。在这篇赛事报道中，记者以激情动感的文字再现了著名职业棒球运动员麦圭尔打出其生平第62次本垒打的伟大一刻。报道写得绘声绘色，读来令人如临其境。即使有读者曾在比赛现场亲眼目睹了这一刻，也会情不自禁地为记者精彩绝伦的报道而倾倒。请注意这篇报道写作特有的“体育味”。

时间凝固在麦圭尔打出第62次本垒打（节选）

《明星纪事报》体育记者迈克·瓦卡罗

这一刻，场内的气氛开始焦躁不安起来，人们不知道该做什么，也不

① （美）史蒂夫·威尔斯坦. 美联社体育新闻报道手册［M］. 北京：中央编译出版社，2004：1.
② （美）史蒂夫·威尔斯坦. 美联社体育新闻报道手册［M］. 北京：中央编译出版社，2004：1.
③ （美）史蒂夫·威尔斯坦，美联社体育新闻报道手册［M］. 北京：中央编译出版社，2004：1.

知道该说什么。一切都发生在转瞬间。为了这个时刻，5万人等待了整整一个夏天。他们为他祈祷，为他屏息，他们的眼睛死死盯着球从麦圭尔的球棒上飞出，如一束激光掠过天空。

当时是中央标准时间晚上8时18分。麦圭尔在平了一个赛季打出61个本垒打的大联盟纪录30小时56分钟之后将它改写。此前，这一由罗杰·马里斯创下的纪录已经保持了13 492天。

第一个球由芝加哥幼鲨俱乐部队的投手史蒂夫·特拉奇尔投出，球快速地向地面落去。麦圭尔猛冲过去，球棒结结实实地打在球上，球低低地飞向左场300英尺的标记处。这个球似乎不是麦圭尔的风格。他的球通常都是高高地划过天空，飞往场边。这也正好解释了为什么在第4局球两次出线时，满场突然一片沉寂。他的发力是否到位？球是否会飞出栏外？

答案是肯定的。最初的征兆来自幼鲨队的左外野手格莱纳伦·希尔。他一开始在追球，然后奔跑的速度慢了下来，最后停了下来。他知道自己将成为接下来一幕的最好观众。

就在这时，球消失在栏杆后面，恰好落在柯尼卡牌复读机的广告牌下。电子牌上闪亮的“K”字标志着红衣主教队跑垒手肯特·默克使幼鲨队的击球手三击不中退场。就在那时，人群中终于发出震耳欲聋的狂呼。欢呼声划破了夜的黑暗，洋溢在密西西比河两岸，洋溢在全国各个角落。自本赛季一开始，这个国家就被麦圭尔的精湛球技迷住了。

（二）大众化的语言风格

体育新闻是一种以大众化和休闲化为特征的新闻品种，人们阅读、收听、观看体育新闻主要是为了个人的休闲娱乐和兴趣爱好，其读者面覆盖了各个阶层、年龄和职业。因此，体育新闻在写作风格上较之其他新闻品种更要求平民化、口语化、通俗化，以求接近自己的受众。从这个意义上说，体育新闻语言风格的大众化和通俗化，是由体育运动的特点和读者群体的要求所决定的。正因为如此，从19世纪后半叶开始，欧美的报纸媒体便逐渐形成了体育新闻的俚语化和幽默诙谐的写作风格，这对今天体育报道的语言风格产生了很大影响。

在中国，具有个性特征的体育新闻写作风格形成于20世纪80—90年代。在80年代一系列国际赛事的报道过程中，涌现出了一批富有朝气、思想活跃、勇于探索的新一代体育记者。他们在体育新闻的写作方法上大胆突破了传统的“倒金字塔”结构，创造了更活跃、更具有体育新闻特征的报道形式。新华社

资深体育记者许基仁在谈到这种变化时提到，在报道1986年墨西哥世界杯足球赛时，“本来按老框框写球赛消息也简单，导语、过程加进球三部曲。但我当时仗着一股不知天高地厚的劲头，把在复旦新闻系背了四年的‘五个W’、‘倒金字塔结构’置之脑后，写了一批夹杂着印象和评述而在当时颇为出格的消息。当时，与我搭档的同事曲北林消息也写得颇为洒脱和新潮。”许基仁还写道：“当时这种‘离经叛道’曾招致非议，但我们坚持了下来，体育部的老主任王训生此时表现出与他年龄不相符的对新事物的宽容与支持。慢慢地风向变了，更多的人用‘新颖’来评判我们的世界杯消息。后来，我的一篇在导语中只用了一个W的消息被评为全国体育新闻一等奖和新华社社级好稿。”① 年轻的新一代体育记者的创新和实践，推动了中国体育新闻报道的革命，促使了新的体育新闻写作风格的出现。

20世纪90年代，中国新闻事业的发展和足球职业化改革推动一批地方性的都市报和市场报将体育新闻作为报道重点。为了满足读者的需要，体育记者们在写作风格上大胆探索，努力追求报道内容、标题、语言风格的通俗性、市民性和口语化，形成了具有独特风格的体育新闻语言和文字风格，对体育新闻的传播起到了很好的作用。

下面是2010年南非世界杯足球赛期间新华社记者写的一篇关于教练员的特稿。记者将时尚电影、流行歌曲、古诗词等娱乐元素融入报道中，语言轻松而幽默，通俗而生动，提高了报道的可读性和娱乐性。

世界杯中那些“疯狂的石头”

——扫描固执己见的六大“血钻教练”

新华社北京6月20日体育专电（记者邹大鹏　王昊飞）　南非盛产钻石，南非世界杯盛产“血钻教练”。无论是受挫的多梅内克、里皮、卡佩罗、勒夫，还是春风得意的“马大帅”、邓加，钻石般的固执成为他们共同的标志。倔强，可以是坚毅、勇敢，也可能是偏执、疯狂，在这些“疯狂的石头”勇撞南墙时，无数球迷高悬着可能“滴血”的心。狂人们究竟能在南非走多远？我们不妨听听老歌，看看再说。

狂人一：多梅内克（配乐《其实你不懂我的心》）

莫听穿林打叶声，何妨吟啸且徐行。然而，这次法国老头迷路了。目前仅积1分的“高卢雄鸡”低下了头，上届世界杯亚军不得不看乌拉圭和墨西哥队的“脸色”，小组出线只剩理论上的可能。麾下巨星云集，但

① 何慧娴. 百名中国体育记者自述［M］. 北京：人民体育出版社，2000：202.

他却亲自把他们的手脚捆起，无法组成一个整体。顽固地坚持里贝里等球员的位置感、让亨利把板凳坐穿……也许在更衣室里“发飙”的阿内尔卡不懂主帅的心，也许老头自己也不懂吧？

狂人二：里皮（配乐《白天不懂夜的黑》）

纵然千夫所指，里皮决意复制四年前的夺冠阵容，“黄昏期”的老将成为“蓝衣军团”的主力。他坚决将“坏小子”卡萨诺扔在国家队门外，并以同样的固执拒绝巴洛特利等新生代力量。迟暮的老骥真的亮过冉冉升起的新星？当里皮告诫队员“该以卫冕冠军的样子踢球了”时，“意粉”们的白天真的不懂里皮夜的黑。

狂人三：卡佩罗（配乐《一千个伤心的理由》）

英格兰队目前的表现怎一个“乱”字了得。贝克汉姆伤退！欧文伤退！费迪南德伤退！卡佩罗有一千个伤心的理由，但却没有一个解释为何无法敲开对手球门的理由。鲁尼？不！他固执信赖的强力前锋，却找不到自己的靶心。而其赛前两小时才向球员宣布首发的固执决定，也被媒体认为降低了战斗力。

狂人四：勒夫（配乐《最近比较烦》）

从德国队大名单筛选之初，勒夫的举动就充满了争议。他的大名单中老将几乎绝迹，取代的是克洛泽和波多尔斯基等新鲜血液。固执给了勒夫首战4∶0的开门红，饱受争议的克洛泽和波多尔斯基都有进球。但最近不敌塞尔维亚队也让他比较烦：克洛泽两张黄牌“染红”，波多尔斯基竟罚失点球。

狂人五：邓加（配乐《我只在乎你》）

在邓加眼里，再华丽的桑巴舞步，如果不能举起大力神杯，那也只能是一场空欢喜。于是，他固执地放弃了小罗，也放弃了华丽的进攻曲线，只在乎实用的战术和纪律。虽然不断被批评，但五星巴西一路高歌。

狂人六：马拉多纳（《一场游戏一场梦》）

一路轻松过关的“马大帅”是来玩的，亦如当年球场上的“球王”。足球是他游戏人生的一部分，尽管贝利批评他执教只为钱。无论是固执的“梅西高于一切”，还是固执的举贤不避亲派准女婿上场，老马只想说明，“我要做的就是让球员们理解我，而不是所有阿根廷人”。

应该注意的是，也有一些媒体的报道风格与写作风格存在媚俗、哗众取宠甚至格调低下的倾向。例如，在 2002 年世界杯足球赛决赛的报道中，广东某体育专业报以《狗日的世界杯》作为头版大标题，并在内页专题版用一个整版和特大号字体来刊登这一标题。作为大众传媒，这种用市井脏话来做标题的

做法无疑是不妥的。体育新闻的语言接近性和平民化与市井脏话不能混为一谈。中国的体育传媒和体育报道不仅应该捍卫祖国语言文字的纯洁性，而且应在注意写作风格平民化的同时，考虑自己的格调品味与社会效果。

（三）让文字动起来

体育新闻所报道的，是人类社会中一类最富有竞争和活力的文化。人们一说起体育运动，就会联想到力量、速度、技艺，联想到体育场上运动员的激烈较量、龙争虎斗，联想到观众台上的人浪如潮、万众欢腾。体育新闻写作就是要通过记者手中的笔或电脑，真实地再现与反映体育运动这种生龙活虎、生机勃勃的特征。

在体育赛事报道中，能不能让文字动起来，让报道充满洋溢着体育特有的动感，是对体育新闻写作的一大挑战。体育运动的最大特点就是充满动感、活力、竞争、变化和悬念，因此，体育消息的写作必须在“动”字上下工夫。体育消息只有“动”起来，才能充分体现体育运动的特点，吸引读者，让读者感动。因此，记者在写作体育消息时，要在运动过程和细节上多下工夫，注意采用和提炼动词，熟悉地运用动态的语言表达方式，使读者能从阅读中感受到体育运动特有的动感。

请看下面这段美联社体育记者戴维·雷姆尼克采写的NBA篮球巨星迈克尔·乔丹的消息报道。报道通过对乔丹打球细节的生动描写，使报道充满了体育比赛特有的动感，使读者如临比赛现场，读来令人热血沸腾、拍案叫绝。

> 高高跃起在空中，双腿张开，舌头伸出嘴，他显得相当轻松与冷静，似乎旁若无人，有大量的时间思考下一个动作，整个过程都飘浮在空中。面对两人防守，乔丹像惯常那样，他找到一条路突入防守队员中，像一部看不见的升降机一样腾空。他的腿摇摆着，然后把球投入篮筐。他打球的轻松让其他球员——他们全部在大学是明星——相形见绌，显得既笨拙又跟不上他的节奏。①

体育运动的竞争、拼搏、娱乐等特征，决定了体育新闻写作的独特风格与特点。一篇好的体育新闻，不仅在内容上会使人振奋和感动，而且其写作风格和语言描写也会使人感觉到体育运动特有的活力与动感，再现比赛现场，让读者如临其境。好的体育新闻报道，能让受众看得到运动员身上的汗水，听得见肌肉相撞的声音，嗅得到球场上紧张的气息，感觉得到运动员的剧烈心跳。通

①（美）梅尔文·门彻. 新闻报道与写作［M］. 北京：华夏出版社，2003：556.

过记者的报道，使受众血脉贲张，扼腕踊跃，情绪跌宕起伏，大喜大悲，体验到体育运动和体育新闻特有的美感与魅力。

下面是新华社记者在1961年世界乒乓球锦标赛期间写的通讯《决定大局之战——中、日两国选手在男子单打半复赛中交战记》的片断。在这篇报道中，记者对第26届世界乒乓球锦标赛男子单打半复赛时中国与日本两国的比赛进行了绘声绘色的描写：

> 荻村在第二局中加强了攻势，常常扭动整个身体来争取主动，连续起拍猛扣。经验丰富的荻村一计不成又生二计，拉起旋转力极强的"弧圈形"上旋球，使没有戒备的庄则栋连失几球，荻村占了20比19得分领先的优势。
>
> 庄则栋拿着球在地上拍了几下，定了定神，似乎在琢磨这一球怎么打。全场鸦雀无声，都在为庄则栋担心。
>
> 就在观众全神贯注庄则栋手中的小白球时，只见他抖腕发了一个近网短球，荻村把球刚刚搓过网，庄则栋立即像"泰山压顶"般地猛力一抽，球像条白线似地直奔对方球台右角。等荻村准备去救时，球已从球台弹出老远了。
>
> 20平，场上气氛更加紧张了。接着，荻村与庄则栋一击一往，又打成了21平。庄则栋丝毫没有犹豫，又连续正反手起板抽杀，结果以23比21艰苦地取得了第二局的胜利。

在这篇报道中，记者用了一系列动态性的细节描写，以生动的词汇再现了中国运动员庄则栋在比赛中的情形。如"拿着球在地上拍了几下，定了定神"、"只见他抖腕发了一个近网短球"、"像'泰山压顶'般地猛力一抽"，这类对运动员比赛中的细节性动态描写和动词的运用，能够使读者在阅读体育报道时，随着记者笔下的比赛的进程而紧张心跳、大起大落，产生身临其境、紧张期待的感觉，最后随着比赛的结局而如释重负，或快乐或悲伤。这种充满动感和细节的描写是体育新闻写作的经典方式。

（四）比喻：体育就是战争和武侠

人们经常说：体育就是和平时期的战争。这说明体育与战争有形态上的类似之处。当代体育新闻报道的核心是以比赛为特征的竞技。而与竞技最接近的是战争文化与武侠文化。因此，要写好体育比赛，记者必须多读有关战争的小说和武侠小说。因为双方殊死拼杀、斗智斗勇的战争场面和侠客决斗的精彩描写与现代体育比赛有类似之处。因此，体育新闻写作的一大特点，是经常使用

包括军事、战争以及武侠小说等各种各样的文学性语言与比喻来增强其可读性和娱情性，使得体育报道鲜活生动、紧张刺激，由此形成体育新闻写作的一种特殊语言风格。

由于体育比赛通常是两队或多位运动员之间的较量，具有强烈的对抗性和竞争性，这种对抗性和竞争性折射和反映在体育报道上，就成为一种具有独特的写作风格。体育记者应当熟练地运用和掌握这种专业化的写作风格和技巧，使自己的体育报道更生动、更吸引人。

请看下面这段美国体育新闻史上的经典报道。这是1924年《纽约先驱论坛报》(New York Herald Tribune) 的著名体育记者格兰特拉德·莱斯所写的马球比赛报道的片断：

> “在10月份灰蓝色的天穹之下，4位骑士翩然驰骋而来。他们就是众所周知的饥饿、瘟疫、毁灭，还有死亡。当然，这些只是他们的化名。他们真正的名字是：斯塔霍尔德·赫尔、米勒、克劳利、奈顿。在昨天下午马球场的绿茵场上，在5万5千名观众的注视下，以他们4位为中心的圣玛利亚队就像飓风一样横扫了军校队。
>
> 飓风是不可能被围困的。它也许能被包围，但它总是能够找到突破口，然后继续前进。黄昏时分从南本德地区生成的飓风，会将摧毁挡在它前面的一切。昨天的比赛，对于军校队而言，就像遭受了一场飓风袭击，它们坚强的后防线被圣玛利亚队以狂风暴雨般的速度和力量突破，顷刻间便以7：13土崩瓦解了。”

这篇报道以其独特的比喻和语言风格独步一时，对美国体育新闻报道的语言风格产生了深远影响。当时，很多美国的体育记者都模仿莱斯的这种语言风格来进行体育新闻写作。记者在报道中用了文学性的语言，将4位运动员喻为4位骑士，并冠以饥饿、瘟疫、毁灭、死亡等可怕名字，一下就将读者带入古代骑士角斗和神话般恐怖的意境。接着，作者又用飓风来比喻比赛过程。通过这些形象而生动的比喻，记者使读者真实地感受到了圣马利亚队狂风暴雨般的进攻，了解了他们为何能以13：7的比分大胜对手。

用战争词汇和武侠小说语言来写作体育比赛，同样是中国体育记者的常用笔法。如新华社记者于1982年9月22日就中国女排参加第9届世界女子排球锦标赛决赛前写的述评《进军利马 征途艰险》的导语是这样的：

> “第9届世界女子排球锦标赛复赛结束了。中国队和美国队即将挥师南下，与日本、秘鲁队会战于利马，参加前四名的角逐。中国队走过的是

一段不平坦的征途。”

“挥师南下”、“会战”、“角逐”、“征途”等原本都是战争与军事的词汇，但用在体育新闻报道中却十分贴切形象，以至成为体育新闻写作经典性的常用词汇和独特语言风格。

下面是一篇很有特色的围棋比赛报道。请注意作者采用的独特语言文字风格。作者没有像一般比赛报道那样简单报道比赛过程与结果，而是借鉴了香港著名武侠小说家古龙的典型语言风格并加入了小说《陆小凤》中的故事元素，将一场围棋比赛的双方比作决斗的武侠高手，将比赛过程写得惊心动魄、风云变色。这样的报道最能体现体育新闻独特的语言风格与特色，具有很强的可读性与欣赏性，让即使不懂围棋的外行读来也感到紧张刺激、绘声绘色。

紫禁之巅　以暴制暴①

和剑客一样，一个棋手终其一生都是在追求胜利。不管有多么美妙的过程，但如果输掉了比赛，那么一切的一切都等于零。在应氏杯的决赛里，背负着六个亚军的常昊更像一个挑战者。在北京，他面对的是年轻而又骄傲的崔哲瀚。在这一场巅峰对决的第一回合里，心若止水的常昊终于让自己的双手染上了对方的鲜血。

北京的黎明来得格外早。是一个没有太阳的早上。常昊和崔哲瀚开始了四年里最让人关注的对局。这场让人期待的对决，很像古龙小说里叶孤城和西门吹雪在紫禁城太和殿上那一场旷古无双的决斗。

因为丰田杯的失手，背上了一身骂名的常昊选择了隐忍。在一个月的时间里，他人间蒸发一样消失在了人们的视线外。他需要时间让自己冷静下来。一颗紊乱的心永远不可能带来胜利。

终于，决战的那一天还是来了。作为上一个时代象征的吴清源出现在了对局室。没有什么比让这样一位德高望重的前辈来见证这场决战更合适的了。

漠然间，崔哲瀚亮出了自己的兵器。在国手战里完美地做掉李昌镐之后，毒蛇的自信心实在是膨胀得太快了一点。下手狠毒的他甚至忘记了在汉城常昊第二盘的胜利就是来自更加凶狠的攻击。

果然在经过上午的平静之后，大家看到了一场战斗的名局。常昊用强大的力量逼住了崔哲瀚。但这条凶猛的毒蛇却用更加狠毒的招法将自己和常昊一同带到死亡的边缘。在中间大龙和白棋缠杀在一起的时候，崔哲瀚

① 成都商报，2005-3-4（体娱版）.

不要命地吃掉了常昊角上的一块棋。如此一来，不杀掉对手大龙，常昊的实空是绝对不够的。

如此不要命的招法就等于为了刺中对手一剑，而将自己的命门完完全全暴露在对手的面前。眼见如此亡命的下法，在观战室里摆棋的周鹤洋、罗冼河等人满脸的笑容顷刻间消失了。常昊能把手里的剑稳稳刺进毒蛇的七寸吗？在演练了一个又一个变化后，对局室里所有人脸上都写满了困惑。没有人知道这场惊心动魄的战斗会以怎样的方式收场。

就在大家等待鱼死网破的结局时，崔哲瀚再一次作出惊人之举。他放弃了中腹大龙，转而攻击白棋左下角的孤棋。谁都没有想到崔哲瀚有勇气自断一臂。而这一次的转换实际上是在一错身之后，使少了条胳膊的崔哲瀚反而看到了胜利的希望。

在上一次攻击中还没转过身来的常昊，将自己背面完全暴露给了对手。这一次轮到毒蛇施展自己的最后杀招了！四五十分钟过去了，崔哲瀚终于也出招了。但他有些颤抖的双手却错过了最严厉的手段！研究室里一片欢呼！躲过了这一劫后，常昊也用了半个小时来让自己看清胜利之路。在一挖一夹之后，崔哲瀚宣告失败。

一场让人冷汗淋漓的胜利。常昊心中的斗志也再度燃烧起来。

本节思考题

1. 要写好体育新闻，需要在哪些环节上下工夫？
2. 体育新闻写作有哪些基本特点？
3. 日报和周报的体育新闻写作各有哪些特点？
4. 体育新闻写作的语言风格特点是什么？

第二节　赛事报道写作

一、赛事报道写作的特点

赛事报道写作，指记者专门为体育比赛报道而从事的新闻写作。由于赛事报道写作在体育新闻写作中占有主要的地位，因此，体育记者必须掌握有关赛事报道写作的方法与技巧。

赛事报道的写作有哪些特点呢？

（一）赛事报道写作要求记者必须是某个运动项目的专家

如果一位记者对体育比赛一无所知，或者在赛场上只凭着兴趣看热闹，那他就无法写出专业的体育新闻报道，也无法做一名体育记者。另外，由于现代体育运动项目的多样化和体育新闻报道的专业化特点，没有哪个记者能够精通所有体育项目的报道，而只能是某一个或两三个热门报道项目的专家。菲尔·安德鲁斯指出："体育新闻是一种专业写作形式，它被细分为范围较窄的专业领域。主要体育运动项目是足球、板球、橄榄球、田径、高尔夫球、网球及田径项目，这些通常都由相应运动项目领域的专家进行报道。为什么呢？因为体育爱好者非常了解他们喜爱的运动项目和运动队，如果体育新闻记者不想表现得愚笨无知的话，他们就需要具备相当的知识。"①《美联社体育新闻报道手册》也指出："专项报道记者是体育记者的主体。他们是最棒的记者，最努力地工作，花费最多的精力，采写最多的报道。他们对所报道的体育项目了如指掌。"②

怎样才能写出一篇精彩纷呈、脍炙人口的体育报道？除了记者的采访和文学功底外，最重要的就是对你所要报道的运动专项非常熟悉和精通。每一个体育项目连同它的赛事、俱乐部等都有自己的历史、赛事、组织、俱乐部、运动员、明星、教练、管理者、球迷文化和流行区域等。当然还有很多掌故与故事。体育记者必须对这一切了如指掌，信手拈来。比如报道一场西班牙皇家马德里俱乐部与巴塞罗那俱乐部的比赛，或者意大利 AC 米兰队与国际米兰队的比赛，体育记者就必须了解这些球队的由来及历史恩怨，了解这些球队背后的社会背景以及以往比赛中发生过哪些重要事件，了解最近五年这些球队比赛的战绩和情况等。

另外，体育记者还要把握某一运动项目写作的文字特点。如报道一场足球比赛和报道一次登山活动的写作风格可能完全不同；报道奥运会的开幕式和写一篇揭露球场丑闻或突发性灾难的报道的文字风格又有所不同。体育记者只有不断实践、学习、总结和思考，才能写出好的报道。

（二）赛事报道的写作必须以比赛现场采访为基础

采访是体育报道之本，也是体育记者写作之本。没有成功的体育采访，体育新闻写作就会成无本之木、无源之水，记者纵有再好的文笔也没用。因此，体育记者要想写出好的体育报道，就必须亲自到赛场去观看训练比赛和进行采

① （美）菲尔·安德鲁斯．体育新闻从入门到精通［M］．北京：中国人民大学出版社，2010：3.

② （美）史蒂夫·威尔斯坦．美联社体育新闻报道手册［M］．北京：中央编译出版社，2004：12.

访，在比赛现场发现和挖掘第一手的材料，搜集体育写作的题材和素材。

在现代传媒发达的情况下，有的体育记者不是去比赛现场进行采访，而是靠看电视、上网或打电话从同行那里打听比赛情况，以此作为报道的依据，这种方法是不可取的。不到比赛现场，记者就不可能全面观察体育的过程，不可能感受到比赛的气氛，不能直接对运动员、教练员进行现场采访，更不可能直接观察到很多可能具有新闻价值的现场比赛细节，这又怎么能写出好的体育报道呢？何况有时仅通过电话、电视和网络来进行比赛报道还容易漏报重要消息，甚至会出现虚假性报道。

（三）赛事报道的写作必须突出一个“快”字

赛事报道，尤其是赛后报道有两个显著特点，一是时效性特别强，二是记者写稿发稿要受到截稿时间限制。这就要求赛事报道的写作必须突出一个“快”字。记者必须练就下笔如风的本事，构思快、写作快、修改快，争分夺秒，分秒必争。我们经常看到这样的情形：当裁判吹响比赛结束的哨音时，很多老记者的稿件就已经完成，几分钟后，这篇稿件就已贴上了互联网站。而这时，连现场观众都还没有散尽，运动员还没有走出休息室。

体育新闻的实践表明，一位优秀的体育记者必然是写作方面的快手，否则他很难完成紧张的赛后报道工作，也很难在有限的时间内写出好的报道文章。而要练成这样的写作快手，最重要的就是平时多加强积累和训练。如果在平时没有资料方面的积累，或者平时写作就很慢或使用电脑打字速度不快，那么在做赛后报道写作时手忙脚乱就不可避免。

（四）赛事报道的写作必须有新闻策划的意识

由于有截稿时间、版面大小和报道质量等因素的限制，同时赛事报道一般事先都会对比赛的时间、地点、对手等因素有所掌握，因此记者在写稿时必须要有新闻策划的意识，而不能是看见什么就写什么，或想写什么就写什么，想写多少就写多少。一般而言，记者在进行赛事报道写作前应当考虑以下几个因素：赛前的报道方针和报道重点，比赛过程中发生的具有新闻价值的报道题材，当天版面的大小与截稿时间，消息、通讯、特写、评论、述评和花絮等新闻体裁的搭配等。写稿前具备新闻策划意识对记者而言不仅能节省时间，避免无效劳动，而且能使记者在写稿前做到心中有数，胸有成竹，写出高质量的稿件。一般而言，为了报道的质量与效率，只要有可能，前方的记者就应在写稿前与后方的编辑或责任编辑共同商量有关报道的问题。

二、赛前报道写作

（一）赛前报道写作的特点

赛前报道是体育新闻报道的重要组成部分和常用形式。它是在重要的体育赛事举行之前，新闻媒体对比赛有关情况所进行的报道，如介绍参赛各方的情况，运动员特别是体育明星的状况，教练员的部署，场地、气候等可能对比赛产生影响的因素以及预测比赛的结果。赛前报道的目的在于向社会提供赛前信息服务，以满足公众获得赛前信息的需要。

具体而言，赛前报道在新闻写作方面有哪些特点呢？

1. 以赛前预报、赛前动态和前瞻性报道为主

与赛后报道相比较，赛前报道的特点是突出新闻的预测功能、释疑功能和解惑功能。赛前报道的常用新闻体裁有三类：一是赛前预报，即将比赛前的各类静态性信息，如比赛时间、地点、门票出售情况、电视转播频道等提前公布；二是赛前动态，即通过对参赛者赛前动态情况的报道，使读者及时了解参赛者的各种情况；三是赛前的前瞻性报道，指记者在赛前对影响比赛进程与结果的各种因素予以分析，向受众展示比赛可能出现的情况与前景。

2. 对记者的专业素质要求较高

由于赛前报道，尤其是赛前动态和赛前预测性报道需要记者掌握有关比赛的各种情况，如双方球队的实力、阵容、伤病情况、传统打法、士气、双方以往的战绩和比赛情况等，并需要记者在掌握足够的动态信息和资料的基础上，运用分析、综合、比较、推理等方法来进行写作和报道，向受众提供权威、有说服力的比赛预测分析，这对记者的专业知识、报道资源以及分析综合能力有较高的要求。

3. 写作时间较赛后报道相对充裕

相对赛后报道而言，赛前报道的写作时间较为宽裕。这是记者进行赛前报道与写作的一大特点。记者可以在比赛前一天甚至数天就进入有关工作状态，有相对宽松的采访与写作时间，可以在新闻题材、报道方式上拥有更多的选择，并可以对自己的作品精雕细刻。

下面是 2008 年 8 月 8 日北京奥运会开幕式当天《中国体育报》的一则有关美国著名游泳运动员菲尔普斯的赛前报道。该报道综合运用了预报、回顾、采访、分析等方式，预报了菲尔普斯计划夺取本届奥运会 8 枚金牌的信息。而随着比赛的进程，菲尔普斯以震撼世界的表现，实现了自己的赛前豪言和媒体的预测。

菲尔普斯豪言夺8金

游泳一直是美国代表团的夺牌大项，雅典奥运会美国获得游泳奖牌28枚，其中12金、9银、7铜，占据了美国队奖牌总数的22%。

这次出征北京奥运会的游泳大军星光璀璨，他们的目标依然要夺得金牌数第一。据悉，传奇教练马克·舒伯特早已为美国游泳队计划了夺金目标——6个接力项目金牌全拿。再加上美国队领军人物菲尔普斯誓言要在这届奥运会上勇夺8金，打破他的同胞马克·施皮茨在1972年慕尼黑赢得7枚奥运金牌的纪录。

雅典奥运会，菲尔普斯获得了6金、2银，成为第一个第二次参加奥运会就收获8枚奖牌的运动员。2007年世锦赛上，他独揽7金，并打破5项世界纪录，成为游泳"索普时代"的终结者。

北京奥运会，菲尔普斯的赛程为：200米和400米个人混合泳，100米和200米蝶泳，200米自由泳5个单项。此外，他还将参加三项接力赛。而中国男选手吴鹏想在200米蝶泳实现金牌零的突破难度太大，因为他还具备与菲尔普斯抗衡的实力。可喜的是，他在2007年世锦赛男子200米蝶泳决赛中一路紧追实力超群的菲尔普斯，最终以1分55秒13的成绩获得一枚弥足珍贵的银牌。

（二）赛前预报

赛前预报是新闻媒体对事先安排好的比赛时间、地点、门票等静态信息进行预告。赛前预报是体育新闻最早出现的报道形式之一，也是赛前报道的基本形式之一。

赛前预报是一类带服务性质的报道。其作用是为受众观看比赛提供方便。赛前预报的要求是：第一，预报必须准确无误；第二，文字应当简短、一目了然。

赛前预报是一项看似简单实则非常重要的工作。准确无误地进行预报，是赛前预报的基本前提，不允许出现任何差错。这是因为，很多受众需要从新闻媒体的赛前预报中获得比赛的有关信息，以便安排自己的活动和观看比赛的时间。一旦媒体的预报有误，就会给受众带来麻烦和不便，同时也会对新闻媒体本身的信誉产生不良影响。

赛前预报的内容通常主要有以下这些：比赛的名称级别，参赛者名字或队名，比赛时间与地点，场地、器材、气象等相关情况（如果有必要），电视、广播网络直播或录播的有关情况，门票的价格，售票地点等。

由于赛前预报看似简单实则关系重大，因此，记者在采写赛事预告时，通常有以下几点要求：

（1）必须是正式的信息源。体育比赛的有关赛事安排一般会提前几个月安排好，记者可以到有关赛事组办机构或新闻发布机构获取有关资料，以此作为赛前预报的依据。由于赛前预报影响广泛，因此，切忌从网络或其他非正式渠道获取有关信息，以免出现误报。

（2）反复核对信息源和信息的准确性，力求不会出现误报。

（3）赛前预报最重要的是比赛时间、地点、门票、电视转播时间及频道等新闻要素。记者在写好赛前预报稿后，必须认真检查以上新闻要素是否有所遗漏或笔误。

（4）把握赛前预报的时间，不能太早，也不能太晚。具体的时间要视比赛的重要性、级别、规模和影响等因素而定。

（5）赛前预报是最简短的报道体裁之一，只需用最少的字将预告内容写清楚就行了。

（三）赛前动态

赛前动态，指大众传媒在体育比赛开始前对受众所关心的各种动态信息和情况予以报道。

由于观众和球迷群体情感因素的作用，同时体育比赛的过程与结果往往具有难测性和悬念性，因此，人们在赛前对可能影响比赛进程和结果的各种最新动态十分关注，希望从大众传媒上获得有关的信息。记者的赛前动态报道，就是要满足受众的这种需求。

赛前动态报道主要依靠记者在赛前的现场采访和写作来完成。其主要报道体裁是赛前动态消息与赛前人物专访等。

一般而言，赛前动态报道在内容上主要包括以下方面：

（1）参赛各方的最新情况。如在球类比赛中，球队教练人选、运动员名单、双方首发阵容的安排、主力队员的状态、双方的士气、伤病或受罚等带来的减员情况等。

（2）重点报道对象，尤其是那些备受球迷拥戴的体育明星的情况。

（3）教练员或运动员在赛前发表的有关比赛的谈话与看法。

（4）观众或球迷赛前对比赛的看法。

（5）有关的新闻背景等。

下面是美联社的一则赛前动态消息，内容是 1991 年美国为参加巴塞罗那奥运会而组建第一支篮球“梦之队”。请注意记者将赛前专访中获得的被采访者的话穿插于最新动态消息报道之中。

美国组建强大的篮球队参加奥运

美联社新泽西锡考克斯1991年9月21日电 以迈克尔·乔丹和“魔术师”约翰逊领衔的10名美国全国篮球联合会（NBA）的职业选手，21日受命组成美国参加1992年奥运会的篮球代表队。这支球队被美国人冠以“梦之队”的绰号。

除乔丹和约翰逊外，这支球队还包括：费城76人队的查尔斯·巴克利、波士顿凯尔特人队的拉里·伯德、纽约尼克斯队的帕特里克·尤因、犹他爵士队的卡尔·马龙和约翰·斯托克顿、金州勇士队的克里斯·莫宁、乔丹的队友、芝加哥公牛队的斯考蒂·皮蓬以及圣安东尼奥马刺队中锋戴维·罗宾逊。

最初，伯德和乔丹分别由于有伤和日程安排太满不想参加明年奥运会，但经过各方面劝说，他们最终还是加入了这个阵容。乔丹说：“这个决定是我做的，我不想大加渲染。我只知道我将去比赛。”

美国NBA超级球星中这次唯一缺席的就是底特律活塞队的核心后卫伊塞亚·托马斯，其中有年龄的原因，也有他与乔丹势不两立的原因。这次出任美国奥运篮球队主教练的底特律活塞队主教练查克·戴利说：“毫无疑问，我们必须在巴塞罗那获胜，我想我们有能力做到这一点。我想我们可能会存在的一个问题是40分钟的比赛时间是否充足得让我们的每个选手都上场一显身手。”目前这支世界上阵容最强大的球队中最让人关心的一个问题是，队中会不会显得一山难容二虎，因为乔丹和约翰逊都是近两年美国职业篮坛的“最有价值选手”。不过约翰逊说：“怎么都行，谁得球都无所谓，只要我们能赢球。”据说，为促使乔丹最终同意入队效力，约翰逊还做了许多说服工作，他们的关系并不像乔丹和托马斯那样。

美国自1986年以来，由大学生选手组成的国家队从未在国际大赛上获得金牌，因此，这支首次由NBA职业选手组成的国家队肩负着恢复美国在国际篮坛上霸主地位的使命，美国人对他们寄予厚望。

赛前动态报道在写作上有以下几点要求：

（1）赛前动态报道要力求准确。这是因为球迷和体育爱好者会在赛前对有关信息十分关注，而且他们中很多人对运动队和运动员的情况比较了解，一旦记者的报道有误，就会产生较大的反响。因此，记者在写作赛前动态新闻报道时应对比赛时间、地点、参赛者、电视转播时间等反复核对。

（2）赛前动态新闻的报道应掌握好恰当的时机。一般而言，重大赛事应提前一天或数天甚至更长时间就开始进入赛前报道。至于具体哪一天开始进行

赛前报道，应由体育新闻部的编辑和记者经过充分协商后，视比赛的重要程度、其新闻价值、其他媒体反应等因素来作出决定，同时还要对报道量、报道力度进行恰当的把握。

（3）赛前动态新闻的报道应全面客观，注意新闻的社会效果。由于体育爱好者和球迷在观看体育比赛时往往有一定倾向性，因此，记者在做赛前报道时，应注意在写作语言上对比赛的双方予以公正对待，注意避免使用煽动性和敌对性的报道语言，以免产生负面的社会效果。

（四）前瞻性报道

体育比赛的前瞻性报道是对比赛带有预测性质的报道样式。前瞻性报道是记者在赛前对影响比赛进程与结果的各种因素予以分析，向受众展示比赛可能出现的情况与前景。

体育比赛的前瞻性报道有预测的性质，但不等于赛前预测。前瞻性报道仍然是一种报道方式，是记者在向受众提供新闻资讯的基础上，对即将举行的比赛过程与结果的分析与观点。而比赛预测主要是对比赛结果的主观性判断与猜测。两者的另一点区别是，前瞻性报道是记者进行的报道活动，而比赛预测可能是记者来做，也可能是某位退役球星、著名教练员或其他人士。要做好赛前的前瞻性报道，记者应该注意以下几点：

（1）做好前瞻性报道的前提是对比赛双方的基本情况有深入全面的了解。记者只有对比赛双方实力、技战术特点、伤病情况、队员士气、以往战绩和准备情况等了如指掌的情况下，才能做好前瞻性报道。

（2）记者必须对所要报道的相应运动项目及其比赛规律与特点有深入的理解和经验，才能做好前瞻性报道。如记者对一场足球比赛做前瞻性报道，就必须懂得足球比赛的规律和特点。记者在做一场比赛的前瞻性报道时，虽然客队实力较强，但考虑到主队拥有主场优势，对场地、气候、环境较为适应，而且还拥有主场球迷的支持，这些因素很有可能弥补主队在实力上的不足。

（3）记者在做前瞻性报道时，应注意不要把话说得太绝对，如某队在这场比赛中肯定会赢，某某运动员在比赛中一定会输之类的话。因为体育比赛变数很大，具有很强的悬念性，如果说法太绝对，一旦比赛结果不是这样，就会令预测者没有退路。前瞻性报道的典型说法是“双方实力比较，甲队会比乙队赢面大些”，“虽然某队实力相对较弱，但如果他们打出水平，善于利用机会，也将会有取胜的希望”。

下面是一篇关于2010年南非世界杯西班牙队与荷兰队决赛的前瞻性报道。这篇报道发表于2010年7月11日深圳《晶报》。报道有采访和引述，有新闻事实描述，也有记者的分析。其目的是让读者在比赛之前就对双方的情况和比

赛的特点有所了解。

世界杯决赛前瞻：技术流上演巅峰对决

北京时间2010年7月12日凌晨2时30分；南非约翰内斯堡足球城球场；荷兰和西班牙，第八支世界杯冠军队将诞生！

在南非举行的世界杯的确有些诡异，几乎所有的世界杯定律都被打破，而荷兰和西班牙无疑是最大的两个受益者。在争夺冠军的前夜，所有人都在预测最后的冠军，而每个人预测的都不一样。有人看的是两队的整体实力，有人看的是球星的个人威力，而有些人则相信章鱼或者神奇的网友。

一届娱乐化极强的世界杯，今夜，最后一战，你相信谁能笑到最后？

两支往届世界杯上的失意者，将完成球队历史上最重要的一次升华。

荷兰队，世界足坛的无冕之王，他们在1974年和1978年连续两届闯进世界杯决赛，但是都输给了东道主，只留下了无冕之王的美名，却没有实质性的荣誉。西班牙，世界足坛联赛最发达的地方，拥有皇马和巴萨两大超级豪门，但是在世界杯上，他们却是永远的配角，他们最好的成绩是1950年的四强，而且那个时候还没有淘汰赛的概念。

在南非这块神奇的土地上，两个世界杯的失意者双双闯进了决赛，让无数球迷感到欣慰，这也将让世界杯的历史上产生第八个世界冠军。而且这两支球队，都拥有许多的球迷，更加重要的是，他们代表世界足坛技术流的巅峰。

荷兰队虽然战术变得保守了，但是不可否认的是，他们依然拥有世界上最出色的球员。斯内德领衔的中场拥有极强的控制能力，尤其是面对巴西队下半场的比赛，他们更是显示出了自己的威力。而罗本在边路的突击威力十足，是荷兰队打开胜利之门的钥匙，唯一遗憾的是范佩西一直未能进入状态。

荷兰队现在不但拥有技术，而且拥有一批硬汉，范博梅尔、库伊特、德容这些悍将的存在令荷兰队比以往更加具有血性。荷兰名宿内斯肯斯这样评价这支荷兰队："荷兰队的打法也许有些变化，但是他们骨子里进攻的血液还在，他们已经学会了如何获得胜利，他们距离冠军只有一步之遥。"

相比荷兰队，西班牙人的技术更加细腻，而且已经达到了可怕的地步。德国人可以利用自己的身体优势冲垮英格兰和阿根廷，但是面对西班牙队却显得毫无办法，简直就像一支业余球队。德国队的主教练勒夫说："我们不知道如何击败西班牙队，他们太优秀了，他们可以把比赛的节奏

牢牢控制在脚下，而我们根本无法抢到皮球。”

勒夫眼中的西班牙之所以强大，是因为哈维和伊涅斯塔的存在。在和西班牙比赛之前，勒夫就布置要死盯哈维和伊涅斯塔，但是到了比赛中，德国球员根本拿他们没有办法。其实，哪支球队不知道西班牙的核心在于哈维和伊涅斯塔，但是没有人可以和他们对抗。而除了哈维和伊涅斯塔，西班牙的中场还有阿隆索和布茨克斯这样的球员，一想到法布雷加斯和大卫·比利亚现在居然还打替补，这简直让人不寒而栗。

西班牙中场强大是有历史传统的，而和以往西班牙队不同的是，这次西班牙拥有一名完美的前锋和一条完美的后防线。在过去，西班牙队经常出现前锋频频浪费机会，后卫屡屡犯错而浪费大好局面的情况，但是如今比利亚可以在前面解决问题，卡西利亚斯领衔的后防线足以保住胜果。

这个深夜，期待巅峰之战。

三、赛后报道写作

当一场重要的比赛结束后，最忙碌的人就是体育记者了。因为他们必须以最快的速度将比赛的情况和结果报道给广大受众。赛后报道写作，就是指体育记者在比赛结束后，以最快速度将比赛情况和结果写成消息、通讯、述评等新闻稿件，及时发回编辑部以供发表。

赛后报道是体育报道的主要形式之一。虽然随着信息技术的发展，电视、网络等传媒能以现场直播的形式将比赛情况直接传递给受众，但这并不能取代报纸、杂志等传统媒体的赛后报道，更不能取代体育记者赛后的新闻写作。其原因有四：第一，由于受到转播条件的局限，电视并不能对所有的体育比赛都进行现场直播，电视镜头也不可能扫描到比赛现场的每个地方，只能是有选择性地对一些重要赛事和主要场面进行转播，而印刷性新闻媒体的记者则没有这方面的限制；第二，受视听条件、时间等方面的限制，受众只能有条件、有选择地观看电视体育转播或网络体育比赛直播，相对而言，报纸和杂志则没有这方面的问题；第三，即使是电视、广播、网络等电子媒体，赛后报道也是其主要报道活动之一；第四，更重要的是，印刷媒体的图文特点和读者阅读的快感是电视所不能替代的。报纸和杂志的特点是用生动、形象、优美的文字和图片来报道体育，使人们在阅读时产生联想和共鸣，而这是电视和广播所不及的。

（一）赛后报道的特点

赛后报道写作与赛前报道相比，具有以下特点：

1. 时效性强

赛后报道的一个突出的特点是时效性特别强。因为体育比赛的结果和过程对受众而言具有悬念性，而一旦受众知道了比赛的结果和过程，这种悬念就不存在了，其新闻价值就会急剧降低。在现代新闻媒体中，电视、广播和网络都能在第一时间内以最快速度传播比赛情况和体育新闻，其时效性是最强的。但是，报纸、杂志等媒体也能以及时优美的图文报道和各种深度报道发挥自己独特的时效性优势。对于体育记者而言，无论是在何种媒体工作，当其进行赛后报道写作时，都必须将时效性放在第一位，在赛后最短的时间内抢抓新闻并写出新闻稿发回编辑部，以保证其新闻稿件的时效性。

2. 写稿时间有限

赛后报道与赛前报道相比，一个最重要的特点是记者必须在有截稿时间限制的情况下进行写作。由于重要的体育比赛往往在晚上进行，如果是在国外举行，还要考虑地区的时差因素，另外，还要为编辑留出时间，因此，比赛结束后留给记者的写作时间是极为有限和十分紧张的。体育记者必须在写作上成为快手，才能赶在规定的截稿时间前完成写稿与发稿工作。

3. 写稿工作量大

由于经费等方面的原因，很多情况下体育记者在比赛现场都是“单兵作战”，一人要承担比赛现场报道的所有任务，在有限的时间内写出并发回大量的新闻稿件。如果是单项性比赛，记者可能不仅要发回比赛消息，还需要写比赛通讯、比赛花絮、人物专访、赛事述评和比赛评论等，对比赛进行更进一步的报道。如果是大型综合性赛事，则记者的工作量更大，因为记者不仅要辗转于不同的赛场，报道不同项目的赛事，还要考虑不同的报道形式和体裁，这些都会加大记者的写作工作量。

（二）赛后报道写作的基本内容

在赛后报道中，记者没有必要，也不可能对比赛的情况进行琐碎而面面俱到的报道。通常情况下，记者和编辑只能选择比赛中发生的最重要、最具有新闻价值以及受众最关心的内容进行报道。那么，通常哪些是赛后报道写作中最基本的内容呢？

1. 比赛结果

在一场重要的比赛结束后，对于受众而言，最关注的莫过于比赛的结果

了。例如，在1984年洛杉矶奥运会上，中国队能否实现奥运金牌“零”的突破，是亿万中国人民和海外同胞翘首以待的头等大事。因此，当许海峰在射击比赛中夺得第一块金牌后，新华社记者高殿民便以最快速度先于世界所有媒体发回了快讯，其内容只有短短60余字，内容主要集中在比赛结果的报道上。这显示出了比赛结果是赛后报道最重要和第一位的要素。

尽管现在电视、广播和网络能以直播的形式将比赛现场的情况以最快速度加以传播，但在一般的赛后消息报道中，比赛结果仍是最重要的报道内容，一般会被作为最重要的体育新闻要素安排在赛事消息的标题和导语中。

2. 比赛中所发生的重要事情

在赛后报道中，记者切忌对比赛过程报“流水账”，而应对比赛中所发生的具有新闻价值和重要意义的事情进行报道。如在一场足球比赛结束后，除了比赛结果外，记者应将报道的重点放在比赛形势的变化、哪位运动员踢进了球或在比赛中起了关键性作用、比赛中谁得了红牌处罚或黄牌警告。有些时候，比赛中发生的哪些事情才是具有新闻价值的，这需要记者根据具体的情况来确定。如在某一场足球或篮球联赛中，某位球员的表现可能对主场的观众而言是重要的，而对客队方的观众而言却并不重要。这就需要新闻媒体根据自己的情况来判断是否有报道的价值。

3. 比赛中所发生的意外事件

有时候，在体育比赛中会发生一些意外事件，如双方运动员发生冲突、某位著名球星受伤等。这些在赛场内发生的意外事件往往具有一定新闻价值，是记者应重点报道、也是受众乐于读到的内容。如2002年世界杯足球赛开战在即时，英格兰队队长、著名球星贝克汉姆在欧洲冠军杯四分之一决赛英国曼联队与西班牙拉科鲁尼亚队的比赛中，被对方队员铲伤而导致趾骨骨折。这一事件当即成为这场比赛最重大的新闻，成为世界媒体最热门的话题，而比赛过程和结果反而变得次要。

4. 明星在比赛中的表现

体育明星和著名运动员在受众中具有很大的知名度和号召力，他们的表现往往对比赛的过程和结果起到重要的影响与作用，也最为受众所关注。因此，记者的赛后报道理应将他们作为重要内容。如在20世纪90年代，美国芝加哥公牛队的球星迈克尔·乔丹在球队中的作用无人可比，在公众和球迷心目中具有极高的人望，任何报道公牛队比赛的记者都必然将他作为报道的中心。

5. 导致比赛结果的主要原因

一场精彩的比赛结束后，往往会留下许多悬念，如强队为什么会失败？较弱的一方为什么会获胜？某位运动员为何在有伤的情况下仍能夺得冠军？等

等。这类问题的解惑和释疑都是赛后报道的重要内容，不仅需要记者在评论中阐述自己的看法，更需要记者在赛后采访的基础上，写出消息、通讯、述评等新闻稿件来予以解答。

6. 比赛结果所产生的影响

一场重要比赛结束后，其结果可能对该队的排名、积分甚至后面的赛事产生直接影响，也有可能影响到其他队的排名。记者在做赛后报道时，应当向受众分析和交代这些影响。

以下是新华社记者所写的一篇赛后消息报道。请注意其中记者对比赛过程的描述以及对影响比赛结果的各种因素的分析。

中国男篮痛赢南朝鲜 30 分

新华社北京 1989 年 9 月 24 日电（记者曲北林）　中国男篮多少年来从未这么痛痛快快地赢过南朝鲜队。今天中国队摧枯拉朽，势如破竹，以 102 比 72 大胜 30 分。

南朝鲜队向以三分球著称，但今天投 16 次只中 3 次。中国队投 9 次中 3 次。南朝鲜队向以快攻著称，而今天快攻只得 8 分，身材高大的中国队反而得 24 分。南朝鲜队向以顽强著称，而今天却中途失去信心，表现出从来没有过的溃不成军。南朝鲜队的杀手锏是全场紧逼，而今天只打了一分多钟，就赶快改为区域联防加重点盯人。

南朝鲜队由于身材矮小，不得不靠三分球与突破支撑局面。今年 2 月就任中国男篮教练的孙邦对南朝鲜队的战术是，宁可让对方内线得分，绝不让他们得三分球。此举令南朝鲜队简直不知所措。

今天一开局上场的中国队员有 8 号王非、11 号孙凤武、12 号马健、13 号张勇军和 15 号巩晓彬。

南朝鲜队依然用老班子，6 号李忠熙、10 号金贤俊、11 号许载、14 号金裕宅和 15 号韩基范。

中国队面对着过去与自己总是几分之差的南朝鲜队，毕竟紧张。前 4 分钟内，中国队防守三分球很成功，可没想到对方铤而走险，竟然将内线大个拉出来打个人突破和外围投篮，而且居然成功。中国队以 2 比 9 落后。这时中国队叫暂停，孙邦面授机宜。

此后，马健塞篮，军心振奋。比分之差开始缩小，10 分钟时，追成 21 平。

再后 3 分钟，双方呈胶着状，比分交错上升至 32 比 32。

这时孙邦换上号称南朝鲜队克星的张斌。他刚一上场就来了个背后击地传球给王非篮上从容得分。赢得满场欢呼，军心再振。

上半时的后5分钟内，张斌连连传出妙球，使队友得分。而他本人，也一改过去重传球、少投球的特点，轻轻松松地来了个小中篮，令对方十分惘然。中国队连增10分，而对方只得2分。上半时以42比37结束。

中场休息时，孙邦教练要求继续贯彻宁放内线，不放三分的防守策略。他相信下半时球会更好打。因为中国队有众多的球员可以替换，而对方顶多只有7个人打球。他还要求注意南朝鲜队进攻时前10秒磨蹭，然后突然变速进攻的特点，让队员们先放松体力，但精神不放松。

下半时比分逐渐拉开。马健塞篮、王非塞篮再塞篮。10分钟后，中国队以80比54领先。对方15号、2.07米的韩基范也5次犯规罚下。南朝鲜队斗志渐衰。

这时南朝鲜队赶快使出杀手锏，全场紧逼。孙邦自称是打全场紧逼起家，心中早有准备。4号宫鲁鸣，稳稳控制住球。中国队连连得分，南朝鲜队只好改回联防。

此后的球，中国队一路顺风，打过100分。

赛后报道的要求是及时、准确、全面，必须在规定的截稿时间内完成采访、写稿、发稿等一系列工作程序。如果是晚上举行的比赛或是在有时差的国外报道赛事，如何在很短的时间内写出准确而精彩的报道就成为体育记者最大的挑战。体育新闻界的行话“一快二抢三赶”（快写稿、抢发稿、赶截稿）就是针对赛后报道写作而言。

本节思考题

1. 赛事报道写作有哪些基本特点？
2. 赛前报道写作的特点是什么？
3. 赛前预报有哪些写作要求？
4. 赛前动态报道有哪些主要内容？在写作上有哪些要求？
5. 赛后报道有哪些特点？其主要内容有哪些？

第三节　非赛事体育报道的写作

非赛事体育报道是指体育比赛以外的体育活动、体育事务以及一切与体育相关的事件的报道，主要包括大众体育、学校体育、体育事务、体育财经商

务、体育司法诉讼、体育社会事件和体育娱乐等方面的报道题材和形式。

现代体育运动是一个很大的体系。它不仅包括以观赏性比赛为特征的高水平竞技运动，还包括个人参与性的体育健身运动和休闲活动以及以青少年健康为核心的学校体育。另外，即使是观赏性的竞技运动，也并非只有比赛本身才有新闻价值。像运动员转会、围绕比赛的商务活动和法律纠纷、运动员的私人生活、服用违禁药品和与体育有关的突发性新闻等，都是当代体育新闻报道所关注的对象。因此，体育记者不仅应熟悉赛事报道写作方法，而且应当掌握非赛事体育报道的写作方法。

一、群众体育报道写作

群众体育的特点是人人参与，大家既是运动员，又是观众。同时，他们还是新闻媒体的主要受众群体，希望在电视、广播和报纸上看到或听到与他们自己的体育活动有关的新闻报道。因此，群众体育活动的报道写作要注重新闻的贴近性与通俗性，一些生动有趣的细节、普通参与者的谈话等都有助于使这类报道变得亲近而生动。另外，群众性体育活动的报道要注意使用通俗易懂、生动活泼的语言，使记者的报道能为大众所接受。下面例举新华社记者于1999年9月22日写的一篇通讯，其标题是《生活富足奔健康》，请看该文的开头描写：

> 金秋9月的北京龙潭湖畔，一位姓王的老大妈正抡抡胳膊踢踢腿，为每天雷打不动的晨练做准备。
>
> 看着她矍铄的精神头，人们实在难以想象到，两年前她还被死神的阴影所笼罩。“要不是常和老姐妹们一起锻炼，给自己的身子骨充足了电，也许我根本活不到今天。当时医生对人说，像我这样的晚期癌症病人，能活一年就是奇迹。可你看，都已经两年了，我不是还活得好好的吗？”
>
> 像王大妈这样从体育锻炼中得到实惠的例子不胜枚举。

在这篇报道中，记者以在北京龙潭湖晨练的王大妈这样一个具体人物为例，生动形象地表现了改革开放时代生活富足的普通中国老百姓进行体育锻炼的情况，宣传了体育运动对增进人们健康的好处。记者没有发表自己的看法，而是通过王大妈自己的话表达了主题。像“抡抡胳膊踢踢腿”、“给自己的身子骨充足了电”这样一些读来十分亲切的口语，使一位精神矍铄、容光焕发的老太太形象跃然纸上。这样的报道读来生动自然、亲近可信。

二、学校体育报道写作

青少年学生朝气蓬勃、好动好斗，大多数都喜欢体育运动。由于年龄特点，青少年学生通常喜欢参与那些富有竞争性、娱乐性和挑战性的体育项目，如各种竞技运动、户外运动以及新兴的极限运动等。体育记者只有在了解这些运动有关知识的基础上，才能写出好的新闻报道。另外，无论是中学还是大学，男生多喜欢参与和观看竞技类的体育运动，容易成为体育明星的“追星族”。另外，像极限运动一类娱乐性很强的运动也深受他们的喜爱。而学校中的女生多喜欢体操、健美操、瑜伽、艺术体操和各种体育舞蹈等运动。记者在报道青少年体育活动时，要特别注意他们不同的体育兴趣和爱好。有些报纸与体育杂志是以青少年为读者对象的，记者更需要了解读者的兴趣爱好，尽量采用生动活泼的语言文字，并融教育于报道之中。

下面是2008年2月24日《宁波日报》上发表的一则报道，反映了中小学体育的开展情况和学校运动会的变化。

学校运动会在悄悄变脸

春暖花开，现在各中小学校正陆续开展学生运动会。近日，在鄞州区横溪镇中心小学操场上，来自横溪镇中心小学及下属几所村校的上千名学生参加了横溪镇小学生第十五届运动会。住在学校附近，每年都来观看运动会的几位阿婆发现，运动会上当运动员的学生多了，还多了不少以前没有的运动项目。

舞龙、门球、射击亮相运动会

在运动会开幕式上，横溪镇中心小学下属村校——大岙小学的舞龙表演赢得阵阵掌声。大岙村是有名的舞龙之乡，有700多年的舞龙历史。村里现在有六支舞龙队，其中两支由大岙小学的学生组成，孩子们的舞龙技艺在当地小有名气。

据横溪镇中心小学校长俞宏伟介绍，从去年起，学校在体育课中增加了好几项当地民间传统体育项目，为的是这些传统体育项目能代代相传。“以前，在学校运动会开幕式上，各班按顺序喊口号出场，学生对老样式感到厌烦，注意力不集中，我们老师要花不少时间来维持秩序。今年的开幕式加入了民俗元素，学生们注意力集中多了。”一位老师说。

而在比赛项目中，门球和射击让当地村民大开眼界。横溪镇中心小学的门球队成立于2002年，已经连续3年以宁波市第一名的成绩参加全国

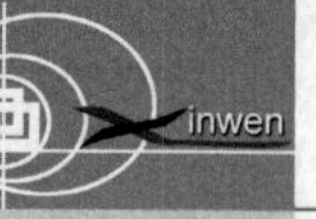

门球比赛，并多次获奖。射击队成立于2006年下半年，是鄞州区唯一的小学射击队，去年7月在第十五届宁波市全民运动会上，一举夺得4枚金牌。射击队还为宁波市体育运动学校输送了好几名射击运动员。去年，擅长10米气步枪的王呈啸同学还被浙江省射击队选中。

70%的学生成了运动员

在传统的学生田径运动会上，一个班一般只派出七八个体育尖子生参加比赛，别的学生坐在操场边观看。而在横溪镇小学生运动会上，却有70%的学生参加了比赛。每个班除了有近10名学生参加田径项目外，还有约15名学生参加搭桥过河、迎面接力等趣味项目。

横溪镇中心小学校长说，本来学校打算让所有的学生都能在运动会上参加项目，开一个全员运动会，但由于受到场地限制，只能让70%的学生参加运动会。

许多学校运动会的脸都在变

近日，记者对今年已经开了运动会的一些学校做了一番调查，发现许多中小学校的运动会已在悄悄“变脸”，增加了运动项目的集体性和趣味性，提高了学生的参与率。前不久，偃月街小学和阳光学校一同举办了“同在蓝天下，童心迎奥运”趣味运动会，有踢毽子、跳长绳等项目。在镇明中心小学体育节上，也出现了呼啦圈比赛等多种新项目。学生的参与率一般都由传统的20%上升到70%以上。

特级体育教师、鄞州区东湖小学校长沈斌认为，“少数人参与，多数人看”的传统运动会方式是应该改一改了。现代运动会应提倡大多数人或全员参与，将运动竞赛变为融健身、娱乐、竞技为一体的综合性体育运动会。“跑跑跳跳”的传统内容也该改一改了，要多增加健身性、创造性、表演性的体育项目，如团体操、趣味游戏、民间体育活动等。同时，要尝试通过运动会锻炼学生多方面的能力，如开展体育知识竞赛、体育绘画、体育摄影、体育征文等。

学校体育报道在写作上应注意以下几点：

(1) 年龄特征。学校体育报道的对象和主要读者都是青少年在校学生，但是小学生、中学生和大学生的年龄相差很大，其知识结构、兴趣爱好、阅读能力等是完全不同的。因此，记者在进行学校体育报道时，应考虑自己读者对象的不同年龄特征。

（2）引导性。青少年学生正处于成长发育阶段，在思想和道德品质上都需要教育培养。新闻媒体在进行学校体育活动的报道时，应注重体育精神和体育道德的宣传，培养其顽强拼搏、公平竞争、团体合作的精神。

（3）兴趣爱好。青少年学生朝气蓬勃、生龙活虎、富有竞争精神，他们所喜欢的体育活动自然与中老年人不一样。因此，学校体育的新闻报道要注意他们的兴趣和爱好。

三、体育人物报道写作

在采写体育人物报道时，记者首先应了解和判断其报道对象及其事迹是否具有典型意义。通常有两类人会引起体育记者做人物报道的兴趣，其一是体育明星，其二是杰出的体育人物。前者的特点是在其运动领域里取得了非凡成就，在社会上具有较高知名度，因而具有较高的新闻价值；后者的特点一是报道对象对推动体育运动发展上作出了重要贡献，二是因其高尚的体育精神和道德品质获得了人们的赞誉。

记者在采写人物报道特别是体育明星的报道时，不能仅注意其运动方面的成就，更要宣扬他们身上所表现出来的优秀品质与体育精神。体育明星在社会上往往具有很高知名度和号召力，对公众尤其是青少年有很大影响。像球王贝利、拳王阿里、篮球巨星迈克尔·乔丹、中国排球运动员朗平等，他们不仅以其非凡的技艺征服了亿万观众，而且以其良好的体育精神和人格品质成为社会的典范。因此，新闻媒体对体育人物的报道应该宣传体育运动中优秀榜样的价值，宣扬他们身上所表现出来的体育精神和高尚人格，以此来影响和教育青少年，促进社会文明的发展。

在体育人物报道中，不仅体育明星才有新闻价值。许许多多在运动场上顽强拼搏的普通运动员身上，也折射着非凡的道德力量与人格光芒。只要体育记者用心去寻找和观察，就会发掘出好的新闻题材。

例如，在1998年7月于美国纽约举行的世界友好运动会女子体操跳马决赛中，中国运动员桑兰在准备活动中不幸受伤。新华社就此发表了人物特写报道《桑兰不流泪》。读过这篇报道的人，无不为这位年仅17岁的年轻运动员在突然降临的巨大灾难前所表现出来的非凡意志和勇气所折服和感动。请看这篇报道的导语部分：

桑兰静静地躺在病床上。这位17岁的中国少女此时显得如此纤小，但在厄运袭来时，她却表现出超乎其年龄的坚强和勇敢。

几乎所有见到过桑兰的人都忍不住流泪，但桑兰不流泪。在被抬上担

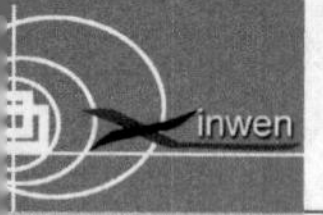

架、离开心爱的赛场时桑兰淌过泪，此后她就再也没有流过眼泪。

桑兰并非体育明星，也没有在这次比赛中取得成绩。但是，记者却从这位年仅 17 岁的小运动员身上，从她“不流泪”这一细节上，发现了这位中国小运动员身上非凡的品质，向人们展示了体育精神中最可贵、最深刻的价值：奋斗、拼搏，永远做生活的强者，在困难和失败面前永不低头。

四、体育事务报道写作

现代体育运动是一个复杂的组织和管理系统。体育新闻报道不仅要关注运动场上发生的事，而且要关注各类体育事务，及时报道受众所关注的这方面的信息。这类报道包括：国家体育法律和体育政策的制定；重要的国际或国内体育会议；重要国际体育组织机构领导人的更替和选举、章程制定、重要的决定和人事变动；重要体育赛事的规则制定与更改；国际体育交流，包括国家与地区之间的友谊比赛、国际体育领导人的访问等；重要体育人物的谈话、活动等。

下面是新华社记者于 1979 年 10 月 25 日采写的消息《国际奥委会恢复中国席位》，这是一个影响极为深远的决定，也是一篇经典的体育事务报道。

国际奥委会恢复中国席位

新华社名古屋 1979 年 10 月 25 日电　国际奥林匹克委员会执委会今天在名古屋就恢复中国在国际奥委会席位问题一致通过决议，决定中华人民共和国奥林匹克委员会的名称为“中国奥林匹克委员会”，它的旗和歌使用中华人民共和国的国旗和国歌；设在台北的奥委会的名称是“中国台北奥林匹克委员会”，它不能使用它目前使用的歌和旗，只能使用另外的歌和旗，并且必须得到国际奥委会执委会的批准。

会议还决定，这个决议将以通讯投票的方式提请国际奥委会全体委员表决批准。

这个决议是国际奥委会主席基拉宁今天在会议结束后举行的记者招待会上宣布的。基拉宁在记者招待会上说：“我们以所有的中国运动员都能参加 1980 年的国际奥委会为目标，作出了最大的努力。”

这次会议是 23 日上午在名古屋开幕的。参加会议的有国际奥委会主席基拉宁（爱尔兰）、副主席维·斯米尔诺夫（苏联）、清川正二（日本）和委员西皮尔科（罗马尼亚）、萨马兰奇（西班牙）、吉朗度（科科

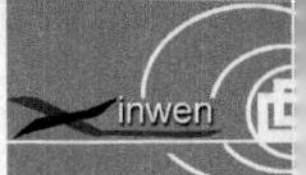

迪瓦）和克罗斯（新西兰）以及行政主任贝利乌（法国）。

关于恢复中国在国际奥委会的席位问题，执行会在今年6月29日波多黎各会议上曾提出过一个建议，这次会议一致通过的决议就是在这个建议的基础上形成的。

本届执委会会议还听取了关于明年在美国普莱西德湖举行的冬季奥运会和在苏联莫斯科举行的夏季奥运会准备情况的报告。

体育事务的报道写作有以下几点要求：

（一）正式的信息源

重要体育事务通常由权威机构在公开场合来发布正式消息，如有关体育部门和体育组织正式发布的信息或举行的新闻发布会、官网、寄来的有关资料或新闻稿等。记者应以这些正式渠道得来的信息为根据来写作体育事务消息。

（二）主要报道体裁是消息

体育事务的报道体裁通常采用消息报道形式。但如果发生重大事件，如国家体育管理部门或国际体育组织的重大决定、重要国际体育领导人的更替或去世、重要的国际体育交流等，也会采用背景报道和评论等形式。

（三）简短明了

除非发生了重大事件，体育事务消息的报道一般不需要很长篇幅，否则会读来比较枯燥乏味。在报道中只需要将何人、何时、何事说清楚就行。因此，在很多情况下，新闻媒体会用短讯、简讯等形式来报道体育事务消息。

五、体育财经商务报道写作

体育财经商务报道包括与体育运动有关的商业事务与财经方面的报道，它是随着现代体育的产业化、商业化、市场化发展而产生的新的体育报道类型。例如，一家著名的足球俱乐部往往拥有成千上万的球迷，他们都会关注俱乐部为何要卖掉一位主力球员，为何不通过转会市场引进更多优秀的球员之类的问题。在体育彩票、足球彩票、赛马彩票的发行以及欧洲一些俱乐部成为股票上市公司的背景下，与体育有关的财经报道也越来越普遍。同时，作为舆论工具，新闻媒体对体育运动中的财经和商务方面的报道和舆论监督也越来越重要和突出。在这种背景下，现代体育记者不再只是对比赛进行报道，也要对体育有关的商务和财务问题予以关注。

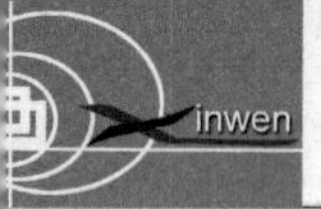

体育财经商务新闻有别于传统体育报道，其主要特点是对与体育运动有关的商务和财务问题进行报道。严格地说，它应属于财经报道的内容。但是，由于体育商务新闻与其他财经新闻相比有自己的特点，如职业俱乐部的财务运作、球员转会市场、电视转播权的谈判、体育赞助和足球彩票等，都与一般的财经报道内容不同，且与之打交道的采访对象又多为体育界人士，因此，新闻媒体通常将这类报道工作划入体育新闻部的报道范围，由体育记者来负责采写。

体育财经商务新闻的报道体裁通常有两类：一类是有关的消息报道，这类报道形式的采写通常要容易一些，因为有关的机构、组织、企业等在需要时，会通过新闻发布会等形式向新闻界发布公开的商务信息。另一类则是调查性报道，即媒体对有关体育运动的商务和财务问题进行独立的调查和深度报道，让受众了解有关情况的内幕和真相。这类报道难度相对比较大，也超出了传统的体育新闻报道范围，是对当代体育记者的一个挑战。

一般而言，体育财经商务新闻报道的主要范围包括：

（1）重要的体育商务谈判和协议，如奥运会、世界杯足球赛等重要赛事的组织机构与企业的赞助合同、职业俱乐部之间对球员的转会谈判与合同、重要体育赛事的电视转播谈判与合同等。

（2）政府的体育经费拨款情况和使用情况。

（3）重要赛事、职业运动俱乐部的财务运转和经营情况等。

（4）体育彩票的发行与公布。

（5）对体育机构、体育组织、职业俱乐部等带有企业法人性质的经济实体的内部财务管理进行舆论监督。在美国，新闻媒体还要对大学生联赛（NCAA）的财务情况进行关注和监督。

（6）对职业运动员、教练员、体育管理者的收入和纳税问题实施舆论监督等。

体育记者在进行有关体育财经商务的报道写作时，遇到的最大障碍一是这类新闻的写作需要一定的商务和财务方面的专业知识，而传统的体育新闻报道和写作很少涉猎这类问题；二是由于各种原因，报道对象如职业俱乐部等可能不愿意向媒体提供其真实的经营情况。因此，体育记者在进行这类报道的写作时，要注意以下几点：

（1）平时多积累收集与体育有关的商业和财经知识和资料。

（2）向报社财经部的同仁请教，必要时，请财经部的记者参与调查、采访和写作。

（3）专访和请教有关财经方面的专家和学者。

（4）在体育商务和财务新闻的报道中，数据和图表有时比文字更直观、

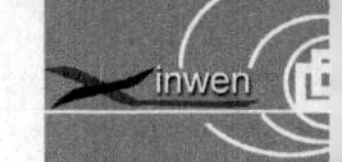

更简捷、更能说明问题。因此，记者在有关报道的写作中，要注意使用数据与图表。

（5）注意避免使用单一的信息源。而在采用多个信息源的信息时，必须进行分析、综合、比较等方法，并对这些信息源进行反复的确证。

（6）有关体育商务与财务的调查性报道通常是大型报道，其新闻价值和影响较大，需要的版面相对较大。因此，记者在策划、调查和写作这类报道时，应与部门负责人及编辑等密切协作商量，以便做好版面安排。

例如，2003 年 7 月 31 日的《体坛周报》刊登了一篇专题报道，标题是《足球经济危机豪门亦感困窘　意甲五大豪强各有减薪妙计》，其内容是对 2003 年意大利职业足球的财经状况进行分析和报道。其中写道：

意大利乃至全欧洲的足球经济危机，其表现一方面是收入减少，特别是付费电视转播权收入减少；二是开销太大，特别是球员年薪开销太大。

据统计，意甲俱乐部如果收入 100 欧元，其中 90 欧元就要用于球员的工资，而国际米兰和拉齐奥的球员工资一度高于收入。由于付费电视也陷入严重的危机，球会无法开源，只能节流，球员减薪成为摆脱危机的主要手段。意甲今年没有注册危机，没有新的佛罗伦萨，与各俱乐部的减薪政策有着密切的关系。

据统计，与上赛季相比，意甲球会的球员年薪减少了 1 亿欧元之多。大部分球会球员减薪，但途径不同。例如，尤文图斯连续 7 年盈利，没有改动现有球员的合同，而是要求续签合同或签订新合同时，球员的年薪与成绩挂钩。

而 AC 米兰的做法是续签长期合同，球员每年的工资将相应减少 15%～20%，这样有些球员的年薪总量实际是增加的。在米兰队中，马尔蒂尼的合同到 2005 年，年薪减少 30%；大因扎吉（350 万欧元）、加图索（220 万欧元）和阿比亚蒂（160 万欧元）续签到 2008 年；迪达合同续签到 2007 年，年薪不减反增，从过去的 120 万到 200 万欧元。

国际米兰没有变动合同期限，但与球员达成协议，工资的 30% 在合同期满后再支付，雷科巴甚至同意减薪 50%。罗马则减薪 20%～25%，大多数球员接受，拒绝的只有帕努奇、利马、德尔维奇奥和邦巴迪尼。

拉齐奥去年面临着破产的危险，总经理巴拉尔迪的平衡预算计划要求球员 5 个月的工资用球会的股票支付，而且从下赛季开始，球员只拿 55% 的年薪，其余 45% 在合同期满后的 3 年内付清，目前拒绝这个计划的只有斯塔姆、洛佩斯、基耶萨和科隆内塞。

减薪是普遍趋势，但一些小俱乐部特别是新的升班马也有例外。安科

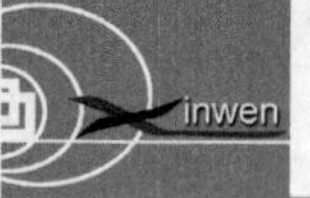

纳、恩波利、摩德纳和锡耶纳为求留在意甲，积极引援，开支有所增加。其中支出增加幅度最大的是桑普多利亚，今年的预计支出是3 000万欧元，比去年增加了1 000万欧元。摩德纳虽然增加了100万欧元，但总支出还是居意甲各球队之末，只有700万欧元；支出第二低的是佩鲁贾和雷吉纳，均为800万欧元，比上赛季减少了200万欧元。

1亿欧元是个巨大的数字，但与意甲累积的18亿欧元赤字相比，似乎又显得微不足道。因此，虽然许多人对减薪的成绩津津乐道，但也有人对足球如何彻底消除赤字表示担忧，特别是再过一个赛季，意甲俱乐部注册标准将提高，即球员的工资总和不得超过球会收入的60%，而现在的情况远远没有达到这个要求。

值得指出的是，所谓减薪的说法其实并不准确。比如说蒙特拉同意减薪50%，所以现在400万欧元的年薪他只拿一半，但另外200万欧元并非放弃，而是在与球会合同期满后再拿。大部分球员的所谓减薪都属于这种情况。因此，意大利人有时也用“涂抹”这个词与减薪通用。“涂抹”本意指在面包上涂黄油和果酱，这里表示的是分期付款。这样，罗马今年球员年薪减少20%~25%，但几年后这些钱还是必须支付的，在这个意义上，等于是球会对球员欠债。意大利政府拯救足球的法令也是同样的“涂抹”法，球会的债务并未取消，只是可以在较长的时间内支付，这样做的目的是暂解燃眉之急，但并未消除债务，如同目前的减薪并未真的减少球员的开支。好在意大利人是乐观主义者，他们不但善于得过且过，而且相信明天一定比今天好。

这是一篇比较典型的体育财经商务报道，文中以具体的数字数据说明了意大利各足球俱乐部的经营和财务状况。这类报道的写作，要求记者做深入的调查和研究，掌握大量的有关数据与资料，并善于分析和归纳。

六、体育司法报道写作

体育司法新闻与体育商务新闻一样，也是随着现代体育商业化、市场化和产业化出现的，也属于新的体育新闻报道领域。

由于现代体育运动，尤其是大型赛事和职业运动是一种商业行为，因此出现各类司法诉讼在所难免。如中国足球于1994年正式开赛以来，已经发生了多起诉诸司法的诉讼案件，包括多例球员、裁判、教练、俱乐部与新闻媒体的司法诉讼，球员与俱乐部之间的司法诉讼。2002年，更出现了有关足球裁判“黑哨”问题的商业行贿案件。由于这类司法诉讼所涉及的是体育界人士，带有行业特征，因此，这类报道通常是由体育新闻部负责，并由体育记者来承担采写工作。

体育司法新闻的出现，使体育记者的工作要与法官、律师、警察等打交道，要去法庭听审判，并要求体育记者懂得司法程序，甚至要懂得相关的法律和法律术语。这就对体育记者提出了新的要求。

下面是英国路透社2009年6月16日发出的一则关于英国著名足球球星贝克汉姆官司的报道：

小贝一家打赢保姆泄密官司

路透社伦敦6月16日电　伦敦高等法院周二宣判，贝克汉姆家的前保姆吉布森（Abbie Gibson）因为泄露雇主的家庭私密信息，必须向小贝夫妇道歉。

吉布森2005年在辞去这一工作后，向媒体讲述了小贝夫妇的私人生活。一家报纸援引她的说法，在2005年4月发表了以《门后的贝克汉姆》为题的报道。

报联社报道称，小贝家的律师Gerrard Tyrrell周二告诉高等法院，吉布森已同意承诺“永久保守秘密”。

Tyrrell称，吉布森“已就违反保密协议一事，无条件向贝克汉姆一家道歉”，并撤回就“变相解雇”提起的申诉。

“2003年3月—2005年3月间，吉布森被雇佣为贝克汉姆家看护孩子的保姆，她在辞职后接受了《世界新闻报》采访，并在采访中曾泄露他们的家庭秘密，”Tyrrell说。

此外，还有报纸称贝克汉姆曾在电话中对吉布森使用侮辱性语言，但Tyrrell表示，吉布森已澄清小贝从未打过这样的电话。

体育司法报道通常会引起受众的广泛关注，但它同时又是一类专业性很强的领域，会涉及大量法律和司法知识。因此，记者在采写这类新闻时，可参考以下建议：

（1）记者在采写体育司法新闻之前，应尽可能阅读和参考有关的法律书籍与资料，掌握有关的基本知识。这类书籍很好找，书店和图书馆都能满足记者的需要。

（2）采访有关司法专家。法律是一个非常专业的问题。体育记者在做这方面的报道时，最好的办法就是采访有关法律专家，如律师、法官、法学研究学者等。他们一般都能解决记者提出的有关专业问题。

（3）很多综合性新闻媒体都设有政法新闻部（或专门报道司法新闻的部

门），体育记者可以请专门从事司法事务报道的记者帮忙，或约请这类专业记者一同采写报道，或请这些记者同行提供有关采访线索和信息。

（4）体育司法报道一般多采用消息报道与调查性报道、解释性报道等形式，记者应熟练地掌握这些报道形式和写作方法。

（5）由于体育司法报道关注的受众多、影响大，因此，记者在写作这类报道时一定要重事实、讲根据。那种不负责任地乱炒新闻的做法是一定要摒弃的。

七、体育社会新闻报道写作

体育社会新闻，是指那些发生在运动场之外，但又与体育运动及运动员、教练员等有关的社会新闻。这类新闻严格说来应属于社会新闻的范围，与体育比赛并无直接关系。但是，只要这类新闻是发生在运动会期间或运动员、教练员、尤其是体育明星这类公众人物身上，就会引起受众的广泛关注，并成为体育记者采写报道的对象。

体育社会新闻报道要求记者既具有体育记者的素质，还要具备社会新闻记者的能力。因为在很多情况下，社会新闻都是突发性新闻，并不像体育新闻那样，通常在报道的时间、地点、赛事等都是预先安排好的。体育社会新闻往往是突发性的，采访对象也不确定。这就要求体育记者要有社会新闻记者那样的敏感嗅觉和应变能力，善于捕捉和发现新闻，在新闻发生时能迅速反应，及时作出报道。

下面这个例子是新华社体育记者杨明对发生在1996年亚特兰大奥运会会场爆炸事件的报道。爆炸发生时，记者并不在现场。但作为一名体育记者，他却表现出很高的职业素质与新闻敏感性以及很强的应变能力，以最快速度赶到事件现场并作了报道。下面是他的这篇报道：

奥林匹克公园爆炸

新华社亚特兰大7月27日电（记者杨明） 今天凌晨1点15分左右，亚特兰大奥运会新闻中心近旁的奥林匹克公园内发生一起爆炸事件。据悉，至2点30分，已经有两人死亡，上百人受伤。

爆炸发生时，公园内人山人海，爆炸地点是在公园的一个白色帐篷舞台旁。爆炸发生后，公园里的人立即四散奔跑，四五十辆警车迅速赶到，上百名警察和保安人员立即将爆炸现场包围。

记者在现场看到，一名伤势严重的受伤者躺在地上，血迹长达五六米，几名救护人员正在抢救。还有两人手臂受伤，已经被送上救护车。

一位名叫戴纳尔的目击者说："我看见一个大火团冲天而起，一个人的一条大腿被炸上天。"

另一位叫泰瑞的目击者说："我旁边的一个小伙子的臀部被炸伤，他的血溅到我的裤子上。"

爆炸发生后，受伤者躺在地上，四处都是，有的抱着头躲在椅子和障碍物下，有的身上流着血，受到极大的惊吓。

据悉，爆炸发生时，奥林匹克公园内起码有5万人，当时，许多观众正在观看表演。

炸弹响时，大约还有上百名采访奥运会的记者正在新闻中心工作。那声巨响如同一个闷雷，敏感的记者赶到一街之隔的爆炸地点时，警方开始封锁道路。

奥林匹克公园位于亚特兰大市中心。每天夜晚，数以万计的市民和游客都在公园里观看演出。虽然亚特兰大在奥运会期间加强了保安工作，但是，奥林匹克公园却是个对公众开放的地方，警察和保安人员只是在公园里面维持秩序，并不对公众进行安全检查。

在奥运会开幕式举行前几个小时，采访奥运会的电视记者大楼里也发生过炸弹警报，全部记者都被疏散出来，但是，后来没有发生什么情况。几天前，在中国花样游泳队训练时，也曾响起过炸弹警报，但随后被证实是一场虚惊。另外，亚特兰大警方还在这几天中接到许多匿名电话，说在某地放置了炸弹，但最后都没有出事。

从爆炸声响起到凌晨2点40分，警方还没有正式公布死亡人数，也没有宣布拘捕任何嫌疑犯。目前，情况还在继续调查。

恐怖分子制造炸弹爆炸事件，这属于重要新闻或社会新闻，本不是体育记者的报道范围。但是，这是一起在奥运会主办地发生的爆炸事件，就成为体育新闻报道的对象，成为在场的体育记者责无旁贷的报道工作。这是一起典型的"体育社会新闻"。如果新华社体育记者杨明的眼光只盯在赛场和赛事，或者他没有抢突发新闻的意识，就不可能抓住这条重要消息，抢写出关于这次恐怖主义爆炸事件的第一手现场报道稿件。请看他关于此次报道的事后回忆：

记得爆炸发生那天，我写完王军霞的稿子，在电脑前调外电看，当时新华社办公室里还有十多人。突然一声楼房倒塌的闷响，吓得我跳了起来，下意识地看了下墙上的挂钟，我潜意识想到这可能是炸弹爆炸。作为记者，我希望有突发事件发生，越大越好，而且希望就发生在我身边。

我像猴子般嗖地蹿了出去，出门时还没忘捞个小录音机。当时新闻中

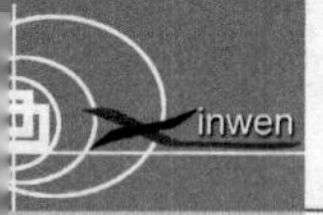

心人还很多，大家都跑到走廊的一个窗户前往奥林匹克公园里看，动静是从那里传来的，却看不到公园里的人出现慌乱。

我没回办公室，我太希望那是炸弹爆炸了。我曾为1986年汉城金浦机场爆炸时没在现场而懊丧了几年。我大概太想当英雄了。我看了眼寂静的楼梯，心想不管三七二十一，有枣没枣打一竿子再说，看看去。

我飞身下楼，踢开大门，夜色中传来不祥之兆。我见到一辆警车闪着蓝灯疾驶而过，心想这次“有戏”。我即刻兴奋起来，仗着年轻时跑过百米11秒的速度，紧追那辆警车，100米外就是公园旁门。

四个受伤者躺在马路上，那里一片漆黑。人们在惊恐中木呆呆地肃立，公园内一个白色的塔形帐篷被子弹炸得歪歪扭扭。我钻进围栏，发现净是躺在地上的人。当时以为全是受伤者，后来发现是被警察命令趴在地上的游客。满地都是碎片，到处是恐怖的呼喊。这不是炸弹爆炸又是什么？……

在我跑回新闻中心后几分钟，警察就封闭了中心，致使多数记者回不了工作间。我幸运地回到办公室，报告了采访情况。千钧一发，记者编辑立刻抢发英文快讯，说来也巧，新华社的英文快讯和美联社的快讯在同一秒钟内发出，抢了个世界“并列第一”。①

体育社会新闻的写作应注意以下几点：

（1）导向正确，扬善弃恶。体育社会新闻在很大程度上是对体育明星、运动员、教练员及其他体育界人士赛场外个人生活情况的报道。由于这些人物大多是公众人物，因此，体育社会新闻报道必须注意报道的社会影响和效果，对有利于精神文明建设的人和事进行褒扬，对违背社会公德和违法乱纪的行为提出批评。

（2）尊重事实，力戒炒作。体育社会新闻可能涉及运动员、教练员的个人生活和隐私，记者应当把握新闻报道与炒作新闻之间的界限，把握新闻报道与尊重报道对象隐私之间的平衡。体育记者在报道这类题材时最重要的原则就是客观真实，尊重事实，避免庸俗的新闻炒作。另外，媒体也应对运动员、教练员的个人隐私予以尊重。

（3）文字生动，力戒庸俗。体育社会新闻不是体育新闻的主流报道内容，而是带有花边新闻的性质。记者在报道写作这类题材时，应在力求文字生动自然、可读性强的同时，特别注意避免报道的庸俗化。现在有些媒体表现出体育报道娱乐化、性感化的趋势，如所谓“美女球员”、“足球宝贝”、“性感明

① 何慧娴．百名中国体育记者自述［M］．北京：人民体育出版社，2000：231．

星”、“明星绯闻”之类，对这类题材的报道，应尤其注意把握新闻报道的社会效果，力戒庸俗炒作。

八、体育娱乐报道写作

体育娱乐新闻主要是指与体育有关的娱乐性质的报道，如球场上的女子拉拉队、在大型赛事中举行的娱乐表演以及其他一些突出娱乐性和休闲性的体育人物报道题材。一般而言，体育娱乐新闻不是体育报道的主流。体育记者也不应该将主要精力放在这类新闻上。但由于大众传媒的发展，体育新闻娱乐化已经成为体育报道的一个趋势，如 2002 年世界杯足球赛期间很多传媒推出的“足球宝贝”等。因此，体育记者也应该掌握这类新闻的写作特点。

下面是由美联社记者采写的一则典型的体育娱乐新闻。

阿加西格拉芙一吻惊世界

美联社 2000 年 12 月 11 日电　近日美国、德国的报纸都披露了这张阿加西与格拉芙当众接吻的照片。明镜周刊和施戴芬周围的朋友都是在施戴芬的事业发展中一直陪伴她的人。可就连他们在看过这张接吻照片之后也说认不出施戴芬了。

她年轻时的教练勃里斯·布莱斯克瓦说：“我从没有想到，她竟敢在公开场合下这样接吻。以前由于她的教育方式使她很顽固并且很封闭。阿加西正是让冰雪融化的那个人，他懂得生活，可以教会她很多。

她的经理汉斯·恩格尔特说：“很多人看到施戴芬的这张照片都认不出她来了，这一点我非常理解。可是在她当网球运动员的时候她是不能这样做的。而现在一切压力都没有了。我衷心地为她祝愿，希望她能好好地享受生活。

多年来一直支持她并且赞助她的欧宝（Opel）公司的赫尔勃特·薛夫尔说：“她和我所认识的施戴芬完全不一样了。我还从未看到她这么自由。他们两人一直对彼此有好感。

艾勃尔哈特·文斯基，格拉芙最喜欢的来自柏林的比赛指导说：“可以看出她和阿加西的关系有多么融洽、和谐。她显得轻松自如并且幸福无比。

电视评论员格尔特·斯采潘斯基，曾在她最后的一场比赛中为她做过报道，他说：“的确是这样，我还从来没看到过她如此的轻松。爱情就好像洪水猛兽一样，既然来了就不可阻挡。他们两人的关系是在施戴芬隐退

网坛之后才被发现的。

作者彼德·巴歇尔（明镜周刊）很早就已猜出，格拉芙还有个完全不同的另一面，他说："我甚至有幸看到过她在BocaRaton时的私人生活。她那时显得羞涩，几乎是没有自我。她把她的电话号码写在纸条上给我，上面写的不是'施戴芬'，而是'施戴芬尼'（她不用人们对她的昵称，而是用自己正规名字）。而这张照片说明：她不仅仅在网球场上才感觉是无拘无束的。"

而现在她真正感到无拘无束的地方是在安德勒·阿加西身边。

体育娱乐新闻有以下写作要求：

（1）注意新闻本身是否具有典型性与新闻价值。由于体育娱乐新闻不是体育报道的主流，因此其写作与报道必须要有典型性。如以上例子，阿加西与格拉芙都是世界著名的网球运动员，因此他们的相爱就具有新闻的显著性，能够引起读者的广泛关注。

（2）体育娱乐新闻必须尊重事实，切忌炒作。以上篇例子来说，如果没有阿加西与格拉芙亲吻的照片为证，就很容易被看做媒体的捕风捉影和炒作。

（3）体育娱乐新闻的报道与写作应注意新闻导向与社会效果。由于这类新闻题材往往涉及个人私生活，记者在写作时应提倡健康的生活观与生活方式，避免低级庸俗的内容。以上文为例，记者通过对接近格拉芙的采访，向读者展示了爱情如何改变了这位著名女运动员的封闭生活，读来让人感动。

（4）对于体育报道来说，体育娱乐新闻主要起一种"配料"的作用。记者在写作这类新闻时要注意可读性，尽可能地写得轻松而幽默，具有可读性和娱乐性。

本节思考题

1. 学校体育报道在写作上有哪些要求？

2. 体育人物报道在写作方面有哪些要求？

3. 体育商务财经报道的主要范围有哪些？体育记者在报道体育商务财经新闻时应注意哪些方面？

4. 体育记者如何写好体育司法新闻报道？

5. 体育社会新闻是指什么，有何写作要求？

6. 什么是体育娱乐新闻，在报道写作上有何要求？

第四节 体育消息

一、体育消息写作的特点与要求

体育消息，从广义上讲，泛指一切旨在反映体育运动及其有关活动、事实、人物的新闻。从狭义上讲，特指体育报道中的一种最基本的文体，即以简洁、准确、生动的文字、图像或语言对有关体育运动的事实及时加以报道，一般由标题、电头、导语和主体等部分构成的报道体裁。

体育消息是体育报道最基本的新闻体裁，也是体育报道的基础。现代体育运动是一个庞大而复杂的文化系统。全世界每天都要举行各种各样的体育比赛、体育活动，发生与体育运动相关的事情。体育记者的基本工作就是以最快的速度和最简洁的语言来传播和报道有关体育运动的最新事实。因此，学习与掌握体育消息的写作方法，是体育记者的基本功。

作为一名体育记者，要写好体育消息并不容易，需要在长期的新闻实践中不断总结和提高。有些年轻的体育记者认为消息写作很简单，其实不然。很多老记者对此深有体会。请看新华社资深体育记者梁希仪的体会："会不会写消息，消息写得怎么样，是衡量一名记者水平的标志，消息写好了，就是记者成功的一半。"梁希仪认为："有人说，消息是新闻报道中最容易的一种写作，其实不然。在某种意义上，消息是要求更高、更难掌握的写作。首先，写消息时间的压力更大，特别是在晚上结束的赛事和活动，要求必须把稿子赶在截稿时间前发到编辑部。此外，即使是在有时间压力的情况下，稿子还要写得准确、完整、简洁、生动，不但要向读者提供信息，还要使读者感兴趣。"①

为此，老记者们提出了写好体育消息的"五不"：一是不道听途说炒新闻，记者一定要认真观察、勤问、勤思考，确保新闻的准确性。二是不埋没新闻和避免雷同化，导语切勿埋没主要新闻事实，而且这条消息与那条消息的导语要有区别。三是不凭想象夹杂个人感情，报道要公正，要用事实说话。四是不只见事不见人，穿衣戴帽无细节。记者笔下的人越多，读者就越感兴趣，因为人比无生命的事实更令人感兴趣。在体育比赛中，人永远是主体。过于笼统而缺少细节，读者自然无法想象你消息里的人到底是什么人，他（她）们是怎样胜利、怎么失败的。五是不能眉毛胡子一把抓。要求消息的结构要严谨，层次要分明，能抓住什么是主要新闻，先写什么，后写什么，让人一目了然。

① 何慧娴．百名中国体育记者自述［M］．北京：人民体育出版社，2000：670．

此外，还要用最少的文字反映最多的事实。①

以上这些，都是体育记者在采写体育消息的长期实践中得出的经验之谈，很值得学习和回味。

总结起来，体育消息的写作有哪些要求呢？

（一）快写快发

虽然所有新闻消息的写作都要求快速，但由于体育比赛是一项时效性、动态性和悬念性特别强的活动，一旦赶不上第一时间发表，其新闻价值就会完全消失。因此，体育消息尤其强调和突出时效性，这也是体育新闻，尤其是体育消息的显著特点之一。在体育新闻的各种报道体裁中，体育消息也是最强调时效性和新闻性的。因此，在一场比赛、一次采访结束之后，记者必须争分夺秒，赶在截稿期限以内以最快速度写稿发稿。

体育消息不仅要快写，还要快发。以 1984 年洛杉矶奥运会中国运动员许海峰夺得中国首枚奥运金牌的报道为例。当许海峰夺得冠军后，由于当时还没有移动电话，在场新华社记者高殿民激动之余，立即跑到百米以外射击场内的新闻中心，抓起电话机拨通通往市内主新闻中心新华社租用的办公室电话，首先向编辑部报告，从而使新华社率先向全世界发布了这一新闻，其速度快于东道主美联社和其他通讯社。其后，他又抓紧时间工作到深夜，发出了一组中、英文稿件。由于高殿民能够把握机遇，在关键时刻快写快发，使他的报道传遍全世界，并获得全国好新闻评选特等奖和新华社社级好稿奖。

与之相比，教训深刻的则是同样在比赛现场的《人民日报》体育记者刘小明。他在多年后写道："当许海峰夺得金牌后，我也激动得跟在许海峰身边寸步不离，从更衣室到新闻发布厅，生怕漏掉他的第一句话。可是此时此刻我偏偏忘了去抢发消息。"等到他意识到应该抢发消息并走进设在帐篷里的射击新闻中心写稿发稿时，又"由于事先没想到许海峰能拿到第一块金牌，我也没有与后方编辑约定留人留版面的事，虽然抢发了消息，但早过了正常截稿时间，不可能见报了"。由于没有抢发新闻的意识和做事先安排和准备，以至于刘小明留下终身的遗憾和教训："后来，小高的这条快讯当选为全国体育好新闻评选特等奖。我那条内容大致相同的快讯，则因前后方没有沟通和准备好，加上晚了一小时发出，最终只能成为'无用之功'。"②

再以 1996 年亚特兰大奥运会报道为例。从 7 月 19 日至 8 月 4 日间 271 项可比的重大新闻事件（破世界纪录、夺得金牌等）中，新华社记者有共计 222

① 何慧娴. 百名中国体育记者自述［M］. 北京：人民体育出版社，2000：670.

② 何慧娴. 百名中国体育记者自述［M］. 北京：人民体育出版社，2000：130.

项，占81%的新闻报道，领先于西方通讯社；与国外最快的一家通讯社持平的有20项，只有29项落后于西方通讯社最快的一家。这说明了体育消息的特点就是抢时间、抢速度，谁能最早、最快地发出比赛消息，谁就在激烈的新闻竞争中占上风。

体育消息报道在时间上的竞争已达到很多比赛场合下记者必须采取非常规做法的程度。如在一些重大比赛中，如果记者要等到比赛结束后才写稿，就很难赶上第一时间发稿。因此，不少有经验的记者会在比赛结束之前利用自己的经验对比赛结果作出判断，边看比赛边写稿，当比赛结束之时稿件也已经完成。有时遇到难以预测的比赛，这些记者甚至会事先准备好几套稿件，在预测的基础上对几种比赛结果都写好稿件，并在观看比赛过程中根据赛场形势的变化不断修改。亚特兰大奥运会期间，时任新华社副总编的曹绍平谈到新华社记者工作情况时说，竞赛项目的金牌快讯发出的时间同第一名运动员到达的时间是同时的；射击，最后一个运动员打完最后一枪；射箭，最后一名运动员射完最后一箭，新华社的快讯也就同时上了天。他把这种作风称为“敢于打硬仗”。

以此可见，体育消息的最大特点之一就是抢时间、拼速度。这就要求体育记者必须在平时就养成快记、快写、快发稿的意识与能力。这要求记者一方面必须对所报道的运动项目非常熟悉，另一方面则要熟练地掌握体育消息的基本写作方法，另外，还要在写稿、打字的速度上以及熟练地使用电脑方面下工夫，这样才能在重要赛事的报道中抢得先机。

（二）内容真实

真实是新闻的生命，更是体育消息写作的生命。体育记者在采写消息时，必须坚持新闻的真实性原则，用事实说话，否则就会造成新闻失实，甚至出现假新闻，不仅有损记者个人的名誉，更会对所在媒体产生负面影响。因此，记者在采写体育消息时，必须坚持职业操守，决不能哗众取宠，凭空捏造新闻和炒作新闻。

中国改革开放以来，体育新闻报道有了很大的发展。但由于新闻媒体间激烈的竞争，加之一些体育记者素质不高，体育报道的虚假新闻现象时有发生，严重的还引发了司法诉讼。例如，2001年6月15日的《南方周末》报所载《中国传媒九大病》一文中排《假新闻最字榜》，其中列举的7例当时影响较大的假新闻中，就有4例为体育新闻。2002年韩日世界杯足球赛期间，中国足球队的“假新闻现象”引起了各方面的指责。如有媒体仅凭“未经核实的消息透露”，便登出“6月4日中哥之战，某国脚竟然在赛前通过地下赌博集团，买自己的球队输球”的消息，经各媒体转载，引起了很大震动和一片哗

然，造成极恶劣的影响。事后证明，这是一则编造出来的假新闻，而最早刊登这则消息的媒体也不得不在一版公开致歉，承认仅凭“未经核实的消息透露”发表这则新闻是错误的。该运动员甚至将另一家指名道姓地刊登了类似消息的媒体告上了法庭。

（三）准确可靠

由于体育消息要涉及时间、地点、参赛者、比赛结果等基本新闻要素和数据，受众不仅需要通过消息报道了解比赛的结果和情况，还要依赖赛前预告来安排自己的活动时间，或根据消息报道来确定自己是否中了体育彩票等。如果记者的报道不准确，就会引起不良的后果。因此，体育记者在写作体育消息时，必须依靠第一手采访素材或可靠的信息源，写好稿件后也必须反复核对，以确保消息的准确性。

有时候为了抢发消息，或赶截稿时间，记者会急着写稿发稿，而这时候也是最容易犯错的时候。《人民日报》的一位体育记者曾说过他的一次教训：1989 年春天，德国多特蒙德第 40 届世界乒乓球锦标赛第二阶段韩国队与俄罗斯的比赛时，当地时间晚 7 点，北京时间半夜 1 点时，两队仍激战犹酣，由于截稿时间已到，记者不能再等下去，只好急忙把日韩正在激战的消息发回编辑部。由于这时日韩两队打成 4 比 3，韩国领先，加之此前他又写了一篇展望中韩半决赛龙虎相争的预测文章发回了编辑部，因而后方编辑受到影响，便按照韩国队击败俄罗斯队的估计，在当天最后消息中加上了中韩两队将在半决赛相遇的内容。谁料最后俄罗斯队竟以 5 比 4 反败为胜，打入半决赛与中国队交锋。此时已是北京时间凌晨 3 点，记者再也无法与后方联系。第二天消息见报后，造成了一次严重的误报。

事后该记者总结了三条教训：一是在欧洲举行的国际体育大赛，一般对日报来说，发稿时间上不大有利，往往抢不上最新消息，如果死等硬等，影响出版时间划不来，记者编辑更不能以预测估计的结果提前发稿。二是有关赛前分析展望的文章，要注意会不会由于时差关系，见报时比赛结果已出来，要发就早些发。另外，这类文章应多分析几种可能性，对自己倾向性的观点和判断，最好也不要把话讲死，要留有余地。三是在赛报道，前方记者与后方记者一定要随时保持畅通的联系，及时沟通新情况，多做几手准备，多想一些“鬼点子”。① 老记者的这些经验之谈，其目的都是要做到消息报道的准确性。

① 何慧娴. 百名中国体育记者自述［M］. 北京：人民体育出版社，2000：134.

（四）简明扼要

体育消息写作的一条基本原则就是：用最少的字报道最多的内容。一般而言，体育消息都是一事一报，用事实说话，只需要用简洁精练的语言将基本的新闻事实说清楚就行了。有的记者写消息时喜欢过分铺陈辞藻，或常在消息里面加上自己的观点和看法，这样做会使得文章过长，还容易给人累赘啰唆、画蛇添足之感。在当代体育新闻报道中，通常体育消息是以最简短的文字说明最基本的事实，如比赛的名称、地点、时间、参赛者、结果和一些比赛中发生的最重要的事情等，而将其他细节和观点看法留到通讯、侧记、特写、述评和评论一类体裁中去做进一步报道。

一般而言，体育消息的字数在 300~600 字，最长一般不超过 1 000 字，而最短的只有一句话。体育快讯和短讯的字数通常在几十字到 100 字左右。请看下面这则新华社的快迅，内容是 1984 年洛杉矶奥运会上许海峰夺得第一块金牌。

中国神枪手许海峰赢得奥运会第一块金牌

新华社洛杉矶 1984 年 7 月 29 日电（快讯） 中国神枪手许海峰今天上午在这里获得了男子自选手枪比赛的金牌。

这是中国选手获得的第一块奥运会金牌，也是本届奥运会的第一块金牌。

他的成绩是 569 环。

这条快讯不算标题和电头，加起来才 60 余字，但却将许海峰夺得中国首枚奥运会金牌的事实清楚地表达了出来，并道出了这块奥运金牌的背景和意义。

体育消息写得言简意赅、精悍简要，不仅能使受众迅速而轻松地了解新闻媒体所报道的基本事实，而且能够使记者节省写作时间，争取最快速度发稿。

（五）生动通俗

在一般情况下，受众阅读和视听体育新闻，是为了个人兴趣和满足休闲的需要。因此，体育消息的写作应注意大众化和通俗化，突出其休闲性和娱乐性。与其他时政、财经等消息的写作不一样，体育消息写作应在文字简洁精练的前提下，尽可能追求语言的生动与通俗，使受众在获得有关体育信息的同时，也感受到阅读或视听体育消息所带来的快感。例如，新华社记者王彦林和许基仁于 1990 年 7 月 3 日从意大利那不勒斯发出的关于意大利与阿根廷队比

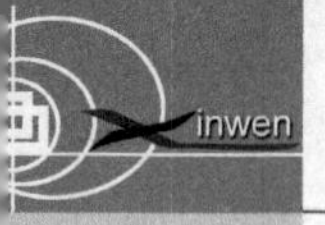

赛的报道《意大利足球队半决赛失利》，就体现了独特的报道风格和特点。请看这篇报道的前面几段文字：

阿根廷人结束了意大利人一个长长的梦。

今天在那不勒斯举行的第十四届世界杯足球赛半决赛中，阿根廷队在最后的点球大战中以5比4淘汰了意大利队。

比赛一结束，圣保罗体育场响起一片无可奈何和充满悲怨的呐喊。片刻，在阿根廷球迷的高歌狂舞之后，看台上却异常的安静，意大利球迷毫无表情、沉寂无言地离开了球场，留下了满地的红色喇叭和一些撕碎的国旗。

这篇消息突破一般消息写作的习惯与传统结构，在导语部分只有一个W，并用“结束了意大利人一个长长的梦”这样形象生动的文学化语言报道了意大利队的失败。在第二段简短地说明比赛结果后，记者将视角转向看台，描述了比赛后意大利球迷的无限失望和悲伤，从侧面显示了这场比赛的结果对东道主的沉重打击。这篇报道运用了小说写作中的侧写手段，语言通俗感人，从赛后球迷的心情和看台上一片狼藉景象入手，使读者感受到了这场比赛的激烈与比赛结果的残酷，对意大利球迷的同情之心不禁油然而生。这篇报道由此获得当年新华社社级好稿奖、全国现场短新闻奖。

（六）角度新颖

体育记者在写作比赛消息时，常遇到的一个困惑就是如何将报道写得与众不同。因为所有重要比赛都是公开的，记者一般无法获得独家报道的信源。因此，要将体育消息写得与众不同，获得独特的报道效果，记者就必须在写作上下工夫。而其中重要的一点，就是选择独特的报道角度。面对一场重要比赛，很多新手写出的消息千篇一律，干巴无味，而同样坐在记者席上的老记者却能写出精彩纷呈的报道。这很大程度上是因为老记者善于捕捉新闻，找到由头，选择独出心裁的报道角度。

下面是新华社2009年8月16日发自柏林世界田径锦标赛上的一则消息。面对牙买加飞人博尔特再次创造人类百米不可思议的速度，记者紧紧扣住“9秒58”这一惊世骇俗的成绩展开报道，使读者从记者的报道中也能感受到这一成绩被创造出来时现场的震撼。

9秒58！博尔特跑出“恐怖”速度　突破人类百米极限

新华社柏林8月16日电（记者杨明、王子江） 9秒58！这是个鬼神皆惊、令人恐怖的百米速度！如果不是亲眼所见，没有人相信会是真的！

人类到底能跑多快？牙买加奇人博尔特16日晚再次让世人陷入茫然。这位1米9的巨人，在柏林世界田径锦标赛男子100米决赛中，以人们从未敢想、以赛史上从未有过的速度，将自己保持的9秒69的世界纪录再次捅了个大窟窿。

当屏幕上亮出这组数字时，全场观众和所有记者都发出了骇人的尖叫！

这个速度是人能跑出来的吗？计时器到底准不准？

赛前，人们曾预测博尔特会取胜，但很少有人相信他会打破那个已经非常神话的世界纪录，更没有人敢想他会一下子突破了9秒60这个人类极限梦想。

一直要和博尔特决战的美国卫冕冠军盖伊，虽然跑出9秒71的历史上第三个好成绩，但最终只能望着巨人博尔特兴叹，获得银牌已经是他最好的结局。牙买加前世界纪录创造者鲍威尔获得第三，成绩是9秒84。

去年的今天，当博尔特在北京奥运会主赛场“鸟巢”里一飞冲天地跑出9秒69时，人们都惊叹着一个超人的诞生。这个爱搞恶作剧的巨人在创造历史的进程中，一边如同金刚般捶打着胸膛，一边东张西望。

今晚，博尔特起跑很流畅，一路领先，闪电般射向终点。这次，他没有耍，没有东张西望，但撞线前，他那双怪眼依然盯向电子屏幕。

9秒58！这组数字实在太恐怖，超过了所有人，甚至包括他自己的预期和想象。这之前，他最极限的预测是争取今生跑到9秒60。

事实上，今天的半决赛中，他已经显出非凡实力，后40米放慢脚步，但成绩达到9秒89。

博尔特赛后说：“我知道我能打破世界纪录，但我没想到能打破这么多，不过，对于我来说，没有什么不可能发生的奇迹！”

二、体育消息的类型与结构

（一）体育消息的类型

现代体育运动涉及面很广，因此，体育消息的报道范围也就十分广泛，从不同的角度可以划分为不同的消息类型。如按体育运动的性质来分，可分为竞技运动消息、群众体育消息、学校体育消息等；按运动项目来分，可分为足球消息、篮球消息、排球消息、田径消息等；按体育活动内容来分，可分为赛事

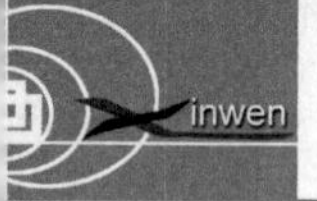

消息与非赛事消息、人物消息等；按消息写作特点来分，则可分为体育动态消息、体育综合消息、预报性体育消息等。由于各类体育运动在写作方法上有其共同点，因此，从写作特点上可将体育消息分为体育动态消息、体育综合消息、预报性体育消息三大类。预报性体育消息在前面有关赛前报道中已经谈过，下面主要介绍体育动态消息和体育综合消息。

1. 体育动态消息

体育动态消息，即体育比赛、体育活动或其他与体育有关的事实正在进行或刚刚结束、尚处于运动状态时所进行的报道。

体育动态消息在体育消息报道中是运用最多最广的报道形式。它能将重要的体育赛事和体育人物的活动、体育运动中发生的重大事件及最新动向等及时地向公众报道，以满足受众了解有关信息的需要。

下面是2008年北京奥运会期间发表在《中国体育报》上的一则动态消息。其内容是在奥运会期间俄罗斯和格鲁吉亚两国发生军事冲突对赛事的影响。

俄罗斯格鲁吉亚代表队将继续参加奥运会比赛

本报8月11日讯（记者张旭光） “虽然俄罗斯和格鲁吉亚两国发生军事冲突，但俄罗斯代表队和格鲁吉亚代表队均表示将继续参加北京奥运会。”这是国际奥委会新闻宣传部部长吉赛尔戴维斯8月10日在国际奥委会和北京奥组委共同召开的新闻发布会上透露的。吉赛尔戴维斯说：“目前，没有运动员个人表示将要回国。”

吉赛尔戴维斯介绍说，格鲁吉亚代表团团长10日上午已经表示，他们在各个层面都已经做出决定，国家队层面和运动员层面得到了政府的支持，格鲁吉亚国家队继续参加北京奥运会的相关比赛。“这很好地体现了奥林匹克精神，而且也体现了奥运会的价值观。国际奥委会认为这绝对是正确的决定，尤其是格鲁吉亚运动员训练得那么艰苦，对他们来说参加奥运会是一生难得的机会。”吉赛尔戴维斯说。

吉赛尔戴维斯表示，国际奥委会也已与俄罗斯奥委会取得联系。俄罗斯奥委会确认将会继续参加北京奥运会的比赛，这两个国家的奥委会都非常支持奥运会精神。

2. 体育综述

体育综述，也称体育综合消息，是围绕某一赛事、某一活动或某一与体育有关主题的若干新闻事实的综合。在体育报道中，这一消息报道形式常用于以

下情况：

(1) 大型赛事中同一天或同一轮比赛的情况综述或综合报道，如奥运会、世界杯足球赛一天中各个项目和赛场的比赛情况，职业足球、篮球、排球、乒乓球联赛同一轮的比赛情况等。

(2) 一支运动队或一位选手在一段时间内的表现、成绩、排名、主力阵容变化等方面情况的综合报道，如年度、赛季、赛事或若干天、若干轮的比赛情况。

(3) 与体育有关的重要事件进展情况的综合报道等。

体育综合性消息的写作有以下特点：

(1) 在版面有限的情况下，通常会将那些需要进行报道，但又感觉做一事一报的动态消息不够分量的同类消息归纳在一起做综合报道。另一种情况是，通过综合报道，使读者对某一时间段或某一类赛事的情况有全面的了解。体育综合消息常以“综述”形式表现，如“本轮赛事综述”、“奥运会第X天赛事情况综述”、“本报记者综述”等。记者在写作前，首先应判断哪些新闻素材可以写成一事一报的动态消息或专题报道，而哪些可以写入综合性消息。

(2) 记者在写作体育综合消息时，应注意归类的合理性，用恰当的主题或主线将不同的比赛、项目等串联在一起，如某一天、某一轮、某一阶段或某一项目或赛事的比赛综述等。

(3) 在体育赛事报道中，有些赛事综述或综合性消息的时效性相对不强，如一个赛季或联赛中一个阶段的综述、大型赛事结束后的比赛综述等。但像每轮赛事综述、每日赛事综述等仍有很强的时效性。如果是晚上进行的比赛，这类赛事的综合消息报道仍然要受截稿时间的限制。记者在写作这类有截稿时间限制的赛事综述时，要争分夺秒，快写快发。

(4) 体育综述消息是将不同的项目或比赛综合在一起进行报道，记者在写作中要注意将重要的、具有贴近性和显著性的内容放在前面或导语中，并予以较详细的报道。同时，要注意语言的生动，避免行文枯燥。

下面是新华社记者写的一则综合消息报道。这篇综述重点突出，条理清楚，不仅能让读者对当天所发生的事情一目了然，又有很强的可读性，是一篇经典的体育综述消息报道。

汉城奥运会第十天赛事综述

新华社汉城1988年9月27日电（记者王训生） 奥运会今天无大战事，本可平静地过去。事有猝然，清晨，“飞人”约翰逊服用违禁药被戳穿；晚间，“五连冠”的中国女排惨败，失去决赛权。

奥运会新闻中心，上午总是冷冷清清的，今天突然拥进了几千名新闻

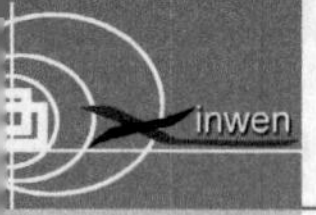

记者。国际奥委会新闻主任郑重宣布：加拿大运动员约翰逊服用违禁药物——类固醇，特收回其在百米跑中所获的金牌，并取消他参加本届奥运会的资格。这位女新闻主任特别强调："这是最后的裁决"。

国际奥委会主席萨马兰奇今天也谴责了这种违背奥林匹克精神的恶劣行径。他指出："约翰逊和他周围的人们，对此均负有不可推卸的责任。服用违禁药物纯粹是一种欺骗行为。

约翰逊清晨得知国际奥委会执委会这一决定后惊恐万状，默默无语，旋即与其教练和家人赶往金浦机场飞返加拿大。

今天的赛事最吸引人的，莫过于晚间中国女排对苏联队的这场半决赛。场内观众如潮、人声鼎沸，一片为中国女排加油声。中国女排辜负了观众的期望，在53分钟内先以0比15开局，最后以2比15收场，全场3局仅得11分。中国女排如此惨败，目击者认为"老兵残将，力不从心"，知情者则认为"将无良谋，管理无方"。

上午跳水池畔的男子跳台跳水却有一番激烈争夺。虽然有7国12名选手参赛争夺，实际上是美国老将28岁的洛加尼斯和中国小将14岁的熊倪之间实力与技艺的较量。前9轮熊倪的动作积分高出洛加尼斯3分夺标在望。在最后一个动作中，熊倪虽得了82.56分，但在诸裁判头脑中留下最佳印象的从事跳水20多年的洛加尼斯，却得了一个86.70的全场最高分。至此，洛加尼斯以638.61分获得金牌，熊倪仅以1.14分之差得银牌。在美国留学的中国宿将李孔政名列第六。

今天只有6个项目进行了决赛。原世界纪录保持者、苏联的扎哈列维奇今晚在110公斤级的举重比赛中，两破抓举世界纪录，创总成绩新纪录，并获得这个项目的金牌。此外，苏联队还获得男子花剑团体冠军。法国选手获柔道71公斤级冠军，民主德国选手获男子公路自行车个人赛的第一名。马术盛装舞步的个人赛桂冠被西德选手摘去。

今天，三大球进入了紧张的半决赛阶段，取得决赛权的是：足球，苏联与巴西；女篮，美国与南斯拉夫；女排，苏联与秘鲁。男排和男篮今天无战事。

田径健儿今天休整，以利明天再战。

中国运动员在今天的比赛中有得有失。男子花剑在团体决赛中名列第八，女子花剑团体赛也进入前8名，皮划艇选手在男双皮艇1 000米和男双划艇1 000米两复赛中均取得了半决赛权。女篮在与南朝鲜队决第五至八名时险胜两分。射箭队在今天开始的比赛中出师不利，只有山东马湘君进入决赛，其他选手全被淘汰。

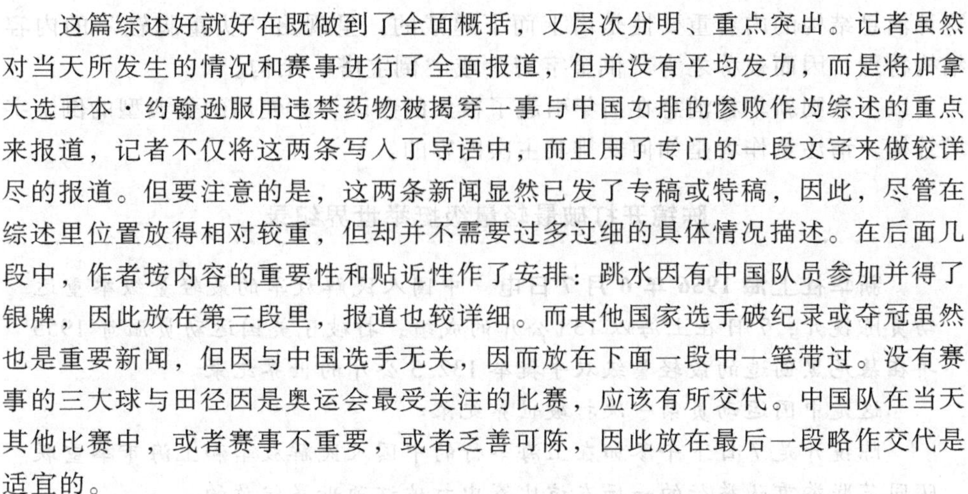

这篇综述好就好在既做到了全面概括，又层次分明、重点突出。记者虽然对当天所发生的情况和赛事进行了全面报道，但并没有平均发力，而是将加拿大选手本·约翰逊服用违禁药物被揭穿一事与中国女排的惨败作为综述的重点来报道，记者不仅将这两条写入了导语中，而且用了专门的一段文字来做较详尽的报道。但要注意的是，这两条新闻显然已发了专稿或特稿，因此，尽管在综述里位置放得相对较重，但却并不需要过多过细的具体情况描述。在后面几段中，作者按内容的重要性和贴近性作了安排：跳水因有中国队员参加并得了银牌，因此放在第三段里，报道也较详细。而其他国家选手破纪录或夺冠虽然也是重要新闻，但因与中国选手无关，因而放在下面一段中一笔带过。没有赛事的三大球与田径因是奥运会最受关注的比赛，应该有所交代。中国队在当天其他比赛中，或者赛事不重要，或者乏善可陈，因此放在最后一段略作交代是适宜的。

（二）体育消息的结构

体育消息通常由标题、电头、导语、主体和结尾几个部分构成。除了简讯、短讯以外，导语、主体和结尾是构成体育消息最基本的组成部分。要写好体育消息，必须在这三个部分的写作上下工夫。

一般而言，传统的体育消息结构多使用倒金字塔结构。这种结构重点突出、条理清楚，加之相对简单规范，容易掌握，易于删改，是体育消息报道的主要结构。但这种结构的不足是相对单调呆板，不易满足体育消息生动活泼的要求。总的来说，由于倒金字塔结构在写作和编辑方面有其长处，适合于有截稿时间的消息写作，现在仍然是体育消息报道的主要结构，尤其常见于综合性日报体育版和通讯社体育稿件。而非金字塔结构则因其生动活泼、不拘一格、可读性强，能很好地表现体育消息报道的内容特点，但因其篇幅相对较大，编辑改稿删节不易，因而多见于专业性体育周报、体育杂志等。

1. 倒金字塔结构

倒金字塔结构又称为通讯社体。其主要特点是打破事件的时间顺序，按照材料的重要程度来安排组织消息结构，将最新、最重要、最精彩的新闻事实放在最前面，稍次要的放在第二段，再次要的放在第三段，以此类推。

倒金字塔结构出现在19世纪末。当时美国的报纸利用刚发明出来的电报来传送稿件。由于电报技术不成熟和受气象条件的影响，稿件在发送过程中时常中断，编辑部收到的只是残稿。为了解决这一问题，记者们发明了一种独特的消息写作方法，将消息中最基本的新闻要素（4W）和重要的内容提炼出来放在第一段，次重要的内容放在第二段，以此类推。这样即使电报中断，后方编辑部哪怕收到的只是消息开头部分的残稿，也能构成一条完整的新闻。由于

这种消息结构的内容重要性是由上而下递减的，呈现出“头重脚轻”的内容结构特点，因而被称之为“倒金字塔”或“倒宝塔”结构。

以下这则新华社消息在当年引起了很大的轰动，它使用的是典型的倒金字塔结构。请注意作者是如何安排其主次内容的。

陈镜开打破最轻量级挺举世界纪录

新华社上海1956年6月7日电 中国人民解放军的最轻量级举重运动员陈镜开，7日在上海以133公斤的成绩，打破了美国运动员温奇1955年在慕尼黑创造的最轻量级双手挺举132.5公斤的世界纪录。

这是中国运动员第一次打破世界纪录。

陈镜开是7日下午参加在上海举行的中国人民解放军和上海市举重联队同苏联举重队举行的一场友谊比赛中打破这项世界纪录的。

陈镜开今天打破世界纪录时所举的杠铃的重量，在比赛前经过称量，证明完全合乎标准。打破世界纪录以后，当场称量陈镜开的体重是55.5公斤，没有超过56公斤的规定标准。

今天担任裁判的三个裁判员中，有两个是苏联举重队中的国际裁判：尼·科歇列夫和扬·斯帕雷。

陈镜开今天在第三次挺举的时候举起了133公斤。当他举起这个重量超过他体重一倍以上的杠铃以后，三个表示成功的白信号灯同时亮了起来。当他放下杠铃以后，裁判员们兴奋地把他抬了起来，在场的中、苏两国举重运动员跑上来同他拥抱，3 000多名观众起立热烈鼓掌。

陈镜开今天双手推举的成绩是87.5公斤，双手抓举的成绩是85公斤，他的举重总成绩是305公斤。这个总成绩还打破了最轻量级举重总成绩295公斤的全国纪录。

在这则消息中，记者打破了比赛过程本身的时间顺序，将最重要的内容——比赛的结果置于导语中，使读者首先知道比赛中发生的最重要的事情：我国运动员陈镜开创造了我国第一项世界纪录。在第二段中，则指出了这则新闻的意义——这是中国运动员首次打破世界纪录。而在后面，再依次将比赛的详情和新闻背景加以报道，由此构成了一则完整的消息报道。

在体育消息报道中，使用倒金字塔结构有以下优点：

(1) 能够让读者最快了解主要的新闻事实。如写一篇赛事消息，如果按时间顺序来报道，读者可能要看完整篇报道才知道比赛的最终结果，了解比赛中发生的精彩场面。而运用倒金字塔结构，就能让读者一开始就对比赛结果等最令人关心的内容了然于心。

（2）便于记者抢发新闻。体育报道的特点之一就是时效性强，记者写稿的时间压力很大。尤其是晚上的比赛或在有时差地区进行报道，留给记者的写作时间更加有限。采用倒金字塔结构能使记者开篇就直截了当地报道最重要的新闻事实，不仅节省了时间，也能使记者更好地去把握报道重点和利用组织材料。

（3）便于编辑快速选稿、分稿、组版与删节。体育报道不仅要求记者快采快写快发，对于后方的编辑来说，也要争分夺秒，在规定时间内编发稿件。倒金字塔结构能使编辑对记者发来的消息稿内容一目了然，提高了编辑工作的效率。同时，由于倒金字塔结构的特点是按消息内容的重要性由上往下递减，因此编辑在版面不够的情况下，可以由上往下删节，既方便又节省时间。

另外，如果记者是新手，多用倒金字塔结构写消息有利于训练自己提炼新闻的能力。因为这种消息结构能反映出记者对新闻的判断力和理解力。换言之，如果记者能熟练而正确地运用倒金字塔结构写消息，就说明他已经具备了较强的新闻敏感和判断能力。

由于倒金字塔结构有以上优点，所以至今仍是体育报道中运用最多的消息结构。

实际上，是否使用倒金字塔结构来写体育消息，不仅要根据具体的情况而定，还要看记者本人的写作爱好和判断。一般而言，在体育报道中，以下情况较适合于采用倒金字塔结构：

（1）倒金字塔结构通常多用于体育动态消息的写作。如果是通讯社的体育记者，更宜采用这种结构，以方便各类媒体根据不同的情况用稿。

（2）有截稿时间限制，尤其是报道晚上的比赛，或者是在有时差的国家及地区报道时，最好用倒金字塔结构来写消息。因为这会有利于记者和编辑抢时间。

（3）倒金字塔结构适用于那些需要抢时间的重大赛事结果或成绩报道以及与体育有关的突发事件的报道。因为这种结构主次分明，便于记者将主要的新闻事实迅速地发回编辑部。

（4）比赛消息。一般而言，比赛消息用倒金字塔结构比较适合读者的阅读心理。因为这种结构能够让他们尽快了解其最关心的问题，如比赛结果与成绩、赛场上发生的重要事情等。当然，这也不是绝对的。只要运用得当，用非金字塔结构来写体育消息也可以收到好的效果。

（5）有时一场重要的比赛结束后，由于电视、广播、网络已进行了赛事直播，受众在读报前就已经知道了比赛的结果。在这种情况下，报纸的比赛消息不具备时效的优势，因而只需用倒金字塔结构将主要新闻事实加以报道就行了。

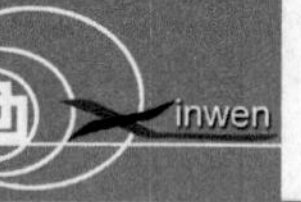

(6) 有些重要的比赛可能需要以组稿的形式加以全面报道，通常的做法是在消息的基础上配发通讯、特写、述评等更详尽的报道。在这种情况下，宜用倒金字塔结构来报道基本的新闻事实，而将其他更具体、更详细的报道留给其他体裁来完成。

记者在运用倒金字塔结构报道体育消息时，要注意以下几点：

(1) 提炼新闻重点。对记者来说，使用倒金字塔结构来报道体育消息，最重要的事情就是提炼新闻事实，判断哪些内容是最重要的，哪些内容是次要的，哪些内容在前，哪些内容在后。因为倒金字塔结构的特点就是打破事件的时间顺序，以内容的重要性来安排消息结构。例如，在写一场重要比赛的消息时，除了基本的新闻要素，如时间、地点、参赛者等以外，在比赛中发生的哪些事情是最重要的？哪些内容读者最感兴趣？这关系到记者新闻判断的敏锐性与捕捉新闻看点的能力。有些记者一写消息，前面就是几个W和比赛结果，搞成老一套。而很多优秀的体育记者会抓住比赛中发生的最重要的事情，将其放在消息的导语中和最前面突出的位置加以重点报道。

(2) 安排好结构层次。在记者对新闻事实的主次内容作出判断以后，就要考虑如何将其合理地安排在消息里面。倒金字塔结构并非只是个新闻内容的前后顺序安排问题，它还需要记者对其内容的写作分量和详略轻重加以考虑。通常重要的内容需要写得详尽些，而相对不重要的内容则可从简，甚至一笔带过。如前面所引新华社记者王训生所写的消息综述《汉城奥运会第十天赛事综述》中，就将加拿大运动员本·约翰逊服用违禁药物被戳穿和中国女排惨败作为当天最重要的新闻，不仅放在导语中，而且用了将近一半的篇幅来详述这两个内容，而其他内容则只用很简短的文字加以报道。

(3) 写好导语。使用倒金字塔结构报道体育消息时，导语的写作是重中之重。因为倒金字塔结构的特点就是将最重要的新闻内容放在最前面，而导语就是消息报道的开始。从导语中，就可以看出记者是否抓住了新闻的重点和看点以及其写作水平如何。记者在写体育消息时，只要写好了导语，其报道也就成功了一半。

(4) 注意垫铺新闻背景。倒金字塔结构在打破事件的时间发生发展顺序时，只是将最重要的内容提出来放在最前面。但是，读者还需要了解事情的来龙去脉和如何发生的，所以记者在用这种结构写作体育消息时，要注意在后面对事情的背景和过程作交代，使读者有全面的了解。一般来说，记者在报道一场重要比赛消息时，多是在导语和前面部分报道比赛的时间、地点、参赛者、结果和过程等，而在后面补充这场比赛结果的意义、影响等内容，使读者对比赛有进一步的了解。

2. 非倒金字塔结构

非倒金字塔结构是若干类与倒金字塔结构相区别的消息结构样式的通称。这些消息结构的长处是形式多样、灵活多变、生动活泼，能够避免倒金字塔结构所存在的程式化、单一化的不足，更好地反映和表现体育运动的特点。

早期的体育消息多采用倒金字塔结构。但随着体育新闻的发展，读者需要读到更鲜活、更富有个性和运动气息的体育报道，而倒金字塔结构却无法满足这种要求。因此，20世纪80年代以来，国内一些富有创新精神的年轻记者开始突破倒金字塔结构写消息的传统，开始尝试用更多新的写作方式来报道体育消息，并取得了很好的效果。例如，新华社资深体育记者许基仁就曾提到，他在报道1986年墨西哥世界杯足球赛时，打破了以往写体育消息导语、过程加进球的三部曲，仗着一股不知天高地厚的劲头，写了一批夹杂着印象和评述而在当时颇为出格的消息。虽然这种“离经叛道”曾招致非议，但他们坚持了下来并逐渐为人们所认可。后来，他的一篇在导语中只用了一个“W”的消息也被评为了当年全国体育新闻一等奖和新华社社级好稿。

下面就是许基仁这篇所谓“离经叛道”、在导语中只用了一个“W”的报道。它之所以在当时显得“新颖”，就在于记者使用了非金字塔结构来写体育消息，并在导语的写作方法上有了较大的突破。

法国队险胜巴西队

新华社瓜达拉哈拉1986年6月21日电（记者 许基仁） 普拉蒂尼一直是法国人的骄傲，但是法国队今天的英雄却是守门员巴茨。

29岁的巴茨今天在法国队5比4取胜巴西队的一场比赛鏖战中扑出了两个点球。他还4次排除了巴西队前锋突入禁区后劲射球的威胁。

由于戏剧性的排阵形势，法国队和巴西队本应在冠亚军决赛中交锋的球队，却过早地在1/4决赛中相遇了。哪个队获得这场比赛的胜利，哪个队就清除了夺魁征途上最难度过的关隘。法国队今天是依靠守门员在罚点球决胜负的关键时刻，以5比4险胜巴西队的。

巴茨今天降服了巴西队的球星济科和苏格拉底的虎威。下半时28分钟，刚换上场的济科主罚点球，被巴茨扑出。苏格拉底在以点球决胜负中第一个上场操刀，巴茨在倒地的瞬间用手一挡，扑出了刚劲的飞球。

巴西队今天虽然失败了，但仍不减其英雄本色。他们控制了场上的主动权，多次瓦解了对方队员在禁区内的小配合渗透进攻。拥有苏格拉底、儒尼奥尔等大将的前卫线多次使法国队的“铁三角”变软，难以从容地组织起有威胁的进攻；前锋队员娴熟的个人突破和默契的配合，使法国队

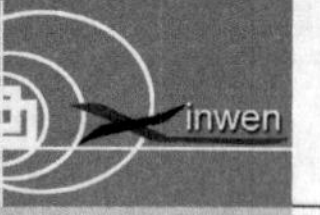

大门时时出现危机。上半时17分钟，巴西队在一次快速反击中，卡雷卡迅速插进禁区劲射破门，首开纪录。

普拉蒂尼在这场比赛中，有进球，也有失球，他中场传球的时机、落点掌握之佳令人赞叹不已。尽管他在场上跑动不多，但在上半时41分钟时，却能快速插到对方门区内准确地将球推射入网，把比分扳成一平。可是他在罚点球时却一脚步打偏，未能得分。

这场比赛是激烈的，但两队踢得非常潇洒。球员奋力争夺但不粗野，撞撞碰碰，而不伤人。全场比赛看不到有一个球员倒在地上打滚，也听不到叫喊声，所以裁判的黄牌始终没有派上用场。

现在已有很多记者能够熟练地运用这类结构来写作体育消息了。非倒金字塔结构的种类很多，下面仅选择几种体育消息报道中常见的形式来介绍。

（1）时间顺序结构。这种结构也称为编年体结构，是倒金字塔结构出现以前各国记者运用最广泛的传统消息结构。直到现在，在体育消息报道中，这种结构也常为记者所采用。

时间顺序结构的特点是按照事件发生发展的时间顺序来进行报道。在体育消息报道中，这种结构符合人们的阅读习惯，使读者能按照体育比赛的进程来欣赏赛事报道。时间顺序结构多用于现场感强、情节性强的报道。另外，一些体育项目的时间节奏性很强，采用倒金字塔结构能很全面地反映比赛进程和情况，因此多采用时间顺序结构。例如，现代篮球比赛分成4节，如用倒金字塔结构就很难向读者展示比赛的进程与各节的情况，而用时间顺序结构就没有问题。

下面是一篇按比赛进展的时间顺序写的体育消息：

“梦八队”获得北京奥运会男篮冠军

新华社北京8月24日奥运专电（记者王昊飞、单磊、邹大鹏） 24日下午，北京奥运会男篮决赛在北京奥林匹克篮球馆上演。凭借科比在末节的爆发，最终“梦八队”以118：107战胜西班牙队获得冠军。

美国男篮收回了在雅典奥运会上遗失的金牌。自1936年奥运会男篮被正式立项以来，这是美国男篮在17届奥运会中获得的第十三个冠军。

此役，“梦八队”首发依然是雷打不动的霍华德、詹姆斯、安东尼、科比、基德。西班牙队的首发则变为保罗·加索尔、费尔南德斯、纳瓦罗、杰米内兹、卢比奥组成的“一高四快”阵容，“以快制快”的意图非常明显。

开场之后，詹姆斯一记弧顶处的三分球为比赛首开纪录。西班牙队一

扫小组赛惨败于对手的颓势，不仅亮出了高效的联防，还与对手在进攻方面“竞速”，他们一度以22：17领先。随后，“梦八队”陆续换上韦德、保罗等球员，展开疯狂反扑，并打出一波8：0的小高潮。首节结束，“梦八队”以38：31领先。

第二节，科比一上来便以一记三分球和一记暴扣连得5分，带领“梦八队”打出8：2的攻击波。詹姆斯、韦德在频繁“空中作业”的同时还在三分线外全面开花，而西班牙队的投篮命中率一直保持在55%以上，并连续抓住罚篮机会缩小分差。双方分差一直未能进一步拉开，“梦八队”以69：61领先结束半场。

易边再战，保罗·加索尔率西班牙队一开场便打出8：2的进攻高潮，将分差缩小到4分。但“梦八队”并没有给对手反超的机会，两队依然处于同一节奏的攻防转换中，且依然保持高命中率，这也直接为西班牙队在最后一节体能急剧下降埋下伏笔。第三节结束，“梦八队”以91：82领先。

第四节，费尔南德斯里突外投帮西班牙队将分差缩小到两分，“梦八队”转眼将被反超时，科比挺身而出。在前三节仅拿下7分的科比在本节狂揽13分，当他命中一记关键的三分球后，科比竖起食指示意所有人安静下来。比赛结束前26秒，科比两罚两中，将比分改写为117：107。随后，西班牙队犯规战术失败，被保罗罚篮又得1分。118：107的比分保持到终场。

此役，获胜功臣科比再度证明了自己作为NBA第一得分后卫的价值，他拿到了全队第二高的20分，还贡献了3个篮板、6次助攻、两次封盖。韦德拿到了全场最高的27分，詹姆斯拿到14分，保罗拿到13分。西班牙队的费尔南德斯拿到全队最高的22分，保罗·加索尔拿到21分。

这篇篮球比赛报道是按比赛发展的时间顺序来展开的。这种消息写法与倒金字塔结构不同的是令人读来现场感、悬念感很强。由于是采用时间顺序结构，从第一节依次写到第四节，比赛的过程没有被破坏。这使读者能跟随记者的报道经历一场完整的比赛过程，并随之而大起大落、波澜四起、情绪起伏，直到最后，才知道梦八队战胜对手来之不易。这种报道效果是倒金字塔结构所难以达到的。其不足之处是这样随着时间顺序一路写下来，篇幅较长，重点不突出，且编辑很难对其进行删节，因为这会使报道不完整。因此，这种结构多在版面充足或编辑部作出特别安排的情况下采用。

（2）延缓式结构。延缓式结构也称递进式结构。其特点是采取层层递进、逐渐展开的方法，勾起读者阅读的兴趣，使文章读来回味无穷。在体育报道中，这种消息结构也是常见的。很多记者用这种结构写出了很好的体育消息。请看下面这一获得当年新华社社级好稿奖、全国现场短新闻奖的比赛报道：

意大利足球队半决赛失利

新华社那不勒斯1990年7月3日电（记者王彦林、许基仁） 阿根廷人结束了意大利人一个长长的梦。

今天在那不勒斯举行的第十四届世界杯足球赛半决赛中，阿根廷队在最后的点球大战中以5比4淘汰了意大利队。

比赛一结束，圣保罗体育场响起一片无可奈何和充满悲怨的呐喊。片刻，在阿根廷球迷的高歌狂舞之后，看台上却异常的安静，意大利球迷毫无表情、沉寂无言地离开了球场，留下了满地的红色喇叭和一些撕碎的国旗。

赛前数小时，赛场外已车水马龙，聚集了不少球迷。球迷的呐喊声从比赛前40分钟就已开始，一浪高过一浪，并在开赛后第17分钟时达到了高潮。当时，意大利队发动了一次快攻，德那波利、多纳多尼、维亚利配合默契，最后由斯基拉奇射球入网。意大利以1比0领先。

可是，意大利队应了“乐极生悲”这个词，势头渐衰，球迷的呐喊也渐渐失去声势。意大利队的表现可用马拉多纳的话一言以蔽之：“意大利队上半时踢得不错，可下半时他们全垮了。”在下半时和加时赛中，意大利队一向强大的中场却显得群龙无首，很难把球传到对方的门前；素来稳健的清道夫2号巴雷西也急不可待地屡次杀至前场。意大利队的确失去章法，甚至在阿根廷队14号米斯蒂被罚下场后，也组织不起有效的进攻。

意大利门将曾加今天也失去了水准，他在前5场比赛中不失一球的纪录在第67分钟时被阿根廷8号卡吉尼亚一记头球所打破。他在互射点球决胜负时，也显得信心不足，优柔寡断，有几次连扑球的动作也没有。

意大利球迷几乎衰竭的呐喊声在互射点球时又再度爆发。每当意大利队员罚球时，看台上一片寂静，进球后则立即响起满场的欢呼声。而当阿根廷队员罚球时，球迷震耳欲聋的欢呼声如山呼海啸，似乎要把阿根廷队掀出场外，即使这样仍未能挡住阿根廷人走向胜利。前三轮点球两队队员均射进，后两轮阿根廷队门将戈耶切亚如有神助，连将多纳多尼和塞雷纳两个射球扑出。今天表现最佳的阿根廷队灵魂人物马拉多纳在第四轮中又射入一球。

赛后，一队阿根廷球迷在大街上又唱又跳，几乎人数相同、神情木然的黑衣警察则护卫两旁。

从这篇报道中，可以看到运用延缓式结构来报道体育消息的特点：

其一，在导语中，这种结构不是一上来就抬出主要的新闻事实，而是撷取奇特、新颖、生动、精彩的片断或镜头来吸引读者。在这篇报道中，记者并未像通常一样开篇就报道4个“W”和比赛结果，而是用“以阿根廷人结束了意大利人一个长长的梦”这样一句颇为新颖别致、意味深长的话来吸引读者，使读者不禁想看下去：意大利人有个什么“长长的梦”？阿根廷人又是如何结束这样一个梦的？

其二，整个报道新闻事实呈递进式展开，层层深入，渐入佳境，最后才揭示出悬念的结果。在这篇报道中，记者从赛后写到赛前，又从赛前写到赛后，由场外而场内，再由场内而场外，将比赛过程写得十分生动。最后，才将比赛最后点球大战的过程场面写出。

其三，将比赛过程、背景介绍、现场气氛等材料及写作元素互相穿插组织，使得报道节奏铿锵、潮起潮落，读来回味无穷。在上面这篇文章中，记者没有采用倒金字塔结构，按事实的重要程度层层堆砌，也没有按比赛的时间顺序来写，而是在报道了最重要的比赛结果后，从比赛结束双方球迷及看台场景写起，再回到赛前的场景，然后再写比赛。这样一种将事实打乱、前后内外互相穿插、层层展开的写法，使得整篇报道读来跌宕起伏、波澜起伏、意味无穷。

其四，要有一个精彩而简练的结尾。上面这篇报道的结尾就十分精彩、幽默、简练而又耐人寻味：阿根廷球迷又唱又跳，而形成鲜明对比和反衬的是神情木然的意大利警察。记者没有直接写意大利球迷，而是从警察的表情中暗喻出这场比赛的失利对意大利人的打击有多大。

（3）提要式结构。提要式结构的特点是需要将多项内容并列提出。这种结构在体育消息报道中多用于赛事综述一类的综合性报道。请看下面这篇美联社记者2008年8月24日北京奥运会结束当天写的综述性报道。这篇报道用提要式结构列出了北京奥运会上记者认为值得纪念的若干事件。

中国奉献了一届值得纪念的奥运会

美联社8月24日发自北京 北京奥运会上，世界纪录仿佛超人的表演般被接连打破，为世界献上了一届值得纪念的奥运会。

当迈克尔·菲尔普斯跃入泳池，奥运会开始沸腾了。从赢得第一枚金牌开始，他就再没有停止过，直到将8枚金牌全部挂在胸前，并将8顶花环全部交给他的妈妈。马克·施皮茨在远处静静地看着，好像菲尔普斯正是另一个36年前慕尼黑奥运会上的自己。

“牙买加闪电”博尔特引爆了鸟巢。正当菲尔普斯加冕奥林匹克最伟大运动员之时，年轻的牙买加人博尔特仅用28.99秒就实现了他双料冠军的诺言。他几乎不耗汗水就成就了新的100米世界纪录：9.69秒。随后他又刷新了保持12年的200米世界纪录，而12年正是一位径赛运动员的职业生涯。博尔特说：“我的名字是闪电博尔特。”

还有一个震撼心灵的故事。南非游泳运动员杜·图伊托原本只能等待参加残奥会。但是她除去左腿的假肢，毅然跃入女子10公里马拉松游泳的水中，名列第十六。杜·图伊托在2001年的摩托车交通事故中失去了左腿。但她说：“我甚至没有记起我没有一条腿。”

疾病同样没能阻止荷兰运动员范德韦登赢得男子10公里马拉松游泳冠军。而他在过去与白血病的斗争中同样没有输。范德韦登说：“你躺在床上，就只有等待。我几乎将相同的战略运用在这里，保持住你的位置，然后耐心地、放松地等待你的机会。”

美国摔跤运动员亨利·赛胡多，这位墨西哥非法移民之子艰难地成长于洛杉矶，常常伴着饥饿睡去。他和他的兄弟以墨西哥前摔跤运动员为榜样。但是当他赢得北京奥运会男子55公斤级自由式摔跤冠军后，会有很多真正的摔跤运动员以他为榜样。“我没有想到会这样，”赛胡多自豪地握住他的金牌，“它真漂亮。”

用提要式结构写体育消息时，要注意以下几点：

其一，注意内容之间的逻辑关系。报道内容必须具有多项并列性质时才能使用提要式结构。如在足球联赛的一轮比赛中，在各地进行的赛事之间相互是并列的关系，如记者打算用一篇消息全面报道本轮赛事情况，就可以使用提要式结构。

其二，注意提出要点。“提要”的意思就是要将新闻的要点提出来，因此，记者在运用这类结构报道体育消息时，要避免眉毛胡子一把抓，什么都报道，而要在要点和看点提炼上下工夫。如在对奥运会一类大型综合性比赛一天赛事情况的综合报道中，记者就不可能对所有项目都报道，而只能择其有新闻价值的内容进行报道。

其三，注意文字的精练。“提要”的另一层意思就是消息文字要精练简短。在多项内容都需要进行报道时，就有可能使得文章篇幅过长。因此，记者在使用并列式结构时，要尤其注意提炼文字，既能对赛事进行全面报道，又不至于篇幅过长而超出版面要求。

三、体育消息导语

(一) 体育消息导语的写作特点与要求

导语，即以精练的文字对新闻事实的主要内容加以概括，以此作为消息的开头部分。其作用是让受众了解基本事实，引起阅读的兴趣。

导语是体育消息最重要的构成部分之一。导语写得如何，直接关系到一篇体育消息的成败和传播效果。因此，作为一名体育记者，必须重视和掌握导语的写作。

体育消息的导语写作具有短、新、活、奇的特点。这一方面是因为体育报道体现了体育运动“更快、更高、更强”的竞争特点，另一方面，也是由体育新闻的休闲性、娱乐性功能所决定的。短，就是体育消息导语的字数越少越好；新，就是必须将最新发生的新闻事实写在导语中；活，就是导语的写作方法要灵活多样，不拘一格；奇，就是要在“活”的基础上，追求奇峰兀起、新颖奇特的效果。

“短、新、活、奇”不仅是体育消息导语的特点，也是体育消息导语写作的要求。要做好这些，就需要记者在新闻写作实践中多学多思，多加体会，这样才能写出更短、更新、更活、更奇的导语。

1. 短

体育消息的导语写作应越精练越好。因为导语是消息的开头，其目的就是要让读者以最快速度了解新闻的最基本、最重要的内容。好的体育新闻导语总是以一两句话就能概括主要的新闻看点，引起受众的注意和兴趣。如新华社1984年7月29日所发的《许海峰获得奥运会第一块金牌》三条组稿的导语：

导语一：中国神枪手许海峰今天上午在这里获得了男子自选手枪比赛的金牌。

导语二：今天上午11时10分，中国获得了本届奥运会的第一块金牌。

导语三：洛杉矶奥运会男子自选手枪项目的比赛今天上午在这里结束，中国获得本届奥运会的第一块金牌。

又如新华社1986年6月21日发自墨西哥世界杯消息《法国队险胜巴西队》的导语：

普拉蒂尼一直是法国人的骄傲，但是法国队今天的英雄却是守门员巴茨。

新华社2008年8月24日发自北京奥运会的报道《梦八队获得北京奥运会男篮冠军》的导语：

24日下午，北京奥运会男篮决赛在北京奥林匹克篮球馆上演，凭借科比在末节的爆发，最终“梦八队”以118∶107战胜西班牙队获得冠军。

这些消息导语虽然都只有一句话，但却将最重要的新闻内容传达给了读者，并引起了读者往下阅读的兴趣。

2. 新

体育消息导语的写作要求是将体育运动的最新发生的事实在第一时间内报道给读者。因此，在体育消息的写作中，记者应将最新发生的事实安排在导语部分，而将时效性不强、背景性的内容安排在消息的主体部分。如下例：

拳王争霸战选手血洒赛场

路透社伦敦1991年9月23日电 在21日的世界拳击组织主办的世界超中量级拳王争霸战中，两名英国选手沃森和尤班克同台较量。沃森在第12轮中头部遭到尤班克的连连重击，当场倒地不省人事。沃森被送进医院后马上做了两次脑淤血清除手术。到目前为止，沃森仍未脱离危险期。医生说，目前沃森的情况很难预测，但至少他已永远不能再上拳台了。

沃森受伤一事在英国引起了激烈争论。一些人批评拳击是一项野蛮的，同现代文明相悖的运动，应该禁止这项比赛。凑巧的是，在同一天，一名美国拳击选手在加州的一场比赛中也因受伤做了脑部手术。

自1982年以来，全世界已有13名拳击运动员因比赛中受伤而丧命。

在这则消息中，拳击选手受伤以及医生的说法是最新发生的事实，记者将其放入导语。而此事所引起的争论和自1982年以来拳击运动员的死亡人数则是背景性的，所以置入消息的主体部分。

3. 活

这里所说的“活”，指的是体育消息导语要灵活多样，不拘一格。有的记

者写体育消息，千篇一律就是几个 W，就是哪两支球队在哪里比赛，比分多少等，结果使本来十分生动活泼的体育报道变得死板无味，毫无趣味。实际上，导语有多种写法，有经验的记者会根据内容的需要，灵活运用各种类型的导语，以使读者从一开始就被吸引住。

例如，新华社 1990 年 9 月 23 日的通讯稿《邢芬夺得亚运会首枚金牌》的导语是这样的：

一位中国少女把与世界纪录同重的杠铃高擎过头顶，一举摘走了北京亚运会第一枚金牌。

这个导语只有一句话，却道出了这篇消息最新、最重要的内容——中国女子举重运动员夺得亚运会首枚金牌。但是，记者又没有像一般导语的写作一样，将所有的新闻要素和盘托出，而是卖了一个“关子”，留下了一个悬念：那位“中国少女”是谁？这使得读者产生继续读下去的愿望，急于想知道摘走北京亚运会首枚金牌究竟是谁。像这样的导语，就显得很活，比一般一上来就将 4 个 W 一起抬出的导语效果好。

又如《意大利足球队半决赛失利》的导语：

阿根廷队结束了意大利人一个长长的梦。

这个导语只直接写了一个 W，即比赛者是谁，打破了传统的导语写法。但这反而起到了勾起读者好奇心的效果：阿根廷人结束了意大利人什么样的梦？如何结束的？这样的导语很富有创造性。

4. 奇

写体育消息的导语不仅要活，还要努力做到新奇别致，出人意料，达到令读者一看就被吸引住的效果。

请看下例：

新华社华盛顿 1989 年 7 月 21 日电 85 秒！拳王泰森击败挑战者！85 秒！历史上最短的拳王卫冕战。85 秒！1 300 万美元尽入腰包。

世界重量级拳王迈克·泰森今晚以 85 秒的时间，击垮挑战者卡尔·威廉斯，创造了历时最短的一场拳王卫冕战。

这则消息的导语将“85 秒”重复三次，这在一般的新闻导语中是大忌。但在这里，记者将三个“85 秒”作为排比句使用，却达到了以奇取胜的效果。

拳王泰森赢得比赛不是什么大新闻，但 85 秒便将对手击倒在地却是史无前例的。记者抓住了“85 秒”这一最重要的新闻元素在导语中三次重复，顿时凸显了消息的看点。同时，三次重复节奏短促，铿锵有力，读来有如拳王泰森的出拳，一拳比一拳快速有力，使读者感受到了拳击比赛特有的激烈气氛。

再看《中国体育报》2008 年 8 月 11 日关于菲尔普斯的报道导语。这篇报道没有像很多报纸那样欢呼惊叹菲尔普斯的首金，关注这一惊人的成绩，而是从菲尔普斯的“笑”入手，用一句话就写出了一个报道角度颇为独特的导语：

做鬼脸 开玩笑 破纪录 菲尔普斯笑了

《中国体育报》8 月 11 日发自北京（记者 陈思彤 邓红杰） 在水立方拿到北京奥运会游泳项目首金的菲尔普斯终于笑了。

菲尔普斯来到北京后，似乎还没在泳池开心笑过。赛前，他还颇有微词，说自己从来没说过“夺八金”的目标，这一切都是媒体自己的炒作。看来，八金的目标还是让神童有了不小的压力。

9 日晚上，菲尔普斯的首秀相当成功，他“糊里糊涂，一不留神”就打破了奥运会纪录。他说的是真心话，他还有那么多比赛要比，万一因为这次急着破纪录耗费了体力，确实不值得。所以当记者见到菲尔普斯的时候，菲尔普斯脸上依然没什么笑容。

不过 10 日的比赛结束后，菲尔普斯终于开心地笑了出来。

(二) 体育消息报道中常用的导语结构

导语的类型很多，分类方法也不尽一致，下面仅就体育消息写作中常见的几种导语结构略作介绍。

1. 叙述型导语

这是体育消息较常用的导语结构之一。其特点是用直叙的方式，将新闻中最新和最重要的事实展示给读者。如在比赛消息报道中，记者可以采用这种导语形式，开门见山，一两句话就将这场比赛的性质、名称、时间、地点、参赛者、比赛结果以及比赛中发生的重要事情交代清楚，让读者了解新闻的基本内容和重点。下面是两则叙述型导语：

例一：

中国稳获亚运会金牌第一

新华社新德里 1982 年 12 月 2 日电 经过今天的比赛，第九届亚运会

金牌争夺形势已经明朗，中国已经肯定将获得金牌总数第一。这是中国第一次在亚运会上获得金牌总数第一。

例二：

北京奥运会完美谢幕

美联社8月24日发自北京 北京用16天几近完美的组织运营以及超乎寻常的运动成就，为自己首次举办的奥运会画上了一个圆满的句号。

叙述式导语的优点是简练明快，直截了当，使读者一下就能了解基本事实。因此，在比赛消息、现场消息一类动态消息报道中大量使这种导语结构。但这种导语结构也存在相对结构死板、语言干巴的不足。因此，记者在运用这类导语结构时，要在语言文字的生动性和变化上多下工夫。

2. 描述型导语

其特点是在导语写作中采用场景式的白描手法来增强导语的现场感。由于这种导语在体育消息报道中能使读者一开始就产生亲临比赛现场的感觉，使体育消息报道形象而生动，具有很好的传播效果，因而，这种导语形式比较适合于体育消息。

下面是《体育报》1981年7月27日刊登的《邹振先惊人的一跳》一文的导语：

本报讯 22日晚10时许，布加勒斯特华灯初上。“八·二二”体育场四周看台上观众的视线，一齐随着水银灯的光束，投向三级跳远的沙坑。“哗……”一阵阵雷鸣般的掌声，电子记分牌上显示出中国运动员邹振先的成绩：17.32米！一位站在沙坑旁久久注视着邹振先比赛的英国教练对记者说：近年来，世界上能跳过17米的运动员是极少的。一向被认为世界高水平比赛的美苏田径对抗赛，今年也只跳过17.18米。邹是非常杰出的。

这则导语的特点是没有直接描写中国运动员邹振先如何在三级跳远比赛中夺得好成绩的，而是用了比赛现场白描的手法，从侧面将读者带到“华灯初上”的布加勒斯特。随着现场“水银灯的光束”和“看台上观众的视线”，听到“雷鸣般的掌声”，最后从电子记分牌上才看到成绩。其后，再从在比赛现场的英国教练之口，道出邹振先这一成绩的意义。这种描述式的导语，将体育

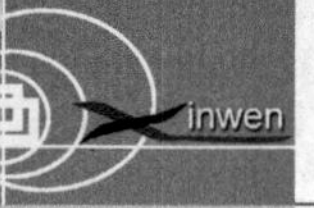

报道写活了，生动而逼真地再现了中国运动员邹振先的“惊人一跳”。相比之下，如果用一般的在何地、何时、邹振先创造了什么成绩的导语写法，就远不如这种描述式导语来得生动而形象。

再看新华社所发《柯受良驾车成功飞越黄河壶口瀑布》的导语：

新华社壶口1997年6月1日电 随着黄河东西两岸数万名观众一声惊呼，一辆白色三菱跑车从晋陕峡谷凌空而起，掠过壶口瀑布的惊涛骇浪，平稳地落在50米开外峡谷西侧的接车台上。

这则导语同样是采用了场景描写的手法，将柯受良驾车飞越黄河一瞬间的精彩镜头展现在读者面前。记者用了“一声惊呼”、“凌空而起”、“掠过……”、“平稳地落在……”等一系列动态性的描写，使读者仿佛也站在黄河壶口瀑布的两岸，亲眼目睹了柯受良这一壮举。导语中没有出现柯受良的名字和飞越时间等新闻要素，却达到了一般新闻导语所难以达到的新闻效果。

3. 悬念型导语

这种导语是先设置一个悬念，引起读者的兴趣和好奇，再在消息的主体部分解开答案。由于体育比赛在赛前或读者了解结果前具有悬念性，因此，这种导语在体育消息报道中是常见的形式。如《中国队再夺斯韦思林杯》：

新华社曼彻斯特1997年4月30日电 一度拥有20比16的领先优势，却被对手追成29平。王涛知道，他同埃洛瓦的这盘比赛到了最紧要的关头，中国队再夺斯韦思林杯的梦想有可能从他手中溜走。

这则导语没有给出比赛的结果，只告诉读者，王涛在比赛关键的一局中，先领先又被对手追平。后面会发生什么事情？王涛能拿下这盘关键性的比赛吗？导语中没有告诉。这样，记者就成功地设置了一个悬念，使读者必须继续读下去才会知道比赛结果。

4. 设问型导语

这种导语的特点是以设问的形式出现，即先设置一个问题，引起读者的兴趣和注意，然后再予以解答。这种导语也是体育消息报道常见的形式。下面是两则设问型导语的例子：

例一：

新华社广岛1994年10月9日电 韩国凭什么大胜中国女篮30分？韩国主教练郑周铉在接受本报记者独家采访时说，主要靠中国队轻敌和韩国队的"超级地狱大循环训练法"。

例二：

本报讯 在世界杯上从未碰过面的巴西队和德国队首次相遇会是什么结果？这一举世关注的悬念在今天的韩日世界杯决赛中终于揭开了谜底：在2002年韩日世界杯决赛中，巴西队凭着球星罗纳尔多的两粒精彩进球，以2比0战胜德国队，第五次捧起了大力神杯。罗纳尔多也凭着在本届世界杯上的8粒进球，打破了自1978年以来世界杯最佳射手不超过6个进球的"怪圈"。

这两个例子都采用了设问型的导语，然后再给出答案。设问型导语要注意以下两点：

（1）所提问题应是本篇报道的重点和能够引起读者注意和兴趣的问题。如在第二个例子中，巴西队在2002年韩日世界杯决赛中战胜德国队夺得冠军，这场比赛有很多内容可以作为报道的重点写入导语。记者选择了巴、德两国在世界杯上从未交手这一奇特的现象来设问，显示了记者对新闻的独特判断。

（2）提出问题不宜太多，提出问题后应尽快回答。另外，也不宜提太偏太专业的问题，避免给人以故以卖弄和故弄玄虚的印象。

5. 引导型导语

引导型导语的特点是通过引述他人的原话做导语。在体育消息中，这类导语常用于事件消息和人物消息等报道中。在一些比赛消息中，也有运用这种导语的。

请看下面这则消息《初生之犊——熊倪》的导语：

新华社汉城1988年9月28日电 "我要加倍努力，争取成为一个像洛加尼斯那样的真正的世界冠军。"14岁的湖南小将熊倪在获得第24届奥运会男子跳台跳水银牌后对记者说。

再看下面这则2008年8月19日北京《新京报》关于北京奥运会上刘翔因伤退赛后消息报道《他还有下一届奥运会》的导语：

本报讯 "对不起，我不能说，我理解社会各界关心刘翔伤势的心情。但我暂时不能对外透露这些。"在获得刘翔因伤退赛的消息后，记者第一时间拨通了"翔之队"医师李旭坤的电话。电话中，李旭坤表示理

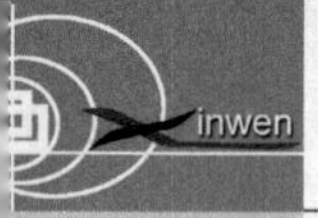

解大家对“翔飞人”的关心，但是由于队内相关规定，目前他无法透露治疗的细节问题。

上面这两则消息导语中都引用了采访对象的话。这是一种常见的导语形式，其特点是现场感强，具有贴近性。在体育消息报道中，在运用引导型导语时要注意以下几点：

（1）注意说话者的身份、地位、名气等。身份和地位越高、名气越大的人所说的话新闻价值通常越大。消息导语中引用诸如体育明星、著名教练、体育组织的高级官员等所说的话，能够使消息本身更有分量。因此，体育消息导语中所引用的通常应是著名运动员、教练员、体育组织的权威人士等所说的话。另外，在体育动态消息报道中，通常会在导语中引用刚取得好成绩运动员、教练员的话。当然，在一些与体育有关的突发事件的报道中，也可以引用当事者的原话。

（2）所引用的话必须简练、生动、精彩，能够表达出消息本身的看点和新闻价值。因此，记者应该在被采访者所说的话中提炼出最有新闻价值的话放在导语中。

（3）无论是直接引语还是间接引语，都必须忠实于采访对象的原意，不能违背新闻的真实性原则。

6. 议论型导语

这是一种直接而公开表明记者观点、倾向、看法、分析的导语。在体育消息中，通常是反映记者对比赛、事件、人物等方面的看法和观点，并以此来作为消息的导语。如下例：

新华社瓜达拉哈拉1986年6月21日电（记者 许基仁） 普拉蒂尼一直是法国人的骄傲，但是法国队今天的英雄却是守门员巴茨。

29岁的巴茨今天在法国队5比4取胜巴西队的一场比赛鏖战中扑出了两个点球。他还4次排除了巴西队前锋突入禁区后劲射球的威胁。

在这段导语中，“法国队今天的英雄却是守门员巴茨”是记者本人的看法与观点。它是记者基于观看本场比赛后的判断，并在这一判断基础上所发的议论。这一导语在体育消息中多用于比赛消息报道和与体育有关的事件报道及人物报道等。

运用议论型导语要注意以下几点：

（1）由于导语表达的是记者个人的看法和观点，因此，必须要有代表性和充分的事实根据。在上述例子中，守门员巴茨是否是本场比赛的英雄，也许

会有不同的意见，但记者的观点却应该是反映主流舆论和大多数人的看法，或者记者能在后面提出令人信服的事实根据。

(2) 在导语中提出自己的看法和观点后，应紧接着提出事实根据来证明。如上面的例子，记者在导语后紧接着便对自己的观点提出证明：巴茨在这场比赛中扑出两个点球，还4次排除了对方前锋的威胁性射门。

(3) 由于议论型导语主要是反映记者自己的看法与观点，因此要慎用。一般是在记者认为自己的看法与观点能反映出新闻事实，或者是很有把握能为大多数受众认可和接受的情况下，才会使用这一导语。

7. 归纳型导语

这种导语通常在新闻内容比较复杂、头绪较多、涉及面宽的时候采用。在体育消息报道中，像比赛综述等报道常用这种导语形式。如新华社所发《汉城奥运会第十天赛事综述》：

> **新华社汉城奥运会1988年9月27日电** 奥运会今天无大战，本可平静地过去。事有猝然，清晨，飞人约翰逊服用违禁药被戳穿；晚间，"五连冠"的中国女排惨败，失去决赛权。

由于当天发生的事件和比赛较多，所以只能将最重要的事情选择并归纳出来作为导语。

在运用归纳型导语时，应注意从若干事实中选出最主要、最有看点的内容放入导语。如上例，记者将加拿大田径选手约翰逊服用违禁药物事件和中国女排惨败置入导语，前者是当天发生的最重大的事件，而后者作为世界排坛的"五连冠"，中国女排在汉城奥运会上失去决赛权将对中国受众的心理造成巨大的冲击。记者将这两件事实放入导语中，是十分适宜的。

四、体育消息的主体与结尾

（一）体育消息主体

消息的主体，指导语后面的文字，是对导语所表述的基本事实进一步展开、补充、说明和解释。由于受字数的限制，在导语中一般只提炼出最重要、最基本和最精彩的新闻内容，而不可能对新闻的详细内容进行报道。因此，记者除了写好导语外，还需要在消息主体中对新闻事实进一步详尽地展开、补充相关的新闻内容。需要的时候，还要对所报道的内容进行解释。消息主体通常包括两个主要部分：一是基本的新闻事实，二是新闻背景。

在体育消息写作中，只写好导语是不够的。消息主体也扮演着非常重要的角色。例如，在比赛消息报道中，一般在导语中提供给读者的只是比赛名称、地点、时间、参赛者和比赛结果等基本情况。但是，受众想知道的不仅仅是这些。他们还想知道比赛的过程是怎样的？为什么会是这样的结果？如果是一场足球比赛，上半场是几比几？下半场是几比几？谁踢进了球？怎样进的？比赛中哪些运动员表现最好？他们所关心的球星表现如何？如果是他们拥戴的球队输掉了比赛，他们则想知道为什么会输？是教练员安排有误？球员状态不好？球队伤病减员？不适应气候？等等。这些，都需要在消息的主体部分对导语进行展开、补充、说明和解答，以满足受众的需要。

请看下面这则新华社早期的体育报道：

郑凤荣打破女子跳高世界纪录

新华社北京1957年11月17日电　郑凤荣今天成了世界上跳得最高的女运动员，她在北京跳过了1公尺77公分的高度，打破了美国黑人运动员麦克丹尼尔去年12月1日在墨尔本创造的、保持了还不到1年的1公尺76公分的世界纪录。

这是继陈镜开、戚烈云之后，我国创造世界纪录的第三人。

郑凤荣今年20岁，身高1公尺70公分。她今天在先农坛体育场参加了北京市运动会的女子跳高比赛。当她在北京时间上午11点23分跳过了这个有历史意义的高度以后，在场的田径总裁判长、国家裁判金岩和郑凤荣的指导黄健以及许多运动员和记者立刻把她包围起来，向她祝贺。看台上观众的掌声和欢呼声也响成一片。

今天北京风和日丽，是11月8日立冬以来难得的好天气。郑凤荣做了约半个钟头的准备活动以后，就用“剪式”动作非常轻松地跳过了她要求的第一个高度——1公尺56公分。随后，1公尺60公分、1公尺64公分、1公尺68公分和1公尺72公分的高度，她都是一跃而过。

横杆升高到1公尺77公分时，她第一次因为步点没有踏准，没有跳过。但是，她第二次试跳时终于获得了成功。这个在几秒钟内发生的宝贵事件，被摄影记者用连续摄影机拍入了镜头。

以后，郑凤荣三次试跳1公尺80公分没有成功，但是她三次跳时左腿都已过竿，只是右腿把横杆碰下。许多人认为她还有很多潜力。她的指导黄健对新华社记者说，郑凤荣今年跳过1公尺70公分以上的高度，到今天已是第8次。世界上还没有其他女运动员能在一年内这么多次跳过这样的高度。

这则消息报道采用了倒金字塔结构。该文的导语概略地报道了最重要的事实：中国运动员郑凤荣跳过1米77的高度，打破了世界纪录。但这只是简略的报道，郑凤荣是何人，她如何打破这一纪录的，现场情况如何，都无法在导语中交代，需要在后面的消息主体部分予以介绍。所以，作者按内容的重要性逐步展开；第二段是告诉读者郑凤荣创造这一纪录的背景和意义；第三段介绍她的年龄身高以及破纪录后比赛现场庆祝情况；第四、五段详细地介绍了她在比赛中的具体情节；第六段则是她破纪录后的比赛，再通过其教练的话谈其破纪录的背景。可以看出，消息主体部分是对导语的展开和补充，同时也在最后解释了郑凤荣为何能打破世界纪录——她在一年内曾8次跳过1米70以上高度。

在非金字塔结构中，消息主体往往扮演着更重要的角色。在前面提到的新华社记者许基仁所写的《法国队险胜巴西队》的消息报道中，导语只是起一个引入的作用，重要的事实则放在消息主体中来报道。由于非金字塔结构的各段不构成独立的新闻单元，因此，在很多情况下，消息主体与导语是不可分割的整体。请看下面这篇美联社2002年9月8日的赛事消息。这篇报道的导语是一个悬念型导语，导语并不构成一个独立的新闻单元，而只是消息主体的一个附属结构，其意在引起读者的阅读兴趣——著名网球运动员桑普拉斯如何“东山再起”？而这一疑问将在消息主体中加以说明和解答。

桑普拉斯东山再起　第五次夺得美网公开赛冠军

美联社纽约9月8日电　对手指责他，朋友劝告他，亲人安慰他，谁都不相信，桑普拉斯居然会东山再起。

他们以为，他的双腿变得软弱，他的发球丧失了威力，他的正手击球已经不再奏效。然而，实际情况表明，桑普拉斯比别人更了解自己。

今天，他以6：3、6：4、5：7、6：4的比分战胜了美国同胞阿加西，第五次获得美国网球公开赛冠军，这也是他夺得的第14项大满贯赛事的冠军。

桑普拉斯说，他至少还想打一年球，即使他再也无法在重大赛事中捧得冠军奖杯，他也可以毫无遗憾地挂拍。在12年前的美国公开赛上，他也是在决赛中击败阿加西，获得第一次大满贯赛事的冠军。如今，以相似的胜利作为收尾，似乎再合适不过了。

从憧憬夺冠的青少年时代算起，桑普拉斯和阿加西相互较劲已有20载。这次，他们已是参加美国公开赛决赛年龄最大的选手。阿加西已经32岁，期待着获得8项大满贯赛事的冠军。桑普拉斯也31岁了。这次夺冠使他成为32年来获得美网公开赛冠军年纪最大的选手。

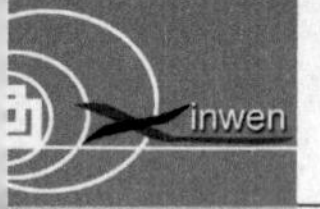

不过，年龄在这场比赛中没有发生什么作用。桑普拉斯无懈可击的精彩表演，使得阿加西不得不承认，无论桑普拉斯的对手是谁，都不可能占据上风。

获胜后的桑普拉斯拥抱了到场观看比赛的怀孕的妻子，还拥抱了自己的妹妹和教练扬纳科内。他说："我能取得今天的成绩，这些人功不可没。我得到了他们的支持。有些时候，我为了继续打球而苦苦奋斗。在这一年中，我所经历的许多困难是精神上的，而不是正手、反手和发球。我不够积极，自怨自艾。"

对桑普拉斯而言，冠军之路确实是充满了坎坷。今年夏季以来，他在比赛中总是早早被淘汰。而本次公开赛上，他在7天里击败了5个非常强劲的对手，其中包括英国名将鲁塞德斯基（5号种子）、德国选手哈斯（4号种子）和美国新秀罗迪克（3号种子）这样的劲敌。

阿加西称桑普拉斯仍然是当今网坛一个非常危险的对手，任何轻视他的人都是无知的。

有2.3万名观众到场观看了这场精彩的对局，比赛场上的欢呼声此起彼伏。

这则报道的特点是在消息主体中将新闻主体和新闻背景穿插描述，使整篇报道显得跳动而富有节奏，虽然文字稍多，但读来一点也不枯燥乏味。

另外，消息主体还须对导语没有涉及的新闻要素进行补充。如新华社1990年9月23日发自北京亚运会的通稿《邢芬夺得亚运会首枚金牌》。

新华社北京1990年9月23日电　一位中国少女把与世界纪录同重的杠铃高擎过头顶，一举摘走了北京亚运会第一枚金牌。

成千上万的中国同胞在体育馆和电视机屏幕前目睹了这位少女的壮举。

17岁的邢芬抓举起70公斤，挺举起95公斤，从而以165公斤的总成绩平了她自己保持的世界纪录，该纪录是她于去年在英国曼彻斯特举行的世界女子举重锦标赛上创造的。

在这里，导语中没有"谁"这一新闻要素，只说是"一位中国少女"。而在新闻主体（第三段）中才告诉了受众究竟是"谁"夺取了北京亚运会首枚金牌这一新闻要素。

（二）体育消息背景

体育消息主体通常由新闻本体和新闻背景两大部分组成。一般而言，新闻本体是报道最新发生或正在发生以及将要发生的具有新闻价值的事实。但要使读者知道它是如何发生的，或是在什么情况下发生的，就需要用更多的新闻事实来说明。如前面所引《桑普拉斯东山再起》的消息，如不垫铺有关新闻背景，读者就无法理解为何说桑普拉斯是“东山再起”。因此，新闻背景就是用事实来对新闻本体进行解释和补充。它与新闻本体共同构成一个完整的新闻报道。

请看下面的例子。这是新华社记者高殿民1984年洛杉矶奥运会为中国运动员许海峰获得中国首枚金牌后写的新闻组稿之四。由于前面所发的三条稿件已将最重要最基本的事实进行了报道，因此，这条报道垫铺了更多的新闻背景。

中国神枪手许海峰夺得奥运会首枚金牌（组稿之四）

新华社洛杉矶1984年7月29日电 中国神枪手许海峰今天在洛杉矶奥运会的男子自选手枪比赛中，险胜世界冠军、瑞典选手拉·斯卡纳切尔，为中国夺得在奥运会历史上的第一枚金牌。这枚金牌也是中国在本届奥运会上展开的“金牌之战”中的第一个战果。

许海峰打完了60发子弹后，命中566环。参加这个项目比赛的共有37个队的56名射击运动员。

获得1972年慕尼黑奥运会冠军和1982年世界锦标赛冠军的斯卡纳切尔，以一环之差获得第二名。中国选手王义夫以564环的成绩名列第三。

比赛结束后，国际奥委会主席萨马兰奇亲手将金牌挂在许海峰的胸前。他对中国体育代表团副团长陈先说，今天是中国体育运动史上最伟大的一天。他说，能为本届奥运会第一枚金牌获得者颁发奖牌，并把它授予中国的射击选手，他感到万分荣幸。

许海峰今年27岁，是安徽省和县一家供销社的营业员。他的名字在世界体坛上名不见经传，所以，他在今天的比赛中爆出了冷门。比赛一结束，裁判和公众纷纷拥上前去，同他热情握手，表示祝贺，并合影留念。不熟悉他的外国记者则忙于打听怎样拼写许海峰这个生疏的中国选手名字。

身高1.76米的许海峰参加了去年的亚洲射击锦标赛。首次参加国际比赛的许海峰就获得了男子自选手枪项目的第二名。在去年9月举行的第五届全运会上，许海峰获得了自选手枪和气手枪两项亚军。

今年4月，就在洛杉矶举行的一次国际比赛中，许海峰首次夺魁，以568环的成绩获得第一名。

然而，虽然金牌在手，许海峰并不满意。赛后，他对记者说，今天打得不好，只能算是发挥了正常水平，没有打出他个人的最好成绩。许海峰的个人最好成绩为583环，比苏联选手亚马连切夫保持的世界纪录还高两环。

中国首次参加奥运会是在1932年，地点就在洛杉矶。但在本届奥运会前，中国从未得过奥运会金牌。1949年，新中国成立后，曾于1952年派出少数选手参加在赫尔辛基举行的奥运会。第23届奥运会上中国首次派出大型代表团，全面参加比赛。

文中下划线为著者所加，表示是新闻背景部分。

在这则新闻稿中，在快讯的新闻本体基础上，除了补充一些新闻内容外，增加了大量新闻背景材料，使消息报道更加丰满，进一步突出和强调了许海峰奥运“第一枪”的深远意义。

从上文中，可以看出在体育消息报道中新闻背景的功能和作用。它们包括：

（1）突出新闻的意义，提高新闻的价值。奥运会冠军很多，但中国运动员许海峰获得的这枚奥运会金牌意义却非同凡响、意义深远，在中国甚至全世界引起了巨大反响。为什么呢？记者通过新闻背景的介绍，使读者了解了“中国第一枪”的意义，由此也就提高了这条新闻的价值。

（2）补充新闻背后的事实。许海峰是何许人也？在他夺得中国奥运第一金之前人们并不了解。因此，需要通过对他个人背景情况的介绍，使受众对其有所了解。组稿之四中的第五段前半部分、第六段、第七段都是在向受众介绍许海峰个人的背景。

（3）为新闻提供解释。名不见经传的许海峰何以能在奥运会上一举夺金？这是很多受众的疑问。组稿之四的第六、第七、第八段在向受众介绍其人之时，也同时解释了这一疑问：此前他在亚运会、全运会和国际比赛及平时训练中就获得过好成绩，此次夺冠实非偶然。

（4）含蓄表达记者的观点和立场。新闻背景的一个重要的作用，就是能够通过补充事实来含蓄地表达记者的观点和立场。在上文中，记者没有就许海峰夺金一事发表一句议论，但却通过一系列背景的垫铺，特别是结尾部分的内容，向受众传达了记者本人的观点：许海峰夺冠，是中国体育的里程碑，是中华民族崛起的重要标志。

（5）使消息报道更加丰富。在上面的例子中，同最先发出的快讯相比，

组稿之四通过增加新闻背景，使消息报道跌宕多姿，波澜起伏，内容更加丰富，从而增加了报道的可读性。

体育消息的新闻背景种类很多，记者须根据具体的需要来补充、铺垫必要的新闻背景材料。以下是几种常用的体育消息背景类型：

1. 比赛背景

在赛事消息报道中，通常会在消息本体的基础上，补充参赛者以往的比赛成绩、两队的交战史、赛场气氛、赛前人们的预测等背景内容，以突出新闻意义，使受众对比赛有全面的了解。请看新华社《美国冰球队击败五次奥运会冠军苏联队》一文的前半部分。

新华社普莱西德湖1980年2月22日电 美国冰球队今天下午在全场近万名观众如醉如狂的欢呼声、喇叭声和铃铛声中，以4比3击败了上届冬季奥运会冠军苏联队，赢得了夺取本届冰球冠军的一场重要比赛。

美国队获胜的消息轰动了普莱西德湖。在这个小市镇的上空升起了五彩缤纷的礼花。刚刚散场的观众像潮水般涌向街头，欢庆美国队自1960年以来第二次在奥运会的冰球比赛中打败苏联队。电视和广播向全国转播了比赛实况，美国队战胜苏联队的消息成了人们议论的中心。

美国总统卡特在比赛结束后亲自打电话给美国冰球队教练赫布·布鲁斯克，向他们热烈祝贺，表示为他们取得胜利感到骄傲，并邀请他们星期一（25日）到白宫做客。

苏联队自1956年第一次参加冬运会的冰球比赛以来，曾5次获得冠军。在本届的分组赛中，保持着不败纪录。年轻的美国队是在分组赛中以四胜一平的成绩进入决赛阶段的。今天的这场比赛对双方来说，都是争夺冠军的关键一仗。因此，门票早已被抢购一空，黑市价高达300美元一张。

记者在消息导语中加入了比赛现场看台气氛的背景描写，不仅从观众的热情中反映出了比赛的精彩，而且从中也反映了人们如何重视这场比赛。第二、三段中，记者报道了比赛胜利后的热烈庆祝场面和美国总统的祝贺，虽然是现场的新闻报道，但对比赛消息来说，也起着背景新闻的功能，使读者了解这场比赛胜利对美国人的重要意义。第五段完全是新闻背景，用以突出这场比赛的重要性和意义。除了导语外，从第二段到第五段均可视为后面比赛具体情况的背景介绍，意在使美国队获胜的意义更加突出。

再看第二个例子。这是一则关于2002年韩日世界杯足球赛法国队败给丹麦队的消息导语。著者加下划线的部分是消息背景。

本报讯 真是36年一轮回！1966年巴西队成为世界杯36年历史来第一个小组赛被淘汰的卫冕冠军。36年后，本届世界杯卫冕冠军法国队则步上巴西后尘。昨天，他们在仁川0比2败给丹麦，一球未进，小组垫底，三战仅积1分，耻辱地告别了韩国。

在这则导语中，记者通过新闻背景的介绍，突出了法国队输球的新闻性——作为上届世界杯冠军，人们事先怎么也料不到法国队会在小组赛中三战一球未进，仅积1分，最后以小组垫底的成绩被淘汰。为了突出这则新闻的反常性，记者还专门加了一条新闻背景：这是36年来首支小组赛就被淘汰的卫冕冠军。如果记者只是简单报道法国队输球出局，则难以表达这则消息的新闻价值所在。

2. 体育事件背景

在各类体育事件、体育事务及体育活动消息报道中，新闻背景往往起着补充相关材料以丰富报道，并报道事情的来龙去脉的作用。请看以下例子，该文选自《法新社百年新闻佳作》，下划线部分为背景。

药检丑闻震惊意大利体坛

法新社米兰1998年9月7日电 药物丑闻动摇意大利足球。在意大利足球甲级联赛的战火再过几天就要点燃的时候，一桩突如其来的有关违禁药物丑闻震惊了意大利体育界。

罗马队主教练泽曼一个月前披露，意大利足坛存在服用违禁药物现象，从而导致一系列的司法调查发现，意大利进行的反兴奋剂运动实际上只是一场骗局。

目前受到威胁的不仅有意大利奥委会反兴奋剂的可信度，而且还有意大利足球本身。而问题的中心，则是意大利奥委会批准的在阿夸阿切托萨的兴奋剂实验室。根据规定，该实验室应对意大利甲级和乙级队每年提供的4 000份尿样逐一进行检查，检查内容从兴奋剂到类固醇面面俱到。各俱乐部为每份尿样提供了230美元的检查资金。

检查结果如果是阴性，要保存两年；如果是阳性，则要保存5年。然而事实是，到去年为止，送交该实验室的尿样只有10%进行了类固醇检查。但其负责人圣蒂利却声称进行类固醇检查的比例已达到30%，而且他们已经作了最大的努力。

更为严重的是，所有的检查结果两个月后就被蓄意销毁了。在国际奥委会批准的各兴奋剂实验室中，阿夸阿切托萨实验室本来是以检查准确而

著称的。

副总理韦尔特罗尼本周将与意大利奥委会主席佩斯坎特举行会谈，讨论眼下这场危机。作为意大利体坛头号人物的佩斯坎特地位岌岌可危。佩斯坎特和意大利足协主席尼佐拉起初都声称，他们对阿夸阿切托萨实验室的情况一无所知，但这一论调今天晚上似乎低了下来。他在回答记者的提问时不得不承认，过去人们过于相信阿夸阿切托萨实验室的检查结果了。

他透露，为了监督实验室的工作，意大利奥委会将向那里派出监督员。佩斯坎特还在讲话中为自己的失职作了辩解。他说，虽然奥委会主席负有监督职责，但他要与国内的39个体协打交道，还有别的工作要做。“我是奥委会主席，不能说一概不知。但也许是没有遵守保证造成的。”

用意大利最有影响的体育记者卡纳沃的话说，问题不仅在于服用违禁药物，更重要的是“严重丧失了信誉”。

在上文中，新闻本体实际上只有副总理韦尔特尼罗要与意大利奥委会主席佩斯坎特举行会谈讨论危机，以及当晚佩斯坎特回答记者的话。但由于记者运用了大量关于此事的背景资料，因而将这一体育事件的来龙去脉清清楚楚地写了出来，使读者得以了解了事情的真相以及问题出在哪里。

3. 体育人物背景

在体育消息报道中，人物背景一般是指涉及新闻事实的人物身份、经历、业绩以及人物之间关系等。一般而言，体育动态消息的人物背景介绍比较简单，点到即可，如“篮球巨星迈克尔·乔丹”、“奥运会长跑金牌获得者王军霞”、“国际奥委会前任主席萨马兰奇”、“中国队主教练米卢蒂诺维奇”等。而作为新闻人物的事件报道，则需要相对详尽的人物背景。如新华社记者采写的《叶乔波壮别体坛》（下划线部分为背景）。

新华社北京1994年6月5日电 一身戎装，一部轮椅，一面国旗，一个军礼。叶乔波以这庄严而悲壮的一幕，结束了今晚在首都体育馆为她隆重举行的“叶乔波冰坛生涯20年专题晚会”，同时也结束了她拼搏冰坛20年的赛场生涯。

就在前两天，叶乔波在北京度过了她30岁的生日。这位冰坛骄子10岁走上冰面，历尽艰辛，在速滑界老一代人的精心指导下，从长春市少年体校，到八一队，进国家队，直到称雄世界冰坛，一次次地战胜伤痛，战胜挫折，战胜自我，在中国的冰雪史上创造了前所未有的辉煌。20年中，她征战百余场，共获得133枚奖牌，仅在世界大赛中就赢得金牌23枚，成为众多运动员中披金挂银的佼佼者。她在第16届冬奥会上获得两枚银牌，为中国队实现了在冬奥会上奖牌“零”的突破。她又连续两年夺得世界短距离速滑锦标赛女子全能冠军，成为世界冰坛上第一位获此殊荣的中国人。今年2月，在第17届冬奥会上，她再次带伤拼搏，演出了“靠一条半腿”摘取奖牌的悲壮一幕，为中华民族留下了催人奋进的“乔波精神”。

以上有下划线的部分为新闻背景。在这则消息的导语中，报道了叶乔波告别冰坛这一最新消息。而后在消息主体中，则用背景材料展示了这位中国女运动员拼搏奋斗的人生，告诉受众为什么叶乔波会享受如此殊荣。在这则消息中，背景充当了消息主体，使体育人物报道变得更加主题鲜明，形象丰富。

体育消息背景写作有以下要求：

（1）围绕主题。新闻背景是为新闻本体服务的。因此，它必须紧紧地扣住主题，突出主题，起到补充和解释新闻本体的作用，而不能游离新闻本体和新闻主题，喧宾夺主。如前面所引新华社《国际奥委会恢复中国席位》一文中，消息主体的新闻背景旨在补充和说明新闻本体——中国是如何恢复国际奥委会席位的。而在《叶乔波壮别体坛》一文中，消息主体的背景则是对导语中的最新发生的新闻事实——叶乔波退役为何获得空前殊荣进行说明和解释。这些背景都紧紧扣住消息本体，对消息本体起到了很好的说明和补充作用。

（2）事实说话。虽然新闻背景有解释功能，也能表达记者的立场和观点，但它并非言论与评论，而是以事实来说话，这是区分新闻背景与新闻评论的根本界线。如《叶乔波壮别体坛》的消息主体由新闻背景构成，反映了中国运动员叶乔波战胜伤痛、战胜挫折、战胜自我，在中国冰雪史上创造了前所未有的辉煌业绩。但这些都不是记者个人的议论，而是通过叶乔波的拼搏经历来说明这一切。因此，记者在写消息背景时，应精心选择和运用新闻背景，以突出和烘托新闻主题。即使是记者的观点和立场，也应隐藏在事实之后，通过新闻背景的交代含蓄地表达出来。

（3）交代清楚。新闻背景是用来补充和解释新闻的，因此，必须将有关事实交代清楚，方便读者了解新闻。如在前引《美国冰球队击败五次奥运会冠军苏联队》一文中，由于冰球运动及其在国外的发展情况比较陌生，中国的受众可能并不了解这一胜利有何意义，为何值得美国人，包括美国总统如此重视。在此，记者就应在文章中将必要的新闻背景交待清楚，如苏联队是五届奥运会冠军、美国队是一支年轻的队伍，这是一场争夺决赛权的关键性比赛等。如果这些背景不交待清楚，受众就不明白何以美国人对一场冰球比赛反应如此热烈。

（4）灵活穿插。将大量背景材料不拘一格地穿插于新闻之中，可以使体育消息读起来跌宕起伏、活泼生动。在体育消息写作中，记者应注意灵活安排和穿插背景材料，这样不仅能帮助受众了解新闻事实，也可以有效地提高消息的可读性。

(5) 平时积累。对于体育记者来说，除了学会如何查找和搜索有关新闻背景外，还必须依靠平时的积累。因为在体育消息写作中，大量新闻背景涉及过去的比赛和事情，如果记者平时不留心收集和积累，用时才手忙脚乱地查找，就会误事。所以，体育记者对体育运动的有关情况越熟悉，积累的信息越多，就越能够写出好的体育报道。

(三) 体育消息结尾

结尾即文章的结束部分。在体育消息中，倒金字塔结构一般没有结尾，而非倒金字塔结构不仅有结尾，而且应该有一个好的结尾。

在倒金字塔结构中，由于每一个自然段都是一个独立的新闻单元，而且其内容的重要性是由上到下依次递减的，消息的最后部分也就是最次要的新闻事实。因此，倒金字塔结构没有消息结尾，内容写完，消息也就完成了。

在非倒金字塔结构中，由于消息报道常常是一个完整的整体，因此就需要精心安排结尾，以求达到所谓"豹尾"的效果。

体育消息的结尾形式多样，不拘一格。记者应根据具体的情况和需要来安排消息结尾。总的来说，好的体育消息结尾应该或是铿锵有力，或是隽永深刻，或是耐人寻味，或是发人深省。以下是几种常见的结尾形式：

1. 比赛结果

这种结尾多用于时间顺序结构，即在消息的最后才将比赛结果以及各方面的反应写出来。仅以新华社 1980 年所发《美国冰球队击败五次奥运会冠军苏联队》的结尾为例：

> 比赛还有十分钟，双方各施绝招，严守猛攻。美国队攻守兼备，苏联队攻多于守。场上激战达到了高潮。在临终场前十几秒钟时，激动的观众看着比赛计时钟，有节奏地数着："十五！十四！五！四！三！二！一！噢……"终场哨声响了，美国队以四比三夺得胜利。全场顿时沸腾起来，美国队的小伙子们一个个高兴得又蹦又跳，互相拥抱。观众们更是兴奋不已，相互间握手拥抱。全场沉浸在一片胜利的喜悦和狂欢之中。

这篇报道的结尾也就是比赛的结尾。记者生动地通过全场观众高数最后十几秒的情节和胜利后球员和观众激动的场面，描写了比赛最后时分的高潮情况，也使自己的消息报道在高潮中结束。

2. 特点述评

这种消息结尾的特点是在叙述比赛过程后，用简短的述评来点出比赛的特点，使读者对比赛有更加全面的了解。如新华社 1986 年所发《法国队险胜巴西队》的结尾就是如此：

> 这场比赛是激烈的，但两队踢得非常潇洒。球员奋力争夺但不粗野，撞撞碰碰，而不伤人。全场比赛看不到有一个球员倒在地上打滚，也听不到叫喊声，所以裁判的黄牌始终没有派上用场。

3. 交代下一次比赛时间、地点等情况

很多激烈而精彩的比赛都会让观众意犹未尽，希望了解下次比赛的时间、地点等情况。因此，这种消息结尾在体育消息，尤其是比赛消息中经常用到。如新华社 1987 年 7 月 23 日所发《起死回生　刘小光东瀛获全胜》的结尾：

> 聂卫平认为，刘小光此役在九死一生中反败为胜，靠的是顽强的毅力，努力拼搏，并在危机中头脑冷静，及时抓住了对方的破绽。
>
> 赛后双方商定，下一场比赛于 8 月 22 日在中国哈尔滨举行，由刘小光接受日本九段大平修三的挑战。

4. 展望未来

这种结尾一般用于那种已安排好比赛双方下一场比赛的报道，如联赛和大型运动会等。如新华社 1997 年 4 月 30 日所发《中国队再夺斯韦思林杯》的结尾：

> 五个单项的比赛将于明天开始。已获得男、女团体冠军的中国队有望摘走大部分金牌，而欧洲名将瓦尔德内尔和萨姆索诺夫极有可能以男单项目为突破口，打破中国队继 1981 年和 1995 年第三次包揽世乒赛 7 项冠军的梦想。

这种结尾方法也可以通过运动员、教练员之口，以其展望下一场比赛、将来的目标等作为消息的结尾。如新华社 1997 年 10 月 23 日消息《姜波破世界纪录　摘五千米桂冠》的结尾：

> 不过，马俊仁说，夺得全国冠军只是他的新队员迈向世界体坛的第一步。“对我们来说，全国冠军并不很重要，重要的是夺取世界冠军和奥运会冠军。”

5. 补充背景

在写完消息的主体部分后，很多记者喜欢将新闻背景安排在最后作为结尾。如新华社记者高殿民所写《中国神枪手许海峰夺得奥运会首枚金牌》（组稿之四）中，就在消息的最后垫铺了许海峰夺得这枚金牌的背景：

> 中国首次参加奥运会是在1932年，地点就在洛杉矶。但在本届奥运会前，中国从未得过奥运会金牌。1949年，新中国成立后，曾于1952年派出少数选手参加在赫尔辛基举行的奥运会。第23届奥运会上中国首次派出大型代表团，全面参加比赛。

6. 散文抒情

这种结尾会增加报道的生动性，使其结尾回味无穷。如《邢芬夺得亚运会首枚金牌》的结尾：

> 虽然邢芬不善言辞，但当她身着举重服，高高地站立在领奖台中央时，这位中国少女展示给人们的风采却远远胜过千言万语。

本节思考题

1. 什么是体育消息？有哪些写作特点和要求，有哪些主要类型？
2. 在体育消息写作中，采用倒金字塔结构有何优点和不足？哪些情况较适合运用倒金字塔结构？用倒金字塔结构报道体育消息要注意些什么？
3. 采用非倒金字塔结构写作体育消息有何长处与不足？
4. 体育消息导语写作有何特点？其写作要求是什么？有哪些常用的结构？
5. 写好体育消息的主体要注意些什么？
6. 体育消息背景有何功能和作用，有哪几种类型？在写作上有哪些要求？
7. 体育消息结尾有哪些常见的形式？

第五节 体育通讯

一、体育通讯的特点与要求

体育通讯，是一类较之体育消息更详细、更生动的体育报道形式。它在描

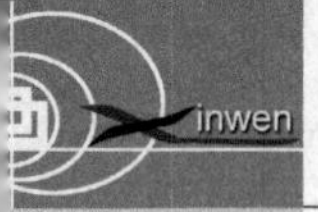

述与叙述相结合的基础上，综合运用多种表现手法，生动、具体、充分地再现体育比赛、体育活动或有关人物及事件的过程、背景、变化、结果和影响等。体育通讯是体育消息的展开，具有容量大、篇幅长、语言文字生动形象、表现手法多样等特点。体育通讯与体育消息、体育述评共同构成体育报道的三种主要体裁，是体育报道的基本文体之一，被广泛运用于报纸、杂志、广播的体育报道之中。

欧美新闻中没有"通讯"的提法，与之相近的是"特稿"（feature stories）。对于体育特稿的定义，美国新闻学者威廉斯·瑞维尔等认为："特稿与日常新闻报道的区别就在于，特稿是为了吸引读者的兴趣而不仅仅是提供新闻事实"。① 路易斯·亚历山大教授认为："特稿向读者提供的是某一赛事或某位个人在某方面的特点，而不是仅仅报道是谁或发生了什么事之类的具体事实。特稿报道能让读者超越比赛本身而对其本质的东西有更深刻的理解。"② 英国体育新闻学者菲尔·安德鲁斯认为："特稿是较长的新闻作品，它使作者有机会深入论述某个主题或个人，并通常具有特定风格、充满睿智。特写有较长的篇幅可用于提供背景信息，以从大量来源搜集到的信息来支持论述涉及广泛的问题，并有机会作出更多的评论与分析。此外，特稿还可以使作者摒弃新闻报道写作的严格约束，用丰富多彩的方式来撰写。"③ 上述定义从不同角度提出了通讯（特稿）的特点，包括创作自由、生动有趣、富有深度、具有娱乐性、篇幅较长、有作者观点等。

由于现代体育运动的内容越来越丰富，受众对体育报道的要求和口味也越来越高。他们希望看到内容精彩、文字生动、情感丰富、感染力强的体育报道，而不仅仅是一些内容简单、只报道比赛结果的体育消息。同时，随着现代电视、广播、网络等电子媒体的发展，尤其是电视的赛事直播和现场直播体育节目所具有的时效性、立体化优势，促使报纸、杂志等新闻媒体更多地运用体育通讯来进行更深入、更生动、更富有情感性的报道。

（一）体育通讯的特点

体育通讯与体育消息相比，有哪些特点呢？简而言之，体育通讯与体育消息的区别是，后者是以最简练的文字报道有关体育运动的基本事实，而前者则是抓住体育运动中所发生的典型事情，以具体的叙述、形象的描写、强烈的抒情、深入的议论、生动的比拟等手法来进行报道。威廉姆·瑞维尔等认为："特稿报道注重于通过写作风格、优雅文字以及幽默感来向读者提供一种阅读

① （美）布鲁斯·加里森. 体育新闻报道［M］. 北京：华夏出版社，2002：132.

② （美）布鲁斯·加里森. 体育新闻报道［M］. 北京：华夏出版社，2002：133.

③ （美）菲尔·安德森. 体育新闻：从入门到精通［M］. 北京：中国人民大学出版社，2010：89.

体验，而不是以提供重要信息为主要目的。”他们还指出：“特稿报道与一般的新闻报道有许多方面不同。其中包括特稿报道不必拘泥于一些约定俗成的新闻报道规范，这使其有更多的创造发挥空间。特稿报道关注的是不寻常和非传统的主题，这使其不但可以在内容上更感性化，也可以加入作者个性化的东西。一篇好的特稿会激发读者的强烈反响，因为这些‘严肃或轻松、短暂或永恒、有趣或悲伤、高兴或难过’的报道让读者产生共鸣。这样的报道也能使读者更多地从人文的角度来感受体育运动。”①

为了更好地理解体育消息与体育通讯之间的区别，请看下例同一新闻事件消息报道与通讯报道的不同之处。1983 年 9 月 22 日，中国运动员朱建华在上海举行的第五届全国运动会上，跳过了 2 米 38 的高度，创造了当时新的世界纪录。新华社当日的消息是：

朱建华再次创造男子跳高世界纪录

新华社上海 1983 年 9 月 22 日 17 时 20 分电 新华社记者从上海虹口体育场报道：我国著名跳高运动员朱建华刚刚在这里跳过 2 米 38 的横杆，再次创造了男子跳高世界纪录。

身高 1.94 米的朱建华，今年 20 岁，是上海选手。他的这一优异成绩是今天下午在这里举行的第五届全运会男子跳高比赛中创造的。

这样，被誉为“世界飞人”的朱建华就把他自己今年 6 月在北京工人体育场举行的第五届全运会田径预赛中创造的 2.37 米的男子跳高世界纪录又提高了一厘米。

新华社记者在现场发快讯时，上海虹口体育场欢声雷动，掌声不绝于耳。4 万多观众向他招手、欢呼、热烈祝贺。朱建华挥动观众献给他的鲜花，绕场向观众致意。

请比较新华社同一天为此配发的通讯稿：

向地心引力挑战的时刻

——记朱建华跳过 2.38 米的新高度

王元敬　张宝瑞

朱建华轻松地跃过 2.34 米的横杆以后，上海虹口体育场里的满场观

① （美）布鲁斯·加里森. 体育新闻报道［M］. 北京：华夏出版社，2002：133.

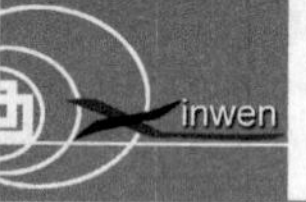

众热烈鼓掌．不少观众情不自禁地起立高喊：“2米38！2米38！”“破世界纪录！破世界纪录！”

电动记分牌上很快亮出了“2.38”的字样，观众中又是一片掌声。人们相信他具有征服这个高度的实力，期待着他再次为国争光。

场上的气氛空前的活跃和紧张。因为大家懂得2.38米这个高度的意义。这是世界上从未有人跳过的新高度，而此刻，我国年仅20岁的朱建华却要向它挑战，这需要多么大的勇气和毅力！从某种意义上说，这是人类向地球引力在进行斗争啊！

时针指到下午5点零7分，太阳已经西斜，人们焦急地等待着、注视着身材颀长的朱建华的一举一动。朱建华在跳高区踱了一圈，坐在塑胶跑道外的绿地上稍事休息，随后来到距横杆约30米远的起跑点，开始向新的世界纪录冲击。很遗憾，他第一次试跳，臂部把横杆碰掉了，看台上齐声发出“咳”的惋惜声。

观众的心揪在一起了。坐在记者身旁的一位女青年竟紧张得坐立不安，轻合双手说：“快过去吧！快过去吧！”可是国家田径队总教练黄健却胸有成竹地说：“朱建华一定能跳过去。第一次没跳过去，他一定会找到失败的原因。”黄健认为朱建华可能因为过于兴奋，助跑速度太快，以致起跳后身体有些向前冲，影响了垂直上升的高度。

朱建华重新站到了起跑点上，习惯地做了一下双臂向上的耸身抬右腿动作。然后，开始冲向新的高度。只见他先跑了几个小碎步，紧接着步子越来越大，也越来越快，其气势犹如骏马奔腾，最后左脚用力踏地背着横杆如飞燕腾空，轻松地越过横杆。这一系列动作干净利落，前后大约7秒钟。这时的时钟正指向5点15分。

一个新的世界纪录诞生了。全场观众沸腾了。欢呼声、掌声震耳欲聋。

一位女青年向朱建华献上一束鲜花。朱建华高举花束，绕场向欣喜若狂的观众致意。国家体委顾问荣高棠和他紧紧地拥抱。朱建华的教练胡鸿飞得到工作人员的允许越过看台的栏杆来到比赛场和朱建华紧紧拥抱，眼里闪着激动的泪花。朱建华的父亲在看台上也激动得连连鼓掌，为儿子的胜利而骄傲。

第五届全运会田径竞赛总裁判夏翔在重新丈量了横杆的高度，检查了场地和朱建华的跳鞋后，宣布这个成绩完全符合国际田径竞赛规则。

在虹口体育场举行的中外记者招待会上，朱建华的教练胡鸿飞说，我相信朱建华有信心跨越更新的高度。朱建华说，我虽然取得了成绩，但是并不满足。我要争取在明年奥运会中再创佳绩。

1983年9月22日，这在我国体育运动史上将是一个有意义的日子。正像中国奥委会主席钟师统所说的，朱建华再次创造男子跳高世界纪录不仅对全国人民是个很大鼓舞，同时也将震动世界。

（新华社上海1983年9月22日电）

与体育消息相比较，体育通讯具有篇幅较大、叙述生动、情节感人等特点。在这篇通讯中，记者通过赛前观众、教练紧张等待的场景、朱建华冲击世界纪录过程的细节、创造新的世界纪录后热烈祝贺的场面等一系列形象、具体而生动的描写，再现了这一激动人心的时刻。通过这篇通讯，使受众不仅知道了朱建华创造了新的世界纪录，成为世界上跳得最高的人这一消息，而且还了解了他是如何创造这一纪录的具体细节，同时，还通过记者充满激情、热情洋溢的文字，感受到了欢欣鼓舞和为中国体育健儿自豪的情绪。

具体而言，体育通讯有哪些特点呢？

1. 典型性

典型性也就是通常所说的新闻看点、卖点、热点和焦点。体育通讯写作要求的典型性主要指发生在比赛中或与体育运动有关的事件中最具有新闻价值的事情。并不是任何事情都可以写成通讯，即使它可以构成消息的内容。体育通讯是体育消息的扩展，但并非简单意义上的字数、篇幅的扩大。只有那些发生在运动场上或体育领域内典型的、吸引人的、受到普遍关注的人或事才能成为体育通讯题材；也只有当某一题材在一定时期内尚有新闻性或仍具有较强的典型意义时，体育通讯才具有其新闻价值。能否在一场普通的比赛、日常的体育活动或体育事务中，甚至是在运动员、教练员等体育界有关人士的日常生活中发现具有典型意义的题材，是衡量一名体育记者水平的重要尺度。

以下面这篇新华社记者采写通讯为例。2008年5月12日，四川汶川发生了特大地震，造成了人民生命财产的巨大损失。在2010年“5·12”大地震两周年之际，新华社记者来到地震中遭受惨重损失的德阳、绵阳等地，对遭受重灾的北川中学的运动会进行了采访。在这篇通讯中，北川中学的运动会因“5·12”大地震而被赋予了特殊的典型意义。报道显示了体育在灾区重建和医治人们心理创伤方面的重要功能，而那些在地震中伤残的孩子们在运动场上的坚毅表现也给人留下了深刻印象。

北川中学运动会：灾区人借体育力量从灾难中走出

新华社2010年5月11日北川电 “5·12”四川汶川地震两周年前，

新华社记者在绵阳、什邡、汉旺的板房区看到，虽然不少人已迁入新居，早晨，留守的居民们仍在健身路径前锻炼、聊天，在宽阔的地带打太极、跳健身操，体育已成为灾民的日常生活方式。

在灾区体育重建中，群众体育活动的开展成为重头戏。以绵阳市为例，体育进社区、到村镇、下灾民生活安置点，成为绵阳市体育局近期的中心工作。现在全市每1 000人中，就有3个是能说会练的社会体育指导员。北川县社会体育指导员达到了740人，每天有100个站点同时开展活动。健身活动已经普及到了边远的山区小镇。

北川县教文体局张局长告诉记者，“不再流泪多流汗”，成为当地村民、灾民的顺口溜。今年是地震两周年，不少社区、板房生活区都在组织体育活动，大家一起玩体育，忘掉过去的悲痛，搞体育活动大家都欢迎。

灾区人正在借助体育的力量从灾难中走出来。记者三访北川中学运动会就是其中的一个故事。

2008年5月11日，北川中学在地震发生的前一天举行运动会，操场上师生们生龙活虎的照片已经成为悲痛的记忆。当体育老师用颤抖的手辨认着那些离去的身影与消失的校园时，那种痛苦的表情让记者至今难以忘记。

高二体育班的裴刚在教室倒塌的生死瞬间，纵身从二楼跳下，他班上同学有28人遇难，而在这次地震中，北川中学有一千多名师生不幸遇难。当记者再见到他时，这名男生一心想考体院，想毕业后成为一名体育教师。

2009年4月，北川中学又开春季运动会。在这届运动会的乒乓球比赛获奖者中，有的已经是残疾孩子，但他们仍然很勇敢，很坚强，仍然钟爱体育活动。长虹培训基地是北川中学的临时校区，操场上几十张乒乓球桌前，地面已经被爱打球的学生们磨成了一个个的土坑。一名女同学告诉记者，张怡宁姐姐来后对她们的影响很大，世界冠军送来了乒乓球桌，同学们每天都在这里流连忘返。

今年4月28日，北川中学春季运动会又开幕了。这届春季运动会是历届最热闹的一次，参加的同学最多，报名很踊跃。有的同学为了准备一个项目，起早摸黑地练习。开幕式做了精心准备，还有晚会，学校如同过节。

在运动会的现场，一些致残的学生不能上场，但他们的行为却让人感动。高一（12）班的杨洪桥跛着腿，在赛场上捡拾垃圾。“我的腿疾在地震后更严重了，但我不想把自己关在房间里。今天人很多，肯定会有垃圾，我也想为学校做点贡献。”

地震后，这个学校有了80多名各种残疾等级的学生，如何让这些孩子更能享受体育、做好康复，一直是校方非常重视的问题。

这届运动会为何这么热闹？站在场边的北川中学校长刘亚春感慨地对记者说："我们今天所做的一切，都是为了回新学校做好准备。"

今年九月新北川中学将开学，新北川中学占地220多亩，建筑面积为7.2万平方米，其中有两个田径场，16片篮球场……

刘校长表示："地震后，这两年我们的师生能从伤痛中走出来，体育、艺术、科技活动起了重要的帮助作用。今天看看我们的学生在运动场上的表情和肢体语言就知道，他们很喜欢体育活动。高三、初三的同学通常不参加运动会，但我鼓励这些年级的同学自由参加，全民健身人人有份。"

风雨过后，北川中学人更矫健。如今，北川中学的师生们正准备迎接新校园的美好生活。

2. 时效性

与体育消息相比，虽然某些在一定时间内尚有新闻性和典型意义的体育通讯的时效性相对较弱一些，但由于当代体育新闻报道的特点，体育通讯也必须强调"新"与"快"的原则。尤其是在体育电视直播的背景下，很多报纸媒体经常以体育通讯来取代体育消息，将体育消息融入更多比赛细节的生动描述之中。因此，体育通讯现在扮演着越来越重要的体育报道角色，与体育消息写作一样强调新闻的时效性，一样有截稿时间限制。这是体育通讯与其他通讯种类不同处之一。

下面是《体坛周报》2008年9月6日发自北京残奥会开幕式的一篇通讯稿。像这样的通讯报道时效性是很强的，如果不是在第一时间及时发表，就会失去其新闻价值。

同样炫目更多感动

记者楼坚北京报道 6日晚，第13届残奥会在鸟巢开幕。一家英文媒体在次日清晨发出的报道中用了这样一个标题：

Equally dazzling, but more moving（同样炫目，更多感动）。

这其实也正是残奥会的真谛。在这12天中，我们不可能看到菲尔普斯或者博尔特那样的奇迹，不可能看到"最快、最高和最强"，但我们同样会为残奥会运动员的体育精神所感动。在某种意义上，他们每一个吃力的动作，每一下蹒跚的步履，每一次艰难的击水，甚至比健全运动员还要

华丽，更加炫目。

开幕式上，轮椅运动员侯斌完全以双手交替用力，直上云霄点燃火炬。在那一刻，侯斌奋力向上的身影甚至比奥运会开幕式上夸父追日的李宁还要伟岸，《海峡时报》的中国特派员报道说："侯斌升起的高度足有100米（实际为39米）……他让很多人落了泪。"

而12岁的汶川地震幸存者李月，则用芭蕾舞姿征服了鸟巢，实现了自己在9万人面前献舞的梦想。《卫报》注意到这一曲名叫《永不停止的舞步》。BBC嘉宾主持、前残奥运会运动员阿德皮坦在演播室里感叹："开幕式很让我感动，特别是那个四川灾区来的小芭蕾舞演员，对她来说开幕式不只是一个体育活动，它关乎梦想、关乎生命和希望，象征着永不放弃的决心。"

在美国，残奥会开幕式第一次通过网络直播。当鸟巢全场发出持续的"中国加油"呐喊声时，NBC网站的直播主持人说："人们可以感觉到，中国人有多么自豪，而他们也应该骄傲。他们做了一项伟大的工作，这是一个值得自豪的国度。"《纽约时报》则刊发了参加了开幕式的美国残疾人运动员的观感。射击选手达尼埃尔·冯说："我看了奥运会开幕式，所以我确信残奥会开幕式一定会同样壮观。"来自休斯敦的柔道运动员乔丹·穆顿说："这是我第一次参加残奥会，但我确信此前没有人能做得这样出色。"而轮椅网球运动员戴夫·朔贝尔则说："难以置信，充满精神。英国人现在该怎么办啊？"7日，残奥会比赛开始。与北京奥运会捷克射手卡特琳娜射落首金一样，残奥会首金也被捷克的姐妹国家斯洛伐克运动员瓦多维乔娃夺走。第一日战罢，美国队和英国队以4金居金牌榜首，而中国队则以13枚奖牌占据奖牌榜首。

未来10天，来自148个国家和地区超过4 200名残奥运动员将争夺20个大项的472枚金牌。我们会一次又一次为英雄潸然落泪，一次又一次为他们起立鼓掌……

3. 文学性

体育通讯相对体育消息的另一特点是它具有较高的文学欣赏性。由于体育运动本身所特有的激烈、紧张、冲突及高情感特征，体育通讯的写作一般具有强烈的情感色彩，需要通过文学性的、生动而形象的叙述描写来感染受众，唤起受众的情感共鸣。作为一名体育记者，除了应掌握相关的体育知识和新闻采写技能外，还需要较高的文学修养和写作能力。再看下面这篇关于跳水比赛的体育通讯：

"飞天"凌空

她站在十米高台的前沿，沉静自若，风度优雅，白云似在她的头顶飘浮，飞鸟掠过她的身旁。这是达卡多拉游泳场的8 000名观众一齐翘首而望、屏声敛息的一刹那。

轻舒双臂，向上高举，只见吕伟轻轻一蹬，就向空中飞去。有一瞬间，她那修长美妙的身体犹如被空气托住了，衬着蓝天白云，酷似敦煌壁画凌空翔舞的"飞天"。

紧接着，是向前翻腾一周半，同时伴随着旋风般地空中转体三周，动作疾如流星，又潇洒自如，一秒七的时间对她似乎特别慷慨，让她从容不迫地展示身体优美的线条，从前伸的手指，一直延续到绷直的足尖。

还没等观众从眼花缭乱中反应过来，她已经又展开身体，笔直地像轻盈的箭"哧"地插进碧波之中，几股白色气泡拥抱了这位从天而降的仙女，四面水花悄然不惊。

"妙！妙极了！"站在我们身旁的一位外国记者跳了起来，这时，整个游泳场都沸腾了，如梦初醒的观众用震耳欲聋的掌声和欢呼声，来向他们喜爱的运动员表达澎湃的激情。

这篇体育通讯写得文采飞扬，飘逸潇洒，美轮美奂，将跳水运动员的优美动作与姿态活灵活现地展示在读者面前，体现了运动之美与文字之美的结合。

（二）体育通讯的写作要求

由于体育通讯在当代体育报道中扮演着越来越重要的角色，因此对体育记者的新闻写作能力与水平提出了越来越高的要求。体育新闻的实践要求记者不仅能写体育消息，而且要能够写出精彩而生动的通讯报道。

当代体育通讯的发展趋势要求记者努力挖掘与展示体育运动的特点，其中最主要的就是反映体育运动中人性的魄力与人格的力量、爱国主义精神与世界和平宗旨、竞争意识与公平原则、拼搏奋斗与团体意识等。从发展趋势来看，体育记者要写好体育通讯，必须突出以下几个关键要素：人性化、情感性、细节性、现场感和故事性。

1. 人性化

所谓体育通讯的人性化，就是要在体育报道中集中反映和表现人性的伟大和人格的魄力。人是体育运动的本体，也是体育新闻报道的核心。体育通讯就是要以人为本，通过记者的笔来反映体育运动中人的精神、人的情感、人的力量和人的交流。那种将体育运动抽象为干巴巴的比赛结果与比赛过程的报道不

能算是好的体育报道。体育记者应该意识到，最好的体育通讯，就是那种能够深刻地揭示和表现体育运动中人性之美和人格魄力的作品。可以说，能不能反映和表现出体育运动中的人性之美与人格力量，是衡量一篇体育通讯是否成功的主要标志之一。

下面是新华社 1996 年 7 月 23 日发自亚特兰大奥运会的报道《为了祖国的荣誉》一文中的情节：

> 靶位上，王义夫全身的冷汗冒了出来。这时的他就像是一个陀螺，周围的一切都在旋转，眼前的靶子已经不知去向。
>
> 王义夫没有扣动扳机，举起的枪又放下了。根据规则，在口令发出后 75 秒内，射手必须发射，否则将被判为弃权。其他 7 名射手已经全部击发完毕，从总分上看，只要王义夫这枪打到 6.7 环，中国代表团的第一块金牌就到手了。可是，王义夫不敢动。他站在靶位上，盼望着自己的视觉尽快恢复。秒针毫不留情地跳动着，但他眼前依然什么也看不见。怎么办？时间马上快到了，这一枪必须打出去。
>
> 王义夫再一次拿起枪，按照 20 多年的习惯动作，调整好身体位置。乌黑的枪口慢慢举高，慢慢下落。他凭着感觉扣动了扳机，打出了最后一枪。
>
> “6.5 环！”一个悲壮的结局！
>
> 王义夫倒下了。他瘫倒在奋斗了 20 多年的射击场上，瘫倒在伴随着他南征北战的手枪旁，瘫倒在妻子张秋萍的怀中。
>
> 大颗大颗的泪珠无声地滚下王义夫的面颊。一旁观战的中国奥委会名誉主席何振梁扶着他，哽咽着说：“你是最好的，你是最好的。”
>
> 然而，此时的王义夫已经什么都听不见了。

王义夫在这届奥运会上并没有得到金牌，但他这种为了祖国荣誉而顽强拼搏的精神，却折射出人性的伟大光芒。记者以感人的笔触描写了这位中国运动员如何以非凡的毅力战胜病魔，坚持打完最后一枪，并倒在比赛场的过程。整篇报道感人至深，催人泪下，表现了中国运动员的高尚品质与爱国主义情操。

2. 情感性

所谓体育通讯的情感化，就是要反映和表现体育运动中人的感情，以情动人。现代体育新闻报道以竞技运动、尤其是以观赏性竞技运动为主要对象。而现代竞技的特点之一就是竞技者与观赏者之间、比赛与大众之间，都包含着丰富而深刻的情感活动。例如，奥运会、世界杯足球赛等重要国际赛事会在全世界每个国家和民族中激起强烈的爱国主义情感，人们会为本国运动员夺得的每一块金牌、每一次胜利而欢呼，也会为每一次失败、每一次输球而悲伤叹息。在职业运动中，每一支职业球队或田径、体操、拳击等个人项目都拥有大批的球迷和体育迷，他们的感情与球队和球星紧密相连。就是运动者本人，也与他（她）的事业、队友、教练、运动队、球迷甚至球衣号码、球场有着深厚的感情。体育新闻报道，尤其是体育通讯就是要反映现代体育运动这种高情感特征，只有这样，才能打动读者，感动读者。

体育通讯如何体现现代体育运动的高情感特征？一方面，记者要善于抓住比赛中或日常生活中运动员、教练员、球迷等的典型事例来反映他们的感情生活，特别是他们对祖国、事业、社会、球队和球迷的感情。另一方面，要感动别人，首先就要感动自己。体育记者本人就应是一位感情丰富、激情四溢的人，他对自己所从事的事业、报道对象以及读者充满感情。只有这样，才能写出好的体育通讯报道。

下面是一篇经典的体育通讯报道。2002 年 1 月 20 日，NBA 篮球巨星迈克尔·乔丹第二次退役后复出，首次代表华盛顿奇才队回到他一生为之战斗并创造了辉煌伟业的芝加哥公牛队主场进行比赛。这一戏剧性事件引起了全世界媒体和体育迷的关注。这是乔丹自 1998 年总决赛之后第一次以球员的身份回到芝加哥比赛。当乔丹出现在球场的时候，芝加哥球迷全体起立，鼓掌 3 分钟向乔丹致意。乔丹在这场比赛中上场 41 分钟，21 投 7 中，拿下 16 分，12 个篮板，带领华盛顿奇才队在客场 77 比 69 战胜了芝加哥公牛队。但这场比赛的比分和乔丹的表现并不是重要的。记者抓住这一事件各方面的复杂心理与感情，写出了一篇荡气回肠、催人泪下的体育通讯。

乔丹回到芝加哥①

记者苏群报道 两支队伍都属于乔丹，一支红色，一支蓝色，在过去与现实之间，乔丹痛苦得如斩手足。

这是他熟悉的地方，他为之奋斗了几乎毕生的地方。那些熟悉的面孔从开赛前两小时就守候在联合中心门外，目送他们心中伟大的神步入球馆。在颜色冰冷的水泥通道内，身着西服的乔丹恍若隔世：一样的记者簇拥在身前身后，问的却是不一样的问题。乔丹无暇顾及，他俯首问候轮椅上那位熟悉的残疾球迷，然后走向奇才队的更衣室。“迈克尔，到这里却进客队更衣室，有什么感受啊？”有人喊道。乔丹一笑，答：“我都不知道客队的更衣室在什么地方？”

是啊，他夺冠时的眼泪是留在公牛队的更衣室了，那些香槟和雪茄的

① 体坛周报，2002-1-21.

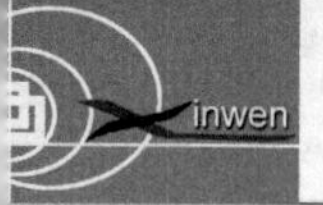

香味也留在那里。还有球场上的地板，1994 年，他曾俯身亲吻过，每次在这里被叫到名字，灯光是暗的，聚光灯打在他的身上，四周只有黑暗中狂热的叫喊声。现在，叫喊声依旧，可灯光如此明亮。

公牛已尽够地主之谊。他们虽不愿做一个短片以纪念这位六冠王者，但至少把介绍奇才队的顺序调了一下：科林斯本该最后一个被叫到，现在是 4 位主力再加科林斯，最后才是乔丹。这是 NBA 历史上独一无二的出场顺序。

联合中心球馆里 23 500 多人站起来，他们鼓掌、跺脚、叫喊、声嘶力竭，乔丹背手站在队伍中，低头望着自己的双脚，嘴里依然嚼着口香糖。是啊，灯光应该暗了，该介绍公牛队，为什么还亮着？声浪持续着，一分钟，两分钟……

迈克尔终于抬起头，这时，大屏幕把他的眼睛亮在了所有人面前，那眼睛里分明含着泪水，脸微微抽搐，他在努力收着眼泪——伟大的神啊，你为什么要身着蓝色的衣服，站在这红色的角斗场？乔丹抬起手，转身向四周挥了挥。有人不平了，准备好好教训乔丹的阿泰斯特说："早该介绍公牛队了，他们为什么等这么久？"奥克利说："一点都不久，我宁愿等半个小时也不够。"

两代人的心情，在红色和蓝色之间如此分明。

第一次接球，声浪又起。他第一次跳投，又是沸腾。球没进，全场静默。公牛屡投不中，乔丹在开赛 4 分 19 秒时一记后仰跳投命中，全场喊声如同海啸。乔丹 2 次犯规，科林斯把他换下场，嘘声四起——这是谁的球场？这是乔丹的球场，无论他的球衫上的颜色是红色和白色，或是蓝色。

终于结束了，这难以卒睹的比赛。乔丹说："看到观众如此的反应，我简直无法打下去。我不忍和公牛队对抗，那就像要打败你的亲人。我不是故意的，的确我一点劲儿都没有。他们开始给了我最高的礼遇，我欠这座城市太多了。"

但是乔丹知道自己不能陶醉于欢呼声中。他的灵魂留在了这里，但他的凡胎肉体却属于华盛顿。他用 39 岁的成熟男人的智慧提醒自己，那骄傲的红色已成过去。

"在这座球馆外面有一座我的雕像，所以我回来打球太让人难受，这只是一场比赛而已。人们总喜欢把我和过去比较，这是人之常情，我能够理解。人们对我满怀期待，可我已不是 1998 年的那个球员了，我好强的天性让我企图去领导一支球队，可我知道，现在连这个目标都难以达到，要承认自己只是天性好强该有多难。但无论形式多么险恶，我必须想办法

去赢球。显然这场球看起来很糟糕，只是我们想办法赢了。"

乔丹感慨时过境迁，物是人非，"两支球队都处于转折期，都在黑暗中摸索着各自的道路。我，夹于他们之间。"

是啊，在红色和蓝色之间，连不败的神都在受煎熬。

这是一篇精彩的体育通讯。作者抓住乔丹首次率领客队与公牛队比赛这一世界关注的球场戏剧性事件，通过深入的观察和体验，深刻地揭示了这一事件中各种人物角色的复杂心理感受。记者没有简单地就比赛报道比赛，也没有像消息报道一样将重心放在比赛结果和过程上，而是从乔丹与芝加哥和公牛队的关系这一点上着手，抓住乔丹走进更衣室、出场、比赛等一系列典型事例，浓墨重彩地刻画了乔丹回到他曾经为之奋斗的芝加哥主场比赛这一不寻常的时刻，细致描写了各方面的复杂心理和感情，从而写出了一篇令人感动不已的体育通讯报道。

当我们读到《乔丹回到芝加哥》这样的报道时，不仅可以深切地体会到乔丹与公牛队和芝加哥球迷之间情同水乳，同时还可以感受到记者本人对乔丹同样有着难以割舍的感情。正因为如此，他才会深切体会和感受到乔丹回到芝加哥这种难以名状的情感冲突，写出如此细腻感人的报道。

3. 故事性

故事性，又称为情节性，是指体育记者在写体育通讯时，有意识地融入情节性描写，好像说故事一样，将比赛或事件的过程详细地交代出来，达到引人入胜的效果，增加报道的可读性。如新华社 1985 年 8 月 27 日的通讯《栾菊杰：我豁出来了——第 13 届世界大学生运动会女子花剑决赛目击记》一文中，记者就以细腻的情节描写，报道了中国运动员栾菊杰是如何锲而不舍，在落后的情况下反败为胜的：

> 裁判宣布：加赛一剑决定胜负。沃莎金娜揭下面罩掠了掠头发，神情显得有些慌乱。她可能没有想到，这位 27 岁的中国姑娘在 0 比 4、2 比 5 落后的情况下，竟能一剑一剑"捞"回去。裁判发令："预备——开始！"栾菊杰移动迅速，出剑果断，攻势不减；对手也不示弱，防守中伺机反击；几个回合下来，双方仍未分出胜负。但栾菊杰在气势上占了上风，只见她突然发力，一连向前跨出几步，一剑刺中沃莎金娜的腰部。"成功了！"经过两天来的 17 场激战，栾菊杰终于过关斩将，为中国在本届大学生运动会上赢得了第二块金牌。

在这段报道中，记者绘声绘色地描述了栾菊杰取胜的经过，令人读来仿佛

听评书讲故事一样引人入胜。这种手法尤其适合于赛事通讯和人物通讯等。

再看下面这则新华社记者采写的2010年南非世界杯决赛的特写报道。这场决赛因为两支从没有得过世界杯冠军的球队相遇而更加举世瞩目。比赛中，西班牙队凭借伊涅斯塔在加时赛第116分钟的进球战胜了荷兰队。这篇报道是新华社记者于决赛当晚在荷兰首都阿姆斯特丹采写的特写报道。记者以叙事的方式，描述了荷兰球迷大喜大悲的场景。

阿姆斯特丹今夜不哭

新华社阿姆斯特丹7月11日体育专电（记者 潘治） 这本是一片浪花四溅、激情四射的橙色海洋，却在刹那间失去了生气，失去了动力。不再有欢笑，不再有呼喊，剩下的，只是一片寂静，一片落寞。

11日晚，约18万球迷聚集在阿姆斯特丹博物馆广场上，为他们的橙衣军团加油。一个面积达88平方米的欧洲最大屏幕以及若干稍小的屏幕竖立在广场上，成为调动这些球迷的指挥中枢。

比赛开始前几个小时，广场上已经是人山人海，水泄不通。球迷们纷纷用自己的橙色装扮，将整个广场变成了一片橙色的海洋。橙色的T恤衫、橙色的披风、橙色的帽子、橙色的眼镜、橙色的气球，当然，还有橙色的旗帜，那是属于他们的英雄——荷兰队的旗帜。

远在万里之外的球场上一声哨响，让广场上的十多万球迷从赛前的轻松进入了紧张的期待中。大屏幕上，荷兰队球员的每一次触球，都能在广场上掀起一阵橙色的波浪；而西班牙队的每一次进攻，都能让这片橙色的海洋发出轰鸣的嘘声。

90分钟的比赛结束时，这片橙色海洋似乎已经按捺不住，他们聚集了太多的能量，期待着排山倒海般的爆发，期待着滔天巨浪的洗礼。于是，橙色的燃烧弹划亮了天空，橙色的烟雾弥漫在空气中。十多万人同时整齐挥臂，十多万人同时高声呐喊，令人感觉到这橙色的海洋就将破堤而出，奔涌向阿姆斯特丹整座城市，奔涌向荷兰整个国家，甚至要咆哮着告诉全世界，今夜，应该由橙衣军团金色加冕！

然而，梦，就这样，在猝不及防之间，被对手捅破了。一个金色的梦，一个荷兰人期待了几十年的梦，就这样，在不经意之间，在这个月色撩人的夏夜，碎了。

橙色的海洋，在刹那间安静下来。或许你很难想象，十几万人的呼喊会是多么令人震撼；但你更难以想像的是，十几万人同时静默，会是多么令人揪心。

奇迹没有出现。橙色的旗帜，不再有飘扬的神采；橙色的翁翁祖拉，

不再有振奋的奏鸣；橙色的海洋，就此陷入令人扼腕的沉默。又是远在万里之外的一声哨响，令橙色的潮水开始退却。

一名身穿橙衣的小姑娘，轮流在父母的肩头骑坐了几个小时之后，显然是已经倦了。她有些茫然的双眼，注视着泛着泪花的母亲，有些不解，有些困惑。

“为什么？为什么！为什么……”

“怎么会又一次，又一次，又一次！”

“我们有最好的队伍，我们期待着下一次，他们是我们的英雄！”

球迷或悲伤或失落的片言只语，成为橙色潮水退却时寂寞的音符，低沉而短促地飘过这黑沉沉的夜。

橙色的海洋，悄然化成一条条橙色的涓涓溪流，消退在这座运河环绕的城市里，消退在王子运河、绅士运河和国王运河以及百十条运河之间。潮退，夜静。

阿姆斯特丹，今夜不哭。

4. 细节性

体育通讯与体育消息不同，不仅要为受众提供更详尽的比赛过程描写，更要通过细节的描绘来反映和表现体育运动的魄力和精神。要做到这一点，体育记者应该在以下几点上下工夫：其一，必须亲临现场进行采访。体育通讯是不可能以电视或电话来作为信息源的，因为他无法通过电视或电话来发现赛场上那些具有独特报道价值的细节。尽管电视可能通过镜头回放和慢镜头展示一些精彩瞬间或细节，但记者却不可能借此获得电视观众所不能看到的、具有独立观察角度的比赛细节，写出诸如比赛通讯、赛场侧记、比赛花絮等报道。其二，体育记者应在训练和比赛现场有意识地去寻找、观察和发现具有新闻价值的细节。要做到这一点，就需要记者在平时多注意培养观察细节的意识和能力。其三，要写好细节，要通过精练、生动、细腻的文字，将细节写好写活。

描写细节，并不是越细越好，更不是凡细就好，而必须注意避免琐碎唠叨、繁文絮节、堆砌文字。描写细节的关键是具有典型性。有时，只要一两个典型的细节描写，就可以将整篇报道带活。如在《乔丹回到芝加哥》一文中，记者抓住乔丹背手、低头、嚼口香糖、眼中含泪、脸微微抽搐等细节，就使这位篮球巨星首次以客队身份回到他曾经为之奋斗的城市进行比赛的复杂心情跃然纸上。

5. 现场感

所谓现场感，是指在体育通讯的写作中要有现场感，让读者如临其境，置身其中。体育通讯写出现场感是非常重要的。记者要通过自己的报道，将体育

比赛的现场情况再现于读者之前，使他们仿佛是坐在观众席上，亲眼看到运动员们的精彩表演，听到观众席上的欢呼声或叹息声，感觉到赛场上紧张激烈的气氛。这种现场感的烘托和描写能使体育报道生动起来，使其对读者产生吸引力和阅读的快感。

要使体育通讯具有现场感，需要记者在比赛现场采访时不仅关注赛场内的运动员、教练员及比赛过程，而且要观察看台上的观众球迷、球场建筑、周围布置、赛场气氛甚至季节天气等因素。这些平时人们不经意的地方，却能增加报道的真实感和现场气氛。

二、体育通讯的写作方法

由于体育通讯既要求记者熟悉体育，又要有很好的采访能力和文学功底，因而要写好一篇体育通讯是需要花很大气力的。这不仅包括记者的专业水平、平时积累和采访能力，还需要记者在写作方面下工夫。

（一）体育通讯的写作要点

如何才能写好体育通讯？这是摆在每一个体育记者面前的难题。菲尔·安德鲁斯指出了写好体育通讯的三个“黄金原则”：吸引读者的注意力、保持读者的注意力、让读者感到满意。他还认为：“撰写特稿（通讯）必须要有目的，那就是要吸引读者的兴趣，写作围绕的这个主题通常来源于某则新闻或是出于某种原因而为人们关注的事情。”① 美国新闻学者丹尼尔·威廉姆森列举了构成一篇好特稿（通讯）的4大要素：第一，作者在写作风格、素材选择以及内容编排方面应该有创意；第二，作者的报道应有个性，也就是作者要有自己的观点并在报道中体现出来；第三，作者在进行特写报道时不应忽略其新闻性，也就是说，特写报道应该提供新闻信息；第四，作者在注意以上三点的同时，还必须使文章更具娱情性。② 史蒂夫·威尔斯坦则认为：“尽管有的特写很长，但好的记者不会让读者感到厌倦。这里没有辞藻华丽的感伤文章。他们使用朴素直接的语言刻画出鲜明、真实的形象，使用简单的名词和动词；比喻用得准确、恰到好处，颇有创意。他们的特写报道都是建立在对细节、客观事实、引言、思想、声音、气味、触觉甚至是味觉描写基础上的。”③ 以上观点，都可以作为年轻体育记者们写作体育通讯的参考。

---

① （美）菲尔·安德鲁斯．体育新闻从入门到精通［M］．北京：中国人民大学出版社，2010：82.
② （美）布鲁斯·加里森等．体育新闻报道［M］．北京：华夏出版社，2002：133.
③ （美）史蒂夫·威尔斯坦．美联社体育新闻报道手册［M］．北京：中央编译出版社，2005：116.

具体而言，体育记者在撰写体育通讯时，应在以下几个方面下工夫：

1. 发现题材

并不是任何消息都可以作为通讯的题材。只有那些重要的、引人关注的、具有故事性的事件或人物才能够写成通讯。因此，对于记者而言，要写好一篇体育通讯，首先就要通过采访去发现题材，收集素材，然后评估这个题材及搜集到的素材是否足以支撑一篇通讯的写作。一般而言，只有那些具有典型意义的、重要的、公众关注的和具有故事性、情节性的题材，才能支撑体育通讯的体裁要求。例如，迈克尔·乔丹在一场 NBA 常规赛中尽管表现神勇，但是这类题材内容可能只能写入消息中，而不具备体育通讯所要求的典型性和重要性要求。但是，如果是像 1997 年总决赛第五场乔丹在食物中毒导致虚脱的情况下带病奋战，砍下 38 分，7 个篮板，5 次助攻，率领公牛客场艰难取胜，或者是在 NBA 总决赛中公牛队依靠乔丹的神勇表现和全队艰苦奋战夺取总冠军，以及如前面提到的乔丹第二次退役后复出首次率领华盛顿奇才队到芝加哥公牛队主场比赛等，这些题材都具备典型意义，仅用消息来报道是不够分量的，记者应该而且必须考虑采用通讯这类体裁来予以报道。

2. 寻找视角

有了报道题材，对于记者而言，最重要的事就是寻找一个独特的和能够反映主题的报道角度。一个事件，不同的视角，可以写出不同的新闻。同样一场比赛，同样是在比赛现场进行采访，为什么不同的记者写出的稿件不一样？除了写作功底外，其中最重要的就是报道角度的不同。换言之，大家都在现场或电视前观看了比赛，记者的报道如何写得与众不同，如何写出个性风格？一个最重要的因素，就是寻找到独特的报道角度和切入点。菲尔·安德鲁斯指出："新闻记者找到由头后，必须寻找撰写特稿的视角。举个例来说，在撰写大型比赛的赛前报道时，特稿作者也许选择关注以前比赛双方会面或交手的情况，或者围绕曾经代表过双方球队的责任或已退役球员撰稿，抑或着眼于警方为防止比赛双方的球迷们发生冲突所采取的行动。"① 这就是说，同样一场比赛，记者可能有很多种报道角度，而好的角度能带来一篇视角新颖、精彩纷呈的通讯报道。像前面提到的《乔丹回到芝加哥》一文，记者没有像一般记者那样把关注点放在比赛过程与结果上，而是将乔丹与公牛队主场的感情联系作为报道切入点，形成了独特的报道视角，为这篇报道的成功打下了基础。

3. 提炼素材

很多年轻的体育记者在撰写通讯稿时，面对一堆采访素材与搜集的资料，会感到毫无头绪、无从下笔。这就需要记者训练和强化自己提炼素材和提炼新

① （美）菲尔·安德鲁斯. 体育新闻从入门到精通［M］. 北京：中国人民大学出版社，2010：82.

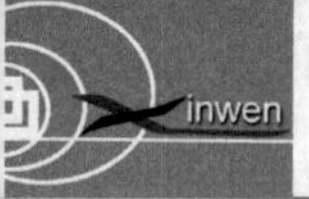

闻的能力。所谓提炼素材，就是确定和判断记者手中掌握的新闻素材中的基本元素与重点，从而找到文章的主题或切入点。一旦确定了主题与切入点，记者也就有了取舍整合新闻素材的依据，从而为通讯写作确定了方向与角度。为此，布鲁斯·加里森建议体育记者采取以下三个步骤来提炼素材：第一，罗列报道所需要的素材；第二，确定报道的大纲；第三，列出报道所需要进行的采访。[①] 一般而言，体育记者在提炼比赛的新闻素材时应回答以下问题：报道的目的是什么？报道的主角是谁，是甲队还是乙队，是某位球员还是一个球队？比赛的结果如何，哪些因素明显影响了比赛结果？比赛中发生了哪些重要事件，事件的主角是谁，起因是什么，后果如何？记者手里的素材够了吗，足以支撑一篇通讯报道吗，还需要进行下一步采访和搜集资料吗？等等。记者应该在提炼素材的基础上，确定报道的主题与角度，找到切入点与素材中各种内容元素的逻辑关系，然后将提炼出来的报道主题、角度和基本的新闻要点反映在标题与导语之中。

4. 构思故事

通讯与消息不同，它不仅仅限于报道基本的新闻事实，还要为读者提供新闻故事和文学享受。人物、故事和细节是一篇好的体育通讯必有的要素。美联社体育记者本顿·瑞恩·帕特森总结了写好特写（通讯）报道的三条基本原则：一是报道中要有人物形象，二是讲述一个故事，三是让读者自己去听、去看、去感受。[②] 艾拉·伯科认为，新闻报道在细节与场景的描写方面与小说有相似之处。[③] 归纳起来，写好一篇体育通讯的要点是：首先，需要一个具有典型意义的新闻人物或事件；其次，这个人物或事件的报道应该有一个结构完整的故事；再次，这个故事应该有能吸引人、打动人、感染人的情节与细节。最后，记者应当用激情、生动、流畅、幽默的文学语言来讲述这样一个故事。

（二）体育通讯的开篇

体育通讯的开篇是为写作定基调，吸引读者阅读。它是体育通讯写作中最重要、也是最困难的一环。开篇写得怎样，往往决定了该通讯的水平与品质。一般而言，体育通讯的开篇灵活多变，不拘一格，没有固定的导语结构，这与体育消息是不一样的。

体育通讯开篇的形式多样，下面介绍常见的几种：

1. 直入型

直入型特点是落笔入题，开门见山，单刀直入，一目了然。这种开头法常

① （美）布鲁斯·加里森等. 体育新闻报道［M］. 北京：华夏出版社，2002：134.

② （美）布鲁斯·加里森等. 体育新闻报道［M］. 北京：华夏出版社，2002：134.

③ （美）史蒂夫·威尔斯坦. 美联社体育新闻报道手册［M］. 北京：中央编译出版社，2005：117.

见于比赛通讯报道、体育事件通讯报道等。请看1981年11月19日《中国青年报》的通讯《敲开世界冠军的大门——中国女子排球队纪事》的开篇：

世界排球冠军的大门，终于被一群勇敢聪慧的中国姑娘敲开了！二十年前，当我国乒乓球小将登上世界冠军宝座时，我们就开始盼望我国“三大球”翻身的日子的到来；二十年之后，中国女排脱颖而出，率先奏响了这一曲振奋中华的嘹亮凯歌。

谱写和鸣奏这曲凯歌是艰难的，然而也是激动人心的。

再看新华社1989年10月22日发的通讯《落地的遗憾》的开篇：

22日下午是第25届世界杯体操锦标赛的最后一场比赛。

中国队的杨波以优美的姿势跳上平衡木，她连续的跟斗，如履平地，转体、跳跃、造型，稳如泰山，整套动作挑不出一点毛病。最后一串落地的跟斗起来了……可是，当她脚一沾地时，却连续向前冲了几步。

全场掌声和叹息声连成一片。只得了9.80分。到手的冠军丢了。杨波呆呆地坐着，有人递给她一瓶饮料。

这两篇通讯的开头部分都开门见山地直接叙述了报道的主题，让读者一看就了解了基本新闻内容。这样的通讯开篇特点是先给读者一个基本的事实和结果，然后层层展开比赛的过程、比赛中发生的事情、原因及结果影响等。这是一种常见的体育通讯开篇方式。

2. 侧入型

侧入型特点是不直接写比赛，而是通过对场景、气氛、观众等方面入手，侧面迂回，曲径通幽。这种方式常用于赛事通讯与体育人物通讯等。如《向地心引力挑战的时刻——记朱建华跳过2.38米的新高度》的开篇就没有直接写比赛情况与结果，而是从场外观众的热烈情绪落笔，从侧面来烘托比赛气氛。

朱建华轻松地跃过2.34米的横杆以后，上海虹口体育场里的满场观众热烈鼓掌，不少观众情不自禁地起立高喊：“2米38！2米38！”“破世界纪录！破世界纪录！”

电动记分牌上很快亮出了“2.38”的字样，观众中又是一片掌声。人们相信他具有征服这个高度的实力，期待着他再次为国争光。

场上的气氛空前的活跃和紧张。因为大家懂得2.38米这个高度的意义。这是世界上从未有人跳过的新高度，而此刻，我国年仅20岁的朱建华却要向它挑战，这需要多么大的勇气和毅力！从某种意义上说，这是人类向地球引力在进行斗争啊！

体育通讯运用侧入型开篇就像电影蒙太奇镜头一样，先将镜头打向旁观者或周围的场景，借助观众或其他人的话语、表情、动作等来烘托出主角或主题。这种开篇方式制造了一个令人印象深刻的背景，为后面内容的展开留下了广阔的空间和余地。

3. 渲染型

这种开篇的特点是通过一系列细节的描写来刻意渲染场景气氛，以达到吸引读者的目的。下面是新华社记者杨明、马小林于1995年8月7日发自哥德堡的消息报道《爱德华兹创造跨世纪纪录》的开篇：

爱德华兹大笑，爱德华兹大叫，爱德华兹兴奋得乱喊乱跳。

这位大器晚成的英国选手今天在第五届世界田径锦标赛男子三级跳远决赛中，以18米29的辉煌腾越创造了一项属于21世纪的纪录。

他那如同脱离了地心引力的三级腾越打破了他10分钟前第一次试跳时创造的18米16的世界纪录，更超过了他赛前保持的17米98的全球最好成绩。随着新纪录的诞生，这位两个儿子的父亲成为人类历史上第一个突破三级跳18米大关的传奇人物，被这里的记者形容为“跨世纪的飞鸟”。

记者开篇就别出心裁地用了三个重叠的排比句，用大笑、大叫、乱喊乱跳等三组读来十分上口押韵的动词，生动地再现了一位在运动场上兴奋得发狂的运动员形象，就把爱德华兹破纪录后的兴奋、狂喜、快乐之情跃然纸上，起到了渲染气氛的特殊作用。

4. 特写型

特写型的特点是通过比赛或人物的细节特写来开篇，从而使读者开篇对报道的内容产生鲜明而清晰的印象。这种开篇多见于人物报道。如新华社1992年7月19日发自巴塞罗那的一则通讯《拼向胜利》的开篇：

世界冠军钱红坐在椅子上，透过那黑大的水镜镇定地注视着眼前的泳道。

再看《中国体育报》2008年8月19日的通讯《孙海平的头发还有几

根?》的开篇。在北京奥运会上，万众期待的中国跨栏运动员刘翔因伤退赛，引起举国震惊和巨大反响。记者没有像一般人那样去直接报道刘翔退赛，而是找到一个独特的视角——教练孙海平“光秃秃的脑门”来作为开篇。这一别出心裁、出人意料的视角立即使这篇通讯报道平添异彩，夺人眼球。

意外退赛之后，刘翔哭了，孙海平也哭了。然而在记者的眼里，最让人揪心的并不是孙海平如泉涌的泪水，而是在灯光下，他那光秃秃的脑门。

四年前当记者在石家庄第一次结识孙海平的时候，他脑门上还散落着稀疏的头发。一晃四年过去了，孙海平一如既往地在刘翔身上播撒了全部的心血，最后收获的却是这样一个结果，想想他的心痛岂是常人能够承受?

特写型开篇是体育通讯经常采用的方式。记者凭借自己在赛场边敏锐的观察，捕捉报道对象的一些细节，然后以此为切入点来展开通讯写作。像运动员在比赛时的眼神、汗水、肌肉、呼吸、面部表情、手上动作和湿透的衣服等，都是这类特写型开篇常用的写作元素。

5. 悬念型

这类开篇的特点是设置一个悬念，挑起读者阅读的兴趣和欲望。下面是新华社 1996 年 5 月 7 日关于中国女子长跑运动员王军霞的通讯《万米红霞》的开篇：

身穿红衣、红裤的王军霞依然没有抖开神秘的面纱。这位被誉为“东方神鹿”的姑娘不动声色地站在跑道上。

全国田径奥运选拔赛女子万米预选赛即将开始，看台上的观众寥寥无几，连敏感的记者多数都没有光顾今天上午的赛场。预赛通常只是选手们进入决赛的热身，谁也没指望王军霞会跑出什么惊天动地的成绩。

然而，这个判断使众多人后悔不迭。

这篇通讯的开篇没有说出王军霞在这次比赛的结果，反而描写了比赛前观众看台上的冷落场景。这种开篇描写方式与王军霞比赛中石破天惊地打破世界纪录形成了强烈的对比与反差，同时也为读者营造了悬念。

再看新华社记者在 2008 年 8 月 17 日发自北京奥运会的通讯《奇迹之路：八金菲尔普斯是这样炼成的》的开篇：

百余年前，创立现代奥运会的顾拜旦绝对没有设想过他的奇迹。

百余年后，人类的奥运圣殿中肯定会铭记他的伟业。

今天，菲尔普斯在传奇之地北京谱写了属于他自己、属于整个奥运会的传奇。

2008年8月17日，水立方见证了一个历史性的时刻：在男子4×100米混合泳接力比赛之后，菲尔普斯收获了个人在北京奥运会上的第八块金牌！他还以一届奥运会打破7项世界纪录、两届奥运会14块金牌的总数，成为奥运历史上不朽的传奇。

这篇通讯的开篇三段文字都没有直写菲尔普斯，而是从历史着墨，形成了一个悬念型开篇——菲尔普斯到底创造了什么样的奥运奇迹？这样的开篇引人入胜，回味无穷，是体育记者们喜爱的通讯开篇形式。

（三）体育通讯的主体

体育通讯的主体是报道的主要部分，也是占整个通讯文字最多、篇幅最大的部分。一般而言，对体育通讯主体的要求，就是用通俗易懂、生动有趣、引人入胜的文字，来述诉有关新闻事实，抒发作者的感情，表达文章的观点。具体而言，体育通讯主体的写作有以下要求：

1. 主题明确

体育通讯的主体部分是文章的核心。与体育消息往往在导语中提炼主要新闻事实不同，体育通讯的主要事实和基本观点在很多情况下是在通讯主体中来阐述的。因此，体育通讯的主体必须围绕主题来展开，向读者表达主要的新闻事实与观点。例如，在前引通讯《乔丹回到芝加哥》中，记者紧紧扣住迈克尔·乔丹作为客队队员回到芝加哥联合中心球场打球的复杂心态和感受这一主题，层层展开乔丹的心路历程和球迷们的情感活动，由此为读者塑造了一个有血有肉、催人泪下的悲剧英雄的形象。

2. 观点鲜明

在体育通讯的主体部分，必须在陈述事实的基础上，鲜明地表达记者的观点。例如，在新华社1996年7月23日发自亚特兰大奥运会的报道《为了祖国的荣誉》一文中，记者以感人至深的笔触，通过对王义夫在赛场上带病顽强拼搏事迹的描写，表达了记者的观点：虽然王义夫没有拿到奥运会金牌，但他却体现了中国运动员崇高的体育精神和优秀品质，正如在场的国际奥委会委员何振梁所说："你是最好的"！

3. 角度新颖

一篇能令人印象深刻的体育通讯，通常在报道角度能够达到出新出奇的效果。例如，在1988年汉城奥运会上，加拿大短跑运动员本·约翰逊出人意料地战胜了名将刘易斯，以9秒79的100米成绩打破世界纪录，夺得了奥运会金牌。新华社记者杨明以《约翰逊“欺骗”了整个世界》为题，以奇特而新颖的角度报道了这一戏剧性的消息。两天后，约翰逊服用违禁药品的丑闻爆发，杨明又以《约翰逊果真欺骗了整个世界》为题对这一爆炸性消息做了报道。由于这两篇通讯报道角度新颖而有创意，因而得到了当年的全国好新闻一等奖。

4. 结构合理

体育通讯的主体部分文字较多，记者在写作时要注意层次分明、结构合理。以新华社记者杨明所写《约翰逊“欺骗”了整个世界》为例，这篇通讯的主体部分将实事与背景巧妙穿插，层层递进，跌宕起伏，充满悬念，令人读来确实感觉约翰逊的成绩不可思议。

5. 语言生动

通讯的特点是语言生动，这主要反映在通讯的主体部分中。记者在写作体育通讯时，应该在这方面下工夫。同样以《约翰逊“欺骗”了整个世界》为例：

约翰逊“欺骗”了整个世界

谁也没有想到在世界短跑名将约翰逊那憨厚、犀牛般健硕的躯体内竟包藏着军事家般的智慧。

这名结结巴巴、一身蛮力的加拿大黑人在决赛前的三轮比赛中一输再输，使得所有的人都判定他必输无疑。但当他在决赛中像炸雷般在晴空丽日之下，以震惊人类的9秒79掠过100米终点时，人们才恍然大悟：原来约翰逊最近的表现都是他精心导演的。这种蒙住了整个世界，包括一万多名敏感的记者在内的韬晦之计和他那辉煌的9秒79成绩应该同时载入体育史册。

决赛前夕，保持着9秒83世界纪录的约翰逊在预赛中差点被淘汰出局，在半决赛中也挣扎着跑出10秒03。和刘易斯相比，他显得既笨重又吃力，连起跑都没有优势。而“美国英雄”刘易斯则英姿勃发，像舞蹈般优美而轻松地跑出9秒97。

于是，上千家体育报刊、电台、电视台记者以及他们的亿万读者和观众都对约翰逊大失所望，甚至认为他能捞块铜牌就相当不错。路透社、美联社、法新社等世界权威新闻机构也做好了抢发刘易斯获胜报道的准备。

然而，约翰逊今天留在跑道上的那道炫目的黑色闪电会使所有的人目

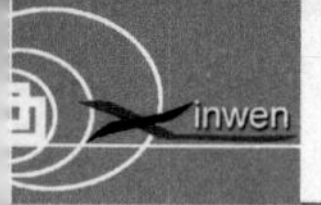

瞪口呆，人们对他那划时代的成绩和计谋同样惊叹不已。

其实，约翰逊这次的计谋在去年罗马世界田径大赛上已经施展过一次。那次他也是采取“欲擒故纵”战术，先装熊，后崛起。他当时在决赛中一搏冲天，跑出9秒83。今天的表演只不过是把这一计谋应用得更加逼真并富有欺骗性而已。

有人说，约翰逊自从今年初就开始施展招数了。他那腿伤其实并不重，为了夺取奥运金牌，欺骗刘易斯，他故意输给刘易斯一次，而且不暴露任何实力。

在今天赛后的记者招待会上，约翰逊对他的计谋闭口不答，只是又一次断言说：“在今后的50年到100年之内，我的纪录没有人能打破！”

但愿这个预言不要成为事实！

（新华社记者 杨明 汉城1988年9月24日电）

在这篇通讯的主体部分，记者用生动而形象的语言描述了约翰逊这位“结结巴巴、一身蛮力的加拿大黑人”如何“精心导演”，“蒙住了整个世界”；在决赛前，他如何一败再败，输给“英姿勃发，像舞蹈般优美而轻松地跑出9秒97”的刘易斯；又如何在人们都看好刘易斯的同时，约翰逊“今天留在跑道上的那道炫目的黑色闪电会使所有的人目瞪口呆，人们对他那划时代的成绩和计谋同样惊叹不已”。这些生动的语言和富有表现力的词汇使这篇通讯绘声绘色，印象深刻。同时，记者的标题《约翰逊“欺骗”了全世界》以及文中隐含的怀疑口吻为次日爆发的震惊世界的约翰逊服用兴奋剂事件埋下了伏笔。

（四）体育通讯的结尾

在体育通讯的写作中，结尾也是一个重要的环节。好的结尾与通讯报道是一个整体，能起到首尾呼应、缩结全文的作用，或是画龙点睛，或是发人深省，或是余音绕梁，或是状物抒情，给人留下深刻的印象。

体育通讯的结尾没有固定的模式可循。好的记者能够依据报道的需要和自己的理解与灵感，不拘一格地结尾。下面是常见的一些体育通讯的结尾形式：

1. 归纳型

这类结尾的特点是画龙点睛，归结全文。常用于赛事通讯等。如《黑色闪电划破东京夜空》的结尾：

前6名选手的成绩均突破10秒大关。这是人类史上最伟大的一次百米比赛。

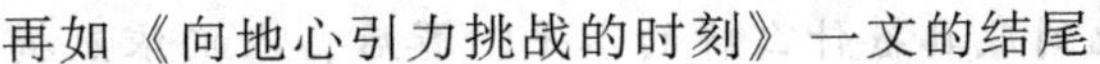

再如《向地心引力挑战的时刻》一文的结尾：

1983 年 9 月 22 日，这在我国体育运动史上将是一个有意义的日子。正像中国奥委会主席钟师统所说的，朱建华再次创造男子跳高世界纪录不仅对全国人民是个很大鼓舞，同时也将震动世界。

2. 提议型

这类结尾常见于述评型的体育通讯中，特点是在文章的最后提出建议或自己的看法。如《落地的遗憾》的结尾：

是该吸取教训的时候了。

不该让落地成为中国队水平进一步上升的拦路虎；

不该让落地铸成运动员一生的遗憾。

只要我们认真对待，问题就不会再成为遗憾。

3. 展望型

这类结尾的特点是展望前景，预示今后的发展前景。如通讯《世界泳坛新星闪烁》（新华社 1987 年 12 月 28 日电）的结尾：

在今年的世界游泳成绩排列表中，中国选手在 13 个项目中进入了前 25 名。这表明，他们的潜在实力不仅表现在亚洲泳坛，而且将是明年奥运会上游泳项目金牌的有力竞争者。

4. 抒情型

这类结尾的特点是抒发感情，引起读者的共鸣，常用于体育人物通讯等。如《乔丹回到芝加哥》的结尾：

乔丹感慨时过境迁，物是人非，“两支球队都处于转折期，都在黑暗中摸索着各自的道路。我，夹于他们之间。”

是啊，在红色和蓝色之间，连不败的神都在受煎熬。

5. 疑问型

这类结尾的特点是提出疑问，以引起读者的思考或兴趣，常见于赛事通讯等。如通讯《万米红霞》的结尾：

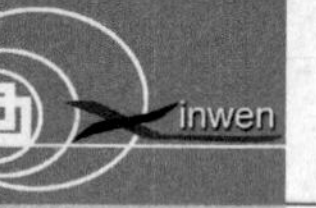

王军霞尽没尽全力？她到底具备什么样的水平？赛后，人们依然揭不开她神秘的面纱。但是，人们已经看到了她在跑道上展现的万米红霞。

三、体育通讯的分类写作

通讯的分类方法很多。一般分为事件通讯、人物通讯、概貌通讯、工作通讯等。按照体育通讯的特点，可分为赛事通讯、非赛事通讯和体育人物通讯三大类。

（一）赛事通讯

赛事通讯是体育通讯的主要形式之一，其特点是以丰富多彩的语言和生动具体的描写来对体育比赛中所发生的典型事件或人物活动进行报道。赛事通讯一般多用于赛后报道。按照体育比赛的特点，其表现形式多样，主要包括赛后通讯、比赛侧记、比赛特写和比赛花絮等多种样式。

1. 比赛通讯

比赛通讯，即单独使用通讯的形式来对体育比赛进行报道。与比赛侧记等不一样，比赛通讯不是作为消息的补充或扩展，而是独立使用，兼具消息与通讯的功能。由于比赛通讯具有生动、具体、抒情等消息不具备的优势与特点，因而不仅常见于综合型日报的体育版，也是专业性体育周报的主要报道体裁之一。请看新华社记者写的一则比赛通讯报道：

闪电划破东京黑色夜空

8 名黑人选手站在起跑线上。一场世界飞人百米决战即将开始。

站在第五跑道的刘易斯和站在第三跑道的队友伯勒尔尤其引人注目。

这将是一场世界新老飞人的决战。世界上超过 40 亿人的电视观众和赛场主席台上的日本天皇都在焦虑地等待着。

刘、伯两人今年交手三次。24 岁的世界纪录保持者伯勒尔三战三胜，夺标呼声甚高。但 6 枚奥运会金牌得主刘易斯也不可小视，这位 30 岁的老将在一个半小时前的半决赛中轻松跑出 9 秒 93 的好成绩。

谁能摘取世界跑王的桂冠，场上 6 万多名观众都在拭目以待。

发令员的银枪乍响。8 个人如同黑色闪电掠向终点。

30 米处，伯勒尔开始领先。60 米处，起跑素来不好的刘易斯明显落后。随后，两届世界田径大赛百米金牌占有者的他，便如脱缰野马，脚下生风。90 米处他已追上了伯勒尔，最后 10 米是他显示人类最快速度的时

刻。他以9秒86的令人目眩的速度跑完100米，刷新了伯勒尔保持的9秒90的原世界纪录。

另两名黑人，伯勒尔和米切尔以9秒88和9秒91的优异成绩获银、铜牌。

前6名选手的成绩均突破10秒大关。这是人类史上最伟大的一次百米比赛。

（新华社东京1991年8月25日电）

这篇比赛通讯报道的特点是兼具消息与通讯的功能。其中既报道了新闻的主要事实，又具有通讯的特点，声情并茂、酣畅淋漓地将这场举世瞩目的比赛再现于读者面前。这篇通讯文字生动、语言丰富、描写形象，充满了体育的动感与魅力，从标题、文章结构、谋篇布局到文字风格都堪称是一篇优秀的体育通讯精品。

从这个例子中可以看到赛后通讯写作的特点：

（1）比赛通讯通常单独发表，兼容了消息与通讯的功能。因此，赛后通讯一般应将比赛的基本事实和新闻要素交代清楚，使读者对比赛的基本情况有所了解。

（2）比赛通讯具有强烈的时效性。与其他的新闻通讯不同，比赛通讯的写作特点之一是受截稿时间限制。一般而言，比赛通讯与比赛消息一样，要求记者必须在比赛当天的截稿时间以内完稿并发回给编辑部，以便在第二天的报纸上见报。这意味着记者要在有限的时间内写出精彩的通讯报道。如果是网络媒体，则要求在比赛结束后的当天就要发到网上。由于比赛通讯在抓新闻热点、写作水平、可读性以及篇幅方面都有更高的要求，因此对于体育记者而言，写好一篇比赛通讯较之写好一篇赛后消息的难度更大。

（3）并不是所有赛事都可以写通讯，也不是所有比赛消息都可以扩展为通讯。有些新手往往以为篇幅大、字数多、情节具体就是通讯，这是一种误解。比赛通讯必须抓住比赛中所发生的那些具有典型意义的事情与细节来展开，才能实现体育通讯的价值。如前面所引《乔丹回到芝加哥》一文，就是抓住了乔丹与芝加哥、与公牛队、与他的球迷之间的感情联系这一点，将这位伟大的NBA明星作为客队队员首次回到芝加哥比赛的心态以及球迷的心情写得入木三分、淋漓尽致。

（4）比赛通讯需要更多的细节、更多的背景、更多的现场素材来支撑。这意味着记者无法坐在编辑部里，靠打电话或查网上消息来写比赛通讯，而必须亲自到比赛现场，通过自己的观察去寻找和发现写作题材与素材。只有那些富有经验、善于观察的记者，才能在比赛中抓住看点，写出精彩动人的比赛通

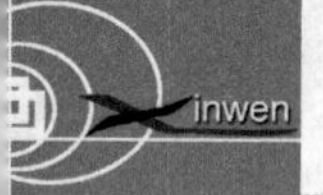

讯报道。

2. 比赛侧记

比赛侧记是比较常用的一种赛事通讯报道体裁，一般配合比赛消息使用，作为消息的扩展与补充。顾名思义，比赛侧记就是从侧面入手，抓住比赛中的一些典型情节、人物表现的细节以及环境气氛来生动再现比赛情况。另外，比赛侧记还往往具有用事实和细节来解释“为什么”的功能，如这场比赛某队为何会取胜或为何为输掉等。请看新华社记者写的一则比赛侧记：

拼向胜利

世界冠军钱红坐在椅子上，透过那黑大的水镜镇定地注视着眼前的泳道。

喇叭里播音员在大声介绍参加女子100米蝶泳决赛的8名选手的名字。

“桑德斯，世界排名第三，USA。”看台上光着膀子的大片美国拉拉队发出一片狂呼。

“普莱文斯基，欧洲冠军，法兰西。”观众席上又是一片欢腾。

“阿·莱顿，世界排名第一，USA。”观众的喇叭声掌声更加热烈。

“钱红，1991年世界冠军，中国。”寥寥几声掌声算是表示礼貌。

8名选手中个子最矮的钱红没有在乎这些，她最后一个脱下外衣，站在出发台上。

今天上午预赛时，她也是这样不动声色地站到出发台上，轻轻松松地一游，成绩就列第二，仅次于队友王晓红。

实力雄厚的美国泳将阿·莱顿大概是吸取了队友汤姆森在100米自由泳中输给庄泳的教训，预赛时不用全力，决赛时她排在庄泳那天取胜的七号泳道。

此时镇定的钱红，中午时分却表现出不该有的急躁。她坐立不宁，对能否战胜阿·莱顿心里没有底。要知道，那个22岁的美国人3月份游出过58.61秒的今年世界最好成绩，而钱红的最好成绩仅58.89秒。

中国代表团副团长袁伟民为此找她“聊天”。教练冯晓东也劝她放下包袱，只管注意自己的动作，不要管别人。一个细腻的计划制定出来：钱红前50米尽量放松，最后25米利用爆发力好、冲劲足的特点全力冲刺。

钱红有底了。她不信美国人就真的那么厉害。

出发台上，钱红如绷在弦上的箭；一场枪响，她飞越池中。8条泳道，8只上下翻飞的“彩蝶”，一池碧水溅起白白的浪花。阿·莱顿一马

当先，游至50米时处时已经明显领先，成绩为27.50秒。钱红位居第二，时间是27.80秒。

游到70米时阿·莱顿依然领先，但后发制人的钱红在75米处开始冲刺。她加快速度，浪花在她周围四溅，差距在一厘米一厘米地缩小。

最后3米处，钱红后来居上！

看台上狂喊的美国观众叫破了喉咙，阿·莱顿使出吃奶的气力。但高速前进的钱红像艘破浪的快艇，她全力冲刺，全力向前，最后，中国姑娘终于以58.62秒的优异成绩打破了奥运会纪录，在最高水平的奥运大赛上将自己的最好成绩提高了0.27！

当五星红旗在蔚蓝的天空升起，庄严的中华人民共和国国歌在全场奏响时，钱红的教练冯晓东动情地说："钱红，谢谢你。这是拼出来的胜利！"

在这篇比赛侧记中，记者抓住了比赛即将开始前高音喇叭介绍运动员时的场景、赛前钱红的紧张及代表团领导、教练对她做工作、比赛中如何追上阿·莱顿打破纪录，夺得奥运会金牌等几组镜头，生动地表现了这位中国运动员如何在奥运赛场上沉着自信、克服心理压力，最终战胜强敌夺得了金牌。通过这则报道，可以看出比赛侧记的写作要求：

（1）现场采访。比赛侧记的特点之一是现场感很强。这就意味着记者只有来到比赛现场进行观察和采访，才能发现与获得比赛侧记的报道题材。如《拼向胜利》中，记者只有来到比赛现场，并对钱红有近距离的观察和了解，才会了解诸如喇叭中介绍运动员时的场景、钱红赛前的紧张等报道素材。而这些，都可能是电视上看不到的。

（2）细致观察。比赛侧记有赖于记者的观察能力。记者的观察能力决定了比赛侧记的写作水平。记者只有依赖其精深的专业知识、高度的新闻敏感和宽广的视野，才能观察和发现那些有价值的比赛细节，从而获得写作比赛侧记的素材。

（3）提炼素材。比赛侧记不是比赛过程中所有细节的堆积，而只是从侧面提取那些最具有新闻价值的细节，来满足受众希望进一步了解比赛情况的需要。因此，比赛侧记不需要详细描写比赛的全过程，对于消息中已报道了的基本新闻事实可以不写或一笔带过。记者应当将注意力集中在比赛过程中比较典型的情节和细节的提炼上，通过一组精彩细节和片断来反映报道的主题。

（4）精心组合。比赛侧记不仅需要记者善于提炼素材，而且需要用优美隽永、生动耐读的文字将这些素材组合串联起来，给读者以美的享受。由于比赛侧记是从侧面提取一些具有典型意义的素材，有时会显得比较零乱。这就需

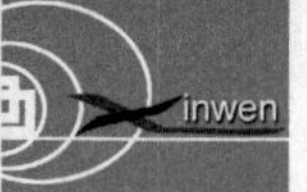

要记者进行精心的组合与打磨，将其加工成为一篇可读性较强的报道。

3. 比赛特写

比赛特写也是常用的体育通讯形式之一，其特点是借用电影特写镜头的手法，将比赛中的精彩片断和人物活动的瞬间表现出来。比赛特写可以是消息，也可以是通讯。前者一般单独使用，后者则通常配合消息使用。

比赛特写与比赛侧记的不同之处在于，比赛侧记是从侧面提取一组典型细节来表现一个完整故事主题，而比赛特写则往往是通过一个最精彩片断或瞬间的细节描写来突出表现报道的主题。下面这则比赛特写报道就是一个例子，它以生动而传神的语言描述了一次击剑比赛的最后7秒钟情景。

栾菊杰：我豁出来了

——第13届世界大学生运动会女子花剑决赛目击记

通讯员 陶金汉 记者 王兴平

8月27日晚上8时50分，正进行女子花剑决赛的击剑馆里静得几乎听得到人们的呼吸声。这时，电子计时牌显示出离规定的比赛结束时间还剩7秒钟，记分牌上的比分是3比5，栾菊杰落后。她必须在7秒内连续刺中对手——苏联的沃莎金娜两剑，才能打成平手，再赛一剑决胜负。

栾菊杰习惯地整了整手里的剑，她还是那样沉稳，没有丝毫的急躁和忙乱。只见她剑一虚晃，大步跨前。进攻，对方躲过；再攻，好——表示刺中的绿灯亮了：4比5。然而，时间也只剩下4秒钟了。

“抓紧……还有4秒钟”，队友在提醒。栾菊杰在进攻，两剑相撞，铮铮作响。两个回合后，栾菊杰抓住对方一个空当，果断地以交叉步向前并以迅雷不及掩耳之势猛击一剑，沃莎金娜躲避不及，绿灯又亮了：五平。这时只剩下1秒钟。

裁判宣布：加赛一剑决定胜负。沃莎金娜揭下面罩掠了掠头发，神情显得有些慌乱。她可能没有想到，这位27岁的中国姑娘在0比4，2比5落后的情况下竟能一剑一剑“捞”回去。裁判发令：“预备——开始！”栾菊杰移动迅速，出剑果断，攻势不减；对手也不甘示弱，防守中伺机反击；几个回合下来，双方仍未分出胜负。但栾菊杰在气势上占了上风，只见她突然发力，一连向前跨出了几步，一剑刺中沃莎金娜的腰部。“成功了！”经过两天来的17场激战，栾菊杰终于过关斩将，为中国在本届大学生运动会上赢得了第二枚金牌。

“我豁出来了!”这是栾菊杰从击剑台上跳下来后对队友说的第一句话。国际击剑联合会主席罗兰·波代尔在给栾菊杰戴上闪亮的金牌后对本报记者说:“这是一场精彩的决赛,栾菊杰不愧是奥运会冠军。”

从这篇范文中,可以看到比赛特写的写作特点:

(1)比赛特写是将比赛中某一最具新闻价值的片断和瞬间提取出来,通过具体而生动的细节描写,来突出报道的主题。如《栾菊杰:我豁出来了》一文中,记者抓住比赛只剩最后7秒钟这一短暂时刻,通过比赛细节的描绘,生动地再现了中国运动员栾菊杰是如何在比分落后的情况下顽强拼搏、反败为胜的。

(2)比赛特写必须具有典型性。并非比赛中任何片断都可以写成比赛特写。只有那些最具典型意义、最具有新闻价值的片断或瞬间,才能成为比赛特写的题材。

(3)比赛特写有赖于比赛现场的细致观察。这意味着,记者必须亲自到比赛现场,并对比赛进行认真细致的观察,才能发现比赛特写的素材。以《37次尖叫!》为例,如果记者不亲临比赛现场,感受到球迷的热情,亲自记下球迷每次送给小罗的尖叫次数,就不可能写出这篇精彩的特写报道。

(4)比赛特写的基础是细节。没有细节就没有特写。因此,记者在比赛现场必须特别注意观察细节和人物表现,才能写好比赛特写。

4. 比赛花絮

比赛花絮是一种以追求短小和趣味为特点的体育报道形式,常见于各类报纸媒体的赛事报道中。它一般不构成独立的新闻,不单独发表,而是配合比赛消息、赛事通讯等主体新闻刊出。

下面是新华社记者发自南非世界杯足球赛的几则花絮。

“公平的加油声”

新华社约翰内斯堡2010年7月9日电(记者 公兵、李丽) 11日,荷兰队与西班牙队将在约翰内斯堡的足球城球场争夺本届南非世界杯的冠军,届时,球迷们的热情将会点燃整个足球城球场。但荷兰队主教练范·马尔维克表示,他并不担心看台上众多为西班牙队加油助威的球迷会对荷兰队造成影响。“我认为这不会造成什么影响,因为整场比赛双方都会听到翁翁祖拉的‘欢呼’,”范·马尔维克认为球迷们的声音将会淹没在塑料喇叭的噪音中,“这对于两队来说,都是非常‘公平的加油声’。”

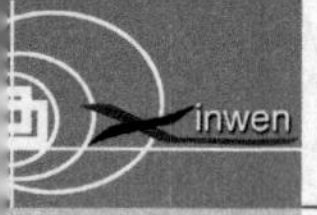

我叫“翁翁祖拉”

作为本届世界杯四强中唯一一支南美球队，乌拉圭队的表现显得格外引人注目。自1974年之后首次闯入世界杯四强的乌拉圭队在国内掀起了一阵不小的足球热潮，乌拉圭的新婚夫妇们在为自己的孩子取名时就融入了丰富的世界杯元素。“塞莱斯特”大受父母们的欢迎，因为这是乌拉圭的别称，象征着天蓝色的国度，球迷们借此来表达对祖国的热爱。一对新婚夫妇更是别出心裁，希望以“翁翁祖拉”（南非世界杯赛场上无处不在的加油喇叭）给自己的女儿命名，但根据当地法律，个人姓名应该避免这种容易造成误解的词汇。多亏了当地法规，否则这对夫妇的女儿可能也要如同翁翁祖拉一样“人见人恨”了。

尽享章鱼大餐

神奇的“章鱼帝”保罗火了，随之一起走俏的还有南非当地的海鲜餐饮业。南非当地的一家连锁海鲜餐馆将章鱼作为自己的广告元素，并获得了意想不到的商业效果。该连锁餐馆推出了名为“足球迷大拼盘”的菜单，其中包括炸鱿鱼圈、炸虾、炸鳕鱼和炸薯条。保罗已经正确地预测了本届世界杯上德国队的所有六场比赛的结果。根据保罗的最新预测，冠军是西班牙队，德国队是季军。如果球迷们喜爱的球队不幸被“章鱼帝”预言出局，他们大可来到这家餐馆享受一次章鱼大餐以泄“心头之恨”。

比赛花絮的写作一般有以下特点：

（1）事实。比赛花絮不是议论或评论，而是一种由比赛中发生的事实构成的新闻报道。因此，比赛花絮具有真实性与时效性，它必须是比赛中发生的新闻事实，而且一过了其时效性，它也就没有了新闻价值。

（2）现场。比赛花絮的写作一定要到比赛现场，才能发现与获得写作素材。靠电视转播是无法写比赛花絮的。在一些大型运动会或重要比赛中，包括运动员、教练员的表情动作、场外观众和拉拉队的活动情况甚至赛场边上的记者、警察、工作人员、标语牌等，都可能成为写比赛花絮的题材。记者只有到比赛现场随时观察和采撷，才能获取这些花絮题材。

（3）短小。比赛花絮不是主体新闻，一般都很短小，短则五六十字，多也不过一两百字。由于篇幅太短，因而记者通常不写比赛花絮则已，要写一般应是两到三条，以此构成一组花絮，以“赛场花絮”、“赛场内外”等栏目发表。

（4）趣味。比赛花絮不承担主体新闻的功能，它只是起一种娱乐休闲、活泼版面的作用。因此，趣味性和娱乐性是比赛花絮的最显著特征。记者应选取比赛中发生的情节有趣、幽默可笑、生动活泼而又与报道主题不冲突的“小事”来写花絮。像上文中南非特有的长号“翁翁祖拉”、以预测精准而“名声显赫”的章鱼保罗及球迷奔袭大力神杯等，都是写花絮的好料。而对于那些相对比较严肃的和伤感的题材，如比赛失利、球员之间发生冲突等就不适合写花絮。

(5) 细节。花絮写作通过有趣的比赛细节描写来反映报道的主题。因此，记者在观看比赛时，要多注意那些容易为人们所忽略的细节。

(二) 非赛事类体育通讯

除了比赛之外，体育运动还包括各类大众体育活动、学校体育活动、休闲娱乐活动、体育事务及与体育有关的政治、经济、司法、外交等事件。这类通讯报道的写作也有其相应的特点。

1. 体育活动通讯

可将所有非比赛类的体育通讯报道通归于体育活动通讯。它们包括各类大众体育活动和健身活动、学校体育活动、各类健身性休闲娱乐活动等。这类体育活动中虽然也有大量的竞技运动，如群众性竞赛活动等，但与以观赏为目的的专业竞技和职业竞技有较大区别。因此，与赛事通讯相比，这类体育通讯在写作方法上有所不同，它们一般没有截稿时间限制，而且通常独立发表，不需要配以其他同类主题的报道。同时，这类体育通讯取材广泛，写作自由，报道面也非常宽。

与赛事通讯一样，非比赛类的体育通讯也应当在选题、取材、写作风格上体现体育精神和体育报道特点，反映体育运动的拼搏精神、竞争精神和团体精神，反映参加体育活动的人们所特有的精神气质和面貌，使报道充满体育运动特有的朝气、生机、张力和动感。例如，在新华社记者 1986 年 7 月 23 日采写的《力量和艺术的交响诗——云南民族传统体育风采》中，记者便以激情的文字，描绘了云南边疆少数民族的体育活动场景。其中“撒尼人的斗牛和摔跤”一节写道：

“嘟！嘟！”古老的长号响起庄重而浑厚的乐声。山谷里顿时鞭炮齐鸣、锣鼓喧天、人声鼎沸。一头头膘肥体壮的水牛被牵到场地中央，在主人的指挥下展开了惊心动魄的角逐。水牛低头翘尾，眼睛发红，扬蹄直冲对手。在震耳欲聋的喝彩声中，牛角碰撞，尘土飞扬，一头头牛败下阵来，一头头牛又被牵上场去。经过几十个回合的淘汰赛，最后只剩下一名得胜者。于是，人们为这头“英雄牛”挂上红绸大花，向他的主人颁发

奖品。长号、锣鼓重新奏响，十里山谷一片欢腾。

这是居住在路南石林附近的彝族分支——撒尼人开展斗牛比赛的盛大场景。每年农历6月的火把节，这项传统体育活动便同摔跤比赛一起，吸引着云南各族同胞和大批海外旅游者前来观赏。

这则报道以生动的文笔，将我国撒尼族同胞的传统体育活动鲜活地再现出来。虽然这并不是奥运会或其他职业竞技运动，而只是民间的体育活动，但它仍然体现了体育运动的阳刚之美和激烈紧张的气氛。

再如新华社记者所写的《度索绝技留飞燕——“达瓦孜”表演侧记》：

如果是站在十层楼房的阳台上向下看，相信绝大多数人都会感到惊慌腿软。可是，来自新疆的阿不来提却在离地面近30米高的一根大绳上和着“十二木卡姆”乐曲跳起了欢快的“踢踏舞”。突然，他“失足”下坠！“啊！”观众一阵惊呼，阿不来提却牢牢地骑在绳索上，稳如泰山。

这是来自新疆的阿不来提和他的师兄师姐今天在南宁市体育场表演的维吾尔人引以骄傲的绝活——“达瓦孜”（高空走绳）。

“达瓦孜”只是一种维吾尔族的民间体育表演项目，但它同样表现出体育运动的特点。记者通过对这项活动的描写，使读者尽管未能亲眼看到表演，也能感受到这项活动的紧张和刺激。

2. 体育事件通讯

体育事件通讯，是以通讯的形式来报道与体育有关的重要事件。由于当代体育新闻的报道范围已远远超出了运动场，凡是与体育相关的事件，都可以成为体育新闻的报道对象。因此，体育事件类通讯的报道题材十分广泛，报道的形式也很自由。

例如，新华社记者1981年3月21日采写的《团结起来 振兴中华》的通讯，其内容就是当时北大学生们听到中国男子排球队在争夺世界杯排球赛亚洲区预赛的关键之战中获胜的消息后，群情振奋，喊出了“团结起来，振兴中华”这一时代最强音的情景。这篇通讯的内容不是比赛报道，而只是与体育比赛相关，但记者却将体育运动所激发出来的爱国主义热情和奋发向上、团结拼搏的精神表现得淋漓尽致。新华社的这篇稿件播出以后，在全国产生了巨大的反响，全国30多家大报全文刊登，并被评为1983年新华社好稿。下面是该文的片断：

20日夜，北京大学校园沸腾了。

深夜，广播里传出了好消息：中国男子排球队在争夺世界杯排球赛亚洲区预赛的关键一战中先输两局，奋起直追，扳回三局，终以三比二战胜南朝鲜队，取得了参加世界杯排球赛的资格。

守候在收音机旁的北京大学的学生们欢呼雀跃，11座宿舍楼的4 000多名学生不约而同地拥出房门。顿时，在楼群间的空地上，欢呼声、口号声此起彼伏，一浪高过一浪。

"祖国万岁！"

"中国万岁！"

"团结起来，振兴中华！"

"向我国排球健儿致敬！"

人们热情飞扬，心里乐开了花。有的一个劲儿地敲起了手鼓、响铃，有的找来废木棍和别的什么燃起了火炬。

突然间，有幢楼的3层窗口还有人挂出了大幅标语，赫然4个大字："中国万岁"。可爱的青年们，翘首欢呼，热烈鼓掌。

不知是谁提议："我们游行吧！"

于是，浩浩荡荡的队伍以红旗为先导，从学生宿舍开始向未名湖进发。口号声和鼓声划破了夜空，熊熊火炬映红了湖水……

游行队伍回到宿舍区，有一个同学提议："我们一起来唱国歌吧！"

这时，38号楼2层窗口传出了嘹亮的铜号声，吹起了中华人民共和国国歌的前奏。

国歌，人们唱了一遍又一遍，唱了好几遍。庄严的歌声在校园回荡，青年们的心中洋溢着对祖国的伟大的爱。

中华正在振兴，祖国正在崛起。

体育事件通讯的采写有赖于体育记者高度的新闻敏感和职业素质。由于这类新闻不像体育比赛那样具有时间的确定性与可预见性，常常以突发的形式出现，因而要求记者不仅要关注体育场内的比赛，也要注意体育场外发生的事情。由于这类事件常发生在体育场内外、运动员、运动队周围，体育记者通常最靠近事发地点，也与采访对象距离最近，因此此类新闻事件理应是体育记者的职责范围。

体育事件通讯的写作与其他通讯写作一样，要求记者必须赶到现场做第一手的观察和采访，注意那些具有新闻价值的细节，并在写作中加以生动具体的描写。如2001年7月13日，北京申办2008年奥运会成功，北京成为了欢庆的海洋。新华社记者在当日采写的题为《2008，我们的！》的通讯中写道：

中华世纪坛礼花绽放，欢声雷动，天安门广场人如潮、歌如海。从恢宏的长安街到平安大道，从灯火通明的商场宾馆到四合院，从沸腾的高校到京郊大地，狂欢的人们将满心的喜悦汇成一句话："2008，咱们的！"

承载过新中国无数次欢乐的天安门广场再次成为了欢乐的海洋。成千上万的市民自发地涌来了，两千多名首都高校学生挥舞着彩旗走来了，大庆油田申奥自行车队40多人跋涉八天赶来了，美国、澳大利亚、加拿大的几名华裔中学生利用暑假专程飞来北京，他们打出了五星红旗，高呼"我们赢了！"

每天都到这里放飞风筝的刘新春今夜即兴为人们作了精彩表演，引来阵阵喝彩。他说："我高兴啊！盼了近百年，今儿奥运会终于轮到咱泱泱大国了。我祝愿祖国腾飞，越飞越高。"

北京站大屏幕前，站前广场欢呼雀跃。拎着行李箱前来为同乡送行的中国政法大学法律系研究生梅明华激动地说："在北京，我亲身感受到了北京申奥的热情，同北京人一样热切盼望这一刻的到来。今晚，这一刻终于到来了。"

这篇通讯通过现场的场景细节描写和采访，将北京申奥成功后的欢腾景象和热烈气氛十分生动而形象地表现出来。这种记者对现场深入细致的观察和体验，发现和收集具有典型意义的写作素材，是写好这类通讯题材的关键。

3. 体育事务通讯

现代体育新闻涉及大量体育事务的报道。如重要的体育会议及有关体育事务的重大决定、重要国际体育组织领导人的改选、重要体育人物的访问、重要的体育商业行为与活动等。这类题材的报道也常使用通讯的形式。在北京申奥成功后，新华社发了一则《今夜无人入睡——写在莫斯科决赛前后》的通讯，对去莫斯科参加这次申奥的中国代表团的竞选的前后情况作了细致的描述，其中写道：

刘淇市长在飞机上巡视一圈，看望同行的代表团成员和随行记者，脸上充溢着坚定和自信。这使我想起出发前一次陈述时他说的一段话："对于我们广大群众来说，要做成功和失利的两手准备，但对于我们奥申委来说，只有一个目标、一个结果：胜利！"

如果说，奥运会是一场和平时期的"战争"，那么申奥，就是这场战争的伟大序幕，一个决策的指挥者，当然要动员士兵尽一切努力争取胜利，而不能给自己留有后路。

在专机上，记者问著名电视主持人、本次申奥陈述人之一的杨澜如何

面对当前的形势，杨澜回答非常简单："与代表团的同志一起拥抱，欢庆胜利！"

记者问代表团中的运动员代表之一、著名射击奥运冠军杨凌的则是一个逆向问题：如果这次万一失利，你怎么看待？

杨凌的回答是："说实话，我还真没有往这方面想！"

体育事物通讯的写作要切忌写成流水账，而要抓住精彩的有新闻价值的细节与场面，刻画和表现人的精神面貌。像上引这篇通讯，记者抓住中国申奥代表团在飞机上的一些典型细节来进行报道，从而表现了代表团全体人员高昂的斗志与必胜的信心。

4. 体育人物通讯

在体育报道中，体育人物通讯占了很重要的位置。很多体育赛事的通讯报道，很大程度上也就是体育人物报道。因此，能否写好体育人物通讯，是衡量和考察一位体育记者水平和功底的重要指标。

要写好体育人物通讯，应注意以下几点：

（1）体育人物通讯的写作主要以反映和表现体育运动中人的精神面貌为主。运动员、教练员以及其他体育工作者都是体育运动的主角。他们中间的精英人物身上所体现的体育精神、美好德行和优秀品质是人类文明的精髓和结晶。他们所表现出来的爱国主义精神、拼搏精神、竞争精神、团体精神以及公益精神等，成为现代社会的榜样和典范，对当代社会文明的发展和青少年培养有着重要的影响。因此，记者在写作体育人物通讯时，无论是写运动员、教练员还是其他与体育有关的人，无论写训练比赛中的人物还是生活中的体育人士，都应该注意观察和提炼他们的优秀品质与高尚情操，通过通讯报道反映他们的思想、精神、意志、作风和感情等，通过公众人物的影响力来推动和促进人类精神文明的发展，从而对青少年起到良好的教育作用。

例如，在新华社记者采写的《叶乔波壮别体坛》、《为了祖国的荣誉》、《桑兰不流泪》等体育人物通讯中，都突出表现了中国运动员为了祖国的体育事业和国家的荣誉顽强拼搏、无私奉献的伟大情操和非凡品质，体现了体育运动的巨大精神文明价值。这些优秀的运动员身上所表现出来的爱国主义和体育精神的完美结合，成为当代中华民族优秀文化的组成部分，是中国的体育记者应该通过体育通讯来表现和反映的主题。

（2）体育人物通讯要以表现体育运动的精英人物和典型人物为主。体育精英是指那些具有精湛运动技艺或对体育发展做出了重大贡献，同时又具有优秀品质和良好公众形象的社会楷模，如球王贝利，拳王阿里，篮球巨星迈克尔·乔丹，身残志不残的著名自行车运动员阿姆斯特朗，中国运动员郎

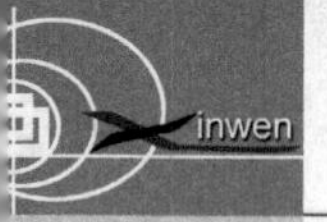

平、叶乔波、王军霞、王义夫，国际奥委会前主席萨马兰奇等。由于体育精英在社会上拥有巨大知名度和影响力，他们在赛场上、工作中或生活中所表现出来的优秀品质和良好道德能起到很好的社会典范作用，由此而成为体育人物通讯写作的重要题材。

但是，并不是只有那些拥有很高知名度的体育精英与体育明星才是典范。成千上万默默无闻地拼搏在训练场、运动场上的运动员、教练员、体育教师或其他体育工作者中间同样有难以计数的优秀人物和典型人物。他们虽然不是体育明星，没有拿到金牌，没有巨大的知名度，也没有鲜花和掌声，但他们的奋斗精神和奉献精神同样具有典型意义，他们的事迹同样感人至深，催人奋进，只要记者善于观察与发现，同样能成为体育通讯写作的好题材。

例如，在新华社记者1989年9月26日发表的人物通讯《梦萦乒乓——记湖北队主教练冯梦雅》中，就刻画了一位默默无闻地奋斗在训练第一线，为中国乒乓球队培养出来了陈静、胡小新、乔红三位世界冠军的普通教练员的崇高品质。这位并没有什么知名度的教练员“几乎把全部时间都泡在队里，而自己的两个爱女却留下了终生的遗憾。她的大女儿3岁时，因感冒延误治疗，患了严重的哮喘症。二女儿5岁时高烧不止，转为心肌炎，病魔时常侵蚀她年轻的生命……”。像这样的运动员、教练员何止千千万万，他们的事迹同样具有典型意义，同样具有很大的教育价值与新闻价值，是体育记者不可忽略、应该大力宣扬报道的对象。

(3) 体育人物通讯的写作要注意通过细节来表现人物的性格。无论是体育明星还是普通的运动员、教练员或其他体育工作者，他们首先都是有血有肉、有思想、有感情、有性格的人。体育人物通讯要想打动读者，就必须通过细节刻画来突出体育人物的性格。例如，在通讯《桑兰不流泪》中有这样的细节描写：

> 做完手术的桑兰，在医院里提出的唯一请求是让她看友好运动会比赛的电视转播。当她看到队友获得体操金牌后，脸上立刻笑意盈盈。前天，体操队回国前去医院和她告别，黄玉斌教练给她念国内队友写给她的信。这个硬汉子读着读着，声音哽咽着读不下去；再换一个人，也读不下去；全队的人都哭了。看到惜别的队友如此难过，桑兰浅浅地笑着说：“别哭呀！我这不是挺好的吗？你们都对我笑一笑，过来亲亲我吧……”

这样的细节描写生动地将中国运动员桑兰坚强的性格表现了出来。一位年仅17岁，正处于豆蔻年华、前程似锦的小姑娘，在一次运动事故中成为瘫痪病人，令她的教练和队友都为之落泪。但在记者的笔下，这位年轻的运动员在巨大的人生灾难前却如此镇定、如此乐观，使每一位读者不能不为之动容，为桑兰的非凡毅力和坚强而深深打动。

（4）体育人物通讯的写作要反映体育竞争下的人物特点，在矛盾冲突的焦点上下工夫。竞技运动的特点是公平竞争原则下的激烈对抗。赛场上充满残酷的竞争，尤其是重大的国际比赛往往与国家的荣誉相连，高水平职业比赛中运动队或运动员的表现也与俱乐部的市场效益紧密相关。这种超乎寻常的激烈竞争使每一位运动员和体育工作者必然要面对一般人所没有的巨大艰辛与压力。体育人物通讯的写作，应当反映运动员和其他体育工作者是如何在这种残酷的竞争环境中通过拼搏与奋斗取得胜利，在失败和挫折中走向成功的。在新华社记者采写的人物通讯《邓亚萍伤痛缠身不言退》（新华社北京 1996 年 11 月 19 日电）中，报道了中国乒乓球运动员邓亚萍在伤病缠身的情况下，为了祖国的荣誉顽强拼搏的事迹，其中写道：

> 亚特兰大奥运会前夕，邓亚萍在训练中比任何一位奥运选手都刻苦。一天两堂课的训练，邓亚萍要换下五六套被汗水浸透的球衣。常年艰苦的训练和紧张的比赛给邓亚萍带来一身伤痛，她曾不止一次扭伤脚踝、腰背、手腕和膝盖。
>
> 遇强越强是邓亚萍的特点。邓亚萍正是凭着这一点，闯过了无数个像亚特兰大奥运会女单决赛那样的难关。
>
> 邓亚萍完全靠气势夺得了奥运会女单冠军。她在前 4 局被扳成 2 平的情况下处变不惊，决胜局让中国台北运动员陈静仅得了 5 分。
>
> 邓亚萍在国际乒坛是位令人敬畏的选手。瑞典名将斯文森在奥运会上负于邓亚萍后感叹道："她有股杀气，我一见她就怕。"

无论是在运动场还是在生活中，体育精英和典范们永远体现着人类不畏艰难、拼搏向上、永不言败的气质与精神。体育人物通讯的特点，就是要写出他们是如何在艰苦困难的情况下顽强奋斗、夺取胜利的。善于在尖锐矛盾冲突的焦点中表现人物的思想、精神与性格气质，是体育通讯写作的灵魂所在。

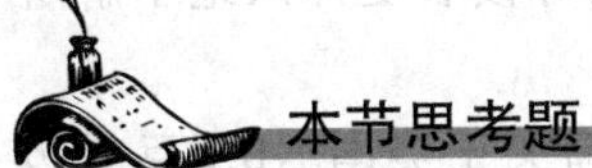

本节思考题

1. 体育通讯有哪些特点，在写作上有哪些要求？
2. 怎样才能写好体育通讯的开篇、主体和结尾？
3. 怎样才能写好赛后通讯？

4. 比赛侧记的特点是什么，在写作上有何要求？

5. 什么是比赛特写，如何写好比赛特写？

6. 什么是比赛花絮，如何写好比赛花絮？

7. 体育活动通讯在写作上有何特点？

8. 如何写好体育事件通讯？

9. 如何写好体育人物通讯？

第六节 体育述评与人物专访

一、体育述评

（一）体育述评的概念

体育述评是体育记者在采访的基础上，以叙述体育运动中所发生的新闻事实为主，其间穿插记者本人议论的一种特殊的体育报道形式。

在体育报道中，体育述评是介于体育消息与体育评论之间的一种报道形式。体育消息主要是客观地报道有关体育的新闻事实；体育评论主要反映评论者对体育实践过程中所发生的事情的观点和看法；体育述评则是将记者本人的观点、看法穿插于新闻事实的描述之中，有述有评，边述边评，夹述夹评，述评结合，以帮助读者更好地理解新闻事实。因此，也可以说，体育述评是体育消息与体育评论的结合形式。

采访是写作体育述评的基础。由于体育述评是建立在对新闻事实的第一手获取和把握之上的，因此，体育述评通常由体育记者来完成。这与体育评论既可以是记者写，也可以是编辑写，甚至可以特约某个权威或专家来写是不同的。

体育述评常用于重要的体育赛事、体育人物活动、与体育相关的重要事件等报道中。因此，并不是所有的新闻素材都可以写述评，只有当记者感觉仅仅陈述新闻事实不足以达到报道的目的时，才采用新闻述评的形式，这一方面是让读者了解记者本人对新闻事实的看法，另一方面是引导读者更深入地了解所述事实的本质和真相。

下面是《北京青年报》2002 年 4 月 5 日发表的一篇关于美国 NBA 巨星迈克尔·乔丹的一篇述评。

告别乔丹！

乔丹从不向对手低头，能让他止步的，只有岁月和伤痛。当他一意孤行地提前复出，39 岁的膝盖终于感受到生命不能承受之重。乔丹昨天被奇才队重新放入伤病名单，他的 2001—2002 赛季已经彻底结束，至于他下赛季是否还会回来，依然是一个连他自己都不知道的谜题。

乔丹的右膝曾经在 2 月 28 日完成手术，对其间撕裂的软骨进行了修复。他本来应该休养 4 周以上，但他只错过了奇才的 12 场比赛，就在 3 月 21 日提前复出。然而在以替补身份出战 7 场比赛之后，他那尚未痊愈的膝盖终于无法再支撑下去。乔丹在当地时间 4 月 3 日发表声明说："我想在这个时候，让膝盖好好休息，并进行适当的治疗是最好的选择。我想尽可能早些复出，尽可能上场比赛。开始膝盖反应不大，但今天早上又肿了起来。我想，最好的办法就是让它得到足够的休息。"

年迈的飞人在离开前的最后一战中，只上场 12 分钟得 2 分，两项数据都创下了他职业生涯的最低纪录。但没有人会忘记他在整个赛季中都完成了什么，他让上赛季只赢 19 场的奇才在绝大部分赛季中保留着季后赛希望，他们现在已经比上赛季多赢了 15 场。如果不是伤痛作祟，乔丹极可能创下奇迹，在全明星赛前他身体状况良好时，奇才 26 胜 22 负稳居东部前 8，而在乔丹伤情加重之后，奇才 8 胜 19 负。

看看乔丹留下来的那些数字，他以不惑之躯出战 60 场，平均每场上场 35 分钟，拿下 22.9 分、5.7 个篮板和 5.2 次助攻，全能身手一如往昔。60 战之中，他 17 战得分超过 30 分，5 战得分超过 40 分，1 场超过 50 分。这就是 39 岁的，已经 3 年没打篮球的乔丹。

临走之前，乔丹甩下的最后一句话是，如果身体允许的话，他下赛季仍留在 NBA。他说："我签的是两年的合同，很显然，我的健康状况将决定我是否能继续再打球。但此时此刻，我仍计划再打一个赛季。"话语之中，悬念无限。（记者杨毅）

这篇述评文字精练，条理分明，记者一方面报道了乔丹的比赛近况与伤情，同时又将记者对乔丹在球场上的非凡斗志和顽强精神的赞叹体现在报道的言论之中，从而向读者展示了一位老骥伏枥、壮心不已的乔丹的感人形象。

（二）体育述评写作要点

1. 体育述评以"述"为主

虽然体育述评与体育消息不同，但它也属于新闻报道形式的一种，以报道

新闻事实为其主要任务，而不仅仅是作者的议论。因此，体育述评的主要功能是报道与体育有关的新闻事实。这些新闻事实可以是记者采访的最新体育消息，也可以是一定时间内所发生的新闻事实的综述。

2. 体育述评以“评”为特色

与体育消息报道客观事实为主不同，“评”是体育述评的特色。体育述评在陈述有关新闻事实时，可以穿插记者本人的观点和看法，以帮助读者了解新闻事实，同时表明记者的立场、态度、观点与看法。但是要注意，这种记者的议论不宜太多，否则就会影响体育述评报道新闻事实的主要功能。

3. 体育述评的写作要注意述与评的关系

一般而言，在体育述评中，可以是先述后评，也可以是边述边评或夹述夹评。但应当注意的是，要以述为主，以评为辅，比例应恰当，穿插要合理自然，不留痕迹。

4. 并不是任何新闻事实都有必要写成体育述评

记者必须在掌握事实的基础上，判断它们是否适合写体育述评。一般而言，只有相对较重要的新闻事实才适合写体育述评，也只有那些需要表明记者本人立场、观点和看法的新闻事实才适合写体育述评。

5. 体育述评的评论必须有针对性，同时应有一定的专业性和理论性

记者的评论在体育述评中应起到画龙点睛、四两拨千斤的作用。这就需要记者具备较高的分析综合能力与精深的专业知识。

二、体育专访

（一）体育专访的概念与特点

体育专访，是体育记者就某一个专题对运动员、教练员、裁判员、体育官员、体育迷以及其他与体育有关的人士进行的采访报道。

体育专访是一种最直接的体育报道形式。其写作特点是“原话照录”，即将专访对象所说的话真实地记录下来并呈现给受众。记者在体育专访的报道过程中扮演的是提问者、记录者和整理者的角色，他的任务是将专访对象的观点和看法“原汁原味”地提供给受众，而不像其他一些报道形式那样，含有记者本人观点和色彩。

体育专访一般适用于比较重要的体育人物或主题报道，通常篇幅相对较大，并多属于不受截稿时间限制的报道。

体育专访一般是事先约定采访时间和采访场所，甚至事先记者将采访话题提供给采访对象。因此，在专访中，记者与采访对象通常都有充分的准备。这是专访与现场临时采访的显著区别之处。

在体育专访的采访过程中，记者并不是完全被动的，他可以通过自己所提的问题来把握专访的话题和方向。但是，在体育专访的写作过程中，记者必须忠实于采访对象的原话，不能任意添枝加叶或改变原意，以免报道失实。

由于体育专访具有“原话照录”的特点，其报道的真实性和准确性非常重要。一不小心，就可能扭曲对方的原意，引起麻烦。因此，记者无论是在采访中使用笔录的办法还是使用录音机，如果时间允许，一般应将写好的专访稿件呈交给专访对象，请对方核实和确认其内容。在一些可能涉及敏感问题的报道上，尤其应该如此。

在现代体育新闻报道中，体育专访被大量运用于以下情况：

1. 赛前报道

记者在重要比赛之前通过对教练员、运动员、体育官员等的专访，了解并向受众报道运动队或运动员参赛前的状况、教练部署、主力阵容的安排、战术打法等。

2. 赛后报道

在重要的赛事结束后，记者对教练、运动员、体育官员等就某一与比赛有关的重要专题进行专访。但由于专访一般需专门事先约定时间和地点，所以，在赛后报道中多见于后续性的报道。

3. 人物报道

记者对运动员、教练员等就其比赛、训练、思想、爱好和生活等情况进行专访，以满足受众希望了解他们所喜爱的偶像的需要。

4. 事件报道

记者对某些与体育有关的重要事件当事人进行专访。如在2002年中国足球“黑哨”事件报道中，新华社记者杨明、方益波就对有关当事人进行了大量的专访，揭示了这一备受舆论关注的体育事件的幕后情况。

（二）体育专访写作技巧

体育专访的写作看似简单，实际上写好并不容易。因此，记者在写作体育专访时有以下几点要求：

（1）体育专访必须完全忠实于采访对象的原话，准确性要求很高。记者的写作必须要有采访笔录或录音机记录等第一手资料作为依据。在写作完成后，如有可能的话，最好将稿件请采访对象过目确认。

（2）体育专访的写作不可能将采访的记录照单全收，而只能将其中精华

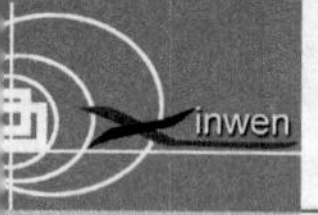

的部分提炼出来加以报道。专访的写作，在很大程度上就是对采访笔录或录音记录的整理与提炼。

（3）记者要对采访对象所说的话进行文字梳理工作。这在进行一些话题较为散漫的采访时，或遇到专访对象语言表达能力不强时尤其必要。但在进行这样的工作时，必须注意忠实于采访对象所说的话的原意。

（4）由于专访报道常采用较为单纯的问答形式，在形式上相对简单，读者容易读来乏味。因此，选择体育专访的对象和内容十分重要。如果记者不精心选择专访对象和设计访题，其专访报道就可能没有新闻价值而显得枯燥乏味。

（三）体育专访的写作形式

1. 直录式

直录式，即用一问一答的形式，将记者所提问题与采访对象的回答按纪录体予以报道。这种专访的写作形式一般是采用直接引语和第一人称，其优点是真实、直接、简练、现场感强，缺点是比较程式化，其形式相对枯燥，报道重心不突出。

下面是一则直录式专访的例子，选自 2002 年 6 月 30 日《体坛周报》，内容是 2002 年韩日世界杯足球赛巴西队与德国队决赛前一天西班牙媒体《马卡》报记者对巴西球星罗纳尔多的专访。其标题是《罗纳尔多：地狱般的三年结束了》。

“当他把头发理成这个样子的时候，我就不再为罗纳尔多担心了。我就知道他已经为比赛做好了所有的准备。”在离决赛只有数十个小时时，斯科拉里如此评价他的王牌射手。在经受了长时间伤病的折磨之后，被意大利人称为“现象”的“外星人”正在把世界杯变成“罗纳尔多牌”。

在罗纳尔多前几年饱受伤病困扰时，人们都以为那个在巴塞罗那让人眼花缭乱的他不会回来了。但现在巴西人已经准备好了，他即将登上属于他的王座。决赛前一天罗纳尔多接受了西班牙媒体《马卡》报的采访。

《马卡》报：离决赛只有一天了，作为最受关注的球星，你有什么感受？

罗纳尔多：我还没想过我会踢一场如何妙不可言的比赛。和平常一样，我想的只是巴西队要打出高质量的比赛，要有足够的力量击败德国队。

《马卡》报：你现在正处在辉煌的时刻。

罗纳尔多：我的感觉好极了。我能用自己的最好表现和进球帮助巴西

队进入决赛，这让我很高兴。但现在我们还什么都没得到。我想在决赛中报答一直支持我们的人，特别是那些在巴西受苦的人。

《马卡》报：全世界都把罗纳尔多看成比赛的关键人物。

罗纳尔多：这种想法不对。我不是救世主。球队对我很关心，重要的是队友不是把我当成胜利的唯一因素，不给我过多的压力。

《马卡》报：但是你不是乐观主义者吗？

罗纳尔多：我希望这次世界杯的经历能以一个幸福的结尾结束，在法国发生过的任何事都不再重现，那是个噩梦，我已经忘了。四年过去了，这次我们会把一切都做到最好，冷静而且沉着，不会让我们的国家失望。

《马卡》报：决赛的身体对抗会相当激烈，这对你来说是个很大的考验。

罗纳尔多：世界杯开赛后，我已经经受了很多考验，现在身体状况好极了。地狱般的3年已经过去了，现在我的身体很强壮，已经完全恢复了。我只会向前看，脑子里想的只是和德国队的决赛。

《马卡》报：你喜不喜欢德国队？

罗纳尔多：在重大比赛中，他们总是可以走得很远，他们的球员很强壮，国际大赛经验也很丰富，所以他们有理由进入最后的决赛。我们很尊敬德国队，也不喜欢大家都说我们是热门。

《马卡》报：你比较欣赏德国队的哪位球员？

罗纳尔多：他们的门将奥利弗·卡恩。他是个绝对的领袖，一个能让所有队友都有信心的充满激情的队长，和他的对抗将非常困难。

《马卡》报：决赛中你有信心进球吗？

罗纳尔多：如果是队友的进球让我们1比0获胜，我也会像我自己又进一球一样高兴。巴西队已经为获胜做好了准备，我们要表演了，但是胜利是我们的首要目标。我早知道我们会进入决赛，也为此付出了许多努力。现在，我们要的是一届不一样的决赛。

《马卡》报：下个赛季你会继续在国际米兰踢球还是会回到转会市场？

罗纳尔多：出于对巴西队的尊敬，现在不是合适的谈论个人问题的时间和地点，我现在只想决赛。

直录式体育专访的写作要注意以下几点：

(1) 由于这种问答体重点不突出，形式较为散漫，因此，需要通过标题和导语来突出重点和看点，如同上文一样。

(2) 应在导语中交代采访时间、场合、人物、新闻背景等。如果不是众

所周知的公众人物，最好将专访对象的情况交待清楚。

（3）直录式体育专访报道不宜篇幅太长，否则容量使读者疲劳。如果内容较多，可以采用加注小标题的形式，将内容分成几个部分。

2. 间录式

同直录式体育专访写作相比，间录式体育专访的写作特点是使用第三人称，即通过记者转述被采访者的话。这种报道形式比较自然，语言相对较为生动，所以被广泛使用。下面是一则间录式体育专访的片断，标题是《袁伟民谈中国女排实现“三连冠”的经过》（新华社洛杉矶1984年8月9日电），作者为《新体育》记者何慧娴和新华社记者蔡君清。

中国女排教练袁伟民今天在这里的奥运村接受记者的采访，谈了中国女排夺得第23届奥运会女排冠军，实现“三连冠”的经过。

袁伟民说：“比赛结束两天了，脑子里还是乱哄哄的。今天才稍微平静一些。回想这3年来3次在世界性的比赛中拿冠军，每次都有不同的特点。这次的特点是‘时间短，起伏大’。这6个字既体现了这次比赛的内容，也反映了近一年半来我们队所走过的路。”

他说，每次大的比赛都有最难熬的时刻。这次的“难点”出在一比三输给美国队之后。那场比赛下来，姑娘们懊丧极了。每局球都在遥遥领先的情况下失利，这在过去是从来没有过的。过去老队的传统是善打关键球，在比分落后的情况下也能咬得住，而这次的情况却恰恰相反。

袁伟民说：“当时我心里清楚。这场球不是输在实力上，问题出在我们自己身上。一是求胜太切，领先时只想快点拿下来，人家一追就急躁；二是关键时刻不够自信，影响了技术的发挥，导致一传接连失误，进攻不果断，该赢的球没有赢，以致出现了本来可以避免的局面，要在半决赛中打掉日本队才能取得决赛权。这当然很不利。可是我细细一想，一支调整不久的队伍，第一次参加这么大的比赛，出现这种情况是可以允许的。所以我不能责备大家。只是想如何帮助她们尽快稳定情绪，打好对日本队的比赛。”

……

间录式体育专访的写作要注意以下几点：

（1）在很多情况下，间录式专访写作只将被采访者话录出，而将记者所提的问题省略。但是，有时也可以采用“当记者提出某某问题时，他回答说……”这样的形式。

（2）采用间录式形式写作体育专访时既可以使用直接引语，也可以使用

间接引语。直接引语须用引号，表示是采访对象的原话；间接引语不用引号，表示是采访对象的原意，但不一定是原话。

（3）在导语中将采访目的、采访对象、新闻背景等加以介绍。

（4）记者可以用自己的话将采访对象的话串联起来，使报道形式生动活跃。

本节思考题

1. 什么是体育述评，其写作特点是什么？

2. 什么是体育专访，其特点是什么？在写作上有何要求？

第七节　体育新闻的深度报道写作

一、深度报道与体育新闻

深度报道（in-depth reports）是一种记者通过深入的采访、调查以及对新闻素材的研究，透过新闻现象的表面挖掘其发生和演变的各种因果关系，以期揭示和阐明新闻事件的内幕与本质，预示其发展和影响的报道形式。其具体报道形式一般有解释性报道和调查性报道等。

深度报道在国外早在20世纪20—30年代就已出现。但在体育新闻报道中运用这种形式，则是在60年代末70年代初的事情。其主要原因，是由于体育运动在20世纪后半叶发生的体育产业革命，拓宽了体育报道的范围和领域，使以往那种仅以比赛过程和结果为主的体育报道模式发生了很大变化。美国学者布鲁斯·加里森和马克·塞伯加克在《体育新闻报道》一书中指出：

“从20世纪60年代末到70年代初，发生了体育的产业革命。这是具有划时代意义的事件。当第一位运动员因比赛而得到报酬时，当球迷们第一次掏腰包去观看比赛时，这种变革就已悄悄开始了。而事实上，它的意义远远超过了一场变革。

职业赛事和大学生赛事的这些变化，使得20世纪70年代和80年代的体育记者进退两难。他们是否应仍按过去的方式将其报道重点放在比赛现场？他们是否应该把体育报道的重点扩大到赛场外所发生的事件？这些都并非是轻而易举能回答的问题。”

布鲁斯·加里森和马克·塞伯加克还进一步指出：

“无论体育记者怎样忽略体育商业问题或希望它消失，商业活动却不可阻挡地、越来越多地介入现实的体育世界，并影响着体育赛场。在赛场边的球员休息处或更衣室里，面色悒郁的运动员和经理为合同问题争执不已，甚至连旁边的记者或摄像机都不再顾忌。未成为自由人的运动员从一个队被卖到另一个队，而已成为自由人的球员则为了得到更优厚的薪金加入新的球队。在金钱的诱惑下，一个又一个新的球队和联赛应运而生。总之，经济活动已成为体育运动中重要的组成部分。体育记者对于体育运动中的经济活动和商业行为再也不能视而不见了，就如同他们不可能漠视比赛的胜负结果一样。”

在商业化、产业化和市场化的推动下，从20世纪70年代起，世界体育运动发生了巨大的变化，但同时也带来了诸多问题，使体育记者的报道工作面临着新挑战。例如，职业俱乐部和大型赛事的商业运作、与体育运动有关的司法诉讼、运动员服用兴奋剂和违禁药物、球场暴力事件、体育比赛所面临的种族主义、恐怖主义威胁、职业联赛中的“黑哨”和“假球”现象等，都是以往体育报道中很少涉猎的，而如今却成为体育记者采写报道工作的一部分。

报道领域和范围的变化和扩大，促使体育报道的方式也发生了革命性的变化。以往很少采用深度报道形式的体育记者们，现在不得不学会运用调查性报道、解释性报道这类报道方法了。从20世纪70年代起，美国的一些著名大报如《华盛顿邮报》、《费城咨询者报》、《每日新闻报》、《芝加哥论坛报》、《达拉斯新闻早报》、《亚特兰大宪法报》以及其他一些大型日报，都曾雇用专门人才对曾经被视为一方净土的体育界进行调查，其内容涉及商业活动、大学运动以及其他的社会、经济甚至是政治问题。这些报纸都是美国体育报道的佼佼者。正是它们，在20世纪70年代后又成为了体育报道革命的先锋。对此布鲁斯·加里森和马克·塞伯加克指出：

“在20世纪90年代的体育界，很多重大体育报道都需要花费大量时间和精力，并需要各种调查手段的介入。如果一个从事体育新闻报道的人仅仅将体育视为一个大的行业的话，那么他就会忽略很多值得调查的问题。商业一旦介入职业和业余体育领域，它所带来的问题以及商业化泛滥的情况就会一直存在。对于这些严肃的话题，不花时间和精力进行调查，其报道就难以尽善尽美。正如一位体育编辑所说，那些记者们‘掀翻所有的大石头来查看下面到底有些什么’。”

因此，体育深度报道是一种系统而深入反映体育运动中的重大事件和问题的报道形式。

在中国，深度报道用之于体育新闻始于20世纪80年代末。赵瑜所写的体育报告系列《强国梦》（1987年）、《兵败汉城》（1988年）、《马家军调查》（1995年）可以视为体育调查性报道的代表。虽然作者不是职业体育记者，其作品在产生广泛影响同时也多有争议，但他使用的调查方法和报道形式却无疑使他成为了中国体育深度报道的开创者。

20世纪90年代末，由于中国的足球职业联赛逐渐暴露出俱乐部经营困难、球员收入过高并时有假球、黑哨、赌球等丑闻现象发生，引起球迷强烈不满，促使一些有责任感的体育记者采用调查性报道等形式，对这些问题进行调查和揭露。其中最典型事例当属2002年初新华社体育记者杨明、方益波关于中国足球“黑哨”事件的调查。这一报道在社会上产生了强烈的震动，并最终推动了司法部门介入，对有受贿嫌疑的裁判提出了司法诉讼。这是中国职业体育记者的调查性报道首次产生重大结果，对中国体育和体育新闻发展都产生了深远影响。这一报道的过程分别记录在这两位记者事后所撰写的《黑哨——足坛扫黑调查手记》（杨明著，新华出版社2002年2月出版）和《黑哨调查》（方益波著，浙江人民出版社2002年2月出版）两书中。

体育新闻的深度报道具有以下特征和写作特点：

（1）体育新闻的深度报道通常用于与体育有关的重大题材的报道。一般而言，体育赛事报道、体育活动报道或其他常规性的体育报道很少用深度报道的形式。只有那些引起受众强烈关注，需要深挖事件内幕和背景并为受众提供更多的报道角度和因果关系的重大题材，才采用深度报道这种形式。

（2）体育新闻的深度报道需要记者将体育运动有关的热点、疑点和难点问题置入更广阔的背景中进行考察和报道，而不是像一般的体育报道一样，仅是就事论事地报道比赛过程和结果。如赵渝的体育报告系列，作者就不是从孤立的体育现象来看待中国体育发展过程中的各种现象，而是从历史、文化、社会、经济等多种角度试图去解析和阐释中国的体育体制，从而为读者提供了有关中国体育改革与发展的新的思路和话题。

（3）体育新闻的深度报道通常难度较大，常需要记者做连续性的采访和系列报道。同时，体育新闻的深度报道常涉及的是一些体育界发生的重大和敏感的问题，需要记者在报道中克服较之常规的体育报道更多更大的困难与障碍。另外，深度报道也较之常规体育报道需要记者拥有更多的历史、文化、社会、政治和经济等方面的背景知识，这样对体育记者也就提出了更高的素质要求。

二、解释性体育报道

所谓解释性报道，是指以大量背景新闻来解释新闻事实的一种深度报道形式。它主要是通过大量运用背景材料和相关事实，来揭示和分析新闻事件的意义、实质、因果关系及发展趋势。

在体育报道中，解释性报道具有解惑功能。它常用于那些与体育有关的热

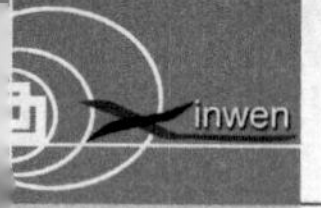

点、焦点和疑难问题的报道。解释性报道并不着眼于新闻事实本身，而是就“为何会如此”来做文章。但解释性报道与评论和言论不同，其“解释”不是记者本人发表个人观点和看法，而是向受众提供新闻的背景说明，并将不为人所知的事实资料写出来。同时，解释性报道也不是一般的新闻背景或背景新闻，它是一种独立的报道形式，常着眼于一些与体育有关的重大新闻题材，侧重于揭示这些新闻事实的内在本质和因果关系。

解释性体育报道写作应注意以下几点：

（1）抓住疑点，突出主题。解释性体育报道的关键是要抓住受众关注的疑点问题来做文章。如一支实力较弱的球队为何能获得好的成绩？某支老牌强队为何表现很差？某位老运动员为何能长期保持良好的竞技状态？某位体育明星为何与俱乐部关系紧张？等等。对于这类受众关注、希望了解事情真相与内幕的新闻事实来说，记者可以在收集大量新闻背景和相关事实的基础上，把握主题，写出解释性报道来满足受众的需要。

（2）采访收集背景新闻。解释性报道是用背景新闻与相关事实来解释与说明的真相与内幕，它是一种独立的报道形式，需要记者进行采访和收集有关资料，以此来作为报道的基础。例如，为了向受众说明一支强队为何在大赛中表现如此之差的真相，记者需要对教练、运动员及其他相关人士进行采访和调查，收集这支球队赛前的准备情况、教练与球员的关系、球员的状态和教练员的部署等。

（3）全面详尽，具有说服力。解释性报道要回答“为什么”，就必须将与新闻相关的各种背景因素和相关事实全面而详尽地加以报道，这样才具有说服力。例如，一支强队在比赛中失利，可能有各方面的原因。记者在做解释性报道时，必须对各种可能性加以全面掌握和分析，调查和收集其相关的所有背景与事实，这样才能做到全面而客观地进行报道。

下面是一篇解释性报道。英国超级足球联赛著名球队曼彻斯特联队在2000—2001 赛季提前5轮夺取了联赛冠军。这是曼联在最近9年中获得的第7个联赛冠军。对于这支似乎不可战胜的豪门球队，记者用大量背景新闻和事实，解释了“曼联神话”是如何产生的以及它是否还能继续下去。

曼联神话可能成为历史传说

曼彻斯特联队的神话是历史与商业、悲剧与传统、运动的灵活性与或许是最漂亮的足球不动产的精妙结合。曼联世界90多年来一直像一座堡垒牢固地屹立着。位于商业区中心的老特拉福德球场为足球运动提供了一个舞台。在最近10年里，由于不断的扩建和现代化改造，这个球场已成为现代足球运动的朝圣地。

这座建筑物每天都供游人参观，并有导游给参观者讲解，门票价格包括参观博物馆在内30马克。但只有在老特拉福德球场比赛和庆祝的日子时，才能在这个舞台上看到对曼联的神话产生影响的东西：历史、金钱、教练、球队、球迷、未来。不过曼联的神话有成为传说的危险。20世纪90年代的曼联乐园，由于其荒唐的开支在某个时候可能超出这个世界上最富裕的俱乐部的承受能力。不久前将其股份卖掉的艾伦·休格有些令人恶心地把这称作"李汁综合征"——上面进下面出。

曼联神话

老特拉福德球场是1910年酿造业富翁约翰·H. 戴维斯建造起来的，球场里建有台球室、按摩室、舒适的座位和要人包厢等。有远见地把球场迁出市中心给俱乐部带来了后来发展的可能性，对球场的装修还使俱乐部获得了"钱袋联队"的绰号。

但曼联的腰包是在进入90年代后才真正鼓起来的。1989年，当时的俱乐部主席马丁·爱德华兹差一点儿把这个俱乐部以6 000万马克的价格卖了，仅仅由于筹资方面的原因没有卖成。当时曼联处于中等水平，英国的足球在埃瑟尔球场灾难之后在欧洲处于孤立状态。到1998年，媒体巨头鲁珀特·默多克出价约20亿马克购买曼联。但这次英国政府表示反对。

在仅仅9年时间内，一个地方俱乐部一跃成为堪称欧洲足球俱乐部典范的娱乐业巨人。它在扩建体育场和训练中心等方面总共投资约1亿英镑。感到惊异的竞争对手在寻找这种几乎是难以置信的历史后面的秘密。其实这个秘密非常简单：天时、地利、人和。

1990年初，人们看到的情况是：曾在苏格兰取得辉煌成就的教练福格森在曼联执教4年后还毫无起色，俱乐部有优秀的新生力量，但没有一流球队，有昂贵的建筑计划但缺乏资金。不久，英国足球在国际上的孤立状况结束了，英超联赛成立，默多克的电视台对这个联赛及其电视转播投入了大量资金，繁荣的亚洲国家也能通过卫星收看英超联赛。

曼联抓住了这个好时代，在足球场上不断取得成就。1990年获足总杯赛冠军，1991年获欧洲优胜者杯，这是英国球队在埃瑟尔灾难后获得的第一个欧洲奖杯，聘用受观众欢迎的法国球星埃里克·坎通纳和丹麦门神彼得·舒梅切尔；1993年获联赛冠军，这是20年后的第一次。去年曼联以创纪录的18分优势获第6个联赛冠军。在今年的联赛中，联赛冠军也非它莫属，这将是曼联在最近9年中获得的第7个联赛冠军。

一成不变

太多的成就有时会使人感到无聊，太多的连续性也会使人感到无聊吗？曼联的教练连续执教16年，将于2002年夏天调到俱乐部管理部门；俱乐部主席20年不变；球队的核心球员（贝克汉姆、斯科尔斯、吉格斯、巴特和纳维尔兄弟）从年轻时代起一直为曼联效力，没有转过会。如果一个足球俱乐部每年唯一的变化是优势地位的提高和盈余的增加，那么谁还会感到激动呢？曼联虽然取得了辉煌的成绩，但现在曼联气氛在发生变化，球迷和观众对它的热情明显减弱。

现在留住球员、保持连续性开始成为最昂贵的投资，比老特拉福德球场的投资还昂贵。在整个欧洲都受到青睐的队长和中场明星基恩仍留在曼联，但他的薪金增加一倍。增加到每个赛季约900万马克。后卫斯塔姆和前锋科尔的合同被长期延长，他们的薪金都增加一倍。曼联也将不得给边锋吉格斯和中场运动员斯科尔斯大幅度增加薪金。其中增薪最多的是贝克汉姆。据说这位天才球员的要价比基恩所得的薪金几乎高出一倍。与此同时，曼联的税前利润去年已经下降四分之一，下降到5 000万马克，因为人事开支增加了21%，增至2亿多马克。一家不能控制其开支的企业早晚会发生困难。

暗流涌动

目前曼联的收入状况虽然还可以，但情况可能会发生变化。来自经营方面的利润因亚洲金融危机和曼联产品被大量假冒而受到威胁；电视费已达到筹资的上限；门票收入几乎不会再增加；股票价格从7英镑跌到约3英镑；许多副业，如自己的电视台、两家杂志、多家“咖啡屋”和“大商店”的运转情况也不佳。俱乐部朝其他方向发展，例如与纽约扬基棒球队进行昂贵的合作，这暂时与其说是经营模式倒不如说是一个公关创意。“全球足球品牌”的设想是否能实现，或者说曼联是否仍然是一支在亚洲从事副业的杰出欧洲球队，这是个决定性的问题。还没有人能够回答这个问题，因为在足坛还没有人做过这样一些尝试。

新的俱乐部主席凯尼恩知道，有一种“终身关系”把这个俱乐部及其全欧洲的约1 400万球迷联系在一起，其他行业的企业要与顾客建立这种关系只能是梦想。据估计，曼联这个品牌的价值约为50亿马克（拜仁慕尼黑或皇家马德里的价值只有约30亿马克）。从长远来看，这样一些东西肯定能获益。但如何实现长远的设想呢？也许他们在短期内就破产了。

德国《法兰克福汇报》2001年3月31日

三、调查性体育报道

（一）什么是调查性体育报道

对于调查性体育报道，美国学者布鲁斯·加里森与马克·塞伯加克在其《体育新闻报道》一书中认为：“什么是调查性报道？进一步说，什么是调查性体育新闻报道？简言之，调查性报道是一种综合利用多种报道方式的报道方法。实际上，调查性体育新闻报道这个术语指的是一种应用于体育背景下的传统方法。”他们还指出：“调查性报道比普通的报道更透彻、更全面、更深刻。这一定义不仅仅是指政治问题或犯罪问题的报道，同时还包括一些虽然与不道德或违法行为无关，但也需要进行艰苦调查的报道。”

实际上，“调查性报道”只是一种新闻报道的方法手段。它是一类基于记者进行长期深入的调查基础之上，对一些已经引起或可能会引起公众关注的重大新闻事实进行的深度报道形式。由于这种报道形式在西方多用于揭露政府、企业以及公众人物的丑闻，因而也有人将其称为“揭丑性新闻”。但本质上，调查性报道只是一种更深入、更详尽、更耗费时间的报道方式。在体育报道中，它主要用于揭示公众关注的重要事件的内幕与真相。

例如，在2002年韩日世界杯足球赛中，上届世界杯冠军和欧洲锦标赛冠军法国足球队在小组赛中一场未胜，一球未进被淘汰，引起了法国国内外舆论大哗。全世界球迷都在问：法国队怎么了？为什么会发生这样的事情？尽管不少媒体和有关人员也为此做了很多解释，但《巴黎人报》并没有停留在类似报道的表面解释上，而是在法国队撤出世界杯战场后，派其记者专门用了两周时间在韩国进行了实地查访，寻找法国队失利的原因。

在这次调查中，该报记者从法国队内部的团结、教练、酒店环境、领导、女眷等各个方面进行了深入的查访。他们在两周的时间内，专门到法国队在汉城住过的喜来登酒店进行了实地调查和取证。他们重点采访了该酒店的环境，结果了解到这家酒店有一个老虎机和一个营业到凌晨2点的酒吧。而意大利教练特拉帕托尼则正因为这一点而没有选择该酒店。记者们注意到了这个名叫“SIROCCO”的酒吧里有“两座楼梯可以将客人带到一个卡拉OK小厅，或者带到一部电梯前。客人乘坐这部电梯不用经过大堂就能直接到房间”。记者们还采访了在酒吧里演出的保加利亚剧团的负责人和酒吧的主人，他们证明“他们每晚都来，姑娘们给他们留下了许多回忆”。“他们一般在晚上10点到12点之间来，有时还要晚一些。”

根据查访的结果，该报于当年6月25日发表了题为《法国国家队在本届

世界杯上失利的原因》的独家调查性报道，深入地揭示了这支赛前曾被人们认为最有夺冠希望的球队为何会在比赛中一败涂地的原因，引起了较大的反响。

（二）调查性报道在体育新闻中的应用

调查性报道应用于体育新闻始于20世纪70年代以后。随着体育运动向商业化、市场化、职业化和产业化的发展，以往相对比较单纯的体育界不得不面对金钱和物质利益的侵袭。当一场比赛的胜利或一块金牌意味着巨大的财富或一夜暴富时，就会使小部分人为了金钱铤而走险，通过各种非法手段来企图操纵比赛结果，获取暴利。为了使体育运动健康发展和捍卫公众的利益，国外一些新闻媒体和体育记者开始使用调查性报道这种手段，对体育界各种违法乱纪和丑恶现象行使自己的舆论监督权，对诸如服用违禁药物、黑哨、假球、运动员参与赌球、球场暴力、运动员吸毒、斗殴和嫖娼等不良行为进行揭露与批评。在中国，随着20世纪90年代足球职业化改革，一些富有正义感和职业良心的体育记者，也对中国足球界的黑哨、假球等公众深恶痛绝的丑恶现象进行了深入的调查，对其内幕予以了揭露，最终导致司法程序的启动。

与体育运动中各种违背体育精神、侵害公众利益甚至违法乱纪行为进行坚决的斗争，是体育记者义不容辞的职责。他们理应站在斗争的第一线，通过自己深入的调查和报道，将这些丑恶行径公之于众，行使舆论监督的职能。

在体育新闻实践中，哪些报道题材适用于调查性报道？

布鲁斯·加里森和马克·塞伯加克在《体育新闻报道》中指出："对于那些也许更乐于做赛事报道的体育记者而言，他们应该谨记，在从事体育新闻报道时，他们的目光不应该仅仅关注谁赢了球或是球落在几码线上之类的问题。记者的视线应宽广一些，他们应能从小型联赛到各项职业运动赛事中挖出一篇调查性报道的素材来。"他们还提出，以下领域比较适合做调查性报道：

- 高中或大学的运动队招收运动员的情况以及向这些运动员所做的各种承诺。
- 高中或大学的体育赞助商计划。
- 体育经纪人以及他们与大学生运动员的关系。
- 由私人出资赞助体育项目的各种基金会情况。
- 运动员为增强体能和耐痛能力所服用的药品。
- 为获得参赛资格在药检中的作弊行为。
- 赌球和欺诈。
- 职业球队和大学球队的商业行为。
- 职业球队的劳资谈判。

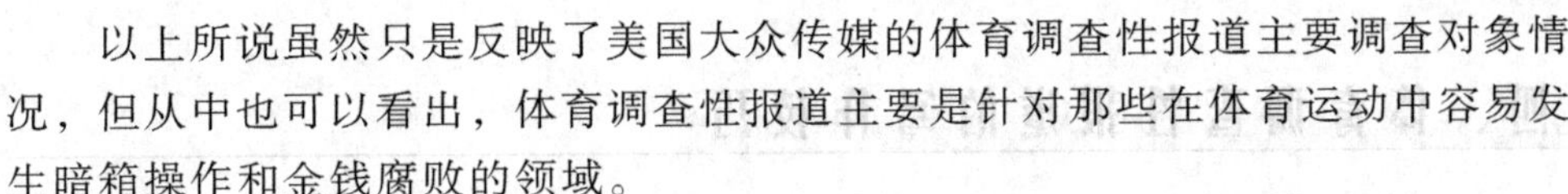

以上所说虽然只是反映了美国大众传媒的体育调查性报道主要调查对象情况，但从中也可以看出，体育调查性报道主要是针对那些在体育运动中容易发生暗箱操作和金钱腐败的领域。

（三）体育记者如何做好调查性报道

1. 强烈的社会责任感和正义感

体育记者做调查性报道最重要的前提是，他对于体育界存在的各种违背体育精神、侵犯公众利益甚至违法犯法的现象怀有强烈的责任感，敢于克服一切障碍，通过自己的调查和报道，将各种丑恶现象公之于众，达到舆论监督的目的。诚如2002年中国足球的“黑哨”现象的调查和报道的主要参与者之一、新华社记者杨明在其《黑哨——足坛扫黑调查手记》中指出：“当打击黑哨的斗争进入了一个相当令人无奈、令人扼腕长叹，因种种体制壁垒和法律困境使诸多明显构成犯罪、人神共讨的黑心裁判和其他足坛丑类，居然因缺少证据可能会逃脱法律制裁的时候，社会良心和公理昭示我们：虽然法律之剑可能对假球、黑哨无可奈何，但是，人间正义和大众民心却不能遭到无谓的强奸，我们起码可以把我们心目中认定的那些丑类推上道德和正义的审判台。”

2. 丰富的调查经验与信息源

做调查性报道需要体育记者具有丰富的采访和调查经验，同时对所涉及的问题拥有足够的信息源。由于工作的原因，在体育领域中做调查性报道，只有体育记者最熟悉体育界的情况，也拥有大量的采访资源，因而也是最合适的人选。当然，很多体育记者可能没有做这类采访与调查的经验。在这种情况下，体育记者最好能与其他经常做这类报道的记者合作，形成联合调查报道组，以形成优势互补。

3. 调查材料的准确性和表达的完整性

由于调查性报道往往涉及的是一些敏感性强、反响较大的题材，尤其是涉及一些违法乱纪行为时，被调查对象通常会作出强烈反应。因此，记者必须反复推敲调查的程序，核实调查的结果，并在写作时注意表达的准确性和完整性，以避免发生不良后果。

4. 密切的合作和恰当的方式方法

调查性报道一般都是大型报道或连续性报道，采访调查耗时较多，写作篇幅较大，有时调查还需要相当的资金。因此，体育记者在做调查性报道时，需要与编辑部密切合作。另外，在调查时要注意方式方法，避免侵犯调查对象的隐私和其他合法权益，更不能使用违法的手段。在写作上也要注意对没有把握的事留有余地，不要把话说死。

四、体育调查性报道的写作技巧

1. 调查性报道要用大量的事实来说话

记者在写作时，必须注意应以事实为主，而不是自己的议论为主。在法国《巴黎人报》于2002年世界杯法国队小组赛被淘汰后所做的题为《法国国家队在本届世界杯上失利的原因》的报道中，列举了大量事实，从球队内部、教练水平、酒店环境、球队领导和球员家属等各方面出现的问题，说明法国队比赛失利有其必然性。新华社记者杨明、方益波关于黑哨的调查报道，也是基于他们所采访调查的大量第一手事实之上的。

2. 精选材料，核查真伪

记者在调查中获得的大量材料是写作的基础，但并不是滥用和堆砌材料，而是要精心选择材料，将那些最可靠、最能够说明问题的材料选出来，予以加工和公布。另外，记者在选择材料时，还要注意辨别材料的真伪，看其是否经得起推敲，是否会引起不良后果。例如，新华社记者杨明在其《黑哨——足坛扫黑调查手记》里就提到，在其调查过程中，有一个叫“简擎”的人提供了两条“猛料”：一是上海银行的电汇单，内容是上海中远俱乐部开给某裁判的30万元人民币；二是中远足球队的教练以5万元现金收买某球队队员。消息传出后，很引起了一阵轰动。但事后证明，这全是此人瞎编的。

3. 具有现场感和情节性

一篇调查性报道是否能引起读者的注意与反响，除了其报道内容外，写作的技巧也十分重要。记者可以在体育调查性报道中穿插大量现场目击性的材料，并增强报道的故事性和情节性。例如，《巴黎人报》的《法国国家队在本届世界杯上失利的原因》中有这样的描写：“法国队离开汉城两周后，我们的记者又回到喜来登饭店。在酒吧里演出的保加利亚剧团的负责人乔治很高兴有机会接近法国队队员。他用蹩脚的英语说：‘他们每晚都来。姑娘们给他们留下了许多回忆。’他旁边的吉他手打断他的话，跟他说了几句保加利亚语。乔治接着对我们说：‘当然，姑娘们留下的都是美好的回忆，像得到有签名的帽子……’”在调查性报道中穿插这类现场感很强且具有一定情节性的采访过程，会大大增加调查性报道的可读性，给人以真实感和现场感。

本节思考题

1. 什么是体育深度报道？它有何特征和写作特点？

2. 什么是解释性体育报道？它在写作上有何特点？

3. 什么是调查性体育报道？一般在哪些情况下采用调查性体育报道形式？体育记者如何做好调查性体育报道？

本章参考文献

1. 郭超人主编. 体育新闻选［M］. 北京：新华出版社，1999.

2. （美）沃尔特·福克斯著. 新闻写作——报刊记者指南［M］. 北京：新华出版社，1999.

3. 常秀英著. 消息写作教程［M］. 北京：中国广播电视出版社，2001.

4. 吴潜龙编. 英美报刊文章阅读［M］. 上海：上海外语教育出版社，2001.

5. 邓宗岳等. 新闻文体与写作技巧［M］. 成都：四川大学出版社，1996.

6. （美）罗伯特·M. 奈特. 最佳写作要领［M］. 北京：新华出版社，1999.

7. 姚里军著. 新闻写作艺术与技巧［M］. 北京：中国广播电视出版社，1994.

8. 张羽著. 当代新闻写作学［M］. 西安：西北大学出版社，2000.

9. 胡端宁著. 新闻写作学［M］. 北京：新华出版社，2002.

10. 严介生等. 消息精品选评［M］. 北京：中国广播电视出版社，1996.

11. 张惠仁著. 新闻写作学［M］. 成都：四川人民出版社，1994.

12. 黎信，蓝鸿文主编. 外国新闻通讯评选（上下册）［M］. 北京：长征出版社，1999.

13. （美）威廉·梅茨著. 怎样写新闻——从导语到结尾［M］. 北京：新华出版社，1999.

14. 林永年编著. 新闻写作百例谈［M］. 福州：福建人民出版社，1997.

15. 刘文波编著. 新闻写作笔法百例［M］. 北京：中国新闻出版社，1998.

16. （美）梅尔文·门彻. 新闻报道与写作［M］. 北京：华夏出版社，2003.

17. （美）史蒂夫·威尔斯坦. 美联社体育新闻报道手册［M］. 北京：中央编译出版社，2005.

18. （英）菲尔·安德鲁斯. 体育新闻：从入门到精通［M］. 周黎明译. 北京：中国人民大学出版社，2010.

第五章　体育新闻评论

本章提要

作为一名体育记者，只会跑消息、做报道是不够的，他还必须学会写体育评论，掌握体育评论的写作方法与技巧，以此来表达自己对体育运动中发生的各种事件的立场、态度、观点与看法。当专业记者的这些评论在报纸、杂志或电视上发表的时候，在很大程度上也代表了媒体对所评事实的立场和观点。

体育评论是一类较为专业化的评论，它既具有新闻评论共有的特征，还表现出一些个性化的特征。归纳起来，体育评论主要表现出新闻性、专业性、大众性和引导性等特征。

要写好体育评论，要求体育记者具备合格的政治素质、宽广的知识面、专精的体育知识、善于思考与论证以及较高的写作能力。

体育评论具有深化体育报道、解惑示趋、宣扬体育精神、教育青少年、表明立场、表达观点、维护公正、舆论监督等功能。体育评论在写作上要求客观公正、追求个性、语言生动、贴近读者、短小精悍。

体育评论的常用文体有体育社论、体育评论员文章、体育短评、体育述评、体育随笔、体育杂谈等。另外，根据不同的评论对象与内容，体育评论可以分为体育赛事评论、体育活动评论、体育人物评论、体育事务评论、体育事件评论等不同类型。体育记者应了解和掌握体育评论不同文体和不同类型评论的写作方法特点。

要写好体育新闻，还需要掌握选题、立论、论据、论证等基本方法与程序。体育记者不仅要掌握一般新闻评论的写作方法，也要了解和探索体育评论写作的特殊规律和方法特点。

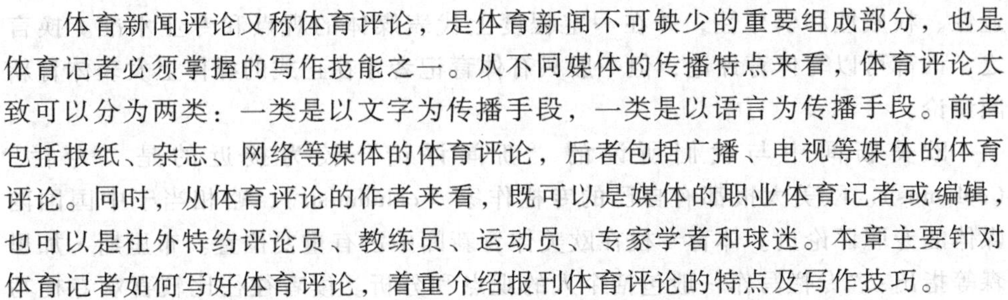

体育新闻评论又称体育评论，是体育新闻不可缺少的重要组成部分，也是体育记者必须掌握的写作技能之一。从不同媒体的传播特点来看，体育评论大致可以分为两类：一类是以文字为传播手段，一类是以语言为传播手段。前者包括报纸、杂志、网络等媒体的体育评论，后者包括广播、电视等媒体的体育评论。同时，从体育评论的作者来看，既可以是媒体的职业体育记者或编辑，也可以是社外特约评论员、教练员、运动员、专家学者和球迷。本章主要针对体育记者如何写好体育评论，着重介绍报刊体育评论的特点及写作技巧。

第一节　体育新闻评论概述

一、什么是体育新闻评论

什么是体育新闻评论？要回答这一问题，首先要了解什么是新闻评论。从广义上讲，新闻评论是指在新闻媒体上发表的各种看法、意见和观点。从狭义上讲，新闻评论特指在新闻媒体上发表的以论说为特征的新闻体裁或新闻节目。

从新闻的任务和内容来看，新闻是由新闻报道和新闻评论两大部分组成的。新闻报道的任务是通过新闻媒介传播最新发生的事实，而新闻评论则是对这些已经发生或正在发生的事实发表看法和意见。新闻报道是新闻的主体，而新闻评论则是新闻的思想、立场与观点。如果从新闻要素的角度来看，新闻报道的主要任务是向受众说明何事（why）、何时（when）、何人（who）、何处（where）等，而评论的主要任务则是向受众说明为何（why）和如何（how）以及揭示事物的真相（truth）。

了解了新闻评论的基本概念，也就能对体育新闻评论下一个大致的定义：体育新闻评论是在新闻媒体上发表的对体育运动及其相关的人和事发表的看法、意见和观点。其任务是结合在体育运动实践中最新发生的事实，针对受众普遍关注的问题进行评说阐释，以帮助受众理解新闻事实，引导广大体育爱好者和球迷正确看待在体育运动中发生的各种问题。体育评论与体育报道构成了体育新闻的两大支柱，它们都是媒体体育新闻传播不可缺少的基本新闻手段。

体育新闻评论也时常简称为“体育评论”。但从严格意义来讲，“体育新闻评论”与“体育评论”是有区别的。因为对体育发表意见和观点是公众的权力而并非媒体的专利。尤其是在网络时代，公众可以通过博客等平台发表“体育评论”。但“体育新闻评论”则不同，它一般指在正式的新闻媒体上发表的、由职业记者或其他专业人士撰写的体育评论。这类体育评论往往具有专

业性、权威性和引导性，并在一定程度上代表媒体的观点和专业水准。换言之，谁都可以写体育评论，但一般只有体育记者才在正式的媒体上发表体育新闻评论。

欧美新闻中与我们所说的“新闻评论”较为接近的是“专栏”(columns)。欧美大报都有自己的专栏作家(columnists)，略相当于中国国内媒体的专职评论员。体育专栏在欧美体育新闻中占有重要位置。布里斯·加里森等指出：“专栏写作一般包括个人的观点和分析。读者往往比较喜欢专栏写作带有主观性，而不希望专栏也像日常报道那样在内容上刻意追求客观和公正。虽然有一些专栏作家喜欢保持中立与客观立场，但更多的作家则更喜欢提出个人的观点。在体育新闻界，只有最好的体育记者才能成为出色的专栏作家。他们的选题视角独特，遣词造句充满想象力，这使他们显得与众不同。”①史蒂夫·威尔斯坦认为：“对于一个专栏作家来说，最重要的是要有一个有力量的观点做开头。专栏文章与新闻和特写不同，它需要一种强烈的热情或愤怒，它需要传递一种情感。”②

随着体育新闻的发展，体育新闻评论的品种与体裁不断增多，其关注的对象与范围也不断扩大，思想性也不断提高和深入。当代体育新闻评论已经形成一个大家族，既有电视、广播的比赛现场评论，也有报刊和网络针对体育赛事和各类事件的社论、评论员文章、短评、编者按、专栏评论、新闻述评、新闻分析、杂感、随笔等。体育评论就是指上述各类以体育运动本身以及与体育运动有关的人和事为对象的新闻评论的总和。

体育新闻评论已经成为当代体育新闻的一个重要领域和重要力量。不少媒体拥有自己知名的体育评论品牌。对于媒体来说，其体育版上能否经常刊登有思想、有力度的体育评论，已成为吸引读者、销售报纸的重要卖点。与此同时，自20世纪90年代以来，一批国内体育记者也成名于体育评论。他们所写的体育评论或文笔犀利、或观点新锐、或长于评析、或精于思辨、或幽默诙谐、或文采斐然，由此深受读者和球迷欢迎。正因为体育评论具有一般体育报道所不能取代的战斗力和侵彻力，在球迷、体育爱好者和读者中拥有广泛的影响，因而作为一名优秀的体育记者，决不能只会跑点消息、写几条体育报道。可以说，采写体育消息，只是体育记者最基本的技能和任务，而写出思想锐利、针对性强、文字生动、富有个性并深受读者欢迎的体育新闻评论，才是体育记者的高层境界。

① (美) 布鲁斯·加里森等. 体育新闻报道［M］. 北京：华夏出版社，2002：158.
② (美) 史蒂夫·威尔斯坦. 美联社体育新闻报道手册［M］. 北京：中央编译出版社，2005：57.

二、为什么要学会写体育新闻评论

作为一名体育记者，只会跑消息、做报道是不够的，他还必须学会写体育新闻评论，掌握体育新闻评论的写作方法与技巧，以此来表达自己对体育运动中发生的各种事件和问题的立场、态度、观点与看法。当职业体育记者的这些评论在报纸、杂志或电视等媒体上发表的时候，在很大程度上也代表了这些媒体对所评事实的立场和观点。

体育新闻评论之于媒体和体育记者的重要性表现在以下方面：

（一）体育新闻评论是体育运动发展实践的需要

现代体育运动是一类影响广泛、内涵深刻的社会文化现象，包括一个完整的思想体系、组织体系、活动体系、操作体系和文化体系。其中，体育运动所包含的人类精神文明价值和思想体系，是通过体育比赛、体育活动、体育训练、体育文化、体育商务以及“体育人”的各种社会行为方式表现出来的。在体育新闻报道中，这种体育的思想、精神和观念价值是隐藏在事实背后的。受众和读者从日常的体育报道中，一般直接接触的只是具体的新闻事实，如一场比赛的结果与过程，某位运动员在球场内外的表现，某个体育组织的决定或领导人的变更，甚至某件与体育运动有关的丑闻、绯闻和犯罪行为等。而这些事实后面的思想、精神、观念、道德、法律、文化以及相关的知识、理论体系等却不易直接为受众和读者所接触。因此，媒体必须通过体育新闻评论，以精深的专业知识、严密的论证分析和生动活泼的文字来告诉受众与读者“为什么会如此”和“应该如何去做”。有时，体育新闻评论还要担负通过推理分析来揭示事实真相的任务。因此，一方面，现代体育运动的发展实践需要媒体的体育评论来宣传体育思想、传播体育文化，并对其进行舆论监督；另一方面，媒体也需要体育新闻评论来揭示体育运动内含的人类文明普遍价值和规律，发现隐藏在事实表象背后的真相与意义，帮助受众和读者了解和理解体育运动中发生的各种事实与现象，从而满足受众和读者的需要。

（二）体育新闻评论是体育新闻自身发展实践的需要

现代体育新闻是一种外延性强、覆盖面宽、受众面大、影响广泛的新闻品种，既包括体育运动本身的各类比赛与活动，更涉及广泛的社会、政治、外交、文化、经济、司法和娱乐等各方面内容；既包括本国本地区的体育比赛、体育活动和体育事务，也涉及国际性的体育赛事、活动和事务，甚至还要报道其他国家和地区的体育赛事、活动和各种事件。而这些都可能是受众和读者所

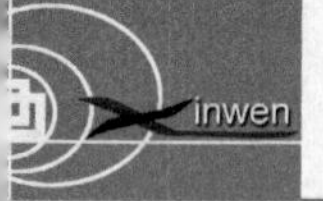

陌生的和不熟悉的。例如，目前国内几乎所有的体育专业报和综合性日报体育版每天都要报道英国、意大利、德国、西班牙和法国的足球职业联赛消息和美国 NBA 职业篮球赛的消息。而这些比赛本身及其文化背景可能是国内很多受众和球迷所不熟悉的。这就需要媒体通过精彩而专业的体育新闻评论来帮助球迷了解这些比赛中发生的各种重要事情，如一支著名球队在一场重大比赛中赢球或者输球的原因是什么，某位深受球迷喜爱和关注的球星在某场重要比赛中的表现如何，读者应如何去看待发生在某位著名球星身上的绯闻、丑闻、司法诉讼或商业纠纷等。同时，媒体还要通过体育新闻评论来表明自己对某些与体育运动有关的重要事件和问题的立场、观点和态度，帮助读者了解和理解新闻事实，引导读者正确地判断和看待这些事情与问题。

（三）写好体育新闻评论是衡量体育记者水平的重要标准

作为一名体育记者，要写好体育新闻评论并不容易。与写一条体育消息报道不同，体育新闻评论的写作需要更高的思想水平和理论素养，需要更多更宽的知识积累和储备，需要具备一流的分析、综合、论证、预测和写作方面的能力。正因为如此，在新闻媒体中，由于评论代表着媒体本身的形象、立场和水平，因而并不是人人都可以发表评论的。体育新闻评论一般都是由资深的体育记者、体育编辑、特约社外专业人士和学者专家来写作，有时甚至由总编辑本人来亲自写作和发表。另外，新闻报道显现的是记者发现新闻的能力，而新闻评论反映的是记者的思想水平。记者在体育报道中的主要任务是发现真相，报道事实，真实客观地进行报道，而不是发表自己的意见和看法。因此，记者个人的观点、立场和看法等通常只能隐藏在事实报道后面，否则就会影响报道的客观性。在当代信息发达的环境下，新闻一般是共享的、难以垄断的，只有思想是个人的、别人不能取代的。体育新闻评论是记者本人独到视角观察与深入思考的结果，是记者个人综合素质与能力的表现，而这恰恰是其他任何人无法取代和垄断的。正因为如此，体育新闻评论，而通常不是体育报道，更容易使体育记者成名，引起广大受众和读者的注意。

下面是《人民日报》为 2008 年 8 月 8 日北京奥运会开幕写的社论。这篇社论以激扬的文字和真诚的热情，回顾了中国的奥林匹克历程，表达了中国对北京奥运会的期盼与祝福。这篇社论充分体现了体育新闻评论在体育发展和新闻传播中的重要意义与作用。

同一个世界　同一个梦想

——热烈祝贺第29届夏季奥林匹克运动会开幕

人民日报社论

今夜，当五星红旗、五环旗在国家体育场冉冉升起，奥林匹克运动的宏伟篇章将翻开崭新一页。

今夜，当奥林匹克会歌在万众瞩目中悠扬奏响，奥林匹克理想在古老的中华大地激情飞扬。

今夜，当第29届奥运会的圣火燃亮北京的星空，人类文明的长河再次汇入来自东方的泉流。

奥林匹克运动第一次将盛典的舞台，搭建在这东方的沃土。13亿中国人第一次在自己的家园，唱响团结、友谊、和平的奥运之歌。从雅典到北京，欢乐依旧，激情依旧，梦想依旧，而世界将有所不同。

北京欢迎你，魅力迸发的奥林匹克！北京欢迎你，四海五洲的老友新朋！

现代奥林匹克运动走过的这一个世纪，是人类历史上最跌宕辉煌的章节。过去100年间，人们经历了世界大战的炮火硝烟，经历了冷战的封锁对峙，也分享着航空航天、移动通讯、电视、互联网等新发明带来的伟大变革，打开了宇宙探索的广阔视野。自人类文明诞生以来，没有哪一个世纪的灾难和悲剧，如此频繁深重；也没有哪一个世纪的奋争和进步，如此激动人心。

一个多世纪以来，奥运会从一个侧面记录了人类文明拾级而上的进程。与坎坷激荡的世界历史紧密相随，现代奥运会承载着人类的共同理想，成为当今世界无与伦比的文化现象和文明载体。摒弃异见和分歧，奥林匹克圣火照亮人类共同前进的道路，推动着世界体育运动的发展，折射出不同文化交流了解的热望。五环旗下，不同国家、不同信仰、不同肤色、不同种族的人们，为了共同的梦想汇聚在同一条跑道上。

中国是奥林匹克运动的坚定追随者。从奥林匹亚山到万里长城，圣火辉映着文明传播与沟通的征程，见证了一个古老民族融入世界潮流的步履。

一个世纪前，有识之士“中国什么时候能举办奥运”的殷殷期盼中，我们领略过它的渴望；76年前，刘长春孑然一身代表中国参加奥运会的孤独步履里，我们听到过它的足音；29年前，改革开放的中国重返国际奥林匹克大家庭的积极努力中，我们体会到它的决心；15年前，蒙特卡

洛申奥失利后“坚定不移地走向世界”的含泪誓言里，我们感受过它的坚强。今天，历史悠久的奥林匹克与源远流长的东方文明交融汇聚，绿色奥运、科技奥运、人文奥运，13亿中国人用实际行动，为奥林匹克注入了属于自己的梦想。

奥运会来到拥有世界1/5人口的中国，意义非凡。这是世界对中国的信任，也是中国对世界的奉献。中国重返奥林匹克大家庭的30年，正与当代中国波澜壮阔的发展进程相契合。这30年里，中华民族打开国门走向世界，世界张开臂膀拥抱中国。2008年北京奥运会，树起了中国30年改革开放的新界标，熔铸了世界对一个发展中大国的新期许。虽然世界上不同地方的人们在不同的问题上有不同看法，但绝大多数人相信，中国发展离不开世界，世界繁荣稳定也离不开中国；绝大多数人坚信，奥运会在北京举办，“将给中国和世界留下独一无二的宝贵遗产”。

俯仰百年，人们越来越深切地认识到，在这个越来越“小”的星球上，我们有着共同的命运。世界变得比历史上的任何时候更加密不可分。奥运会不仅是各国运动员实现光荣和梦想的舞台，也是世界各国人民增进了解、加深友谊的平台。奥林匹克的旗帜，让不同文化百花齐放、和谐共荣：非洲草原浸透阳光的奔跑、桑巴足球华丽唯美的舞步、威猛剽悍的拳击举重、修身养性的柔道……在这个大家庭里，金牌的争夺从来不是最重要的目标，世界各国文化的相互交流、相互借鉴，才是最值得珍惜的精神遗产。诚恳迎接不同文化的交流交汇，以平常心面对多种文化的精彩纷呈，政治尊重、文化多样和价值包容，同样是奥林匹克精神的体现。

7年筹办，中国人民以最大的热情，鼎力托举起当今世界规模最大的体育盛会；7年践诺，古老中华尽最大的努力，精心酝酿这全人类共叙友情、共享和平的节日盛典。

今夜，大幕将启。同一个世界，同一个梦想，16天里，我们将一起分享奥林匹克的魅力和欢乐；五环旗下，我们将尽情演绎“更快、更高、更强”的体育精神，共同奏响“团结、友谊、和平”的伟大乐章。

中国人民，世界人民，这是我们的共同时刻。

（人民日报2008年8月8日）

三、如何写好体育新闻评论

怎样才能写好体育新闻评论？要回答这一问题，不妨先来看一段我国当代知名体育评论家、《青年体育报》总编辑毕熙东的一段话：“体育记者首先是一名合格的记者，然后才是体育记者。只有具备了一般记者所需要的文字功

夫、新闻知识、较广泛的社会知识和新闻敏感等条件前提下，再去钻研体育专业，才能使自己对体育圈子里的许多现象有借鉴的依据、启迪的基础；思路才能开阔，分析也就能高屋建瓴。比如，某些有权威的体育记者写出的文章为什么老少咸宜？那就是他虽然论述的话题是体育，是一场比赛，但文章中却富有哲理、知识，有社会意义。因而，他的权威性能在广大的读者心目中树立起来。”①

毕熙东在这里谈的不仅是体育记者的素质和修养，更是在谈如何才能写好体育评论。他对于记者与体育记者之间的关系的看法是很有见地的，也是他本人写作体育评论的体会。的确，要写好体育评论，需要多方面的素质修养和理论知识以及较高的写作能力。光有某一方面的优势，如仅仅是懂体育或只会写作，都是难以写好体育评论的。

下面再看《美联社体育新闻报道手册》对专栏作家、也就是专业体育评论员的要求：“对一个专栏作家来说，最重要的是要有一个有力量的观点做开头。专栏文章与新闻和特写不同，它需要表现一种强烈的热情或愤怒，它需要传递一种情感。专栏作家必须在各个领域保持领先——体育、新闻、电视、电影。他们看小说和非虚构类书籍。他们知道周围正在发生的事情并且对此加以评论。那么写一篇体育专栏文章需要多久？一生。”② 美国大学教材《体育新闻报道》则指出：“一个好的专栏作家至少要具备4个素质：其一，作者必须言之有物。他必须拥有丰富的资料，并且能运用自身渊博的知识从中提炼出自己的观点。其二，专栏要有趣味性。如果拥有很好的素材，但却缺乏恰当的表现形式，这样写出来的文章就会干瘪无味，无法吸引读者。其三，专栏要有娱乐性。现在有很多专栏都采用了特写报道的素材来进行写作。其四，专栏和专栏作家应有稳定性。专栏不仅要保持较高的品质，而且必须定期刊登，同时还不能失去新鲜感，以免失去读者。这实在是一个严峻的挑战。”③ 由于欧美媒体的体育专栏和体育专栏作家的主要任务就是写作体育评论，因此，上述观点可供中国的体育记者们写评论时借鉴。

作为一位体育记者，即使能够较熟练地写作体育报道，也不一定就能够写出好的体育评论。因为体育评论较之体育报道的写作来说，还有其独特的规律和特点。那么，具体而言，怎样才能写好体育评论呢？

（一）合格的政治素质

体育评论是在新闻媒体上发表的，与其他所有新闻一样，具有传播的广泛

① 毕熙东著．熙东评论［M］．北京：新华出版社，2001：8．

② （美）史蒂夫·威尔斯坦．美联社体育新闻报道手册［M］．北京：中央编译出版社，2005：57．

③ （美）布鲁斯·加里森等．体育新闻报道［M］．北京：华夏出版社，2002：160．

性与影响力，因此也必须考虑其社会效果与新闻的导向性。有些人认为，体育评论不是政论文章，不必太过于讲政治。这种看法是非常错误的。任何资深的体育记者和编辑都会有这样的体会：体育评论一样必须要讲政治，要讲社会效果与社会责任，要讲舆论的导向作用。特别是在一些与体育运动有关的大是大非问题上，体育新闻评论的立场、观点和倾向非常重要，不能有丝毫含糊。例如，在体育运动中涉及我国主权、宗教、民族以及社会的稳定等问题上，在涉及服用违禁药物、赌球、假球、黑哨、贿赂、运动员违纪甚至犯罪等问题上，体育新闻评论必须旗帜鲜明地表明态度和立场，与国家的宪法和有关政策法令保持一致，而不能因是本国、本地的运动队或运动员，或是与评论者本人关系密切的人和事，就在评论中曲意袒护，甚至歪曲事实，误导受众。这些，都会使体育评论的导向和效果出现严重偏差。

（二）宽广的知识面

体育新闻评论与体育报道不同，并非只需要记者将所见所闻的事实告诉读者就行了。体育新闻评论必须告诉读者“为什么”和“应如何”，这就涉及复杂的背景情况和有关知识。例如，要写好一篇关于美国 NBA 职业联赛比赛的评论，不仅要求记者了解比赛结果和过程，对两支球队十分熟悉，而且要对美国的文化传统、社会价值、体育结构、观念习俗、法律法规、城市情况、经济水平等各个方面都要有所了解，并将其融入体育评论中。只有这样，才能写出为读者所欢迎的体育评论。所以，要写好体育评论，就不能只读一两本新闻评论教材，更不能仅仅是懂体育或文笔好，而要多读书多积累，拥有宽广而渊博的知识面，尤其是哲学、历史、文学、艺术、经济、地理等方面的知识。另外应指出的是，要写好体育评论，就不能只读高深的作品，而且要多读通俗作品。因为体育评论是写来给大众看的，越是大众的就越是优秀的。因此，像《水浒传》、《西游记》等古典名著，唐诗宋词元曲，金庸、古龙、梁羽生等人的武侠小说，流行电影，流行歌曲等，如果记者能够对这些作品十分熟悉，信手拈来，就能使体育评论生动活泼、意境阔大、寓意深刻、隽永耐读。

（三）专精的体育知识

体育评论，顾名思义，就是有关体育的评论。如果一个人对体育一窍不通或仅知皮毛，就很难写出好的体育评论。尤其是随着现代体育的大众化、产业化、职业化和全球化发展，体育迷和受众对媒体的要求越来越高，希望读到十分专业而又精彩的体育评论。在这种情况下，只有既写得一手好文章，又具备专精的体育知识，才能够写出受读者欢迎的体育评论。由于当代体育评论对作者的专业水平要求越来越高，导致体育记者和体育评论员也逐渐向专项化发

展，出现了专门写某一体育项目评论文章的记者、评论员和专栏作者，如足球评论员、篮球评论员等。这些体育评论作者都精通某一热门的体育项目，对这些项目的历史沿革、规则章程、组织机构、运作特点、主要赛事、体育明星、商业赞助、俱乐部或运动队等了如指掌、如数家珍，因而在其评论中能够旁征博引、鞭辟入里、头头是道、令人信服。在美国和欧洲地区，甚至还出现了数十年专门为某一支球队写球评的著名评论员和专栏作家。因此，要想写好体育评论，就一定要酷爱体育、了解体育、熟悉体育，尤其是掌握所评项目的有关知识和情况。只有这样，才能成为专业的体育评论员。

（四）善于思考与论证

作为职业体育记者，他所写的体育评论与其他人写的评论的要求是不一样的。记者在媒体上发表的评论不仅仅代表个人，而是代表媒体。对受众而言，记者发表的评论具有专业性、权威性和引导性。因此，体育记者的评论决不能仅仅是宣泄个人的感情和情绪，也不能随意发表未经过深思熟虑的看法和观点，而必须向受众提供全面、客观、公正、有根有据、以理服人的评论，否则就会引起受众和有关方面对媒体和评论员立场和水平的质疑。在这方面，媒体是有不少教训的。因此，体育记者必须要勤于思考，善于思考，掌握必要的立论、论证、分析、综合、推理、反驳、预测、判断等评论方法，努力使自己的体育评论高屋建瓴、逻辑严密、论据有力、论证清楚，这样才能达到吸引受众、说服读者、引导舆论的目的。

（五）较高的写作能力

记者、评论员和专栏作家的体育新闻评论是写给大众看的。因此，评论的文字功夫如何、写得好不好看、是否吸引人，是实现体育新闻评论价值的基本标准。有些初入道的记者很喜欢体育，也有自己的见解和看法，但就是写出评论来味同嚼蜡，或词不达意，或文理不通，或叠床架屋，或生搬硬套，既不精彩更不吸引人。其主要原因在于写作能力不行，文学修养功夫不够。因此，要写好体育新闻评论，提高写作能力是非常必要的。尤其是体育新闻评论与其他政论性文章不一样，其主要是一种休闲和娱乐性质的评论，要让读者在读体育评论时，感到轻松、愉悦、快乐和享受；即使是在分析本地球队的失败原因时，也能够从体育评论中获得信心和安慰。20世纪90年代以来，国内各地涌现出了一批体育新闻评论的高手，他们都有一个共同的特点，就是不仅专攻某些体育项目的评论，而且思想锐利、才思敏捷、知识渊博、文笔畅达、个性鲜明，因而写出来的体育评论皆能独步一时、各领风骚，深受广大读者喜爱和欢迎。因此，要写好体育新闻评论，就一定要多写多练，努力提高写作能力和水平。

除了政治素质外，以上几点中，对于体育记者写作体育评论而言，最重要的是宽广的知识面和专精的体育知识。深厚的知识积累和宽广的知识面是决定一位记者思想力的重要基础。而只有熟悉体育，尤其是熟悉与体育报道关系密切的运动项目知识，才能做好一名体育记者。下面是《中国青年报》体育记者毕熙东为1998年法国世界杯写的一篇评论《英雄无悔》。作者是我国资深体育记者，从20世纪80年代起，采写了大量优秀的体育报道和体育评论。在这篇仅600余字的短评中，记者用流畅华丽的文笔对英格兰与阿根廷的“世纪大战”发表了自己的观点。评论引用了三国时期蜀汉诸葛亮鞠躬尽瘁、出师未捷的故事，指出英格兰队虽败犹荣，堪称“无冕之王”。这篇评论不仅表现了记者的专业眼光和新闻判断力，更显示了记者渊博的知识面和高超的写作能力。

英雄无悔①

毕熙东

场上，云蒸霞蔚，虎啸龙骧。场外，旌旗蔽日，雀跃欢腾。英格兰军团声威赫赫，小将欧文锐不可当。阿根廷骑士弓马娴熟，奥尔特加鬼没神出。

浓茶泡好，香烟点燃，虽全神贯注，却目不暇接。三尺荧屏尽收绿茵壮美，亿万球迷无不心头鹿跳。这边，巴蒂劲射，势大力沉，洞穿希曼龙头；须臾，希勒主罚，摧枯拉朽，粉碎劳阿防线。两粒点球射罢，双方再度扯平。烟燃尽，茶未凉——世纪末的温酒斩华雄，愧杀关羽，倾倒全球。

英格兰绝不该输，阿根廷的确该赢。两支劲旅过早相逢，引发了无穷遗恨。没有民族之褊狭，忘掉往日之恩怨。两虎军马，文明大度，敬业专心，亮出看家本领，使出全部心力。交手间着着精妙，处处惊心，演出了世纪绝唱。

贝克汉姆的毛躁，使英格兰加倍付出，功败垂成。帕萨雷拉的换人，使阿根廷涉险背创，危而后安。一波三折，瞬息万变，这便是足球的魅力。倒是在硝烟烽火的洗礼中，霍德尔成熟了许多。此战中，英格兰队无论是战术设计，还是阵容配备，均达到了很高的境界，收到了预想的效果。英格兰人尽管过早地离开了世界杯，但称他们是无冕之王，恐怕是当之无愧的。

① 毕熙东. 熙东评论［M］. 北京：新华出版社，2001：124.

夫难平者事也。想当年蜀汉雄踞四川，收马超，灭张鲁，策兵北征，夏侯授首。锋芒直指曹魏，汉室之隆计日可待，形势一片大好。不期关羽毁败，导致全局被动。尽管孔明鞠躬尽瘁，南伐孟获，六出祁山，但终因实力受损，无力回天，以致出师未捷身先去，长使英雄泪满襟。

英格兰队在损兵折将之后虽拼尽了120分钟，最后终于在点球决战中败下阵来，所谓尽人事而听天命者也。因为阿根廷队毕竟也是最优秀的。

壮怀激烈，仰天长啸。在送别英格兰队时，我们要真诚地说一句：英雄无悔。

四、体育新闻评论的特点

体育新闻评论是一类较为专业化的评论。因此，它既具有新闻评论共有的特征，还表现出一些个性化的特征。归纳起来，体育新闻评论主要表现出新闻性、专业性、大众性和引导性等特征。

（一）新闻性

体育新闻评论的新闻性是指，体育新闻评论是新闻评论的一种，因此它首先必须体现新闻评论之“新”。而且，由于体育运动的特点，体育评论更表现出强烈的时效性和鲜明的针对性。其具体表现为：首先，体育新闻评论之“新”要表现在题材新、内容新、手段新。也就是说，体育新闻评论的题材、内容和对象必须是与体育运动有关的最新发生的和具有新闻价值的事实，如比赛、活动、事件等。为了追求体育新闻评论的时新性，当代的电视、广播、网络等电子媒体中产生了赛事现场评论这一特殊的评论形式。同样，为了达到时新性，报纸媒体也强调在第一时间向读者提供内容最新的体育评论。其次，体育新闻评论要做到“新”，就必须追求“快”。体育新闻评论不像一些时政性评论，早一天晚一天没关系。一场重要比赛、一个重大的事件，如果不在次日出版的报纸上与消息一块见报，就可能完全失去其新闻价值。因此，体育新闻评论一要写作快，二要见报快。再次，体育新闻评论要做到“新”，就必须针对性特别强。也就是说，要针对与体育运动有关的、受公众和球迷关注的最新发生的事实来写评论。

（二）专业性

体育新闻评论的专业性是指，它是一种专业性的新闻评论。这种专业性构成了体育新闻评论区别于其他新闻评论的最显著的特质。什么是体育新闻评论的特质？简言之，就是评论体育。体育新闻评论与其他时政评论、财经评论或

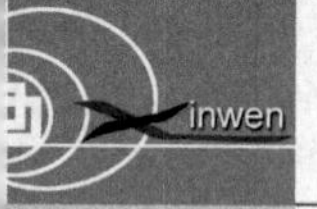

影评、剧评、书评等相比最大的不同，就是它评论的对象和内容是体育运动及与体育有关的事情，表现出独特的专业性和定向性。体育新闻评论在形式、体裁、方法、手段等方面的特点，都是由这一特质决定的。

具体而言，体育新闻评论的专业性主要表现在以下几点：其一，体育新闻评论的内容是专业的。现代体育运动已发展成为一类内容复杂、范围广泛的社会文化现象，体育新闻评论就是针对这一特定内容、对象和范围的专业性评论。尽管现代体育新闻评论也表现出明显的边缘性，经常涉及政治、财经、商务、司法、社会、娱乐等方面的内容，但有一点是万变不离其宗，就是与体育运动有关，仍属于体育新闻评论的范畴。其二，体育新闻评论的作者是专业的。尽管现代媒体会经常刊登球迷和读者的评论，有些球迷的体育新闻评论还产生了较大影响，但是，在媒体上发表体育新闻评论的主要还是各类专业人士，如职业体育记者、主持人、评论员、运动员、教练员等。这些作者都有一个共同的特点，就是他们都是与体育有关的某一领域中的专业人士。媒体需要通过这些专业人士的评论，来向受众和读者提供权威性和专业性的资讯和观点。其三，体育新闻评论的语言是专业的。与其他各种专业领域一样，在体育运动中也有一套专业性较强的术语和语言体系。体育新闻评论经常要使用这类术语。例如，一位记者要写关于排球比赛的评论，就不仅要熟悉发球、扣球、传球、垫球、拦网等一般专业词汇，还要在评论中正确而恰当地使用诸如“勾手飘球”、“大力跳发球”、“四号位强攻”、“后排进攻”、“近体快球”、“短平快”、“平拉开”、“背飞”、“前飞”、“一传到位”等专业术语。如果体育记者不知道或弄不懂这些专业术语，写出的评论就很难有深度，水平会大打折扣，甚至会影响媒体的形象。

（三）大众性

体育新闻评论的大众性是指，它是服务于大众、以满足广大受众和体育爱好者的需要为宗旨的。虽然体育新闻评论属于一类专业评论，但其受众面和读者范围极为广泛，涵盖各类职业、各种阶层、各个年龄段的人。因此，体育新闻评论在本质上不属于阳春白雪，在内容上和形式上必须面对大众，满足大众的口味和需要。具体而言，首先，体育新闻评论在选题上必须是大众化的。在写作体育新闻评论时，选题必须十分考究，应选择那些大众最喜爱和关注的体育项目中发生的重要事情作为评论的对象和内容。其次，体育新闻评论的写作语言必须是大众化的。在写作体育新闻评论时，作者应时刻想到这主要是写给广大球迷和体育爱好者看的。因此，体育新闻评论必须在语言上做到浅显易懂、质朴平白、言之有物。即使是使用专业术语或引经据典，其目的也是帮助广大读者理解评论内容，应是人们能够看得明白、读得懂的。有的体育新闻评

论内容苍白无物，却在文字上堆砌辞藻，滥用典故，故作深沉，卖弄玄虚，读来不仅让人一头雾水，更令人感觉文风不正，心生厌恶。这样的评论不但达不到预期的效果和目的，反而有损于媒体的形象。再次，体育新闻评论的作者群也应体现大众性。与体育报道主要由职业记者来担任不同，体育新闻评论的作者应该具有各方面的代表性，可以是记者编辑，也可以是专家学者、运动员、教练员甚至是普通球迷。这些作者代表着不同领域、不同层次、不同角度和不同群体的观点和立场，其评论也各有特点和优势。因此，媒体应根据具体情况，选择恰当的人选来发表评论，以增加体育新闻评论的专业性、权威性、知识性和贴近性。

（四）引导性

体育新闻评论的引导性是指，它负有引导舆论、指导读者的责任与作用。体育新闻评论不仅有娱乐性，也有思想性。首先，体育新闻评论负有指导读者，宣扬体育精神、爱国主义、和平友谊等人类文明精华的职责。媒体的体育新闻评论，即使是就一场比赛或一位运动员的表现发表看法，都有一个立场、观点和尺度问题，其褒扬什么、肯定什么以及批评什么和否定什么，都可能会对读者产生影响。例如，我国广大运动员和教练员在赛场上为了祖国的荣誉顽强拼搏，取得了优异成绩，极大振奋了中国人民的志气，这是值得赞扬的。但体育比赛总是有输有赢，我们不能赢了就大唱赞歌，输了就一味指责。只要是运动员在场上尽了全力，表现出了良好的体育道德和意志品质，媒体就应当予以肯定。这里就有一个导向问题，需要有思想、有格调的体育新闻评论来引导读者如何正确对待输赢和看待体育比赛的问题。其次，在一些事关体育精神和体育道德，甚至与体育有关的大是大非的问题上，如事关国家的主权与尊严、俱乐部或运动员违背公平竞争原则、假球黑哨、球员赌球、服用违禁药物、球场斗殴甚至涉及在赛场外违法乱纪等，媒体都应通过体育新闻评论来引导舆论，表明态度，而不能因为是本地球员或要照顾某些关系就故意保持沉默或含糊其辞，甚至在评论中不明是非、曲意维护、误导受众。另外，在一些特殊场合和情况下，球迷情绪会显得冲动偏激，甚至会引发骚乱事端。这时，媒体更负有不可推卸的责任，媒体应通过体育新闻评论来引导舆论，化解矛盾，疏导情绪，维护安定的社会局面，而切不可站在地方主义立场，甚至将自己视为普通球迷，在评论中推波助澜，客观上造成激化社会矛盾的效果。

五、体育新闻评论的功能

像其他评论一样，体育新闻评论也有多重功能。归纳起来，主要有认识功

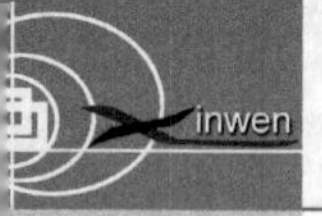

能、教育功能、表态功能、疏导功能和监督功能等。

（一）体育新闻评论具有深化体育报道、为受众解惑示趋的功能

体育新闻评论的主要功能之一，就是解惑释疑，阐理示趋，深化报道，从而满足广大球迷和受众的需要。与体育报道不同，体育新闻评论不是报道事实，而是通过推理、分析、综合、预测等手段，揭示事实的真相与意义，解答读者“为什么会如此”、“如何发展下去”、“有何影响”等困惑和疑问，从而帮助读者和球迷了解和理解新闻。例如，一场重要比赛结束之后，出现了出乎意料的结局，主队输给了原本不被看好的客队。在这种情况下，球迷往往并不满足只从电视和报纸上看到的比赛结果和过程，他们还希望从媒体上看到权威和专业的评论，了解专业人士对这场球的看法，如强队为什么会输？弱队为什么会赢？问题出在哪里？比赛失利对主队有何影响？球队应如何解决存在的问题？等等。体育新闻评论的作者运用自己的专业知识和深入分析，可以得出自己的结论。由于这一评论由专业人士所写并发表在媒体上，读者从中便可以了解到导致比赛结果和过程的原因和问题，以及怎样去解决这些问题。

（二）体育新闻评论具有宣扬体育精神、教育青少年的功能

在当今世界上，青少年是体育新闻的最大受众群体，他们热爱体育运动，喜欢观看体育比赛，崇拜他们心目中的体育明星。但是不可否认，在现代体育向商业化和职业化发展过程中，也出现了很多负面问题，如赌球、假球、黑哨、球场暴力、服用违禁药物等，这些都会对青少年产生负面影响。尤其是一些深受青少年崇拜的体育明星对青少年影响更大。体育新闻评论的重要任务和功能之一，就是用体育精神来教育青少年，培养他们的爱国主义、世界和平、顽强拼搏、公平竞争、团体协作等观念意识和精神品质。同时，体育新闻评论还要引导青少年正确地看待体育运动中发生的各种问题，培养辨别是非的能力，尤其是如何正确面对体育界出现的各种不良现象，以帮助他们健康成长。例如，1998 年法国世界杯期间，德国发生了以足球流氓面目出现的新纳粹分子制造血腥骚乱事件，《中国青年报》针对这一事件发表了《警惕纳粹》的评论，不仅对制造这一事件的新纳粹分子表示了极大的愤慨，而且对国际足联对球场暴力制止不力的做法提出了批评。这样的评论配合有关报道，就能够对青少年和广大读者起到必要的教育和引导作用，使他们正确地了解这类事件发生的原因和如何正确看待这类事件。

（三）体育新闻评论具有表明立场、表达观点的功能

一般而言，新闻报道的要求是做到客观公正，而不能将个人主观的立场、

观点和情感带入新闻报道之中。但评论恰恰相反，则是要鲜明地表明立场和态度，表达个人的观点。体育新闻评论也是如此，其重要功能和作用之一，就是表明媒体或作者本人对发生在体育运动中或与体育有关的重要事情的立场、态度与观点。例如，对待诸如不服从裁判、消极比赛、让球等违背公平竞争原则以及服用违禁药物、球场暴力、假球、黑哨、赌球、运动员犯罪等种种发生在体育运动中的丑恶现象，媒体应当通过体育新闻评论旗帜鲜明地表明自己的态度，扶正祛邪，引导舆论。例如，在 2002 年 9 月于德国举行的女排世界锦标赛小组赛 D 组最后一场比赛中，中国女排以替补阵容出场，0∶3 输给了弱旅希腊队，拿到了小组第二，进军 F 组，避免了在决赛之前与俄罗斯队相遇。在复赛 F 组最后一场比赛中，中国女排再次派出替补阵容以 0∶3 输给韩国队，拿到小组第二，避免了在 1/4 决赛中与意大利队相遇。此举引起国内外舆论一片哗然，大多数媒体认为这样做违背体育精神和公平竞争原则，国家体育总局也对这一做法公开提出了严厉批评。但国内也有少数媒体在评论中认为，体育比赛赢球才是硬道理，合理利用规则以求胜利无可指责。对待同一事件，不同的媒体表明了不同的立场、观点和态度。当然，这些评论本身也反映了媒体和作者观察事物的能力与认识事物的水平。

（四）体育新闻评论具有疏导舆论、化解冲突的功能

体育运动的宗旨是和平、友谊和交流，但体育比赛本身却具有强烈的冲突性与对抗性。尤其是在重要的比赛中，如奥运会等重大国际赛事、国内职业比赛等，不仅运动员在场上竞争十分激烈，而且不同国家、地区、城市甚至俱乐部的球迷与球迷之间也处于某种程度的感情对立状态，在一定的情况下，如果疏导和管理工作跟不上，甚至会导致球迷冲突和骚乱事件。因此，体育新闻评论的一项重要功能，就是要承担起媒体的责任，利用媒体的力量，大力宣传体育运动和平、友谊、交流的根本宗旨，疏导舆论，化解情绪，引导球迷正确看待比赛，理智对待输赢，以维护安定团结的社会局面。

（五）体育新闻评论具有舆论监督、促使体育健康发展的功能

体育新闻评论的一项重要功能，就是行使媒体的新闻监督与批评的权力，对体育运动中的不正之风和违纪违法行为进行舆论监督，对体育运动中违背体育道德和损害公众利益的行为进行揭露和批评，形成舆论压力，促使体育运动的健康发展。尤其是现代体育进入商业化、市场化阶段以后，舆论监督和新闻批评之于体育的健康发展越来越重要。媒体对于当代体育实践中出现的假球、黑哨、赌球、贿赂、球场暴力、种族歧视等现象予以揭露和谴责，成为当代体育发展的重要参与者与把关人。例如，1999 年底爆发的国际奥委会盐湖城冬

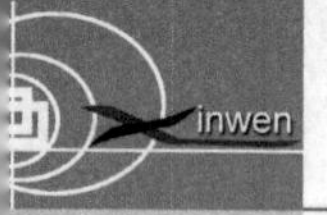

奥会申办丑闻中，媒体自始至终站在反腐第一线，通过调查、报道、评论等形成强大的舆论力量，迫使国际奥委会高度重视并积极应对这场危机，推动了国际奥委会百余年来规模最大的清洗行动，并促使了国际奥委会的改革。在商业体育和职业体育领域，媒体更负有公共“把关人”的职责。再如2006年发生的意甲“电话门”事件，就是《米兰体育报》首先揭露的。随后，在媒体的持续跟踪和集中报道下，形成了强大的舆论，引起了司法介入，最终使当事人锒铛入狱，著名的意甲老牌劲旅尤文图斯队则被降至乙级队。在2000年发生的中国足球“扫黑”事件中，以新华社为主力的国内媒体在追踪报道“黑哨”的同时发表了大量评论，形成了强大的舆论，推动了司法机构首次对类似案件的介入，最终导致犯罪嫌疑人被定罪判刑。事实证明，在迅速走向商业化、市场化和职业化的进程中，体育事关重大公共利益和社会利益，而媒体对于消除体育界的腐败现象、推动体育的健康发展具有重大作用。而媒体的力量，一方面表现在事实真相的揭露和报道中，另一方面，则反映在媒体观点鲜明、客观公正的新闻评论中。

六、体育新闻评论的写作要求

具体而言，体育新闻评论的写作有哪些要求呢？简而言之，一要客观公正，理性专业；二要观点鲜明，追求个性；三要语言生动，文字感人；四要贴近读者，娱情大众。

（一）客观公正，理性专业

体育新闻评论是一种通过媒体公开发表的看法和意见，具有传播的效果和影响。特别是职业记者发表的体育新闻评论不仅代表个人观点，而且很大程度上代表着媒体和编辑部的观点。因此，体育新闻评论的写作首先必须做到客观、公正，这样才能具有思想的高度与逻辑的力量。同时，由于体育运动是一个高情感活动，体育新闻评论又是一种专业性很强的评论，因此，体育新闻评论不仅仅要客观、公正，而且要理性、专业，与一些公众和网民中表现出来的情绪化和非专业言论拉开距离，占据体育道德、社会职责、专业立场、理性态度的制高点。只有这样，才能体现出体育新闻评论的权威性和专业性，对受众产生说服力与影响力。

例如，有的记者认为，体育评论的任务只是评评球，分析一下比赛；而有些记者则认为，只有揭露与批评体育界的各种阴暗面才是体育新闻评论的任务。这些看法都是不全面的。美国列克星敦《先驱者报》体育专栏作家约翰·麦吉尔指出：“写专栏文章时，你会有很多机会对诸如浪费、言行不当或

举止狂妄等现象进行批评。你也可以写一些常见的普通问题，如分析球队输赢的原因等。这些都是你的责任与义务，而实际上你也应该充分利用这样的机会。然而更重要的是，你也应当对那些反映体育理想的事情与人物进行评论。如果你的注意力只集中于负面现象，就不能对体育的健康发展起到引导作用。不管你的批评多么有说服力，但只要你给读者留下了一个‘写坏不写好’的印象，你的文章在影响力方面就会大打折扣。”① 一篇好的体育新闻评论不在于它是褒扬还是批评，而在于记者的立场、观点、看法是否有很高的眼界和独到的视角，是否是以体育精神和体育道德作为判断是与非的尺度。

另外，体育运动，尤其是体育比赛，其本身就体现出矛盾与冲突。体育记者常常面临的一个矛盾和问题，就是自己作为职业记者与普通球迷之间的角色冲突。作为记者，职业要求他不应将情感因素和主观色彩带入工作，只能客观公正地进行报道和评论；但作为普通球迷，体育记者也有自己的感情和爱好，和广大球迷一样有自己的主场立场、拥戴的球队、喜欢的体育明星。更何况，体育记者因其工作性质，还同球队、运动员、教练员有更多的接触，有的还成为朋友。因而，如何在职业要求和个人情感之间取得平衡，是每一位体育记者写作评论时都必然面临的问题。

体育新闻评论的客观性还表现在理性对待比赛的输赢上。《中国青年报》的老体育记者马年华曾指出：“中国记者存在一种通病，即评论时意气用事，情绪化的词句较多，这绝对是有悖于新闻的客观公正性。也正因如此，中国记者也就养成了写新闻稿件的套路，赢了就喜，输了就批，把比赛的胜负作为写报道的标尺，这是违背辩证法的，也说明他对体育运动的规律与特征缺乏真正的把握与理解。”② 体育反映了现代人类文明最有价值的普世精神——拼搏精神、公平竞争、团队精神、遵守纪律、尊重对手、尊重裁判、尊重观众等。如果记者将比赛结果视为一切并反映在其报道中，不仅歪曲了体育的本质，而且还会误导公众。

那么，应如何解决这一矛盾呢？作为职业记者的工作，体育新闻评论需要感情，更需要原则。首先，体育记者是职业人士，其身份决定了他与普通球迷是不一样的，其评论中的立场、观点、态度和看法既代表媒体，也代表专业的甚至是权威的看法。因此，记者所写的体育新闻评论必须站在媒体的立场上，保持公正客观的立场与态度。其次，体育新闻评论也只有站在客观和公正的立场和原则上，才能做到全面深刻，有高度、有深度。例如，在赛事评论中，对主队一味吹捧，而看客队则一无是处；或输了球就一味指责主教练或裁判，而

① （美）布鲁斯·加里森等. 体育新闻报道［M］. 北京：华夏出版社，2002：162.

② 何慧娴. 百名中国体育记者自述［M］. 北京：人民体育出版社，2000：21.

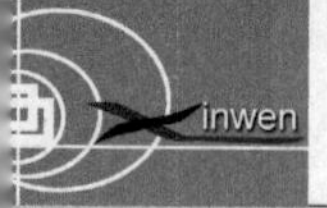

赢了球就归功于某一位球星或某一次进球。这些意见和看法来自球迷都是可以理解的，但如出自专业人士和职业记者之手，就可能损害评论的客观性和公正性，从而大大降低其品位和效果。再次，站在广大读者、球迷、体育爱好者的角度，也希望从媒体中看到客观公正的体育新闻评论，而且，越是客观、公正、全面和理性的体育新闻评论，越受读者欢迎。球迷缺乏的不是激情，不是倾向，也不是标语口号，他们希望从媒体看到的是全面而理性的分析，犀利而富有见地的观点，专业的意见和看法以及观赏性很强的语言文字。如果体育新闻评论做不到客观公正，是不会受到包括本地球迷的欣赏和好评的。

（二）观点鲜明，追求个性

观点是新闻评论的灵魂。个性是新闻评论的生命。没有观点与个性的体育新闻评论，就等于白开水一般，读来只会千人一面，味同嚼蜡。对体育报道来说，事实是第一位的，首先要求客观准确地报道事实，个人观点与风格只能寓于事实报道之中，是第二位的。但对于体育新闻评论来说，观点与个性却是第一位的。越富有个性的观点、角度、见解和写作风格，才越能吸引人。没有鲜明观点和独特个性的文章，就算在报上发表了，也算不上一篇好的体育新闻评论。因此，记者要写好体育新闻评论，就必须有鲜明的观点，追求个性，有自己的思想和观点以及语言文字风格，而切忌人云亦云，盲目追风。有的年轻记者初写体育新闻评论时，爱模仿一些老记者的文笔与风格，殊不知对体育新闻评论来说，视角和观点才是灵魂，而语言和文字的相似只是形似而非神似。

如何才能写出一篇观点鲜明、个性突出的体育新闻评论？这需要记者做到以下几点：一是敏锐的观察，二是独到的视角，三是深刻的见解。而要做到这三点，需要记者日常的知识经验的积累和不断的训练。例如，1998 年，湖北雅琪和大连万达两家企业先后宣布出售俱乐部，退出中国足球职业联赛。多数媒体的评论都是就事论事，并没有将这两件事连起来看。而《足球报》记者李承鹏却从这两起似乎是互不相关的事情，看到了职业足球与资本经营之间的关系，写出了著名的体育新闻评论《中国足球资本论》，分析论证了这两个案例所代表的中国职业足球的生存状态和体制危机。这篇体育新闻评论角度新颖、高屋建瓴、有深度、有力度，反映了作者独到的思考角度和洞察力。这种有思想、有观点、有深度的文章，才算得上是真正有个性的体育新闻评论。而有些体育新闻评论虽然看上去风花雪月、满目花草、唐诗宋词、典故成堆，实则言之无物，自然得不到读者的好评。

（三）语言生动，文字感人

体育新闻评论是给读者看的，因此不仅要有思想，还要是“美文”。记者

只有通过精练而优美的文字将自己的思想、观点和看法表达出来，才能实现其价值。从这个角度来说，古人所说的“文以载道”是很有道理的。有“文”无“道”，就是一纸空文；而有“道”无“文”，就无法传“道”。体育记者要想自己的观点和看法被人接受，就必须在评论的语言文字上下工夫，考虑如何用文字来吸引读者、打动读者、说服读者，进而影响读者。

因此，有了独到的观点和见解后，如何通过语言文字来表达就成为体育新闻评论的关键。一方面，与体育报道相比，体育新闻评论更强调文学性和可读性，因为体育报道的第一要求是准确表达事实，而体育新闻评论则要求完美表达思想。另一方面，与时政评论等相比，体育新闻评论的语言风格更突出犀利、煽情、幽默、趣味、通俗、生动、活泼等特色，更强调贴近性和生活性。对体育记者来说，不仅要用精练准确的文字来写体育报道，而且要学会用生动活泼而又富有个性化的文笔来写体育新闻评论。中国当代有很多优秀的体育记者既能够在新闻一线进行采访，写出及时准确、精彩动人的报道，又能写出观点鲜明、文采斐然的评论。这些记者在读者中间都有很高的知名度，其评论深受读者欢迎，这是与他们的文学功底和文字功夫分不开的。

（四）贴近读者，娱情大众

体育新闻评论的读者群虽然数量很大，但却相对固定，主要是体育爱好者和球迷。记者所写的评论，主要是给他们看的。因此，贴近读者是体育新闻评论的又一基本要求。这具体表现在以下方面：其一，评论作者要贴近读者。要写好体育新闻评论，就需要记者贴近球迷和体育爱好者，因为他们是体育版和体育新闻评论的最大读者群体。记者应该经常与球迷协会和体育爱好者们保持接触，了解他们的想法和看法，理解他们对球队和体育明星的感情，切不可自视为体育专家或自恃是记者，高高在上，动辄摆出教训人或指导者的架子。要知道，在体育爱好者中间也有许多专家学者，还有的球迷具有多年看球经历，在很多方面，他们实际上比记者知道得还多。体育记者只有贴近球迷和体育爱好者，其评论在选题上才能具有针对性，才能表达出球迷和体育爱好者的感受和感情。其二，评论的内容要贴近读者。体育记者写体育新闻评论时，心中一定要想着广大球迷和读者，在选题和立论上考虑他们的感受、感情、立场、观点和看法。体育新闻评论不能媚俗，不能无原则地迎合少部分读者偏颇的意见和倾向，也不能自说自话，将评论变成脱离广大球迷和体育爱好者的发泄个人情绪或自我陶醉的私人空间。其三，体育新闻评论的语言文字要贴近读者，做到通俗易懂，平白质朴，从空灵处见险峻，于平淡中显雄奇。切忌标新立异，故弄玄虚，晦涩难懂，远离读者。

（五）短小精悍

一般说来，体育新闻评论以短评为主，宜精不宜多，宜短不宜长。除非特别需要，篇幅不宜太大，最好千字以内为佳。有的记者在写评论的时候，下笔千言，滔滔不绝，文章又长又啰唆，使编辑在版面处理上感到困难，即使发表了，读者也不爱看，效果很差。现代社会节奏很快，读者很少有时间、有兴趣去细读一篇有关体育内容的长篇大论。因此，如何将文章写得精练而短小，如何用最少的字数去表达最丰富的内容，就成为体育新闻评论写作的基本要求和功夫。要将体育新闻评论写得短小精悍，首先需要记者在文字上多做打磨，做到洗练简洁、干净利落，以最少的文字表达最丰富的意思。另一方面，需要平时多练笔，多搜集、多阅读老记者的优秀作品。总之，要将体育新闻评论写得既短小精悍又含意丰富，需要记者长期的磨炼和不断的总结。

以上几点是体育记者撰写体育新闻评论时应该努力做到的。体育记者都应该认识到，写体育新闻评论不仅仅是为了娱乐受众，还要引导和教育公众。作为大众传媒的重要传播内容，体育新闻评论褒扬什么、贬斥什么，都可能会对公众及体育运动的发展产生影响。应该指出，体育新闻评论的第一任务并不是批评，而是褒扬发生在体育运动中正面和积极的东西。那种认为体育新闻评论主要是批判的说法是不正确的。体育新闻评论是一面旗帜，它应该引导公众认识体育运动中的美与丑、善与恶、正确与错误，宣扬体育精神和公众道德，从而正确地引导公众，教育青少年，推动体育运动健康发展。正如美国资深体育专栏作家约翰·麦吉尔说："对于一个专栏作家来说，赞扬和鼓励那些生活中的美好事物，与揭露批判丑恶的阴暗面同样重要。这两种题材的基本写作原则是一致的。那就是你的文章必须要提供多角度、多方位的观点，这样就能够避免陷入'为批评而批评'的陷阱。"①

请看下面这篇评论《第四块金牌属于四川人博尔特》。在2008年北京奥运会上，博尔特一举夺得三枚奥运金牌，创造了三项新的世界纪录，成为奥运史上最伟大的运动员之一。但这篇评论并没有像大多数体育评论一样，将视角放在博尔特在赛场上的惊人表现上，而是抓住博尔特在北京奥运会结束后到四川汶川地震灾区捐赠爱心这件事，称道了这位来自牙买加的年轻运动员的善良德性和关爱之心。该文作者郝勤，发表于2008年8月24日《天府早报》。

第四块金牌属于四川人博尔特

博尔特是谁？十六天前没人知道。

① （美）布鲁斯·加里森等. 体育新闻报道［M］. 北京：华夏出版社，2002：163.

8月16日。牙买加人博尔特闯进百米跑道。冲线时他回头望望，双臂挥舞将世界纪录掀在身后。

8月20日。美洲人博尔特在200米跑道上飞翔。当他闪电般飞过终点时，人类已经拥有了一位新的偶像。

三天后。当地球人博尔特在4×100跑道终点狂笑做出对天射日姿势时，全世界就像傻子一样呆望着他——这个人真的还是我们这个星球上的物种吗？

但是，今天，当北京奥运会结束时，博尔特属于四川人。

据报道，8月23日，博尔特向四川大地震中的受灾儿童捐献了5万美元。

博尔特说："我在电视上看到四川地震的画面，那让我觉得非常难过。我很想为四川的孩子们做一些事情，虽然我的力量有限，但是做些事情才会让我安心。"

仅仅两天前，8月21日，博尔特还受到罗格主席的批评。因为撞过终点线后的牙买加人独自狂舞，竟然忘了和对手握手相抱。

那天，是博尔特22岁生日。

其实，放在中国，博尔特也就是个大四的愣小子。

但是两天后，就在北京奥运会闭幕的前一天，年轻的博尔特真正长大了。

"我希望奥能够让中国人民从地震的悲痛中走出来。"博尔特说，"我们来到这里，尽全力地比赛，希望他们能够从中得到力量，可以忘掉过去向前进。奥林匹克也是在追求人类不断前进、进步。所以我希望，中国人民可以从奥运会中汲取力量，从灾难中恢复过来。"

从这一刻起，博尔特不再只是一个长着一身腱子肉的牙买加人和一个拥有一双神腿的美洲人，也不再仅仅是三破世界纪录的地球狂人。他成为了一位真正的奥林匹克伟人。

牙买加很小。美洲很远。奥运冠军很多很多。但只有博尔特，在这样的时刻想起了离他家乡牙买加很远的地方，有个地方叫四川，有个地方叫汶川。

他知道，在北京奥运会后，博尔特已经不再只是牙买加人。北京奥运会后的博尔特属于全世界。而在2008年8月23日，博尔特是四川人。

任何世界纪录都是暂时的。而人类之爱却是永恒的。再多的奥运会金牌也会成为历史，但一颗博爱之心却如星空无垠，日月永光。

北京奥运会闭幕了。鸟巢让我们记住了博尔特，记住了他创造的那些伟大的时刻。同时，博尔特也让我们记住他的第四块金牌。

那是四川人博尔特拥有的奥林匹克金牌：团结、友谊、让世界更和

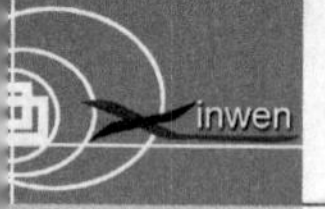

平、更美好。

这才是奥林匹克的真正金牌。

谢谢你，博尔特。

博尔特在北京奥运会上创造的惊人成绩固然永垂史册，但是，他对于2008年“5·12”四川大地震灾区的捐助行为，却证明了他不仅是一位伟大的运动员，而且也是一位富有爱心、正直高尚、践行奥林匹克精神的巨人。作者抓住这一报道视角，写了这篇与众不同的体育新闻评论。

本节思考题

1. 什么是体育新闻评论？其任务是什么？体育新闻评论与体育报道有何区别？

2. 为什么要学习写体育新闻评论？

3. 如何才能写好体育新闻评论？

4. 体育新闻评论的特点是什么？

5. 体育新闻评论有哪些功能？

6. 体育新闻评论的写作要求是什么？

第二节 体育新闻评论的常用文体

体育新闻评论的常用文体有体育社论、体育新闻评论员文章、体育短评、体育述评、体育随笔、体育杂谈等。体育记者应该掌握体育新闻评论不同文体的写作方法特点，以便根据不同的需要和要求来写作体育新闻评论。由于在本书第四章中已介绍了体育述评这种文体，因此在此着重介绍其他几种评论文体。

一、体育社论

体育社论是代表媒体就有关体育运动的重大问题表明立场、态度、观点的权威性评论，也是媒体体育新闻评论的最高形式。在一般综合性媒体上，除非有特别重大的事情发生，针对体育发表社论的情况并不多见。但在体育专业报纸中，社论是一种常用的评论体裁。而综合性报纸的体育版有时也代表报社和编辑部就一些事关体育的重大问题表明立场、观点和意见。这类评论通常放在体育版的显著位置，也具有社论的性质。

作为体育新闻评论的最高形式，体育社论通常具有代表性、权威性、重要性和严肃性。因此，媒体对体育社论的发表一般十分慎重，一般要由总编辑或总编辑指定的人选来写，发表在体育报纸的头版或体育版的显著位置上，在篇幅上通常也较大。在写作上，体育社论一般要符合以下要求：

（一）重要性

除非是极为重大的主题，必须由媒体正式表明立场、态度和观点时，才会以社论的形式发表。由于体育新闻评论主要还是属于休闲娱乐性较强的“软新闻”性质，因而除非判明确实需要采用社论这种最高评论形式时，报纸一般不会轻易用社论这种评论形式。

（二）权威性

由于体育社论的地位和分量，因而它发表的观点和意见必须具有权威性，代表媒体的立场、态度、观点和看法。而这类立场、态度、观点和看法又必须是非清楚、态度鲜明、有理有据、逻辑严密、不容置疑。如果媒体就某一重大问题发表的社论立场有误、观点模糊、论据不足、逻辑性不强，就会对其自身形象造成很大损害。尤其是在体育社论的内容涉及国家尊严、兴奋剂、球场暴力、假球黑哨、行贿受贿、地下赌球等大是大非问题上，必须旗帜鲜明地表现出媒体的权威性。

（三）严肃性

体育社论的严肃性主要是指在写作风格、语言用词方面要庄重严谨。由于体育社论的主题都是体育运动中的重大事件，重在说理，需要鞭辟入里、深入分析、严密论证、论述深刻，因而不能像个人发表的体育新闻评论那样在语言上张扬个性、天马行空，更不能显得虚浮轻佻、油腔滑调，冲淡了主题的严肃性。

（四）不署名

社论不署个人名字，以报社的名义发表，通常发表在报纸一版的显著位置，用栏题或“××报社论”作为标志。

前面提到的《人民日报》为 2008 年北京奥运会开幕发表的社论《同一个世界　同一个梦想——热烈祝贺第 29 届夏季奥林匹克运动会开幕》就是体育社论的一篇典范。下面再看 2001 年 8 月 23 日《中国体育报》第一版就第 21 届世界大学生运动会开幕发表的社论：

世界是你们的

北京昨日花团锦簇，欢歌载舞。在人类跨入21世纪的第一年里，不同肤色、种族、语言的年轻大学生们汇聚这里，将在竞技体育大舞台上切磋交流，友好竞争。我们热烈祝贺第21届世界大学生运动会隆重开幕，预祝盛会圆满、成功，期待各路年轻选手频创佳绩。

第21届世界大学生运动会是新世纪国际体坛第一个综合性大型运动会，它以世界各地的大学生为主体。年轻的朋友们必将以火热的激情，奏响青春的乐章，展示高超技艺和良好精神风貌的同时，展现人类拥有和平、进步的美好明天。

本届赛会规模超过历届，竞技之外的活动更是丰富多彩。加上一流的硬件设施，一流的竞赛筹备，还有万名大学生志愿工作者的奉献参与，北京一定能实现自己的庄严承诺，将本届世界大学生运动会办成历史上最好的一届。

发展体育运动是建设有中国特色社会主义事业的重要组成部分。办好本届盛会，能够振奋民族精神，增强民族凝聚力，鼓舞全国人民紧密团结在以江泽民同志为核心的党中央周围，为全面实现社会主义现代化建设的宏伟目标而努力奋斗。一流的赛会将向世界展示中国现代化建设的巨大成就，展现跨入新世纪的中国人民奋发向上、健康文明的精神风貌，增进中国人民与世界人民的友谊与了解。也将进一步弘扬奥林匹克精神，再次展示中国举办重大国际赛事的实力，更是北京申办2008年奥运会成功后的第一次全面演练。

中国参赛的大学生选手要争取运动成绩与精神文明双丰收，要虚心学习，磨炼自我，使我们竞技体育队伍通过大赛更加成熟，完成好悉尼奥运会后的队伍更替。年轻新手不断走向成熟，是我们迎接2004年、2008年奥运会的基本前提和根本保证。世界上任何一项事业的发展希望，总是寄托在年轻人身上。

世界是你们的。

2001年8月，第21届世界大学生运动会在北京举行。这是首次在我国举行的综合性世界运动会，也是继1990年亚洲运动会以来在我国举行的规模最大的综合性国际运动会，加之不久前中国申办2008年奥运会成功，因而本届世界大学生运动会便成为是年中国体育的大事件。因此，《中国体育报》作为中央政府体育部门的机关报和中国体育的权威媒体，以社论这一最高评论形式，阐述了中国举办世界大学生运动会的意义，表达了对本届大学生运动会的

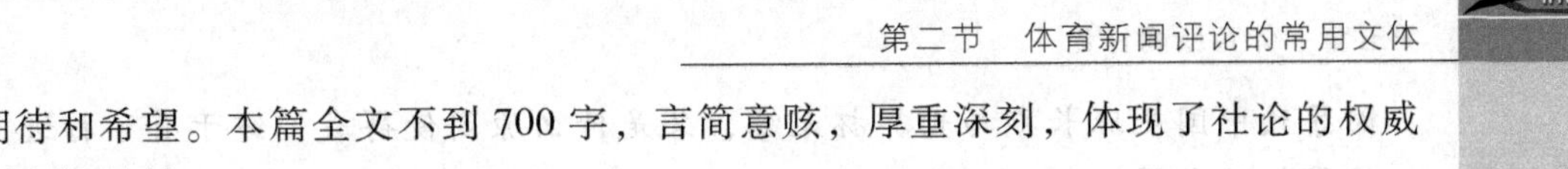

期待和希望。本篇全文不到700字，言简意赅，厚重深刻，体现了社论的权威性和指导性。

二、体育评论员文章

在体育新闻评论中，评论员文章常见于体育专业报和其他体育专业媒体。它一般在重要性上仅次于社论，但又比一般的评论重要。一般而言，体育社论是很少采用的评论体裁。而体育新闻评论员文章在一些体育专业周报上较为多见。如《体坛周报》专职评论员周文渊的长篇球评便属于这类性质。

体育新闻评论员文章一般具有以下特点：

（1）代表媒体或体育新闻部的观点和看法，但与社论不同，体育新闻评论员文章同时又带有一定个人看法的性质与特征。它通常刊登在体育专业报的头版或报纸体育版的显著位置，并署有评论者的名字。

（2）选题范围上相对广泛。与体育社论不同，体育新闻评论员文章的选题不一定是必须由媒体表态的重大事件题材，它既可以是那些为受众和球迷关注的问题，也可以是对某些具体的问题发表意见和看法。

（3）新闻性较强。体育新闻评论员文章通常要结合具体的新闻事实，表现出较强的新闻性和时效性。

（4）语言相对自由。由于体育新闻评论是由个人署名，带有一定个人言论的成分，因此在语言上可以相对个性化一些，措辞上也可以自由一些。

以下是2002年7月8日出版的《中国体育报》头版发表该报评论员文章，从中可以看出体育新闻评论员文章的一些特点：

冷静反思为什么？

本报评论员

今天开始，本报与首都部分媒体共同进行一次“足球反思大论坛”。这将是媒体牵头，各界积极参与的，旨在对中国足球进行系统、仔细、认真总结的一次讨论。

两天前，有人得知这个消息后，有些奇怪地问：发生了什么事情，为什么现在要提出“足球反思”？

发生了什么事情呢？

中国足球队44年来第一次打进世界杯，这是一次历史性的突破。在庆贺出线之后，我们需要冷静地想一想，认真地反思一下，究竟是什么原

因导致中国足球长期与世界杯无缘，又是什么原因使得我们终于有了打进世界杯的成果。

中国足球队参加了第十七届世界杯决赛，但是最低目标都没能实现，不仅一场未胜，一场未平，甚至一球未进。我们需要认真地反思一下，中国足球距离世界足球水平那么远的原因何在？准确地找出症结之后，才能找到解决问题的办法。

如果说，过去的总结更多地表现为对失败的反思，那么，此次反思就包括打进世界杯的经验和参加世界杯的差距和问题；如果说，过去的总结更多的是在亚洲足球的环境中进行比较的反思，那么，此次反思就包含有中国队在世界杯上最为客观、公正而且是科学的数据作为依据，有了一个可以置身其中的世界足球现状及发展的坐标系统，供我们量身自省；如果说，过去的总结更多地表现为“冲不出亚洲”的反思，那么，此次总结更多地表现为中国足球打进世界杯决赛后，在一个新的起点上的反思。

本次“足球反思大论坛”，本着“不护短、不推诿、不扣帽、不打棍、讲观点、摆事实、说真话、叙真情”的原则，系统、仔细、认真地对中国足球进行反思。用世界杯这面镜子，照照我们自己的足球，看看我们曾经做过的和正在做的一切，哪些符合足球运动发展的客观规律，哪些是背道而驰的，从而找到一条符合中国国情、又符合足球运动规律的发展道路。透过世界杯，我们看到了中国足球的落后，也残酷地面对了“落后就要挨打”的事实。但是，我们不甘落后，希望通过此次论坛，吸纳八方观点，共同为中国足球的发展贡献自己的力量。

我们爱足球，我们更爱经过系统、仔细、认真总结之后，朝气蓬勃的与时俱进的中国足球。

2002年夏季，中国足球队在南斯拉夫教练米卢蒂诺维奇的率领下，首次打入了世界杯足球赛的决赛，在韩国参加了本届世界杯的小组比赛。但在4场比赛中未胜一场，未进一球，饮恨而归，暴露了中国足球与世界足球之间的差距，也引起了球迷和媒体的不满。因此，《中国体育报》等媒体共同发起了“中国足球反思大论坛”，探讨中国足球发展的问题。全文总共才800余字，以简洁而有力的文笔阐述了发起这一论坛的动机、宗旨和目的。该文写得有理有节，堂堂正正，颇为大气，与一些媒体一提中国足球就对中国足球协会一味指责、谩骂一通相比，该评论员文章颇能体现大报评论员的气质和水平。

三、赛事点评

赛事点评属于短评的一种，有时也称为赛事快评。顾名思义，赛事点评就是记者针对体育比赛发表的及时而短小精悍的评论。赛事点评是体育新闻评论的轻骑兵和快枪手，也是新闻评论中最有特色的短评形式。赛事点评一般用于比赛结束后，针对比赛的过程、结果、运动员的表现、教练的战术安排、赛场发生的事件等，记者及时发表自己的权威观点和看法。

赛事点评是体育新闻评论的主力军。无论在体育专业报还是综合性报纸体育版上，它都是运用最多和最常见的评论体裁。对于体育记者来说，赛事点评是基本的武器，是必须掌握的评论体裁。不会写赛事点评的记者，就不能称为体育记者。因此，作为一名合格的体育记者，必须熟练地掌握赛事点评的写作方法和技巧。

在体育新闻评论中，最常见的赛事点评是球评。因为以联赛为主要赛制的足球、篮球、乒乓球等职业比赛水平很高，通常会在一年中延续大半年时间，且因采用主客场制而受到本地球迷的热情关注。正因为如此，目前国内大多数综合性日报体育版和专业体育报都设置有相对固定的评论专栏，专门用于发表短小精辟的赛事点评。另外，在电视、广播、网络等媒体上，赛事点评也是最常用的体育新闻评论体裁，体育记者都要配合重要比赛的报道进行赛事点评。

体育记者如何写好赛事点评？这就需要掌握赛事点评的基本特征。具体而言有以下几点：

(1)“赛”为核心。赛事点评的核心是针对体育比赛发表精辟而专业的观点和见解。因此，记者要做好赛事点评，最重要的是要熟悉和精通有关比赛的一切，一是比赛背景，如比赛项目、比赛规则、赛事情况、赛季情况、俱乐部或球队的历史与现状、球员尤其是明星球员情况、教练员执教经历等；二是了解和熟悉比赛情况，如比赛进程、战术安排、球星表现、赛场上发生的各种事件等；三是对比赛有自己独到的见解和分析，如比赛何以会赢、何以会输、球员表现如何、教练员战术安排如何等。总之，记者发表赛事点评的权威性来自对比赛背景及本身的熟悉了解以及专业而独到的分析见解。

(2)“点”到为止。赛事点评的精髓在于一个“点”字。所谓“点评”，是相对于全面的“通评”而言。赛事点评要求记者能够针对影响比赛结果和进程的某个关键“点”来展开评论，这个关键“点”也许是影响比赛的某一个关键进球、关键失球、关键犯规、关键换人等，也可能是比赛中某个关键问题、关键因素、关键人物、关键时刻等。而能否精准地抓住这个关键“点”，则高度有赖于记者对比赛的观察能力与解读能力。例如，某位球星的表现对于一场比赛的胜利或失败起到了关键作用；或足球比赛中一粒关键进球或失球决

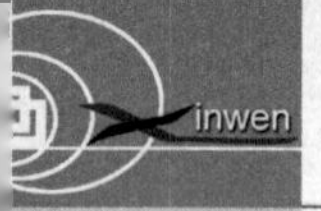

定了比赛的结果；或比赛中暴露出了球队的某个重大问题和错误等，都是记者对比赛进行点评的常见题材。因此，赛事点评的特点类似于武术中“点穴”，应做到找“点”精确，一“点”就灵，以点带面，“点”到为止。

(3)“评”要精到。在赛事点评的写作中，“点”是找准关键点，“评”则要观点独到，一“点”封穴。体育比赛千变万化，影响比赛的因素也很多，哪一个因素是最关键、最致命的因素？这不仅要看记者找“点”是否精确，还要看记者通过“评”来解释为什么这一“点”是影响比赛最关键的因素。这就是说，在赛事点评中，“评”是围绕“点”展开的，如果找“点”不准，则“评”随之无根可系。但如果“点”选准了，记者却说不出个所以然来，不能解释为什么是这个因素而不是那个因素导致比赛的胜利或失败，则结果也是满盘皆输。

除了以上三点以外，要写好赛事点评，记者还要注意以下几点：

(1) 篇幅要短小。赛事点评写作的显著特点就是短促出击，短小精悍。这不仅是因为报纸的版面限制，而更重要的是，赛事点评唯其短小精悍才能吸引读者。对综合性日报的体育版而言，一般赛事短评的字数限于400字左右，甚至有些只有200字左右或更短。这就需要作者有高度的语言驾驭和表达能力，能以极少的字数篇幅表达丰富的意思。

(2) 新闻性要强。赛事点评的特点是短促出击，迅捷如电，在比赛结束后第一时间发表。在网络时代，赛事点评更成为媒体手中突击力极强的轻兵器，往往比赛一结束，赛事点评就传上了网。这就决定了赛事点评具有强烈的新闻性和时效性。一方面，赛事点评须在第一时间配合报道发表，否则便失去意义；另一方面，由于是与报道一块发表，因而赛事点评一般不再另找立论的由头与论据，也不用再陈述事实，只需直接发表作者的看法与观点就行了。

(3) 议题要集中。正因为赛事点评的精髓在“点”，所以它一般只能一事一评，剑锋所指，雷霆万钧，专攻一点，意尽为止。因此，写好赛事点评的关键不在于立论有多高多远，而在于蛇打七寸，击其要害，一点突破，全盘皆活。如一场比赛中间，会发生很多事情，影响比赛的因素也很多，如果记者点论时面面俱到，岂是区区几百字能够表达的？因此，必须找准影响比赛进程与结果的关键因素，击其一点，突破全局。如某位球星的发挥、某个战术的成功、某个关键性的进球、某次重要的暂停、教练员某次关键性的部署、裁判员某次关键性的判罚等，只有点中这些“要穴”，才能以小搏大、以短胜长、点石成金，读来精辟深刻、脍炙人口、活色生香、余音绕梁。

(4) 个性要突出。与社论和评论员文章相比，赛事点评不需要叙述比赛的经过或细节，而只需要简要清楚地说明记者的观点与见解。因此，赛事点评

也最能显现记者个人对比赛的观察能力、判断能力和解读能力。由于这一特点，使赛事点评成为体育记者们最喜爱的评论体裁，大多数著名体育记者都是靠写赛事点评起家的。由于赛事点评一般要署上作者姓名，代表个人观点，在写作风格上也不太讲究，记者可以天马行空，自由发挥，只要是角度新颖、观点独到、言之成理、执之有据的，就是好文章。当然，要做到这一点是不容易的。赛事点评要在观点上和文笔上写出个性，需要很高的综合素质。

（5）记者的文笔要简练直接。赛事点评与杂评、随笔等不同，因其讲究短小精悍，因而要求记者简练通俗、直截了当地表达对比赛的看法。那种讲究文笔铺陈、辞藻华丽的写法是不适用于赛事点评的。

赛事点评最重要的是鲜明的观点。只有角度新颖、立足点高、专业性强的观点和看法，才能获得读者和球迷的认可。下面是 2002 年韩日世界杯期间的一篇赛事点评。在这届世界杯上，中国男子足球队首次打入了决赛。6 月 8 日 19 时 30 分，在世界杯 C 组第二轮第一场比赛中，中国队 0 比 4 不敌强大的巴西队，成为第四支出局的球队。赛后，中新社体育记者对本场比赛中国队的表现进行了点评。

赛事点评：从败仗可看出中国足球的四点进步

（中新社西归浦 6 月 8 日电　记者苏祥新、沈晨）　蹒跚学步者输给彪形大汉，无人奇怪；如果输得壮烈激昂，有人喝彩。

今晚，韩日世界杯中国队输给巴西之役即是明证。从比分看，中国队净负四球，加上首仗败给哥斯达黎加，出线仅存理论可能。然而，现场三万余中国队拥趸，大多感觉荡气回肠，认为中国队较首仗表现大为改善，虽败犹荣。

之所以如此，可从四点看出：

一、遇强愈勇，心态可嘉。比赛一开始，中国队就大胆压上，第一个攻门的是中国而非巴西，一开场中国球员就显示了破釜沉舟的气势。

二、敢于运用技术，不迷信大牌巨星。人们说，坐在巴西替补席上的也堪称世界明星队，个个皆非等闲人物。而今晚上场球员可以说集中了巴西队的全部精华，前锋有罗纳尔多、里瓦尔多、小罗纳尔多（三 R 组合），堪称世界锋线之最；后卫线有卡洛斯、卡福等五名球员，是巴西队后防的最强阵容。而中国球员与之周旋，毫不怯阵。

三、围攻巴西堪称奇葩，在完场前十五分钟，中国队一度压住巴西，全面围攻，打出了本队比赛的最高潮，显示了与世界劲旅抗衡的巨大潜能。这也是中国队虽以大比分失利而尚获球迷认可的原因。

四、“战争”是最好的课堂，打一场进一大步。比赛中，巴西队十一

名主力只在下半场末段换了两人，中国队用满了换人名额，每名球员在比赛中都越打越好，首度在世界杯亮相的肇俊哲在中国队一次令人眼花缭乱的配合中一记劲射打在巴队右门柱弹出，获得全场球迷喝彩。而中国队在比赛的后半段比开场配合进步明显。

综观整场比赛，中国队既现出了与世界最高水平的明显差距，更显示了足球新近国家发展的巨大潜能，这就是整场比赛给人们的启示。

2002年6月，中国男子足球队在传奇教练米卢蒂诺维奇的率领下，首次征战韩日世界杯决赛，与巴西、哥斯达黎加、土耳其同分在C组。首战哥斯达黎加，中国0：2失利。第二场中国队以0：4不敌实力强大的巴西队。最后一战中国0：3负于土耳其队。至此，中国男足三战皆北结束了首次世界杯之旅。

在负于巴西队后，国内媒体的评论哀声一片。而中新社的记者却乐观正面地对中国队的表现进行了点评，认为既现出了与世界顶级球队的明显差距，但也显现了未来的希望。这篇点评的立论与视角与当时国内媒体一片悲观的情绪不同，颇显作者的眼光和水平。这篇赛事点评观点鲜明、文字洗练、逻辑性强，体现了赛事短评的特点。

四、体育杂感

杂感也称随感、杂谈、杂文等，是体育新闻评论最常见的文体之一。在体育新闻评论中，杂感的题材范围很广，凡与体育有关的，均可触景生情，感叹议论，喜怒笑骂，皆成文章。尤其是赛后杂感，是赛后评论的主要形式之一，与赛事点评共同构成体育新闻评论的两大主要文体。

体育杂感的特点和要求主要有以下几点：

（1）兴之所至，随感而发。体育杂感严格来说既不属于体育报道，也不属于对赛事本身的点评，而是一种围绕体育赛事或其他与体育有关的人或事发表的非常个人化的即兴之作和感想，它一般在评论专栏中刊出。

（2）不拘一格，信手拈来。与赛事点评相比，杂感在写作风格上更自由、更个性化。赛事点评不能东拉西扯，必须针对赛事本身，点评的内容一般为比赛中运动员的表现、技战术安排、场上变化、比赛结果等。而杂感则是以比赛为由头，即兴发挥，神思漫游，风生水起，激扬文字，酣畅淋漓地发表个人的感想感受与观点看法。

（3）文字精悍，篇幅短小。作为体育新闻评论的一种，体育随感篇幅不能太大，以几百字为宜，一般不会超过千字。

(4) 观点鲜明，语言丰富。体育杂感虽说是个人即兴之作，但要发表在媒体上，对其思想性、文学性和可读性就有较高要求。一般而言，体育随感的写作要求议题新鲜典型、针对性强、情感丰富、论证有力，语言机智幽默，追求可读性。

请看下面这篇体育随感。该文刊载在2003年7月11日《中国体育报》上：

你哥哥要杀你

手中有几把棋手签名的折扇，偶尔翻出来把玩，感慨良多。

签名之棋手，中日韩都有，还有两个欧美棋手。欧美棋手签名，自然是英文。英法文字，也有手写体，但远不到艺术的高度，不可与汉字之书法同日而语，所以这两个英文签名在一堆汉字签名中，犹如鸡之立于群鹤之中。

欧美人学围棋很难。棋亦有道，这个道就是中庸调和之理，欧美人不懂，他们只知道学习计算和方式。有一次，江铸久带了一帮美国围棋爱好者到中国棋院来参观，其间有兄弟俩棋瘾大发，在棋院大战起来。我在一旁观战，兄弟俩从棋盘左边战到右边，又从上边战到下边，看得我神晕目眩、目瞪口呆。江铸久过来看了一眼用英语说："你哥哥要杀你。"当时听到这里，我吓了一跳。虽然都是置对手一块棋于死地，但中美间的认识差距太大了，我们一般把这种情况叫做吃棋或者吃大龙，吃与杀，境界完全是不一样的。满怀"杀"心，如何中庸调和、如何学得围棋？

欧美人学习中国文化，大多不得精髓。比如武术也是这样，也有老外学得挺像，但仅是像而已，一看味道就不对。武术讲究手眼身法步与精气神的结合，前者是形，后者是神。老外学得形似，但无神，味道没法对。欧美不少人喜欢中国的哲学思想，诸如老庄、儒学等，我认识一个叫尼克的美国愤青，从小就熟读"吾生也有涯，而知也无涯"之类，对中国人的思想崇拜得一塌糊涂，专门跑到中国来体验"天人合一"的境界，还说得一口地道的北京话。但他自己也说，对这一切，他只是知其然，不知其所以然。这其中根本的问题是文化的差异。

日韩能把围棋学好，与文化传统有很大的关系。千百年来，日韩一直受到中国文化的影响，他们与中国有着千丝万缕的联系。早在唐代时，日本就多次派遣唐使到中国来取经问道。事实上，直到今天，从生活到思想等许多方面，日韩都保留有浓厚的中国文化的传统和痕迹，有的地方甚至浓于我们。韩国人就认为到韩国可以看到原汁原味的儒教文化，并以之作为吸引包括中国人在内的外国人到韩国旅游的一个号召。日韩其实是先得道，尔后学棋，能把围棋下好实在情理之中。

日韩不仅能把围棋下好，他们现在的境界实际上已经大大超过我们。我手中这几把折扇，日韩棋手的签名都是用汉字，都写得比中国棋手漂亮，而且漂亮很多。其中加藤正夫和小林觉的字尤其有神，肯定是正经临过帖的。曹熏铉、李昌镐的字也各有千秋，前者圆润流畅，后者力透纸背，颇有格骨。再看看我们这几个顶尖棋手的字，不禁汗颜。

所谓文若其人、棋若其人，说的是人的修养、境界。签名是个镜子，文不如人、人不如人，这棋如何下得过别人？

这篇随感既不是围棋报道，也不是评棋。它不依附于某次比赛的报道，而是兴之所至的感想而已。文章从折扇上的几个签名联想谈起，由围棋谈到文化的差异性，最后归结到对我国棋手文化素养与水平的评价。这篇文章显示了体育随感的特色，有如灯下聊天，海阔天空，无拘无束，但又意味深长，发人深省。

五、体育随笔

随笔也称走笔，是一种随感式的新闻小品。不过与侧重议事的随感相比，随笔更偏向于抒情和叙事。一般而言，体育随笔的题材多见于体育记者在国外或外地采访时，结合赛事报道主题，对异国他乡或比赛地的景色、风俗、人情、社会等进行抒情化描述，读来即是一篇游记性的小品，又起着向读者介绍比赛地背景的作用。

请看一则体育记者写的随笔例子。该文发表于1999年8月22日《华西都市报》，是记者前往西班牙塞维利亚城采访世界田径锦标赛时写的随笔。

随笔：无处不在

一位旅欧女作家曾这样写道：“中国人遍布世界各角落，就像撒哈拉吹来的黄沙，风一吹就纷纷扬扬，但离开故土后总没有落实的感觉。”

文人总是多愁善感，这位海外女作家留恋着西窗剪烛、花好月圆的故国情调。不过，中国人的确遍布天涯，就是偏居西班牙南部一隅的塞维利亚城，也不能阻隔国人拓疆的步伐。当记者到塞城第一天寻找旅馆遇到困难时，就是经一位同行介绍，暂时到一位浙江老板的公寓中歇息一日。

西班牙人生活闲散，上午下班后，午餐聚会要闲谈到下午5点以后才接着上班。这给勤奋的中国人创造了足够的发展空间。这位浙江老板在市

中区买下了一幢楼房，并开了一家中国餐馆，事业正蓬勃发展。

塞城大约有200多中国人，大多是1991年以后移居而来。他们的礼品店、服装厂、中餐店正开得红红火火。那位浙江老板的表弟时常来找我们闲聊。他在餐馆已打了6年工，说得一口西班牙语，不过桌上放着许多武侠小说，沉浸在青山侠影的英雄故事中。

中国人的工作成绩令人骄傲。不过，我们现在更希望中国选手在世锦赛上有出色表现，使我们走在壮硕的西班牙人群中时，心中多一份自豪。

这篇随笔以记者在异国他乡进行采访时与海外华人的邂逅为由头，向读者勾勒了世界田径锦标赛举办地的一个侧面。全文仅数百字，但写得情景交融，才思隽永，弥漫着一股淡淡的乡愁，使人感慨顿生。

从以上案例中，可以看到体育随笔的写作特点：

（1）结合报道主题。体育随笔一般不单独发表，而是依附于一定的报道主题，起一种活跃和丰富版面的作用。因此，虽然所写的内容或风土、或人情、或景致、或感慨，但在文中一般须结合比赛或体育的主题。如以上两篇范文，内容主要是赛事主办地的风土人情，但却很好地结合了主题，起到了介绍赛事背景、烘托赛事气势的作用。

（2）文笔富有情趣。由于体育随笔的小品文性质，因此在写作上更追求文学性、抒情性和叙事性，笔调通常以轻松、幽默、闲适、有趣的风格为主。以上两篇随笔在文字风格上，都体现了随笔的这种写作特征。

（3）篇幅短小活泼。体育随笔在版面上主要起一种搭配作用，因此不能篇幅过大，以致冲淡主题，一般以300~500字为限。如以上两篇随笔都仅数百字，但内容却很丰富。

六、按语

按语又称编者按，是编辑在新闻稿和文章前后所加的说明与评注。按语也是一种评论，不过一般不是直接对新闻事实进行评论，而是就新闻报道的内容和材料进行点评与说明。按语分为编前按与编后按，编前按放于文稿前面，编后按放在文稿后面。按语写得好，可以对文章起到画龙点睛的作用。

按语的特点有以下几点：其一，是依附于报道。按语不是独立的新闻评论文体，而是依附于新闻报道或文稿的短论，一般不直接论证，只是对文稿的内容或材料直截了当地进行注评。其二，并不是所有的报道或稿件都需要写按语。只有重要的稿件，确实需要编辑对其内容或材料进行说明、提示、点评、批注、诠释的，才由编辑写出按语。在体育报道中，也只有一些较为特殊的稿

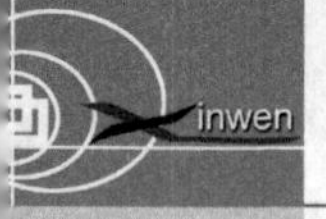

件，如人物采访等，才会做按语。其三，按语必须观点鲜明，对新闻报道和稿件的观点或材料提出编辑的看法，进行说明和点评，提出建议。其四，按语的文字必须十分简短精练，少则几十字，多则一二百字。其原则是宜短不宜长，宜少不宜多，太长会给人以喧宾夺主的感觉。

请看一则按语的例子：2003 年 12 月 9 日的《中国体育报》发表了岁末述评《回眸 2003：体操今年全面丰收　雅典谨慎乐观》，前面所配编者按为：

编者按：2003 年，是不平凡的一年。在抗击“非典”的战斗中，全民健身的热潮席卷神州大地，我们和全国人民一起见证了抗击“非典”的日日夜夜；2003 年，中国体育健儿为明年的奥运会积蓄力量，中国女排在 17 年后重新站到了世界冠军的领奖台上，中国体操、举重、乒乓球、羽毛球健儿为我们带来了一个又一个喜悦；2003 年，体育产业伴随着体育事业的腾飞迅猛发展。岁末年初，又到了总结的时候。本报特推出《回眸 2003》专栏，与读者一同回顾 2003 年我们共同走过的历程。

这则编者按主要是就该报为什么开辟《回眸 2003》栏目向读者作说明。如果编辑不加上这样一个编者按，读者就不一定明了开辟这一栏目的意义和宗旨。

本节思考题

1. 什么是体育社论？发表体育社论有什么要求？
2. 什么是体育新闻评论员文章？在写作上有何特点？
3. 什么是体育短评？在写作上有哪些特点？
4. 什么是体育杂感？如何写好体育杂感？
5. 什么是体育随笔？在写作上有哪些要求？

第三节　体育新闻评论的常用类型

根据不同的评论对象与内容，体育新闻评论可以分为不同的类型。从大类来看，体育新闻评论可分为体育赛事评论、体育活动评论、体育人物评论、体育事务评论、体育事件评论等。这些都是体育记者应了解和掌握的体育新闻评论写作的特殊类型。

一、体育赛事评论

体育赛事评论，简称赛事评论，是媒体围绕体育比赛而发表的评论。这类评论一般采用短评的形式，结合有关赛事报道，以精练的文字来评说比赛和发表感想。赛事评论可以分成多种类型。从项目来分，可分为足球评论、篮球评论、乒乓球评论、围棋评论等；从方法来分，则可以分为立论型、驳论型、阐述型、解释型、提示型等多种类型；从赛事评论的普遍特征来看，还可将其分为赛前评论、赛间评论和赛后评论三种类型。因赛间评论主要是广播、电视、网络等电子传媒特有的评论方式，本节主要介绍报纸媒体的赛前评论和赛后评论的写作特点与方法。

（一）赛前评论

赛前评论，顾名思义，即媒体在重要的比赛举行前发表的评论。它是记者综合运用有关信息和自身经验，通过综合、分析、推理、预测等一系列方法，对即将举行的比赛进行推测和评说。因此，赛前评论最显著的特点就是具有或然性、悬念性和预言性。从写作的特点上分，赛前评论主要分为赛前预测和赛前分析两类。它们的基本特征都是运用所掌握的有关信息和知识，来推论即将举行的比赛会发生什么事情和结果，但其写作特点和侧重点却有所区别。下面分别就两者的特点与写作技巧进行介绍。

1. 赛前预测

赛前预测，指在体育比赛前，记者或某采访对象（通常是该领域的权威人士或专家）对比赛可能出现的情况和结果进行分析和预测的报道形式。赛事预测在体育新闻报道中占有重要地位。大量使用预测性报道，是体育新闻赛前报道的特点之一。

赛前预测是一种难度与风险很大的评论方式。因为体育比赛过程千变万化，影响比赛结果的因素也十分复杂，两强相争胜负固然难以预料，即使实力较弱的一方打败实力强大的一方也是十分常见的。体育比赛的独特魅力正在于其过程的不可预测性和结果的悬念性。对于球迷来说，比赛前就想知道他们喜爱的球队或运动员能否取胜是一种心理期待与需要。也正因为如此，比赛预测是一种既有趣又风险很大的报道形式。如在2010年南非世界杯上，一只名叫“保罗”的章鱼竟然神奇地预测准了最后8场关键比赛的胜负，包括最后的冠军是西班牙队，成为本届世界杯最引人注目的花絮和娱乐事件。

由于赛前预测的主观性特点，媒体一般会请著名的球星、资深记者和专业人士来进行预测。这可以增强预测的权威性和影响力。但是，也正因为体育比赛的结果具有悬念性和不可预测性，因而这些预测者很大程度是用自己的名气

作赌注。如果一旦某位名人的预测屡屡与事实相反，就会影响预测者的声誉。如贝利作为足球选手是无可争议的世界球王，但他在世界杯上的预测一向不准，以致成为每届世界杯前预测比赛的笑柄。

但是，一位好的体育记者并不怕作赛前预测。一篇好的赛前预测，不仅会受到读者的欢迎和信服，而且会提高新闻媒体和记者的声誉。例如，1986 年世界杯足球赛 1/4 决赛前，由于 8 支出线队伍的实力都很强，人们普遍关心究竟哪支队伍能打入决赛，获得夺冠的资格。尤其是巴西队和法国队，这两支队伍的实力不分伯仲，各有所长，因而最难预测。下面是新华社 1986 年 6 月 19 日发表的由记者许基仁、曲北林写的赛前预测：

哪四个队将进入世界杯足球赛半决赛

新华社记者　许基仁　曲北林

在分组赛中迭爆冷门，连挫强队的丹麦足球队今天却在一个大冷门中成了失败者。在另一场比赛中，欧洲强队英格兰队以 3 比 0 轻取南美巴拉圭队，在八强之中占了一席。

至此，进入 1/4 决赛的 8 支球队已经产生，按比赛的顺序排定为：巴西队和法国队；联邦德国队和墨西哥；西班牙队和比利时队以及阿根廷队和英格兰队。

争夺前 8 名的 8 场比赛，远比分组预赛的大部分比赛来得精彩，双方队员场上斗技斗勇，教练场下比智比谋。巴西队、阿根廷队和墨西哥队实力在对手之上，以“技”取胜；英格兰队身高体壮，以“勇”取胜；法国队和联邦德国队实力不如对手，却能扬己之长克敌之短，可谓以“谋”取胜；而西班牙队和比利时队则以“智”取胜。

苏联队和丹麦队的失利大大出乎人们的意料。这两个队在分组赛中无坚不摧的攻击力使球迷看得如痴如醉。但是他们锋芒太露，既损耗了自己的体力，又暴露了攻强于守的弱点，最后是自己竖起了“靶子”被别人打中。

那么哪四个队能再过一关？

最难预测的是法国队和巴西队的恶战，无论哪一个队能涉过险关，那么他离冠军宝座只有一步之遥了。法国队在淘汰意大利队的比赛中显得更加成熟：中场的强大和普拉蒂尼的任意球不必多说，就是过去并不突出的后卫线也令人耳目一新，队员的盯人防守和相互补位到了完美的地步；前锋前卫浑然一体犹如六把尖刀插向对手的致命处。巴西队在对波兰的一役中唤回了失落已久的“艺术足球”。前锋队员单兵作战的能力很强，后防

之稳固也非上届杯赛时所能比拟，迄今一球未失。这两队极有可能打成平局，随后靠罚点球碰运气来决出胜负。硬要做出预测，胜券将握在法国队的手中。

联邦德国队整体实力强于墨西哥队，但在气候环境、竞技状态、临战士气这三个方面却不如东道主。联邦德国队小胜墨西哥队应是正常的结果。但也难免有“强龙”败给“地头蛇”之虞。

西班牙队取胜比利时队把握较大。他胜丹麦队进五球失一球，而比利时队虽然上一仗力克苏联队，但两球有越位之嫌，自己也被对手三破大门。

英格兰队看来不是阿根廷的对手，其长传冲吊常常劳而无功，短传配合更是“班门弄斧”。阿根廷队再晋一级希望极大。

3 天后举行的巴法大战进程竟然果如记者所料，在 90 分钟的比赛中双方战成平局，最后在点球大战中法国队幸运地战胜巴西出线。这是一例十分经典而成功的赛前预测。可以看出，记者在掌握大量材料的基础上，利用其丰富的专业知识和经验，通过分析比较和逻辑推论，最后作出了正确的预测。

赛前预测的应用范围很广。它不仅包括某支球队是否会在比赛中赢球或夺冠一类结果的预测，还包括像某位足球明星是否会在比赛中进球，某位运动员是否会打破世界纪录、某支球队是否会在联赛的下个赛季晋级或保级，某位受伤的运动员能否在下场比赛中参赛等。

就预测者的身份而言，赛前预测一般分为专家预测与记者预测两类。前者是在比赛前媒体约请某一项目的教练员、运动员或某一方面的专家学者，让他们从其专业的角度来对赛事进行分析与预测；后者则是记者基于其掌握的大量情况和资料，来对即将开始的赛事进行预测。

赛前预测有哪些特点呢？

（1）前瞻性。赛前预测性报道是对尚未发生的比赛进行报道，因此是一种前瞻性的报道。这一特点将其与着眼于当前的赛事动态新闻与着眼于过去的解释性报道区别开来，并决定了这一报道的基本特点。

（2）或然性。由于比赛尚未进行，因而赛前预测不是事实，而只是对可能性的分析和预言而已。预测者努力要做到的，并不是其预测的百分之百准确，而是分析比赛的各种可能性以及某种可能性的大小，从而提供有说服力的个人观点和看法而已。任何人都不能说他的预测百分之百的准确，即使他是某一方面的专家。因此，赛前预测性报道只是一种或然性和具有不确定性的报道。

（3）逻辑性。赛前预测是在已知事实的基础上，运用逻辑推导的方法来

测知尚未发生的赛事结果。因此，记者要想自己的预测有更高的准确性和测中率，就必须掌握大量有关资料并在此基础上运用逻辑推导方法，做出令人信服的预测。

赛前预测有以下基本原则和要求：

（1）赛前预测必须以事实为根据。预测是一门科学，赛前预测也必须建立在事实的基础之上。例如，记者要对一场比赛的结果进行预测时，他首先必须了解和掌握这两支球队的全面情况，如球队的整体实力、基本阵容、明星球员的情况、有无伤病减员、前几场比赛的状态和表现、两队以往的交战史、主场还是客场等。只有在全面了解情况的基础上，才可以进行赛前的预测，并使其预测有所依据。

（2）赛前预测要注重逻辑推导方法。赛前预测是根据已知的事实来推论尚未发生的比赛，因此记者必须掌握逻辑推导方法，使自己的预测建立在科学的基础之上。赛前预测的推导方法常用延伸推导法，即通过对已知信息的合理延伸来求得未知的信息。如两支球队本来实力相当，但其中一支球队却因伤病等原因发生了主力队员减员的情况，因此可以得出结论：阵容完整的球队在比赛中的胜率更高。但假如减员的球队是在自己的主场比赛，且这支球队的替补球员实力也很强，则也可以凭此推论这支球队能够在一定程度上弥补其主力队员不能上场的缺陷，从而得出最后结论：这两支球队在本场比赛中的胜率是五五开。

（3）赛前预测要注意预测者的权威性。谁都可以做赛前预测，但作为媒体，由某一领域的权威人士或知名人士来做赛前预测与找一位普通人做赛前预测的新闻效果是大不相同的。这种权威性主要表现在两个方面：一是媒体本身的权威性。在受众的眼中，体育记者是专业人士，其所做的赛事预测一般代表着其所在的媒体，因此往往将其视为权威性意见。大众传媒一般也都比较注意维护赛事预测的权威性，要求由资深记者或有关专家来担任赛前预测任务。二是预测者个人的权威性和知名度。体育记者、教练员、运动员以及有关的专家学者都是专门从事体育运动的职业人士，他们对比赛的预测往往是基于其长期对某项运动的经验和知识，因而相对具有权威性。另外，媒体有时也会请一些并非专业人员但却具有很高社会知名度的人士来进行预测，他们在公众中具有一定的影响力，因而他们的赛前预测对很多受众有吸引力。

（4）赛前预测应留有余地。由于赛前预测性报道是对比赛的可能性进行预测，具有或然性和不确定，因此，记者在写预测性报道时，切忌把话说死，不留余地。一般而言，预测性报道不能采用肯定式或否定式的表述方式，而只能采用或然式的表述方式。如“该队如果能在最后几场比赛中获得全胜，那么他们的保级目标还是可以实现的”、“虽然有好几位主力受伤不能上场参赛，

但由于对手实力较弱，估计该队赢得比赛的可能性还是很大的”、“这位选手也有获得冠军的机会，但他必须在比赛中要有超水平的发挥”，等等。

在赛前预测报道中，记者怎样才能使自己的预测更加准确？除了丰富的专业知识、必要的资料积累、较高的分析综合能力外，最重要的是把握各种可能影响比赛进程和结果的因素，并对这些因素进行分析。以下是赛前各种可能影响比赛的因素：

（1）赛前形势。比赛前参赛者所处的形势，往往是影响比赛进程和结果的重要因素。例如，在足球、篮球、排球或其他球类联赛中，本轮比赛的胜负如果关系到球队的夺冠或降级，就会对运动员的心理状态、教练员的决策、首发阵容的安排、技战术打法等方面产生很大影响。因此，记者在进行赛前预测时，首先应该了解和把握赛前形势，如本轮比赛的对手如何、比赛的重要性如何、球队的名次、积分情况如何等。记者最好能自己手中有一份比赛积分表，并在每一轮比赛后及时填上新的战果，这样有助于记者掌握赛前的形势。

（2）参赛者在前面比赛中的表现。前面比赛的表现如何，会对运动员或球队的士气、信心甚至首发阵容、教练员的技战术安排等产生重要影响。如果前面比赛的战绩比较好，则运动员或球队的士气会很高，有利于即将到来的比赛。反之，如果前面的比赛发挥得不好，成绩不理想，甚至连战连败，就会对即将到来的比赛产生不利影响（当然有时候，胜者会因骄兵而导致失败，败者也会因发奋而取胜）。记者在进行预测时，应了解参赛者在前面赛事中的表现，将其作为预测时所考虑的因素。如参赛者在上一个赛季、此前几轮比赛、上一场比赛的表现等，在此基础上进行预测分析。

（3）各种可能对比赛构成影响的外部因素。记者在进行预测时，应考虑到诸如主客场因素、气候因素、场地情况、球迷情况、赛事密度与强度等各类可能对比赛产生影响的因素。例如，在足球、篮球联赛中，由于主队对比赛场地和环境相对熟悉，且有球迷的支持，因此会占有地利、人和的优势。而客队则会因对场地、气候、观众等方面的不适应而影响其战斗力。

（4）双方交战史。这对评价双方赛前的实力、心理状态、比赛胜负对双方的意义等方面有重要意义。具体而言，它又包括双方胜负的次数和比例、双方的历史恩怨、以前是否发生过有可能对本场比赛产生影响的事件等。如在足球联赛中，所谓的“德比大战”（同城市或同地区球队之间的比赛）就常因双方历史上的恩怨和交战史而备受人们关注。

（5）参赛者或参赛双方的技战术特点及风格。参赛双方的技战术打法风格和传统对比赛会产生重要影响，这在球类运动中尤其明显。记者在进行预测性报道时，应把握诸如集体项目参赛双方的阵形、阵容、战术、风格、特点及单人比赛中参赛者的个人风格、实力、特点等因素，以求更好地进行预测。

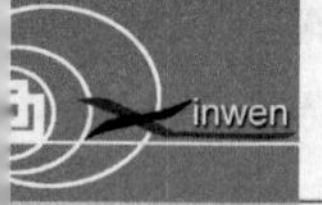

（6）在参赛者最新动态基础上预测比赛结果。记者通过对参赛者赛前训练、谈话、表现等方面的观察和采访，把握其赛前动态，以此作为预测的基础。如某位一直担任主力的足球运动员没有参加赛前训练，他有可能是出现了伤病或其他情况。尽管教练员或俱乐部发言人对此讳莫如深，记者也可以由此而推断该运动员有可能下场比赛不能参赛，而该队的成绩也很可能因此而受到影响。

2. 赛前分析

赛前分析也是常用的赛前评论方式，它与赛前预测有联系，但又有区别。虽然预测也要分析，但其重点是告诉读者分析的结果。而赛前分析虽然也通常要预测结果，但重点是向读者展示分析过程。做赛前预测时，可以只将预测的结果说出来就行了。而赛前分析则不行，必须告诉读者和球迷是如何得出预测结论的。

请看2002年6月26日《体坛周报》评论员周文渊关于韩日世界杯足球赛巴西队与土耳其队比赛的赛前分析：

有理由看好巴西

周文渊

虽然夺得了1994年冠军和1998年亚军，但巴西足球在世界足坛的至尊地位仍然不可遏止地丧失了。以致人们在预言本届世界杯冠军归属时，竟然把巴西队排斥在三大热门之外。然而，巴西队还是巴西队，在各路豪门备受羞辱时，唯有它一路轻快地迫近了大力神杯。

在战术打法上，斯科拉里的巴西队，继承了1994年世界杯时扎加洛打造的欧洲化框架，唯一的区别是将阵型从4-4-2改为3-5-2。一头白发的扎加洛堪称传统巴西足球的背叛者，他创造性地将进攻与防守分离成两大各司其职的独立兵团。在防守上，构筑以两名中卫加两名后腰为核心的双层双塔式堡垒，他们基本上不参与进攻。进攻则主要由3名能力超群的攻击型球员“承包”，他们基本上不用回防，连接攻防的是4名边前卫和边后卫。

扎加洛的这一创造，看上去是向20世纪50年代4-2-4时代倒退，却切合了巴西的队情。巴西足球向来有重攻轻守、以攻代守的痼疾，经常得势不得分，屡屡被功利的欧洲人击破，扎加洛将防守的责任“包产到户”，并刻意寻找、培养纯防守型球员，看似生硬粗暴，但那帮巴西球员还真管用。虽然这样削弱了进攻，但因为巴西队从来不缺进攻天才，照样

能赢得必须赢的比赛。至于因此降低比赛观赏性的问题，在世界杯这个名利场哪里还顾得了。

我们看到，巴西队的进攻基本上就是3R和两侧的2K这5人的事，3R包揽了绝大部分的进球。以卢西奥为首的防守球员，除了任意球，基本上不助攻。斯科拉里将阵型改为3-5-2，增加了一名中卫，又减少了年龄已经不小的2K来回奔跑的距离，实际上是完善了扎加洛体系。

所以，尽管从个人能力和明星色彩看，现在的巴西队要比过去历届逊色，但是从战术结构上来说，可能最完美。现在的问题是，作为巴西队实力象征的3R瓦解了，小罗纳尔多被禁赛无异于抽掉了巴西队的脊梁，虽然罗纳尔多和里瓦尔多各进5球，但实际上两人并不在最佳状态。在巴西队的进攻体系中，小罗最重要，他的大范围穿插跑动，既能突破又能传球的绝活，给巴西队带来了无穷的活力。如果斯科拉里找不到一名相当的代替者，巴西队可能真抵挡不了急于复仇的土耳其人。

土耳其队不仅一线主力个人能力很强，而且板凳厚度十分可观，但是他们也存在着严重的缺陷。土耳其队既展示了出众的能力和狂放的风格，又暴露了战术打法的混乱无序。居内什在排兵布阵、临场指挥以及状态调整等方面存在很大的问题，迟迟不敢换下木头般的苏克便是证明。这样一支由一只绵羊率领一群狮子的球队遭遇巴西队，究竟会演绎出什么样的比赛还真不好说。

这是一篇述评型的赛前分析。文章除了标题外，并没有直接预测比赛结果。作者并没有像有些赛前评论和预测一样，单凭一句“凭两队实力”这类套话来应付，而是运用了丰富的专业知识，从巴西队战术变化对这支队伍影响的角度，分析了参赛双方的基本情况，得出了自己的结论。作者的目的并非直接预测比赛结果，而是要提供“看好巴西”的理由，让读者自己去判断和预测，而这正是赛前分析的要旨。

对于体育记者来说，如何做好赛前分析呢？

（1）要充分掌握有关最新动态信息。赛前分析与预测一样，必须充分掌握比赛前参赛双方的最新动态信息。因为这些动态变化会对比赛产生较大影响。例如，在1998年法国世界杯巴西队与法国队的决赛前，巴西队核心队员罗纳尔多突然发病，在比赛中状态大打折扣，成为巴西队在本届世界杯决赛中失利的重要因素之一。如果记者在赛前分析和评论中掌握了这一最新动态情况，则他就会对巴西队在这场比赛中的前景作出十分谨慎的分析和评估。反之，如未能掌握这一最新动态，则其赛前分析和评论就会建立在一个错误的基础之上。

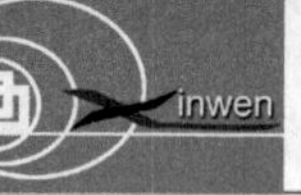

（2）要熟悉两队的历史、比赛背景、目前的状态、战术特点、核心队员的状态以至地理气象等，这些都是重要的分析要素与基础。如上例，作者对巴西队的目前状态、战术变化、球星情况等都有较深研究与把握，指出了扎加洛教练对巴西队的战术改造对这支队伍的影响，同时指出了缺少罗纳尔迪尼奥（小罗纳尔多）这样一位主力对巴西队的影响。如果作者对这些情况不了解，就难以作正确而深入的分析。另外，诸如主场还是客场，地理、气候等方面的影响等，都是不容忽视的分析因素，在一定情况下，这些因素都可能影响比赛结果。

（3）运用严密的逻辑推理方法来对比赛进行分析。赛前分析与赛前预测不一样，它提供给读者的就是分析，因此不能只说结论而没有分析。因此，赛前分析必须建筑在严密而令人信服的推论基础上。如在上面的例子中，作者在标题中就明确提出了"看好巴西队"，但是关键是要向读者说明"看好巴西"的理由是什么？得出的这一结论的根据何在？这就需要作者展示其分析推理的过程。《体坛周报》的记者从巴西队技术变革的影响这一角度，分析了巴西队的目前情况，认为目前这支巴西队"尽管从个人能力和明星色彩看，现在的巴西队要比过去历届逊色，但是从战术结构上来说，可能最完美"。再加上土耳其队"存在着严重的缺陷"，因此作者得出了结论：尽管小罗纳尔多不能上场，但"还是看好巴西队"。作者的分析显然是能够支持其结论的。事实上，比赛的进程和结果也证实了作者的判断。

（4）用或然的语气得出结论。与赛前预测一样，赛前分析也只能是作者本人的主观推测，并不是事实本身。影响体育比赛的因素很多，赛场上的情况千变万化，再精确的分析都不可能做到百分之百。因此，赛前分析的结论也应留有余地，不能把话说死。像前引例子一样，作者用的是"有理由看好巴西队"，这一题目本身没有将话说死，重在阐述自己的"理由"。这样的标题，显然就比"战土耳其巴西必胜"或"打土耳其，巴西能拿3分"之类的提法更妥当。

（二）赛后评论

赛后评论，即在体育比赛结束后，媒体及时对比赛的结果、过程、影响以及其他与比赛有重要关系的事情发表意见和看法，表明自己的立场、态度和观点，并提出建议。赛后评论是体育新闻评论的主要形式，在媒体发表的体育新闻评论中，大部分是赛后评论。

赛后评论的形式多样，主要有赛事点评、比赛述评和赛事杂感三大类。赛事点评是针对比赛本身进行评论；赛事述评是在叙述报道比赛情况基础上进行评论；而赛事杂感是对比赛发表个人的感想。三者都是报纸上常见的赛后评论

体裁。因比赛述评这种体裁在第四章中已介绍，赛事点评与赛事随感也在上一节有所介绍，故此处介绍从略。

1. 赛后点评

赛后点评是赛后评论的主要形式，也是媒体的体育新闻评论最常见的评论体裁。在体育新闻评论中，赛后点评通常有两种情况：一是用十分精练的语言文字来评说比赛，二是将若干球队、参赛者等评论对象进行评比。赛后点评的对象不拘一格，可以点评团队，也可以点评个人；可以点评运动员，也可以点评教练员甚至裁判员；可以点评球场作风、发挥、表现，也可以点评战术、技术、体能等。

赛后点评的写作特点也较为鲜明，主要是针对比赛本身就事论事、开门见山、直截了当、一针见血，一般不过多抒发个人的感受和情绪。点评者可以是媒体的记者、编辑，也可以特邀有关方面的专家、学者、教练员、运动员、球迷在媒体上对赛事进行点评。报纸上发表的赛事点评要求短小精悍，一般以400~600字为宜，因而不能全面开花，什么都想说，而只能紧紧抓住比赛中的一两个重要局部，或一两个关键时刻，或一两个关键人物，或某个主要问题等来展开，专攻一点，以点带面，点到即止。

赛后点评的形式灵活多样。可以将比赛各种情况综合起来点评，也可以按比赛进程、队员发挥、进球或得分情况等逐一点评。但有一点是必须注意的，就是一定要紧紧围绕比赛本身，不能东拉西扯、宣泄感情。下面是中新社记者陈建所写的一篇点评，特点是对赛事进程逐一进行点评，发稿时间是2002年6月30日，点评内容是韩日世界杯巴西与德国的决赛。

赛事点评：防守活力为巴西队注入新霸气

巴西和德国今晚上演了本届世界杯最经典的进攻拉锯战。双方你来我往多次交换进攻主动权，给传统桑巴足球注入防守活力的巴西队最终在拉锯中胜出，第五次成为世界足坛的霸主。

双方今晚一开赛就体现出惊人的战术智慧。巴西两名高大中后卫全神贯注，悉数化解德国高空侵袭，而德国则兵分两路，一方面调集了三到五名锋卫组成机动拦截群，不断扫荡中圈前后的关键区域，严重破坏了巴西“三R”组合的喘息、调整和组织空间，致其上半场三十分钟内无法动弹；另一方面则在左右两个边路分别集中二到三名防守队员，严密遏制“双卡”的边路突破。一时间，巴西进攻优势顿减，德国队反而有声有色。

双方互斗死穴的结果，就是无休止的残酷中场拉锯战。为夺取关键区

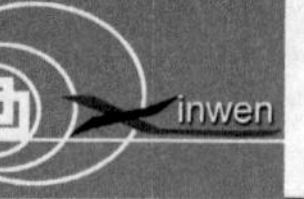

域的组织控制权，用自己的节奏压服对手的节奏，双方从头到尾不断投入重兵，在中圈前后四十米的狭窄区域反复缠斗。巴西队“三 R”组合在本届世界杯以来，还是第一次碰到这样强硬和老到的对手，竞技心态高度紧张。罗纳尔多在上半场就因心情紧张，浪费了两次千金难求的破门机会。

双方不断在中场绞杀，老练的德国人知道，德国队力量和制空权优势明显，但发动精确的高空袭击，需要稳定的中场控制权，只要在七十分钟内压制巴西“三 R”的攻击决心和战术套路，中场的主动权就迟早到来。于是，德国队不断将兵力增援中场，甚至在巴西的禁区前沿，就开始实施逼抢。

但是，本届巴西队注入了富有效率的防守活力，最终打破了德国人的如意算盘。与前几届攻强守弱的巴西队相比，本届巴西队的防守意识堪称超群。不仅拥有历史上最出色的门将之一，而且一直承担中场进攻职能的“三 R”组合，也破天荒地负担起前沿防守的任务，实际上已经成为攻守兼备的组织平台。

下半场起，巴西以“三 R”组合为首的锋卫线立即投入广泛逼抢，连一贯充当突击前锋的罗纳尔多也积极投身第一线的反抢中，中后场的防守压力顿减，巴西助攻型后卫得以释放中场，于是，巴西开始逐步摆脱了德国的围困，逐步将战火远离家门，向德国队禁区延伸。

下半场巴西的两个入球，就是巴西队锋卫线在中前场实施果断的反抢直接造成破门良机。第一球竟然是大牌前锋罗纳尔多在德国禁区前第一时间实施反抢得手，并直接补射中的。第二球则是前卫在中线附近抢截得手，马上发动突击集群的快速反击，四名球员在右路和中路形成快速配合组群，三名队员分担牵制和穿插任务，终于彻底将森严壁垒的德国后防拉出巨大的空当，令罗纳尔多得以在无人盯防的环境下，从容地将球射入卡恩鞭长莫及的死角。

比赛进入到尾声，虽然德国拼命反扑，但冠军归属实际已无悬念。巴西的进攻威力本在德国队之上，现在全队注入强大的防守活力，以防守著称的德国队已经优势全无，连失两球后，更加无力回天。

巴西今晚向全世界展示了一支攻守兼备的新型桑巴王者之师，昭示着世界进攻足球的发展方向，已经呈现出高效率高速度的盾坚矛利态势。

在这篇点评中，作者的基本观点就是标题中的“防守活力为巴西队注入新霸气”。其点评的视角也是从这一点展开的。因此，作者没有像当时的很多评论一样，去眉飞色舞浓墨重彩地评价巴西队的进攻和罗纳尔多的两个进球，

而将点评的重点放在巴西队的防守上。记者的这一点评角度与观点很有新意，也很有见地。

2. 赛后杂感

赛后杂感是体育随感中最常见的一种，又称赛事感想、赛事杂感、比赛言论等，即对比赛发表个人的感受和感想。与赛事点评相比，赛后随感的重点不是评说比赛，而是就比赛发表个人的感想。因此，赛后随感既要扣住比赛这一主题，但又不局限于比赛本身；不仅有表意功能，还有抒情功能，在写作上要自由得多。相对而言，赛事点评更需要专业知识和眼光，而赛事随感则对作者的文学素质、写作水平、知识面等有较高的要求。正因为如此，不少体育记者更喜欢写作赛后随感，而将赛事点评留给有关专家去做。20 世纪 90 年代以来，国内出现了不少以写赛事随感成名的记者，他们写的赛事随感旁征博引、文笔畅晓、观点犀利、个性突出，很受读者和球迷喜爱。

请看 1984 年洛杉矶奥运会上中国运动员在射击比赛和举重比赛中相继获得金牌后，《中国青年报》记者毕熙东写的赛后言论《别了，零！》一文：

> 是我们，是我们中国人夺得了本届奥运会第一枚金牌！半个多世纪以来背着奥运会“零”的包袱的中国人，从此可以吐气扬眉了！
>
> 年轻的中国运动员许海峰、曾国强用百步穿杨的绝技和力举千钧的气概，把零的耻辱甩进了太平洋，实现了几代人的夙愿，结束了“万马齐喑究可哀”的局面，开创了中国人夺取奥林匹克金牌的历史。这是响亮的序曲，是更大胜利的前奏。
>
> 当地一家报纸评论说：“中国人刚一回到奥运会，就迈出当仁不让的步伐，令人不安。”为什么不安？因为他们目光依旧。要知道当今的中国已跨入了“不拘一格降人才”的时代。
>
> 自豪吧，健儿们！自豪吧，青年们！自豪吧，炎黄子孙！因为今天，我们当之无愧地向全世界说：“别了，零！”

这篇言论没有直接点评比赛本身，而是就洛杉矶奥运会开赛第一天中国代表团夺得的两枚金牌，实现中国奥运会金牌“零”的突破抒发感想。文章不足 300 字，但却用激情饱满的文字表达了发自内心深处的喜悦与自豪，至今读来仍能感受到作者当时的激动心情。

体育比赛的胜利带给人们欢乐和喜悦，失败带来遗憾与悲伤。就像悲剧往往比喜剧更具有震撼人心的力量一样，20 世纪 80 年代以来，中国足球一次又一次在国际重要比赛中失利，使中国球迷感受到了一次又一次的痛苦体验。围绕这一主题，出现了不少脍炙人口、争相流传的赛事随感。如 1998 年世界杯

预选赛亚洲区十强赛中，中国足球队负于卡塔尔队失去决赛权。赛后网友老榕写的《大连金州没有眼泪！》一文，以沉痛的笔触道出了全国球迷的心声，一夜之间便在互联网上广泛流传，继而被各地很多报纸转载，引起了全国上下的普遍共鸣。

下面请看一篇类似题材的体育杂感。1992年1月30日，巴塞罗那奥运会预选赛亚洲六强战中，由徐根宝率领的国奥队与韩国队在最后一战中相遇，中国队只要战平即可出线。但开场后9分钟内，中国队便被对手连灌3球，最终以1∶3告负痛失决赛权。这就是中国足球著名的"黑色9分钟"。下面是《成都晚报》记者许勇写的一篇赛后杂感：《悲剧不会永远动人——关于中国足球的杂感》。文中写道：

> 中国足球队很少给深深关心他们的中国球迷带来过欢乐，他们往往把球迷最担心和最不愿意看到的结局变成现实。我曾不止一次地写过这句我极不情愿写的自豪感，但我又写了，因为它具有顽强的生命力。
>
> 翻阅中国足球的历史犹如读莎士比亚全集，映入眼帘、涌上心头的一桩桩、一幕幕全是悲剧。年维泗、苏永舜、曾雪麟、高丰文、徐根宝……著名的悲剧导演；容志行、古广明、贾秀全、范志毅……著名的悲剧明星。中国足球的"戏路"为什么就这么苦、这么窄？
>
> 翻阅中国足球的历史更像在读《十万个为什么》。为什么中国足球会一而再、再而三、三而四地重演惊人相似的悲剧？为什么中国队在重大国际比赛的关键场次总是败走麦城？为什么中国队次次都把"莺歌燕舞"的大好形势化为"潺潺流水"付东流？为什么中国队作客异乡要输球，当东道主也要输球？为什么中国队不能从以往的失败中吸取哪怕是一点点教训？为什么……
>
> 中国足球已经到了非得"停职反省"、找出疾症所在的时候了！
>
> 中国的球迷是中国足球悲剧最忠实的观众。中国队走到天涯海角，他们的心就跟到天涯海角。他们曾为苏永舜的夭折惋惜得流过眼泪，他们曾为曾雪麟的"5·19"悲剧痛心疾首，他们曾为高丰文的两个"黑色三分钟"捶胸顿足，他们如今又要为徐根宝的功亏一篑"长太息以掩泪兮"……早知道伤心总是难免的，他们却偏要一往情深，苦盼苦等来一个又一个无言的结局，却永无梦醒时分。
>
> 中国的球迷是真正的猛士，因为他们敢于直面惨淡的中国足球，敢于正视鲜血淋漓的中国足球！
>
> 悲剧是动人的，但悲剧不会永远动人。

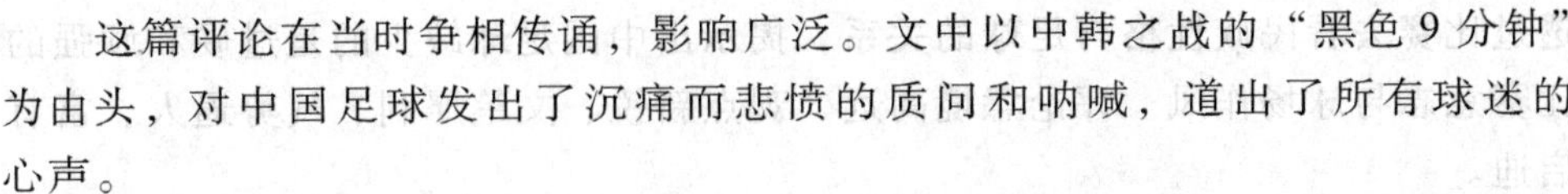

这篇评论在当时争相传诵，影响广泛。文中以中韩之战的“黑色9分钟”为由头，对中国足球发出了沉痛而悲愤的质问和呐喊，道出了所有球迷的心声。

要写好比赛杂感，一方面要求有鲜明独到的观点和视角，另一方面需要作者具有丰富的联想、敏锐的思考、宽广的视野和酣畅的文笔。《足球》报记者李承鹏就是写这类文章的高手。请看他在1998年9月世界杯预选赛亚洲区十强赛韩日之战后写的评论《韩人有种》：

> 看韩国人踢球，有一种洞穿心扉的震撼力量，他们不是在踢球，而是在对民族性格作一次张扬。与日本人相比，韩国人少了些才情，师从巴西的日本足球可以玩出一系列“后跟对话”、“蝴蝶穿花”的巧儿——但这样并不妨碍韩国人击败他的老对手。秉承了德国足球精髓的韩国人，在逆境中迸发出的“反噬之力”，是日本球员远远无法抵挡的。
>
> 韩国人不在乎一城一池的得失，他要的是整个战事的胜利。我认为，这是当惯了老大的人通常拥有的气度。
>
> 所以，不要惊诧于韩国人在最后十分钟的惊天大逆转。因为车范根早就说过：“25年来，我们从未在东京国立竞技场输过，这次也不会。”
>
> 现在，车范根已然成为韩国足球的精神象征。日韩战后，他那张刀刻般的脸绝对将成为韩国男人的标准形象——小眼、寸头、标枪般的身形以及鹰一般残忍的眼神。“你可以打倒我，但你绝对不可以击败我”，这是车范根紧闭的薄唇里没有吐出的话语——只有这样性格的主帅，才能带出这样性格的球队。
>
> 所以，厌倦了高仓健的女人们，完全可以领略一下车范根身上的“味道”。
>
> 男人是就应该有些气质的，尤其是踢球的男人——中国足球近来愈发疲软，就是因为气质沦陷。当我们冥思苦想着“451”时，韩国人却默念着“不出线，毋宁死”；当我们怯生生叨念着“有希望，无把握”时，韩国足协却对国人发誓：“失败，则集体辞职！”
>
> 足球是一个技术的玩意儿，但有时间它却是一个精神的玩意儿；足球是一个玩意儿的玩意儿，但有时它却不仅是玩意儿的玩意儿。
>
> 这一点，你可以从韩国球员赛前虔诚地高唱国歌领悟到，他们不是来踢球的，而是来献身的！

这篇评论围绕中国男足与韩国队的比赛，指出中国足球与韩国足球的根本差距不在技战术，而在于精神和作风。文章没有局限于一场比赛的胜负，而是

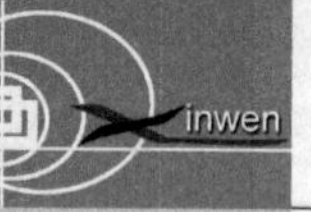

透过比赛去看民族性格与足球的关系，揭示出中国足球缺少的是过硬和顽强的比赛意志与球场作风。评论意境高远、观点新锐、文笔犀利、气势逼人、富有启迪。

二、体育人物评论

体育运动的主体是人，它所表现的是人的精神、气质、体魄与技艺。因此，体育新闻评论不能抽象地谈体育、论赛事，而要通过评论者的笔，对运动者在赛场内外的表现进行褒贬，褒扬那些具有优良思想作风、高尚体育精神、良好道德品质的典范，欣赏他们精湛高超的技艺和赛场表现；同时也对个别违背体育精神、道德品质恶劣或场上表现不佳的运动者提出批评。

下面是一则体育人物评论。2010 年 2 月 22 日，国际奥委会前任主席、伟大的改革家和领导人萨马兰奇嗑然辞世，举世哀思。这篇人物评论以当时正在国内热映的电影《阿凡达》中魅影骑士为借喻，回顾了萨马兰奇的不朽功勋，颂扬了他的非凡业绩，并表达了对这位一代伟人的缅怀之情。该文作者郝勤，发表于 2010 年 2 月 23 日的《天府早报》。

现代奥林匹克的魅影骑士

——写在萨翁逝世之际

在人类历史上，总会有这样一些人：他们在人类劫难临头、灾祸降临之时，有如救世主般君临人世，以超凡的意志移星换斗、力挽狂澜、拯救苍生、更新气象。

至少对于国际奥委会而言，萨马兰奇就是这样一位救世主。正是他，有如《阿凡达》中那位骑着霸王飞龙横空出世的魅影骑士，用神一般的意志和智慧拯救了风雨飘摇、濒临破产的国际奥林匹克运动。

20 世纪 70 年代到 80 年代初，是国际奥委会最黑暗的时代。1894 年顾拜旦创造的人类这一伟大的社会运动仿佛一夜之间走到了尽头：墨西哥奥运会的“黑手套”、慕尼黑奥运会的恐怖主义枪声、蒙特利尔奥运会的巨额债务、莫斯科奥运会遭到国际社会杯葛……1976 年国际奥委会举行第 23 届奥运会的申办活动时，竟然只有一个城市参加“竞争”。而就是这个城市，也差一点在民众的抗议中退出申办。只是在当时的国际奥委会主席基拉宁爵士的苦苦哀求并答应按照“美国人的方式”筹办奥运会后，洛杉矶才成为这次申办的“优胜者”。

就在这样的漫天阴霾下，1980年，萨马兰奇接替了疲惫不堪的基拉宁主席。然而，从1984年洛杉矶奥运会开始，国际奥林匹克运动有如火中再生的凤凰一路高鸣展翅飞翔。到2001年萨马兰奇将奥运火炬传到罗格主席手里之时，奥林匹克运动已经成为人类世界规模最大的国际社会运动。它不仅拥有206个成员单位和雄厚的财力，而且成为世界最重要的和平力量与现代人类文明进步的标志。

世人公认，没有萨马兰奇，就没有现代奥林匹克的今天。但他是如何做到这一点的？在我看来，萨马兰奇的灵魂中不仅拥有伟人所具有的品质：坚强的意志、高尚的人格、非凡的智慧、深邃的洞察力以及高超的组织协调能力；最重要的是，他具有一位伟大改革者的胆识与气魄，能够在黑云密布、惊涛骇浪中勇承重任、辨明方向，指挥奥林匹克的巨舰绕过重重暗礁，驶出灭顶之灾。

有史家称，是美国商人尤伯罗斯创造了奥运会的商业模式并以这一模式奠定了现代奥林匹克大发展的基础。然而，如果没有萨马兰奇，尤伯罗斯恐怕至今就是美国成千上万平庸商人中的一位，而不会是备受尊敬的美国奥委会主席。是萨马兰奇顶住了国际奥委会中那些抱着1894年宪章原则不放的老朽们的愤怒和责骂，才有了尤伯罗斯的成功；而又是萨马兰奇，在亚特兰大奥运会上愤然顶住势如洪水般的商业狂潮，坚持了奥林匹克宪章的基本原则与信仰。

如今，一代伟人溘然逝去。但是，伟人的意义就在于，他留给这个世界实在太多，以至于他的离去本身已经不再重要……

如何才能写好体育人物评论？归纳起来有以下要求：

（1）选好典范。写好人物评论的关键之一，就是典型性。这包括两个方面：一是人物本身具有典型性；二是其事情要具有典型性。一方面，像我国优秀运动员郎平、王义夫、王军霞、叶乔波、邓亚萍、姚明等，还有国际体育明星如贝利、马拉多纳、卡尔·刘易斯、迈克尔·乔丹等，其本身都具有巨大知名度和典型性，经常成为媒体体育新闻评论的对象。另一方面，有些运动员或教练员本身知名度并不高，可能也没有得到过世界冠军，但其事迹具有典型性，因而也成为媒体评论的对象，如我国体操运动员桑兰。但是，光有典型性还不够。体育新闻评论还要有新闻性。也就是说，只有那种既具有典型性又是最新发生的、具有新闻价值的人物及其事情，才能进入体育人物评论的选题范围。如前面所引例子，萨马兰奇是国际奥林匹克运动和世界体坛的著名领导人，无论在国际上还是在中国公众中都具有巨大的知名度，他的逝世成为举世哀悼的大事，世界各国媒体都集中进行了报道，具备了写人物评论的由头和题材。

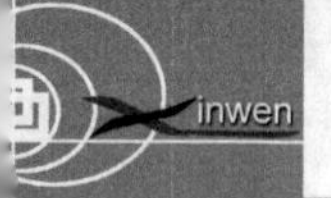

（2）熟悉背景。要写好体育人物评论，就必须了解人物背景。如果评论者对评论对象不熟悉，仅就事论事，就不可能写出丰满而有深度的体育人物评论。就像《现代奥林匹克的魅影骑士——写在萨翁逝世之际》一文，如果作者对国际奥林匹克运动史和萨马兰奇改革的历史背景不熟悉，就难以写出这样的人物评论来。如果要写某位著名体育人物的评论，不仅要对其成长背景、成长经历、家庭、生活、品性、性格、爱好和习惯等有所了解，另外还要对其技术风格、个人特点、转会经历、经典战例以及在球队中的位置与作用等非常熟悉。美国 ESPN 电视台的中文评论员苏东曾说过，要解说一场球，起码要了解这两支队伍 5 年以上的历史。要评论一位球员，起码要熟悉他 10 年以上的经历。这句话可谓经验之谈。

（3）进行比较。体育人物评论的一个特点，就是在竞争、冲突、对抗中发现和表现典型。这是体育人物评论与其他人物评论相比最显著的特点。体育比赛本身是一种人与人之间的竞争，某位运动员或教练员在精神品质上或技艺上具有典型性，是通过比赛和比较显现出来的。因此，要写好体育人物评论，就要将主角放在比赛和冲突的背景及氛围中去，在激烈的竞争中和顽强的拼搏中显现人物的性格和品质。如果脱离体育运动和体育比赛背景去写体育人物，就容易平淡乏味，没有特色，甚至落入花边新闻的俗套。

（4）充满情感。体育新闻评论与体育报道的主要区别之一，就是具有抒情功能。尤其是人物评论，更需要情感性。体育人物评论要打动读者，先要打动自己。要让读者动情，先要作者自己动情。不管是褒扬还是批评，写人物评论如果无情，就难以吸引读者，更难以打动读者。一篇体育人物的评论，有情还是无情是大不一样的。有些记者笔下的人物干瘪无味，平板浅显，除了写作水平外，一个很重要的原因是对所评论的人物不了解，无感情。还是以上引《现代奥林匹克的魅影骑士——写在萨翁逝世之际》这篇人物评论为例，萨马兰奇既是国际奥林匹克运动的伟大舵手，也是中国人民的老朋友，为中国体育的发展，尤其是为北京成功申办奥运会做了大量工作。因此，对于这样一位中国人民熟悉而热爱的老朋友，只有这样有血有肉、声情并茂的评论，才能受到读者欢迎。如果评论者对萨马兰奇及其一生事业一无所知，只是为完成任务写评论，其文章的水平和质量就可想而知。另外，有些记者写人物评论喜欢自说自话，自我宣泄，情感偏激，其观点和立场与广大球迷的感情格格不人，甚至拧着劲说，这样的评论就很难会得到读者的认可和好评。

三、体育活动评论

体育活动，指社会、学校和军队等开展的健身活动。在我国，开展体育运

动的根本宗旨在于提高人民的身体素质和健康水平。为了配合与实施这一国策，新闻媒体负有义不容辞的宣传、指导、监督等责任与义务。因此，体育新闻评论的一个重要的任务，就是通过在媒体上发表意见、观点和看法，造成舆论，从而促进群众体育和青少年体育的健康开展。下面是新华社记者黄会清、苏小坡于 2001 年发表的一篇评论：《把学校运动会还给学生》。该文作者以宁夏一所中学的运动会为例，谈到了如何在学校开展体育活动这样一个带普遍性质的问题：

把学校运动会还给学生

在学校运动会上，赛场上的运动员总是那些老面孔；其他的学生或者在一旁听歌，或是打扑克、看小说，这种情形在宁夏的中学里十分普遍。

许多学生反映说，现在的学校运动会已成为体育尖子生的专利，光荣和荣誉只属于极少数人，大多数学生对这样的运动会毫无兴趣。连一些中学体育老师也承认，学校运动会已渐渐远离了它的初衷，难以达到全体同学共同参与、共同竞争、共同提高的目的。

最近，银川二中举办了一次别开生面的运动会，为中学生运动会的改革做了一次有益的尝试。与往届运动会不同，这次运动会去掉了许多个人项目，取而代之的是设立了许多集体项目，有男女各 10 人的铅球、立定跳远、80 米迎面接力、女生仰卧起坐、男生引体向上、八男七女的拔河、五男五女的跳绳等。结果这次运动会成为二中近年来最为成功的一次运动会，同学们的热情和动力被重新调动了起来，多年不见的激烈争夺的场面和自发的集体精神再次回到了赛场。无所事事的学生不见了，每一个人都参与进来，参赛者团结协作，旁观者呐喊加油，一幕幕精彩画面至今还被师生们所津津乐道。

谈起这次运动会的改革，二中校长杨静告诉记者，对学校运动会的改革是在该校整体教育改革的大背景下进行的。中学生运动会的目标应该是让更多的学生参与，发扬团队精神，锻炼身体和意志品质，为每一个学生的健康发展服务。

事实证明，这样的运动会是成功的，收到了显而易见的效果。更多的学生参与进来了，老师也开始重视班级所有学生的体能素质。比赛不再是个别尖子生的对抗，而是班级整体实力的较量。现在很多班主任都亲自带领学生晨跑，课间休息则带领学生做仰卧起坐等。通过这些有益的锻炼，学生参加体育锻炼的热情更高了，也更积极了。平时上文化课时更有精神，注意力也更加集中。学生的整体素质有了大幅度的提高。

在当前中国体育实施《全民健身计划纲要》的背景下，作为国家的

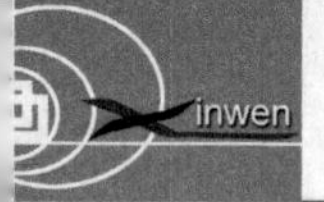

未来和希望，中学生更应该有一个健康的体魄。让他们在学校里学习和掌握一项适合自己的健身方法，即使以后走出校门，也能够时常在工作之余进行锻炼，这对他们来说是终生受益的事情。设身处地为广大学生考虑，让学生充分享受到运动的快乐，让他们都能“动起来”，是学校体育工作者亟待思考的问题。

从上引例子中，可以看到体育活动评论的一些特点：

（1）体育活动评论与赛事评论不同，主要突出的不是评论的观赏性和娱乐性，而是宣传性与指导性。体育活动评论的选题和对象多是群众体育、青少年体育中的一些突出现象和典型事例，针对这些现象或褒扬或批评，或以小见大，就某一具体现象联系普遍问题，重在发挥新闻评论的指导与舆论功能，促进体育活动的健康发展。如上例，运动会本是学校体育的重要组成部分，但却成为了少数体育尖子生的舞台，多数学生只能观望，背离了举办学校运动会的初衷。这显然是一个带有普遍性质的问题，也是事关广大青少年学生参加体育活动的大事情。宁夏银川二中通过对体育比赛项目的大胆创新与改革，为解决这一普遍问题提供了新的路子，新华社记者敏锐地发现了这一题材，通过评论对这一举措予以了肯定。

（2）体育活动评论或褒扬或针砭，或肯定或否定，须选题准确、观点鲜明、论证全面、论点清楚、论据充分、具有说服力。如上引《把学校运动会还给学生》一文，针对性很强，先提出学校运动会成为少数体育尖子生的舞台这一现象，问题带有普遍性，值得关注。再以银川二中运动会为例，指出这样的运动会学生参与性强，“同学们的热情和动力被重新调动了起来，多年不见的激烈争夺的场面和自发的集体精神再次回到了赛场。无所事事的学生不见了，每一个人都参与进来”，具有普遍的指导意义和借鉴意义，案例典型，论据充分。评论的最后，将办好学校运动会提高到实施全民健身计划的高度来认识，提出要设身处地为广大学生考虑，让学生充分享受到运动的快乐，让他们都能“动起来”，指出这应该是学校体育工作者亟待思考的问题，立脚点高，结论有力，富有启迪性，也有很强的指导性。

（3）体育活动评论因其具有指导性和论说性，一般语言风格较为严谨，重在说理，不像赛事评论一样亦庄亦谐，或情或理，天马行空，自由发挥。语言论述要具有逻辑性，层次清楚，条理分明，关键要把事情和观点说清楚。如《把学校运动会还给学生》一文，先提出问题，再提出论点和论据，最后归纳出结论，有述有评，层层展开，观点清楚，一目了然。

四、体育事务评论

在当今世界体育日益向着产业化和职业化发展的背景下，体育运动已不仅仅是大家聚在一起打打球、跑跑跳跳那么简单的事情了。各类与体育有关的重要事务也成为体育报道和评论的对象。例如，国际奥委会、国际足联等重要国际体育组织的机构变革与人事变动、国内运动管理组织和机构的工作、奥运会、世界杯足球赛等重要国际赛事举办城市和国家的遴选、重要的体育商务赞助活动、球员转会、俱乐部的重要决策和管理、与体育有关的司法诉讼等这类体育事务与事件的评论在体育新闻评论中占有很大分量，是当代体育新闻评论的重要组成部分。

体育事务的范围较宽，一般媒体较为关注的主要有体育管理、体育商务和体育司法等方面的事务，尤其是体育界引起公众广泛关注的事情。例如，2010年由公安部门介入，揭开了中国足协高层腐败的内幕，引起全国上下的强烈反响。请看2010年9月20日新华社记者为此发表的时评：

各行业当以足坛腐败为鉴

新华网北京9月20日体育专电（记者郑道锦）　中国足球今日确定了伦敦奥运会和巴西世界杯的目标，标志着中国国字号球队再度艰难起航。但大众还是将更多的注意力放在中国足球的打假扫黑风暴中。

南勇、谢亚龙两任足协“掌门人”接连被公安机关立案侦查，前国足领队蔚少辉、足协裁判工作主要负责人李冬生也在其列，中国足球打假扫黑风暴正在努力清洗足坛腐败，而民众对公安部门继续深入调查足坛腐败的行为也抱有期待。在足坛的打假反赌、反腐败行为持续深入的同时，全国的其他行业也该以足坛的黑幕为鉴。

其鉴之一，是一定要建立好“防火墙”体系，即有效的、不是形同虚设的法律体系、监管体系。作为中国体育界最先进行职业化改革的中国足球，在从专业足球向职业足球、从计划向市场转变的过程中，基本是在没有有效“防火墙”的情况下进行的，因此某些从业者贪念丛生，权钱交易横行，最终导致整个中国足球事业几毁，形象皆丧。与足球相比，中国不少行业的“防火墙”也一样不牢靠，比如食品质量安全、建筑质量安全，如果不能及时更新加固，建立有效的“防火墙”，则其行业腐败也将存在，而带来的危害更远甚足球。

其鉴之二，是从业者必须加强道德建设。不能让金钱、奢侈生活和权利变现为主要追求，而弃道德和法律不顾去不择手段地求财。如果说缺乏

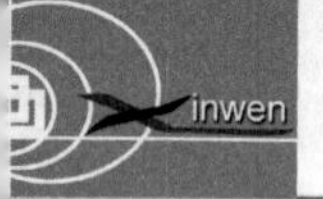

“防火墙”是职业足球腐败的外因，则从业者自身的堕落则是重要的内因，一个人的思想和追求如果是消极的、堕落的，则很容易在所从事的行业内带来腐败和危害。光靠“防火墙”来限制腐败效果不会太好，这世上没有完美的“防火墙”，一个人腐朽堕落的价值观如果不改变，一个行业的总体价值观如果是消极的，则从业者定会用小聪明去找到“防火墙”的漏洞。

其鉴之三，是行业形象“摧毁容易，重建难”。中国足球从职业化改革初期那几年的风光无限、人民喜爱到现在的闻之不屑、痛心疾首，为其他领域做了一个很好的“反面教材”。尽管公安部门的打假反赌行动和一些足坛官员的被抓让人们看到了政府对足球行业大整顿和坚决肃清行业毒瘤的决心，但这个行业在人们心中业已形成的惯性形象和思维还难以在短期内除去，重建必然是个漫长而艰难的过程，在此期间整个行业所遭受的损失令人心痛。

目前，公安部门置于中国足球顶上的“达摩克利斯之剑”继续高悬，而中国足协也坚决配合着公安部门和体育总局在多方面努力进行行业整顿，采取了许多更有效的新监管举措，中国联赛的环境已经有了明显改善，俱乐部、教练、球员、管理部门也更多地将心思放在了工作和业务上。谨希望其他行业能够以足球为鉴，及时发现问题，完善自身。

中国足协高层反腐是涉及体育管理层的事务性活动。当代体育新闻不仅要报道各类体育赛事与活动，而且还肩负着对体育进行新闻批评与舆论监督的重任。体育新闻评论是媒体履行舆论监督的重要武器，也是体育记者的神圣职责。在这篇评论中，作者针对中国足协高层出现的腐败问题发表了犀利的言论，痛斥了足协高层的腐败现象。但与很多评论不一样的是，记者没有仅仅停留在批判和谴责上，而是以此为鉴，总结和提出了体育界反腐防腐的教训与建议，从而起到了体育新闻评论特有的警示作用。

从以上例子中，能够看到体育事务评论的写作要求：

（1）体育事务评论的选题要谨慎，必须是那些为读者和球迷们关注和对体育运动有直接影响的重要题材。否则就可能陷入琐屑的事务题材中，难以提起读者的兴趣。如《各行业当以足坛腐败为鉴》一文抓住公众高度关注的新闻事件，高屋建瓴地总结与提出了反腐的教训与建议，显示了作者的选题眼光。

（2）要写好体育事务评论，作者应具备一定的体育管理、经营、商务、司法等方面的知识，这样才能使自己的评论有分量。如《各行业当以足坛腐败为鉴》就显示了作者既有较好的专业眼光和水平，又有较高的政治素质与

境界。

（3）体育事务评论应采取客观理性的说理方法，而不能有理无理宣泄一通，那样只能显得评论者浅薄，给读者留下不好的印象。《各行业当以足坛腐败为鉴》采取了说理的态度，指出了问题，也提出了自己的观点。这与国内有些评论一提到中国足球或中国足协就一味指责、缺乏理性客观的分析形成了对照。

五、体育事件评论

在体育运动中，经常发生一些突发性的重大事件。这些事件有的与体育运动直接有关，如球员服用违禁药物、赛场上发生球场恶性犯规导致球员受伤、球员斗殴、球员与球迷的冲突、比赛意外中断、球迷骚乱等异常事件以及赌球、假球、黑哨等丑闻；有的与体育运动间接相关，如球员违规泡吧、球场暴力、运动员犯罪等事件，都成为体育新闻评论的对象和题材。

请看下面这篇有关体育事件的评论。2002 年 9 月，甲 A 足球联赛西安主场发生严重的球迷骚乱，为此中国足协纪律委员会下发了取消西安赛区承办陕西国力队甲级联赛的主场比赛资格及对西安赛区罚款 10 万元的处罚决定。众多媒体对这一事件进行了谴责。3 月 28 日的《大连日报》发表了题为《千年古城的叹息》的评论，为西安这个“多少人精心打造的‘金牌球市’美誉转瞬间灰飞烟灭，毁于一旦”感到深深惋惜，文中指出：

短短几天的时间里，从《中国日报》的先期报道到后来的国际足联、亚足联官方网站的密切关注，我们完全可以感受到这起骚乱不再是一件单纯的球迷骚乱事件，它已经迅速升级到一个可怕的社会问题。从这个角度来说，中国足协的“斩立决”完全是西安赛区的咎由自取。文章呼吁“对足球流氓要人人喊打”，文章认为“所谓的足球流氓只是个别现象，但就是这些“个别现象”让整个球迷群体在世人面前蒙羞。对待这些冥顽不灵的丑恶灵魂其实没有什么好办法，唯一的解决方式就是人人喊打，让这些过街老鼠在朗朗乾坤下、茵茵绿草上无处藏身，这是一个普通公民对法律的期待。

这篇评论没有停留在一般的批评与谴责上，而是站在足球发展和社会稳定的基础上，既为西安这座古城感到惋惜，又旗帜鲜明地指出了足球流氓的危害。尤其是文章的最后部分结合大连本地的情况，提出“西安球迷骚乱应引起必要的觉醒”，认为事件虽然发生在西安，但具有普遍性，应引起大连球迷

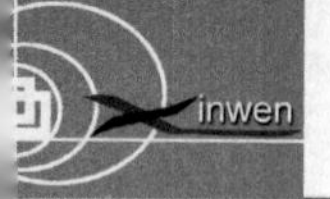

的警惕，引以为鉴。“足球作为世界第一运动本该是阳光下的一项催人奋进的运动，不该被其他颜色玷污了这方净土。”

再看下面这则新华社发的关于北京奥运会上刘翔退赛这一著名事件的评论：

刘翔因伤退赛依然是英雄

记者 吴定平

8月18日中午，在北京奥运会男子110米栏预赛中发生了令人意外的一幕：中国选手刘翔因伤退出比赛。

刘翔因伤退出比赛，让无数中国观众扼腕叹息，也让无数国人牵挂他的伤情。但即便这样，刘翔依旧是我们喜爱的运动员，依旧是我们心目中的英雄。

是他第一次为中国、为亚洲赢得了110米栏世界冠军。在刘翔之前，亚洲选手从未在这项速度与技术的综合较量中夺冠。直到2004年雅典奥运会，这个神话终于被打破，刘翔不但夺得金牌，而且在2006年瑞士洛桑举行的田径超级大奖赛中，以12秒88的成绩打破了沉睡13年之久的世界纪录。这是中国的骄傲，也是亚洲的骄傲。

虽然许多运动员也曾在多项世界比赛中赢得过冠军和奥运金牌，但从来没有哪个中国运动员能像他一样，彻底打破了亚洲人不擅长速度项目的成见。刘翔的这些成绩，不会因一次因伤退出比赛而消失。

回顾刘翔这些年的经历，可以说是在不断创造“奇迹”。2002年，不满20岁的刘翔就打破了男子110米栏的世界青年纪录；2003年世锦赛，刘翔闯进110米栏决赛；2004年年初，在世界室内田径锦标赛上，他夺得银牌，随后又在雅典奥运会上夺得金牌，平了世界纪录；在不久后的大阪田径大奖赛上，他又战胜阿兰·约翰逊这位世界跨栏奇才；2006年7月，洛桑田径超级大奖赛，他又跑出12秒88的好成绩。即便今天因伤退出比赛，但他依旧是110米栏项目的顶尖选手，依旧会重新回到比赛场地。

刘翔因伤退出比赛，无论是他本人还是他的教练，都感到非常难过。但体育竞技就是这样，任何意外都会发生。我们每一个关注、喜爱的刘翔的人，应给予他理解、支持和信任，从容面对这个遗憾，这也是一个大国国民应有的心态。

刘翔是中国第一个夺取奥运会男子田径项目金牌的体育明星，在中国公众

中拥有极高的人气和声望，其开朗阳光的形象亦深受国内公众的喜爱。在2008年北京奥运会上，人们最期待的就是刘翔能在比赛中再创佳绩，夺取金牌。然而比赛发令枪响，出乎所有观众的预料，刘翔竟然因伤退出比赛，从而引起国内外舆论的强烈关注和反响。有些情绪激动的观众对此深表失望，甚至有人在网上指责刘翔。而新华社发的评论则站在理性和人性的高度，指出应正确对待刘翔退赛这一突发性事件，提出应给予刘翔以理解、支持和信任，从容面对这个遗憾，表现出大国国民应有的包容、大度的心态。这篇评论立论高远，视角宽阔，体现出强烈的人性关怀和人文精神，在当时因刘翔意外退赛引发的一片“哀声”和骂声中独树一帜，起到了积极的舆论引导作用。

体育事件评论的写作要注意以下几点：

（1）体育事件评论的题材主要是与体育运动有关的，在社会上引起广泛关注和影响的重大事件。这些事件的种类和性质十分复杂，其中有的属于体育运动管理范围的重大事件，如在赛场上发生的重大伤情、球员猝死、服用违禁药物、黑哨假球、罢赛事件、重大赛场违纪事件等；有的则是与体育有关的重大社会、治安、刑事等方面的事件，如球迷骚乱、球员犯罪、行贿受贿，非法赌球等等；还有的则属于个人私生活但在社会上影响较大的事件，如球员车祸、绯闻、“泡吧”等。由于情况不一、性质复杂，有的属于体育管理范畴，有的属于民法范畴，有的则涉及刑法和有关法律，因此在进行评论时，需要了解这些具体事件的性质和影响，否则就会乱评一气、不得要领。

（2）媒体和舆论所关注的体育重大事件不一定都是负面的。例如，在1996年亚特兰大奥运会期间，我国射击运动员王义夫在比赛后因病昏倒在赛场上。这是一起突发性的赛场事件，但却真实地体现了这位老运动员为了祖国的荣誉，带病顽强拼搏的崇高精神。但也不可否认，所谓“事件”的确有很大部分在性质上是属于负面的，就像上面案例中提到的球迷闹事和“刘翔退赛”事件一样。因此，体育事件评论的立场、观点和态度十分重要，记者必须要有强烈的责任感，在大是大非问题上不能含糊，必须旗帜鲜明、观点正确、立场分明、态度坚定，反对一切违法乱纪的行为和违背公平竞争体育精神的做法，维护体育运动的纯洁与公正。例如，在对待服用违禁药物和兴奋剂问题上，媒体的评论就必须态度鲜明，坚决反对，而不能因为服用违禁药物的是其他国家或地区的运动员就坚决反对，而一旦事涉本国或本地区的运动员，就态度暧昧、装聋作哑，甚至曲意维护、误导读者。

（3）所谓“体育事件”往往具有突发性质，因此在评论时，应该尽量了解清楚事实，做到有根有据，避免无的放矢。这一点对于体育事件评论来说非常重要。为了保证事实清楚，一般体育事务评论须配合相关报道发表，并且必须对报道是否属实有把握。例如，2002年世界杯足球赛决赛期间，某媒体刊登消息说中国国家足球队某队员涉嫌赌球，还赌的是中国队输，舆论一时大哗。不少媒体和记者纷纷发表言论，对这种行为表示极大的愤慨。但不久真相大白，原来这是一则假消息，该球员还为此起诉某媒体。这样，那些匆忙发表的评论和言论虽然观点正确，但却成了沙上筑坝，白忙一场。

本节思考题

1. 赛前预测有哪些特点，如何写好赛前预测？
2. 赛前分析有哪些特点，如何写好赛前分析？
3. 什么是赛事点评？如何写好赛事点评？
4. 赛后随感的特点是什么，如何写好赛后随感？
5. 如何写好体育人物评论？
6. 如何写好体育活动评论？
7. 体育事务评论是指什么？在写作上有何特点与要求？
8. 体育事件评论有什么特点，如何写好体育事件评论？

第四节 体育新闻评论的写作方法与要求

要写好体育新闻，仅了解其概况与分类是不够的，还需要掌握选题、立论、论据、论证等基本方法与程序。其他新闻评论相比，体育新闻评论在写作方法上有共性的一面，也有一些特殊性。因此，体育记者不仅要掌握一般新闻评论的写作方法，也要了解和探索体育新闻评论写作的特殊规律和方法特点。本节主要从选题、立论、论据与论证等方面，对体育新闻评论的写作要求进行介绍。

一、体育新闻评论的选题

所谓选题，就是选择评论的议题，确定评论的对象与范围。对体育新闻评论的作者来说，就是要解决评什么和论什么的问题。面对国内外每天举行的各类体育比赛以及发生的各种各样与体育有关的事情，是否报纸的体育版或广播电视体育节目对什么都要评论一番？这显然是不可能的，也没有必要。因此，面对当天一大堆各种各样的赛事、事务和事件，哪些事情应该发表评论？评论什么？其中有一个选题依据的问题。

一般而言，体育新闻评论的选题依据和要求主要有以下几点：

1. 新闻性

体育新闻评论的一个重要特点，就是时效性很强。一场重要比赛或一个重要事件，只有在第一时间通过媒体表明作者的立场、态度、观点和看法，其评论才最有价值。因此，体育新闻评论在选题上一般都是针对最新发生的体育赛事、体育事务和与体育有关的事件而发，及时配合有关报道来进行评论。如果体育新闻评论不在第一时间发表，就会成为马后炮，丧失其价值与意义。例如，一场重要的比赛结束后，球迷对比赛的新鲜感往往不会立即消失，其激动心情往往在短时间内难以平息。这是他们最想了解别人尤其是权威媒体的观点、希望与人交流对比赛看法的时候，也就是媒体评论传播效果最佳的时候。如果球迷和受众对该场比赛的新鲜感已经过去，或者为另外一场比赛的新鲜感所取代，则媒体再发表对该场比赛的评论就没有了意义。因此，体育新闻评论选题的主要依据和要求之一就是时效性与新鲜性。一般只有最新发生的和体育有关的事情，才会进入体育新闻评论的选题范围。

2. 重要性

体育新闻评论的选题依据和要求只有新闻性是远远不够的。媒体不可能把所有的比赛和事情都评论一番。只有重要的赛事、体育事务和事件，而且确实需要通过在媒体上发表评论来表明立场、观点、态度和看法的，才有可能纳入体育新闻评论的选题范围。以前面所引《中国青年报》记者毕熙东写的赛后言论《别了，零！》一文为例，在 1984 年洛杉矶奥运会上，中国运动员在比赛的第一天就相继夺得射击比赛和举重比赛的金牌。这是 20 世纪中国体育划时代的重大事件。消息传来，整个中国一片欢腾。当时国内几乎所有的媒体都对体育健儿的这一重大成就发表了热情洋溢的评论。就如《别了，零！》一文中所写："是我们，是我们中国人夺得了本届奥运会第一枚金牌！半个多世纪以来背着奥运会'零'的包袱的中国人，从此可以吐气扬眉了！"这些评论起到了报道本身难以取代的作用，充分表达了全体中国人的喜悦和自豪。相对而言，虽然在以后的比赛里中国运动员所获得的金牌也很鼓舞人心，但其重要性却显然不如"零"的突破，因而不一定有专门发表评论的必要。

另外，有时候一些事情本身可能不一定十分重要，但其影响大、受众关注，因而媒体也会通过评论的形式表达自己的看法与意见。如前面所引评论《把学校运动会还给学生》，虽然记者只是针对某个地区的学校所存在的现象发表意见和言论，但这一问题带有普遍性质，因此使记者的评论具有了重要意义。

3. 贴近性

体育新闻评论是写给大众尤其是球迷们看的。凡是球迷关注的热点赛事和焦点问题，即是体育新闻评论选题的依据和要求。为此，体育新闻评论作者应

当经常与球迷和体育爱好者保持信息上、感情上和心灵上的紧密接触与沟通，随时了解他们的想法、倾向和感受，把握他们所关注的热点赛事、体育明星和焦点问题，以此作为体育新闻评论选题的依据。例如，目前的国内足球、篮球、排球等职业联赛虽然水平并不高，精彩程度也远远不及欧洲和美国的职业联赛，但这些职业俱乐部在自己所在城市和地区中都拥有大量球迷，媒体上发表的体育新闻评论主要是写给他们看的。因此，这些城市和地区报纸的体育版每逢比赛日，都要配合有关报道发表赛事评论，就本地球队在本轮比赛中的表现发表看法和观点，以满足本地球迷和受众的需要。

体育新闻评论的作者应当记住：写好体育新闻评论的关键之一，在于评论者心目中有没有球迷，有没有受众。有的体育新闻评论作者不管广大球迷和受众的兴趣和感受如何，喜欢在评论中自说自话，顾影自怜，一味叨唠自己喜欢或熟悉的运动项目、赛事、球队或明星；或者老爱标新立异，卖弄才气，喋喋不休地说些读者和球迷根本不感兴趣的话题。这些都是体育新闻评论选题与写作的大忌。很显然，如果球迷和体育爱好者们在报纸上看不到想看爱看的评论，而不关心不感兴趣的事情反而在报上评了又评，说了又说，这样的体育新闻评论在读者和球迷心中的印象如何就可想而知了。

4. 引导性

要写好体育新闻评论，发挥体育新闻评论的作用，在选题上还要注意发掘那些有重要意义和影响的体育题材，从而引导舆论，指导读者，促进体育运动的健康发展。例如，新华社记者 2002 年 1 月 8 日写的评论《体育活动不允许有腐败行为》，对足球赛场上收买裁判、“黑哨”受贿的腐败现象进行了严厉的谴责。又如，2002 年 4 月 2 日的《中国青年报》刊登了新华社记者题为《球迷，请管住你的嘴！》的评论，对国内某些赛场看台上的球迷们“无所顾忌地吸烟，旁若无人地嗑瓜子，肆无忌惮地说脏话”的现象提出了批评，指出“赛场不是特区，球迷没有特权，任何球迷都是普通的公民，都应该遵守《公民道德建设纲要》的要求，不断提高自身道德素质和修养，为营造一个健康、文明的赛场环境贡献自己的力量”。这些评论的选题都是针对体育运动中具有一定普遍性的问题，作者以敏锐的洞察力和真知灼见阐述了自己的观点，提出了富有指导性和建设性的看法和意见。

另外，体育新闻评论的选题还要立足于为球迷解惑释疑，帮助球迷和读者理解球场上发生的事情。例如，在 2002 年韩日世界杯足球赛决赛中，巴西队战胜德国队获得冠军。球迷们在为巴西队高兴之余，也会感到困惑：因为这支队伍在之前的预选赛中打得并不好，差一点进不了决赛。在本届世界杯赛决赛阶段开打前，他们并不怎么为人看好。那么，何以在短短几个月时间内，巴西队就焕然一新，势不可挡了呢？中新社记者所写的评论《防守活力为巴西队

注入新霸气》就从一个颇为新颖的角度提出了自己的观点：巴西队赢在防守而不是进攻。这样的评论具有专业的指导性，起到了为读者解惑释疑的作用。

二、体育新闻评论的立论

要写好体育新闻评论，光有好的选题还不行。例如，在记者确定要写一篇世界杯足球赛决赛的赛后评论后，记者立即就会遇到下列问题：如何去写？从什么角度来写？基本观点是什么？如何去评价这场比赛？等等。记者既可以站在胜方球队的角度来评，也可以站在负方的角度来评；既可以从双方球员的表现来评，也可以从双方教练的部署指挥来评；既可以从全队的表现和发挥来评，也可以从球星在比赛中的作用与表现来评；既可以从双方的进攻战术来评，也可以从两队的防守状况来评；既可以从整场比赛的情况来评，也可以从比赛的结果或某些决定性的精彩瞬间来评；等等。所有这些在写作上，都属于立论的范围。

什么是立论？就是围绕一定的选题来确定基本论点，从而反映和表现作者的基本立场、观点、态度和看法。选题是要解决“评什么”的问题，而立论则是要解决“如何评”的问题。由于每个人观察问题和认识问题的立场和角度不同，其知识、水平、经验、阅历、写作水平等也有所差异，即使是面对同一个话题，其观点和看法都可能不同。而这种差异性，会直接反映在体育新闻评论的立论上面。从这个意义上来看，体育新闻评论写得好与不好，有没有水平，立论往往起着关键性的作用。

因此，要写好体育新闻评论，就必须在立论上下工夫。很多有经验的评论作者在确定选题之后，不会马上动笔，而是反复推敲、仔细斟酌如何立论。因为他们深知立论对于评论写作的重要性，是决定一篇评论成败的关键。

那么，体育新闻评论的立论有哪些具体要求呢？除了一般新闻评论所要求的立论要针对性强、准确科学等要求外，体育新闻评论立论还尤其要突出新、高、奇三个字。

（1）立论要新。一篇好的体育新闻评论，最重要的是立论要有新意，最忌讳跟在别人后面炒陈饭，人云亦云，陈词滥调，老生常谈，无趣无味。因此，体育新闻评论的立论要在“新”字上多做文章。具体而言，则要做到题材新、角度新、观点新、由头新。① 题材新：体育新闻评论的对象必须是最新的赛事、最新的情况、最新的变化。如果一场重要比赛结束两三天后再来评论，就算观点再奇、文字再美也没有任何意义。② 角度新：同一场比赛，或者同样一个事件，评论者站在不同的立场和角度上，会得出不同的结论。而一位好的评论者，往往能够从与众不同的新颖角度来观察和思考问题，得出不同

的结论。例如前面所引中新社记者的评论《防守活力为巴西队注入新霸气》，一般评论者在评论巴西队时，都会将眼光聚集在其犀利无比的进攻实力上。而该作者则将视角集中在巴西队防守能力的提高上，从而使评论自成一家，富有创意。③ 观点新：人们在读体育新闻评论时，最希望读到富有创见和启发的新观点和新见解。尤其是赛事评论，由于读者可能已看了比赛直播，其本人对比赛的结果和过程均已形成了自己的看法，如果媒体上的评论观点毫无新意，说的都是球迷们共同的看法或已明白的道理，则评论就很难引起读者的阅读兴趣。④ 由头新：所谓由头即评论借以展开论述的缘起和因由，通常放在文章的前面。新奇的由头常能引发深刻的道理和富有见识的评论。例如，在前面所引 2003 年 7 月 11 日《中国体育报》刊登的《你哥哥要杀你》一文，就是以有国内外棋手题字的折扇为由头而写的一篇较有深度的评论。

(2) 立论要高。一篇好的体育新闻评论，总是以小见大，站得高，看得远，高屋建瓴，寓意深刻。体育新闻评论与政治评论、财经评论等不同，其评论对象是体育运动及其相关的事情，具有较强的娱乐性和休闲性。但是，如果体育新闻评论的立足点高，就能做到升华主题、触类旁通、内蕴哲理、富有启迪。特别是那些善写体育杂感的高手，往往能够以体育为依托，谈天说地、指点人生，令人读后回味无穷、发人思考。

例如，李承鹏的《韩人有种》一文，从足球谈到民族性格，对韩国人那种“你可以打倒我，但你绝对不可以击败我”的刚烈气质表示了由衷的敬佩。文章是在谈足球，又不只是在谈足球，表现了其立论的宗旨——足球不仅仅是球艺的竞争，更是民族文化和性格的竞争。而中国足球要上去，应该向韩国人学习什么。这样的立论寓意深刻、意境高远、以小见大，比之一般就足球谈足球的评论，更能启发思考、令人沉思。

又如，毕熙东在 1992 年巴塞罗那奥运会期间写的《宁静以致远》一文，针对中国代表团的捷报频传，阐述了他的看法：“出师不利也好，抬头见喜也好，都能骤然临之而不惊。以平常心看待对手，以平常心对待比赛，以平常心对待挫折，更需要以平常心对待成绩，那才叫有道之师。”“不以物喜，不以己悲。赛场上我们不提倡淡泊以明志，把握形势却非要宁静以致远不可。切不可学贾雨村那般小人得志，身后有余忘缩手，眼前无路想回头。把一个挺好的前程给玩丢了。”这类意境深远、富有文化味的评论以哲理入体育，以体育透人生，读后余香饶舌，过目难忘。

(3) 立论要奇。奇，就是神来之笔，别出心裁，天马行空，孤峰兀现，发人之不能发，想人之不能想。体育新闻评论要突出个性，以奇见长，最怕平庸无奇。特别是杂感类的体育新闻评论，更要讲究特立独行，立论或雄奇变幻，或险奇诡异，令人读后回味无穷，拍案惊奇。当然另一方面也要注意，立论要奇之有理，奇得好看，而不能故弄玄虚，哗众取宠。

请看下面这篇评论的立论。该评论发表于2008年8月19日《天府早报》，作者郝勤。

孙海平的泪与埃蒙斯的OK

刘翔意外因伤退出比赛令世人震惊。但更令我震惊的是赛后新闻发布会上孙海平教练的泣不成声。

从1984年洛杉矶奥运会开始看奥运会，看到了多少高手落马，英雄失意，但从未看过如此悲情的新闻发布会。

孙教练的眼泪和悲痛是可以理解的。就是在鸟巢和电视机前，多少“翔迷”“翔粉”也在震惊之余黯然神伤，潸然泪下。

其实，自打刘翔一出场，明眼人就从他蹒跚的脚步和痛苦的表情中看出，今天刘翔没戏。

刘翔的伤情外人不知，但孙教练早就知道。对所有观众而言，刘翔无法参赛是意料之外，但对于孙教练来说却是意料之中。孙教练后来说出的赛前幕后发生的事也证明了这一点。

因此，孙海平的眼泪与其说是因为意外和震惊，不如说是因为巨大的期待和希望的破灭。

其实，以刘翔如此伤情，根本就不可能再参加这样顶级的比赛。在奥运会这样的巅峰对决中，不要说有伤，就是运动员身体状态稍有疲惫不适，也会影响比赛结果，败于对手。

孙海平的眼泪说明了他和刘翔承受了多么巨大的夺金压力。

任何一位参加奥运会的选手都面临着巨大的压力。但我想，很少有运动员和教练员承受着刘翔和孙海平那样大的压力。

从上届奥运会一举夺得男子跨栏金牌后，刘翔就成了中国体育的一个象征。尽管我们在雅典夺得了34块金牌，但只有刘翔那天身披国旗绕场奔驰的身姿成为中国人心目中永远的记忆。

但刘翔也是人。是人就会有伤病和弱点。连古希腊最伟大的英雄阿喀琉斯都有一个神药炼不到的足踵。刘翔也有一双非凡的足踵。但那毕竟只是凡人而不是神的足踵。

当刘翔满面痛楚地退出比赛时，我们可曾想过，其实今天刘翔原本可以不出战的。任何一位运动员在这样的伤情下，都有权利在赛前就要求退出。

但是刘翔不能。因为他身上承担着远不止一块金牌的分量。我们是否想过，正是我们每一个人的超常期待，才使刘翔不得不在伤情如此严重的状态下被迫出战。

要是公众早点知道刘翔的伤情，要是我们都像期待其他金牌一样期待刘翔，要是我们能认识到奥运会其实就是一场体育比赛，只不过就是一场全世界参加的欢乐大 Party，那么我们就会在赛前就对刘翔说，你已经尽了力，其实不参加比赛也没什么。

前两天，当美国射击名将马修·埃蒙斯在最后一枪失手，令人不可思议地重蹈雅典奥运会覆辙时，我们的记者蜂拥而至，以为会看到一张悲伤欲绝的脸。但埃蒙斯却带着阳光般的笑容淡淡地说：这只是一次比赛。这就是体育。我们家已经得了三块奖牌。OK，一切都很好。

我真的很期望孙海平教练能在新闻发布会上平静地说：刘翔已经尽了力。这只是一次比赛。这就是体育。OK，中国队已经拿到了 34 块金牌……

在 2008 年北京奥运会上，万众瞩目的中国跨栏运动员刘翔意外因伤退赛，舆论哗然，反响强烈，一时引起各种猜疑甚至指责，不少媒体纷纷发表评论表达自己的看法。这篇评论的立论并未简单地评论刘翔退赛本身，而是从教练孙海平赛后新闻发布会上痛哭流涕谈起，以美国射击选手埃蒙斯两届奥运会比赛都是最后意外失手丢金一事为例证，表达了笔者对这一事件的观点：如果早一点能让中国公众知道刘翔的伤情，就不会引起如此大的舆论反响。这篇评论体现了体育评论立论要新、高、奇的特点。

三、体育新闻评论的论据

体育新闻评论写作的一个基本要求，就是论据要正确充分。所谓论据，就是用来支持和说明论点的根据与理由。论据一般有两种，一是事实论据，即以客观事实为论据；二是事理论据，即以正确的理论为论据。不少体育新闻评论选题不错，立论也没问题，可就是读来或空洞肤浅，或道歪理邪，没有说服力。发生这些情况的一个主要原因，就是论据不足或论据有误。

在体育新闻评论的写作中，论据的主要功能就是支持论点和说明论点。如果说，选题是要解决“写什么”，立论是要解决“如何写”，那么，论据就是要解决“为什么”、“凭什么这样说”、“为何会是如此”等问题。在体育新闻评论中，只有提出令人信服的论据，将理由说清楚，才能使评论有力量，令读者心悦诚服。评论只有为自己的论点提出必要而充分的论据，才能够使论点成立。如果论据不充分，或论据有误，则再好的立论和论点都是站不住脚的。

在体育新闻评论写作中，对论据的选择有哪些要求呢？

（1）论据要正确。论据是论点的基础。论点必须靠论据来支撑。因此，正确地选择论据，关系到评论的论点能否成立。一篇优秀的体育新闻评论，正确选择论据是非常重要的。如果论据选择上出现问题，就会使自己的论点站不住脚，甚至会导致观点错误。

以 2002 年中国女排“让球风波”为例。2002 年 9 月，世界女排锦标赛在德国举行。在比赛中，中国队连续两次故意输球，先是小组赛中以替补阵容出场 0 比 3 输给弱旅希腊队，以小组第二避免了在决赛之前与俄罗斯队相遇。在复赛中，中国女排再次派出替补阵容以 0 比 3 输给韩国队，以小组第二避免了在 1/4 决赛中与意大利队相遇。在四分之一决赛中，中国队以 3 比 2 战胜巴西。在半决赛中，中国队以 1 比 3 输给意大利，最后名列第四。这两次让球引起了国内外舆论的一片哗然。事后，国家体育总局领导严厉批评了这一做法，严厉批评了中国女排的行为，违背了体育道德、体育精神和公平竞争的原则。这样做损害了中国女排的形象，是锦标主义的表现。为此，中国排协和女排教练、队员在报纸上向全国球迷做了公开检讨。

这一事件在国内媒体上也引发了明显的分歧与争议。其争论的焦点是：中国女排让球对不对？一种观点认为，让球没有违背规则，是一种规则允许内的战术，只要能赢球，让球就是有理。甚至当中国女排在媒体上公开检讨后，仍有个别媒体认为不应该道歉。另一种观点则认为，让球虽然没有违犯规则，但却违背了体育精神和体育道德，因此应该受到批评。从体育新闻评论写作的角度看，这两种意见的根本差异就在于：他们的论据各有不同。一种观点仅以排球规则为论据，认为凡是规则允许的，都是可以采用的。体育比赛就应在规则范围内不择手段取得胜利，所以让球有理。而另一种观点则是以体育精神和体育道德为根据，认为体育比赛胜负不是唯一目的，不能为了比赛的胜利就不择手段，违背体育道德，那样做即使是赢了球也会输掉人，失落体育比赛的根本宗旨和意义。因此，让球是错。可以看出，不同的论据，导致了不同的结论。

因此，正确地选择论据，对于体育新闻评论来说是十分重要的。以上述女排“让球风波”为例，这是一个典型的论理正确与否的问题。作为中国的媒体和记者，是站在锦标主义的立场上，宣扬赢球至上、不择手段、为了拿冠军而不惜打假球故意输球呢？还是从维护体育精神和体育道德的更高认识层次上，向公众尤其是青少年宣传体育精神和体育道德，引导他们树立光明磊落、公平竞争、顽强拼搏的思想，维护体育运动的健康发展？显然，这不仅是一篇评论的论据问题，而且关系到媒体的社会责任和导向问题。

（2）论据要准确。论据是用来支持与说明论点的，因此论据应该准确无误。如果论据不准确，就无法支持其论点，甚至会误导其论点。

论据准确，最重要的就是所论的基本事实要准确，选择和运用论据要准

确。例如，针对一场比赛作赛后点评时，就要求评论者对比赛中的各种情况掌握清楚，在评论中引用运动员或教练员说的话必须真实而清楚，引用各种数据也必须清楚无误。自20世纪90年代以来，国内体育报道的假新闻时有发生，一些体育新闻评论也不加辨别考证地引用一些未加以证实的材料，从而闹出笑话。例如，2002年世界杯足球赛期间，某媒体以“未经核实的消息”报道说，有中国队球员涉嫌参与赌球，而且是赌中国队输。报道还暗示：“比赛中有极少数队员的临场发挥令人感到疑惑，某国脚总在最关键的时刻失位，两个失球都与他脱不了干系。某国脚的异常表现与其应有实力不符，当时就引起了部分人士的不解与质疑……”报道一出，立即引起轩然大波。有些媒体急急忙忙地发表评论，愤怒指责这一行为。但后来的事实表明，这只是一则假新闻。而那些评论也由于论据不准确而白忙活一场。

(3) 论据要充分。体育新闻评论要有说服力，必须做到论据充分。所谓论据充分，不是说要有多少条论据才行，而是指论据要能充分说明论点。只要能说明问题，一两个论据也就足矣。如果不能说明问题，再多的材料也是白搭。

例如2002年，中国足球生态急剧恶化，许多俱乐部赞助商和出资方纷纷撤资退出，为此《扬子晚报》记者发表了《俱乐部亟需完备造血功能》的评论，针对中国足球俱乐部“由于没有造血功能，俱乐部每年为转会付出的巨额资金，为球员发放的巨额奖金都是靠赞助的企业”的现象，作者指出：

> 再看看国外的俱乐部可谓各有各的“生财之道”。一些像皇马和国际米兰这样的豪门，虽然每年要为转会和薪金付出巨额资金，但他们生财同样也无孔不入，球队的冠名权、球星的肖像权、球场的经营权、电视转播权、足球商品的出售权等都成了敛财的手段，此外再加上合理经营球市，豪门们基本能弥补巨额付出从而做到收支平衡。一些小俱乐部虽然吸引力小但也有“笨办法”，为了做到收支平衡，他们竭力发掘和培养新星，把那些默默无闻的小队员培养成声名显赫的“大腕”然后再卖掉，从中赚取巨额转会费，从而维持俱乐部经营。再想想中国的俱乐部，又有谁拥有一套完备的经营体系呢？①

文中虽然只提到了皇家马德里与国际米兰这两支外国球队及其部分经营手段，但由于球队典型、事情典型、针对性强，因而论据既充分又有说服力。如

① 汤敏. 俱乐部亟需完备造血功能［N］. 扬子晚报，2002-1-27.

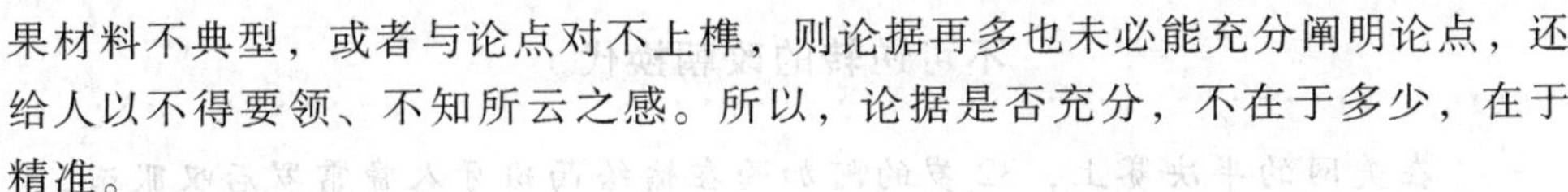

果材料不典型，或者与论点对不上榫，则论据再多也未必能充分阐明论点，还给人以不得要领、不知所云之感。所以，论据是否充分，不在于多少，在于精准。

四、体育新闻评论的论证

论证，就是揭示论点和论据之间的逻辑联系，也就是用论据来说明论点的过程与方法。对于体育新闻评论的写作来说，仅有论点和论据是不够的，还必须通过论证的方法与技巧，将这两者完美和有机地组织联结起来，形成一篇完整的文章。

在体育新闻评论中，常见的论证方法有以下几种：

1. 用事实证明论点

这种方法又称为“例证法”，即通过历史或现实的客观事实、实践经验和统计数据等来证明自己的论点。在体育新闻评论中，这种方法多用于赛事点评、比赛述评和比赛随感等文体中。在体育新闻评论中运用例证法，应注意以下几点：

(1) 列举的事实须客观准确。在体育新闻评论中运用例证法，要求所引的论据必须准确客观。特别是对具体的事实和数据，如比赛的性质、队名、运动员和教练员的名字、比赛结果、比赛中的关键情节或事件等，这些都不能搞错，否则就会对评论造成极大损伤。

(2) 列举的事实须必要充分。在体育新闻评论中，论据的引用要求一要必要，二要充分。所谓必要，就是该引用事实根据时就必须引用，否则说明不了问题；所谓充分，就是要有足够的事实根据，多了不行，少了也不行。有的年轻记者喜欢写评论，但经常该举的事例不举，或所举的事例不足以说明其论点，这些都是应该避免的。

(3) 列举的事实须具有典型性与代表性。在写作体育新闻评论的过程中，应注意论点与论据之间的关系。论点是从大量事实中高度概括归纳出来的，而论据的事实虽然只是个别的，但却应具有典型性、代表性和普遍性，能够举一反三，说明问题。如前面所引的《笑一笑，把头抬起来》一文，虽然只是提到了几场排球比赛，但其中所揭示的中国男排运动员临场心理素质和球场作风问题，却带有普遍性。

以 2003 年 9 月 9 日《中国青年报》评论《不可逆转的改朝换代》一文为例。这篇评论通过列举 2003 年美国网球公开赛的事例，来证明作者的论点：世界网坛已进入一个新的时代。该文的作者为周易。

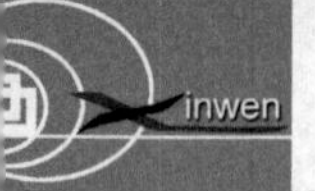

不可逆转的改朝换代

在美网的半决赛上，32岁的阿加西在输给西班牙人费雷罗后叹服道，这座山实在太高，我很难攀登。而在决赛上，美国小将罗迪克却轻易地将“这座山”夷为平地，罗迪克凭借其超高质量的发球，仅用时1小时42分钟，就以6:3、7:6和6:3，直落3盘让费雷罗俯首称臣。本场比赛中，罗迪克共发出了23个ACE球。

捧杯后的罗迪克还是觉得这个胜利来得像梦幻一般，“我太吃惊，太受震撼了，真难以置信，我简直不能想象我的名字竟然能和美网男单冠军放在一起，这超出我曾梦想过的最高境界”。

时速200公里以上的发球、快速的奔跑……新教头吉尔伯特又为罗迪克增加了成为一名巨星最必需的素质——稳定的心理。“一个月前，罗迪克还是个任性的小男孩，不高兴的时候便会将奶嘴吐落在地。但吉尔伯特来了以后，罗迪克意志上的松垮现象已经很难看到。”这是1987年温网男单冠军卡什的评语。这一切使得罗迪克的夺冠成为必然。

作为美网冠军，罗迪克的名字将与他的前辈桑普拉斯、阿加西并列在一起，而罗迪克的夺冠也是美网最完美的结局——2003年美网揭幕时，一代老球王桑普拉斯向网坛作别；2003年美网落幕时，新生代球员罗迪克接过桑普拉斯的班，首夺美网桂冠，美网网坛开始进入一个新的时代。

2003年的美网男单决赛得到了人们最想要的“好莱坞式”结局，救世的英雄总在最危急的时刻出现。桑普拉斯从网球场出走，吝啬体力的阿加西不再像往日那般强健。当美国人惊呼因为偶像的缺失，网球运动正在这个国家跌入无底深渊时——安迪·罗迪克，一个还不到21岁的大男孩，在纽约这个多变的9月里又一次让美国人对网球的热情升到了沸点。

也许2003年注定是一个新生代球员造反夺权的时代，国际男子网坛也真的到了改朝换代之时。2003年的四大满贯赛，除了年初的澳网桂冠被阿加西奇迹般地拿走外，法网冠军是23岁的费雷罗，温网冠军是22岁的费德勒，美网冠军是21岁的罗迪克。在2003年的网球场上，老将们的狡猾再也不能骗过新生代球员的机智，更别说体力、移动等其他方面，老将们只剩下羡慕毛头小伙子的份了。

逝者如斯，网坛的改朝换代如同潮水一样不可逆转。

这篇评论引用了诸多事实和数据来支持和证明其论点，其中涉及运动员的名字、年龄、赛事、时间、比分、引用运动员和教练员的话、历史事实等。这些论据客观准确、必要充分，且具有典型性与代表性，作者甚至并没有用太多

的文字来分析，就无可置疑地论证了自己的论点：网坛的改朝换代如同潮水一样不可逆转。

2. 用事理证明论点

这种方法又称为“引证法”，即引用或根据被实践证明或普遍认可的正确理论，来证明论点的正确。在体育新闻评论中，除了正确的政治观点和普遍的道德伦理观点外，全人类公认和普遍认可的体育思想和文明价值体系是极为重要的事理标准。如体育精神和体育道德所包含的公平竞争原则、爱国主义精神、拼搏精神、团体精神、遵守规则、服从裁判、尊重对手以及奥林匹克主义、奥林匹克宗旨、奥林匹克精神、奥林匹克格言等，这些都是全世界公认的体育思想和价值体系。媒体在评论具体的体育赛事或事件时，都应服从这些全人类普遍承认的体育精神和文明价值，与此同时，自觉地抵制和反对各种有违体育精神与体育道德的狭隘的民族主义、地方主义、锦标主义等。

以前面所述 2002 年女排“让球风波”为例，表面上看，为了夺取冠军，利用规则漏洞故意输球避开强手这一做法仿佛无可非议，但如果站在体育运动的根本宗旨和体育精神及体育道德的尺度上，这一做法的是与非一目了然。因为体育运动的宗旨和目的绝不仅仅是一两块金牌，而是关系到国家、民族的精神、荣誉和形象，是高尚的体育精神和人类文明价值的体现。诚如中国女排事后在《中国体育报》上发表的公开信中所说：“这种不择手段达到本队目的的行为，即使赛制允许，此举本身也违背了职业道德和体育精神、违背了公平竞争的原则。这样一种极其错误的行为，就是典型的锦标主义……管理和训练一支队伍当然要努力争取好的成绩，但不能不顾一切、不择手段地去达到目的，这是一个关系到把队伍带成什么样子，带到哪里去的一个重大原则问题。一支队伍的进步，不仅仅是技术的提高，更重要的是思想、作风方面上的培养和锤炼。”后来的事实证明，吸取了教训的中国女排重新拾起了永不言败、顽强拼搏的“女排精神”，在 2003 年 11 月第九届女排世界杯赛中，堂堂正正、光明磊落、无可争议地夺取了冠军，获得了全国人民乃至世界排坛的尊敬。相比之下，国内一些媒体在“让球风波”的评论中或认为让球有理，或态度暧昧，甚至在中国女排教练员、运动员在媒体上公开检讨后，有媒体还发表评论说：“中国女排这次道歉，并不是体育公平精神的胜利，而是行政干预的胜利。”这说明，如果体育记者不加强学习，提高思想和理论方面的素养，就会在大是大非的问题上认识模糊，误导受众。

在体育新闻评论中，运用“引证法”有以下几点要求：

（1）小道理服从大道理。如前引“让球风波”例子，没有违反赛制规则只是“小道理”，在体育比赛中，这样的“小道理”应该服从体育精神和体育道德这样的“大道理”。同样的理由，一场比赛的胜负或一块金牌与维护国家

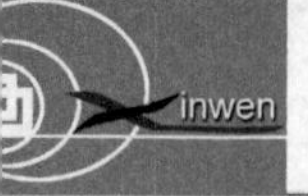

的荣誉与形象、体育精神、公平竞争原则等相比，只能算“小道理”。媒体的体育新闻评论应该在这方面引导读者和球迷，形成正确的舆论导向。

（2）引用的理论要具有权威性。这里所说的权威性，不一定非引用名人或专家学者的话不可。例如，运动员和教练员都在一定专业范围内具有相对的权威性，只要引用恰当，他们的观点和所说的话都可能成为很好的论据。

（3）注意可读性。析理性太强的文章往往读起来不轻松。因此，即使是说理性的评论，也要避免在文章中过多引用和阐述过于深奥费解的理论。要将深奥的道理说得浅显易懂，这才是体育新闻评论应追求的效果。

3. 用因果证明论点

这种方法又称“因果证法”，即以论据为原因，论点为结果，用论据推导出结果。在体育新闻评论中，这种方法常用于赛前分析与赛后点评，通过列举各种因素，来说明某种结果或为何会出现这样的结果。如前引2002年6月26日《体坛周报》上刊登的评论《有理由看好巴西》中，作者指出了斯科拉里教练对巴西队战术体系的成功改造，使巴西队的后防能力大为改善，加上对巴西队锋线上几位明星的进攻能力和土耳其队实力的分析，作者推导出了结论：有理由看好巴西。同样前引中新社记者所写的2002世界杯足球赛巴西与德国的决赛点评《防守活力为巴西注入新霸气》一文，也通过列举巴西队防守能力提高这一“因”，说明巴西队取胜之“果”，从而为“巴西队胜在防守而非进攻”这一论点提供了证明与支持。

在体育新闻评论中，运用“因果证法”有以下要求：

（1）因果明确。在体育新闻评论中，论据是因，论点是果，不能混淆和倒置。有些刚出道的评论作者容易犯的错误之一，就是因果不分，乱成一团。如明明是比赛过程决定比赛结果，但有的评论却以比赛结果来说明比赛过程怎样怎样。比赛赢了，就说过程什么都好，比赛输了，就说什么都不好。这样就把因果本末倒置了。

（2）以因证果。“因果证法”的特点是将评论重心放在“因”上，原因一明，结果自明。因此，要写好体育新闻评论，就要将功夫放在论据的搜集和消化上。像《防守活力为巴西注入新霸气》一文，就需要足够的论据来支持和证明这一论点。论据充分而有力，论点自然就有说服力。

（3）因果顺序。在体育新闻评论的写作中，通常的做法是先将结果或结论放在标题或导语中，让读者一开始就知道作者的结论和观点，然后再用充分的事实或事理加以证明。如前引《有理由看好巴西》、《防守活力为巴西注入新霸气》等都是如此。

4. 以比喻证明论点

这种方法又称为“喻证法”，即通过比喻来证明论点的方法。在体育新闻

评论中，这种方法常用于体育随感一类的文体中，以使评论既生动活泼又富有感染力。如著名体育评论员李承鹏于1998年所写关于中韩足球对抗赛的评论《乌龟的胜利》，就是运用了喻证法。中韩足球比赛，中国男足屡战屡败，令球迷们难吞难咽，义愤填膺。李承鹏以“龟兔赛跑”的故事作比喻，新鲜别致，文笔辛辣，嘲讽中寓悲凉，幽默中见苦涩，针砭了中国足球队存在的问题。文章构思巧妙，比喻形象，令人啧啧称奇。文中说道：

关于中韩对抗——就是一个疲惫的证明过程，中国足球沿着“龟兔赛跑”的传说路线疲劳不堪。

输了无法证明，赢了也无法证明。因为你脱不掉乌龟的躯壳，你不小心快过兔子是因为兔子在瞌睡——但兔子也会醒来的，醒来的兔子腿脚奇快。

我怀疑，兔子从未想过要和乌龟进行比赛，所谓“龟兔赛跑”只不过是自卑乌龟的一厢情愿。郑梦准的接班人是柳相夫，他权衡了一下2002年的历史责任，仅仅派出一支标准的“新世纪世界杯预备队”。中国足球，却在患得患失之间召回了赴欧四大国脚“勤王”——每一只乌龟，都是不甘心只能望着兔子翻飞的臀部的。

这就是韩国足球永远要蔑视中国足球的道理。当胜负的落差已无需用比赛证明之际，兔子们是可以选择在某一棵大树下打盹的。至少从道义上，这可以让乌龟得到一些宽慰。

再看下面这篇关于1999年欧洲冠军杯足球赛半决赛一场比赛的评论。在这场比赛中，英国曼彻斯特联队客场对意大利尤文图斯队，在先输两球的情况下绝地大反击，以3比2击败对手。这篇球评发表于1999年4月23日的《商务早报》，作者郝勤。

红 魔

红魔，是曼联人狰狞的族徽。昨天，这头久已蛰伏的魔怪，突然化作一股可怕的红潮，冲垮了罗马精锐军团死守的堤岸，在拉丁人恐怖的尖叫声中，淹没了欧罗巴的绿茵场。

当安迪·科尔，这位非洲裔的“英格兰黑色马刺”，踏着祖先狂热而富有弹性的步点，向罗马人佩鲁济射出致命一箭时，全世界都目睹了一个伟大时刻的降临：42年来，英格兰红魔以其可怕的力量，首次蹂躏了亚平宁平原。而尤文图斯，这支由恺撒后代组成的无敌军团，竟然在本土遭遇史无前例的惨败。

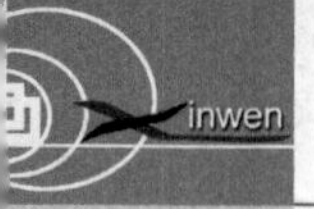

> 这是一次伟大的复辟。这是自蒙哥马利元帅发动永垂史册的西西里战役以来，英国人在意大利人手中夺得的最伟大的一次胜利。只是这次非凡胜利的导演者，是那位一副绅士做派的福格森。
>
> 自从33年前，英国人在自己本土上以一记可疑的进球“豪夺”了雷米特杯之后，他们所有的光荣和骄傲都像英吉利海峡的潮汐一般突然消退。高傲的英国人像奉敬女王陛下的圣旨般恪守着祖先的遗训：长传冲吊、猛打猛冲、有如唐·吉诃德骑士一样，坚持以马上决斗的方式来解决和现代风车之间的对抗。
>
> 然而，诚如哲人们所说，在一个变革的年代，冥顽不化便意味着死亡。固执的英格兰人用了整整几十年，才懂得了这一简单的道理。于是，福格森用老维纳布尔斯的号角，唤醒了加斯科因们叛逆的灵魂。于是在20世纪最后一年，不，应该说，是21世纪的前一年，全欧洲只能以恐惧的目光注视着这头红魔的新生：既有盎格鲁·撒克逊人刚猛豪迈的气度，又拥有了拉丁人精巧细腻的技术。连一向以精美脚法自豪的都灵人，也不能不在贝克汉姆们美轮美奂的技巧下降服。
>
> 红魔的故事告诉了东半球的中国人一个真理：足球的引进，既不仅仅是体能上的粗糙克隆，也不只是技术上的简单拷贝……

这篇评论借助了一系列的比喻，如恺撒的古罗马军团、第二次世界大战中的西西里战役、塞万提斯的小说《唐·吉诃德》等。这些丰富的比喻不仅形象生动地反映了这场举世瞩目的欧洲足球两大豪门历史性决战，而且表明了作者的论点：这场伟大的胜利得益于福格森的变革思想。

体育新闻评论运用“喻证法”时，比喻应用得恰当。首先，比喻应与要阐述和说明的论点相统一，既要支持其论点，又不能太过。其次，比喻不能太深奥生僻，以至于读者看不懂。再次，比喻不能太多太杂，以致冲淡主题。

5. 用反证证明论点

这种方法又称为“反证法”，即通过否决对立面来证实自己的论点。在体育新闻评论中，这种方法常用于一些引起争议的体育事件、体育事务的重要题材中。如新华社2002年1月8日发表的评论《体育活动不允许有腐败行为》中就运用了这种方法：

> 中国足球界曾提出了人民足球、健康足球、快乐足球的概念。但是假球、黑哨等腐败行为正在践踏体育精神，毒害社会风气。体育比赛具有广泛的社会影响力和道德示范作用，决不允许万人注目的体育场变成腐败的

滋生地和邪恶的表演场。如果继续容忍体育场内的腐败，就是对体育的亵渎，对人民的犯罪。

评论通过否定和怒斥中国足球界存在的“黑哨”和“假球”等现象，有力地证明了作者的论点：体育活动不允许有腐败行为，中国体育需要健康发展。体育新闻评论在运用反证法时，要注意选题的性质，同时要针对性强、态度鲜明、立场坚定，在大是大非问题上毫不含糊。

本节思考题

1. 体育新闻评论的选题依据主要有哪些？
2. 体育新闻评论写作的立论有哪些要求？
3. 体育新闻评论的论据主要有哪些？
4. 体育新闻评论的论证方法与要求有哪些？

本章参考文献

1. 何慧娴. 百名中国体育记者自述［M］. 北京：人民体育出版社，2000.
2. 毕熙东. 熙东评论［M］. 北京：新华出版社，2001.
3. 李承鹏. 手起刀不落——大眼看足球［M］. 成都：四川人民出版社，2000.
4. 王振业. 新闻评论写作教程［M］. 北京：中国广播电视出版社，2001.
5. 吴庚振. 新闻评论学通论［M］. 保定：河北大学出版社，2001.
6. 胡文龙. 现代新闻评论学［M］. 成都：四川人民出版社，1997.
7. 丁法章. 新闻评论学［M］. 上海：复旦大学出版社，1997.
8. 胡文龙. 新闻评论学教程［M］. 北京：人民大学出版社，1998.
9. 何慧娴. 体育记者谈体育新闻［M］. 北京：人民体育出版社，2006.
10. （美）布鲁斯·加里森等. 体育新闻报道［M］. 北京：华夏出版社，2002.
11. （美）史蒂夫·威尔斯坦. 美联社体育新闻报道手册［M］. 北京：中央编译出版社，2005.

第六章 体育新闻编辑

本章提要

作为媒体的一个工作流程，体育新闻编辑工作在体育报道过程中具有不可缺少的重要作用。只有通过编辑这一工作流程，记者采写的稿件才能成为合格的产品，从而实现其价值。

体育编辑人员的任务是：根据国家有关法令、报纸的总体方针以及编辑业务的特殊规律与要求，组织和领导体育新闻报道活动；对记者以新闻稿件形式发来的体育信息以及其他渠道获得的有关信息进行整合与选择；对有关体育新闻素材进行再处理，使之最终能够达到印刷出报的要求。

体育新闻编辑工作具有以下规律和特点：表现新闻报道与体育运动互动交叉的特征；反映体育报道的娱乐化、休闲化要求；须适应现代社会对体育新闻报道不断变化的需要；需要依靠报社、体育新闻部、体育记者与体育编辑之间密切互动合作。

报纸的大众传媒性质，决定了体育新闻报道既要追求报道的新闻效应，也要追求报道的社会效应。而要做到这一点，编辑人员的基本素质起着决定性的作用。体育编辑工作一方面要对报道进行策划与指导，另一方面更要通过对稿件、图片的取舍与修改，对报道的内容进行把关，担负应有的责任。因此，体育编辑人员地位重要、责任重大，他们必须要具有合格的政治素质、文化素质、业务素质，才能符合这一职业的要求。

体育报道策划，是指对媒体的体育新闻采编人员就其新闻报道进行事先的筹划、谋划、计划和打算，并在此基础上组织实施。策划是体育新闻部经常性的工作。一般而言，体育新闻部每天都要召开编前会，其主要议题之一就是对当日要做的体育报道内容和版面进行策划。而在重要赛事报道或重大新闻发生时，还要召开专门的策划会议。在具体操作中，又分为报道策划、采访策划、编辑策划、版面策划、活动策划等。

体育报道编务，即体育编辑人员常规的编稿业务，主要有组稿、选稿、改稿、配稿、编版、校对、审样等环节。这是体育新闻编辑工作的基本环节，也是体育新闻编辑人员的日常基本工作和必须学习掌握的基本业务。

体育新闻编辑的重要工作之一，就是根据报道的需要，对原稿的标题进行修订和重制，以实现最佳的传播效果。

体育新闻编辑是体育报道不可缺少的重要工作环节。无论是报纸、杂志等印刷性媒体的体育报道，还是广播、电视、网络等电子媒体的体育报道，都离不开编辑工作这一流程。因此，作为一名体育新闻工作者，不仅需要了解体育记者的工作内容，掌握体育采访、写作、评论等方面的知识与技能，也要了解和掌握体育编辑的工作内容及相关的知识和技能。本章主要以报纸体育编辑工作中的文字编辑为例，介绍体育新闻编辑工作的基本业务特点。

第一节 体育新闻编辑概述

一、什么是体育新闻编辑

体育新闻编辑有两种含意。一是指体育新闻报道的一个工作流程。在报纸媒体中具体包括策划、组稿、选稿、改稿、配稿、校对、审稿、版式设计等程序。二是指在报纸、杂志、电视、网络等新闻媒体中从事体育新闻报道编辑工作的专业人员。报纸的体育编辑主要包括总编辑（体育专业报）、责任编辑、文字编辑、版式编辑等。

体育新闻编辑产生于19世纪80年代。1883年，美国报业先驱约瑟夫·普利策在其《纽约世界报》创建了世界新闻史上第一个体育新闻部，配置了专门的体育新闻编辑。1895年，W. H. 赫斯特在《纽约日报》上首次开辟了常规性的体育版。此后，欧美大多数通讯社和综合性日报均配备有专业的体育编辑，专门从事体育新闻的编辑工作。

作为媒体的工作流程，体育新闻编辑工作在体育报道过程中具有不可缺少的重要作用。只有通过编辑这一工作流程，记者采写的稿件才能作为合格的产品，从而实现其价值。因此，体育采访活动与体育编辑工作共同构成体育报道的前后两大环节。体育采访活动主要指体育记者收集有关体育信息，并将其写成新闻稿件这一新闻实践行为。而体育编辑工作则主要指体育部的编辑人员对有关信息进行再处理使之成为合格产品的过程。

作为媒体的新闻工作者，体育编辑人员的任务是：根据国家有关法令、报纸的总体方针以及编辑业务的特殊规律与要求，组织和领导体育新闻报道活动；对记者以新闻稿件形式发来的体育信息以及其他渠道获得的有关信息进行整合与选择；对有关体育新闻素材进行再处理，使之最终能够达到印刷出报的要求。

体育新闻编辑的业务范围主要包括体育新闻策划、编辑体育稿件和编排体育版面三部分。体育新闻策划是指对体育版的总体设计与体育报道的计划组

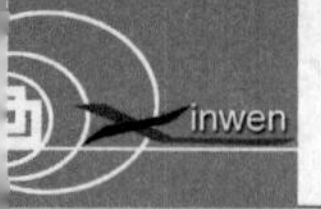

织；编辑体育稿件指对体育记者或其他信息渠道发来的体育稿件进行选稿、改稿、制作标题等工作流程；编排版面是指对报纸的体育版面进行稿件配置和版面设计等。

按照工作性质和分工的不同，在报纸媒体中，体育新闻编辑有责任编辑、文字编辑、版式编辑等。一些体育专业报，由于版面和报道的专业化要求较高，分别设置有国内足球版编辑、国际足球版编辑、篮球版编辑等。这类编辑不仅需要有较高的采编能力与素质，而且需要对某些体育项目和赛事情况非常熟悉。他们往往不仅担负着新闻策划和编辑任务，还要负责一部分组稿工作，有时还要兼做记者的采访工作。

总体而言，体育编辑的工作贯穿于整个报道过程之中。他们与体育记者分工合作，共同构成体育新闻报道的两大环节。从这个意义上看，体育新闻编辑是体育报道流程中不可缺少的、专业化要求很高的工作岗位。

21 世纪新闻媒体和体育新闻报道的迅速发展和体育编辑环境的变化，使体育编辑工作越来越重要，对体育编辑的专业素质要求也越来越高。体育编辑已经成为一类非专业人员难以胜任的专职工作。随着体育编辑工作的专业化要求越来越高，现在绝大多数新闻类报纸媒体都设有专职的体育编辑。以往一些报纸所采用的体育记者兼任编辑工作的做法已经较少见了。

二、体育新闻部

体育新闻部是报纸、广播、电视、网络等大众传媒专门从事体育报道的部门。当代大型综合性日报一般均设有独立的体育新闻部，负责体育新闻的报道工作。例如，美国的《纽约时报》共设有 9 个新闻部，分别是：国外新闻部、国内新闻部、大都会新闻部、财经新闻部、文化新闻部、科学新闻部、体育新闻部、妇女及风格新闻部、摄影新闻部。其中，体育新闻部（Sports News Desk）专门负责有关体育新闻的采访与编辑，体育记者在部门主管的领导下，按照专门的分工，进行体育新闻的采编报道业务。在中国，一般较大型的综合性日报都设有专门的体育新闻部，与要闻部、社会新闻部、财经新闻部、文化新闻部等并列。体育新闻部下设专职的体育记者和体育编辑，负责每天体育新闻版的采编业务。至于体育专业报纸，其本身就是一个大的体育新闻采编实体。

在报纸体育新闻报道过程中，体育新闻部主要有以下职能：

（1）体育新闻部是报纸体育版的生产部门。对于一家报纸而言，体育新闻部就好像工厂中的一个车间，所有的采编人员就是车间中不同工种的生产者，而产品就是报纸的体育版。体育新闻部全体采编人员在部门主任的领导

下，各司其职，分工协作，生产出报纸的体育版。而体育新闻部工作的好坏，也就直接反映在报纸体育版的内容质量和版面质量上。

（2）体育新闻部是体育新闻报道的指挥和决策部门。报纸体育新闻报道的过程是一个由诸多工种和工序集合而成的生产过程。要保证从采访到编辑各个环节的有序运转，就需要体育新闻部实施有效的调度和指挥。尤其是在重要的赛事报道和与体育有关的重大新闻发生时，为了保证新闻传播的时效性和高水平报道质量，需要在总编辑的领导下，从体育部主任到文字记者、摄影记者、责任编辑、文字编辑、版式编辑、校对人员等各个岗位的采编人员高度的协同合作，使采编各个环节高效率运转。在体育新闻报道过程中，体育新闻部实际上是一个指挥中心与决策中心，起着指挥、调度、协调的中心作用。

（3）体育新闻部是体育新闻采编辑人员的管理部门。体育新闻部不仅是一个生产部门，也是一个管理部门。一般而言，虽然体育新闻部的人员编制因报纸规模的大小而有所不同，但基本的人员构成有主任、副主任、文字记者、摄影记者、文字编辑、版式编辑、校对等职务与工种。上述人员在体育新闻部主任的直接领导下，各自担负着不同的工作，保证体育报道工作的顺利进行。

（4）体育新闻部是报社内部的采编职能部门之一。从报社内部管理体制而言，体育新闻部是报社的采编职能部门之一，行使报社赋予的采编权力和管理权力，承担相应的责任。体育新闻部主任是报社任命的负责人与责任人，代表报社行使编辑和管理职能，并代表体育新闻部参加报社的有关编辑会议与行政会议。

（5）体育新闻部是体育新闻报道的对外联络部门。对外而言，体育新闻部代表报纸对外展开采访与报道工作，代表着报纸的形象与利益。体育部代表报社对外进行体育采访，开展有关活动，以报纸的名义与体育界和与体育运动有关的人士打交道，派出记者对比赛和有关人士进行采访、参加有关新闻发布会、收集有关体育报道的信息。

报纸的体育新闻部一般具有以下特点：

（1）体育新闻部大多实行“采编合一”管理体制。在报纸媒体的管理体制中，所谓“采编合一”有两种情况，一是指将编辑与记者同归属某一具体业务部门管理。这种情况多见于体育新闻部、文化新闻部这类较特殊的业务部门。二是指记者与编辑在业务上互兼，而不再设专职的记者或编辑。这种情况多见于周报和杂志，少数日报也采用这种方式。由于体育新闻报道的一些特殊性质，为了便于统一领导和协调，目前国内外综合性日报的体育新闻部大多在管理体制上采用“采编合一”的方式，即由体育新闻部统一领导体育记者与体育编辑的工作，但在工作职能上则采用“采编分离”的方式，即在体育新闻部下设专职的体育记者与专职的体育编辑，各司其职，分工合作。

（2）体育新闻部主任对采编工作实施统一领导。由于体育报道具有时间性要求特别高、报道范围大、专业性较强和报道手段特殊等特点，因而在实践中发现报社内部通常采用的采编分离体制难以适应体育报道的要求。体育新闻报道需要有一个高效率的部门管理体制与运作机制，对采编两大环节实施集中统一的领导与协调。因此，大多数综合性日报的体育报道都由体育新闻部主任统一领导策划、采访到编辑的整个工作流程。

（3）体育新闻部需要装备必要的新闻采编设备。由于体育新闻报道具有跨地域、跨国界以及时效性等特点，即便是地方性报纸的体育新闻部，也需要装备一些专用通讯和采访设备，如国际长途电话、传真机、手提电脑、专用照相机、电视机等。

三、体育新闻编辑人员

一般而言，除了体育记者以外，体育新闻部的编辑系统由责任编辑、文字编辑、版式编辑、校对员等组成。但在管理体制上，也有一些规模较小的报纸，版式编辑与校对员归专门的编辑中心统一管理。

1. 体育新闻部主任

体育新闻部主任是体育新闻部的领导人。其主要职能是：直接对报社编委会和总编辑负责，参加报社的总编辑会议和编前会议，全面负责体育新闻部的管理工作和体育版的采访业务；制定体育部的年度工作计划，编制体育部的经费预算，召集部门编前会议，组织和领导体育报道的策划工作并组织实施；领导和安排体育记者的采访工作；审读、挑选、修改、签发体育记者的稿件；审读和签发体育版的大样清样并交付总编辑签发付印。

2. 体育版责任编辑

又称为版面主编，负责设计、组拼体育版的编辑。其主要职责是：在体育部主任领导下，召集版面的编前会议，负责有关版面的策划与编辑工作，审读、选择和修改稿件；修改与制作标题，配置稿件，设计版样，校对样张等。

3. 体育版文字编辑

协助体育版责任编辑进行稿件文字处理的编辑。其主要职能是：协助责任编辑进行组稿，对稿件进行审读与初选，修改稿件、制作标题。

4. 体育版版式编辑

版式编辑有时又称为美术编辑，是专门进行版式设计与修饰的编辑。其主要职能是：按照责任编辑的要求，负责体育版的版式设计、组拼和修饰工作。有些较大型的报纸因为体育版的版面较多，因而报社会将熟悉体育版版式特点

的版式编辑配置于体育新闻部。但也有很多报纸的体育部没有自己的版式编辑，而是由报纸的有关编辑部门统一调配版式编辑。

5. 校对

负责文字校对工作的专职人员。其主要职能是：根据文字原稿或编辑的改定稿核对校样，订正差错，以保证版面的质量。有的报纸的体育新闻部设有专门的校对，但大多数报纸的校对员隶属于报纸专门的编辑部门。

另外，体育专业报的总编辑也属于体育新闻编辑系列。总编辑是体育专业报纸编辑部门的总负责人。其主要职能是：制定报纸的编辑方针和风格，领导报纸的采编工作，制定报纸采编经费预算；主持和领导报纸的重要新闻策划及实施；审读并签发重要稿件、主要标题和报纸的大样清样等。

四、体育新闻编辑工作特点

体育新闻编辑是编辑工作的一个组成部分。在基本的业务特征方面，体育新闻编辑与报纸其他部门的编辑工作相比具有共性的一面。但是，由于受其报道对象的影响与制约，体育新闻编辑工作又表现出自身的一些规律和特性。具体而言，这些规律和特性主要表现在以下几个方面：

1. 体育新闻编辑工作表现出新闻报道与体育运动互动交叉的特征

体育新闻编辑工作相对于其他新闻部门的编辑工作的显著特点之一，就是其报道内容与体育运动有关。体育新闻编辑工作的特点，并非是编辑工作本身特点有什么变化，而主要是由其报道内容——体育运动决定的。因此，体育新闻编辑工作除了要遵从新闻报道的一般规律外，还必须遵从体育报道的特殊规律，反映新闻事业与体育运动互动交叉的特征。例如，中国的一家报纸要对在欧洲某个国家举行的奥运会进行报道，由于时差和报道内容的重要性等原因，体育部必须事先与报社总编辑以及其他部门就截稿时间、版面、报道力度等进行协调。因此，体育新闻编辑工作既要考虑报纸编辑工作本身的规律与要求，也要按体育赛事的规律和节奏来安排报道。

2. 体育新闻编辑工作反映出体育报道的娱乐化、休闲化要求

正如体育本质上是一种寓娱乐性于其中的健身活动一样，体育新闻报道也属于一种为满足大众休闲娱乐需要的新闻品种。因此，体育新闻编辑工作应该在策划、组稿、选稿、改稿、标题制作、版面设计制作上反映和表现出这种休闲娱乐的特质，做到“体育版要像体育版”。例如，对著名运动员伏明霞跳水比赛的报道标题“天上掉下个伏妹妹”，一场足球比赛的报道标题“你伤害了我，还穿裆而过”等，都反映了体育新闻报道的娱乐性特征。而这类标题一般是不会出现在时政新闻、财经新闻等报道中的。

3. 体育新闻编辑工作须适应现代社会对体育新闻报道不断变化的需要

现代体育运动与新闻事业的发展，尤其是电视直播技术和网络的发展，使报纸的读者对体育新闻的需求已经发生了明显变化。以往那种比赛结果加过程式的消息报道模式已经无法满足读者的口味与需要。报纸的体育新闻报道在电子媒体的竞争下，已经逐渐从平面走向立体，由单向走向多向，更多地采用通讯、述评、专访等体裁以及深度报道、追踪报道、系列报道、组合报道等形式，围绕重要赛事以及与体育有关的社会、经济、文化等现象，向读者提供尽可能详尽的背景资料，解释其发生的原因，分析其带来的影响，预测比赛的结果或事件演进的趋势等。这要求体育新闻编辑工作不断适应新的变化和需求，以创新的思想来指导实践。

4. 体育新闻编辑工作需要依靠报社、体育新闻部、体育记者与体育编辑之间密切互动合作

体育新闻编辑工作的特点之一，需要报社、体育新闻部、记者、文字编辑、版式编辑、校对等各个环节的相互协调、密切配合。例如，要对某一场在欧美举行的重要赛事进行报道，因为时差的原因需要延迟截稿时间，这就不仅仅是体育新闻部或一两个编辑的事情，而要牵涉从报社的总编辑到编辑、印刷、发行、广告等各个部门和生产环节。其中任何一个环节出问题，都可能对报道产生严重的影响。因此，体育新闻编辑工作必须建立全局的观念，加强与各部门的协调合作。

五、体育新闻编辑人员的素质与要求

报纸的大众传媒性质，决定了体育新闻报道既要追求报道的新闻效应，也要追求报道的社会效应。而要做到这一点，编辑人员的基本素质起着决定性的作用。体育编辑工作一方面要对报道进行策划与指导，另一方面更要通过对稿件、图片的取舍与修改，对报道的内容进行把关，担负应有的责任。因此，体育编辑人员地位重要，责任重大。他们必须要具有合格的政治素质、文化素质、业务素质，才能符合这一职业的要求。

1. 政治素质

编辑是媒体的把关人，决定着读者看到的是什么样的报道。因此，作为一名体育新闻编辑，首先必须要讲政治，具备合格的政治素质，达到合格的政治要求。体育新闻编辑肩负的职责要求其必须从政治、法律、宗教、社会、民族等各个层面对稿件把关，把握新闻的导向性和社会效果，避免因工作的疏漏而产生负面政治影响与社会后果。有些人认为，体育新闻离政治较远，这是不正确的。恰恰相反，正因为体育新闻报道面宽、读者众多、影响广泛，才往往更

容易涉及一些敏感问题。例如，在进行国内职业体育赛事的报道时，媒体必须注意新闻的导向性与社会效果，不能一味地迎合甚至煽动本地球迷的过激情绪，更不能或明或暗地对客队使用侮辱性语言，挑起主客队不同地区间的矛盾，破坏安定团结的局面。又如在报道国际性体育赛事时，也要注意不同国家的民族感情和宗教习俗等。如果在报道中使用了不当的语言或图片，就很可能引起国际纠纷。这些都要求体育新闻编辑具有政治敏感与政治素质，以高度的责任感来对待编辑工作。

2. 文化素质

体育新闻编辑首先是一名文化传播者。因此，他必须具有高水平的文化素质，才能胜任其工作需要。具体而言，体育新闻编辑人员的文化素质主要表现在文化修养和基本知识结构两个方面。从文化修养而言，作为一名“文化人”，体育新闻编辑应表现出较高的文化气质与风度，具有很好的职业道德与职业精神，做事认真负责，吃苦耐劳；待人诚信热心，善为他人着想，善于与周围各方面的人相处。从知识结构而言，首先，体育新闻编辑要具备一定的文、史、哲基础知识，这是作为一个文化传播者最起码的知识结构。其次，体育新闻编辑要尽可能多地了解与体育报道业务有关的各方面知识，成为一名“杂家”。例如，在编辑汽车方程式大赛的稿件时，编辑人员要了解有关的汽车、机械、地理等方面的知识；在编辑美国职业篮球赛的稿件时，编辑人员就需要了解美国的文化、制度、风俗、地理等情况。另外，随着体育的产业化发展，体育新闻编辑还必须了解一定的社会、法律、经济、文化等方面的知识，才能应付与体育有关的司法诉讼、体育彩票、球队股票行情、明星生活一类报道题材的需要。再次，体育新闻编辑人员必须掌握必要的专业知识。这又分为两类，一类是作为新闻编辑人员所应具备的新闻传播学有关理论与知识，另一类则是作为体育新闻编辑所要具备的有关体育方面的理论与知识。

3. 业务素质

体育新闻编辑人员的业务素质主要表现在其编辑工作能力上。具体而言，包括体育新闻编辑人员的新闻策划与组织能力，收集有关信息与组稿能力，选稿、改稿、标题制作、版面设计等方面的能力，对外公关与协调能力，资料查询能力，使用电脑网络查询资料、写作、制版等方面的能力等。另外，体育新闻编辑人员的业务素质还表现在他对所报道的体育运动有关知识和情况的了解程度和熟悉程度上，包括体育项目、体育组织机构、重要赛事、重要的球队和俱乐部、体育明星等方面的知识和情况。

体育新闻编辑工作实践对新闻编辑人员有以下要求：

（1）体育新闻编辑人员必须介入和参与报道前期的策划组织工作。现代体育新闻报道是一个系统工程，它包括赛前报道、赛间报道（电视、广播、

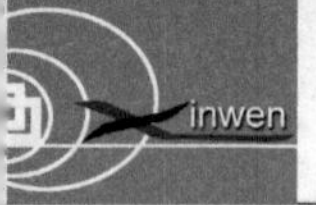

网络)、赛后报道等形式。由于体育赛事都是提前安排好赛程的，不像其他社会新闻等具有突发性和不可预知性，因此，体育新闻报道，尤其是赛事报道的特点之一，就是可以提前就报道的时间、规模、成本、重点、版面等进行策划。因此，体育新闻编辑不能只做报道的后期工作，仅仅是编排记者或通讯社发来的稿件，而必须提前介入报道的前期工作，与记者共同就报道的内容和其他事项进行报道前期策划，并组织、指导其实施。

（2）体育新闻编辑人员必须承担一定的新闻组稿任务。现代体育新闻的报道范围十分广泛。世界上每天都在举行各种各样的体育赛事，发生各种各样与体育有关的事件，规模再大、资金再雄厚的报社也不可能对每一项比赛或事件、向每一个地区或国家都派驻自己的记者亲临现场进行采访报道，而必须依靠自己的记者以外的新闻稿源，如通讯社稿、兄弟新闻单位互换稿、网络下载稿件甚至广播和电视的报道等。而这些都很大程度上需要依靠体育编辑人员的组稿工作来获取报道所必要的信息。换言之，体育新闻编辑人员不能只是编编记者的稿件而已，而必须介入有关信息的收集工作中去。这一点是体育新闻编辑与报纸其他一些部门的编辑工作相比很大的不同之处。

（3）体育新闻编辑人员要适应报纸体育新闻报道工作的一些特殊要求。由于体育报道的特点，报纸的体育编辑是比较辛苦的。例如，体育编辑通常都是夜间上班，在比赛日，他们必须等到晚上的比赛结束、记者发来稿件后才开始紧张的工作。由于有截稿时间限制，在这种情况下，工作的节奏十分紧张，工作强度也很大。如果是国外的比赛，则地区时差的因素会使工作的难度更大。另外，由于体育编辑除了要完成其他部门编辑的常规工作以外，还必须介入报道的整个过程，要参与报道的前期策划，在比赛后要及时与一线记者沟通情况，并要担任一定的组稿任务。因此，体育新闻编辑人员必须特别能吃苦，能在大赛期间和重要新闻发生时打硬仗、恶仗，能够承受和适应激烈新闻竞争环境下和各种紧张复杂条件下的工作压力。

本节思考题

1. 什么是体育新闻编辑？
2. 体育新闻编辑人员的任务是什么？
3. 体育新闻编辑的业务范围有哪些？
4. 体育新闻部具有哪些职能？
5. 报纸体育新闻编辑工作的特点是什么？
6. 体育新闻编辑人员应具备什么素质？

7. 体育新闻编辑的要求是什么？

第二节 体育报道策划

体育报道策划，是指体育新闻采编人员事先对报道进行筹划、谋划、计划和打算，并在此基础上组织实施。策划是体育新闻部经常性的工作。英国体育新闻学者菲尔·安德鲁斯指出：“体育报道计划中大部分内容都是固定的体育赛事，这样就可以提前计划版面，分配文章和图片的具体规模。”他又指出：“报道计划是一个非常有价值的工具，虽然报道计划要不停的修改，但这并不影响它成为每天体育报道依据的‘样板’。但要是发生了一件重大的、令人震惊的新闻事件，诸如赛场事故或某个重要的国际运动队教练辞职等，报道计划也有可能被完全推翻。”① 一般而言，体育新闻部每天都要召开编前会或编辑会议，其主要议题之一就是对当日要做的体育报道内容和版面进行策划。而在重要赛事报道或重大新闻发生时，还要召开专门的策划会议。在具体操作中，又分为报道策划、采访策划、编辑策划、版面策划和活动策划等。本节主要探讨体育报道策划与编辑策划有关问题。

一、体育报道策划的意义

（一）体育新闻的特点与规律决定了报道策划具有重要意义

体育新闻报道的对象是体育运动及其相关的人和事。而体育运动，尤其是体育比赛本身具有计划性和公开性特点。一方面，体育赛事通常不会是突发性的，尤其是职业比赛和重要赛事，都是提前安排好赛程的。这对于体育报道来说，意味着有较为充分的时间来进行报道策划。另一方面，体育赛事都是公开的，其新闻资源都是共享的，没有独家新闻可言。因此，要想比别的报纸做得更好，体育部就必须提前会集记者与编辑一起进行报道策划。

（二）体育新闻报道需要通过策划来进行组织与协调

体育新闻报道，尤其是大型赛事和重要赛事的报道需要前后方的高度协调以及采编各环节的密切合作。特别是晚上的比赛或在国外有时差地区的比赛报道中，由于报纸截稿时间限制，整个体育新闻部常处于一种快节奏、高强度的运转之中。在这种情况下，尤其需要事先进行统筹策划，对采编各个环节及报

① （美）菲尔·安德鲁斯. 体育新闻：从入门到精通［M］. 北京：中国人民大学出版社，2010：29.

道内容合理安排，提前部署，使报道工作有条不紊、井然有序、前后衔接、环环相扣，以保证采编工作高质高效地进行。

（三）策划是保证体育新闻报道质量与水平的重要步骤

评价一份报纸体育版质量与水平的一个重要指标，就是体育报道有无个性与特点，而这需要很强的策划能力作保证。由于体育赛事资源的共享性，体育报道必须在策划上下工夫，才能在激烈的新闻竞争中独树一帜，吸引读者。这就是体育新闻圈内经常所说的“一样的新闻，不一样的报道”。如果一家报纸的体育新闻部或体育编辑人员的报道策划能力不强，反映在报纸版面上就是报道跟着新闻跑，发生什么就报道什么，显得单薄而缺乏深度。而那些报道策划能力强的体育新闻部和体育编辑则能走在新闻的前面，其报道重点是什么，可能发生什么事情，文字记者在比赛中重点观察什么，摄影记者重点拍什么，是否运用背景报道、深度报道、组合报道、追踪报道、连续性报道等形式对赛事做全方位的报道等，都能做到心中有数、安排合理、进退有据、张弛有度。这样做出来的体育报道，当然就与没有策划的报纸报道效果和版面品质大不一样。

二、体育报道策划的种类与内容

体育报道策划的内容广泛，既有奥运会、全运会、世界杯足球赛等较大型的报道策划，也有针对某场比赛、某位球星或某个事件、某个活动的较为具体的报道策划等。从体育编辑工作的角度来讲，常需要进行以下体育报道策划：

1. 常规性报道策划

这是报纸体育新闻部每天都要进行的报道策划，通常在每天的编前会上进行。其策划内容一般有：当日体育版的划分、栏目的设置、当日主要报道内容、重点报道内容、报道的形式与体裁、版面情况、人员安排等。

2. 大型赛事报道策划

一般指奥运会、世界杯足球赛、全国运动会等大型赛事的报道策划。这类报道的特点是读者关注程度高、报道周期长、报道量大、报道时间集中、版面相对较多、各媒体间竞争激烈。报道策划在这类报道中占有十分重要的地位。其策划内容一般有：报道的总方针和总体指导原则、版面安排、经费预算、一线记者的派遣、二线编辑人员的安排、截稿时间安排、开始报道与结束报道的时间、确定报道重点、特刊与栏目的设置、特约评论员和专栏作者的确定、夜班人员的生活安排等。

3. 大型活动报道策划

在体育新闻报道中，也会涉及一些大型活动的报道策划，如奥运会主办城市的申办等。这类报道策划的主要内容有：确定报道的指导原则与报道规模、确定报道重点、确定重点采访对象、确定版面风格等。

4. 重要事件报道策划

与赛事报道不同，与体育有关的重要事件通常属于突发性新闻，如运动员服用违禁药品、球员犯罪、球迷骚乱等。这类体育新闻的报道策划一般是在事件发生之后进行的，有时是在编前会上进行策划，有时还需要召开临时的紧急策划会，由新闻部主任召集记者、编辑以及诸如社会新闻部的人员共同商量有关报道事宜。这类突发性的重要事件报道策划的主要内容有：判断事件的性质、起因、背景、影响等；确定报道的方针与基调；确定报道的规模与力度；考虑报道对各方面的影响，尤其是社会效果；确定记者的采访任务；确定报道重点；确定评论的基调；等等。

5. 赛前报道策划

这是媒体在体育比赛举行之前所进行的报道策划。通常是在编前会上进行。其主要内容有：确定将要举行的比赛的重要性和影响力，确定赛前报道的重点与方式，确定赛前报道的力度等。

6. 赛后报道策划

这是媒体在体育比赛结束后所进行的报道策划。通常是在编前会上进行。有时也会根据情况的不同，召开临时性的专题策划会议。其主要内容有：赛后报道的内容与重点、报道的方式与体裁、评论的基调与主笔、版面的划分、配图的设想、前后方如何协调等。

7. 人物报道策划

在体育报道中，人物报道策划通常是针对体育明星、著名教练、高级体育官员及其他重量级人物的。因为这类人物采访比较困难，因此需要专门进行策划。这类策划一般在编前会上由记者与编辑共同商定，也可以是在临时的专题策划会上进行。其主要策划内容有：确定采访对象、预期采访难度、确定采访途径与方式、确定稿件的规模等。

二、体育报道策划的要求

1. 以读者的需要作为体育报道策划的基本依据

在进行体育报道策划时，首先要解决以下问题：哪些最新发生或将要发生的事情是需要报道的？报道的规模与力度应多大？报道的效果如何？要对这些

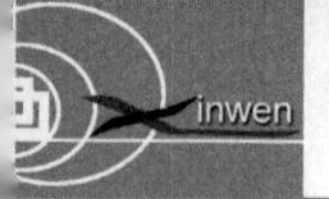

问题做出判断，就需要预测读者的反应。作为大众传媒，从根本上来说，体育报道是要满足广大读者与体育爱好者的需要。报纸的体育版只有在向读者提供公众所希望读到的有关体育信息时，他们才会掏钱买报并阅读体育版。在体育报道中，读者的需要永远是第一位的。只有读者与市场，才是评价和检验一份报纸体育报道水平的根本标准。因此，体育报道策划的基本依据，就是读者的需要。只有读者喜欢和感兴趣的体育项目、赛事、人物和为公众所关注事件，才具有新闻价值。而对于报道策划来说，越是为公众所喜欢、所关注的，其报道的力度就应越大。体育新闻部或体育编辑在进行报道策划时，必须首先评估和预测所要报道的题材和内容是否真正是读者所需要的，是否能引起大众的兴趣。体育报道策划是否成功，很大程度上有赖于体育编辑人员对读者兴趣和口味的预测与把握。

2. 综合考虑和平衡新闻的重要性、贴近性、显著性

在进行体育报道的策划时，要从赛事、人物、事件等新闻事实本身的重要性、贴近性、显著性和反常性等方面，来综合考虑其新闻价值和报道力度。一般而言，同一新闻事实很难同时具有以上价值特征，这时就需要体育编辑综合考虑各方面的因素，来决定是否予以报道和报道的力度有多大。举个例子来说，2003 年 8 月，欧洲足球劲旅西班牙皇家马德里队应邀来我国云南昆明进行友谊比赛。从比赛级别和性质来说，这一比赛并不具有重要性。对国内其他地区而言，比赛也不具有贴近性。但由于该队的名气，尤其是队中有罗纳尔多、齐达内、贝克汉姆等国际大牌明星，引起了全国球迷与公众的极大热情与广泛关注，使这则新闻具备了显著性。因此，全国各地的媒体纷纷派出记者前去采访，并将这则新闻作为体育报道的重头戏。体育新闻编辑在对类似新闻的报道策划中，需要综合考虑各种因素，以此作为报道策划的依据。

3. 考虑报道条件与版面情况

在进行体育报道策划时，还要综合考虑以下因素：

（1）报道时间。如在进行大型运动会的报道策划时，需要进行连续性的报道。这就要考虑什么时候开始进行报道？开幕式前一天？前两天？或者更长时间？什么时间结束报道？闭幕式的当天？第二天？第三天？赛前报道进入早了，公众还未开始关注；报道晚了，又落在了其他媒体后面。赛后报道结束太早，会使整个报道不完整，而结束太晚，又给人以拖泥带水的感觉。因此，体育新闻部和体育编辑应根据具体情况，综合考虑各方面的因素，来决定开始或结束报道的时间。

（2）截稿时间。这是任何新闻策划必须考虑的要素。例如，在进行世界杯足球赛、欧洲足球锦标赛这类重要赛事的报道策划时，由于这些比赛的地点通常在欧洲，对国内报纸而言有时差的限制，因此，必须考虑到截稿时间问

题。如某场在欧洲某国举行的重要足球赛事按地区时差是在北京时间凌晨2：30举行，大概在4：30结束。而一般国内报纸的截稿时间是在凌晨1：00。在进行报道策划时就必然要面对以下问题：是否报道这场重要赛事？如果要报道，就需要延长截稿时间，而这不仅要牵涉报社其他很多部门，更重要的是，会对次日报纸出报时间产生影响。但是如因截稿时间因素而不报道，则又担心本地其他报纸做了报道的话，又会对本报的形象和发行产生负面影响。因此，截稿时间因素是体育报道策划阶段要予以重点考虑的问题。

（3）版面情况。在进行报道策划时，必须考虑报纸版面的大小。例如，在进行奥运会、世界杯足球赛一类大型赛事的连续性报道的策划时，需要考虑向报社总编辑申请增加每天报纸体育版的版面。再如，在进行日常的编辑策划时，需要首先了解当日报纸体育版广告有多少，留给体育版的版面还有多少。如果版面较大，则可以做一些较大型的报道策划。反之，则只能做一些常规性的报道策划。

（4）报社的报道条件。在做体育报道策划时，报社的报道条件也需要考虑，如报纸的名气、资金、人员、采访关系等。有的新闻确实很重要，也确实需要进行重点报道，但由于报社经费和其他方面的原因，不能派出记者到现场进行采访，或者难以让采访对象接受独家采访。这些都是在报道策划中应当予以考虑的。

四、体育报道策划的组织与实施

1. 编前会

编前会是报纸进入采编实施阶段之前召开的编辑策划会议。这是报纸每天都必须进行的制度性工作，一般分为报社编前会议与部门编前会议。体育新闻部编前会议属于后一种。

编前会对于体育新闻编辑有着重要意义，起着不可替代的作用。报纸体育版做得如何，编前会起着举足轻重的作用。编前会开得越有效、越成功，报道的品质就会越高。

体育新闻部的编前会一般是在报社编前会之后举行，通常由体育部主任主持。其主要任务是对次日要出的报纸体育版内容和版面进行策划。体育新闻部编前会的主要内容通常有以下这些：

（1）评报。即对当日出版的报纸体育版进行评估。其目的是总结经验，找出不足。评报一般有评查与评比两类。评查主要是对当日出版的报纸体育版进行反省，看有无漏报、错报、误报、错别字等；评比一般是将本地同类报纸的体育版与本报体育版进行比较，由体育部主任与责任编辑对本报体育版的报

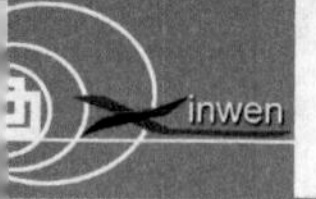

道内容、报道重点、报道品质、版式设计、标题制作等编辑元素进行讲评，从中找出差距，以便提高编辑工作水平。

（2）汇总当日的体育信息并进行评估。这是编前会进行编辑策划的第一步。一般是将当日所发生或可能发生的新闻进行汇总疏理，以便进入新闻筛选程序。

（3）初选所要报道的内容。在信息汇总的基础上，对有关信息进行初选，从中筛选出相对最有报道价值的新闻群。

（4）初步确定报道重点。在上述基础上，确定当日的报道重点。

（5）了解当日要编辑的报纸体育版的版面大小。

（6）如有可能，最好体育记者也能参加编前会，对当日所要编辑的内容和版面发表看法。当所要报道的比赛在晚上进行时，还可以及时将编前会内容和决定传达给一线的记者，使前后方工作更加协调。

2. 专题策划会

一般而言，奥运会、世界杯足球赛等一类大型赛事报道、重要赛事报道和其他专题报道和连续性报道，都需要召开专题策划会，就有关报道问题进行专门的策划。这类专题策划会通常由体育部主任主持。有时还需要邀请报社领导和其他部门的同事共同商讨有关问题。专题策划会的主要内容有：

（1）确定所要策划的主题和意义。即明确要报道什么和为什么要报道的问题。在这里，关键是第二个问题。因为这涉及新闻价值判断的问题。对体育新闻报道而言，有一些报道主题和题材是较好确定的，如奥运会等重要赛事。但另一些报道主题却需要仔细斟酌和评估才能确定下来。如像一支国外著名球队的来访、某位世界级的大牌明星来访，一次突发性的与体育有关的重大事件等，都需要很好地对其新闻价值与新闻报道的费效比进行评估，以确定报道的规模、力度、手段、方式、费用等因素。

（2）确定报道的规模与力度。对于体育报道来说，报道一次时间长达数十天的大型运动会和赛事，与报道一场重要比赛、一次重要活动是完全不同的。在策划会上，必须明确报道需要多大的规模和力度。如在策划一次世界杯足球赛决赛阶段的报道时，就要在策划会上确定报道的规模，是做专题性报道还是常规性报道？是否增加版面？是每一场比赛都进行报道，还是有选择地对重要赛事进行报道？如果是凌晨才举行的比赛，是否为了报道这场赛事而延长截稿时间？等等。这些都要在策划会上进行讨论，最后通过策划方案或请示报告的形式提交总编辑决定。

（3）确定报道的重点与角度。一般而言，重要的比赛，尤其是涉及时间较长的大型运动会或赛事，都必须根据具体的情况明确报道重点。例如，一家报纸的体育新闻部在做美国 NBA 职业篮球赛的报道策划时，由于广大国内读

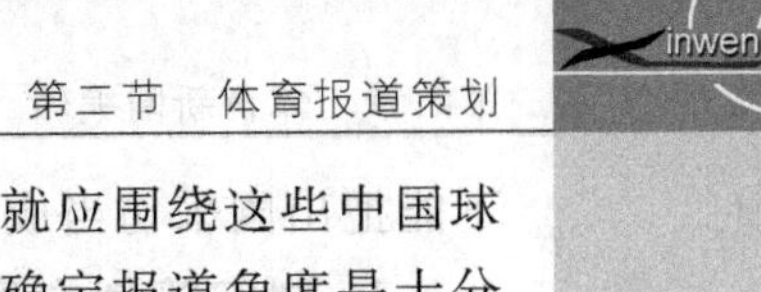

者关注的是姚明、易建联等中国球员的表现和情况，因而就应围绕这些中国球员的俱乐部赛事来进行策划。另外，在体育报道策划中，确定报道角度是十分重要的。面对一场重大比赛或事件，不同的报道角度会产生完全不同的新闻效果。例如，在2008年北京奥运会上，刘翔意外因伤退赛，媒体的报道角度也各有所异，有的重点分析刘翔退赛的原因，有的将报道视角放在刘翔教练和田径管理中心负责人的新闻发布会情况上，有的重点报道国内外观众的反应，还有的着重分析伤情对刘翔未来的影响等。这些针对同一事件不同的报道角度，会使新闻报道呈现出不同的报道效果。因此，体育报道的编前策划应将重点放在报道角度上面。

（4）确定报道的形式与手段。在明确了以上两项后，就应根据本报的具体情况和条件进一步明确报道在采、编两大环节上的手段与方式。例如，要做某个新赛季NBA职业篮球赛的报道策划时，体育新闻编辑部需要确定以下问题：是否派记者前往美国进行现场报道？派几位记者前往？派谁去？去多久？经费预算如何？主要报道哪些球队？如果不派记者去现场，如何解决报道信息源的问题？NBA报道在体育版占多大分量？在版面上如何呈现？专版？专栏？还是专题？等等。

（5）确定报道的时间与步骤。在大型赛事或活动的报道策划中，要明确开始和结束报道的时间。如在奥运会报道的策划中，就应明确在开幕式前几天进入报道？什么时候记者前往赛事主办国和主办地？什么时候结束报道？等等。另外，还要根据比赛举办地时差的情况，确定每天的截稿时间。如果比赛有阶段性，则需要明确报道的步骤。例如，在2002年韩日世界杯足球赛决赛中，分别有小组赛、八分之一决赛、四分之一决赛和最后的冠亚军决赛等，在策划中必须考虑到各个阶段的特点，有步骤地进行报道。如在第一阶段，报道的重点应放在首次参加世界杯决赛的中国队身上，而第二阶段则要考虑中国队如果小组出线如何报道，没有出线又将报道重点放在哪里。总之，在策划中应该是考虑越周详越好，充分估计到各种可能发生的情况，这样才能做到有的放矢、有备无患。

（6）确定报道的经费与人员。在确定的以上报道原则和考虑各种因素后，就应依据策划方案来考虑经费与人员。有的报社因为经费人员较为紧张，就有必要先考虑经费条件，再来确定报道规模、手段与方式。一般来说，对地方性报纸的体育新闻部来说，因为经常要派记者出外地甚至到国外采访，因而是相对比较花钱的。在做报道策划时，应根据自己报社的具体情况和条件，充分考虑策划的可行性因素，以此来确定报道的经费预算。另外，在确定采访人员时，也要从工作出发，从有利于报道出发来考虑人选。例如，要到国外进行采访，就要充分考虑到记者的外语水平、工作经验、报道能力等综合性因素，而

不能把出国采访当成一种待遇，大家轮流转。

3. 制定策划方案与组织调控

一般而言，每日编前会所讨论的当日编辑策划方案只需以备忘录的形式予以保存就可以了。但重要的专题策划结果，则一般要以请示报告和策划方案的形式上报，经有关领导批准后方可实施。策划方案一般包括策划主题与意义、策划的总体指导思想与要求、策划要达到的目标、策划的基本内容、策划内容实施的手段与方式、经费预算、人员安排、实施日期、结果预期等。

策划方案一经批准，就可以进入组织实施阶段。对于体育新闻报道而言，其报道组织方式通常有协同报道与单人报道两种。协同报道主要指多名记者前往比赛现场进行采访，主要用于大型运动会和重要赛事的报道。这类报道需要按照事先的策划方案进行周密的组织和调控。一方面，前方记者要有临时的负责人，以便对报道进行统一的调度分工；另一方面，后方编辑部必须保持对前方记者采访工作的掌控，以形成前后方良好的互动与协调。个人报道主要指记者只身前往比赛现场或新闻现场进行采访和报道。这类报道的实施也需要前后方的密切配合与协调。只是记者在前方报道的自由度相对大一些，可以按实际情况调整和决定自己的报道思路与方式。

在实施策划过程中，要注意适时进行报道调控。报道调控是组织报道过程中的一个重要程序，它是媒体依据报道效果的反馈和客观情况的变化及时调整原有的报道计划的机制。在体育新闻报道中，就是最完善的策划方案也不可能预测到所有可能发生的事情。因此，体育编辑必须随时掌握情况的变化和各方面的信息反馈，及时调整报道思路、方向、规模、内容与形式，以取得最佳报道效果。例如，1988 年汉城奥运会期间，发生了百米短跑金牌获得者、加拿大运动员本·约翰逊服用违禁药物被查出的特大丑闻，举世为之哗然。这一突发事件是赛前谁也预料不到的。再如，在 2008 年北京奥运会上，著名田径跨栏运动员刘翔因伤意外退赛，引发国内外舆论的震惊与哗然。面对这些重大突发新闻事件，媒体必须及时调整原有的报道方向，重新确立报道重点，将采、编两大环节的工作重心投入这一新的特大突发性事件上去。

本节思考题

1. 体育报道策划有何重要意义？
2. 体育报道策划的种类和内容有哪些？
3. 体育报道策划的要求有哪些？
4. 体育报道策划的组织形式有哪些？

5. 体育部编前会的主要内容有哪些?

6. 体育部专题策划会的主要内容有哪些?

第三节 体育报道编辑业务

体育报道编务，即体育编辑人员常规的编稿业务，主要有组稿、选稿、改稿、配稿、编版、校对、审样等环节。这是体育新闻编辑工作的基本环节，也是体育新闻编辑人员的日常基本工作和必须学习掌握的基本业务。本节主要就报纸体育新闻编务中组稿、选稿、改稿和配稿等业务特点进行介绍。

一、组稿

(一) 组稿在体育编辑工作中具有重要意义

组稿，即报纸的编辑人员为了报道的需要而组织新闻稿件。对于体育新闻报道而言，组稿既是报道的基础，也是编辑工作的重要环节之一。

组稿工作在体育新闻编辑业务中占有重要地位。体育新闻报道的特点决定了体育编辑仅靠本报记者来稿是不行的。例如，在每天的报纸体育版上，既有本地的体育新闻报道，也有外地的体育新闻报道；既有国内体育报道，也有国外体育报道；既有足球、篮球、排球等热门职业赛事报道，也有其他各种体育赛事活动与活动的报道；既有各类赛事报道，也有各种体育事务或与体育有关的事件的报道。体育新闻的这一特征决定了体育版的稿源必须是多元化的，不能仅靠单一的稿源渠道。因此，任何报纸的体育版都不可能只靠本报记者提供的稿件。体育编辑除了采用本报记者和通讯员稿件外，还必须拓展信息源，掌握自己的稿源，以便通过其他信息渠道来组织新闻稿件。

例如，在国内职业联赛的报道中，由于经费、人员方面的原因，一家地方性媒体不可能在全国七八个赛区几乎同时开球的比赛现场都派出本报记者。而网上的信息是公开的，但直接用网稿则可能产生信息可靠性及版权问题。因此，除了本报记者提供的新闻稿外，作为一名体育编辑，必须要有自己的信息源和稿源，才能应付报道的需要。再如，在国内另外一座城市中突然发生了一件与体育有关的重大事件，而本报来不及派记者到现场采访，即使到了现场也缺乏新闻线索和采访条件，这时编辑的组稿能力就会起到决定性的作用。一位好的体育编辑能够利用他与当地媒体的业务关系和私人交情，顺利地获得报道的第一手信息和稿件。

正因为如此，体育编辑较之报社其他很多编辑部门更强调组稿能力。体育

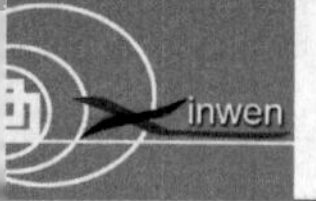

编辑的组稿能力如何，不仅直接关系到报纸体育报道的水平与质量，也是评价其业务能力的重要指标。可以说，没有组稿意识和不具备组稿能力的人，哪怕他其他方面的素质再高，也是无法做好体育新闻编辑工作的。如果一位体育编辑只会坐在电脑面前编辑记者发来的稿子，或者只会在网络上下载一些稿件来编辑，就很难称得上是位合格的体育编辑。

（二）体育编辑组稿的主要渠道与来源

作为国内一家日报的体育编辑，其日常组稿主要有以下渠道：

1. 本报记者来稿

这是体育报道的主要稿源之一。尤其是重要的比赛、大型赛事活动、与体育有关的重要事件等报道，都必须依靠本报记者在新闻现场采写的第一手稿件作为报道的基础。一般而言，本报记者来稿在内容上常具有独家性质，因而也最具有新闻价值。但是，由于体育报道的范围很宽，每天都有大量内容需要报道，仅靠本报几个体育记者是不可能的。

2. 通讯社稿

这是体育报道的重要稿源之一。目前国内报纸体育版多采用新华社供稿。该社是我国主要的权威通讯社，在国内外都派驻了大量记者，拥有国内独一无二的新闻资源和采访实力。新华社每天都要发布大量体育新闻，供各媒体报道使用。新华社发布的体育新闻稿不仅数量大，而且报道全面，权威性强，内容真实可靠，报道水平也很高，编辑将其下载下来就能用。对于一些采访力量有限的报纸来说，新华社通稿是非常重要的稿源。其不足之处是新华社的稿件对全国几乎所有媒体都是开放的，其新闻资源具备共享性而没有独占性，因此难以满足当今激烈新闻市场竞争的需要。正因为如此，一般综合性日纸体育版较少采用新华社的稿件，通常只是作为信息源的补充使用，多用于一些重大体育新闻、国外体育报道和一些配稿等。

3. 外地媒体交换稿

这是体育报道的主要稿源之一。由于现代体育报道的覆盖面很广，只靠本报记者来稿是不行的，而新华社稿和网络消息等均不具有独占性，因此体育编辑手中通常要掌握一批外地媒体体育编辑或记者的关系，互相交换所需要的稿件，获得必要的信息。很显然，编辑手中掌握的这类互换稿关系越多，其组稿能力就越强，版面的信息品质就越高。外地媒体交换稿一般适用于以下情况：其一，在外地进行的重要赛事，而本报因各种原因未能派记者前往比赛现场；其二，在外地发生与体育有关的突发性事件；其三，当日稿源紧张，需稿量大。由于外地媒体交换稿的采写者是职业记者，来源可靠，稿件质量通常较高，可以直接采用。但是，外地媒体交换稿也有其局限性。首先是外地记者采

写的稿件不一定适合本地读者的口味，需要做相应的编辑处理。其次是体育编辑要掌握足够的外地媒体关系不仅需要时间，还需要个人的联系和公关能力。另外，报纸的知名度、能否向对方提供高品质的本报记者稿、编辑人员的变动、本地报纸对信息源的竞争等，都会对这种媒体内部的"关系网"产生影响。

4. 媒体报道联盟稿

由于大型体育赛事如奥运会、世界杯足球赛、全运会等具有多种项目、多场比赛同时进行以及记者采访证稀缺等特点，任何一家媒体要派出足够的记者进行报道都是困难的。为了适应这类大型赛事报道的要求，国内媒体采用了组建报道联盟的方式，由多家媒体的记者联合行动，分别进行采访，共享报道资源与成果。如2008年北京奥运会期间，国内媒体纷纷组建报道联盟，其中主要有国内报纸的"晚报奥运报道联盟"、网媒的"新浪网易腾讯奥运报道联盟"、由搜狐网与国内15家主流报纸媒体结成的网报联盟"全国奥运媒体联盟"等。这些媒体报道联盟的运作方式主要为联盟成员的体育编辑依据相互间的合作协议相互供稿，共享稿源。这类媒体报道联盟是体育新闻特有的报道方式，是媒体为了适应大型赛事的报道特点与需要而形成的特殊战略性合作关系。报道联盟的形成大大拓展了媒体的大型赛事报道资源与空间，解决了一家媒体独自难以应付大型赛事多地区、多场次、多项目比赛同时进行以及采访证稀缺的难题，是当今体育新闻报道操作的一大特色和发展趋势。

5. 社外约稿

由于体育报道的新闻性很强，社外约稿一般只适合于一些特别报道。例如，在重要赛事举行前后，如果条件允许，可以约请运动员、教练员为本报撰写专稿。这样做虽然难度很高，但由于是当事人第一手的报道，因而新闻价值也很高。又如，当重要赛事、重要体育活动或与体育有关的重要事件发生时，可以约请社外的专家、老教练、退役运动员等撰写评论，发表看法。社外约稿的特点是编辑必须对约稿人选的各种条件进行综合评估，如知名度、知情度、撰稿能力、撰稿时间、对报纸的态度、与编辑本人的个人关系、有无责任心、是否能按时交稿、对稿费的要求等。另外，由于社外撰稿人多数并非新闻界专业人士，体育编辑在约稿前，必须让对方了解选题和撰稿要求。在收到社外约稿后，还需要对其质量、观点和篇幅等进行把关。

6. 网络稿

对于报纸媒体的体育编辑而言，网络的好处是能及时得到大量的相关信息，成为编辑工作不可缺少的信息库与信息来源。但网络作为报纸体育编辑信息源的缺陷是网上的体育稿件只能参考，不能直接采用。这一方面固然有版权等问题，但更重要的是网络上都是公共信息，不可能提供报纸体育版最需要的

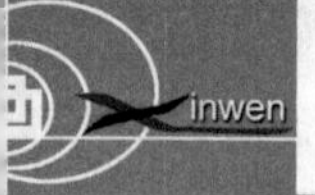

独家报道内容，同时其信息来源和真实性也无法把握。因此，体育编辑一般只将网络当成信息库和信息源看待，不将其视为稿源，也不会直接采用上面的稿件。而且，编辑在采用网上的比赛结果、比赛时间、排名表等信息时也必须谨慎，要通过其他信息渠道进行反复查证后方能使用。

7. 读者投稿

在体育新闻报道中，读者投稿的内容一般集中在对重要体育比赛、运动队或运动员的表现、与体育有关的重大事件等方面的看法与评论上。有些报纸为了增强与读者的互动，还专门设有读者专栏，如《足球报》曾设有《春来茶馆》的专栏，专门刊登球迷的评论文章。

（三）体育编辑组稿技巧

组稿是当今体育编辑的一项重要工作。组稿能力是体育编辑业务能力和工作能力的重要体现与评价指标。那么，体育编辑应如何组稿呢？

1. 主动出击，开发资源

体育新闻报道的特点，决定了体育编辑必须与体育记者一样成为公关高手，与各方面人士，尤其是媒体同行们建立良好的工作关系和私人关系。一名优秀的体育编辑是善于利用电话和网络交朋友的高手。这是因为，编辑不像记者经常外出采访，能与外地的记者同行们经常见面，成为朋友，而只能利用电话和网络等通讯工具经常联系。因此，体育编辑即使在没事的时候，也应给外地媒体的同行们打打电话，问候一下，聊聊天，并主动告之今天本报体育版上有何内容，对方需不需要与本报互换稿件等。这样即使双方并未谋面，也能增加彼此的了解和信任，成为从不见面的好朋友。除此之外，体育编辑还要学会与各种人打交道，开发报道资源，建立与特定专业人士之间的经常性合作关系。例如，在进行一场涉及体育界名人或体育明星的司法诉讼案件的报道时，体育编辑就可能需要邀请法律界人士、律师等就此案撰稿和发表看法。这时如果编辑本人恰好就有几位司法界或做律师的朋友，就会对他的组稿工作很有帮助。与记者一样，体育编辑应珍惜自己的通讯本，因为这对于职业编辑来说，是一笔最可贵的财富。总之，体育编辑应当性情开朗，诚信待人，多交朋友，善与人处，在自己的手中掌握一大批有价值的社会关系与同行朋友，这样才能顺利而及时地组到好的稿件。

2. 熟悉业务，有的放矢

对于体育编辑来说，怎样才能组织到好的稿件呢？要想组到好的稿件，首先就要熟悉业务，精通体育。体育编辑只有对所要报道的体育项目、赛事、俱乐部或运动队、运动员、教练员等非常熟悉，才能对向谁组稿、组什么稿和如何组稿这三个问题做到心中有数，有的放矢地进行约稿。举个例子来说，报社要对一场重要的中、日、韩围棋对抗赛做报道，需要组织有关专家和权威人士的评论稿件。如果编辑对围棋一无所知，既不懂棋，也不知道围棋圈内有哪些名人，这些名人中哪些评棋最受棋迷欢迎，哪些人相对比较容易接受约稿要求，那么他就很难组到好的棋评稿件。反过来说，如果编辑平时就对围棋比赛比较熟悉，他就知道哪些围棋界的名人常写评论，其评论写得如何，从中筛选出最佳人选，通过各种关系与对方取得联系，就约稿之事进行磋商。总之，体育编辑对体育运动越熟悉，其组稿工作就越能做到有的放矢，从而避免约稿的盲目性。

3. 慎选作者，多做沟通

体育编辑在进行组稿时，常常碰到这样的情况：组来的稿件要么因观点问题、文字水平等原因不能用，要么经编辑修改后采用的稿件作者不满意，弄得编辑与作者的关系紧张，难以维系。另外，由于体育比赛的特点，一些组来的外稿观点可能较为偏激与情绪化，不适合照搬上报。因此，体育编辑要想顺利组稿，长期维系与作者的关系，就需要谨慎地挑选作者，要做到约稿有数，稿到必用。在约稿时，编辑最好就稿件的主要内容与观点先与作者沟通，一方面了解对方的看法，另一方面也将编辑本人的意见与作者交流。另外，编辑应在约稿时明确地告诉作者截稿的时间和字数的多少，以免误时误事。一般来说，凡是编辑主动约稿都是必须采用的，而且在采用时，其基本观点不能做大的修改，否则便会挫伤作者的感情，失去信誉，从而失去这一作者关系。

二、选稿

（一）选稿在体育编辑工作中的意义

在体育编辑流程中，选稿是十分关键的一环。体育编辑选稿工作的重要意义首先表现在，读者在报纸体育版上看到的消息和文章，都是经体育编辑精心选择与加工后的“成品”。从某种角度来说，体育编辑是在为读者挑选体育新闻，而读者也只能从报纸上看到体育编辑为他们精选出来的体育新闻。从这个意义上来说，体育编辑选稿的眼光与能力，直接体现了报纸体育版、电视体育节目或网站体育栏的水平与质量，决定了媒体的体育报道是否能满足受众的要求。举个例来说，中国篮球运动员姚明赴美国 NBA 联盟打球，他的一举一动都为中国球迷所关注。体育编辑在选稿时，就应注意挑选有关姚明的稿件。如果读者都关心姚明，却从报纸上看不到相关的报道，读者就会感到失望，转而去买其他报纸。因此，评价一位编辑是否合格和其水平高低，一个重要的指标就是看其选稿的能力如何。通过选稿，就能反映出一位体育编辑的政治意识、

业务水平、新闻价值判断能力等综合素质的高低。

选稿的重要意义还在于它体现了媒体的新闻理念和体育新闻部的编辑方针。世界上每天都有很多各式各样的比赛，与体育有关的事情也很多，体育版是不可能有闻必录、有赛必报的。同样一个新闻和稿件，选与不选，以什么标准来选，除了基本的新闻标准外，还体现了具体媒体的新闻方针与体育部的编辑意图。例如，某报体育部的编辑方针是以足球报道为主，栏目上要突出体育评论和读者的参与，并且在报道风格上要体现时尚和活力，则编辑就要通过选稿来实现这一既定的编辑方针与要求。又如，某一发生在体育界的事情在社会上产生了争论，而当天的来稿中也有不同观点，这时编辑就要选择与报社或体育新闻部所执立场和倾向性一致的稿件，从而表明本报的态度和观点。

体育编辑选稿的重要意义还表现在，经过编辑精心选编出来的体育报道，都是当日体育新闻之中的精品。一位体育编辑每天上班后，就会遇到大量的信息与稿件。其中既有记者来稿，也有通讯社稿、网稿、外地媒体交换稿、约稿、读者来稿等；既有本地体育消息，也有外地体育消息和国外体育消息；既有各类比赛消息，也有体育活动、体育事务以及与体育有关的各种社会、经济、司法、娱乐等消息。体育编辑必须从这样一大堆各种各样的稿件中，精心筛掉那些相对不重要和不精彩的新闻，挑选出最具有新闻价值和最适合发表的新闻和稿件来发表。例如，报纸的体育版是有限的，只能容纳有限的内容。同时，在高节奏的现代社会中，读者很少有时间与精力去阅读大量的报道，也难以自己去从一大堆新闻中挑选需要的内容。而报纸相对于网络的优势之一，就是其内容都是经编辑之手，为读者精选出来的新闻精品。同样，网络媒体虽然具有内容海量的特点，但网络主页上的页面仍然是有限的，哪些消息标题上主页，在什么位置，仍然反映出编辑的选稿编稿水平与能力。

（二）体育编辑的选稿程序

报纸体育新闻部的选稿有一定的程序，这些程序是不能省略的。一般而言，包括初选、复选和定选三道程序。

1. 初选

也称为“粗选”。是编辑部对当日所有新闻稿件，包括本报记者来稿、通讯社稿、网稿、社外约稿、媒体互换稿、读者来稿等进行一次初步的筛选。初选一般由体育编辑来操作，其主要方法是采用淘汰法，按一般的新闻标准将那些不符合本报报道要求的稿件筛掉，按一定比例留下初步判断符合本报发表要求的稿件，以供复选所用。编辑在进行初选时，不一定所有稿件都通读，而应首先按标题进行大致的归类，看哪些是相对具有新闻价值和符合本报编辑方针的，再在通读的基础上选出所需稿件。

2. 复选

也称为“精选”。即在初选的基础上，对稿件进行进一步的挑选。精选一般由责任编辑或资深编辑担任，其主要方法是采用取精法，即从初选稿中精选出最具有新闻价值的稿件，并按其重要性初步排出序号，分出类型。一般而言，通过精选的稿件就可以直接上版了。

3. 定选

是指在初选和复选的基础上，对一些涉及重大问题的稿件、可能引起争议的稿件、批评性的稿件以及对报道效果难以把握的稿件做最后的审定。对于体育新闻编辑工作而言，一般的稿件可由体育部主任来审定，但属于以上性质的稿件应提交总编辑或编委会来审定。

（三）体育编辑的选稿标准

体育编辑每天选稿时所面临的一个重要问题，就是一份稿件选还是不选，用还是不用，这究竟应按什么标准来确定？面对一大堆稿件，内容涉及那么多体育项目、体育活动、体育人物或与体育有关的各种事件，并且这些新闻发生的地域有本地的，也有国内的和外国的，体育编辑究竟选择哪些稿件提供给次日报纸体育版的读者？这些都关系到体育编辑的选稿标准问题。总的来说，体育编辑选稿的基本标准主要有以下几点：

1. 判断是否真实

体育编辑在选稿时，面对一大堆从各种信息渠道传送来的稿件，首先要判断这些稿件的内容是否真实。这是体育编辑选稿时必须认真把住的第一关。真实性是新闻的生命线。体育新闻工作者的天职，是将事实报道给读者。而要做到这一点，不仅要依靠记者去发现和探究事实，而且要靠编辑在选稿时从中筛选出内容真实的稿件，淘汰掉那些内容失实的稿件。尤其是对于国内体育报道来说，假新闻、新闻炒作和新闻失实的现象比较严重，这就更需要体育编辑在选稿时坚持新闻的真实性原则，以对读者和新闻事业高度的责任心来严格把关。

要正确判断新闻的真实性，对体育编辑来说是一项难度很高的工作。它既是选稿过程中编辑必须面对的常规性工作，又是一份关系重大的责任。面对一份重要稿件或消息，编辑凭什么说其内容真实还是不真实？但是，编辑的职责又要求他必须在很短的时间内作出判断，决定这一稿件用还是不用。这里就有一个重大的责任问题。如果决定采用，如果这篇稿件的内容失实，就会引起严重后果，编辑要承担责任；而如果不用，而这篇稿件的内容十分重要而且又是事实，就会造成漏报，给报纸酿成难以挽回的损失，编辑同样要承担责任。因此，判断新闻是否真实，不仅需要编辑的智慧、经验、思考以及通过各种手段

和渠道来验证，更需要编辑的责任心与敬业精神，在选稿时认真把关，仔细审稿，对于有疑点之处穷究不舍，仔细考辨，以保证经编辑之手发出的都是来源清楚、内容真实的稿件。

体育编辑如何才能把好真实性这一关？由于截稿时间的限制，需要体育编辑对有疑问的稿件迅速作出判断。以下几点可供参考：

（1）慎重审稿，发现疑点。体育编辑在选稿时必须认真负责，对选出来的稿件仔细甄别，看其有无疑点。越是重要的新闻稿和可能引起较大反响的消息，越要慎重对待。一般而言，凡是假新闻或内容存在重大失实的稿件，都或多或少有一些破绽和疑点存在。有经验的编辑不难发现其问题所在。例如，2002年7月13日，互联网上登出了《贝克汉姆遭遇车祸丧生！英国人陷入悲伤之中》的消息，以新浪驻英记者的笔调称，7月12日中午，英国著名足球明星贝克汉姆驾一辆奔驰500轿车遇车祸丧生，全英国已陷入巨大的悲痛之中。当天晚上网上出现这则消息后在国内引起轩然大波，不少网站和手机短信息到处传播，而媒体的体育编辑则面临一个重要的抉择：这则消息用还是不用？而其关键问题是，这则消息是真的还是假的？如果消息属实而不用，就会造成一次重大的新闻漏报，但如果是假消息见了报，则又会造成严重的虚假新闻事故。因此，各新闻媒体的体育编辑们都对这一消息采取了极为慎重的态度，首先发现这一重大消息不见于新华社等正式权威新闻渠道，只是网上的一则消息；其次，查询英国的有关新闻网站后，发现并没有这一消息，这显然是不正常的。因此，可以判定这只是网上的一则假新闻。事后证明，这是上海一大学生搞的假新闻，最先是贴在一国内个人网站上。后来在强大的舆论谴责下，该网站站长被迫公开道歉。

（2）查清信源，判明出处。要判断新闻是否真实，一个重要的判断标准是看其来源和出处是否清楚。一般而言，凡是有正式和权威的新闻渠道来源的体育新闻，其真实性都是很高的。例如，新华社通稿、中央电视台体育节目、权威官方网站、正式的新闻发布会、本报记者采写稿等，由于其信息来源清楚可靠，因而通常是可以直接采用的。而那些消息来源模糊不清、非正式信息渠道来源的稿件就一定要慎重。另外，对互联网上的消息也需要通过其他信息渠道反复验证后方能采用。以前面的例子为例，在互联网或手机短信上出现贝克汉姆出车祸的消息后，有经验的编辑立即会注意到消息来源的真实性。因为国内外新闻媒体对如此重大的消息通常会以第一时间、最快速度和特别方式（如通讯社快讯或特快专电、广播与电视节目插播等）予以报道，而不可能只是在互联网和手机短信上传播。一般而言，凡是消息来源不清的，假新闻的可能性会很高。体育编辑对此一定要慎重。

（3）多方查证，辨识真假。判断新闻是否属实的一个有效方法，是对有

疑问的消息或稿件进行多渠道的查证。这些渠道包括权威的通讯社、官方权威网站、官方正式发言人或新闻官员、事件当事人、事件发生地的媒体和其他有良好关系的媒体等。如上面的例子中，当互联网出现贝克汉姆出车祸的消息后，很多媒体的体育编辑都互相致电相询其真实性，有些大的媒体还利用与英国本地的各种关系，去电话验证查询有无其事。在当今信息高度发达的时代，关系到贝克汉姆这样的世界级名人的重大消息很难被一两家媒体所垄断，若干主渠道都没有的消息，其虚假的可能性就会很大。因此，多渠道验证是体育编辑保证新闻真实性的有效做法。

(4) 集体会诊，果断决定。有时候，在处理和选用本报独家新闻稿件时，编辑一方面对报道的内容感到无把握，另一方面为了保证新闻的独家报道价值，又不便向其他媒体查证。遇到这种情况，就需要采取一些非常规的做法。其中主要有两种方法：一是召集专门的新闻会诊，请其他记者和编辑共同来研究和确证稿件内容的真实性，探讨对稿件的处理办法；二是及时向体育部领导乃至总编辑请示，向他们说明稿件内容的重要性、稿件或信息的来源、疑点所在以及自己的判断和想法，请上级裁定稿件是否能采用或如何处理。

2. 判断新闻价值

所谓新闻价值，即最新发生的事实中所包含的新闻特质。对于体育新闻编辑来说，在选稿时决定一份新闻稿件用还是不用，用在版面什么位置，其主要标准之一，就是看这份稿件的内容有无新闻价值和其新闻价值有多高。评价一位体育编辑的业务能力和素质如何，很大程度上要看这位编辑在选稿过程中的新闻价值判断能力。

对体育编辑来说，一般而言，判断新闻价值主要根据以下6大要素：

(1) 时效性。体育新闻的特点是时效性极强。一场比赛的结果与过程等一旦过了报道的第一时间，其特有的悬念性和新鲜性就丧失了。也就是说，对读者来说，如果媒体所报道的内容都是他们已经知道的，则报道的新闻就没有新闻价值。就算是事后补报，也毫无意义。体育新闻的时效性越强，其新闻价值就越高，反之亦然。正因为如此，在有重大赛事举行时，为了抢时间，报纸媒体都会不惜一切代价，运用包括电脑、数码照相机、网络等在内的技术手段，争取以最快速度将有关新闻报道出去。有时，为了一场在国外有时差地区举行的重要赛事，很多报纸会为体育版专门开绿灯，不惜延长截稿时间，争取比赛消息在当日的报纸上见报。因此，体育编辑在选稿时首先要记住的就是，只有最新的，才是最有价值的。在初选时，就应该把住时效关，将时效性最强、最近发生的事实与最新的信息挑选出来，进入下一道精选程序。

(2) 重要性。判断一条体育新闻重要还是不重要，主要是看这条新闻在读者中可能产生的影响有多大。体育新闻报道的内容在公众和读者中影响越

大，就越重要，其新闻价值也就越高，反之亦然。因此，体育编辑在选稿时，应该从稿件所报道的内容在公众和读者中可能产生的影响，来判断这条新闻是否重要及其重要程度。而要做到这一点，要求体育编辑对体育运动与读者之间的关联性有深入的了解和把握。例如，作为一份地方性报纸，本地的读者普遍喜欢足球、篮球、排球、乒乓球等项目，那么，这些项目的赛事对体育报道来说，就是相对较重要的。又如奥运会、世界杯足球赛、欧洲足球锦标赛、NBA职业篮球赛、中国国内足球超级联赛、篮球联赛等都拥有大批球迷，在公众中影响较大，因此，这些赛事的新闻就相对其他一些运动项目的赛事新闻重要。但是应注意，体育新闻的时效性是绝对的，而重要性则是相对的。体育编辑在选稿时，应从各方面来权衡稿件内容的重要程度，以做出正确的判断和选择。

（3）接近性。现代体育运动的特点之一，就是其高情感性。体育迷和球迷到球场上或电视机前观看比赛，主要是为了满足情感上和心理上的需要。尤其是在体育比赛中，运动队和运动员与公众之间存在着地域上的感情联系。一方面，运动员代表国家参加国际比赛，常能够唤起全国民众巨大的民族感情和爱国主义浪潮；另一方面，在地区间的比赛中，尤其是各种实行主客场制的职业联赛中，常能够引发本地公众强烈的乡土感情和对本地球队、球员的亲近感。另外，体育迷和球迷们都有自己喜爱和崇拜的球队与球星，他们与这些球队与球星在心理上和情感上具有接近性。体育运动的这种特征，决定了体育编辑必须将接近性作为一个十分重要的选稿标准。例如，在重大国际赛事中，凡是有中国运动员参加的比赛，都能引起广大受众的关注。又如，在职业联赛中，凡是有本地的球队参加的比赛，一般都会引起本地球迷的极大兴趣。体育编辑在选稿时，就应把有本国、本地区运动队或运动员参加的比赛优先考虑。体育报道内容越接近本地的球迷和读者，其新闻价值就越大，反之亦然。

（4）显著性。在体育新闻报道中，无论是赛事、活动、事件还是球队、运动员、教练员等，其名气越大、越著名，新闻价值也就越大。例如，奥运会、世界杯足球赛、温布尔顿网球公开赛等赛事在全世界都具有极高知名度，凡是与这些赛事有关的事情，都具有显著性。又如，体育明星在公众中拥有极高的知名度和号召力，他们的一举一动都会引起公众的关注，因此，发生在这些体育明星身上的事情，都具有显著性。像打架、离婚、车祸、吸毒、赌博、行贿、嫖娼这类事情，放在一般人身上充其量不过是一则小小的社会新闻，但只要发生在体育名人身上，就会酿成很大的丑闻，产生较大的社会影响，成为报纸体育版报道的内容。而且，涉及这类事情的人物越有名，其新闻的显著性就越高，新闻价值也就越大。这就要求体育编辑必须非常熟悉国内外著名的体育赛事、俱乐部以及大牌体育明星或体育名人，了解其知名度对于媒体的新闻价值，并以此作为选稿的依据。

（5）趣味性。体育新闻是一类娱乐性很强的报道品种。人们阅读报纸体育版，是为了休闲和娱乐，满足情感和心理的需求。从这一点来说，体育新闻报道的内容越有趣，就越吸引人，其新闻价值也就越大。反之，读来无趣的报道，无论其内容有多么重要和显著，也不会引起读者的兴趣。因此，国内有体育专业报提出了“以有趣对抗无趣”的口号，是很有见地的。在体育报道中，怎么才能做到有趣？这一方面固然需要记者采访有趣之事和写作的文笔有趣，也需要编辑选稿时，有意识地选用那类读来有趣的稿件。例如，在1997—1998赛季NBA总决赛第六场比赛中，芝加哥公牛队的中锋“大虫”罗德曼与犹他爵士队的“邮差”马龙都是重量级的大块头，两人在场上像摔跤运动员一样扭在一起的场面令人喷饭。有关他们俩对抗情况的报道虽然不一定重要，但却十分有趣。体育编辑在选稿时，应该注意挑选这一类有趣的特写、花絮等，以增加体育版的趣味性和娱乐性，让读者读了会心一笑，领略体育新闻的阅读乐趣与快感。

（6）反常性。西方新闻学有句名言：狗咬人不是新闻，人咬狗才是新闻。这句话不一定正确，但却道出了反常性的新闻价值。在体育比赛中，经常发生一些出乎人们意料之外的情况，会引起公众的强烈兴趣和关注，这些反常的事件中都包含着较大的新闻价值。例如，在1998年世界杯足球赛的决赛中，赛前众望所归的巴西足球明星罗纳尔多在赛前突然发病，在比赛中表现失常，导致巴西队以0比2输给了法国队屈居亚军。罗纳尔多赛前离奇发病以致整场比赛如同梦游这一事件十分反常，引起了全世界球迷和媒体的高度关注，由此成为媒体长期追踪的报道题材。与此相似，如体育比赛中发生了意外情况、双方球员在球场上发生冲突甚至斗殴、裁判的判决发生明显偏差以致引起球员抗议等，都是意料不到的具有反常性质的事件，这类题材的报道往往能满足公众的好奇心理。体育编辑在选稿时应注意这类反常性事件内容的稿件，将其作为选稿的标准之一。

3. 判断社会效果

体育新闻是大众传媒的一个组成部分。作为传播媒介和舆论工具，体育新闻报道在我国也必然要服从国家和人民的整体利益，遵从有关法律政策，执行党的宣传纪律，担负媒体应承担的社会责任。那种认为体育新闻游离于政治之外，什么都可以报道的观点是十分错误的。事实上恰恰相反，由于体育运动影响十分广泛，体育比赛的特点容易引发公众的感情，煽起公众的情绪，因此媒体的体育报道更应该讲政治，把握舆论导向，注意报道所产生的社会效果。为此，把住体育新闻报道的政治关和社会效果关是十分重要的。一旦出了问题，小则对报纸本身的形象产生负面影响，大则会导致严重的社会影响和政治后果，为社会和报纸都带来重大损失。媒体体育报道的政治关和社会效果关由谁

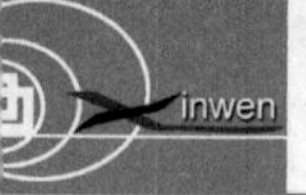

来把关？主要就靠体育编辑在选稿时进行把关。

体育新闻的社会效果判断是一项较为复杂、有较大难度的工作。因为体育报道本身属于娱乐性和休闲性很强的“软新闻”，往往不直接反映和表现政治性很强的报道题材，因而从体育记者到体育编辑都容易产生离政治较远的感觉，忽略体育新闻同样容易产生政治后果和负面性社会效果的一面，从而导致不应有的错误发生。例如，在2002年世界杯足球赛的报道中，国内有媒体因对一场东道国球队的比赛中裁判的判罚产生质疑，在报道中使用了倾向性很强的语言，极个别媒体甚至使用了对其民族有侮辱性质的称呼，因而产生了不良的社会效果，甚至还导致了该国政府的外交交涉。这些问题的出现，主要与媒体在体育报道中政治敏感性不强、把关不严、忽略体育新闻报道也要讲政治和承担社会责任的一面有关。

因此，体育编辑工作责任重大，不可掉以轻心。大致来说，除了新闻媒体必须遵守的国家有关法律和规定，如新闻报道的内容不得违犯我国宪法、刑法、民法、体育法等的有关规定，不得煽动推翻现政权，煽动推翻社会主义制度，煽动抗拒、破坏国家法令的实施，煽动闹事，不得造谣诽谤、侮辱他人人格名誉，泄露国家机密，传播淫秽内容等外，以下几个方面是体育新闻报道中容易遇到的问题，编辑在选稿和审稿时尤其要慎重把关：

（1）涉及国家统一的敏感问题。在体育报道中，经常要涉及港、澳、台等地区的体育比赛、体育事务和体育活动等方面的报道内容，体育编辑在选稿和审稿时要严格把关。尤其是涉及我国台湾地区体育事务的报道十分敏感，在报道的内容、称谓等方面，都要严格按照有关规定来办，由责任编辑、体育新闻部主任乃至报社总编辑亲自把关。体育部编辑在对类似稿件感觉不好把握时，最好请有经验的要闻版编辑一同审稿。

（2）民族团结。在体育报道中，有时会涉及国内少数民族地区体育活动和少数民族体育代表团、运动员等方面的内容。体育编辑在选择和处理类似稿件时要慎重，注意尊重少数民族的感情、风俗、习惯、宗教等。

（3）宗教政策。在一些体育新闻报道中，可能会涉及国家的宗教政策和有关规定。体育编辑要严格把关，按照我国宪法中宗教信仰自由的规定，尊重个人的宗教信仰。同时要注意在武术、气功等民族体育活动的报道中，防止有人借此宣扬迷信，甚至出现邪教组织的宣传内容。

（4）地区之间的关系。在国内体育的报道中，要特别注意维护地区间的团结，维护安定团结的局面。目前我国开展的足球、篮球、排球、乒乓球等职业联赛实行主客场制，本地球迷拥护主队是正常的，媒体的报道偏重主队也是可以理解的。但是，体育编辑在选稿和审稿时应严格把关，不能在报道中宣扬狭隘的地方主义，煽动主队球迷攻击客队或客队球迷，也不能对客队以及客队

所在城市、地区使用侮辱性和攻击性的言辞。

(5) 国际关系。在重大国际比赛中的报道中，体育报道为中国队助威，对国际赛事中出现的不良现象进行评论和批评都是正常的。但体育编辑在选稿和审稿中要注意遵守有关政策与规定，不能对其他国家的球队、运动员、球迷等使用侮辱性或攻击性的言辞。

(6) 球迷闹事。在我国职业联赛中，球迷因各种原因闹事时有出现。体育编辑在选稿和审稿时，要特别注意舆论的导向和报道的社会效果，不能因为是主场球迷闹事就迁就姑息，甚至推波助澜，也不能因事件发生在外地就大肆渲染炒作。

(7) 庸俗色情内容。20世纪90年代以来，国外体育报道出现了娱乐化趋势，其中重要现象之一就是体育报道情色化，也就是“性感体育报道”的出现。其主要特征大量报道诸如男女运动员的“性感”题材、突出“性感”特征的女球迷、女子拉拉队甚至体育明星的婚姻、爱情、绯闻等题材。20世纪末，这类报道题材和方式也对我国的体育报道产生了影响，例如在2002年世界杯足球赛的报道中，国内不少媒体推出了以美女球迷为题材的“足球宝贝”，大量刊登韩国、日本美女球迷的照片等。应该说，这类报道题材如果把握得好、处理妥当，能够起到丰富体育报道内容、增加体育报道趣味性和贴近性的作用。但客观而言，这类题材的报道也的确容易导致产生体育报道庸俗化和媚俗化的倾向，使体育报道偏离自己的宗旨，从而引起负面社会效应。因此，体育编辑在选稿和审稿过程中，要注意对这类报道题材和内容的把关，使之既达到版面时尚、丰富、生动、活跃的效果，又避免造成版面低级庸俗的负面印象。

(8) 侵犯个人隐私权。随着媒体对运动员、尤其是体育明星和名人个人私生活报道题材的增多，体育报道侵犯个人隐私权的现象已经成为一个应引起注意的问题。体育编辑在选稿和审稿时，要注意保护报道对象的个人隐私权，未经本人同意，不得公布运动员、教练员的私人生活和秘密。如果体育编辑在这方面把关不严，就有可能对媒体带来负面影响，更重要的是，会对运动员的感情与个人生活造成不应有的伤害。例如，2000年12月，有媒体曾爆出中国足球队某队员的“开房事件”，称该队员与一“黑衣女子”在昆明一家酒店开房。一时传媒大肆炒作，闹得沸沸扬扬。后来的调查表明，该队员是单身，“黑衣女子”是其朋友，且是在球队休假期间的个人行为，未违犯中国队的纪律，事情才逐渐平息下来。传媒对这类纯属个人生活隐私的事情，在未经本人同意的情况下予以报道，甚至大肆炒作，无疑是不妥当的。就算对方是公众人物，也应该尊重和保护法律赋予每个公民的个人隐私权。

(9) 版权纠纷。体育编辑在选稿时，还要就来稿的版权归属问题把关。

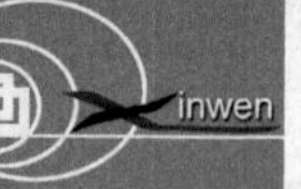

在这方面，特别要慎用从互联网上下载的稿件和图片。如果编辑把关不严，一旦构成侵权，就会给报社带来不必要的麻烦，甚至报社会被告上法庭，对报社的形象和经济上造成损失。

4. 依据媒体的性质、定位及编辑策划

除了新闻价值与社会效果外，媒体自身的性质、定位与编辑策划也是体育编辑选稿的重要标准。其中包括报纸的性质与风格、出报的日期与时间、媒体的编辑方针、有关报道策划、读者的口味等。体育编辑要根据这些标准和要求选用稿件，以求与报纸的性质、定位、编辑方针及风格特点保持一致。那么，体育编辑应该怎样判断稿件是否符合报纸的特点与取向呢？一般而言，可以从以下几方面来判断：

（1）日报与周报。对于体育新闻的选择而言，日报与周报的选稿标准是不同的。前者版面有限，截稿时间紧张，特别强调时效性和新闻性，体裁以短小精悍的消息和评论为主；后者版面较多，时效性相对较差，多选用字数较多、时效性相对不强的通讯、述评等稿件。

（2）全国发行与地方发行。一般而言，全国发行的体育报要讲究新闻的覆盖面，地方色彩不能太浓。体育编辑在选稿时要做到“胸怀全国，放眼世界”，考虑各地读者的共同需要。而地方性的媒体则在选稿时应主要照顾本地读者的兴趣和口味，选用那些为本地球迷和读者喜欢或关注的体育项目、比赛、活动、事件等方面的稿件。

（3）体育专业报与综合性日报体育版。一般而言，体育专业报属于“大餐”，其读者大多是较资深的球迷与体育爱好者。而综合性日报体育版则属于“快餐文化”，其读者面向广大受众。因此，体育专业报的编辑在选用稿件时，应根据报纸的性质与定位突出自身的专业特点，如多选用专业人士所撰写的有一定深度和见解的稿件等。而综合性日报的体育编辑选稿时应本着“不求其全，但求其快；不求其深，但求其新”的原则，尽量选用那些合乎大众口味、时新性强的新闻稿件。

（4）体育机关报与商业性体育报。体育机关报是指某级政府体育部门所办的带指导性的报纸，如《中国体育报》等。商业性体育报是指面向市场、自办发行的体育报，如国内的《体坛周报》、《足球报》、《南方体育》、《东方体育日报》等。由于办报体制与运行机制不同，前者的体育编辑在选稿时，偏重选择那些规格与水平比较高的作者来稿，在报道风格上要求比较庄重和严肃。而商业性的报纸则需要在报道语言和风格上更追求平民化和大众化，内容上较偏重可读性与趣味性。

（5）专项性体育报与综合性体育报。专项性体育报是指以某一类体育项目为报道对象的报纸，如《足球报》、《中国足球报》等。综合性体育报是指

以所有体育项目为报道对象的报纸，如《中国体育报》、《体坛周报》等。由于办报综旨和读者对象不同，专项性体育报更强调专业特征与报道深度，而综合性体育报道在专业性前提下更侧重报道的面和广度。体育编辑应根据两类报纸的不同要求来选择适合本报的稿件。

（6）媒体的编辑方针。在很多情况下，虽然是同一类媒体，由于编辑方针不同，媒体的报道重点、要求、风格等都会不同。例如，《体坛周报》与《中国体育报》都是同类型的综合性专业体育报，但两家报纸的编辑方针和风格定位却不同，前者以大量的资讯和信息为主，后者则追求内容和版式风格的前卫时尚。这种编辑方针与风格定位的不同，使两报在新闻取舍上也表现出差异。如《南方体育》会用较大的版面来报道“总局领导讲话”一类题材，而《体坛周报》则基本不会选用类似题材的稿件。

（7）体育部的有关策划。根据体育新闻部每天编前会或专题策划会上的策划方案来选稿，是体育编辑常规的做法。如在编前会上，经过全体编辑人员的讨论，决定就足球职业联赛本赛季各俱乐部财务收支问题进行报道，体育编辑就应根据这一策划，对组织来的稿件进行选择，将那些符合编前会策划意图和要求的稿件选出，而将那些水平和质量达不到上版要求或内容不符合策划要求的稿件予以淘汰。

三、改稿

体育新闻圈内有一句名言：看一位体育编辑有没有本事，一是看策划，二是看包装。新闻界所说的“包装”，就是通过编辑之手，通过改稿、制作标题、版面策划等环节，将尚处于“毛坯”状态的新闻素材加工打磨成为好看的新闻报道。改稿，就是体育编辑“包装”新闻的主要环节之一，也就是编辑对选定的稿件进行修改，使之符合出版的要求。对于体育编辑来说，改稿是其日常编辑工作中最费时、最耗精力的任务之一。一般而言，读者在报纸上所读到的消息和文章都不会是原稿，而是经编辑之手修改过的改稿。有些重要的稿件，要经过编辑、责任编辑甚至总编辑几次修改，才会见报。因此，编辑改稿水平如何，直接影响到报纸的质量和水平。

（一）体育编辑改稿的基本任务

体育编辑对稿件进行修改，既需要掌握编辑改稿的一般知识与技能，又要熟悉体育编辑改稿的一些特点与规律。作为新闻编辑，一般在稿件出现以下问题时必须进行修改：① 内容不准确；② 观点不正确；③ 主题不突出；④ 叙述不清楚；⑤ 条理不分明；⑥ 语句不通顺；⑦ 用词不妥当；⑧ 行文不生动；

⑨ 标点不确切；⑩ 有错别字。对于体育新闻编辑业务的特点来说，除此以外，体育编辑在改稿时还要特别注意以下方面：

1. 修订事实

体育编辑在处理稿件时，常会遇到一些稿件事实不清的情况。这类稿件并非是假新闻或完全新闻失实，只是由于体育记者工作的特点，在比赛现场采写时时间紧迫，采访条件较差，或者因记者个人经验、水平等方面的局限，或者是对事实表述不准确，或者是对事实的叙述不完整，或者是事实交代得不清楚，或者是对事实有所夸大或缩小。在这种情况下，就需要编辑对稿件进行再创作，通过改稿以使稿件所存在的缺陷得到弥补，使之由一个粗糙的毛坯变成合格的产品。例如，2003 年 8 月 31 日，我国短跑选手刘翔在世界田径锦标赛 110 米栏比赛中获得了铜牌。某报体育版在报道这条消息时，其标题为：

男子 100 米栏　刘翔一铜填空白

该报在内容中还称刘翔“实现了中国田径短跑项目在世界大赛中奖牌零的突破”。这条新闻的标题和内容都刻意突出刘翔获得世锦赛铜牌“零的突破”、“填空白”的意义。但实际上，这种表述却是不准确的。事实上，早在 1968 年第 19 届奥运会上，中国台湾运动员纪政便获得了女子 80 米栏的铜牌。纪政这枚铜牌才是中国田径短跑项目在世界大赛中首次实现奖牌零的突破。写这条稿子的记者显然不熟悉这段体育史背景，才会犯下这种错误。但问题在于，编辑在改稿时也没有发现这一错误，没有对新闻稿件进行严格的把关。由于编辑也没有这样的体育史知识和常识，才导致了类似的错误直接见报。如果当时这家报纸的体育编辑具备这样的体育史知识，就会对记者稿件中对事实的错误表述进行修改，使之成为一篇表述完整而准确的稿件。

2. 修改观点

体育编辑在处理稿件时，经常会遇到来稿观点较为偏颇、倾向性太强的情况。这种情况既可能发生在外来稿件上，也可能发生在本报记者的稿件上。例如，在一场职业足球联赛的比赛结束后，实力较强的主队意外负于了实力较弱的客队。对失利的原因众说纷纭原本是正常的。但某报记者却以《黑哨吹掉胜利希望》为题进行报道，将主队输球原因完全归于裁判，并暗指裁判收了客队的“黑钱”。但实际上，这种看法不过是记者本人的主观猜测和看法而已，并没有证据来支持这种说法。又如，有记者对某位教练有个人成见，凡是报道有关这位教练的消息时都一概采取贬斥的语气。一次这位教练带队赢了一场重要比赛后，该记者采写的消息稿标题竟是：《客队失常不堪击，××偶尔也赢球》。这一消息标题与内容都明显夹杂了强烈的个人情绪与观点，而实际上媒体同行和球迷却并不这样看。对于这类观点明显偏激、有失公正客观的报

道，体育编辑就应当通过改稿来予以纠正。

3. 修改内容

体育编辑处理稿件时，常会遇到稿件部分内容有问题、需要进行修改的情况。其中最常见的有：

（1）新闻要素。在体育赛事预报和报道中，比赛时间、地点、赛事、球队、参赛队员等容易出错，需要体育编辑通过改稿来加以修订。

（2）政治错误。体育编辑在改稿时，要注意对稿件内容中发生的政治性错误进行修改。例如，体育消息稿经常会涉及我国台湾、香港、澳门等地区，如不小心，易将台湾等地区与其他国家并列，从而酿成严重的政治错误。体育编辑在改稿时，必须对这些问题严加把关，如有问题，必须予以修正。

（3）内容部分失实。在这种情况下，编辑在改稿时要将事实的部分留下来，而将失实的部分予以删去。如前述记者采写的比赛消息稿中，虽然基本内容是符合事实的，但记者加入了很多带个人情绪性的看法与观点，这对消息报道来说既不必要也不合适，因此，编辑在改稿时应该将这部分内容予以删除。

4. 修改标题

标题是版面的招牌。体育编辑在改稿时的常规性重要任务之一，就是改写和拟定新闻标题，使之达到最吸引人的效果。

5. 修改导语

在体育报道中，导语起着十分重要的作用。体育编辑在改稿时，导语是修改的重点。一般体育编辑修改导语，是要将新闻事实中最重要、最精彩、最吸引人的内容提到导语中去，其目的是为了突出主题，给报道定位并吸引读者关注。

6. 根据版面要求修改稿件

体育编辑对稿件进行修改不一定是因为其事实或内容有问题。更多的情况是，稿件本身无问题，但因版面的限制，必须对稿件进行增补、删节、合并甚至改变体裁，使之符合版面要求。一般而言，报纸体育编辑最常遇到的情况是版面太小，必须对所有的稿件的字数精打细算，对字数较多的稿件进行删节，以达到版面的要求。但有时一些版面较宽松的专业性体育周报也会遇到稿件太小而版面较大的情况，这时就需要编辑对稿件的内容、背景、观点等进行增补，将小文章改成大文章。

（二）体育编辑改稿的基本要求

体育编辑在对稿件进行修改时要注意以下几点：

1. 保留原稿的基本事实

在对原稿进行修改时，只能从报道角度、体裁、结构等形式上进行修改，

而一般不对其所报道的基本事实进行修改。因为编辑毕竟只是新闻的加工者而不是创作者，不像一线记者的报道是基于其本人亲眼所见所闻获得的第一手材料。除非在特定的情况下，编辑从其他渠道获得了稿件中所没有而又十分重要的相关事实并确有把握保证其真实性，在与记者联系并取得其同意后方可对基本事实进行修改。

2. 尊重记者与作者的工作

改稿是对记者和作者的工作成果进行再加工，因此，尊重记者和作者的工作，尊重他们的劳动成果是编辑最起码的要求。有的编辑不太注意这一点，拿起记者的稿件也不管有无必要就按自己的想法大改一气，弄得原稿面目全非，甚至改动了事实，使得记者感觉编辑不尊重自己的成果，甚至感到自己的自尊受到了伤害。这样做的后果，会使得编辑与记者的关系紧张，从而影响报道工作的正常进行。正确的做法是，在需要对原稿进行较大改动，尤其是需要对基本事实进行改写时，编辑要与记者或作者事先进行沟通，向对方陈述自己的意见和改写的理由，争取记者和作者的理解。如有必要，还可以向责任编辑、体育部主任请示，征求有关领导的认可和支持。

3. 慎重细致，保证质量

改稿是一项非常重要并需要水平和经验的编辑业务，因为修改后的稿件会以最终成果的形式直接见报。编辑要修改记者和作者的稿件，就必须要能够看出原稿的问题所在，并具有修改别人稿件的水平和能力。因此，编辑是一种专门的职业，不是谁都可以来做的。也正因为如此，媒体在聘任体育编辑时，一般会对其综合素质、编辑水平、体育知识、学历资历和人品修养等方面提出较高要求。而体育编辑在修改稿件时，也必须本着高度的责任感，认真通读原稿，找出问题所在，下笔慎重，改写清楚，认真核查，以保证改稿的质量与水平。

（三）体育编辑改稿的基本方法

体育编辑对于稿件的修改一般有两种情况：一是原稿的基本事实和基本观点无大问题，只是在事实表述、结构安排或语言文字上不准确、不妥当，需要编辑的加工、修改和润饰，使之成为一篇完整的稿件。二是原稿的事实、观点、文字等方面都没有问题，但要适合特定报纸采用，需要进行改动，方能发表。这种情况很多也很常见，如根据报纸的报道方针和编辑部策划，需要突出或低调处理某类稿件；或由于版面条件，需要对原稿进行删节或增补等。不管哪一种情况，对于体育编辑而言，改稿都是一项较为复杂、也较为辛苦的工作，需要区别不同的情况来具体处理。下面就体育编辑改稿中常用的删稿、增补、改写、分篇、合稿等方法略作介绍。这些编辑手段和方法都是常用的，体

育编辑应熟练掌握，在编辑实践中灵活运用，总结经验，不断提高。

1. 删稿

体育编辑在修改稿件时，最常用的方法是压缩稿件，即通过删节、删句、删字等方法，使稿件主题更加突出，章节更加紧凑，表述更加精练，同时达到版面所要求的稿件规模。

体育编辑在压缩稿件时，通常会遇到倒金字塔结构与非倒金字塔结构两种情况。如果原稿采用倒金字塔结构，编辑删节稿件时就较为容易。因为倒金字塔结构是按照内容的重要性由上而下安排的，且每段是一个结构完整的独立单元，编辑只需按照配稿要求与版面情况从后面往前面删节就行了。但如果稿件采用非倒金字塔结构或通讯稿，删稿就是一件较麻烦的事情。因为编辑必须在压缩原稿规模、删节原稿字数的同时保持原稿内容和结构的完整性。如果原稿规模较大而要求删节的字数较多，如要求将一篇一千余字的用非倒金字塔结构写的消息稿或通讯稿删节成几百字的稿件，这将是对编辑水平的极大考验。这就需要编辑对原稿动大手术，从导语到主体等各方面进行修改，有时简直就是一次重写或再创作的过程。

在非倒金字塔结构的消息稿和通讯、评论等稿件需要压缩时，体育编辑一般可从导语、背景、主体三个方面进行压缩。下面分别予以简介：

（1）压缩新闻导语。在体育报道中，导语写作的要求一是将最重要、最主要的事实加以提炼，二是用最精练的文字加以表述。对体育编辑来说，新闻稿导语写作常见的问题是导语主题不突出、基本新闻要素不全以及文字冗长繁杂，不符合导语写作要求。这就需要编辑对导语进行删节，使之达到要求。例如下文的导语：

> **北京时间12月17日凌晨最新消息** 现在效力于皇家马德里队的巴西著名球星罗纳尔多虽然在今年的韩日世界杯上率领巴西队赢得了冠军，并以8粒进球成为本届世界杯上的最佳射手，尤其是他在与德国队的决赛中打入两球，为巴西队赢得世界杯立下了首功，但出乎意料的是，金球奖却被送给了德国人卡恩。但是，在昨天举行的2002年欧洲足球先生评选中，罗纳尔多终于击败了卡恩、齐达内、卡洛斯等候选人，成为本年度的欧洲足球先生。这也是罗纳尔多第二次获此殊荣，同时他也是第八位赢得过欧洲足球先生两次以上的球员之一。

以上导语既冗长又啰唆。其实，这条消息的最新事实是罗纳尔多获得欧洲足球先生，其他内容都是新闻背景，完全不必全放在导语中间，而可以放在消息主体部分去。所以，编辑可将此导语删节为：

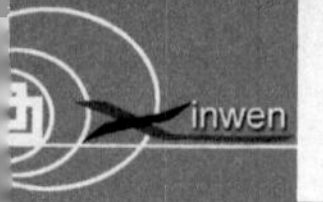

北京时间12月17日凌晨消息 2002年欧洲足球先生评选结果已经揭晓，罗纳尔多击败卡恩、齐达内、卡洛斯成为本年度的欧洲足球先生。这也是罗纳尔多第二次获此殊荣。

这样，导语由230余字压缩到了仅70余字，其最新的事实并未受影响，反而突出了主题。如果还需要压缩，这条导语还可以进一步删节到50字：

北京时间12月17日凌晨消息 今日凌晨，罗纳尔多击败卡恩、齐达内、卡洛斯成为本年度的欧洲足球先生。

从上例可以看出，对新闻导语的压缩，应该是在保留基本新闻要素和事实的前提下，将其他的内容予以删节。经压缩后的导语，其基本的新闻要素和事实不能受到损害。如果为突出这条新闻的意义需要在导语中加入新闻背景，则应选择其中最能凸显新闻意义的背景材料进入导语。

（2）压缩新闻背景。一条完整的新闻一般都是由最新事实与新闻背景两大部分组成的。体育编辑在压缩稿件时，对最新发生的新闻事实一般是不便删节的，因为这容易破坏新闻的完整性。相对而言，新闻背景虽然也是新闻必不可少的组成部分，但它在新闻中毕竟只是配角，主要起一种辅助的作用。因此，编辑在必须压缩稿件时，可以在压缩新闻背景上多动脑筋，多下工夫。这样既会起到压缩字数的效果，又不伤及基本的新闻事实，且编辑在删节时也较为容易。请看下面这则法新社关于姚明的新闻通稿：

姚明让NBA的MVP邓肯黯然失色

法新社2002年12月4日电 蒂姆·邓肯今天证实了来自中国的中锋姚明的真实存在。在马刺客场挑战火箭的比赛中，姚明共得27分和18个篮板，带领休斯敦火箭队以89∶75击败了邓肯领衔的圣安东尼奥马刺队。

这场比赛是状元和状元的碰撞，今年的状元姚明第一次挑战身为1997年状元和拥有去年常规赛MVP头衔的邓肯。

7尺6英寸高的中国小巨人，在他的第一个NBA赛季中大踏步前进，本场比赛18投10中，罚球7罚7中，还有本赛季最高的18个篮板，帮助球队取得53投36中的好成绩。“我知道我将要对抗两位伟大的中锋，”姚明通过翻译说。“我第一次来到NBA，我有很多东西要考虑。赢得这场比赛的胜利后，我终于可以透一口气了。”

姚明的防守也起到了作用。全场有三次盖帽，其中一次是将邓肯的跳投给盖了下来，帮助球队将马刺队的命中率限制在了34%（73投25

中）。“他太棒了，”罗宾逊说。“全场都有他的影子，投篮非常准，控球也不错。他是整场比赛最难对付的人。”

尽管投篮命中的次数少得可怜，但马刺队仍在第四节开始的时候以64：61领先。不可思议的是，在最后关头，他们15投只有2中。这是他们在第四节输球的第六场比赛了。邓肯得到了25分和12个篮板，但他21投只有8中，罚球也只有16罚9中，在和姚明的对抗中，他明显处在了下风。“他的进步很快，”邓肯说。“他触球的感觉很好，而且要比我想象的要高。他的投篮也比我想象的更好，我的手拦在他的面前，但他仍然能出手投篮。他确实很棒。”

这场比赛最能证明姚明在NBA的飞速进步，他到美国后的第一场比赛就是对阵马刺队。“初来这里的时候我实在是累极了，”姚明说。“刚来时的那场比赛和今天的比赛最大的不同是我现在更适应了，这要感谢我的队友们，是他们一直很有耐心地帮我。”

休斯敦火箭队已经三年没有进入NBA季后赛，但现在看来，姚明可能会带领他们重温旧梦。“我们现在的表现非常好，我们的内线也很强大，”火箭队主教练汤姆·贾诺维奇说。“我想他今天晚上可以好好睡一觉了。”

“他知道该怎么去做，很好地控制比赛，”马刺队主教练波波维奇说。“他是天生的球星，他将在这个赛季变得更强大。”“他太神奇了，”汤姆·贾诺维奇说。“我们围绕他来打，看来没错。”“他很高但很灵活，他只是还在学习，”罗宾逊说。“你很难找到一个像他这么大的个子还能有这么好的技术的人。”“下次我们会更多地注意他。”

这条通讯社稿件有近千字。一般报纸在采用时，常常需要按照版面要求进行删节。编辑在处理时，可以保留最新的新闻事实，而对大量穿插其间的背景材料进行删节压缩。下面是经删节后的稿件：

姚明让MVP邓肯黯然失色

法新社2002年12月4日电 蒂姆·邓肯今天证实了来自中国的中锋姚明的真实存在。在马刺客场挑战火箭的比赛中，姚明共得27分和18个篮板，带领休斯敦火箭队以89：75击败了邓肯领衔的圣安东尼奥马刺队。

姚明在本场比赛中18投10中，罚球7罚7中，还有本赛季最高的18个篮板，帮助球队取得53投36中的好成绩。姚明的防守也起到了作用。全场有三次盖帽，其中一次是将邓肯的跳投给盖了下来，帮助球队将马刺队的命中率限制在了34%（73投25中）。

尽管投篮命中的次数少得可怜，但马刺队仍在第四节开始的时候以64∶61领先。不可思议的是，在最后关头，他们15投只有2中。这是他们在第四节输球的第六场比赛了。邓肯得到了25分和12个篮板，但他21投只有8中，罚球也只有16罚9中，在和姚明的对抗中，他明显处在了下风。“他的进步很快，”邓肯说。“他触球的感觉很好，而且要比我想象的要高。他的投篮也比我想象的更好，我的手拦在他的面前，但他仍然能出手投篮。他确实很棒。”

这场比赛最能证明姚明在NBA的飞速进步，他到美国后的第一场比赛就是对阵马刺队。“初来这里的时候我实在是累极了，”姚明说。“刚来时的那场比赛和今天的比赛最大的不同是我现在更适应了，这要感谢我的队友们，是他们一直很有耐心地帮我。”

这样，通过编辑对背景材料压缩，就将这条新闻由近千字删节成为500字。如果还需要压缩，则还可以进一步压缩背景材料：

姚明让邓肯黯然失色

法新社2002年12月4日电 蒂姆·邓肯今天证实了来自中国的中锋姚明的真实存在。在马刺客场挑战火箭的比赛中，姚明共得27分和18个篮板，带领休斯敦火箭队以89∶75击败了邓肯领衔的圣安东尼奥马刺队。

姚明在本场比赛中18投10中，罚球7罚7中，还有本赛季最高的18个篮板，帮助球队取得53投36中的好成绩。姚明的防守也起到了作用。全场有三次盖帽，其中一次是将邓肯的跳投给盖了下来，帮助球队将马刺队的命中率限制在了34%（73投25中）。

尽管投篮命中的次数少得可怜，但马刺队仍在第四节开始的时候以64∶61领先。不可思议的是，在最后关头，他们15投只有2中。这是他们在第四节输球的第六场比赛了。邓肯得到了25分和12个篮板，但他21投只有8中，罚球也只有16罚9中，在和姚明的对抗中，他明显处在了下风。

压缩后的稿件仅300字左右，成为一条标准的消息稿。这样虽然新闻背景弱化了，但却突出了最新的基本新闻事实，使报道简明扼要、一目了然。

（3）压缩新闻主体。有时候，编辑在压缩原稿时，仅压缩导语和背景材料还不够，还需要对新闻主体进行压缩，才能符合发表的要求。一般而言，由于倒金字塔结构是由导语与新闻主体两大部分组成的，新闻主体实际上就是导语内容的展开和解释，因此，只要从后面向前删节，哪怕删得只剩下导语部

分，也还是一条完整的新闻。对于编辑还说，这是相对比较容易操作的。但如果是非倒金字塔结构，由于其新闻主体部分构成一个完整的事实，删节起来就麻烦得多。编辑必须根据稿件的具体情况逐节逐句甚至逐字进行删节，花费很多功夫和精力才能既保持稿件的原意又达到发表的要求。

请看下面的例子：

梦幻湖人首战屠牛

本报记者洛杉矶电　尽管科比缺阵，湖人的“全明星阵容”没有全部亮相，但这已经够小牛队受的了。北京时间10月29日，湖人队在新赛季首场比赛以109∶93击败小牛，“全明星队”首次出马，表现不俗。新入盟湖人队的“手套”佩顿和“邮差”马龙表现尤为抢眼，打得小牛几无还手之力。

这场大战可称为“全明星”大战。在两支球队的首发阵容中，有8名全明星球员。但湖人的“全明星”更加耀眼，一开场就打了小牛8∶0。小牛往日犀利的进攻在新湖人面前全然发挥不出来，前5分多钟只得了4分。第一节最精彩的镜头出现在过半时。当时佩顿控球直奔前场，左边乔治，右边马龙两翼齐飞，面对小牛两将，佩顿将球传给乔治，后者打板得分，湖人以14∶4领先。至第一节快结束时，佩顿带球疾冲，吸引防守后将球传给奥尼尔，后者在篮下起身，大力将球直接扣入篮中，两人的空中接力天衣无缝。奥尼尔进球后，兴奋地走起他特有的“鲨鱼步”。首节湖人以29∶14领先，佩顿单节贡献6分5次助攻。

第二节开始后，湖人派上替补队员，小牛队将差距缩小。半场结束时，小牛以45∶55落后。第三节开始后，湖人又打出12∶3的攻击波，将领先优势扩大到19分。小牛队还以10∶0后，将差距缩小。

但今天佩顿是湖人最亮的明星。他以其娴熟的传球和进攻盘活了整个湖人。第三节还剩3分多钟时，只见佩顿直奔篮下，面对防守队员将球从背后传给外线的费舍尔。全场观众立即为他的这次传球大声叫好，纷纷起立欢呼。虽然费舍尔这球没投进，但马龙又抢到了篮板，佩顿再得球后，跳投命中。三节过后，湖人优势明显，以86∶67遥遥领先。

第三节快结束时，科比穿着红色T恤出现在场边。第四节开始后，两队都没有派上全部主力。湖人“四大天王”都坐在场下观战，尽管如此，湖人队优势明显，小牛队已经没多大的机会，只好俯首称臣。

是役佩顿拿下21分9次助攻7个篮板，马龙也得了15分9次助攻10个篮板。湖人先发五虎得分都达到两位数，奥尼尔16分9个篮板，乔治和费舍尔也各得16分。小牛队虽然也明星众多，但更像一盘散沙。诺维

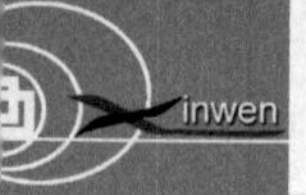

茨基19分13个篮板，沃克19分，贾米森17分，芬利12分。

在这场新赛季首场龙虎大战中，双方的首发阵容都较之上个赛季发生了很大变化。湖人的先发阵容是佩顿、费舍尔、奥尼尔、马龙和乔治。而小牛老板库班在赛季快开始前进行了一系列的交易，从勇士队得到了福特森、贾米森，从凯尔特人得到了沃克，使小牛队得分能力大大加强。这场比赛小牛的先发阵容是：纳什、沃克、福特森、诺维茨基和芬利。但总的看来，小牛队还缺少一个中锋，福特森的身高只适合打大前锋，打中锋多少有点勉强。篮板的不足，是小牛今天失利的一大原因。

以上稿件的内容，是美国NBA职业篮球赛2003—2004赛季首轮比赛洛杉矶湖人队与达拉斯小牛队双雄会的情况。该消息采用的是非倒金字塔结构，原稿全文一千余字。对于很多报纸的体育版来说，字数显然嫌多。但显然，这条稿件不能简单地从后面往前面删节，也不能只压缩新闻背景，而只能对新闻主体进行修改。下面是删节后的修改稿：

梦幻湖人首战屠牛

本报记者洛杉矶电　北京时间10月29日，湖人队在新赛季首场比赛以109∶93击败小牛，新入盟湖人队的“手套”佩顿和“邮差”马龙首次代表湖人出马，表现不俗，表现尤为抢眼，打得小牛几无还手之力。

在这场“全明星”大战中，湖人一开场就打了小牛8∶0。小牛往日犀利的进攻在新湖人面前全然发挥不出来，前5分多钟只得了4分。第二节开始后，湖人派上替补队员，小牛队将差距缩小。但第三节开始后，湖人又打出12∶3的攻击波，将领先优势扩大到19分。小牛队还以10∶0后，将差距缩小。但今天佩顿是湖人最亮的明星。他以其娴熟的传球和进攻盘活了整个湖人。至第三节结束，湖人已确定优势，以86∶67遥遥领先。第四节开始后，湖人“四大天王”都坐在场下观战。尽管如此，湖人队优势明显，小牛队已经没多大的机会，最终只好俯首称臣。

第三节快结束时，科比穿着红色T恤出现在场边。是役佩顿拿下21分9次助攻7个篮板，马龙也得了15分9次助攻10个篮板。湖人先发五虎得分都达到两位数，奥尼尔16分9个篮板，乔治和费舍尔也各得16分。

经过对原稿主体的删改，由原稿的千余字减至400余字。由上例可以看出，体育编辑对新闻主体的压缩应注意以下几点：

其一，在删节稿件前，应先将原稿新闻主体的内容按重要、次重要和不重

要等几个层次分出等级，然后按照需要依次进行删节。

其二，在删节后，应注意段落之间、语句之间的过渡与衔接。必要时，可做一些必要的文字处理，如用一些连结词来使上下相衔接，使之平滑过渡。

其三，进行删节时，要注意段落之间和内容之间的相对平衡。如上文中，应注意四节比赛的报道详略要相对平衡，避免对其中某一节的报道特别详细，而对另一节又一语带过。

2. 增补

相对于删稿来说，体育编辑在修改稿件时一般较少对原稿的内容进行增补。其原因是编辑位居二线，不像处于一线的记者那样，通过其采访活动对最新发生的事实掌握有第一手材料和感性认识。因此，编辑通常只是对原稿进行修改压缩，而不可能对新闻事实进行增加和补充。但是，在某些特殊情况下，如原稿中对事实或背景交代不全面或不具体，缺少必要的一些背景材料等，编辑也需要对原稿不完整的地方进行必要的补充，以使稿件符合发稿要求。

对于体育编辑来说，在修改稿件时对原稿进行增补主要有以下几种情况：

（1）原稿内容不完整，需要编辑依据手中掌握的事实进行补充。有时体育编辑会遇到这样的情况：由于一线记者观察角度或采访条件的局限，其从比赛现场发来的稿件漏报了某些重要的新闻事实，而后方编辑则从电视、网络或其他有联系的媒体处获得了有关情况和信息。在这种情况下，编辑可在与前方记者交换意见的基础上，用手中掌握的事实对原稿进行补充。

（2）原稿缺少一些重要的新闻要素，需要编辑进行补充。体育编辑经常会遇到一些稿件，或者遗漏了基本的新闻要素，或者对事实发生的时间、地方、人物等语焉不详，叙述不清。如在赛事报道中，缺少对比赛的地点、时间、赛事名称、上场人员等新闻要素的必要交代，这就要求体育编辑必须补上这些内容。

（3）原稿的新闻背景介绍不够，需要编辑依据手中掌握的背景材料进行补充。新闻背景具有解释作用，能够帮助读者了解最新发生事实的来龙去脉及其意义。有的原稿中对新闻背景交代不够，达不到报道的效果，这时编辑可以根据自己手中掌握的有关背景材料，对原稿进行补充。在前面所引《梦幻湖人首战屠牛》的原稿中，没有交代湖人队著名球星科比·布莱恩特为何没有参加比赛。原来，这位 NBA 超级明星正陷于性侵犯的官司中，而且在比赛前与湖人队另一位超级巨星奥尼尔打了一场“口水仗”。如果版面允许，这时编辑可以根据自己所掌握的背景材料，将这些有意义的背景材料补充进去，以增加报道的完整性和趣味性。

（4）原稿的字数太少，达不到配稿要求或版面要求，需要编辑酌情予以补充内容。有时候，体育编辑会发现，记者从前方比赛现场发来稿件字数不

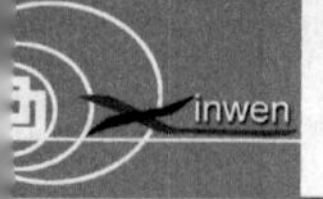

够，以致事先所留出的版面出现了空缺。这多见于比赛是在有时差的国家和地区举行时。为了赶截稿时间，编辑不得不采取特殊措施，先将版面其他部分做好，只留一块空白准备填稿的情况。在这种情况下，由于时间紧急，体育编辑一不能等二不能靠，只能依靠手中掌握的事实或背景材料，对原稿进行补充，使之字数达到所留出版面的要求。

编辑在对原稿进行增补时应注意以下几点：

其一，编辑在修改稿件时要慎用增补的方法。不是迫不得已和非常必要，编辑一般不要对原稿进行增补。

其二，如确有必要对原稿的新闻事实进行增补时，编辑一定要对所增补的内容有把握，不能因增补的内容而导致新闻失实。

其三，增补的内容字数宜少不宜多。增补不是改写，编辑应避免因增补的字数太多而改变了稿件的原貌。

3. 改写

改写，即编辑对原稿的角度、结构、体裁等进行修改，使之达到出报的要求。对体育编辑来说，改写是修改稿件中难度最大、操作最复杂的一种修改工作。一般而言，在体育编辑工作中，通常在以下情况下需要对原稿进行改写：

（1）原稿的基本材料尚可，但报道角度不能令人满意。在体育报道中，经常会遇到这样的情况：一样的新闻，不一样的报道。这就涉及报道角度的问题。以前面所引《梦幻湖人首战屠牛》为例，记者可以从新加盟湖人队的佩顿和马龙的角度来写，也可以从科比因性侵犯丑闻官司缠身而未上场这一角度来写（如《湖人大胜令科比尴尬》、《没有科比，湖人也能赢》等），还可以从本赛季湖人队与小牛队球员和阵容变化的角度来写以及从科比与奥尼尔赛前的“口水仗”及其关系来写等。

（2）原稿未达到预定的体裁要求，只有靠编辑对原稿进行改写，使之达到要求。有时由于各种原因，本来按事先策划和版面情况需要一篇较为详尽的赛事通讯稿，但传来的却是一篇大型的比赛消息稿。在这种情况下，由于时间因素，不可能让记者或作者重写，而只能靠编辑对原稿体裁进行改写，使之达到见报的要求。但应该注意的是，要将通讯稿改写成消息稿相对容易些，但要将消息稿改写成通讯稿难度极大。除非编辑手中掌握有第一手的现场采访材料和感受，否则很难达到通讯稿的写作要求。

（3）原稿结构不能令人满意，需要编辑进行改写。新闻稿件结构的好坏直接影响到阅读的效果。对于体育编辑来说，经常会遇到一些稿件的结构有问题，或者内容主次混淆、结构不合理、或者事实线索不清、条理紊乱、或者结构呆板、平铺直叙。这些都需要编辑在修改稿件中，对原稿的结构进行调整。

（4）原稿的基本材料尚可，但报道的主题不突出、不鲜明，需要编辑对

其进行改写处理，使之主题突出。例如，在前引NBA职业篮球赛2003—2004赛季首轮湖人队与小牛队的比赛中，最具有看点的是卡尔·马龙与加里·佩顿两位NBA老牌明星加盟湖人队首次亮相，这应该是该场比赛报道的焦点与主题。如果记者的稿件没有突出这一主题，编辑就应对原稿的导语和内容进行改写，突出这一最引人注目的报道主题。

以下是一篇编辑对记者新闻稿改写的例子：

原稿：冠军杯皇马主场擒尤文

本报讯 北京时间2003年5月7日2时45分（西班牙当地时间6日20时45分），在伯纳乌球场开始的欧洲冠军杯半决赛首回合比赛中，皇马主场2比1击败尤文图斯。罗纳尔多和罗伯特·卡洛斯先后立功。虽然尤文图斯在上半时结束前，靠特雷泽盖射门得手追平比分，但仍无法挽回失败的结局。但裁判对皇马所进第二球的判决引起了尤文图斯的强烈不满。

上半场一开始，皇马就向对方球门发起了猛烈冲击。开场不到1分钟，卡洛斯在25米外一脚远射擦着右门柱偏出，惊出尤文众将一身冷汗。在双方七八个回合后，皇马逐渐取得中场主动。第24分钟，菲戈右路带球切入直传，罗纳尔多快速转身摆脱费拉拉，然后与莫伦特斯作撞墙式配合，后者及时将球回传罗纳尔多，巴西人突至禁区线处右脚脚弓推射，将球准确送入右下角，这是他本赛季10场冠军杯第6球。此后，中场失势的尤文众将被迫频频采用犯规战术，先后将菲戈和罗纳尔多放倒。上半时补时阶段，特雷泽盖在中路得球，面对上前堵截的埃尔格拉，在门前7米处冷静地右脚外脚背推射右下角得分，尤文图斯扳为1比1。

下半时开球不久，罗纳尔多因伤被波尔蒂略替换下场。外星人下场后，皇马攻势顿时缓下来，尤文图斯场面大有改观，双方你来我往，僵持不下。直到第73分钟，皇马右路获得角球，齐达内直接将球开往禁区，混战中卡洛斯在左侧20米外胸部停球左脚大力抽射，球穿过禁区人群直挂远角。2∶1！皇马众将欣喜若狂，紧拥相庆。

但尤文图斯对此球却有极大争议。因为在卡洛斯射门时，门前3名皇马队员与开完角球后正在边线附近往回走的齐达内均处在越位位置，助理裁判也举了旗。但主裁判豪格与助理裁判商议后，认为球并没有碰到门前队员，越位队员也没有阻挡布冯视线，进球被判有效。之后皇马仍然攻势不减，仍有几次得分机会，但均被布冯一一没收。2比1的比分最终未能改写。

这场经典大战在全世界引起了广泛关注。虽然伯纳乌气温不到10摄

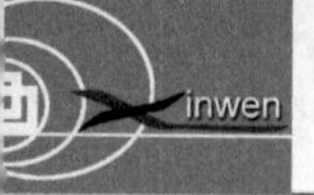

氏度，但仍有7万5千名球迷到场助威，其中有3 000名尤文图斯球迷。西班牙国王胡安·卡洛斯与西班牙教育、文化和体育部长均到场观战。

这是两队自1998年冠军杯决赛以来首次交锋。是役战胜尤文后，皇马已取得冠军杯主场4连胜。在伯纳乌的近26场欧洲赛事中，皇马只输过2场。皇马与尤文在冠军杯9场交锋从未出现平局，皇马6胜3负占据优势。

以上原稿有900余字，篇幅嫌大，且看点不够突出。因此编辑作了以下改稿处理：

桑巴双罗勇擒老妇人

本报讯　北京时间5月7日2时45分（西班牙当地时间6日20时45分），在伯纳乌球场打响的欧洲冠军杯半决赛首回合比赛中，凭着两名巴西人罗纳尔多和罗伯特·卡洛斯的两粒进球，皇马主场2比1击败尤文图斯，取得了这场举世瞩目的双雄大战的首合胜利。

上半场一开始，皇马就向对方球门发起了猛烈冲击。在双方七八个回合后，皇马逐渐取得中场主动。第24分钟，罗纳尔多接队友传球，突至禁区线处右脚脚弓推射，将球准确送入右下角。这是他本赛季10场冠军杯打进的第6球。上半时补时阶段，特雷泽盖在中路得球，在门前7米处冷静地右脚外脚背推射右下角得分，比分变为1比1。

下半时开球不久，罗纳尔多因伤下场，尤文图斯场面得以大为改观。但在第73分钟，皇马右路获得角球，齐达内直接将球开往禁区，混战中卡洛斯在左侧20米外胸部停球左脚大力抽射，球穿过禁区人群直挂远角。2∶1！皇马众将欣喜若狂，紧拥相庆。

尤文图斯对此球有极大争议，认为皇马队员有越位嫌疑。但主裁判与助理裁判商议后，判进球有效。其后皇马仍有几次得分机会，但均被门将布冯一一没收。2比1的比分最终未能改写。

上文标题中的“老妇人”是意大利尤文图斯队的绰号。改写后的稿件仅450余字。对比修改前后的稿件，编辑不仅压缩了字数，而且通过对标题、导语、主体的改写，突出了皇家马德里队中两位巴西球星罗纳尔多和罗伯特·卡洛斯在比赛中的突出表现，使改写后的稿件既主题突出而又更加精练生动，较之原稿具有更好的阅读效果。

4. 分篇

记者原稿篇幅太长，包含内容较多，为了方便读者阅读和版面效果，编辑

常将一篇大稿细分为若干独立的小稿，分别冠以标题，使其形成一组相对独立的稿群和专栏。仍以前引《梦幻湖人首战屠牛》为例，就可以分为若干主题不同但又彼此关联的一组稿件，其中可以包括一篇报道比赛基本情况的消息稿，一篇关于马龙和佩顿这两位新加盟湖人的老球星在比赛中表现的特写稿，一篇小牛队比赛情况的专稿，还可以配一篇关于科比·布莱恩特在本场比赛场边出现的特稿。这些报道主题与报道角度不同，但内容互相关联的稿件在版面上组成一个独立的专栏，再配上图片，就可以达到较之一篇大稿更好更醒目的版面效果。

5. 合稿

有时候，体育编辑会遇到反映同一题材的几篇稿件。例如，一场重要比赛下来，编辑手中既有本报记者稿，又有通讯社稿、网稿、媒体互换稿等。通读下来，发现这些稿件各有长短，可以互补，这时编辑就可以采用合并的方式，将多篇稿件各取所长，相互补充，使之成为一篇内容更加完整、可读性更强的新稿。

四、配稿

在体育报道中，稿件通常以两种形式出现在报纸体育版上，一是单稿形式，即一稿一事，稿与稿之间内容互不关联。二是组稿形式，即若干主题相同而内容、角度、体裁等互异的稿件组成一个稿群。配稿，即编辑将若干主题相似或相互关联的单篇新闻稿件进行归类处理，组织成不同的稿群或栏目，并通过版面呈现给读者。配稿是体育编辑的工作环节之一，通常是在单篇稿件处理完毕后，进入版面编辑前的最后一个编辑流程。

（一）配稿在体育编辑工作中的作用与意义

1. 增强报道力度

与单篇稿件相比，组稿会对读者产生明显的视觉冲击效果，增强报道力度。由于组稿通常由两篇以上的稿件组成，多角度、多层次、全方位地报道同一主题，因而在报道力度和版面效果上大大强于单篇稿件。而且，组稿中的单稿越多，其报道的力度就越大。在体育新闻报道中，有时甚至会以若干个版、十几篇单稿组成的稿群从不同角度来报道一个主题。以2002年韩日世界杯足球赛巴西队与德国队的决赛报道为例，报道这场比赛的最简单的做法就是发一篇有关比赛结果和过程的比赛消息。但是，由于这是一场举世瞩目的重要比赛，这样处理显然是不行的。就算这篇消息的篇幅很大、字数较多，放在版面上也显得十分单薄，难以达到报道的效果。因此，对这类重要比赛，报纸媒体

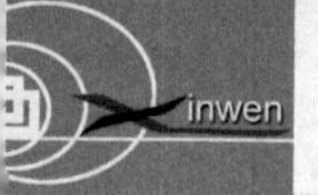

均需要以组稿的形式来进行全方位、多角度的报道，以达到增强报道力度、满足读者需要的目的。下面是2002年7月1日《体坛周报》1~4版关于这场决赛报道的配稿情况：

1版：五星巴西！（主标题，配主图）

2版：《上帝让我等到这一天》（内容为打进两球的罗纳尔多的赛后特写）、《两次摧毁卡恩意志》（内容为罗纳尔多打进两球的特写）、《莫拉蒂赛前致电罗纳尔多——"你将进两球"》（内容为国际米兰俱乐部主席赛前给罗纳尔多的电话内容）、《里瓦尔多应得金球奖》（内容为赛后记者采访罗纳尔多的谈话内容）、最终射手榜、最终助攻榜。

3版：《五星巴西之凤凰涅槃》（内容为巴西队征战历程）、《数字1998—2002》（内容为两届世界杯之间巴西队基本情况的数据统计）。

4版：《CAMPEAO！ PENTA！》（葡语：冠军！五冠王！内容为巴西球迷及队员赛后庆祝情况）、《斯科拉里：决战最完美》（内容为巴西队主教练斯科拉里在本场比赛中的指挥情况）、《他们还是英雄》（内容为赛后德国球迷的情况）、《罗纳尔多独进两元》（内容为比赛消息报道）、《人品好，哨声准》（内容为主裁判科利纳在本场比赛中的表现）、《正统秩序回归》（内容为路透社、美联社、法新社三大通讯社关于这场比赛的快评）。

从上面的例子中可以看出，围绕一场比赛，《体坛周报》配置了十几篇甚至更多的稿件，从焦点人物（罗纳尔多）到比赛过程、巴西队的征战史、双方球迷情况、裁判等各个角度来对比赛进行报道。由于报道的力度很大，从而使读者得以了解有关这场比赛的各方面信息和情况。应该指出的是，由于各地的日报在世界杯比赛期间大多出了专刊或增刊，版面一般均在4~8个版以上，因此也需要大量配稿，才能达到报道的目标和效果。

2. 深化报道主题

在体育报道中，编辑经常需要通过配稿来使报道主题得到深化，让读者不仅了解新闻本身，而且了解新闻的背景和其他有关信息。通常的做法是，在一篇主消息后面，配置和链接一篇或若干篇相关的新闻背景和报道。以上面《体坛周报》对2002年世界杯巴西队与德国队的决赛的报道为例，为了让读者了解巴西队为何能够夺得本届世界杯冠军，获得五连冠的巨大成功，编辑专门在第2版配置了《五星巴西之凤凰涅槃》的专稿。该文全面介绍了巴西队自1998年世界杯决赛中失利，将冠军拱手让给法国队后的艰难崛起过程。该文字数多达3 000余字，分别以"难忘1998年7月12日"、"耻辱的世界杯预选赛"、"寻找病根与揭发丑闻"、"R代表复兴"等插题，详细记述了这支巴西队在世界杯征战过程中所面临的问题及困难，从而使读者更深入地了解了巴西队夺冠背后的故事。该报为了进一步深化这一报道主题，还在第2版右边栏上配置了“数字1998—2002”一文，用数据和图表来说明巴西队自1998世界杯失利后的曲折经历。这些配稿都有效地起到了深化主题的作用。

3. 丰富报道内容

在体育报道中，如果一篇稿件所承载的内容过多，就会冲淡报道的主题，使内容冗杂，读者在阅读时也会感到吃力。在这种情况下，要想丰富报道的内容，最好的方式就是配稿。编辑围绕某一主题，从不同的报道角度，以不同的报道形式来配置相关的稿件，就能使原本看上去较为单一的报道变得丰富起来。同样以《体坛周报》关于2002年世界杯足球赛的报道为例，由于该报编辑运用了稿件配置手段，围绕“五星巴西”这一主题从不同角度对巴西队与德国队的比赛进行了报道，从而使关于这场比赛的报道内容大大丰富起来。读者不仅可以从中了解到比赛的情况，也可以了解到赛前和赛后的情况；不仅能读到比赛的全面情况，也能读到罗纳尔多是如何打进两粒精彩进球的具体情况；不仅能了解球员们在场上的表现，而且也能知道教练、裁判、球迷们在这场比赛中的有关情况。而这么多内容，是很难全装在一篇单稿中间的，只能运用配稿的手段，才能起到丰富报道内容的效果。

（二）体育编辑配稿的特点与要求

1. 体育编辑在哪些情况下需要配稿

在体育新闻编辑工作中，配稿虽然是一种常规性的编辑业务，但并不是所有的稿件都需要配稿，而且，在配稿时如何搭配，配几篇稿件都有讲究，必须按照具体的情况和需要来进行配置。一般而言，新闻价值一般的常规性体育报道不需要配稿，因为这类报道只需要一篇消息稿就可以了。但是像奥运会等重大体育新闻报道，一般需要通过配稿的手段来强化报道的效果。也就是说，在体育新闻报道中，越是重要的报道，就越需要运用配稿的手段来达到报道的效果。对于体育编辑而言，判断一篇稿件需不需要进行配稿可以参照以下标准：

（1）特别重要的赛事、活动与事件的报道。这类报道主要指奥运会、世界杯足球赛、欧洲足球锦标赛、世界田径锦标赛、欧洲冠军杯等在全世界或在中国公众中影响特别大的赛事，有中国运动员参加并取得优异成绩的世界性重大赛事，奥运会、世界杯足球赛等重大赛事举办地的遴选，发生与体育有关的重大突发性事件和丑闻等。这类报道主题在公众中影响特别巨大，通常媒体会将其作为报道重点，采用特刊、专刊、延长截稿时间等特别措施。这类报道题材一般采取单篇稿件的报道形式，而需要运用配稿手段来强化报道效果。同时，这类特别重大的报道题材配稿量较大，有时达到十几篇甚至数十篇，如前引《体坛周报》关于2002年世界杯巴西队与德国队决赛的报道。

（2）重要赛事、活动与事件的报道。在体育报道中，这类报道题材通常

包括那些影响较大的赛事，如全国运动会、有本地球队参赛的国内职业联赛，如职业足球联赛、职业篮球联赛等；国外著名职业比赛中的重要赛事，如欧洲冠军杯、优胜者杯、南美解放者杯等赛事的重要比赛；意大利、英国、德国、西班牙、法国等五大职业联赛的重要比赛；美国NBA职业篮球赛的重要比赛；重要的体育活动；影响较大的与体育有关的突发性事件等。这类报道一般需要围绕主要消息稿配置相关的特写、评论等稿件。例如，一家地方性日报在报道本地的职业足球队比赛情况时，通常会围绕比赛的消息稿进行配稿，如比赛侧记、人物或精彩镜头特写、评论、有关数据表格等。同上述特别重要的体育报道题材相比，这类报道通常不会采用特刊或专刊的形式，只是在常规的体育版上进行报道，配稿的数量一般会在3篇单稿以上、10篇单稿以内，而且大致有一个报道模式可循。

(3) 需要配稿的一般赛事、活动和事件报道。有时候，体育编辑会遇到一些较之常规性的报道重要，但又不属于上述重要赛事、活动与事件的稿件，会感到单篇稿件略显单薄，需要配置一两篇配稿加强报道力度和效果。例如，在报道NBA火箭队的某场常规比赛时，感到只有一篇消息还不够，编辑就可以配置一篇专门报道中国运动员姚明表现的稿件或评论，形成一个报道版块。同以上两种情况必须配稿相比，这类报道题材配稿一般不会超过3篇单稿，而且通常是可配可不配，一般要视版面情况来决定是否配稿。

2. 赛事报道的稿件搭配特点

20世纪90年代以来，围绕国内职业足球联赛的报道，各地日报体育版在配稿时形成了相对一致的稿件搭配组合特点，这不一定非要生搬硬套，但可以作为体育编辑配稿工作的参考。以下是日报体育版常规性赛事报道配稿的基本构成：

(1) 赛事消息。这是赛事报道不可缺少的基本构成。主要是包括比赛的结果、过程和基本情况等。但是在当今电视赛事直播和网络报道发达的情况下，报纸媒体体育新闻的消息报道虽然是必要的，但却不一定是最重要的。编辑在配稿时，会以赛事消息为中心配稿，但却不一定将其放在很重要的版面位置，篇幅也不会很大，只需要简单报道比赛结果和过程即可，而将其他重要内容留给配稿来完成。

(2) 赛后新闻发布会消息。在重要比赛结束后，按照有关规定，参赛双方的主教练必须参加赛后的新闻发布会，回答记者有关这场比赛的提问。体育编辑一般会将记者有关新闻发布会情况的消息稿件配置在主消息之后。有时候，赛后新闻发布会也会爆出新闻，如某位主教练在激动之余说出了惊人的话，或者就比赛发表了令人震惊的看法等，编辑也会将这类消息置于版面的重要位置，成为配稿的中心。

（3）比赛通讯、侧记与特写。一场精彩的比赛后，仅仅一篇赛事消息报道是不够的。为了满足读者与球迷希望进一步详细了解比赛情况的需要，编辑通常需要围绕比赛消息配置比赛通讯、侧记、特写等稿件，让读者与球迷了解更多的比赛细节和情况。一般而言，只要角度和题材不同，通讯、侧记、特写等可以同时配置。但出于版面的考虑，一般只会将其中一两种报道体裁配置在一起。

（4）比赛花絮。为了使报道生动有趣，活跃版面，编辑经常会围绕报道主题配置"比赛花絮"一类稿件。这类稿件虽然并非是非要不可的，但却是体育版上经常配置的。

（5）评论。在体育版上，相对重要的赛事报道一般都会配置体育评论。

（6）战绩表、排名表、积分表、射手榜。这些都是赛事报道的必有内容，也是体育编辑配稿的必有内容。

在上述配稿构成中，最基本的也是不可缺少的是体育消息。其他配稿都是围绕比赛消息来配置的。另外应该指出的是，在体育编辑实践中，配不配稿、配多少稿、怎样配稿，都要依据具体情况而定，灵活使用，而不可拘泥于一种固定的模式。

3. 在报道策划中预先考虑配稿

由于体育报道的特点，编辑应该在报道策划中对配稿有所考虑。这是因为：其一，体育比赛不是突发性事件，事先有一定规律可循，如项目、时间、地点、参赛队伍或运动员等，因而有经验的编辑可以提前考虑配稿情况。其二，体育编辑如果等赛后记者的稿件发来后才考虑配稿，就可能出现无稿可配或配稿不当的情况。最好的方法是在赛前有关报道策划会议上就根据版面情况考虑配稿，并据此对记者提出采写要求，这样配稿会达到很好的效果。例如，在赛前报道策划会上，编辑就对记者提出需要一篇较详细的比赛侧记和对某位明星在比赛中的个人表现特写，记者就会按要求写出稿件，使编辑顺利地完成配稿。

（三）体育编辑配稿的要求

1. 考虑版面效果

体育编辑在配稿时，必须要有版面策划意识。一方面，是否配稿不能光从稿件本身来定，而且要根据当天的版面情况而定。如果没有版面，再好的配稿也用不上。另一方面，在配稿时，要考虑所配单稿的大小以及标题、内容等放在版面上的效果如何。如果一位编辑没有版面的概念和意识，在配稿时就会事倍功半。

2. 确定报道重点

体育编辑在进行编前策划时，首先要确定当日的报道重点。因为只有确定了报道重点，明了本版头条报道什么，二条报道什么，才能确定哪条消息需要配稿、配什么稿、配几条稿等。一般而言，越是重要的消息越需要配稿，而且需要的配稿量相对更大。如报纸体育版的头条是最重要的，因而需要重点进行配稿。次条是相对重要的，如果配稿的话，一般在配稿数量方面不能超过头条配稿的数量。

3. 报道力求全面

体育编辑在配稿时，要注意选择稿件的角度，尽可能做到报道全面。例如，在报道一场重要的球赛时，就要考虑从各种因素和各种角度进行配稿。例如，在前引《体坛周报》关于2002年世界杯足球赛决赛的报道中，编辑就对报道的角度和配稿进行了精心而全面的安排，通过一系列配稿，既强化了报道的力度，又全面地从各种角度报道了巴西队与德国队决赛的情况。

4. 稿件主次分明

在配完稿后，编辑应将配好的稿件用菜单的形式标出，使版式编辑一目了然。如果稿件较多，不妨用ABCD将不同稿群分别标出，同一稿群的单稿分别以A1、A2、A3、A4或B1、B2、B3等标出，并按重要程度在菜单上进行排列，再标出是否需要配图。这样处理稿件，能够使配稿情况清清楚楚，便于进入下一道工序。

（四）体育编辑配稿的主要方法

1. 搭配

搭配，即将主题相同但报道角度、体裁、内容等不同的稿件组合在一起，形成一个主题鲜明的稿群。在体育编辑工作中，主要有以下几种搭配方式：

（1）不同角度的稿件搭配。在体育报道中，运用较多的配稿方法是同一主题但不同报道角度的稿件搭配，以形成同一稿群中多篇稿件之间的内在逻辑关联与互补关系。这种配稿方法多见于重要赛事与活动的报道。例如前引《体坛周报》关于2002年世界杯足球赛巴西队与德国队的决赛报道，就从赛前、赛间、赛后的焦点人物、比赛过程、精彩镜头、主教练、裁判、球迷等不同角度进行稿件搭配，从而使读者得以从全方位了解这场比赛的情况。

（2）不同体裁的稿件搭配。编辑在配稿时，为了使版面生动活泼，要注意不同新闻体裁之间的搭配。如果整个稿群和版面都是同一体裁，版面就会显得单调枯燥。在体育报道，尤其是赛事报道中，通常是围绕主消息进行搭配，其主要搭配体裁有比赛侧记、比赛特写，赛事评论、赛事通讯、花絮、战绩

表、排行榜等。

（3）不同稿群之间的搭配。体育编辑在配稿时，还会遇到主题相关但内容不同的稿件需要组织搭配，以使版面集中有序。例如，国内足球报道与国外足球报道分别属于同一项目但内容有异的两个稿群，如果在版面上这两个稿群之间插入一个篮球报道的稿群，就会显得十分不协调。因此，编辑通常会将这两个相关的稿群搭配起来，形成一个轻重平衡协调的大的稿群。

2. 集纳

集纳是指将若干相关的稿件组织集中在一起，以相互补充，达到增强传播效果的目的。在体育编辑中，通常使用的集纳方法有以下几种：

（1）同题集中。即将内容有关联的新闻稿件入在一个标题之下集中发表，形成稿件之间的联合、连续、对比、参照等关系。如一场比赛结束后，双方教练员对裁判的判罚发表了不同的意见，这时就可以采用同题集中的方法，将两篇专访稿置于同一标题之下，形成强烈的对比关系。

（2）专版专栏。专版是将若干同类相关的稿件纳入一个专门的版面发表。专版一般都有版题，如“全运动”、“竞周刊”、“扣篮”、“足球帝国”等。专栏是将若干具有共同性的稿件集中到一个周期性出现而又包容性较大的栏题下发表，通常会在版面上占据一个相对稳定的局部位置。如“名嘴评球”、“球迷之声”、“记者快评”、“媒介声音”等专栏，就可以按类别和性质将不同的稿件组织集中在有关专栏下发表。

（3）版面集纳。即将若干篇有一定关联的稿件组合在一起，但并非是集于一个标题或一个栏题之下，而只是在版面位置上将其安排在一起，以使版面紧凑和谐。编辑在编完稿件编写菜单时，应将要集纳的稿件序号标在一起。例如，编辑想将一篇网球消息、一篇高尔夫球消息、一篇橄榄球消息集纳在一起，就应将三篇稿件在菜单上的序号安排在一起，并用“{”一类特殊符号加以标识，以便版式编辑处理。

3. 链接

“链接”这一说法和方式最初来自网络，现在报纸媒体的体育报道也经常采用这一方法。所谓“链接”，即围绕某一主题，将相关的报道连接起来，形成一个“新闻链”，以使读者深入了解新闻的背景与相关事实，加深对新闻的理解。在体育报道中，运用较多的链接方式有：

（1）新闻回放。当发生在过去的新闻有了新的情况需要报道时，为了使读者了解这一新情况的来龙去脉，编辑常使用链接的方法，将描述过去事实的稿件与最新发生的事实报道稿件进行链接。例如，对某位体育名人的司法诉讼会进行很长时间，当官司有新的进展时，读者可能对这场官司的起因印象模糊，这时编辑就可以采用“新闻回放”的链接方法，简单地将这场官司的起

因与过程配在主消息旁边。

（2）相关新闻链接。有时为了让读者加深对新闻的理解，编辑可以在版面上将相关内容的新闻链接在一起。如报道一起运动员服用违禁药物的新闻时，编辑可以将一篇内容为历年来国内外重大服用违禁药物事件的稿件与主消息相链接，使读者了解同类事件的有关情况。

（3）相关新闻背景的链接。为了让读者深入了解和理解新闻事实，编辑可以将与新闻有关的背景材料加以链接。如在1996年美国亚特兰大奥运会期间，发生了恐怖主义分子制造的炸弹爆炸事件。为了让读者深入了解这一事件发生的背景，编辑可以围绕这一新闻的最新消息报道，链接一系列有关背景报道，如美国的社会治安情况、历史上对奥运会的恐怖主义袭击情况、亚特兰大本地的种族矛盾、社会矛盾、枪支管理情况、奥运会的安全措施情况、国际恐怖主义组织情况等，使读者深入了解这一新闻的背景。

本节思考题

1. 组稿在体育新闻编辑工作中有何重要意义？
2. 体育编辑组稿的主要渠道和来源有哪些？
3. 体育编辑组稿的技巧有哪些？
4. 选稿在体育编辑工作中有何重要意义？
5. 体育编辑的选稿程序有哪些？
6. 体育编辑选稿标准主要有哪些？
7. 体育编辑在改稿时要注意哪些方面？改稿的基本方法有哪些？有何要求？
8. 配稿的意义和作用是什么？在哪些情况下需要配稿？
9. 赛后报道的配稿特点有哪些？有何要求？有哪些方法？

第四节　体育新闻标题

标题，即报刊上新闻和文章的题目，在这里特指新闻的题目。一般而言，标题是以大于正文的字号，用最简短精辟的词语来浓缩和概括新闻内容和中心思想，以达到吸引读者并帮助读者阅读和理解新闻的目的。标题是新闻的开始，又是新闻报道的延续和最后完成。

体育新闻编辑的重要工作之一，就是根据报道的需要，对原稿的标题进行修订和重制，以实现最佳的传播效果。当一份完整的新闻稿件交到编辑手中的

时候，原稿内文的前面必然有作者在撰写稿件过程中拟就的新闻标题。从这个角度来说，新闻标题属于新闻写作的一部分。但对于编辑来说，通常不能照搬这些原稿的标题。因为原稿作者只是从单一稿件的角度来考虑标题，而编辑则需要根据报纸体育版的整体报道方针、报道风格、传播效果、稿件组合、版面配置等因素综合考虑新闻标题是否达到要求。尤其是在体育报道中，新闻标题具有极为重要的传播功能和作用。体育版的新闻标题如何，会直接影响体育报道的传播效果。因此，修订与制作新闻标题，是体育编辑最基本、也是最重要的业务之一。

一、体育新闻标题的作用

新闻标题对于体育报道具有十分重要的作用。具体而言表现在以下方面：

1. 吸引读者关注

翻开任何一张报纸的体育版，或点开任何一个门户网站的主页或体育版面，首先进入读者眼睛的就是新闻标题。如果新闻标题具有吸引力，读者就会接下来阅读标题下面的内容。如果标题不吸引人，读者就可能失去阅读的兴趣，这样再好的新闻报道也失去了应有的价值。久而久之，甚至会影响报纸的销售量。在当今生活节奏十分紧张、各种信息十分发达、新闻竞争十分激烈的背景下，体育报道能否在第一时间吸引读者的眼球、吊起读者的胃口、提起读者的兴趣，很大程度上有赖于体育编辑对新闻标题的“包装”。所以新闻圈内有“看书看皮，看报看题”的说法。这句话不一定全面，但的确表达了新闻标题在体育报道中的重要作用。

一则好的体育新闻报道，往往能够在第一时间吸引住读者。现代体育运动充满紧张活力，尤其是高水平竞技与职业竞技，更是以其冲突性、悬念性与娱乐性吸引着广大体育迷。报纸媒体的体育新闻报道要想吸引读者，首先就要在标题上表现出体育运动特有的气质、精神、力度、动感、悬念、美感和趣味，体现体育新闻报道特有的魅力和感染力，从而能在第一时间引起读者的强烈共鸣与激情，引起其阅读的兴趣与欲望。

如1983年9月22日中国跳高运动员朱建华在上海举行的第五届全运会男子跳高比赛中，一举跳过2.38米的高度，再次创造了当时的男子跳高世界纪录。新华社当日的特写标题为：

向地心引力挑战的时刻（主）
记朱建华跳过2.38的新高度（副）

这一标题以主副题虚实搭配的形式，在主题中巧妙地引用了“地心吸引

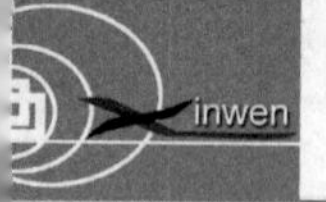

力”这一物理概念，形象而生动地表现了朱建华向人类极限与世界纪录冲击的报道主题，极大地挑起了读者阅读的兴趣。

2. 提示新闻内容

标题的基本功能之一，就是提示新闻内容，使读者在阅读的第一时间内了解新闻报道的内容与观点，从而决定这则报道是否是自己感兴趣和想阅读的。当代社会是一个高节奏的时代，而体育新闻又属于一类娱乐性质的报道，体育报道要想吸引读者的眼球，很大程度上在于标题是否吸引人。因此，对于体育编辑来说，好标题的标准是什么？答案是：当读者一翻开体育版，其眼光掠过版面的一瞬间，就能了解今天报纸有什么重要的体育新闻，并立即判定哪些体育新闻是其感兴趣和希望进一步了解的。这样的标题就是好标题。

例如，1984 年 7 月 29 日中国射击运动员许海峰在洛杉矶奥运会的男子自选手枪比赛中勇夺金牌后，由于这是中国在奥运会上首次实现金牌“零”的突破，当天新华社记者抢在第一时间向国内发回了一系列报道。下面是这组消息的标题：

中国神枪手许海峰赢得奥运会第一块金牌

中国获得第一枚奥运会金牌

中国获得自选手枪金牌

中国神枪手许海峰夺得奥运会首枚金牌

这些标题虽然侧重点不同，但都以十分精练而准确的文字提示了同一新闻事实，读者一看这些标题，就可以对报道的基本内容一目了然。

3. 评价新闻事实

新闻标题的另外一个功能，就是评价新闻事实，表明媒体对新闻事实的基本立场和态度。现代体育运动的高情感特征决定了体育新闻常具有强烈的感情色彩。例如，一家媒体在报道有本国或本地运动员或运动队参加的比赛时，会为本国或本地的运动队或运动员取得优异成绩而欢呼叫好，或为其在比赛中失利而遗憾叹息。只要是在坚持新闻的真实客观原则前提下，这种报道立场和感情的倾向性是允许的，也是正常的。另外，媒体也要对发生在体育运动中的各种事情表达立场与态度，表彰和宣扬那些符合体育精神和人类普遍道德原则的典范；对有违体育精神的言行进行批评，对那些发生在体育界的违法乱纪的行为更要进行揭露和谴责。因此，体育新闻标题的重要功能之一，就是要表明媒体对新闻事实的态度和评价。

例如，2002 年 10 月 30 日，中国运动员姚明加盟休斯敦火箭队后首次亮相美国 NBA 职业篮球赛，在这场与印第安纳步行者队的比赛中，他上场 11 分钟，1 分未得，2 次失误，3 次犯规，火箭队输掉了比赛。对于这场比赛，某

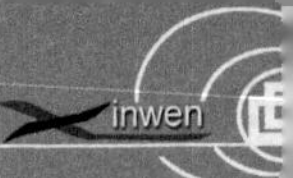

报体育版的头条标题是：

上场11分钟，两个篮板，三次犯规（引）
姚明首战交白卷（主）

而同城另一家日报体育版的头条标题则是：

演砸处子秀不是世界末日

显然，前面那家报纸体育版的标题虽然是陈述事实，但读起来却有点讥嘲的味道。而后者却表明了媒体的态度：首战搞砸并不要紧，以后还可以再来。

又如，2002年3月24日，在西安进行的足球甲A联赛的比赛中发生了球迷骚乱事件。请看当时各主要体育专业报报道头版主标题：《足球流氓骚乱西安》(《体坛周报》)、《西安昨日惊现5·19》(《足球报》)、《西安骚乱》(《南方体育报》)、《西安大骚乱》(《21世纪体育报》)。在上述标题中，各报均用了“骚乱”一词，对这一事件表达了否定的态度。而《体坛周报》在大标题中更明确指出了这是“足球流氓”制造的骚乱，更鲜明地表明了该报对这一事件的评价与立场。

4. 区分新闻类别

新闻标题在新闻报道中还有组织新闻和将新闻分类的功能。在体育报道中，标题的这种组织和分类的作用十分明显。例如，在一张报纸体育版上，要报道各种各样的体育消息，为了方便读者阅读，编辑可以将不同类的消息组织在一起，用一个大标题或版题、栏题将新闻分类。例如，用《绿茵风暴》的版题或栏题将所有足球报道组织在一起，再用《甲A风云》、《甲B气象》、《欧战烽火》等栏题分别将国内足球的甲A、甲B联赛的报道以及欧洲主要足球联赛的报道分别归类加以报道。再如，某日报在报道2002年10月30日姚明在美国NBA赛场上首战亮相的消息时，其体育版用了一个大标题：《演砸处子秀不是世界末日》，下面用了6篇稿件来报道同一主题。这条大标题既是主消息的标题，又成为这一组报道的总标题，不仅起到了突出主题的作用，而且使版面统一、分类清晰、重点突出。

5. 强化版面效果

当代体育新闻报道非常重视新闻的“包装”，尤其是所谓的“版式语言”对读者视觉上的冲击力。“版式语言”主要包括标题、图片和版面设计（如版面构图、字体、字号、用色、题花、背景网、线、点等符号的使用）等要素。其中，标题在版面视觉效果上起着重要作用。一条好的标题用醒目的字体字号放在版面显著位置上，会对读者产生强烈的印象。

例如，2002年3月22日，各媒体都报道了一个轰动的消息：北京市公安

部门拘留了国际级足球裁判龚建平。由于此前被炒得沸沸扬扬的“黑哨案”背景，这一消息引起了极大震动。请看当时各主要体育专业报纸的主标题：《足球报》：《一个国际级裁判被抓啦!》；《南方体育报》：《裁判龚建平被抓》；《21 世纪体育报》：《裁判龚建平被抓》；《体坛周报》：《龚建平被捕后招了?》。这些标题大多既直接又简洁，经用大号字体在各报头版最上方登出，对版面造成了极强的视觉冲击效果。

二、体育新闻标题的特点

体育编辑在修订编制体育新闻标题时，除了要遵循新闻标题制作的一般规律，更要把握体育新闻标题制作的一些特殊的规律和特点。这些规律和特点是在体育新闻报道长期实践中形成的，体育编辑应不断地钻研和总结这些规律和特点，才能制作出好的体育新闻标题。在体育新闻标题中应用最精练、最精彩的文字来充分体现、展示和表达体育运动的特点及其独特的魅力。归纳起来，体育新闻标题制作的特点与要求主要有以下几点：

1. 力度

体育运动是人类力量与智慧的统一。在体育比赛中，通过力量、速度和技能的较量，人类追求着崇高精神和健美体魄，表现了更高、更快、更强的进取精神，表达了对伟大理想和美好事物的向往。同样，人们在阅读体育新闻时，如果首先看到的是充满力度与张力的标题，就会直接感受到体育新闻的魅力。因此，体育编辑在制作标题时，要在语言文字的力度上下工夫，体现体育运动特有的力度和质感。反过来说，一场充满火药味的激烈比赛的报道标题如果是软绵绵的，就会极大损害报道的效果。例如，1992 年 7 月 30 日《中国体育报》关于游泳运动员钱红勇夺奥运会金牌的报道标题：

群龙翻江终有首　钱红逐浪报捷来

体育消息的标题要写出气势和力度并不容易。这条消息标题写得大气磅礴，文采飞扬，让人读后印象深刻，经久难忘。再看新华社 1985 年 8 月 27 日关于中国运动员栾菊杰在第 13 届大学生运动会夺冠的报道标题为：

栾菊杰：我豁出来了（主）
第 13 届世界大学生运动会女子花剑决赛目击记（副）

这条标题的主题引用了栾菊杰本人原话“我豁出来了”，显示出一种强大的精神力量，既暗示了这场比赛的艰苦激烈和胜利来之不易，又在读者心目中塑造了一个不畏强敌、顽强拼搏的中国运动员的形象。再看 2002 年世界杯足

球赛时《21 世纪体育报》6 月 1 日头版对揭幕战塞内加尔队战胜上届冠军法国队的主标题：

BOOM 1 比 0（引）

干掉法国（主）

以上标题引题中的“BOOM”是本届世界杯主题歌中的一句感叹词，用在引题中，具有强烈的声波冲击感。主题中只有 4 个字，而“干掉”一词用在这里，显得很有力度，让人直接感受到体育新闻标题特有的震撼力。

2. 动感

运动是体育的本质，没有“动”，就没有体育。同样，体育新闻标题充满动感，才能体现其报道的专业性特征。体育新闻要怎样才能“动”起来？这就要求编辑在制作标题时在动词的运用上多下工夫，充分展示和表现体育运动的动感。

如 1995 年 9 月 17 日《深圳晚报》全国城市运动会射箭比赛的标题：

挽强弓 沉住气 瞄靶心 嗖嗖嗖（引）

特区姑娘将城运射箭女团金牌挂胸前（主）

这条标题的引题十分具有动感，形象而生动地表现了射箭运动员比赛的场面，仅 12 个字就让读者有如身临其境，好像在比赛现场亲眼看到弯弓如满月、箭去似流星的动感景象。再如新华社 1988 年 5 月 5 日关于中、日、尼三国登山队攀登珠穆朗玛峰的报道标题：

跨越地球之巅

这条标题将动词“跨越”与“地球之巅”相组合，顿时产生了一种豪迈磅礴、一往无前的气势，使登山运动员们的豪情壮志与飘逸之情跃然纸上。这些标题，动词的使用都达到了“点睛”的功效，充分展现了体育新闻特有的动感特征。

再看 2001 年 6 月 18 日国内几家体育专业报头版的标题。当时由沈祥福率领的中国青年队在世界青年足球锦标赛首场比赛中以 1 比 0 战胜了美国队。

华人高呼中青队万岁（体坛周报）

中青六成水平毙美国（足球报）

中青一弹放倒美国佬（球报）

而《南方体育报》的标题是：

世青赛中国队首战告捷（引）

曲波踢爆美国佬（主）

以上标题都因动词用得贴切而显得动感十足，生动而富有感染力。这些标题既表达了新闻事实（中青队一比零战胜美国队），又通过“高呼”、“毙”、“放倒”、“踢爆”等动词，显示了体育新闻标题特有的动感以及作者的情感、立场和观点，从而引起读者内心的呼应与共鸣。

3. 冲突

体育运动被称为“和平时期的战争”。无论是国际重大赛事，还是国内的各项比赛，无论是各类职业联赛，还是各种业余比赛，只要是体育比赛，就必然有竞争和对抗。体育新闻标题的一个重要特点，就是要反映体育运动这种特有的冲突性与对抗性，使读者一看就感受到体育运动特有的冲突气质。例如2002年6月27日《体坛周报》一版头条关于2002年世界杯足球赛巴西与英格兰对决的赛前报道主标题是：

夺冠或者死亡

其2、3版联版大标题为：

以世界上最锐利的矛　攻世界上最坚固的盾

以上标题都表现了体育运动特有冲突与对立，读者还未看内容，就被标题强烈的冲突性和紧张气氛所紧紧抓住。

4. 美感

体育运动是力与美的完美结合。正如现代奥林匹克运动的伟大创始者顾拜旦在其不朽名作《体育颂》中所讴歌的：“啊，体育，你就是美丽！……你的作用无与伦比，能使心身和谐统一，使运动富有韵律，使动作变得优美，柔中带有刚毅！”体育新闻的标题也要表现这种特殊的体育之美。例如，1992年巴塞罗那奥运会期间，跳水比赛在蒙锥克的山顶上举行，13岁的中国运动员伏明霞一跳惊人，获得冠军。《中国青年报》的标题是：

天上掉下个伏妹妹

这条标题配在一幅以蓝天白云为背景的伏明霞跳水大照片上令人倾倒，使人真实感受到了体育之美。再看1991年东京世界田径锦标赛上美国著名短跑运动员刘易斯与伯勒尔之间展开的新老飞人大战新华社记者发回的稿件标题：

黑色闪电划破东京夜空

刘易斯与伯勒尔均为黑人运动员，两人又都是当时世界上跑得最快的人。这则标题以虚题的形式，以“黑色”暗示两位运动员的肤色，以“闪电”与动词“划破”来形容其速度，以“东京夜空”表示其地点时间，构成了一幅奇异而生动的画面，使读者从标题上便感受到了这场震惊世界的飞人大战的魅力。

5. 有趣

体育新闻是一类休闲性和娱乐性较强的报道品种。有媒体为此提出体育报道要“以有趣对抗无趣”的口号，这是很有见地的。体育新闻标题也要追求趣味性和可读性，使读者看见标题后感到隽永有趣。

例如，在 2002 年 11 月 10 日的欧洲冠军杯赛中，赛前普遍被看好的德国老牌强队拜仁慕尼黑队在第二轮比赛中客场败给了西班牙拉科鲁尼亚队，被淘汰出局。《南方体育》用了 3 个版来重点报道这场引人注目的双雄会。该报头版在其主教练两幅悲痛的大照片下的大标题是：

拜拜拜……仁

这条仅有 4 个字和一个标点符号的标题将英语的“再见”巧妙地嵌入该队的队名之中，并用标点符号“……”表达了一种莫名的情绪，使其显得既幽默滑稽而又隽永有趣。再看 1993 年中国足球队在世界杯预选赛中久攻也门队不下反被对手打进一球，从而告别决赛后，《成都晚报》体育版当日的标题是：

屡叩也门不开　从此风高路斜

这条标题妙就妙在将“也门”两字嵌入标题之中，既准确地提炼出了中国队在这场比赛中的表现，又形象地显示了在这场比赛失利后中国队的处境。再看下面这条 2000 年奥运会上年轻中国运动员孔令辉战胜瑞典老将瓦尔德内尔后《新民晚报》当日标题：

老瓦顶上有小孔

这条标题用虚题的形式报道了比赛结果，同时幽默地将“老瓦”与“小孔”这一对手的名字做入了标题，真称得上别出心裁，既和谐对称又新鲜别致，读来令人不禁拍案叫绝。

6. 精练

新闻标题要求短小简捷，体育新闻标题更要字字珠玑，追求精悍洗练。一般而言，字数越少的标题，就越能达到醒目和震撼的视觉效果。冗长繁复的标题，不仅使版面视觉效果锐减，而且会让读者接受信息时感到困难。因此，体育编辑在制作标题时，要对标题精心打磨，千锤百炼，力求以最少的字数表达最多的内涵与事实。而要做到这一点，需要长期的认真钻研和经验积累。请看1996年甲A足球联赛一场关键比赛中，上海申花队主场以0∶4败给大连万达队，当地《新民晚报》的标题只有4个字：

洞！洞！洞！洞！

这个标题只有4个字，但却回味无穷，不仅洗练有力，而且传声传情，还寓指主队后防不稳，存在明显漏洞，是一则典型的体育新闻标题。

再看下面这则类似的标题。在1998年国内一场甲A联赛中，四川全兴队主场以3比0战胜此前从未赢过的强敌上海申花队。当地一家报纸的标题为：

3比0（引）

爽！爽！爽！（主）

这条标题的主题仅3个字、3个标点符号，但却以最少的字数既报道了比赛结果，既借寓了足球三次射门进网的声音效果，又传达了当地球迷的喜悦心情。同时在版面上，也较之那些字数多的标题具有更好的视觉冲击效果。

7. 通俗

体育新闻是给大众看的，因此，体育新闻标题的一大特点与制作要求，就是通俗易懂，使寻常百姓也能够一目了然地了解标题所表达的内容和意思。体育新闻的读者构成和特点，使其标题经常使用口语、俚语甚至方言。例如，“雄起”、“下课”、“死磕”等都是地方方言，但随着球迷将这些方言传播到全国各地，体育新闻的标题也经常使用这些通俗化的口语和方言。对于地方性的媒体来说，由于读者对象为本地人，因此，在体育新闻标题中适当运用方言，能起到生动有趣和贴近读者的效果。如《广州日报》2002年6月25日报道世界杯足球赛标题的主题：

如火六月我为波狂（主）

广州人世界杯生活全线大搜索（副）

“波”是粤语“球”的意思。这条标题外地人看了也许会不明白，但该报主要读者对象是广东人，因此是十分贴切的。又如在1999年奥运会足球赛亚洲区预选赛中，由英国教练霍顿率领的中国国奥队表现不佳，引起球迷的不满。四川某报的一则报道标题为：

国奥雄起 霍顿下课

“雄起”是四川方言，意为鼓劲加油；“下课”是四川球迷创造的词汇，引申为下台。这些方言用在地方报纸的体育新闻标题上，既通俗又有劲，能达到很好的传播效果。当然通俗并不等于一定要用方言。关键在于体育编辑在制作标题时，心中要想着大众，多用通俗易懂的语言文字，避免使用艰深晦涩的词句，也要避免使用含义过于深奥的词句，以致读者难以理解。

再看下面这则2001年1月21日《北京青年报》上一篇有关中国游泳队比赛报道的标题：

中国游泳需要防守反击（主）

本是花样年华，而且藏龙卧虎，如今无人喝彩，引来一声叹息（副）

这一标题的副题把人们熟知的4部电影名字嵌入了副题，使这则标题读来不仅通俗易懂，而且妙趣横生，体现了编辑的匠心。

三、体育新闻标题的制作

（一）标题的种类与结构

要做好体育新闻标题，就先要对新闻标题有所了解。下面结合体育新闻标题，简略介绍新闻标题制作的一些基本知识。

1. 新闻标题的种类

一般而言，新闻标题分为单题与复题两类。单题指没有辅题（引题与副题），而仅由主题构成的标题。所谓主题，是指新闻标题中最主要和最核心的部分，一般单独成行，用以说明最主要的事实与观点。主题用的字号最大，位置最突出，且一般采用实题（标题内容为叙述新闻事实）。如新华社洛杉矶1984年7月29日电：

中国神枪手许海峰赢得奥运会第一块金牌

又如《中国体育报》2008年8月8日第16版：

菲尔普斯豪言夺八金

复题则是由主题与辅题共同构成的标题。辅题有引题和副题两种。引题又称为肩题、眉题、领题等，是放在主题上面的标题。它一般不是一个完整的句子，只能与主题搭配使用。其功能或者用以交代背景和原因，或者说明主题的

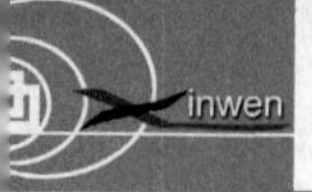

内容和意义，或者加强主题的气势与力度。引题一般可以是实题，也可以是虚题（标题主要内容不直接叙述新闻事实）。例如 1994 年 9 月 24 日《羊城晚报》：

男团决战惊心　女团决战动魄（引）
我队险夺亚乒赛双杯（主）

副题又称为子题、额题、下辅题等，是放在主题下面的标题，其功能主要是对主题进行补充，或补充新闻中次重要的事实，或说明主题的根据、结果和交代重要的新闻要素。副题一般以实题为主，如《人民日报》2008 年 8 月 8 日社论标题：

同一个世界　同一个梦想（主）
——热烈祝贺第 29 届夏季奥林匹克运动会开幕（副）

除了主、引、副三类基本标题外，常用的还有提要题和插题。提要题也称提示题、纲要题，是对文章内容和事实进行概括性介绍；插题又称为分题、小标题，是文章段落的标题。以上两种标题一般都是用于较长的文章。

2. 新闻标题的结构

标题结构主要指一条标题中各个组成部分之间的关联方式及组合关系。其主要结构有以下 4 种：

（1）单主结构。也就是单题，即只有一条主题的结构。这种结构常用一行题。如果是消息标题，则必须采用实题。如果是通讯标题，则可采用实题，也可采用虚题。单主结构的优点是简单明了、直截了当，是体育新闻报道中采用最多的新闻标题。请看下面这则 2008 年 8 月 17 日《中国体育报》的消息标题：

9 秒 69 的震撼（单题）

这则标题的内容是牙买加选手博尔特在 2008 年北京奥运会上创造了 9 秒 69 的男子百米新纪录。由于很多公众都在电视或网络上看到了博尔特百米赛跑的现场直播画面，因此这则消息不用再像一般消息标题一样用复题或实题来指明事实，只需用一则单题将最令人震撼的新闻事实表达出来即可。

（2）引主结构。这是复题的基本形式，由引题与主题构成。在这种结构中，引主关系一般是因果关系，引题可以是实题，也可以是虚题。但是如果引题是虚题，则主题必是实题；如主题是虚题，则引题必是实题，不能出现引主两虚。如 1984 年 8 月 7 日《文汇报》：

高低杠上燕飞舞（引）

马艳红特技惊四座（主）

以上标题的引题是虚题，是对主题中体操运动员马艳红“特技”的诗意化和形象化描述，用以引出主题，并增强主题的效果。由于引题是虚题，下面的主题就必须是实题，否则读者就不知道“高低杠上燕飞舞”说的是什么。再看 1995 年 9 月 18 日《深圳晚报》：

王莲香，今未香，叶钊颖手中遭了殃（引）

世界杯羽毛球女子单打桂冠再归我有（主）

这条标题的引题内容是我国羽毛球运动员叶钊颖在比赛中打败了印度尼西亚名将王莲香，主题是我国再获得世界杯羽毛球赛冠军，引题与主题都是实题。但引题与主题有一个因果关系，引题是因，主题是果，引题的作用是引出主题。

再看下面这条 2008 年北京奥运会开幕式的报道标题：

祥云托起奥运梦想　五环烙上中国印记（引）

北京奥运会今日开幕（主）

这条标题的引题是虚题，用一副对联来引出主题，其对仗工整，文字准确华丽。主题直接点出内容，与引题形成对比，产生了很好的视觉效果。

（3）主副结构。这是复题的基本形式，由主题与副题构成。在主副结构中，主题可虚可实，但副题一般是实题，不能主副皆虚。主副关系一般是补充关系，副题的作用是补充和解释主题。其具体表现为：其一，主题为虚，副题提示具体的新闻事实；其二，主题为实，副题补充主题的事实；其三，主题为虚，副题起注释和交代必要新闻要素的作用。如新华社 1979 年 9 月 8 日电标题：

她们赢得了荣誉和友谊（主）

记陈肖霞、陈新赢得世界大学生女子跳台跳水金牌和铜牌（副）

这条标题主题为虚题，副题为实题，副题起到对主题补充和交代必要新闻要素的作用。又如 2002 年 1 月 21 日《体坛周报》头版头条标题：

足协暗查黑哨贪官（主）

黑哨终身禁赛，涉黑足协干部一并处罚（副）

这条标题主副都是实题，副题是对主题事实的进一步补充。

再看 2008 年 8 月 8 日《人民日报》社论标题：

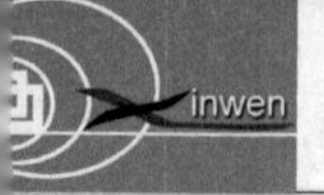

同一个世界 同一个梦想（主）

热烈祝贺第 29 届夏季奥林匹克运动会开幕（副）

这则标题的主题采用了北京奥运会的口号，是虚题，因此有必要在副题中以实题形式对主题加以说明和补充。

（4）引主副结构。这是复题中最完整的形式，但因字数太多、占用版面较大，因此现在体育新闻标题中已较少见到这种结构。在引主副标题结构中，引主题构成因果关系，主副题形成补充关系。请看《人民日报》1981 年 10 月 19 日关于中国足球队在世界杯足球赛亚大区决赛第四场比赛中 3 比 0 大胜科威特队的报道标题：

中国足球队教练赞赏科威特队的精湛球艺和良好作风（引）

中国队现在还不是祝捷的时候（主）

要想自身不足，想对方长处，想提高战斗力（副）

再如 1995 年 10 月 17 日《深圳晚报》体育版的头条消息标题：

挽强弓 沉住气 瞄靶心 嗖嗖嗖（引）

特区姑娘将城运射箭女团金牌挂胸前（主）

目前南京以 4 金名列城运会金牌榜首，
深圳、重庆、长春各以 3 金并列第三（副）

以上两条标题都是包含引、主、副在内的复式标题。头一条标题的引、主、副都是实题，分别表达了不同的新闻事实。这种用法现已不多见。后一条标题引题为虚题，主、副题为实题。这是引、主、副标题结构较常见的用法。

（二）体育新闻标题制作要求

1. 准确表达事实

新闻标题制作的最基本要求，就是标题事实清楚、表达准确。这是体育新闻标题制作的生命线，不能有丝毫的差错。由于标题在版面上是最醒目的，其传播效果最大，因而一旦标题发生错误，后果非常严重。

首先，新闻标题要做到表达准确，必须做到事实准确。如果在标题中发生事实有误的情况，就可能造成严重后果。下面就是一则编辑制作标题时一不小心引来麻烦的例子：

2001 年 4 月 26 日，南方一家全国发行的周报在一版头条上刊登了一则令人震惊的独家报道，其标题是《体育彩票武汉惊爆丑闻》，内容为湖北体育彩票在电视台当众开奖中，发现摇奖用的彩球被做了手脚，由此爆出特大丑闻。

该文标题简明扼要，直指要害，极具震撼性，是一条揭露性报道的经典标题。

然而在下一期即 2001 年 5 月 1 日该报第二版中，读者发现了一则《更正并道歉》，内称“一、本报第 898 期刊出的《体育彩票武汉惊爆丑闻》，标题中‘武汉’一词指彩票事件发生地点，与武汉市体育彩票管理办公室无关。二、配发的‘专家发言’《用什么维护公正》一文中出现的‘武汉的彩票作弊事件’，宜更正为‘湖北所出现的问题。上述行文对武汉市体育彩票管理办公室有可能造成损害，本报特作更正，并深致歉意’”。

这是怎么回事？原来该文发表后，由于案情重大、影响广泛，立即在全国引起了巨大反响和震动。而武汉方面则反应尤其强烈，认为该报道标题有误，损害了本地形象，要求该报予以澄清更正，该报因此被迫刊登了更正与道歉。

再看其原文：该文起始便指明事件发生的地点是“2001 年 4 月 20 日晚，武汉洪山体育馆路省体育彩票管理中心第 01031 期彩票开奖现场”。其中言明事件主体是“省体育彩票管理中心”，其新闻事实清楚。但其标题却在地名上易造成误解，难怪会引起武汉市有关方面的强烈反应。

其实，原文技术处理极简单，只需将“武汉”改成“湖北”就行了。但就因为编辑的这一点失误，导致一场不该有的风波。

其次，体育新闻标题不仅要基本事实准确，而且还要求语言表达准确。如果事实清楚，而语言表达有误，也会引起歧义，造成读者的误解。例如，2001 年 4 月 23 日的某专业体育报头条主标题为：

寒风苦雨中以 10 比 10 逼平中国队（引）

向马尔代夫队致敬（主）

这一报道的背景是 2002 年世界杯亚洲区预选赛小组赛第一场比赛，中国男足在主教练米卢蒂诺维奇的率领下在西安主场首次亮相。在双方实力有明显差异的情况下，中国队以 10 比 1 获胜。由于大多数球迷和读者前日都观看了电视直播，因此乍一看到此标题时，令人大吃一惊，以为报纸出了错。经细看内文，才明白是该报的有意策划，文中说：“他们进球时，本报编辑部一片喧哗，喜好足球预测的编辑××赛前大胆预言：马尔代夫将逼平中国队，条件是‘马尔代夫进一球当十球’”。原来该报是将其内部的一句戏言做成了比赛报道的标题。

但是，该报对这一标题的处理方式却极易使人误解为引题是叙述事实，是一条实题而非虚题。因此，这条标题不仅未达到吸引读者的目的，反而弄巧成拙，引起了读者的误会。

如果在这条标题的引题后加上问号，或者在“逼平”两字上加引号，则在一定程度上可降低误解程度，最低限度也应在导语中对此标题加以说明。但

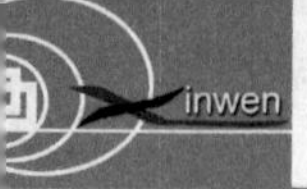

该文只是在文章的中间部分提到这是“大胆预言”。由于编辑在标题策划和修辞上有误，使其成为一则用心良苦但却弄巧成拙的标题案例。

以上案例说明，准确表达事实在体育新闻标题制作中具有多么重要的意义。因此，编辑在制作标题时，必须要做到认真阅读原稿，仔细推敲内容，精心提炼主题，不能在事实表达的准确性上有丝毫的闪失，以免造成标题失误。

2. 精心提炼主题

制作新闻标题的基本原则，就是要在标题中突出新闻的基本价值，将新闻中最新、最重要、最贴近、最显著、最有趣、最具有冲突性的内容提炼出来，用最简练而精彩的文字加以表达。而体育新闻标题在这些基本原则的基础上，还需要体育编辑反复仔细研究新闻内容，将体育新闻中最有价值和最吸引人的内容置入标题内。

那么，体育编辑在标题制作中应如何去提炼新闻主题呢？以1984年7月29日中国射击运动员许海峰在洛杉矶奥运会的男子自选手枪比赛中勇夺金牌后新华社的电讯稿标题为例：

组稿之一：新华社洛杉矶1984年7月29日电（快讯）

中国神枪手许海峰赢得奥运会第一块金牌

组稿之二：新华社洛杉矶1984年7月29日电

中国获得第一枚奥运会金牌

组稿之三：新华社洛杉矶1984年7月29日电

中国获得自选手枪金牌

组稿之四：新华社洛杉矶1984年7月29日电

中国神枪手许海峰夺得奥运会首枚金牌

中国运动员许海峰夺得奥运会首枚金牌，是中国体育史上划时代的事件。这既是中国运动员获得的首枚奥运金牌，同时也是本届奥运会的首枚金牌。在场的新华社记者抢在第一时间发布的这一消息中，标题占有极为重要的地位。这组消息标题的特点，是以简明直接的方式从不同侧面对同一事实进行了报道。

第一条是快讯，因为要抢在第一时间以最快的速度报道这则动态消息，因而消息标题必须以最直接、最简洁、最准确的语言来表达新闻事实。这则标题使用单题形式，将神枪手（暗示项目）、许海峰（何人）、赢得奥运会第一块金牌（何事）这几个新闻要素以标题的方式予以报道，其侧重于“谁”夺了

首枚金牌。

第二条消息标题则侧重于“中国”获得第一枚奥运金牌，强调的不再是许海峰个人，而是突出中华民族实现奥运金牌“零”的突破这一新闻事实。

第三条消息标题侧重的是竞技项目“自选手枪”，其消息内容也是着重报道许海峰本人在本届奥运会自选手枪比赛中的过程及其本人从事手枪运动的经历。这是前两条消息的补充。

第四条消息发稿的时间晚于前三条，是许海峰夺取金牌的比较全面的综合消息报道，消息标题的主旨也是意在报道这一新闻事实。

以上标题的特点是作者从不同角度准确提炼了新闻事实，做到了事实明确、简明扼要、清楚易懂、使读者一目了然。显然，要做到这一点是不容易的。体育编辑只有具备高度提炼浓缩新闻内容的能力和以精炼、精彩的文字将其表达出来的能力，依靠自己的学识、知识、见识和经验，才能做出好的新闻标题。如果编辑提炼新闻的功力和文字功夫不够，做出的标题水平就会大打折扣。为了有个比较，请看同一消息当时在北京某报上的标题：

奥运会上首次夺得金牌，我体育运动揭开历史新篇章（引）
东方巨人实现“零”突破（主）
许海峰获自选手枪冠军，曹国强获52公斤级举重冠军（副）

这是一条相当失败的标题。第一，引题和主题都是虚题，看了半天仍不知新闻事实是什么，意思重复；其二，主题不突出，谁实现了“零”的突破？许海峰还是曹国强？其三，标题冗长，用引、主、副结构就够长了，引题和副题的字数又太多，显得不精练。

再看下例：1981年11月16日，我国女排夺得了第三届世界女子排球锦标赛冠军。这是中国运动员首次夺得在世界上影响较大的大球类项目的世界冠军，在全国人民中间引起了很大反响。次日的各报均以头条位置刊登了新华社播发的这条消息，但标题处理上却有所不同。仅以主题为例：

中国女排首次荣获世界冠军（人民日报）
中国女排荣获第三届世界杯赛冠军（工人日报）
我国女子排球队夺得世界冠军（黑龙江日报）
我国女排首次登上大球世界冠军宝座（羊城晚报）

相比之下，《人民日报》和《羊城晚报》都点出了“首次”这一概念，显得更有力度。特别是《羊城晚报》的标题尤其与众不同，指出这不仅是中国女排的首次夺冠，更是中国第一次夺得三大球的世界冠军，更突出了这条新闻的价值和气势，且动词“登”字也较之其他标题的“荣获”更形象、更具动感。

体育编辑在制作体育新闻标题时，应着重从哪些方面提炼新闻事实和意义呢？这需要编辑在长期的新闻实践中不断去总结和提高。这里只是提出一些建议和参考：

（1）宣扬体育精神。体育精神是体育运动的灵魂。体育新闻报道的重要任务之一，就是要宣扬和传播体育精神。因此，编辑在制作体育新闻标题时，要注重提炼和表现有关体育精神的主题。如新华社 1997 年 10 月 22 日电讯稿标题：

跨越生命的横杆（主）

记身患癌症奋斗不止的教练胡鸿飞（副）

这条标题的主题气势恢宏博大、高屋建瓴，既高度概括了这位身患绝症而仍心系中国的跳高事业的老教练员的崇高品质与精神，又发人深省、催人奋进，显示出作者高超的新闻提炼功力和文字表达功夫。

（2）报道比赛结果。对于体育新闻的受众来说，其最关心的通常是比赛的结果如何。因此，体育新闻标题制作的一个常用方法和重要规律，就是从有关比赛的新闻事实中将比赛结果提炼到标题中，在第一时间向读者报道比赛结果。这类标题通常有两种做法：一种是只报道谁胜谁负，不报道具体比分，像《火箭射落太阳》、《公牛顶翻 76 人》、《新湖人打败老爵士》、《中国女排勇胜俄罗斯》、《铿锵玫瑰惜负美国女足》等。另一种是将具体的比分写入标题，向读者报道更具体的比赛结果。如 1987 年 12 月 23 日《体育报》：

2 分 27 秒 78——蛙女奋臂击水 200 米（引）

黄晓敏逼近世界纪录（主）

1992 年 6 月 23 日《中国体育报》：

2 比 0 击败林海峰（引）

聂卫平赢得天元赛（主）

2002 年 6 月 10 日《体坛周报》：

八个回合　泰森两次倒下

2008 年 8 月 17 日《新京报》：

飞 100 米用时 9 秒 69（主）

男子 100 米博尔特摘金并刷新世界纪录（副）

编辑在以比赛结果做标题时要注意，一般具体的比分、成绩等数据多放在

引题或副题中，而较少放在主题中。这主要是因为数字放在主题中用大号字体刊出会影响审美效果。当然，在有必要特别强调比分或成绩的情况下除外。

（3）表现矛盾冲突。在体育比赛中，参赛的双方互相扮演对立冲突的角色。因此，体育编辑在制作标题时，要努力发掘和提炼体育比赛中特有的冲突性，使读者一看就感觉这是体育新闻标题。如 2002 年 6 月 27 日《体坛周报》一版头条关于 2002 年世界杯足球赛巴西与英格兰对决的赛前报道主标题是：

夺冠或者死亡

其 2、3 版联版大标题为：

以世界上最锐利的矛　攻世界上最坚固的盾

第 4 版主标题：

英巴大战对对碰

第 5 版主标题：

英格兰巴西一起被玩掉

上述标题都表现出体育新闻标题特有的冲突性和尖锐性，使人一看标题就觉得杀气阵阵，大战气氛迎面扑来。

（4）反映关键场面。在体育比赛中发生的关键镜头和精彩场面往往是新闻报道的看点和亮点，如足球射门进球、篮球的关键投篮得分、体育明星的表现等。体育编辑在制作标题时，要注意将这类精彩镜头和具有看点的场面提炼出来，做在标题里面。如 2002 年 6 月 8 日《21 世纪体育报》关于韩日世界杯英国对阿根廷之战的标题：

点球，贝克汉姆完美复仇

《体坛周报》2002 年 10 月 9 日关于英国超级联赛曼联队对埃弗顿队比赛的标题：

斯科尔斯连捡李铁便宜

2004 年 5 月 14 日，在 NBA 西部半决赛湖人队与马刺队的第五场比赛中，绰号“小鱼”的湖人后卫菲舍尔在比赛最后 0.4 秒接队友界外发球出手绝杀马刺。请看次日《体坛周报》标题：

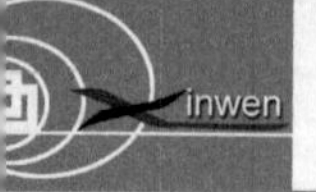

0.4 秒！小鱼惊艳绝杀马刺

以上标题都反映了比赛中的关键镜头和精彩场面。在 2002 世界杯英阿之战中，正是靠贝克汉姆的一脚点球，英格兰队淘汰了老冤家阿根廷队，也报了 4 年前法国世界杯英阿之战贝克汉姆被罚下场导致英格兰队出局的一箭之仇。而在英超 2002 赛季曼联与埃弗顿队的大战中，正是埃弗顿队后卫李铁在比赛进行到第 86 分钟的失误，导致曼联猛将斯科尔斯连进两球。而在 2004 年 NBA 西部半决赛第五场比赛中，湖人队后卫菲舍尔在比赛结束前 0.4 秒接到发球将球投入篮筐，创造了 NBA 历史上最短的绝杀纪录。这些标题都反映了比赛中的这些关键场面与镜头。

（5）突出明星概念。体育明星是人们关注的对象与目标，具有很高的新闻价值。体育编辑在制作标题时，应重点考虑体育明星的表现。以下是 2002 年 6 月 22 日《体坛周报》关于韩日世界杯足球赛的标题，这些标题基本上与球星有关，从中可以看出“明星概念”在体育报道中的重要地位及其在体育新闻标题中的高出现率：

到底谁是外星人（头版）

助攻、进球、红牌都是小罗（3 版）

里瓦尔多盖过罗纳尔多（4 版）

双罗搞定英格兰（4 版）

小罗带来两次意外（5 版）

“贝克汉姆”取代“英格兰”（6 版）

希曼不是替罪羊（6 版）

欧文：换我没错（6 版）

卢西奥：决赛我想打德国（7 版）

雷纳：我们不抱怨裁判（8 版）

卡恩的胜利（9 版）

助攻王巴拉克进球（10 版）

多诺万不恋德国（11 版）

桑内赫差点将功补过（11 版）

劳尔恢复训练（12 版）

劳尔：韩国队最凶猛（12 版）

西班牙不指望劳尔（14 版）

贝利看好太极虎（15 版）

由于体育明星在球迷和读者中拥有很高的知名度与号召力，因而他们对于

体育新闻报道来说具有很高的贴近性和显著性。体育编辑应重点提炼有关体育明星的新闻事实，并将其放入标题中，以增加报道的吸引力。

(6) 反映球迷倾向。体育报道是给球迷和读者看的。如果一份报纸能及时反映球迷和读者的普遍看法、感情和情绪，就能够增加报道的贴近性，受到读者的欢迎。这一点对于体育新闻标题的制作来说也是非常重要的。体育编辑制作体育新闻标题时，要注意球迷和读者对于一些争议性问题的普遍看法和情绪，并在新闻标题中加以反映。例如，在 2002 年韩日世界杯上，英国队 1 比 2 负于巴西队被淘汰。由于英国队在中国球迷中很有人缘，因此，很多报纸都在标题中表达了对英格兰队出局的遗憾之情。如 2002 年 6 月 22 日的《南方体育》的主标题为：

天亮了，梦碎了，英格兰哭了（主）

布莱尔：我们都被摧毁了　太阳报：世界末日（副）

在此主标题下则分别有以下标题：《假如贝克汉姆不跳起来》、《希曼不该成为替罪羊》、《欧文带给英格兰一刹那希望》、《39 岁男人的眼泪》、《希曼怎么还不退役?》、《输给巴西不算糟糕》、《迷失的英格兰》、《梦醒了，看见世界末日》、《谢谢你，足球绅士》、《到死也是英格兰人》。从以上标题中，就可以感受到浓厚的惋惜情绪和悲伤感情。而这种情绪和感情不仅是媒体与编辑的，更是反映了球迷们普遍的感受。体育新闻的标题如果能及时恰当地反映球迷和读者的普遍感情与情绪，就能拉近媒体与读者的距离，使球迷感觉到这是为他们办的报纸。

(7) 增强感情色彩。体育新闻是一类感情色彩很浓的报道种类。体育比赛本身就是一种高情感运动。从赛场上升国旗、奏国歌到一场重要的职业联赛胜负，从一支著名的球队到受到成千上万球迷喜爱的体育明星，都反映了现代人类对体育运动的感情需要。因此，体育编辑在制作标题时，应注意提炼新闻中的感情因素，在标题制作上力求增加感情色彩，使之能够打动读者。如 1984 年 8 月 8 日的《羊城晚报》在报道我国女排姑娘在洛杉矶奥运会战胜美国获得三连冠后时的消息标题：

女排奏捷　场面感人（主）

荣高棠大叫：郎平不要哭，要笑！（副）

这条标题生动地再现了中国女排获得三连胜的现场情景。特别是副题，抓住了现场看球的体育界元勋荣高棠叫郎平不要哭要笑的镜头，非常感人，使人读来不能不为之动情。再如新华社 1998 年 7 月 28 日的通讯稿标题：

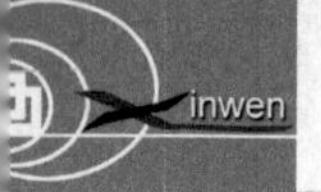

桑兰不流泪

中国体操运动员桑兰在一次比赛中受了重伤，教练、队友和所有的人都为她感到心疼，但这位17岁的中国女孩面对突如其来的巨大灾难和创痛，却表现出了惊人的勇气和坚毅。这则标题仅5个字，但却包含着极为丰富的内涵。桑兰伤后落泪是所有的人都能理解的，也是正常的。但记者却抓住了桑兰不落泪这一事实，并将之高度提炼到标题之中，从而打动了所有的读者。

3. 注意词语修饰

除了注意提炼新闻主题外，体育编辑在制作标题时还要重视词语的修饰，使标题既准确又生动有趣，具有体育新闻标题所特有的气势、风格和品位。而要做到这一点，需要编辑深入钻研标题的修辞理论与方法，既熟悉体育运动，又具备较高的文学素养和语言功底。

体育新闻标题在词语修饰方面既要讲究修辞文采，更要追求语言朴实、通俗易懂，避免哗众取宠、矫揉造作、媚俗卖弄、喧宾夺主。在这方面，体育编辑在制作标题时要予以高度重视，否则会影响报纸的形象和传播效果。如2002年7月1日出版的某专业体育报在报道韩日世界杯足球赛巴西队与德国队的决赛时，分别出现了这样的标题：《狗日的世界杯》、《夺冠比SEX更好》、《罗纳尔多：夺冠的感觉比做爱还好》、《甲A联赛，×××》。作为中国的一份以青少年为主要读者对象的体育专业报纸，这样的标题是否妥当是大可商榷的，其传播效果如何也是值得怀疑的。这些标题不仅语言粗俗，而且内容与标题也有出入。如《罗纳尔多：夺冠的感觉比做爱还好》在标题上让人觉得这是罗纳尔多本人说的话，但细看文章内容却并非如此，不是事实。这些标题或许能迎合部分受众，但却会引起相当一部分受众的反感，影响报纸的形象和销售。

新闻标题的修辞手段和方法很多，需要在新闻编辑实践中去不断积累。这里只简单介绍一些常用的修辞方法。

（1）比喻。即运用通俗易懂的具体事物去说明某些较抽象、生疏的事物。在体育新闻标题中，常用比喻的方法来达到通俗生动的效果。如新华社1996年5月7日关于田径运动员王军霞的报道标题《万米红霞》；1997年10月22日关于著名跳高教练胡鸿飞的报道标题主题《跨越生命的横杆》等。前者是用“红霞”来隐喻王军霞，更暗喻这位田径新星如初升朝阳，冉冉升起，前途无限。后者则借用“横杆”来比喻胡鸿飞所患的癌症，并用“跨越横杆”来比喻他藐视绝症，克服困难，为中国的跳高事业奋斗不止的高尚意志品质。再如《今晚报》1990年意大利世界杯开幕式报道标题：

古国罗马　荟萃当代庞培恺撒
战神降临　且看绿茵金戈铁马（主）
廿四强陈兵意大利　十二城辟为角斗场（副）

这条标题在主副题中运用了一系列比喻，以古罗马的名将、战争、角斗场等来比喻举世瞩目的世界杯足球赛开幕式，使得标题既贴切又厚重，韵味十足，受到当时读者与业内同行广泛好评。

（2）借代。即借用某些人们所熟悉的特征或属性来代替事物本身。在体育新闻标题中，借代的方法使用十分普遍。如借“红魔”来代替比利时队或英国的曼联队，借“飞人”来代替著名篮球明星迈克尔·乔丹，借“体操王子”来代替中国体操运动员李宁等。像标题《桑巴浪子击倒北欧海盗》，这是借桑巴舞来指代巴西队，借“海盗”来代替瑞典队（欧洲历史上北欧瑞典一带多出海盗）。又如《马赛曲轰退鱼美人》，人们一看就知道这是借“马赛曲”来指代法国队，借著名的“鱼美人”来代替丹麦队。在体育新闻标题中运用借代的方法，会使标题生动幽默、简练有趣，产生意想不到的效果。

（3）移就。即将本来描写某一事物行为、动作、性状的词语，移用于描述另一事物的修辞方法。在体育新闻标题中，最常见的就是将战争词汇、军事术语、武术武侠语言等移用到体育报道中来。如 2002 年 6 月 21 日《足球报》2、3 版联版关于韩日世界杯英国对巴西赛前报道的大标题：《帝国反击王国：成就霸业的一战!》；第 5 版：《英格兰紧闭中路门户》、《外星人决战星球》；第 7 版：《拜托了，两大高手》、《英巴大战可能出现的醉人瞬间》。以上标题中的“反击”、“一战”、“决战”、“高手”、“紧闭中路门户”等原本都是军事术语和武术词汇，移植到体育比赛上来不仅十分自然贴切，而且增强了标题的强度与效果。另外，像“单骑踏营”、“一弹毙命”、“暗度陈仓”、“剑走偏锋”、“弹无虚发”、“一马当先”、“单刀直入”、“马踏连营”、“大敌当前”、“兵临城下”、“危机四伏”、“一触即溃”、“望风披靡”等成语，武侠小说中的“决战紫禁之巅”、“华山论剑”、“乾坤大挪移”、“凌波微步”等，都常移植到体育新闻标题中，使读者读来精彩纷呈，回味无穷。

（4）双关。即词语中具有双重意思，一重是字面的，另一重是暗含的。而暗含的才是真实和主要的意思。一般有语义双关与谐音双关两类。体育新闻标题常用这类方法。如《朝阳，在这里冉冉升起——陕西射击队选手李朝阳素描》是将运动员的名字与新闻事实相结合，形成语义双关；再如 1987 年 11 月 1 日《羊城晚报》：《“山城”城坚难破　“铸久”久攻不下》，这是将人名、物名、地名等巧妙地与新闻主旨串缀成题，一语双关，生动幽默地描述了日本围棋运动员山城宏与中国围棋运动员江铸久在 1987 年中日围棋擂台赛中的比

赛情景；又如《黄志红一掷“铅”金》，这是用谐音双关的方法，用铅球之“铅”双关千金之“千”，既说明了黄志红的运动项目，又表明了她获得金牌的事实；再看《新京报》2008年8月18日关于美国著名游泳选手菲尔普斯的报道标题：《“飞”尔普斯——一入水就打破个人400米混合泳奥运会纪录》，这条标题也是用“双关”的方式，表达了对菲尔普斯惊人运动能力的赞叹。

（5）排比。即将内容相关或结构相同相似的多个词组或句子连串使用，以增强表达效果。在体育新闻标题中，常会看到这样的标题。如1994年9月9日《中国青年报》体育版的标题：《中国拉拉队，了不起——拉出了气氛和情感，拉出了技巧和水平，拉出了道德与情操》；又如1981年4月26日新华社关于第36届世界乒乓球锦标赛报道标题：《新人物，新球艺，新课题》。排比方式因一般字数较多，因而通常用在引题、副题或插题之中。

（6）对偶。即用一对结构相同、字数相等而又语义相关的句子作为标题。这也是体育新闻标题常用的修辞方法。如新华社1982年12月3日关于第9届亚运会报道标题：《可喜的突破，崭新的局面》；再如1994年7月10日《中国青年报》关于世界杯决赛名额分配的报道标题：《能剜欧洲一块肉？阿维兰热再骑虎》；又如2000年6月25日《蜀报》有关欧洲足球锦标赛消息报道标题：《罗马军团踏平多瑙河之波，费戈大帝攻掠君士坦丁堡》，球迷一看就知道上句指的是意大利队战胜了罗马尼亚队，下句指的是以名将费戈率领的葡萄牙队打败了土耳其队。

（7）对比。即将两种互相对立的事情放在一起，形成强烈的对照。在体育新闻标题中，对比是经常使用的修辞方法，因为比赛本身输赢胜负就形成了鲜明的对比。如2000年6月21日《体坛周报》有关NBA总决赛报道的标题：《洛杉矶黄袍加身，步行者功败垂成》；又如2002年欧洲锦标赛期间，罗马尼亚队3比2战胜英格兰队，后者被淘汰出局，《蜀报》标题为：《黄玫瑰三球进天堂，英格兰两弹下地狱》。这些标题都形成了对比关系。

本节思考题

1. 体育新闻标题的作用表现在哪些方面？
2. 体育标题的特点是什么？
3. 体育标题的制作要求主要有哪些？
4. 体育编辑在制作标题时，应着重从哪几个方面来提炼新闻事实与论据？
5. 体育新闻编辑常用的修辞方法有哪些？

本章参考文献

1. 郑兴东等. 报纸编辑学教程［M］. 北京：中国人民大学出版社，2001.

2. 赵鼎生著. 西方报纸编辑学［M］. 北京：中国人民大学出版社，2002.

3. 吴飞著. 新闻编辑学［M］. 杭州：浙江大学出版社，2001.

4. 张子让著. 当代新闻编辑［M］. 上海：复旦大学出版社，1999.

5. 蔡雯著. 现代新闻编辑学［M］. 成都：四川人民出版社，1995.

6. 彭朝丞著. 新闻标题学［M］. 北京：人民日报出版社，1996.

7. 中国体育新闻工作者协会. 体育记者谈体育新闻［M］. 北京：人民体育出版社，2006.

郑重声明